Dr. Klaus Ringhand, Ingo Patett

Entwickeln und Bereitstellen von Anwendungssystemen für IT-Berufe

Lernfeld 6

4. Auflage

Bestellnummer 225383

westermann

Druck: westermann druck GmbH, Braunschweig

service@westermann-berufsbildung.de
www.westermann-berufsbildung.de

Bildungshaus Schulbuchverlage Westermann Schroedel Diesterweg Schöningh Winklers GmbH, Postfach 33 20, 38023 Braunschweig

ISBN 978-3-14-**225383**-1

westermann *GRUPPE*

Vorwort

Das vorliegende Lehrbuch behandelt als dritter Band der IT-Buchreihe das Thema Softwareentwicklung für die Ausbildung in den IT-Berufen.

Alle Autoren der dreibändigen Lehrbuchreihe verwirklichen das Ziel, auf der Basis des Rahmenlehrplans für IT-Berufe handlungs- und geschäftsprozessorientierte Unterrichtsmedien und -hilfen zur Verfügung zu stellen. Die Auszubildenden werden damit für ihre vielfältigen Aufgaben im Berufsleben qualifiziert und erhalten das erforderliche Prüfungswissen.

Alle drei Bände gestalten ihre handlungsorientierten Inhalte auf der Basis von Strukturen und Geschäftsprozessen des Modellunternehmens ACI, einem typischen Systemhaus der IT-Branche, wodurch ein stärkerer Praxisbezug und eine größere Schülernähe angestrebt werden.

Die Einleitung durch Situationsbeschreibungen soll einerseits die Geschäftsprozessorientierung fördern und andererseits eine Verbindung zu den Handlungsschritten der Prüfungsaufgaben schaffen. Zu jedem Kapitel wird das Fachwissen in Verbindung mit Handlungen und kompakt in Wissenscontainern zur Verfügung gestellt, die gleichzeitig als Zusammenfassungen, Nachschlageregister oder für Wiederholungen geeignet sind. Mit den zahlreichen Aufgaben soll der Unterrichtserfolg gesichert werden.

Band 3 bezieht sich auf das Lernfeld 6 der Rahmenrichtlinien für die Ausbildung in den IT-Berufen und erfüllt ebenso die sich aus Lernfeld 5 (Englisch) ergebenden Forderungen an den Unterricht.

Die Anwendungsentwicklung wird von den Auszubildenden im Modellunternehmen am Beispiel eines Webshops demonstriert. Das Projekt „Webshop" beinhaltet die typischen Arbeitsschritte zur Entwicklung einer Software für betriebswirtschaftliche Aufgaben und vermittelt das notwendige Fachwissen. Als Grundlage dient die im Band 1 „Wirtschafts- und Geschäftsprozesse für IT-Berufe" vorgestellte Warenwirtschaft „ACI Teach Business Software". Daraus entsteht mit den technischen Möglichkeiten von Java eine portable und von Laufzeitumgebungen unabhängige neue Anwendung, wobei die in Band 1 erarbeiteten Anforderungen verwendet und fortgeschrieben werden. Zusätzliche Schnittstellen schaffen die Voraussetzung, um daraus ein webbasiertes Warenwirtschaftssystem zu implementieren.

In der aktuellen Auflage wurden die Kapitel „Werkzeuge zur Softwareentwicklung", „Programmierung in Java und C#" und „Datenbankanwendungen" stark überarbeitet. Alle Kapitel vermitteln einen direkten Bezug zum Rahmenlehrplan für die IT-Berufe und zum Stoffkatalog mit den Anforderungen zu den schriftlichen Abschlussprüfungen. Berücksichtigt werden aktuelle Trends der Softwareentwicklung, z. B. Entwurf und Design mithilfe von UML, Programmierung in Java und C# sowie die Anwendung von In-memory-Datenbanken. Die Anwendungsentwicklung berücksichtigt den Einsatz auf mobilen Endgeräten. Befehlsreferenzen für SQL und PHP erleichtern das Lernen und die praktische Anwendung.

Die Autoren danken Herrn Lutz Sattler für seine Korrekturhinweise.

Folgende Markierungen in den Kapiteln dienen der besseren Orientierung:

S	Situationsbeschreibung
G	Geschäftsprozessübersicht
W	Wissenscontainer
Aufgaben	Aufgaben zur Übung und Vertiefung
AH	Hinweis auf Aufgaben im Arbeitsheft

Die Verfasser

Inhaltsverzeichnis

1 Das Unternehmen

Der Ausbildungsbetrieb → seine wirtschaftliche Tätigkeit → seine Organisation → Vorstellung der handelnden Personen → Fokussierung auf Software als Produkt der betrieblichen Tätigkeit → Anforderungen an Software → Notwendigkeit der systematischen Entwicklung von Software

1.1 Der Ausbildungsbetrieb

In diesem Band der Lehrbuchreihe begleiten wir die Auszubildenden unseres Modellunternehmens ACI GmbH bei der Entwicklung und Bereitstellung einer Anwendungssoftware zur Lösung einer betrieblichen Aufgabe. Die Anwendungssoftware, auch als „Anwendung", „Applikation" oder „App" bezeichnet, stellt dem Anwender nützliche Funktionen bereit und setzt auf die von der Systemsoftware vermittelten Leistungen der Hardware auf.
Die Auszubildenden erhalten den Auftrag zur Entwicklung eines Webshops für das Unternehmen. Dieses Projekt gibt uns die Gelegenheit, die typischen Arbeitsschritte bei der Entwicklung einer Software für betriebswirtschaftliche Aufgaben darzustellen und das notwendige Fachwissen zu vermitteln.

ACI GmbH

Das Modellunternehmen ACI ist aus Band 1 der IT-Buchreihe „Wirtschafts- und Geschäftsprozesse für IT-Berufe" bereits bekannt. Mit seiner Zentrale in Hamburg-Sachsenfeld (Lager, Marketing, Softwareentwicklung und Vertrieb Nord), einem Ladengeschäft in Eppendorf und einer Geschäftsstelle in Frankfurt am Main (Vertrieb Süd) ist ACI ein IT-Systemhaus mit insgesamt 38 Mitarbeitern.
Das Unternehmen wurde im Jahre 1984 gegründet. Neben einem umfangreichen Softwareangebot (Applications) werden fast alle Arbeitsfelder eines IT-Systemhauses von der Anwendungsberatung und -schulung (Consulting) bis hin zur Konzeption und Installation von IT-Infrastruktur abgedeckt. Der eigene Internetshop ergänzt das Vertriebsnetz und wird von Kunden immer öfter genutzt.

ACI-Standorte

Neben dem Vertrieb von Hardware entwickelt ACI im Auftrag seiner Kunden auch Software. Damit entstehen bei den Kunden IT-gestützte Anwendungssysteme (englisch „applications"), die von ACI auch betreut und gewartet werden.

Im Bereich „Applications" hat sich ACI einen guten Namen als Systempartner der DATEV eG erworben und betreut über 400 Kanzleien von Steuerberatern. Das Softwareportfolio wurde durch ein professionelles Dokumentenmanagementsystem (DMS) erweitert. Im Bereich betriebswirtschaftlicher Software (ERP-Systeme; Enterprise Resource Planning Systems) ist ACI Vertriebspartner einer innovativen Mittelstandssoftware. Consulting- und Schulungsmaßnahmen werden laufend zu neuen IT-Technologien sowie Applikationen angeboten.

Der IT-Infrastrukturbereich erstreckt sich von der Lieferung einzelner IT-Komponenten bis hin zum Konzept und zur Installation komplexer IT-Netzsysteme. Aufgrund des Fullservice-Konzepts von ACI gewinnen der Support- und After-Sales-Bereich immer größere Bedeutung. Hierzu gehören auch Schulungs- und Beratungsleistungen (Consulting). Individuell abgestimmte Betreuung von Hard- und Software wird mit Wartungsverträgen und einem 24-Stunden-Vor-Ort-Service angeboten.

Aufgrund der großen Zahl von kleinen und mittelständischen Unternehmen (KMU) als Kunden ist individuelle Softwareanpassung ein besonderes Merkmal der Leistungskraft von ACI und sichert dem Unternehmen eine gute Kundenbindung. Drei fest angestellte Softwareentwickler und bei Bedarf auch freiberufliche Programmierer bieten Anpassungen im Rahmen der bestehenden Software-Partnerschaften an. Sie programmieren kleine Applikationen in Java, Visual Basic oder PHP, richten Homepages oder Internetshops für die Kunden ein, beraten und unterstützen bei Datenbankapplikationen und schulen Mitarbeiter „on the job".

Mit dem eigenen „ACI-Powershop" im Internet werden Stammkunden über einen exklusiven Internetzugang Großhandelspreise für eine Vielzahl von IT-Komponenten angeboten. Ein 24-Stunden-Lieferservice ist bei vielen Lagerartikeln selbstverständlich.

Das operative Geschäft von ACI zeichnet sich nicht nur durch eine schlanke Verwaltung aus, sondern auch durch eine professionelle Marketing- und Vertriebsabteilung, die ihre Angebotspalette eng nach den Bedürfnissen der Kunden ausrichtet und dadurch kostengünstige Lösungen bereitstellen kann. Die Organisationsstruktur des Unternehmens wird durch das Organigramm verdeutlicht.

Ein wachsendes Unternehmen wie ACI versucht, kompetente Mitarbeiter durch gezielte Ausbildung im eigenen Haus zu gewinnen. Deshalb werden gegenwärtig vier Auszubildende beschäftigt, die unter der Anleitung ihres Ausbildungsleiters im Rahmen der Ausbildung alle Bereiche des Unternehmens kennen lernen.

Organigramm ACI (Quelle: Gratzke, J., Wirtschafts- und Geschäftsprozesse)

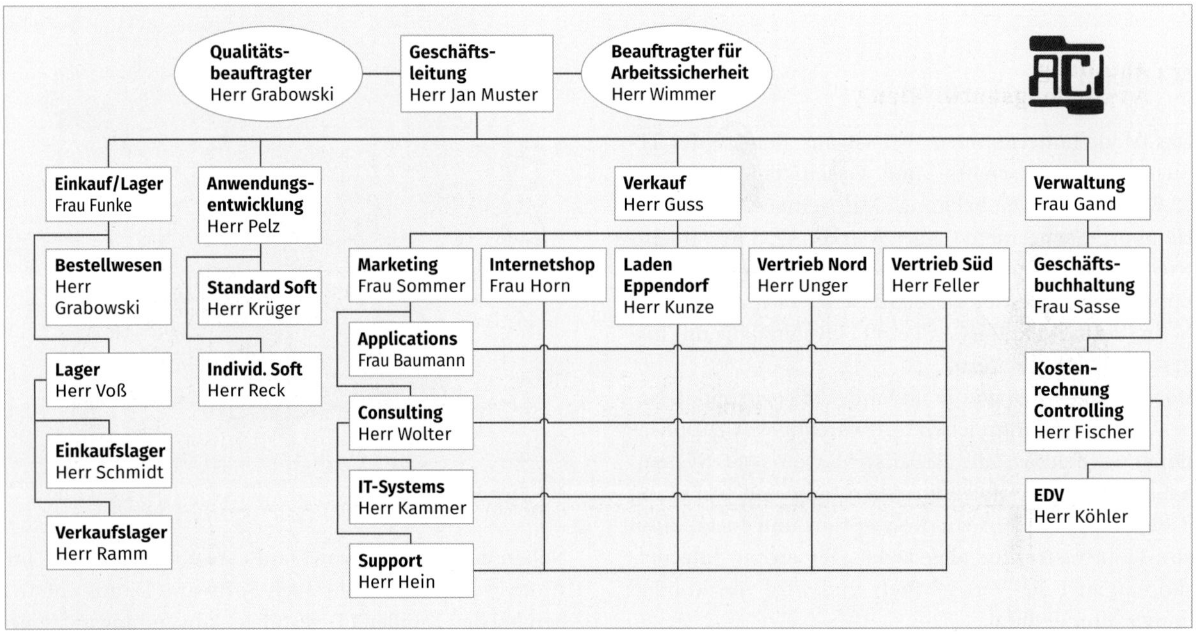

Stefan Fischer	ist Auszubildender als Fachinformatiker Anwendungsentwicklung.
Kai Dreyer	ist Auszubildender als IT-System-elektroniker.
Anna Hedder	wird zur IT-Systemkauffrau ausgebildet.
Kerstin Raabe	absolviert die Ausbildung zur Bürokauffrau im kaufmännischen Bereich.
Herr Köhler	ist der Ausbildungsleiter und zugleich EDV-Leiter bei ACI.

Der Ausbildungsleiter erstellt die Ausbildungspläne, hält Kontakt mit der Berufsschule, führt mit allen Auszubildenden einmal pro Woche eine Besprechung oder Schulung durch und steht ihnen als zentraler Ansprechpartner in allen Ausbildungsfragen zur Verfügung.

Abteilung Anwendungsentwicklung

Die Auszubildenden der IT-Berufe durchlaufen die einzelnen Arbeitsbereiche der Firma ACI nach einem festen Ausbildungsplan. Es hat sich bewährt, dass sie in den ersten beiden Jahren alle drei Monate den Ausbildungsplatz wechseln. So lernen sie möglichst viele Bereiche des Unternehmens kennen, wobei je nach Ausbildungsberuf besondere Aufgabenbereiche vertieft werden.

Das erste Jahr der Ausbildung dient insbesondere der Einarbeitung in verschiedene Aufgabenbereiche. Im zweiten Ausbildungsjahr erhalten die Auszubildenden mehr Eigenverantwortung. Ende des zweiten Ausbildungsjahres und im dritten Jahr sollen sie möglichst selbstständig Aufgabenbereiche wahrnehmen und an größeren Kundenprojekten teilnehmen.

1.2 Vorstellung der Mitarbeiter

S

Im Zuge des Durchlaufs durch die verschiedenen Arbeitsbereiche des Unternehmens sind die Auszubildenden im Bereich „Anwendungsentwicklung“ angekommen. Hier sollen sie die Aktivitäten von ACI bei der Entwicklung, Anpassung und Betreuung von Software kennen lernen. Sie werden von Herrn Pelz als Leiter der Abteilung Anwendungsentwicklung und seinen Mitarbeitern, Herr Krüger und Herr Reck, quasi an Bord begrüßt.

Onboarding ist ein moderner Begriff zur Bezeichnung der Sozialisation in einer Organisation. Neue Mitarbeiter sollen sich so das notwendige Wissen, die Fähigkeiten und das Verhalten aneignen, um effektiv handelnde Mitglieder einer Organisation zu werden.

Herr Pelz bittet zuerst die Auszubildenden, sich kurz vorzustellen und ihre Motivation bezüglich der Ausbildung im Fach Programmierung darzustellen. Er versucht, die Aussagen der Auszubildenden sofort zu kommentieren. Es ergibt sich folgende Ausgangssituation:

Onboarding-Meeting

Stefan Fischer ist Auszubildender als **Fachinformatiker Anwendungsentwicklung.** Er ist begeistert, endlich ordentlich programmieren zu lernen. Er hat schon einige Programme in Visual Basic erstellt und kann es kaum erwarten, am Rechner zu arbeiten.

Herr Pelz weist Stefan auf den Unterschied zwischen dem „Programmieren im Kleinen“ und dem „Programmieren im Großen“ hin. Kleine, selbst geschriebene Programme müssen einfach nur funktionieren, während große, kommerzielle Programme sich beim unbekannten Käufer bewähren müssen. Das verlangt in vieler Hinsicht eine andere Herangehensweise. Die anderen Auszubildenden sehen ihr Verhältnis zum Programmieren kritischer.

Kai Dreyer ist Auszubildender als **IT-Systemelektroniker.** Er sieht die Problematik wesentlich skeptischer. Hätte er Spaß am Programmieren gehabt, wäre er sicher auch Fachinformatiker Anwendungsentwicklung geworden. Er will aber lieber praktisch arbeiten.

Auch IT-Systemelektroniker müssen programmieren können, z. B. zur Einrichtung von Mess- und Steuerungseinrichtungen. Daher ist für sie ebenso ein Grundverständnis von Algorithmen, besonders von komplexen Bedingungsgefügen notwendig. Der Rahmenlehrplan verlangt vom IT-Systemelektroniker Kenntnisse grundlegender Algorithmen und Datenstrukturen.

Anna Hedder ist Auszubildende als **IT-Systemkauffrau.** Sie ist auch skeptisch und hat etwas Angst davor, die abstrakten Aufgaben nicht zu beherrschen.

Wichtig für die Systemkauffrau ist das Verständnis des gesamten Entwicklungsprozesses mit seinen Schritten vor und nach der Programmierung. Hier müssen gerade die Systemkaufleute die Verbindung zwischen Entwickler und Kunden herstellen und aufrechterhalten. Sie müssen dafür sorgen, dass die Software nach Maßgabe des Kunden und unter Einhaltung betriebswirtschaftlicher Grundsätze entwickelt wird. Gleiches gilt übrigens auch für Informatikkaufleute, wobei diese als interne Kunden die Mitarbeiter ihrer eigenen Organisation betreuen.

Kerstin Raabe ist Auszubildende als **Bürokauffrau.** Sie sieht diesem Ausbildungsabschnitt mit Interesse, aber gelassen entgegen, denn sie weiß, dass sie in ihrer Prüfung keine Programmieraufgaben zu erwarten hat.

Kerstin wird hauptsächlich Anwenderin betriebswirtschaftlicher und büroorganisatorischer Software sein. Sie muss die Prinzipien der Datenverarbeitung verstehen, denn nur so kann sie die Möglichkeiten und Grenzen von Software erfassen. Sie muss wissen, welche Voraussetzungen sie als Anwenderin für eine erfolgreiche Nutzung von Software zu schaffen hat.

S Anna wundert sich, dass eine Abteilung, die für das Unternehmen ACI doch offensichtlich wichtig ist, nur aus drei Mitarbeitern besteht. Schließlich hatte der Geschäftsführer, Herr Muster, den Bereich Applications im Geschäftsportfolio besonders hervorgehoben.

Herr Pelz greift die Frage von Anna auf und verbindet seine persönliche Vorstellung und die seiner Mitarbeiter auch mit einer ausführlicheren Darstellung der Arbeitsaufgaben.

Mitarbeiter	Arbeitsaufgabe	Schwerpunkte/Softwareprodukte
Herr Pelz	Abteilungsleiter	Er ist Projektverantwortlicher bei den jeweiligen Entwicklungsprojekten, verantwortlich für die Softwaretechnologie und die Koordinierung des Einsatzes von freien Mitarbeitern (Freelancer).
Herr Krüger	Standardsoftware (Standard Soft)	Sein Aufgabengebiet umfasst vorrangig die Softwarelösungen der DATEV eG Er betreut über 400 Steuerberaterkanzleien in ganz Deutschland. Parallel dazu kümmert er sich um alle Kunden, die Office-Programme, kaufmännische Programme zum Rechnungswesen, zur Auftragsbearbeitung, zur Lohn- und Gehaltsabrechnung sowie zum Dokumentenmanagement (DMS) bei ACI erworben haben.
Herr Reck	Individualsoftware (Individual Soft)	Den größten Teil seiner Arbeitszeit widmet er dem selbst entwickelten Programm zur Hausverwaltung. Es ist zurzeit bei über 200 Kunden installiert. Bei Bedarf arbeitet er zusätzlich mit den freiberuflichen Programmierern zusammen. Gemeinsam bieten sie Programmanpassungen an, programmieren kleine Applikationen in Java, Visual Basic oder PHP, erstellen Homepages oder Internetshops für Kunden, beraten und unterstützen bei Datenbankapplikationen oder schulen Mitarbeiter.
freiberufliche Mitarbeiter (Freelancer)	Softwareentwicklung, Kundenberatung und Softwarevertrieb, Kundenschulung	Das Unternehmen ACI arbeitet im Softwarebereich mit zahlreichen freiberuflichen Mitarbeitern jeweils für begrenzte Zeiträume und begrenzte Themen zusammen. Die Freiberufler sind Spezialisten ihres Faches und verdienen ihr Geld durch ihren Einsatz für mehrere Unternehmen.

Stefan, der zukünftige Fachinformatiker Anwendungsentwicklung, hatte bereits von der Möglichkeit gehört, als **Freelancer** zu arbeiten. Er fragt sich aber, warum diese Mitarbeiter mit besonderem Spezialwissen nicht als feste Mitarbeiter in das Unternehmen eingebunden werden, und äußert diese Frage nun auch.

Herr Pelz gibt ihm Recht, dass es oft besser wäre, auf diese Mitarbeiter als fest angestellte Mitarbeiter zurückgreifen zu können. Schließlich hat er die laufenden organisatorischen Dinge mit den Verträgen (Honorarverträge, Werkverträge, Beraterverträge usw.) sowie der Abrechnung zu klären. Andererseits weiß er aber auch, dass diese Spezialisten hohe Ansprüche bezüglich ihrer Vergütung haben. Für die „netto-orientierten" Gehaltsempfänger sind das oft sehr hohe Beträge, aber dabei darf nicht vergessen werden, dass sich die Freiberufler selbst versichern und auch für ihre Altersvorsorge etwas zurücklegen müssen.

Ein Unternehmen allein kann diese Spezialisten kaum vollständig auslasten. Besonders bei mittelständischen Unternehmen liegen nicht kontinuierlich Entwicklungs- oder Schulungsaufträge vor. Wünscht z. B. ein Kunde von ACI eine Schulung seiner Mitarbeiter, kann man den Kunden nicht auf einen Zeitpunkt vertrösten, zu dem die ACI-Mitarbeiter freie Kapazitäten haben. Andererseits können auch die Mitarbeiter von ACI nicht die laufenden Prozesse unterbrechen, nur um die Kundenschulung durchzuführen. Hier greift das Unternehmen auf einen Pool freier Mitarbeiter zu und bietet dem Kunden die Schulung durch einen bekannten und vertrauenswürdigen freien Dozenten im Auftrag der Firma ACI an.

Stefan ist skeptisch, ob er mit seinem Berufsabschluss den Einstieg in das Geschäft der freien Mitarbeiter schaffen kann. Sicherlich sind diese „Spezialisten" studierte Informatiker mit einem Bachelor oder Master als Abschluss. Welche Chancen hat er mit seinem späteren Berufsabschluss?

Herr Pelz kann ihn beruhigen. Neben den guten theoretischen Kenntnissen spielen bei den Freiberuflern die praktischen Erfahrungen und die soziale Kompetenz eine wesentliche Rolle. Der Auftraggeber kann nicht mit Theoretikern zusammenarbeiten, die alles diskutieren und infrage stellen, aber keine Ergebnisse abliefern. Natürlich sind neue Ideen auch von den Freiberuflern stets gefragt, aber sie müssen in die Produkte einfließen.

Die soziale Kompetenz als Fähigkeit, miteinander zu reden, pünktlich und zuverlässig zu liefern sowie im Team die Leistungen der anderen anzuerkennen, ist neben der fachlichen Kompetenz nicht zu vernachlässigen. Dieses Verhalten lernt man am besten im Rahmen einer Festanstellung, in einem festen Team und bei der Bewältigung zahlreicher Aufgaben. Wenn dieser Rahmen dann „zu eng" wird, dann sollte der Betreffende über einen Wechsel oder den Schritt in die Selbstständigkeit nachdenken.

Anna, die zukünftige IT-Systemkauffrau, wundert sich, dass die von anderen erstellte und bereits verkaufte Standardsoftware weiterhin so viel Arbeit verursacht.

Herr Krüger fühlt sich hier angesprochen. Er antwortet mit einem lapidaren Satz: „Die Welt ändert sich und die Software muss an diese Änderungen angepasst werden." Das ist einerseits schlecht, denn dies erfordert viel Arbeit und muss vorausschauend schon bei der Softwareentwicklung berücksichtigt werden. Andererseits bedeuten diese notwendigen Arbeiten „Lohn und Brot" für viele Beschäftigte in der IT-Branche.

Was ändert sich denn? Es verändern sich die technischen Einsatzbedingungen. Neue Hardware und neue Betriebssysteme dominieren auf dem Markt und sollen mit der Software genutzt werden. Es ändern sich aber auch gesetzliche Grundlagen von kaufmännischen Prozessen. Große Änderungen, wie der Jahrtausendwechsel und die Umstellung auf die Euro-Währung, wurden zwar erfolgreich bewältigt, aber neue Mehrwertsteuersätze oder Änderungen in den Sozialabgaben sind immer wieder zu erwarten.

S Nach der Vorstellungsrunde möchte Herr Pelz von den Azubis wissen, welches Projekt sie bereits in der Berufsschule realisiert haben und welches betriebliche Projekt sie in den kaufmännischen Abteilungen des Unternehmens kennen gelernt haben.

Anna, die zukünftige Systemkauffrau, verweist auf das Microsoft-Access-Projekt, das die Azubis bei der ACI GmbH im Rahmen ihrer kaufmännischen Ausbildung realisiert haben. Das Projekt unterstützt kaufmännische Prozesse im Bereich der Warenwirtschaft. ACI bietet in seinen Niederlassungen und über den Internetshop diverse Artikel aus dem Bereich Hard- und Software an. Das Warenwirtschaftssystem verwaltet die Stammdaten zu den Artikeln sowie die Kunden- und die Lieferantendaten und ermöglicht über diesen Weg die Abbildung der kaufmännischen Prozesse vom Einkauf bis zum Verkauf der Waren. Parallel dazu werden auch die Mitarbeiterdaten verwaltet. Das System ermöglicht, die Arbeitszeiten und die Entgelte der Mitarbeiter sowie deren Urlaubszeiten zu bearbeiten.

Technisch ist dieses Warenwirtschaftssystem mit einer Access-Datenbank verbunden. Die Ein- und Ausgaben erfolgen über die von Microsoft Access angebotenen Formulare und Berichte.

Vom Bereich Verkauf besteht der Wunsch, dieses System weiter zu vervollkommnen, sodass es in den Vertriebsniederlassungen Nord und Süd eingesetzt werden kann. Frau Horn, verantwortlich für den Internetshop, wünscht sich ebenfalls eine Verbindung zwischen dem Shopsystem und dem internen Warenwirtschaftssystem.

Kerstin präsentiert eine Microsoft-Access-Lösung für das Warenwirtschaftssystem. Stefan weist darauf hin, dass die vorliegende Lösung nur im lokalen Betrieb von einem einzigen Rechner aus nutzbar ist. Er sieht in dieser Lösung eigentlich nur einen Prototyp für das noch zu schaffende Warenwirtschaftssystem. Außerdem weiß Stefan aus Erfahrungen während des bisherigen Einsatzes des Systems, dass es noch diverse Schwachstellen enthält. Anlässlich einer Vorführung des Programms vor seinen Klassenkameraden in der Berufsschule war er sich eigentlich sicher, dass das System gut funktioniert, und musste feststellen, dass seine Klassenkameraden beim „Spielen und Experimentieren" diverse Fehler und unklare Beziehungen entdeckt hatten.

1.3 Organisation des Unternehmens

Zum Verständnis der Organisation und Tätigkeit eines Unternehmens ist es wichtig, die Geschäftsprozesse im Unternehmen zu identifizieren und zu verstehen. Der Begriff des Geschäftsprozesses sowie die Grundlagen der Geschäftsprozessidentifikation, der Modellierung und des Geschäftsprozessmanagements wurden bereits im Band 1 dieser Lehrbuchreihe ausführlich behandelt.

Geschäftsprozesse bestehen aus einer Folge von Aktivitäten, werden durch einen Input gestartet und führen zu einem vordefinierten Ergebnis, welches direkt oder indirekt durch das ausführende Unternehmen bei seinen Kunden verwertet werden kann. Ergebnisse der Geschäftsprozesse können Produkte oder Dienstleistungen beziehungsweise Unterstützungsleistungen bei der Erstellung dieser Ergebnisse sein. Deshalb unterscheidet man primäre und sekundäre Geschäftsprozesse.

Primäre Geschäftsprozesse führen zu Ergebnissen, die direkt beim Kunden verwertet werden können. Die Bearbeitung von Kundenaufträgen ist allgemein ein primärer Geschäftsprozess. Der Kunde übergibt mit seinem Auftrag den Start und den inhaltlichen Input für

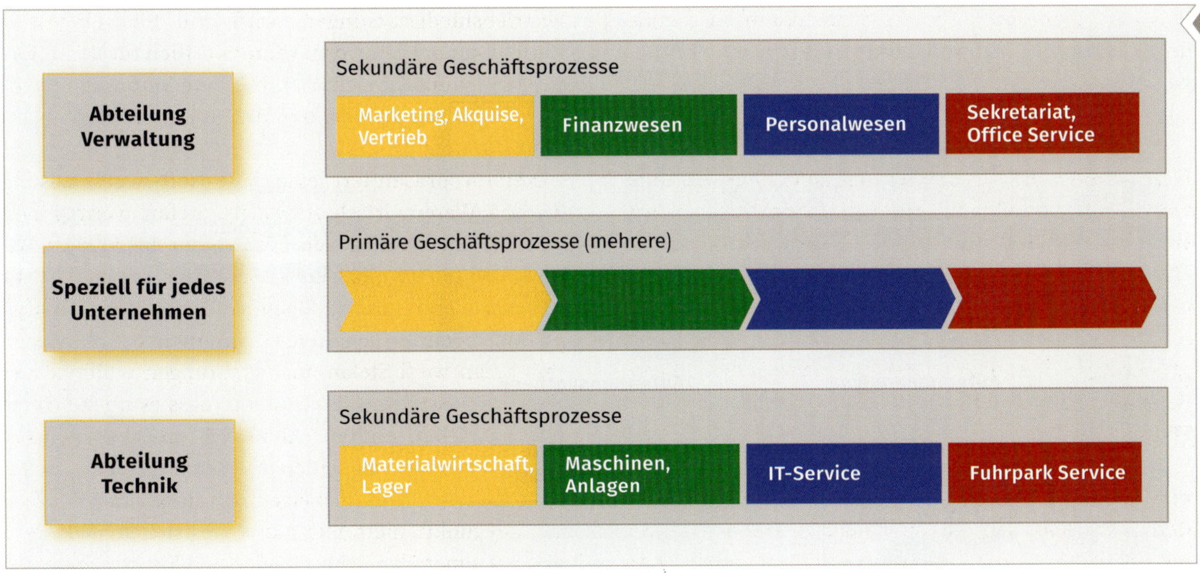

Primäre und sekundäre Geschäftsprozesse

den Prozess. Der Prozess ist abgeschlossen, wenn der Kunde sein Produkt oder seine Dienstleistung erhalten hat.

Sekundäre Geschäftsprozesse unterstützen die primären Geschäftsprozesse durch die Bereitstellung von Ressourcen oder die Verrechnung der erbrachten Leistungen. Auf diese Weise ermöglichen sie die einzelnen primären Geschäftsprozesse und sichern langfristig die wirtschaftliche Existenz des Unternehmens.

Teilweise unterscheidet man zusätzlich noch tertiäre Geschäftsprozesse, die der Weiterentwicklung und damit dem langfristigen Überleben des Unternehmens dienen. Den tertiären Geschäftsprozessen werden insbesondere die Forschungs- und Entwicklungsleistungen zugeordnet.

1.3.1 Aufbauorganisation

Die ACI GmbH verbindet ihr Geschäftsziel mit der Unterstützung von Kunden aus dem Bereich der kleinen und mittelständischen Unternehmen (KMU) bei Aufbau, Betrieb und Weiterentwicklung ihrer betrieblichen Informationssysteme. Dementsprechend setzt sich die unternehmerische Gesamtaufgabe folgendermaßen zusammen:

1. Entwicklung von Anwendungssoftware in den Produktsparten „Dokumentenmanagementsystem (DMS)" und „Enterprise Resource Planning System (ERP)" sowie „Individuelle Lösungen"
2. Lieferung, Installation und Betreuung der kundenspezifischen IT-Infrastruktur
3. Kundenservice mit Wartungsverträgen, Schulungen und Anpassung von Software

Es ist sinnvoll, sich mit der Organisationsstruktur im Unternehmen zu beschäftigen, um einen Eindruck vom Ausbildungsunternehmen zu bekommen. Dazu dient das dargestellte Organigramm (siehe Kap. 1.1).

Das Organigramm zeigt, wie das Unternehmen aufgebaut ist, und es bildet die Aufbauorganisation des Unternehmens ab. Neben der Aufbauorganisation ist die Organisation der betrieblichen Abläufe von Bedeutung. Innerhalb der betrieblichen Abläufe müssen die Geschäftsprozesse identifiziert werden. (siehe Grafik „Organisation und Aufgaben" auf folgender Seite)

Analysiert man die Gesamtaufgabe des Unternehmens, so lassen sich daraus Teilaufgaben ableiten. Zur Lösung dieser Teilaufgaben müssen im Rahmen der Arbeitsanalyse notwendige Arbeitsgänge als Aktivitäten gefunden und abgegrenzt werden. Die Verantwortung für die Bearbeitung der einzelnen Teilaufgaben wird in der Beschreibung von Stellen zusammengefasst. Zu einer Stelle kann es im Unternehmen je nach Umfang der anfallenden Aufgaben mehrere Planstellen geben, die durch geeignetes Personal zu besetzen sind. Nach der Besetzung übernimmt der Mitarbeiter oder die Mitarbeiterin die in der Stellenbeschreibung genannten Aufgaben. Zur Anleitung und Kontrolle der Mitarbeiter und Mitarbeiterinnen werden die Stellen in Abteilungen zusammengefasst, wo ein Abteilungsleiter die Verantwortung für alle dazugehörigen Teilaufgaben übernimmt.

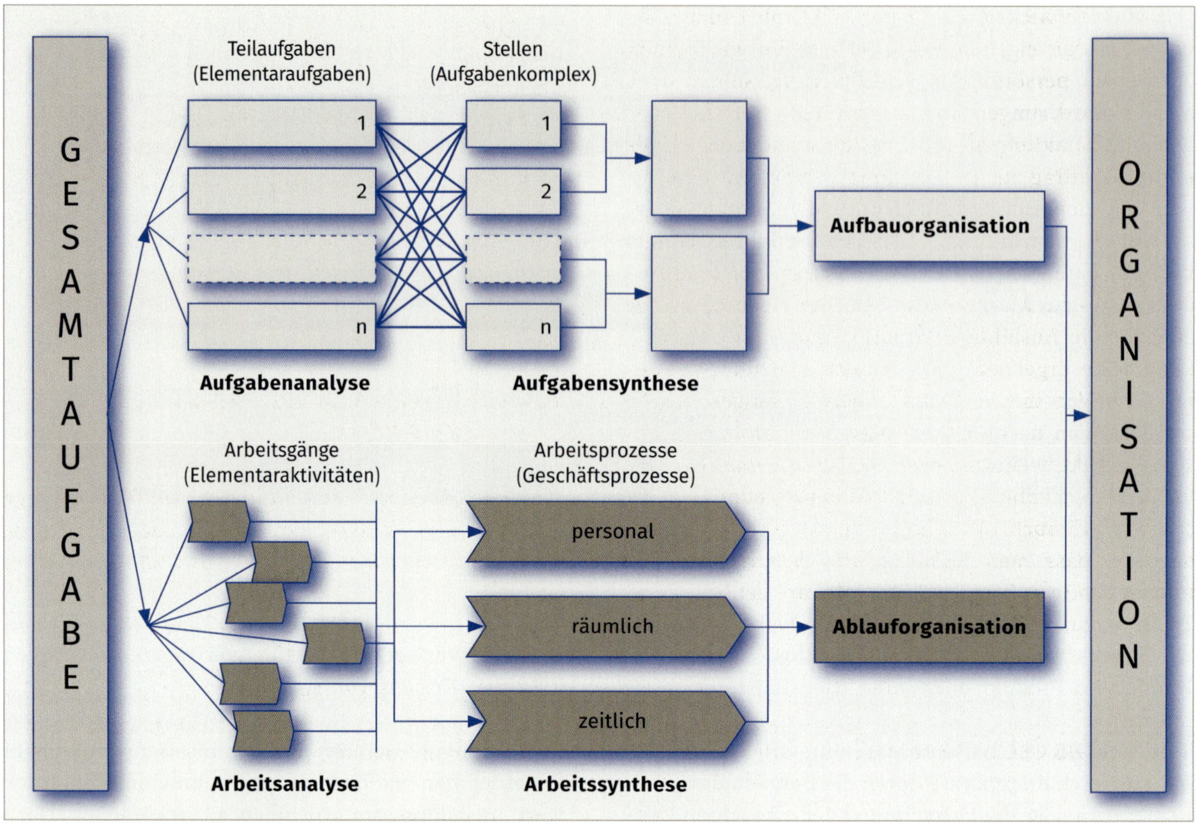

Organisation und Aufgaben (Quelle: Anlehnung an Bleicher 1987)

1.3.2 Ablauforganisation

Zur Lösung der Teilaufgaben müssen parallel zur Entwicklung der Aufbauorganisation die notwendigen Aktivitäten organisiert werden. Der Ablauf dieser Aktivitäten in ihrer zeitlichen Abfolge, ihrer personellen Verantwortung und räumlichen Zuordnung führt zur Identifikation der Geschäftsprozesse und bildet den Inhalt der Ablauforganisation.

S Die Auszubildenden wollen die von den Geschäftsprozessen der Auftragsbearbeitung geprägte Auftragssituation „Beratung und Verkauf von IT-Komponenten im Handelsgeschäft und im Internetshop“ durch ihre Softwareentwicklung abbilden. Sie konzentrieren sich auf die prozessorientierte Sicht.

Die „gelebten“ Geschäftsprozesse in einem Unternehmen sind nicht immer ideal organisiert. Sie sind historisch entstanden und geprägt durch Situationen, die heute eventuell nicht mehr wirksam sind. Geschäftsprozesse sind auch geprägt durch die subjektiven Einflüsse der beteiligten Personen. Aufgabe des Geschäftsprozessmanagements ist es, die Geschäftsprozesse zu kontrollieren und weiter zu entwickeln. Dazu gehört auch die Abbildung bzw. Dokumentation der Aktivitäten und Ergebnisse im betrieblichen Informationssystem. Auf diese Weise entstanden mächtige Softwaresysteme, die fast alle Aktivitäten im Unternehmen erfassen und durch ihren Datenbestand abbilden (Enterprise-Resource-Planning-Systeme, ERP-Systeme). Erst diese Softwaresysteme ermöglichen durch die Erfassung, Speicherung und Bereitstellung aller Daten über eine zentrale Datenbank eine effektive Planung und Kontrolle aller Geschäftsprozesse im Unternehmen.

1.4 Software als Produkt

Zu den unternehmerischen Aktivitäten der ACI GmbH gehört die Entwicklung von Anwendungssoftware mit den Produkten „Dokumentenmanagementsystem (DMS)“ und „Enterprise-Resource-Planning-System (ERP)“ sowie von individuellen Lösungen. Diese Softwaresysteme werden entwickelt zum Verkauf an die Kunden. Software wird damit zu einem Produkt, das sich auf dem Markt durchsetzen muss.

Natürlich entwickelt man in der ACI GmbH auch Software für den eigenen Bedarf. Diese Entwicklungen dienen der persönlichen Qualifizierung, sollten aber allen Anforderungen an professionelle Software mit Produktcharakter genügen. Die Auszubildenden erhalten den Auftrag zur Entwicklung von Software für einen Webshop. Ein derartiger Entwicklungsauftrag erscheint zuerst widersinnig, schließlich gibt es bereits nachnutzbare Lösungen, also fertige Softwareprodukte auf dem Markt. Diese Nachentwicklung bringt aber für die Ausbildungssituation auch Vorteile. Man kann seine Ergebnisse stets an den Leistungen anderer Lösungen messen. Sind andere Lösungen besser, so muss man nacharbeiten. Man kann stolz sein auf sein Produkt, wenn die eigene Lösung besser ist, z. B. im Leistungsumfang, in der Bedienung oder im Ressourcenverbrauch. An diesem kleinen Vergleich wird deutlich, dass man Kriterien für derartige Bewertungen benötigt. Zum Produkt Software gehören auch die Bewertung und Sicherung seiner Qualität.

1.4.1 Was ist Software?

W

Software umfasst nach IEEE Standard 610.12 Programme, vorgeschriebene Abläufe, auch Dokumentation und Daten, die zum Betrieb eines Rechnersystems erforderlich sind.
Software: Computer programs, procedures, and possibly associated documentation and data pertaining to the operation of a computer system.
[IEEE Standard 610.12-1990]

Das ist eine sehr allgemeine, aber für die weiteren Ausführungen nützliche Betrachtungsweise. Im engeren Sinne versteht man unter Software eine Folge von zusammenhängenden, maschinenverständlichen Anweisungen, die in Verbindung mit einer geeigneten Hardware die Verarbeitung von Daten ermöglichen. Diese Betrachtung schränkt Software auf das Programm ein, der IEEE Standard fügt dem aber noch vorgeschriebene Abläufe, Dokumentationen und Daten bei. Letztere sind notwendig, um aus dem Programm ein Produkt zu entwickeln, das von einem Anwender erfolgreich genutzt werden kann.

Allein der einfache Download eines als Freeware angebotenen Programms verhilft dem Anwender allgemein nicht zu einer erfolgreichen Anwendung. D. h., er sucht zusätzlich nach einer Dokumentation und braucht zumindest Hinweise auf die vorgeschriebenen Abläufe für die ordnungsgemäße Installation der Programme. Aufwerten kann er seine Arbeitsmöglichkeiten mit dem Programm dann durch das Herunterladen von dazugehörigen Daten, z. B. in Gestalt von Beispieldateien oder durch sogenannte Add-ins. Softwareanbieter packen Programme, Abläufe, Dokumentationen und zusätzliche Daten oft in einer komprimierten Datei zusammen und stellen so ihre „Software" zum Download bereit.

1.4.2 Software in der Hand des Anwenders

Für den Anwender ist die Software ein Werkzeug zur besseren oder leichteren Gestaltung seiner kommerziellen oder privaten Tätigkeiten. Die **Software** wird zu einem **Produkt,** das

- durch fremde, unbekannte Anwender eingesetzt wird,
- in einer fremden, und damit für den Entwickler weitgehend unbekannten Umgebung seine Aufgaben erfüllen soll.

Software wird nicht nur als eigenständiges Produkt verkauft, sondern ist in immer größerem Maße ein eingebetteter Bestandteil anderer Produkte. Die Software erfüllt hier überwiegend Steuerungsaufgaben, aber auch allgemeine datenverarbeitende Aufgaben. Und der Bedarf an derartiger Software nimmt in den nächsten Jahren weiter zu. Schon heute wird die Mehrzahl aller produzierten CPUs in eingebetteten Systemen verwendet. Die qualitativ hochwertige digitale Kommunikation (z. B. bei Handy, Rundfunk und Fernsehen) ist ohne Software nicht realisierbar. Elektronische Steuerungen sind heute in beinahe jedem Haushaltsgerät anzutreffen. Sie ermöglichen fast menschenleere Produktionsstätten, in denen Roboter die Fertigung der Wirtschaftsgüter übernehmen (Industrie 4.0). Bekannt ist auch, dass ein Auto der Mittelklasse heute mehr Elektronik an Bord hat als die Mondlandefähre aus der Zeit der Apollo-Raumkapseln.

Die weiteren Betrachtungen sollen sich aber auf Software als eigenständiges Produkt konzentrieren. Die folgenden Aussagen zur Softwarequalität und zur Softwaretechnologie lassen sich analog auf die eingebettete Software übertragen.

Zunächst ist Software ein Produkt wie jedes andere. Software sollte als technisches Produkt betrachtet werden, das wie andere Produkte systematisch entwickelt werden kann und durch feststellbare Eigenschaften (Funktionalität, Qualität) gekennzeichnet ist. Software weist aber einige besondere Merkmale auf, die beim Umgang mit ihr beachtet werden müssen:

W

Besondere Eigenschaften von Software
- Software ist immateriell, d. h. nur durch den Datenträger materiell und „fassbar".
- Software kann nicht ohne Weiteres betrachtet werden, Computer und passende Betriebssysteme sind notwendig.
- Kopie und Original sind völlig gleich. Das Erstellen von Kopien verursacht kaum Aufwand.
- Software wird nicht gefertigt, sondern nur entwickelt. Jede Softwareentwicklung ist eine individuelle Leistung, je nach Umfang der Software erbracht durch kleine oder große Teamarbeit.
- Software verschleißt nicht, aber Software „altert" in dem Maße, in dem sich ihre Umwelt ändert.

Was wir als natürlich empfinden, verknüpft sich mit materiellen Eigenschaften. An Software ist nichts natürlich. Erfahrungen aus der natürlichen Welt sind auf die Software nicht übertragbar, werden aber dennoch ständig übertragen. Zum Beispiel stellt die Wartung nicht den alten Zustand wieder her, sondern schafft einen neuen Zustand. Software unterliegt keinem Verschleiß, sie veraltet aber, da sich ihr Umfeld und ihre Einsatzbedingungen verändern. Die Verwendung bei vielen Anwendern erscheint bei Software extrem lukrativ, wenn der Aufwand für Anpassungen relativ gering ausfällt. Programmierer unterschätzen allerdings meist das Problem der Anpassbarkeit.

Die Entwicklung und Bereitstellung von Anwendungen in der IT (Informations- und Telekommunikationstechnik) muss eine Verbindung zwischen dem aktuell technisch Machbaren und den Anforderungen der Kunden schaffen.

S

Die Firma ACI GmbH nutzt die im eigenen Haus entwickelte Software selbst als gewerblicher Kunde, also als ein Nutzer der IT, der unter Einsatz von IT-Anwendungen seine gewerbliche Tätigkeit ausüben, ausweiten und rationeller gestalten will.

ACI ist zugleich Auftraggeber und Anwender für ein Warenwirtschaftssystem mit eingebundenem Webshop, das die Auszubildenden entwickeln sollen. Diese Eigenentwicklung versetzt die Firma ACI GmbH damit zugleich in die Rolle von Auftraggeber und Auftragnehmer.

1.4.3 Systematik der Software

1.4.3.1 System- oder Anwendungssoftware

Nach ihrer Bestimmung wird zwischen Anwendungssoftware und Systemsoftware unterschieden.

W

Systemsoftware dient zum Betreiben (daher auch Betriebssystem) der Hardware, während **Anwendungssoftware** zur Bearbeitung einer fachlich-inhaltlichen Aufgabenstellung beim Anwender benötigt wird.

Systemsoftware ist zum Betrieb und zur Steuerung der Hardware erforderlich und umfasst außerdem hardwarenahe, anwendungsneutrale Entwicklungs- und Verwaltungsprogramme.

Ursprünglich wurde die Systemsoftware direkt vom Hardwarehersteller entwickelt und ausgeliefert, heute wird Systemsoftware auch von hardwareunabhängigen Softwareunternehmen angeboten. Zur Systemsoftware werden alle Softwareprodukte gerechnet, die anwendungsunabhängig sind und damit für unterschiedlichste Anwendungen eingesetzt werden können. So gehören zur Präsentationssoftware u. a. die Browser, mit denen die Informationsangebote aus dem Internet betrachtet werden können. Der Browser wiederum bietet den Rahmen für den Einsatz aktiver Komponenten (z. B. JavaScript), womit sich Anwendungssoftware realisieren lässt. Ähnlich verhält es sich mit den Datenbankmanagementsystemen, die als solche anwendungsunabhängig sind, aber im Rahmen von betriebswirtschaftlichen Anwendungen zur Datenverwaltung eingesetzt werden.

W

Anwendungssoftware umfasst alle Programme, die betriebswirtschaftliche, technisch-wissenschaftliche oder branchenbezogene Anwendungen unterstützen. Die Anwendungssoftware lässt sich in folgende Bereiche aufteilen:
- **Betriebswirtschaftliche Anwendungssoftware:** Sämtliche für betriebswirtschaftliche Zwecke genutzte Programme. Soweit es sich um notwendige Aufgaben handelt, versuchen die meisten Unternehmen hierfür Standardsoftware einzusetzen.
- **Technische Anwendungssoftware:** Unterstützung technischer bzw. mathematischer Aufgaben, wie z. B. Software für grafische Darstellungen, technische Berechnungen und Architekturlösungen.
- **Branchensoftware:** An der Schnittstelle zwischen betriebswirtschaftlichen und technologischen Aufgaben werden branchenspezifische Aufgaben unterstützt (z. B. Berechnung der Taxigebühren aus Fahrweg und Standzeiten oder Berechnung von Heizkosten pro Wohnung etc.)

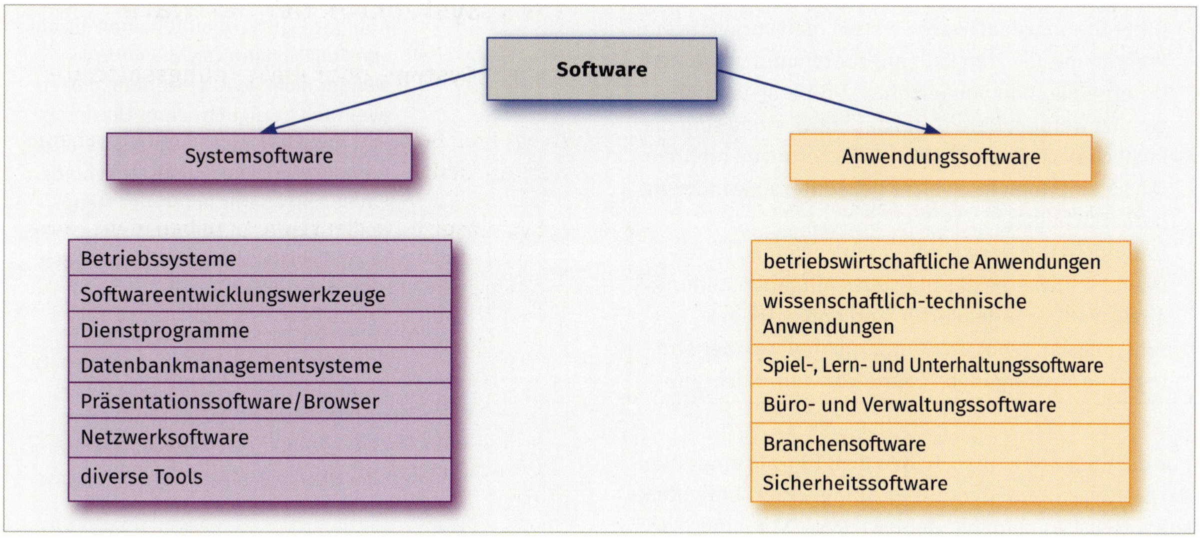

Systematik der Software

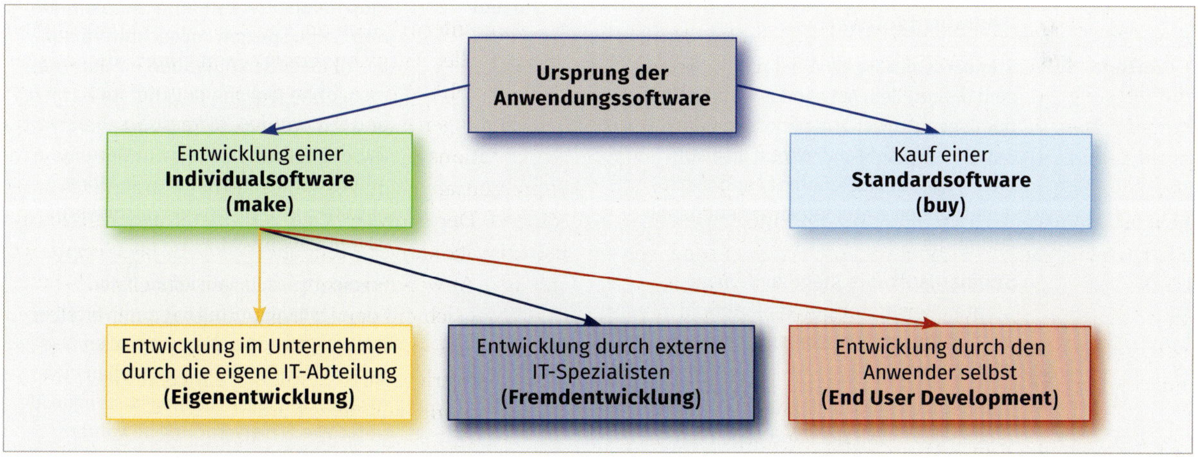

Ursprung der Anwendungssoftware

Systemsoftware wird heute fast ausschließlich als Standardsoftware vertrieben, während Anwendungssoftware nicht für alle Problemstellungen standardmäßig vorhanden ist und dann individuell entwickelt oder zumindest stark modifiziert wird.

S Das von den Auszubildenden zu erstellende Warenwirtschaftssystem mit dem angebundenen Webshop ist eindeutig eine Anwendungssoftware aus dem Bereich der betriebswirtschaftlichen Anwendungen.

Die folgenden Ausführungen konzentrieren sich auf die Anwendungssoftware und hier speziell auf die betriebswirtschaftlichen Anwendungen.

1.4.3.2 Standard- oder Individualsoftware

Nach dem Ursprung der Anwendungssoftware unterscheidet man Standardsoftware und Individualsoftware. Individualsoftware wird speziell für die Bearbeitung der Aufgaben des Anwenders entwickelt, während Standardsoftware frei am Markt zum Kauf angeboten wird und in gleicher Struktur bei verschiedenen Anwendern zum Einsatz kommt.

Oft entwickelt sich aus einer Individualsoftware durch Ausbau und Erweiterung des Funktionsangebotes eine am Markt angebotene Standardsoftware. Diese Software, erstellt als Werkzeug für einen speziellen Anwender, wird damit zu einem allgemein verfügbaren Werkzeug für alle Anwender und damit zu einem Standardwerkzeug.

Unter **Standardsoftware** versteht man vorgefertigte Programme, die zum Kauf angeboten und von vielen Unternehmen für vergleichbare Problemstellungen genutzt werden. Bereits bei der Entwicklung sind die fachlichen und technischen Anforderungen mehrerer, im Einzelnen noch nicht bekannter Anwender zu berücksichtigen.
Individualsoftware wird für ein einzelnes Unternehmen bzw. eine spezialisierte Aufgabenstellung entwickelt. Gründe hierfür sind entweder ein fehlendes Angebot an Standardsoftware oder strategische Überlegungen (siehe Vor- und Nachteile).

Für die Entscheidung zwischen dem Einsatz einer Standardsoftware und der Entwicklung einer Individualsoftware ist es sinnvoll, die jeweiligen Vor- und Nachteile aufzulisten und individuell für das Unternehmen zu bewerten.

Standardsoftware	
Vorteile	Standardsoftware kann mit relativ geringem finanziellem Aufwand erworben und damit genutzt werden. Der oft immense Entwicklungsaufwand verteilt sich auf die Menge der Lizenznehmer und fällt damit für den einzelnen Anwender relativ gering aus.
	Standardsoftware steht zu dem geplanten Einsatzzeitpunkt allgemein auch in vollem Funktionsumfang zur Verfügung.
	Standardsoftware beinhaltet die Erfahrungen des Entwicklers und allgemein auch vieler Anwender. Man kauft damit nicht nur eine Software, sondern auch das Know-how zur Bearbeitung der vorgesehenen Aufgaben.
	Standardsoftware wird allgemein vom Entwickler weiter betreut, aktualisiert und damit an veränderte technische, organisatorische und gesetzliche Einsatzbedingungen angepasst.
Nachteile	Standardsoftware ist ein Standardwerkzeug, das allen zur Verfügung steht. Man kann diese Software zwar unterschiedlich gut, vollständig und effektiv nutzen, sie bietet an sich jedoch keinen Wettbewerbsvorteil. Bei den Autorennen der Formel 1 würde das bedeuten, dass alle Teams mit dem gleichen, serienmäßig erstellten Fahrzeug an den Start rollen.
	Standardsoftware bietet eine Vielzahl von Funktionalitäten, die vom Anwender nicht genutzt werden, diesen eventuell bezüglich seiner Unwissenheit frustrieren und zusätzlich enorme Ressourcen im Rechnersystem binden. Ein Beispiel dafür liefert der Menüpunkt „Extras“ in Microsoft Word! Wer hat diese Funktionen bereits genutzt oder gebraucht?
	Die Anwender von Standardsoftware sind abhängig vom Softwareanbieter. Er bestimmt den Innovationszyklus (Auslieferung neuer Release-Stände). Sein Verschwinden vom Markt durch Konkurs oder Übernahme gefährdet die weitere Nutzbarkeit der Standardsoftware.

Individualsoftware	
Vorteile	Individualsoftware sollte „Maßkonfektion“ sein, speziell zugeschnitten auf die zu lösenden Aufgaben im Unternehmen, ohne jegliche ungenutzte Zusätze und mit optimalem Ressourceneinsatz. Damit kann ein Unternehmen seine Alleinstellungsmerkmale am Markt abbilden und zu einem Wettbewerbsvorteil entwickeln.
	Fremdentwicklungen können den Alleinstellungsvorteil mit dem Vorteil in Kosten und Kompetenz verbinden. Die externen IT-Spezialisten erstellen eine maßgeschneiderte Lösung kostengünstig unter Wiederverwendung bewährter Programmbausteine. Das Konzept der Wiederverwendung von „Business Objects“ wird im Kapital 3 erläutert.
	Eigenentwicklungen ermöglichen es, spezielles Know-how ohne Preisgabe an externe IT-Spezialisten oder Standardsoftwareentwickler in die Anwendungssoftware einzubinden. Gleichzeitig entfällt die Abhängigkeit von unternehmensexternen Leistungen.
	End User Development wird durch spezielle Tools in der Standardsoftware unterstützt, z. B. durch die Makroaufzeichnung und die VBA-Entwicklungsumgebung in den Office-Produkten. Damit kann der Endnutzer seine Aufgaben sehr schnell, flexibel und ohne Abstimmungsaufwand mit IT-Spezialisten lösen.

Nachteile	Individualsoftware wird meist in den einmaligen Kosten der Entwicklung teurer als Standardsoftware. Sie steht oftmals nicht zum geplanten Termin bereit und ist fehleranfälliger als Standardsoftware, da ein breiter Kreis von Anwendern als potenzielle Tester entfällt.
	Zur Weiterentwicklung und Wartung der Software ist eigenes Personal notwendig, was wiederum zu erheblichen laufenden Kosten führen kann.

Bei der „make or buy"-Entscheidung spielt die Abschätzung der Investitionssicherheit für die Unternehmen eine entscheidende Rolle. Die Investition in eine bestimmte betriebswirtschaftliche Anwendungssoftware ist eine Entscheidung mit sehr langem Zeithorizont. Bei der Investition sind die Lizenz- oder Entwicklungskosten meist nur der geringste Aufwandsposten. Die Umstellung der internen Organisation auf die Anforderungen der Anwendungssoftware, die Schulung der Mitarbeiter, die Einführung neuer Systematiken, neuer Nummernsysteme, neuer Belege und neuer Bearbeitungsabläufe einschließlich neuer Verantwortlichkeiten kann in einem größeren Unternehmen über Jahre dauern. Diese Investition muss sicher sein, und wenn die Anwendungssoftware schließlich fehlerfrei funktioniert, ist das Unternehmen hochgradig abhängig von der Software. Ein Computerausfall und damit auch ein Ausfall der Software legt das ganze Unternehmen lahm.

Funktioniert die Software und harmoniert sie mit der betrieblichen Organisation, so gilt: „Never touch a running system!". Betriebswirtschaftliche Anwendungssoftware wird teilweise 20 Jahre und länger genutzt. Der erschreckte Blick auf die alte Software zur letzten Jahrtausendwende oder die Langlebigkeit der Programmiersprache COBOL sind Beweise für die langen Nutzungszeiten betriebswirtschaftlicher Anwendungssoftware.

S Die Auszubildenden der ACI GmbH erhielten bekanntlich die Aufgabe, das bestehende Warenwirtschaftssystem mithilfe der Programmiersprache Java neu zu programmieren und damit dessen Einsatz auf anderen Rechnersystemen der Niederlassungen der ACI GmbH zu ermöglichen. Bei dieser Gelegenheit ist diese Anwendungssoftware um eine neue Komponente, den Webshop, zu ergänzen. Es handelt sich somit um den Auftrag zur Eigenentwicklung bei gleichzeitiger Sicherung aller Investitionen des Unternehmens in die Organisation des Warenwirtschaftssystems.

1.4.3.3 Vergütung der Softwareentwicklungsleistungen

> Auszug aus dem „Gesetz über Urheberrechte und verwandte Schutzrechte"
> Abschnitt 8: Besondere Bestimmungen für Computerprogramme
>
> **§ 69a Gegenstand des Schutzes**
> (1) Computerprogramme im Sinne dieses Gesetzes sind Programme in jeder Gestalt, einschließlich des Entwurfsmaterials.
> (2) Der gewährte Schutz gilt für alle Ausdrucksformen eines Computerprogramms.
> Ideen und Grundsätze, die einem Element eines Computerprogramms zugrunde liegen, einschließlich der den Schnittstellen zugrunde liegenden Ideen und Grundsätze, sind nicht geschützt.
> **§ 69b Urheber in Arbeits- und Dienstverhältnissen**
> (1) Wird ein Computerprogramm von einem Arbeitnehmer in Wahrnehmung seiner Aufgaben oder nach den Anweisungen seines Arbeitgebers geschaffen, so ist ausschließlich der Arbeitgeber zur Ausübung aller vermögensrechtlichen Befugnisse an dem Computerprogramm berechtigt, sofern nichts anderes vereinbart ist.
> (2) Absatz 1 ist auf Dienstverhältnisse entsprechend anzuwenden.

Die Entwicklung von Software ist nach dem Urheberrecht als schöpferische Leistung geschützt. Der Urheber kann die von ihm erstellte Software anderen gegen Entgelt oder kostenlos zur Nutzung übergeben. Die Nutzungsbedingungen werden allgemein im Rahmen eines **Lizenzvertrages** geregelt.

Erstellt ein Mitarbeiter im Auftrag und auf Anweisung seines Arbeitgebers eine Software, so stehen dem Arbeitgeber alle Verwertungsrechte an der Software zu.

Wenn die Auszubildenden im Auftrag der ACI GmbH eine Anwendungssoftware entwickeln, so sind und bleiben sie die Urheber dieser Software. Sie dürfen diese Software jedoch nicht selbst als eine Standardsoftware an andere Unternehmen verkaufen, denn alle vermögensrechtlichen Befugnisse stehen der ACI GmbH zu. Die ACI GmbH wiederum kann Lizenzen an andere Unternehmen vergeben. S

Fremdentwicklungen erfolgen nach Anweisungen und auf Kosten des Auftraggebers. Die IT-Spezialisten, auch die Freelancer, stehen dabei in einem Dienstverhältnis zum Auftraggeber. Ähnlich wie bei den Arbeitnehmern verbleiben zwar die Urheberrechte bei ihnen, es stehen ihnen aber keine vermögensrechtlichen Befugnisse bezüglich der erstellten Software zu. Eindeutig ist das Arbeitnehmerverhältnis bei Eigenentwicklungen durch unternehmensinterne IT-Abteilungen oder bei Entwicklungen für Endnutzer.

Proprietäre Software

Der Begriff der proprietären Software spiegelt das Urheberrecht an der Software mit allen ausgrenzenden Konsequenzen wider. Eine Person oder ein Unternehmen verfügt über die exklusiven Rechte an einer Software. Man verweigert auf dieser Grundlage anderen Personen den Zugang zum Quelltext und verbietet das Kopieren, Verändern, Anpassen und das Weitergeben der Software. Das Recht zur Nutzung wird nur unter bestimmten Auflagen (Lizenzvertrag) und kostenpflichtig (Lizenzgebühr) gewährt.

Trotz dieser Verwertungsmöglichkeiten wird immer mehr Software, Systemsoftware und Anwendungssoftware, kostenlos zur Nutzung angeboten. Hierfür gibt es einige weit verbreitete Modelle:

Public-Domain-Software, Freeware

Diese Software wird vom Entwickler als „öffentliches Gut" deklariert und steht allen potenziellen Nutzern kostenlos zur Verfügung. Softwareentwicklungen an öffentlichen Einrichtungen, Universitäten oder Ministerien werden meist von der Allgemeinheit über Steuern finanziert und sollten dann auch der Allgemeinheit kostenlos zur Verfügung stehen. (siehe z. B. V-Modell XT.) Hier wird Software als fertiges Produkt angeboten, dessen Nutzung kostenfrei ist. Die Interna, wie z. B. der Quellcode, bleiben für den Anwender unsichtbar. Eine Weiterentwicklung oder Anpassung der Produkte durch den Anwender ist damit bei Public-Domain-Software weitgehend ausgeschlossen.

Shareware

Die Software wird unter den Interessenten kostenlos verteilt. Der potenzielle Anwender kann teilhaben an den Leistungen dieses Produktes. Der Anwender kann die Software zuerst kostenlos testen. Zur Freischaltung aller Leistungsmerkmale, zur Überwindung lästiger Lizenzierungshinweise oder bei Ablauf einer Testfrist kann sich der Anwender nach Zahlung der Lizenzgebühr als regulärer Nutzer registrieren lassen.

Die Sharewareentwickler versuchen ihre Kunden durch den kostenlosen Einstieg zu finden. Mehrheitlich wird die Software weiter kostenlos genutzt, nur wenigen Sharewareentwicklern gelang der Durchbruch zu marktbeherrschenden Positionen. Auch hier bleiben die Interna, wie z. B. der Quellcode, für den Anwender unsichtbar. Eine Weiterentwicklung oder Anpassung der Sharewareprodukte durch den Anwender ist ausgeschlossen.

Open Source

Bei der Open-Source-Software wird der Quellcode durch die Entwickler offengelegt und meist über das Internet für jedermann zugänglich gemacht. Jeder Interessent hat das Recht und die Möglichkeit, den Quellcode zu ergänzen und zu erweitern. Entdeckte Fehler und entsprechend korrigierter Quellcode sowie Programmverbesserungen müssen anschließend wieder der Allgemeinheit zugänglich gemacht werden. Damit entstehen „Open Source Communities" als Gruppen von enthusiastischen Softwareentwicklern, die sich im Wesentlichen über das Internet austauschen.

Wichtig ist diesen Entwicklern die Offenheit des Quellcodes. Damit soll der Nachweis erbracht werden, dass die Anwender weder durch verborgene Komponenten ausspioniert noch sonst wie geschädigt werden, wobei die Überprüfung dieses Anliegens bei oftmals mehreren Millionen Zeilen Quellcode schwerfällt.

Als Open-Source-Projekte sind inzwischen wichtige und allgemein anerkannte Softwareprodukte entstanden:

Betriebssystem	Linux
Datenbankmanagementsystem	MySQL
Office-Paket	LibreOffice
Webserver	Apache
Webbrowser	Mozilla Firefox

Open-Source-Produkte können im nichtkommerziellen Bereich kostenlos eingesetzt werden. Für kommerzielle Anwendungen werden durch Unternehmen, die von der jeweiligen Open Source Community autorisiert wurden, Lizenzgebühren erhoben. Ansonsten finanzieren sich die Open-Source-Entwickler durch Dienstleistungen, Schulungen, Publikationen und durch Anpassungsleistungen zu den Open-Source-Produkten.

Die Open-Source-Bewegung hat ihren Ursprung im GNU-Projekt von Richard Stallmann und sieht ihre rechtliche Basis in der GNU General Public License (GPL). Das GNU-Projekt entstand Anfang der 80er-Jahre und hatte das Ziel, ein freies Betriebssystem in der Art von Unix („**G**NU is **n**ot **U**NIX") zu entwickeln.

W

Die GNU General Public License (GPL) gewährt jedermann vier Freiheiten:
1) Das Programm darf ohne Einschränkungen genutzt werden.
2) Kopien dürfen kostenlos verteilt werden.
3) Der Quellcode ist einsehbar und darf verändert werden.
4) Geänderte Versionen dürfen nach 2) publiziert werden, wobei 3) zu sichern ist.

Aufgaben

1. Ordnen Sie die folgenden Produkte den Arten unter Aufgabe 2 zu.
A) Linux
B) Pegasus Mail
C) SMTP
D) POP
E) Opera
F) Microsoft Outlook Express
G) Norton Security Suite
H) PGP
I) WinZip
J) Microsoft Visual Studio
K) SiSy
L) Microsoft SQL Server
M) Quick Time
N) Norton Antivirus
O) Norton AntiSpy

2. Nennen Sie zu den folgenden Arten von Systemsoftware jeweils ein weiteres bekanntes Produkt.
a) Betriebssystem
b) Elektronische Post (E-Mail)
c) Protokolle
d) Webbrowser
e) Terminverwaltung
f) Virenscanner
g) Verschlüsselung
h) Firewall
i) Anti Spy
j) Komprimierung
k) Softwareentwicklungswerkzeug
l) Datenbankmanagementsystem
m) Präsentationssoftware

3. Ordnen Sie die folgenden Produkte den Arten unter Aufgabe 4 zu.
A) Lexware financial office
B) SAP S/4HANA
C) SPSS
D) Die Siedler
E) World of Warcraft WoW
F) Moodle
G) Microsoft Office
H) Schulverwaltung
I) Bibliotheksverwaltung

4. Nennen Sie zu den folgenden Arten von Standardsoftware jeweils ein weiteres bekanntes Produkt.
a) betriebswirtschaftliche Anwendungen
b) wissenschaftlich-technische Anwendungen
c) Spiele
d) Lernprogramme
e) Unterhaltungssoftware
f) Büro- und Verwaltungssoftware
g) Branchensoftware
h) Sicherheitssoftware

5. Ordnen Sie die folgenden Produkte den Arten unter Aufgabe 6 zu.
A) Linux
B) MySQL
C) LibreOffice
D) Apache Tomcat
E) Mozilla Firefox

6. Nennen Sie zu den folgenden Arten von Open-Source-Produkten jeweils ein weiteres bekanntes Produkt.
a) Betriebssystem
b) Datenbankmanagementsystem
c) Office-Paket
d) Webserver
e) Webbrowser

7. Ordnen Sie die folgenden Produkte den aufgeführten Arten unter Aufgabe 8 zu.
A) Microsoft Access
B) Microsoft PowerPoint
C) Microsoft Excel
D) Adobe Photoshop
E) MindManager
F) WordPress
G) Microsoft FrontPage
H) Microsoft Project
I) Microsoft Visio

8. Nennen Sie zu den folgenden Arten von Office-Software jeweils ein weiteres bekanntes Produkt.
a) Textverarbeitung
b) Datenbankmanagementsystem
c) Präsentation
d) Tabellenkalkulation
e) Desktop-Publishing
f) Mindmapping
g) Content Management System
h) Projektplanungssystem

1.4.4 Softwarequalität

Die Software möchte der Entwickler als Produkt nach den dargestellten Verwertungsmöglichkeiten selbst vermarkten oder vermittelt durch die Organisation seines Arbeitgebers verkaufen. Er will von der Entwicklung und Bereitstellung sowie späteren Betreuung seiner Produkte leben. Und der Anwender soll es bezahlen.

Der Anwender muss durch die Nutzung des Produktes **einen Vorteil** haben. Er muss zumindest erwarten können, dass er dank der Nutzung des Produktes mehr verdient oder seinen Aufwand verringert. Dazu braucht er aber auch die Sicherheit, dass das Produkt die erwarteten Eigenschaften hat und die zugesicherten Leistungen über lange Zeit stabil erbringt.

W

„Qualität ist die Gesamtheit von Eigenschaften und Merkmalen eines Produktes oder einer Tätigkeit, die sich auf deren Eignung zur Erfüllung gegebener Erfordernisse bezieht." (DIN 55350)

Der Anwender hat Anforderungen an die **Qualität des Produktes,** die der Entwickler erfüllen muss. Festlegungen zur Softwarequalität sind daher ein wesentlicher Ausgangspunkt für alle Überlegungen zur Softwareentwicklung.

1.4.4.1 Qualitätsmerkmale nach ISO/IEC 25000

Mit der Norm ISO/IEC 25000 findet sich ein Standard zur Bestimmung und Messung der Softwarequalität. Der gesamte Standard gliedert sich in eine Vielzahl von Teilen mit folgenden Schwerpunkten:

- Qualitätskriterien
- Qualitätsmodell
- Qualitätsmessung
- Vorgaben zum Software-Engineering

Die Norm ISO/IEC 25000 wurde im Jahre 2005 veröffentlicht und enthält die Norm ISO/IEC 9126, in die wiederum die DIN 66272 aufgenommen wurde. Die Norm ISO/IEC 9126 ist somit in der ISO/IEC 25000 aufgegangen und wird durch diese Norm ersetzt. Eingesetzt wird die Norm beim Festlegen der Anforderungen vor und während der Fertigung von Softwareprodukten bzw. bei der Qualitätsbeurteilung von bereits vorhandener Software.

Die Qualitätsmerkmale der Software sollen im Folgenden noch etwas genauer erläutert und mit Beispielen untersetzt werden. Die Kenntnis der Qualitätsmerkmale macht die möglichen Fehler deutlich. Fehlerquellen werden aufgezeigt und Fehler können so vermieden werden.

Das Qualitätsmodell bestimmt die Softwarequalität anhand folgender Merkmale:

W

Nr.	Qualitätsmerkmal	Kommentar
Q1	Funktionalität	Entspricht die Software den inhaltlichen Anforderungen des Anwenders?
Q2	Zuverlässigkeit	Kann die Software im Routinebetrieb stabil genutzt werden? Wie häufig treten Fehler auf?
Q3	Benutzbarkeit	Ist die Software einfach zu lernen und intuitiv zu bedienen?
Q4	Effizienz	Wie sind die Erwartungen zum Ressourcenverbrauch und zum Antwortzeitverhalten erfüllt?
Q5	Änderbarkeit	Kann die Software an veränderte Einsatzbedingungen angepasst werden?
Q6	Übertragbarkeit	Kann die Software auf andere Hardware und andere Betriebssysteme übertragen werden?

W

Q1: Funktionalität	Gibt es Funktionen mit festgelegten Eigenschaften und erfüllen diese Funktionen die definierten Anforderungen?
Richtigkeit	Liefert die Software die richtigen oder vereinbarten Ergebnisse oder Wirkungen, z. B. die benötigte Genauigkeit von berechneten Werten? **Negatives Beispiel:** unbehandelte Rundungsfehler
Angemessenheit	Eignung der Funktionen für spezifizierte Aufgaben, z. B. aufgabenorientierte Zusammensetzung von Funktionen aus Teilfunktionen **Negatives Beispiel:** Erfassung von Daten, die nie ausgewertet werden
Interoperabilität	Fähigkeit, mit vorgegebenen Systemen zusammenzuwirken **Negatives Beispiel:** Daten sind in gängigem Format nicht einlesbar.
Ordnungsmäßigkeit	Erfüllung von anwendungsspezifischen Normen, Vereinbarungen, gesetzlichen Bestimmungen und ähnlichen Vorschriften **Negatives Beispiel:** Rechnungsausdrucke enthalten keine Umsatzsteuernummer.
Sicherheit	Fähigkeit, einen unberechtigten Zugriff (versehentlich, aber auch vorsätzlich) auf Programme und Daten zu verhindern

W

Q2: Zuverlässigkeit	Fähigkeit der Software, ihr Leistungsniveau unter festgelegten Bedingungen über einen festgelegten Zeitraum zu bewahren
Reife	geringe Häufigkeit des Versagens durch Fehlerzustände **Negatives Beispiel:** Softwareabsturz in unregelmäßigen Abständen
Fehlertoleranz	Fähigkeit, ein spezifiziertes Leistungsniveau bei Softwarefehlern oder Nichteinhaltung der spezifizierten Schnittstellen zu bewahren **Negatives Beispiel:** Bei Eingabefehlern erscheint keine Mitteilung, dafür stürzt das Programm komplett ab.
Wiederherstellbarkeit	Fähigkeit, bei einem Versagen das Leistungsniveau wiederherzustellen und die direkt betroffenen Daten wiederzugewinnen **Negatives Beispiel:** Nach einem Programmabsturz sind die vorher bearbeiteten Dateien nicht mehr verwendbar.

Q3: Benutzbarkeit	**Aufwand, der zur Benutzung erforderlich ist, und individuelle Beurteilung der Benutzung durch eine festgelegte oder vorausgesetzte Benutzergruppe.** Die Benutzbarkeit wird gesondert behandelt unter dem Begriff „Softwareergonomie".
Verständlichkeit	Aufwand für den Benutzer, das Konzept und die Anwendung zu verstehen
Erlernbarkeit	Aufwand für den Benutzer, die Anwendung zu erlernen (z. B. Bedienung, Ein- und Ausgabe)
Bedienbarkeit	Aufwand für den Benutzer, die Anwendung zu bedienen **Negatives Beispiel:** Von Version zu Version verlagern sich die Menüpunkte an andere Positionen.

W

Q4: Effizienz	**Verhältnis zwischen dem Leistungsniveau der Software und dem Umfang der eingesetzten Betriebsmittel unter festgelegten Bedingungen**
Zeitverhalten	Antwort- und Verarbeitungszeiten sowie Durchsatz bei der Funktionsausführung **Negatives Beispiel:** Antwortzeiten von Dialogsystemen liegen bei über drei Sekunden.
Verbrauchsverhalten	Anzahl und Umfang der benötigten Betriebsmittel für die Erfüllung der Funktionen **Negatives Beispiel:** Die Zeit zum Starten von Office-Anwendungen, z. B. von Microsoft Excel ist zu lang im Verhältnis zur Schnelligkeit der späteren Bearbeitung.

W

Q5: Änderbarkeit	**Aufwand, der zur Durchführung vorgegebener Änderungen notwendig ist.** Änderungen sind Korrekturen, Verbesserungen oder Anpassungen an Veränderungen der Umgebung, der Anforderungen oder der funktionalen Spezifikationen.
Analysierbarkeit	Aufwand, um Mängel oder Ursachen von einem Versagen zu diagnostizieren oder um änderungsbedürftige Teile zu bestimmen **Negatives Beispiel:** Ein vorliegender Quelltext ohne Dokumentation und Kommentare ist durch Unbeteiligte kaum zu verstehen.
Modifizierbarkeit	Aufwand zur Ausführung von Verbesserungen, zur Fehlerbeseitigung oder Anpassung an Veränderungen in der Einsatzumgebung
Stabilität	Wahrscheinlichkeit des Auftretens unerwarteter Wirkungen von Änderungen **Negatives Beispiel:** Änderungen an einer Stelle dürfen keine unerwarteten Nebeneffekte auf andere Programmteile erzeugen.
Prüfbarkeit	Aufwand, der zur Prüfung der geänderten Software notwendig ist

W

Q6: Übertragbarkeit	**Eignung der Software, von einer Umgebung in eine andere übertragen zu werden.** Die Umgebung kann die organisatorische Umgebung sowie die Hardware- oder Softwareumgebung einschließen.
Anpassbarkeit	Es besteht die Möglichkeit, Software an verschiedene, festgelegte Umgebungen anzupassen. **Negatives Beispiel:** Die Software versagt bei einem Update des Betriebssystems.
Installierbarkeit	Aufwand, der zum Installieren der Software in einer festgelegten Umgebung notwendig ist
Konformität	Grad, in dem die Software Normen oder Vereinbarungen zur Übertragbarkeit erfüllt **Negatives Beispiel:** Datenaustausch bei der Verwendung von ANSI-Codierung auf der einen Seite und ASCII-Codierung auf der anderen Seite
Austauschbarkeit	Möglichkeit, diese Software anstelle einer anderen Software zu verwenden, sowie der dafür notwendige Aufwand

W

Die zahlreichen **negativen Beispiele** zeigen, wie anfällig Software für Fehler ist. Eine wichtige Aufgabe im Prozess der Softwareentwicklung besteht deshalb darin, Fehler zu erkennen und Fehler zu vermeiden. Diese beiden Ansätze sind Bestandteil des Qualitätsmanagements.

Auf die zahlreichen Probleme der Messung der Qualität kann an dieser Stelle nicht weiter eingegangen werden. Die oben erwähnte Norm ISO/IEC 25000 widmet dem Thema „metrics" drei Kapitel. Damit werden mögliche Maße und Maßeinheiten zur Messung der Softwarequalität vorgeschlagen. Erst eine objektive Messung der Softwarequalität macht es möglich, diese auch objektiv zu beurteilen, zu bewerten und zu steuern.

Ohne derartige Messungen bewegt sich die Beurteilung der Softwarequalität im Bereich subjektiver Urteile:

- Was dem einen gefällt, missfällt dem anderen.
- Was für den einen zu langsam läuft, geht dem anderen zu schnell.
- usw.

Die Qualitätsmessung ist Voraussetzung für ein aktives Qualitätsmanagement, denn es gilt:

"You can't manage what you can't measure."

1.4.4.2 Qualitätsmanagement

W

Qualitätsmanagement umfasst alle Tätigkeiten der Gesamtführungsaufgabe und legt die Qualitätspolitik, Ziele und Verantwortungen fest, die durch Mittel wie Qualitätsplanung, Qualitätslenkung, Qualitätssicherung und Qualitätsverbesserung im Rahmen des Qualitätsmanagementsystems verwirklicht werden.

Qualitätsmanagement beginnt mit der **Qualitätsplanung.** Hier muss festgelegt werden, welche Qualitätsmerkmale in welchem Umfang zu erfüllen sind. Auf die Erfüllung dieser Merkmale muss dann bei der Entwicklung und Testung der Software besonderes Gewicht gelegt werden. Bei einer Betriebssystemkomponente mit ständiger Aktivität sollte sicherlich das Merkmal der Effizienz besonders beachtet werden, während bei einer Buchhaltungssoftware eher die Merkmale der Funktionalität und Bedienbarkeit im Mittelpunkt stehen.

Die **Qualitätslenkung** ist eine aktive Aufgabe im Softwareentwicklungsprozess. Qualitätslenkung bedeutet, alles zu tun, um das Entstehen von Fehlern zu vermeiden. Wenn man von Anfang an alles richtig macht, systematisch arbeitet und klaren Arbeitsanweisungen folgen kann, dann wird man Fehler vermeiden. Die folgenden Ausführungen zur Softwaretechnologie entsprechen diesem Ansatz, wobei das Ziel in der möglichst fehlerfreien Produktion von Software besteht. Qualitätslenkung beschäftigt sich mit den vorbeugenden Maßnahmen bei der Erstellung, damit nach Fertigstellung des Produktes keine Korrekturen erforderlich sind.

Zur **Qualitätssicherung** gehört das weite Feld der Softwaretests. Nach Fertigstellung des Produktes oder möglichst schon nach Fertigstellung einzelner Entwicklungsstufen wird die Software getestet. Das ist ein passives, analytisches Herangehen. Nach Erstellung des Produktes wird dessen Qualität festgestellt, eventuell sind dann Korrekturen bei mangelnder Qualität notwendig. Kapitel 8 beschäftigt sich mit dem Softwaretest.

Qualitätsverbesserung bedeutet, aus den Erfahrungen bei der Softwareentwicklung zu lernen. Fehler kann man machen, aber man muss aus Fehlern lernen, um sie in ähnlichen Situationen zu vermeiden.

W

Software ist ein Produkt wie Millionen andere Produkte auf dem Markt.
Software wird erstellt für den Anwender. Meistens ist es ein anonymer Anwender, den man zum Zeitpunkt der Erstellung noch gar nicht kennt.
Software kann systematisiert werden in System- und Anwendungssoftware bzw. dem Ursprung nach in Standard- und Individualsoftware.
Software ist ein spezifisches Produkt. Sie muss nur einmal entwickelt werden, die Herstellung für den Anwender geschieht durch einfaches Kopieren. Der Anwender bezahlt dafür, dass er eine Lizenz zur Nutzung erwirbt und ein qualitativ gesichertes Produkt erhält. Die Qualitätssicherung ist somit ein wesentlicher Ausgangspunkt für alle Überlegungen zur Softwareentwicklung.

Aufgaben

1. Anhand welcher Merkmale kann man die Funktionalität einer Software beurteilen?
2. Eine Software speichert die erfassten Daten auf Ihre Anweisung hin auf einem USB-Stick. Während des Schreibvorganges stellt die Software fest, dass die Speicherkapazität des USB-Sticks erschöpft ist, der Speichervorgang bricht ab, eventuell „hängt sich die gesamte Software auf“. Wie kann man die Zuverlässigkeit dieser Software verbessern?
3. Zur Benutzbarkeit einer Software gehört auch die Verständlichkeit der verwendeten Fachbegriffe. Diskutieren Sie in diesem Zusammenhang die Verwendung von deutschsprachigen Funktionsbezeichnungen in Microsoft Excel wie z. B. für die Funktionen „Mittelwert( )“, „Ganzzahl( )“ oder „SummeWenn( )“.
4. Wie ist die Effizienz einer Software zu beurteilen, wenn man Betriebssystemfunktionen und anwenderseitige Funktionen miteinander vergleicht?
5. Welches Qualitätskriterium wird verletzt, wenn man viel Aufwand betreiben muss, um eine Software auf neue Mehrwertsteuersätze oder veränderte Krankenversicherungsmodalitäten umzustellen?
6. Wodurch wird die Übertragbarkeit von Java-Programmen gewährleistet? (siehe auch Kapitel 5)
7. Diskutieren Sie die Unterschiede zwischen der produktorientierten Sicht und der prozessorientierten Sicht im Qualitätsmanagement von Softwareprodukten.
8. Welcher Sicht im Qualitätsmanagement ist die Forderung: „Von Anfang an alles richtig machen!“ zuzuordnen?

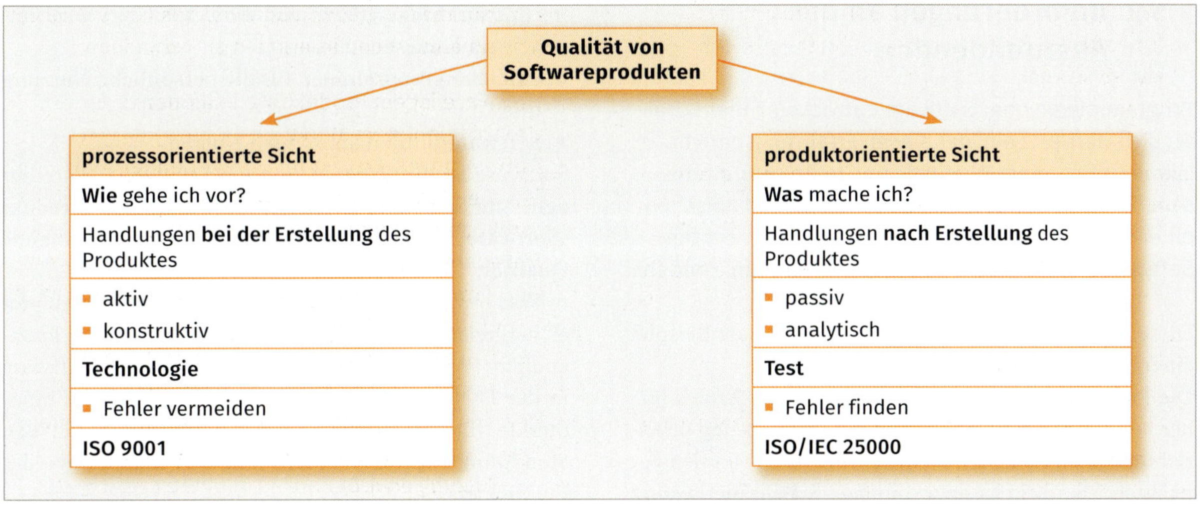

Qualität von Softwareprodukten
prozessorientierte Sicht
Wie gehe ich vor?
Handlungen bei der Erstellung des Produktes
aktiv
konstruktiv
Technologie
Fehler vermeiden
ISO 9001
produktorientierte Sicht
Was mache ich?
Handlungen nach Erstellung des Produktes
passiv
analytisch
Test
Fehler finden
ISO/IEC 25000

1.5 Produktion von Software

1.5.1 Prozessqualität sichert Produktqualität

Die Entwicklung von Software führt zu einem Produkt mit entsprechenden Erwartungen an seine Qualität. Diese Qualitätserwartungen müssen bekannt sein und im Prozess der Softwareentwicklung umgesetzt und gewährleistet werden. Das sind hohe Ansprüche, die die Softwareentwickler zu erfüllen haben.

Zum Glück sind die bisherigen Erkenntnisse bei der Bewältigung dieser anspruchsvollen Aufgabe hilfreich. Wir wissen, dass jede Softwareentwicklung eine einmalige Aufgabe ist. Gibt es eine Software bereits, dann kann man sie ohne Verlust kopieren, man muss sie nicht nochmals entwickeln. Außerdem wissen wir, dass die Entwicklung einer Software aus einer Folge von Aktivitäten besteht, also als ein Prozess verstanden werden kann. Alles zur Thematik „Geschäftsprozess und Geschäftsprozessmanagement" kann auch auf den Prozess der Softwareentwicklung angewendet werden. Ein qualitativ gut organisierter Entwicklungsprozess sichert die Qualität des Produktes, also der Software. Der Qualitätsanspruch entsteht dabei sowohl beim Kunden als auch beim herstellenden Softwareunternehmen. Die Softwareentwicklung muss daher auch wirtschaftlich sinnvoll sein, also effizient und verwertbar. Diese Erkenntnisse führen zur notwendigen Beschäftigung mit folgenden Themen:

1. **Projektmanagement,** denn jede Softwareentwicklung ist ein Projekt, d. h. ein einmaliger Vorgang mit besonderen Bedingungen und Zielkriterien
2. **Softwaretechnologie,** denn der Prozess der Softwareentwicklung hat seine eigenen Regeln und Besonderheiten. Die Erfahrungen und theoretischen Überlegungen führten bereits zur Entwicklung von zahlreichen Vorgehensmodellen, also einer Beschreibung von Inhalt und Reihenfolge der notwendigen Aktivitäten zur Softwareentwicklung. Im nächsten Kapitel werden folgende Vorgehensmodelle behandelt:
   - Trial and Error (Versuch und Irrtum)
   - Wasserfallmodell
   - Evolutionäre Entwicklung durch Prototyping
   - Spiralmodell
   - V-Modell
   - Extreme Programming (XP)
   - Agile Softwareentwicklung (Scrum)
3. **Werkzeuge zur Softwareentwicklung,** denn um gute Arbeit leisten zu können, braucht man gute Werkzeuge. Der Softwareentwickler muss diese Werkzeuge aber auch souverän beherrschen, d.h., er muss sie gut kennen und zielorientiert einsetzen. An erster Stelle stehen die Programmiersprachen und ihre Entwicklungsumgebungen. Das vermehrte Angebot von Bibliotheken mit wiederholt nutzbaren Klassen für spezielle Verarbeitungssituationen führt dazu, dass man heute von Frameworks spricht, die die Softwareentwicklung wesentlich erleichtern. Auf all das wird in den folgenden Abschnitten des Lehrbuches eingegangen.

S

Auch die Azubis werden diese Arbeitsweisen und Werkzeuge zur Softwareentwicklung beherrschen lernen und im Zuge ihrer Anwendung den Übergang vom einfachen Programmieren zur Softwareentwicklung erkennen.

1.5.2 Anforderungen an die Auszubildenden

S Programmieren oder Software entwickeln? Hier schaltet sich Herr Pelz ein, der diesen Erfahrungsbericht (siehe Onboarding-Meeting) von Stefan sehr interessant findet. Er verweist auf den Unterschied zwischen einer Programmierung im Kleinen und einer echten Softwareentwicklung, dem Programmieren im Großen.

Diese Beziehung lässt sich sehr anschaulich am Beispiel einer Baustelle verdeutlichen:
Die **Programmierung im Kleinen** haben die Azubis bisher bei ACI realisiert und waren mit ihrer Lösung offensichtlich auch sehr zufrieden. Sie wird auch von den beteiligten Mitarbeitern angenommen. Sobald die Lösung aber auf fremde, bisher unbeteiligte Nutzer stößt, zeigen sich Probleme. Andere Klassenkameraden in der Berufsschule waren nicht beteiligt beim Entwicklungsprozess, besitzen keine unmittelbare Kenntnis von den Entwicklungsmotiven, vom Aufbau und der internen Logik der Software. Derartige Verhältnisse sind aber typisch für die Anwender von Software. Diese Anwender sind die anonymen Nutzer, die Kunden der Softwareentwicklung.

S „Ich weiß, das ist der ‚DAU – der dümmste anzunehmende User‘, mit dem man in der Softwareentwicklung immer rechnen muss“, wirft Stefan lachend ein.

Im Entwicklungsprozess von Anwendungen wird unterschieden zwischen
- einfachen Programmen für die persönliche Nutzung und
- Software für den anonymen Nutzer.

Software ist ein Produkt und wird wie eine Ware auf dem Markt gehandelt. Der Kunde, der dieses Produkt „Software“ kauft, erwartet davon eine ausreichende Qualität.

Was bestimmt nun die Softwarequalität? Hierzu gibt es zahlreiche Untersuchungen und Meinungen. Letztendlich wurden die Qualitätsmerkmale von Software in der DIN 66272 festgeschrieben. Es gibt zwei Standpunkte für die Bewertung der Softwarequalität, den Standpunkt des Anwenders und den Standpunkt des Entwicklers.

Herr Pelz beendet seine Ausführungen mit folgender Bemerkung: „Auch wir werden es im Rahmen eurer Ausbildung kaum schaffen, mit euch Software im Sinne der Programmierung im Großen zu entwickeln. Aber ihr sollt wenigstens die Prinzipien, Methoden und Werkzeuge kennen lernen, die eine professionelle Softwareentwicklung ermöglichen.“ Er verweist auf einen späteren Zeitpunkt, an dem die Qualitätsproblematik etwas ausführlicher diskutiert werden wird. S

Programmieren im Kleinen
- für mich selbst
- Funktionsweise ist wichtig

Baustelle eines Eigenheims: Organisation wie beim Programmieren im Kleinen

Software entwickeln (Programmieren im großen Stil)
- für noch unbekannte Nutzer
- Qualität muss den Anforderungen entsprechen

Großbaustelle: Organisation wie beim Programmieren im Großen

1.5.3 Werkzeuge für die Softwareentwicklung

Neben der erforderlichen, auf Freeware basierenden Java-Entwicklungsumgebung **Eclipse** stehen weitere Entwicklungstools zur Verfügung. Mit diesen Tools werden notwendige Voraussetzungen für die Anwendungsentwicklung geschaffen. Die Entwickler dieser Tools bieten kostenlose Versionen über das Internet an. Die Funktionen der Tools ergeben sich aus der Übersicht auf der folgenden Seite.

Die **Vorgehensweise** im Softwareentwicklungsprozess orientiert sich an den Vorgaben des internationalen Standards ISO/IEC 15288 „Life Cycle Management-System Life Cycle Processes“ in der Version vom Oktober 2002, wobei die eigentliche Softwareentwicklung auf den Teil „Technical Processes“ begrenzt wird. Zusätzlich bieten die Vorgaben aus dem ISO/IEC 15288 in englischer Sprache auch Gelegenheit, diesen Teil der Abschlussprüfung (Lernfeld 5) vorzubereiten.

Bei den Prozessen, die der technischen Realisierung bzw. Programmierung vorgelagert sind, erfolgt eine Orientierung am **V-Modell® XT** zum Planen und Durchführen von Projekten, das die „Bundesstelle für Informationstechnik“ (BIT) im Bundesverwaltungsamt den öffentlichen Einrichtungen in Bund und Ländern sowie den freien Unternehmen für die Vergabe von öffentlichen DV-Entwicklungsaufträgen vorschlägt. Die Aktivitäten aus dem V-Modell® XT werden zum Bestandteil der Ausschreibungen, der Werklieferverträge und der Abrechnung der erbrachten Leistungen. Damit können die Auszubildenden sowohl mit der Rolle des Kunden als auch des Lieferanten von IT-Entwicklungsleistungen konfrontiert werden. Als Kunde und Auftraggeber müssen sie dem Lieferanten und Entwickler klare Vorgaben machen und den Gesamtprozess des IT-Lebenszyklus erfolgreich managen. Als Entwickler müssen sie vor allem Teamarbeit praktizieren und die Vorgaben der Auftraggeber respektieren.

Besonders die Fachinformatiker neigen am Anfang zur „Softwareentwicklung im Kleinen“. Sie schreiben geniale Programme und wundern sich über die zu geringe Anerkennung, denn sie programmieren im Endeffekt mehr für sich als für den Auftraggeber. Informatikkaufleute und IT-Systemkaufleute verstehen sich mehr als Kunden oder Auftraggeber der IT-Entwicklungsleistungen. Sie erfahren durch die folgenden Darstellungen mehr über die Konsequenzen ihrer Anforderungen im Entwicklungsprozess. Auch die IT-Systemelektroniker benötigen das notwendige Fachwissen für arbeitsteilige Entwicklungsprozesse. Statt der „Softwareentwicklung im Großen“ steht für sie die „IT-Systementwicklung im Großen“ als zukünftige Aufgabe im Vordergrund.

Die Ausführungen zur Entwicklung und Bereitstellung von Anwendungssystemen im IT-Bereich gliedern sich dementsprechend in folgende Schwerpunkte:

- Rolle des Ausbildungsbetriebes und der sich dort ergebenden Aufgabenstellungen (bereits in diesem Kapitel erfolgt)
- Anforderungen an betriebliche Anwendungen und die Qualität der Software
- Projektmanagement
- Analyse und fachlicher Entwurf des Anwendungssystems
- DV-technischer Entwurf
- Programmentwurf, Programmierung und Test
- Datenbankanwendung
- Web-Programmierung
- Dokumentation
- Routinebetrieb mit Projekteinführung und Wartung (siehe auch Band 2 der IT-Buchreihe)

Methodisch sollen die Auszubildenden im Rahmen ihrer Ausbildung die Bereitstellung einer Anwendung mit allen notwendigen Arbeitsschritten exemplarisch kennenlernen. Dabei erfordern die begrenzte Zeit in der Ausbildung und der Umfang dieses Buches ein „Top-Down-Herangehen“, wobei von einem realitätsnahen, komplexen Problem ausgegangen wird und sich der weitere Bearbeitungsprozess von Schritt zu Schritt auf die Lösung einzelner Teilaufgaben beschränkt.

Die Problemstellung konzentriert sich bei ACI auf die flexible Anbindung ihrer Niederlassungen und Kunden an das Warenwirtschaftssystem. Die Analyse befasst sich aber nur mit einem Teilaspekt, nämlich mit den funktionalen Anforderungen an einen Webshop. Der Entwurf beschränkt sich auf das Datenmodell und in der Realisierung wird nur ein einfaches Servlet mit seinen Client- und Server-Komponenten demonstriert, womit der Datenaustausch zwischen Datenbank, Server und Client verdeutlicht wird. Sehr viele Aspekte bleiben auf diesem Weg noch unbeachtet. Sie bilden aber gleichzeitig die Grundlage für weiterführende Aufgaben und Arbeitsaufträge, die als selbstständige Arbeit in Begleitung zu diesem Buch absolviert werden können.

Mindmapping-Tools (z. B. Mindmanager)	... ermöglichen die einfache Erstellung von Mindmaps und deren Verbindung zu Arbeitsergebnissen aus dem Entwicklungsprozess. Effiziente Teamarbeit und Integration in der Projektarbeit als besondere Herausforderungen im Softwareentwicklungsprozess werden dadurch unterstützt.
Java	... ist eine objektorientierte Programmiersprache und Bestandteil der Java-Technologie, unterstützt durch das Unternehmen Oracle. Mit zahlreichen frei verfügbaren Entwicklungsumgebungen, Compilern und Bibliotheken hat sich Java zum Favoriten innovativer Softwareentwickler entwickelt.
Eclipse	... ist ein Open-Source-Framework, das im Wesentlichen als Entwicklungsumgebung für Projekte unter Verwendung der Programmiersprache Java eingesetzt wird. Der Quellcode von Eclipse wurde Ende 2001 von IBM freigegeben.
MySQL	... ist ein relationales und SQL-orientiertes Datenbankmanagementsystem, das als Open-Source-Projekt für verschiedene Betriebssysteme zur Verfügung steht. MySQL wird gegenwärtig vom Unternehmen Oracle ähnlich wie Java angeboten.
Microsoft Visio	... kann zur Erfassung und Darstellung zahlreicher Modelle, z. B. für Mindmaps, ERD, Geschäftsprozessmodelle, aber auch für Raumpläne und Schaltpläne eingesetzt werden.

ArgoUML	... ist ein Open-Source-Tool zur Modellierung. Es unterstützt die Standard-Diagramme nach UML 1.4 inklusive einer rudimentären Code-Generierung. ArgoUML ist in Java geschrieben und kann in Eclipse eingebunden werden.
PHP	... ist ein rekursives Akronym und steht für „PHP: **H**ypertext **P**reprocessor". PHP ist eine Skriptsprache zur Erstellung dynamischer Webseiten mit umfangreicher Datenbankunterstützung sowie zahlreichen Funktionsbibliotheken.
XAMPP	... ist ein Akronym und steht für eine Zusammenstellung von freier Software, die das einfache Installieren und Konfigurieren des Webservers **A**pache mit der Datenbank **M**ySQL und den Skriptsprachen **P**HP bzw. **P**erl ermöglicht.

1.6 Der Entwicklungsauftrag für die Auszubildenden

Wie bereits erwähnt, haben die Auszubildenden zum besseren Verständnis der Geschäftsprozesse auf der Basis von Microsoft Access an einer eigenen ERP-Software mit der Bezeichnung **ACI Business Software** mitgewirkt. An dieser Software werden wesentliche Vorgänge aus

- der Auftragsbearbeitung und dem Bestellwesen,
- der Lohn- und Gehaltsabrechnung,
- dem Personalwesen sowie
- dem Rechnungswesen

erklärt und geübt. Diese Software wird von den Auszubildenden laufend weiterentwickelt.

S Die **Aufgabenstellung** lautet: Entwicklung eines webbasierten Warenwirtschaftssystems mit einfachen Komponenten der Lagerverwaltung und der Bestandspflege.

Mehrere Vertriebsniederlassungen, regional verteilt im gesamten Bundesgebiet, arbeiten zusammen und betreiben bundesweit einen zentralen Lagerort.

Die Vertriebsniederlassungen unterhalten Ladengeschäfte, die nur über eine geringe Lagerfläche verfügen. Von den angebotenen Waren werden in den Läden nur wenige Exemplare vorrätig gehalten. Im täglichen Verkauf abgesetzte Komplettsysteme, Bauteile oder Software werden über Nacht aus dem Zentrallager nachgeliefert.

Die Bestellung der Waren aus den Läden soll gegenüber dem zentralen Lager über das Internet mithilfe eines webbasierten Warenwirtschaftssystems (Webshop-System) erfolgen.

Aus Band 1 ist die Lernsoftware **„ACI Teach Business Software"** bekannt, mit der ein Einstieg in das Bestellwesen, die Auftragsbearbeitung und das Rechnungswesen erfolgen kann. Es handelt sich um eine mit Microsoft Access realisierte Software, zu deren Nutzung beim Anwender Microsoft Access als Laufzeitumgebung installiert sein muss. Zum Programm gibt es eine gut ausgebaute Onlinehilfe. Die Datenstrukturen sind aus dem Datenbankmodell erkennbar.

Diese Software dient als Prototyp für die aufzubauende Lösung. Gleichzeitig soll die Funktionalität um eine webbasierte Datenhaltung erweitert werden. Alle Niederlassungen der Firma ACI, der Internetshop sowie der Vertrieb Nord in Hamburg und der Vertrieb Süd in Frankfurt am Main sollen auf den gleichen Datenbestand in allen Funktionsbereichen, wie Lagerhaltung, Personalwesen oder Debitorenbuchhaltung, zugreifen können. Damit wird eine Arbeit mit einheitlichen Daten in allen Unternehmensbereichen angestrebt, die den bisher notwendigen Abstimmungsaufwand reduzieren soll.

Das Webshop-System soll zusätzlich durch eine App für Android ergänzt werden, um mit Smartphones den aktuellen Bestellzustand abfragen zu können.

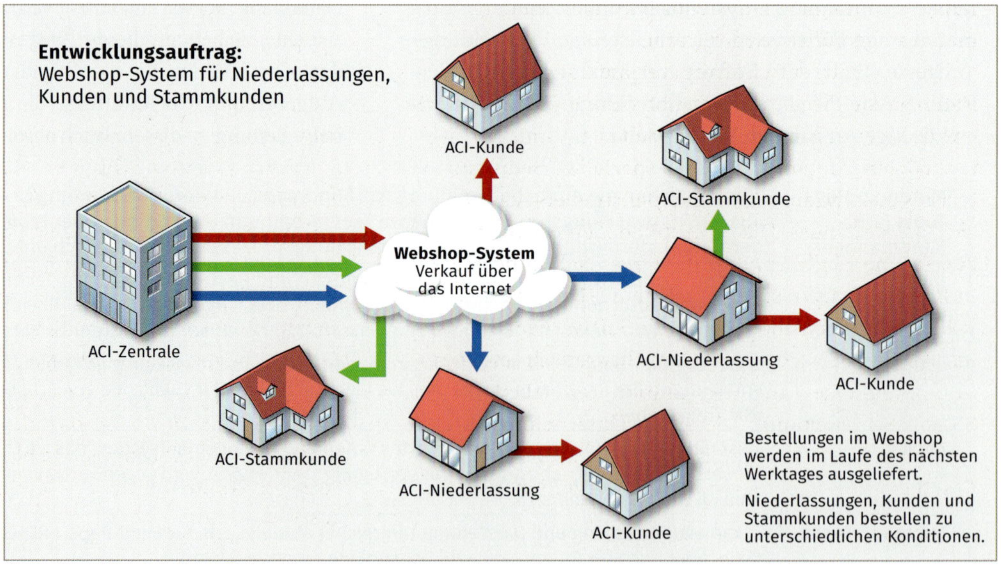

2 Produktion von Software

Systematisches Herangehen – Systemverständnis – Entwicklung als Projekt organisieren – Projektmanagement – Prinzipien, Methoden und Verfahren der Softwareentwicklung – Vorgehensmodelle

2.1 Systematische Vorgehensweise

S Bisher haben die Auszubildenden erfahren, wie das Ausbildungsunternehmen ACI organisiert ist und welche Leistungen es am Markt anbietet. Eine wichtige Komponente im Portfolio des Unternehmens ist die Entwicklung und Bereitstellung von Anwendungssoftware für betriebswirtschaftliche Aufgaben. Dabei wurde betont, dass Software als Produkt zu betrachten ist – ein Produkt, das sich in der Anwendung beim Kunden bewähren muss. Der Kunde bezahlt für dieses Produkt und erwartet eine entsprechende Qualität des Produktes. Daher wurden den Auszubildenden an erster Stelle die Qualitätskriterien von Software vermittelt.

In diesem Kapitel wird erläutert, was die Auszubildenden über die Organisation der Arbeit bei der Softwareentwicklung wissen müssen. Die Softwareentwicklung muss so organisiert werden, dass einerseits die Qualität der Software gesichert wird und andererseits die Entwicklung rationell und unter Einhaltung von zeitlichen und finanziellen Beschränkungen im Unternehmen durchgeführt werden kann.

Die Softwareentwicklung verläuft kommerziell im Rahmen von Projekten. Jede Software muss nur einmal entwickelt werden, d. h., es handelt sich somit um einen einmaligen Vorgang, der unter speziellen Bedingungen technischer, finanzieller und personeller Art organisiert werden muss. Die Auszubildenden erhalten daher zuerst eine Einführung in die Organisation der Arbeit in Projekten. Dem schließt sich ein Überblick über bewährte Vorgehensmodelle für die Softwareentwicklung an. Es handelt sich hierbei um theoretisch anerkannte Empfehlungen zur Organisation der Arbeit bei der Softwareentwicklung, wie sie in Unternehmen unterschiedlicher Größe praktiziert bzw. im Sinne einer Best Practice von kompetenten Stellen empfohlen werden.

2.1.1 Problem, Aufgabe, Lösung

Bevor man mit der langwierigen Arbeit zur Entwicklung einer Software beginnt, sollte man sich genau über die Aufgabenstellung im Klaren sein. Was will man mit der Software erreichen? Eine Software reagiert streng formal, d. h., für jede zu erwartende Situation muss die Reaktion der Software vorausgedacht werden. Hierzu benötigt man eine klare, detaillierte und daher meist recht umfangreiche Aufgabenstellung. Häufig gehört daher die Ausarbeitung der detaillierten Aufgabenstellung, bekannt unter der Bezeichnung „Pflichtenheft“, zu den Arbeitsaufgaben eines Softwareentwicklers.

Hier meldet sich Anna zu Wort: „Deshalb lernen wir in der Berufsschule auch viele andere Fächer und Inhalte, wie Wirtschafts- und Sozialkunde, Geschäftsprozesse und betriebliche Organisation oder Rechnungswesen und Controlling. So können wir die Verwendung der Software im Unternehmen besser verstehen. Außerdem lernen wir, was die Software alles leisten sollte. Es reicht nicht nur, gut programmieren zu können, was besonders Stefan, der zukünftige Fachinformatiker für Anwendungsentwicklung, verstehen sollte.“ S

Zum besseren Verständnis der Aufgabenstellung für eine Softwareentwicklung ist es oft sinnvoll, sich Gedanken über den Weg der Entstehung der Aufgabenstellung zu machen. Ausgangspunkt für den Auftrag zur Entwicklung einer Software ist üblicherweise ein betriebliches Problem. So kann zum Beispiel die Anzahl der Geschäftsvorfälle mit konventionellen Mitteln nicht mehr beherrscht werden und das Unternehmen muss zur Wettbewerbssicherung neue Verfahren einführen. So hat die ACI GmbH die Einrichtung eines Webshops beschlossen, um im Wettbewerb um Kunden auch den Onlinevertrieb bedienen zu können.

Ein betriebliches Problem ist ein Ausdruck für Widersprüche zwischen den betrieblichen Situationen im Hintergrund (siehe Abbildung). Bei der ACI GmbH erfolgt der Verkauf von Hard- und Software bisher traditionell über die Niederlassungen, aber anderseits erwarten die Kunden von ihrem IT-Serviceanbieter die Möglichkeit zum Einkauf jederzeit über einen Onlineshop. Das Unternehmen muss also reagieren. Entweder man verliert die Kunden oder man erweitert den Vertrieb mit einem passenden Webshop. Deshalb erhalten die Auszubildenden die Aufgabe zur Entwicklung einer Software für einen Webshop. Diese Aufgabenstellung ist aber nur eine von mehreren möglichen Varianten. Die Unternehmensleitung hätte auch eine fertige Software einkaufen können oder den eigenen Webshop unter der Schirmherrschaft eines großen Anbieters betreiben können. Die Auswahl und Formulierung der Aufgabenstellung ist eine verantwortungsvolle Aufgabe des Managements. Im IT-Bereich wird diese Aufgabenstellung als sogenanntes Lastenheft vorgelegt.

Zu jeder Aufgabenstellung gibt es unterschiedliche Lösungswege. Die Umsetzung der Lösung kann auf den unterschiedlichen Wegen mit mehr oder weniger Aufwand verbunden sein. Der Aufwand hängt wiederum ab von dem Wissen und den Erfahrungen der Mitarbeiter, von der Organisation der Arbeit und von den einsetzbaren technischen Hilfsmitteln.

2.1.2 Systemverständnis

Bei der Einarbeitung in die Aufgabenstellung für eine Softwareentwicklung ist es außerdem sinnvoll, sich Klarheit über die Einordnung der Aufgabe in die zahlreichen Beziehungen und Zusammenhänge im Bereich der späteren Anwendung der Software zu verschaffen. Dabei hilft ein kurzer Ausflug in die Systemtheorie, schließlich werden Begriffe wie „Anwendungssystem“, „IT-System“ oder „Systemanalyse“

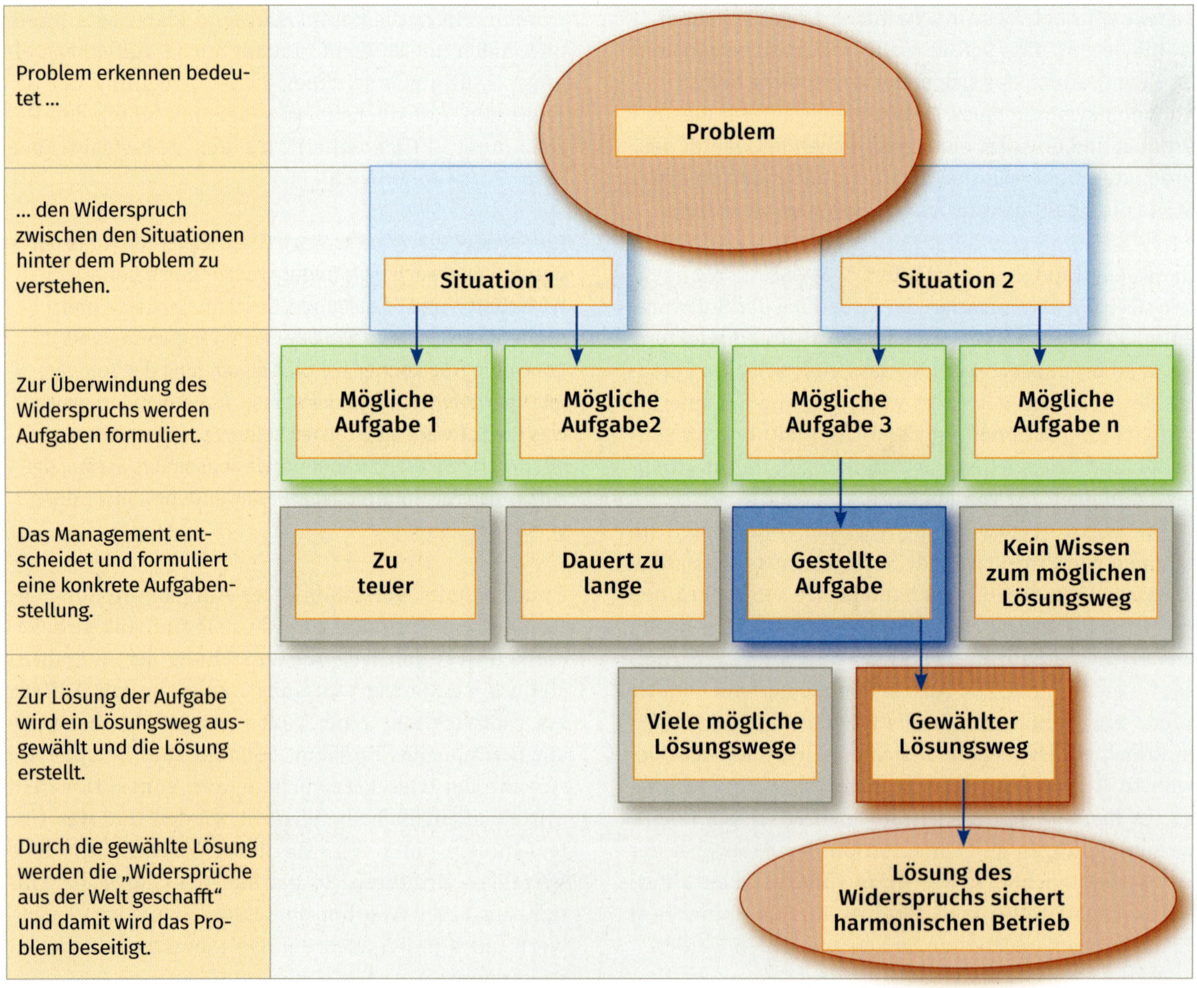

Der Weg vom Problem zur Lösung kann über verschiedene Pfade führen.

recht häufig verwendet. Aber was ist eigentlich ein System?

Bei der genaueren Betrachtung wirtschaftlicher Tätigkeit stößt man schnell auf ein komplexes Geflecht von Akteuren und Aktionen, die aufeinander einwirken und sich gegenseitig beeinflussen. Der Kunde bestellt eine Ware, der Hersteller fertigt sie an, die Lagerwirtschaft hält sie bereit, ein Transporteur liefert sie und ein Händler verkauft diese Ware – diese Kette stellt nur die materielle Seite dar. Das Ganze wird noch durch finanzielle und informelle Aspekte erweitert: Bezahlung, Vergütung, Preiskalkulationen, Versteuerung, Marketing, innerbetriebliche Kommunikation usw.

Wenn es gelingt, die relevanten Komponenten und ihre Beziehungen vollständig zu erfassen und von den nicht relevanten Komponenten abzugrenzen, dann erkennt man das zu untersuchende System. Die Abgrenzung von den nicht relevanten Komponenten ist sehr wichtig, denn sie erleichtert uns das Verständnis. Wir sehen, was wichtig und was nicht wichtig ist.

Das System wird durch das Beziehungsgeflecht seiner Teile charakterisiert. Diese Sichtweise hilft dem Analysten, Struktur in das Untersuchungsobjekt zu bringen. Ohne diese Struktur würde er von der unüberschaubaren Zahl von Zusammenhängen, Vorgängen, Akteuren, Effekten und Konzepten überfordert. Der Begriff „Systemanalyse“ unterstreicht die Spezifik dieser Herangehensweise bei der Analyse.

W

Das **„Denken in Systemen“** bedeutet:

- Abgrenzung der Aufgabenstellung nach außen gegenüber anderen Systemen
- Wahrnehmung der Schnittstellen zu diesen externen Systemen
- Intensive Auseinandersetzung mit den Bauteilen und Beziehungen innerhalb des betrachteten Systems

Begriffe aus der Systemtheorie

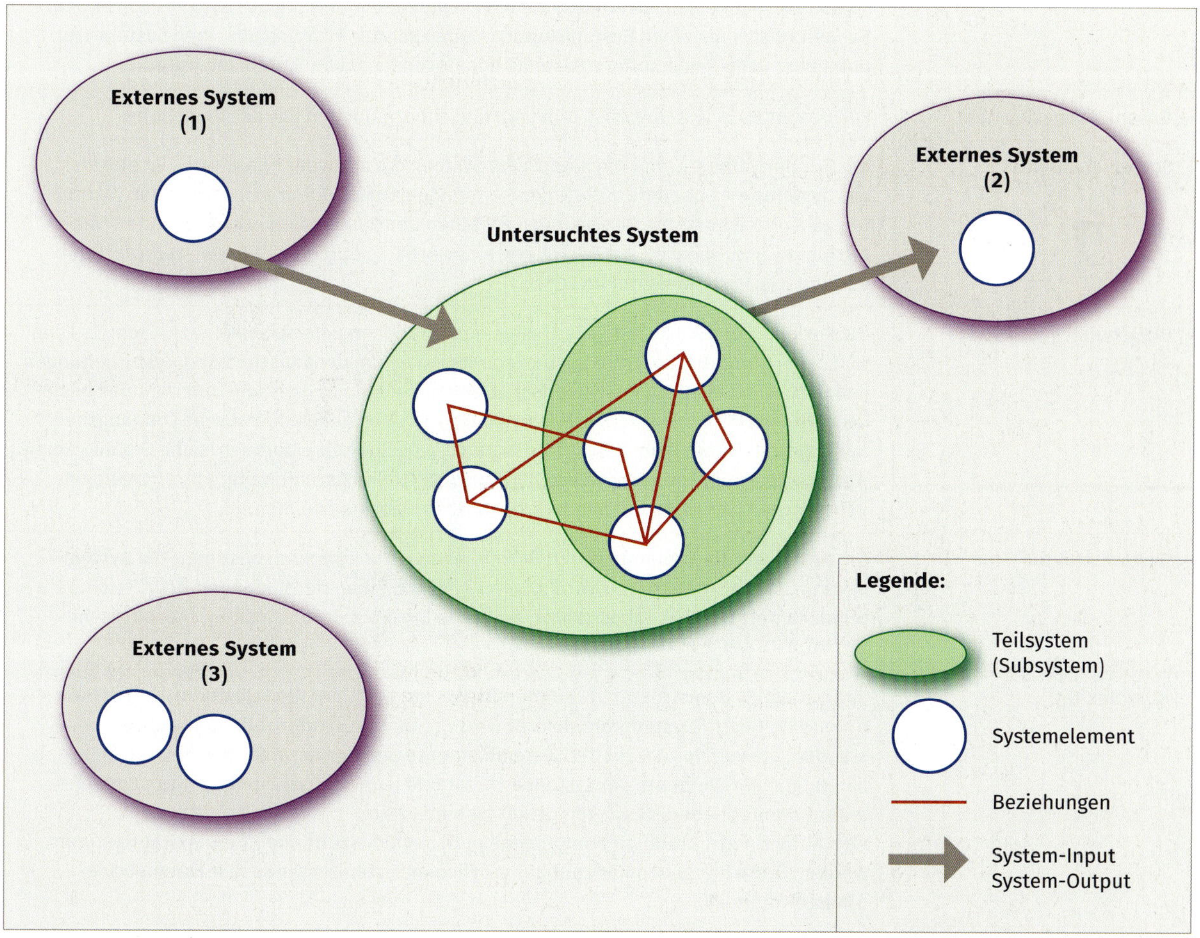

Die Methode der Systemanalyse besteht darin, das untersuchte System von seiner Umgebung abzugrenzen und dann in ein Modell, das sogenannte Analysemodell, umzusetzen. Das Modell muss die relevanten Eigenschaften des Systems darstellen und bezogen auf den Zweck der gesamten Untersuchung wiedergeben. Das Modell ist damit die geeignete Basis für eine anschließende Systementwicklung.

W

Grundlage der Systemtheorie:
„Das Ganze ist mehr als die Summe seiner Teile."
(Aristoteles)

Merkmale von Systemen

W

Merkmal	Beschreibung
Systemziel	Das Systemziel bestimmt, welche Systemelemente zu einem System gehören und welche Beziehungen zwischen diesen Elementen im System bestehen. Die im System enthaltenen Elemente und die Beziehungen zwischen den Elementen dienen dem Systemziel und erbringen die Systemleistung. Die Zielsetzung erlaubt die Ausgrenzung von solchen Elementen und Beziehungen, die keinen Beitrag zum Systemziel leisten. Aus diesem Zusammenhang ergibt sich, dass die Festlegung eines Systemziels für eine Systemanalyse von fundamentaler Bedeutung ist. Dieses Systemziel prägt den Betrachtungsgegenstand der Analyse ganz maßgeblich.
Systemgrenze	Trennlinie zwischen dem untersuchten System und der Systemumgebung
Offenes System	In der Regel ist die Systemgrenze durchlässig, sodass Systemelemente über die Systemgrenze hinweg mit Systemelementen anderer Systeme in Beziehung stehen. In diesem Fall spricht man von einem **offenen System.** Bei einer Beeinflussung des Systems von außen handelt es sich um einen **System-Input,** in umgekehrter Richtung um einen **System-Output.** In der Regel bilden offene Systeme den Gegenstand von Systemanalysen.
Geschlossenes System	Es existiert eine Systemgrenze ohne Austauschbeziehungen mit der Umgebung.
Systemelement	Die Systemelemente sind die Akteure im System, die aktiv oder passiv das Erreichen des Systemzieles beeinflussen. Jedes Systemelement ist durch eine Menge von Attributen gekennzeichnet. Die Beziehungen zwischen den Systemelementen verändern die Attributswerte. Beispiel: Die Bestellung eines Artikels durch den Kunden reduziert den verfügbaren Warenbestand im Lager.
Beziehung	Die Beziehungen zwischen den Systemelementen können unterschiedlicher Art sein. Es kann sich dabei um **statische Ordnungsbeziehungen** oder um **dynamische Wirkungsbeziehungen** handeln, womit ein Element ein anderes Element beeinflusst. In einem Unternehmen bestehen zwischen den organisatorischen Einheiten des Unternehmens statische Ordnungsbeziehungen, die diese Einheiten in eine hierarchische Struktur einordnen (siehe Organigramm). Wenn dagegen ein Kunde eine Bestellung an die Warenwirtschaft weitergibt, entsteht eine dynamische Wirkungsbeziehung zwischen diesen Systemelementen.
Systemstruktur	Die Art, in der die Elemente durch Beziehungen verknüpft sind, bestimmt die Systemstruktur. Die Systemstruktur wird allgemein durch einen der folgenden Begriffe charakterisiert: Netzstruktur, Ringstruktur, zyklische Struktur, Serienstruktur, hierarchische Struktur.
Komplexität	Eng mit der Systemstruktur verbunden ist das Merkmal der Komplexität von Systemen. Unter dem Begriff **Systemkomplexität** wird zuerst eine **strukturelle Komplexität** verstanden, die von der Anzahl der Systemelemente und der Anzahl der Beziehungen abhängt. Je mehr Elemente ein System umfasst und je mehr Beziehungen diese Elemente untereinander haben, desto komplexer ist ein System. Alternativ zur strukturellen Komplexität kann auch die **zeitliche Komplexität** bestimmt werden. Diese hängt von der Zahl der möglichen Systemzustände in einem Betrachtungszeitraum ab.

Systemzustand	Ein Systemzustand ergibt sich durch die Gesamtheit der Zustände der enthaltenen Elemente. Der Zustand eines Elements resultiert wiederum aus der Wertekonstellation, die ausgewählte Attribute des Elementes aufweisen. Diese Attribute werden auch als **Zustandsgrößen** bezeichnet. Wenn sich der Zustand eines Systems im Zeitverlauf ändert, handelt es sich um ein **dynamisches System,** ansonsten um ein **statisches System.**
Systemverhalten	Folge von Zustandsänderungen über einen Betrachtungszeitraum
Teilsysteme, Subsysteme	Das Ziel der Modellierung besteht nach erfolgreicher Analyse in der Reduktion der Komplexität von Systemen. Dabei reduziert man die Anzahl der Systemelemente, indem man diese zu Teilsystemen zusammenfasst.
Regelkreis	In der Wirtschaft weisen Systeme oft eine Ringstruktur auf, in der ausgewiesene Elemente eine Regelfunktion realisieren. Die Regelung hat den Zweck, das Systemverhalten auch bei äußeren Störungen stabil zu halten, sodass die Systemfunktion erhalten bleibt und weiter dem Systemziel dient.
Kybernetisches System	Systeme, die einen oder mehrere Regelkreise enthalten, werden auch als kybernetische Systeme bezeichnet. Der Grundaufbau eines kybernetischen Systems besteht aus einer Regelstrecke und einem Regler. Die Regelstrecke ist der Teil des Systems, der durch die Regelung beeinflusst wird. Hier handelt es sich um den eigentlichen Arbeitsprozess des Systems. Der Regler ist der Teil des Systems, der den Arbeitsprozess so beeinflusst, dass dessen Verhalten im gewünschten Bereich bleibt. Zu diesem Zweck wirkt der Regler mit Stellgrößen auf die Regelstrecke ein. Das Beispiel eines Regelkreises im System „Projektmanagement“ ist bereits bekannt.

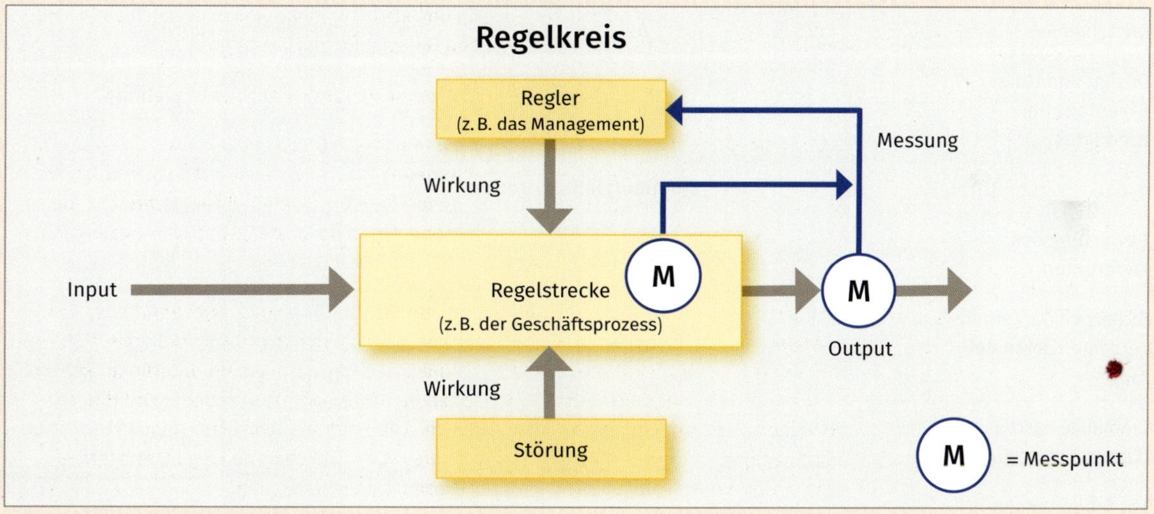

2.1.3 Nutzwertanalyse zur Make-or-Buy-Entscheidung

Besteht das Ziel darin, Anwendungssysteme zur Bearbeitung betriebswirtschaftlicher Aufgabenstellungen bereitzustellen, steht man schnell vor der Frage, ob diese Aufgabenstellung durch die Entwicklung einer neuen Software oder durch den Einkauf einer am Markt erhältlichen Standardsoftware zu lösen ist. Im 1. Kapitel haben wir die möglichen Vor- und Nachteile von Standardsoftware gegenüber der Individualsoftware bereits diskutiert.

Für eine fundierte Entscheidung zwischen der Eigenentwicklung und der am Markt erhältlichen Standardsoftware sind folgende Merkmale zu vergleichen:

- Kosten als quantitativer Aspekt
- Leistungsmerkmale der Standardsoftware in Bezug auf die geforderten oder notwendigen Leistungsmerkmale der gewünschten Anwendung

Für den qualitativen Vergleich der Angebote eignet sich die sogenannte Nutzwertanalyse. Hier werden die qualitativen und quantitativen Merkmale der Standardsoftware und der möglichen Eigenentwicklung mit den Anforderungen an das Produkt aus der Systemanalyse verglichen. Die Anforderungen sind zu gewichten, wobei die Summe der Gewichtungen 100 ergeben sollte. Es kann auch obligatorische Anforderungen geben, deren Nichterfüllung sofort zum Ausschluss möglicher Softwareprodukte führt.

Der Grad der Erfüllung der Anforderungen durch die zur Auswahl stehenden Produkte ist dann zu bewerten. Hier hat sich eine Skala von 0 bis 5 bewährt, wobei der Wert 0 die Nichterfüllung und der Wert 5 die vollständige Erfüllung signalisiert.

Die Softwareprodukte und die Anforderungen sind in einer Tabelle zusammenzustellen. Die Summe der Produkte aus der Gewichtung und der Bewertung führt dann spaltenweise zu einer Gesamteinschätzung pro Produkt.

Nutzwertanalyse mit Beispieldaten							
A	B	C	D	E	F	G	H
		Produkt 1		Produkt 2		Eigenentwicklung	
Anforderung	Gewichtung	Punkte	Wert = B * C	Punkte	Wert = B * E	Punkte	Wert = B * G
Fachliche Kriterien							
Kriterium # 1	notwendig	5		5		5	
Kriterium # 2	10 %	4	40	2	20	5 (*)	50
Kriterium # 3	15 %	3	45	5	75	5 (*)	75
Kriterium # 4	25 %	4	100	4	100	5 (*)	125
Design und Nutzerakzeptanz des Produktes	10 %	5	50	4	40	5 (*)	50
Kommerzielle Kriterien							
Bewertung des Lieferanten	5 %	4	20	3	15	5 (*)	25
Sicherheit der termingerechten Bereitstellung	5 %	5	25	5	25	3	15
Einmalige Kosten (Lizenz, Entwicklung)	20 %	4	80	5	100	1 (**)	20
Laufende Kosten (Wartung, Anpassung etc.)	10 %	3	30	2	20	4 (**)	40
Summe	**100 %**		**390**		**395**		**400**

In der aufgeführten Nutzwertanalyse werden zwei Produkte im Sinne von Standardsoftware und eine mögliche Eigenentwicklung nach fachlichen und kommerziellen Kriterien bewertet. Sie können dann anhand der erreichten Bewertungspunkte verglichen werden. Unter den fachlichen Kriterien gibt es ein notwendiges Kriterium, welches die Software unbedingt erfüllen muss. Notwendige Kriterien bezeichnet man auch als „KO"-Kriterien. Bei der Bewertung der Eigenentwicklung sollte man davon ausgehen, dass sämtliche fachlichen Anforderungen zur vollen Zufriedenheit erfüllt werden können. Sie werden daher mit der maximalen Punktzahl von 5 bewertet (*). Auch das Design und die zu erwartende Nutzerakzeptanz der Software sind als fachliches Kriterium zu betrachten.

Von den möglichen kommerziellen Kriterien werden hier die Bewertung des Lieferanten hinsichtlich der Investitionssicherheit, die Sicherheit einer termingerechten Bereitstellung sowie die einmaligen und laufenden Kosten herangezogen. Die Gewichtung und Bewertung der einmaligen und laufenden Kosten erfolgt hier auch im Sinne eines qualitativen Kriteriums. Wie wichtig ist der Preis der Software und wie bewertet man die Höhe des Preises bzw. die Preisunterschiede bei den Produkten? Bezüglich der termingerechten Bereitstellung und der zu erwartenden Kosten muss die Eigenentwicklung hier objektiv und kritisch bewertet werden, sodass sie im Vergleich gegenüber der Standardsoftware wahrscheinlich schlechter abschneidet.

Die Gewichtung zwischen fachlichen und kommerziellen Kriterien ergibt ein Verhältnis von 60 zu 40. Diese Zahlen sowie die Vergabe der Punkte pro Produkt und Kriterium sind hier nur exemplarisch zu verstehen. Die Wahl dieser Zahlen drückt in jedem Fall das Anforderungsverhalten aus, sie sollten im Ergebnis eines umfangreichen Diskussionsprozesses zwischen Anwendern und verantwortlichen Managern ermittelt werden.

2.2 Softwareentwicklung als Projekt

2.2.1 Grundlagen zur Arbeit in Projekten

2.2.1.1 Projektbegriffe

Projekt

W

Nach DIN 69 901 ist ein **Projekt** ein Vorhaben, das im Wesentlichen durch die Einmaligkeit der Bedingungen in ihrer Gesamtheit gekennzeichnet ist, wie z. B.:

- Zielvorgaben
- zeitliche, finanzielle, personelle oder andere Begrenzungen
- Abgrenzungen gegenüber anderen Vorhaben
- projektspezifische Organisation

Aus der Definition wird deutlich, was den Unterschied zwischen **Projekten** und **Routineaufgaben** ausmacht:
Einmaligkeit. Die Aufgabenstellung wiederholt sich nicht, weshalb keine ständige Struktureinheit zu schaffen ist. Jedes Projekt ist abgeschlossen, hat einen Anfang und einen Endpunkt, an dem das Ergebnis abgerechnet wird. Routineaufgaben wiederholen sich ständig, sie können im Detail geregelt werden und sind damit automatisierbar.
Neuartigkeit. Aus der Einmaligkeit der Aufgabenstellung ergibt sich auch deren Neuartigkeit. Die Aufgabe hat einen hohen Innovationswert und ist kreativer zu bearbeiten als die üblichen Routineaufgaben, die formal nach Vorgaben abzuarbeiten sind.

In der Definition eines Projektes spielen **Umfang, Komplexität** oder **Schwierigkeitsgrad** der Aufgabenstellung keine Rolle. Auch einfache Aufgaben können als Projekt bearbeitet werden.

Die Entscheidung ist stark subjektiv, ob etwas als einfach oder schwer, als komplex oder simpel oder als umfangreich oder schlank empfunden wird. Für eine Berufsschulklasse ist eine Betriebsbesichtigung in einer fremden Stadt sicherlich schwerer zu organisieren als für ein Reiseunternehmen. Jeder Mensch muss für sich seine Position zu Projekten finden: Neugierige und kreative Persönlichkeiten werden die ständig wechselnden Projekte begrüßen, während „einfache Geister“ eher die Ruhe und Sicherheit in der Routinetätigkeit suchen.

Wie so oft in der Praxis sucht man als den Erfolg versprechenden Weg einen Ausgleich zwischen den Extremen Kreativität und Routine:

- Auch die einmaligen Aufgabenstellungen der verschiedensten Projekte werden im Rahmen vorgegebener **Modelle** bearbeitet. Die Softwaretechnologie zeigt uns den Weg der Bearbeitung, bringt Routine in den Prozess der Projektbearbeitung und sichert so den qualitativ erfolgreichen Abschluss der Projekte.
- Die Softwaretechnologie hilft auch, die Komplexität und Schwierigkeit der Aufgabenstellungen aufzubrechen und in kleine beherrschbare Teilaufgaben und eventuell wiederverwendbare Lösungen zu zerlegen. Komplexe Lösungswege werden in **Arbeitspakete** aufgegliedert und als **Vorgänge** im Projekt behandelt. Dafür stehen die Prinzipien der Lokalität, der Schnittstellen und der Wiederverwendbarkeit.

Projektmanagement

Das Management von Softwareprojekten muss diesen Weg beschreiten und die allgemeinen Erfahrungen aus dem Projektmanagement mit den speziellen Erkenntnissen zur Softwaretechnologie verbinden.

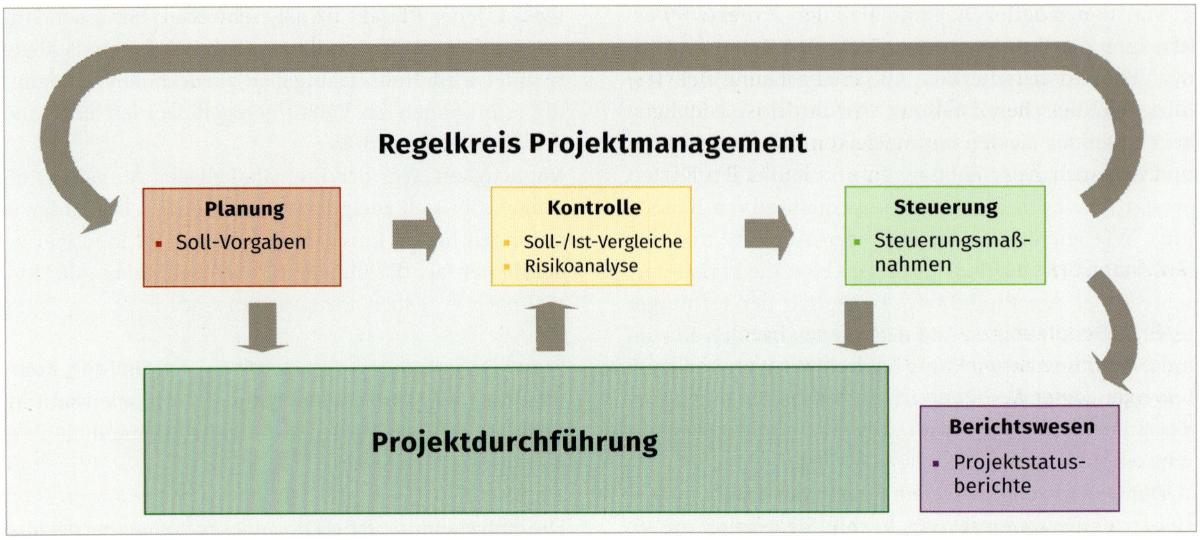

W

Projektmanagement ist nach DIN 69 901 die Gesamtheit von Führungsaufgaben, -organisation, -techniken und -mitteln für die Abwicklung eines Projekts.
Oft wird der Begriff „Projektmanagement" auch mit Personen bzw. Managern gleichgesetzt, die dazu berufen sind, die Durchführung eines Projektes zu leiten. Deren Aufgabe besteht darin,

- das Projekt zu planen,
- die Durchführung des Projektes zu kontrollieren und zu steuern und
- die Ergebnisse und Erkenntnisse aus dem Projekt auszuwerten.

Diese Aktivitäten lassen sich in einem Regelkreis für das Projektmanagement zusammenfassen.

Eine wichtige Quelle von Informationen über Projektmanagement publiziert das US-amerikanische „Projectmanagment Institut" (PMI) regelmäßig in neuen Auflagen als „Project Management Body of Knowledge", kurz PMBoK.

What is Project Management?

Project management is the application of knowledge, skills, tools and techniques to project activities to meet project requirements. Project management is accomplished through the application and integration of the project management processes of initiating, planning, executing, monitoring and controlling, and closing.
The project manager is the person responsible for accomplishing the project objectives.

Managing a project includes:

- Identifying requirements
- Establishing clear and achievable objectives
- Balancing the competing demands for quality, scope, time and cost
- Adapting the specifications, plans, and approach to the different concerns and expectations of the various stakeholders.

Quelle: PMBok 2004

2.2.1.2 Projektziele und Zielkonflikte

Bei der Projektplanung, -durchführung und -auswertung geraten die Beteiligten mit ihren unterschiedlichen Interessen und Zielen oft in Konflikte. Der Projektplan muss von den Vorgaben des Auftraggebers ausgehen. Der Auftraggeber (oft auch als Projektsponsor bezeichnet) bestimmt die folgenden Projektziele:

Sachziel	Was soll inhaltlich erreicht werden? Welche Ergebnisse erwartet der Auftraggeber? (Leistung)
Zeitziel	Wann sollen die Ergebnisse vorliegen? (Termin)
Kostenziel	Was darf das Projekt maximal kosten? (Budget)

Die Projektplanung muss das **magische Zieldreieck** des Projektmanagements (dynamisches Projektdreieck) beachten, wo Leistung, Kosten und Termine abgebildet werden.

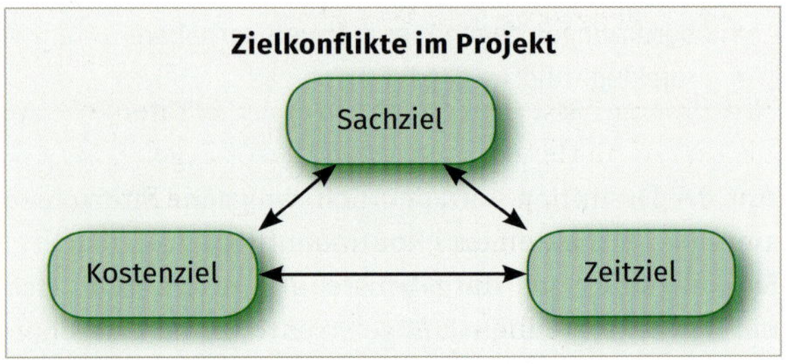

Noch komplizierter wird es bei der Projektüberwachung (und Projektsteuerung), wenn Abweichungen vom Plan existieren und damit die Erreichung einzelner Ziele im magischen Zieldreieck gefährdet ist. Hier kommen nicht nur die objektiven Zielkonflikte zum Tragen, sondern auch die subjektiven Interessen der Beteiligten.

2.2.1.3 Stakeholder

W Als **Stakeholder** werden alle Personen bezeichnet, die ein Interesse am Projekt haben oder vom Projekt in irgendeiner Weise betroffen sind (ISO 10006).

„Stakeholder" oder „interessierte Parteien" sind die an der Durchführung bzw. dem Erfolg des Projekts interessierten Personen oder Gruppen. Stakeholder haben ein bestimmtes Interesse an einem Projekt, d. h., sie können durch das Projekt profitieren, aber auch belastet, eingeschränkt oder sogar überflüssig werden. Stakeholder können an Inhalten, Zielen, Aktivitäten, Ressourcen oder Ergebnissen interessiert sein. Mögliche Stakeholder sind Kunden, Entwicklungspartner, Anwender, eigene Mitarbeiter, Vertriebspartner, Anteilseigner und Inhaber der Unternehmen, aber auch Lobbyisten. Sie können auf die Projekte fordernd, fördernd, hindernd oder neutral einwirken.

Durch ein gezieltes Stakeholder-Management muss es gelingen, alle Stakeholder zu erkennen und ihre Position zum Projekt zu bestimmen. Man muss die Ansprüche der fordernden und fördernden Stakeholder herausarbeiten und mit den Projektzielen in Einklang bringen. Außerdem muss man durch Maßnahmen der Information und Einbeziehung versuchen, die hindernden zu fördernden Stakeholdern oder zumindest zu neutralen Stakeholdern zu entwickeln.

RACI ist ein Konzept, auf dessen Grundlage Rollen und Verantwortlichkeiten definiert werden. RACI steht für „**R**esponsible" (zuständig für die Durchführung), „**A**ccountable" (verantwortlich für die Aktivität), „**C**onsulted" (sollte beteiligt werden, kann wertvollen Input liefern) und „**I**nformed" (muss über den Fortschritt informiert werden, z. B. die Stakeholder).

2.2.1.4 Prozesse und Projekte

Prozesse umfassen die Folgen von Aktivitäten, die aus einem definierten Input ein definiertes Ergebnis erstellen. Prozesse wiederholen sich ständig. Die Aktivitäten und ihre Beziehungen zueinander werden kontinuierlich verändert um die Prozesse als Ganzes zu verbessern, zu beschleunigen, kostengünstiger zu realisieren und um die Qualität der Ergebnisse abzusichern. Prozessqualität sichert die Produktqualität.

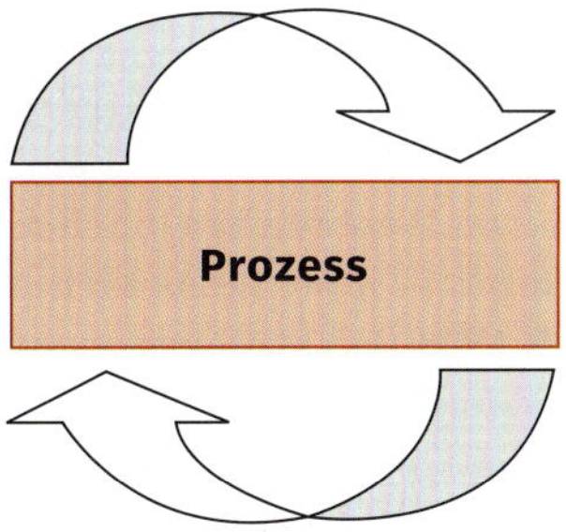

Projekte tragen mit ihren konkreten Zielen und Inhalten einmaligen Charakter. Eine Software muss nicht mehrfach entwickelt werden. Aber auch von Projekten erwartet man Ergebnisse in geforderter Qualität. Auch Projekte werden als Folge von einzelnen Arbeitsschritten abgearbeitet. Zahlreiche Erfahrungen aus erfolgreichen und erfolglosen Projekten haben zur Empfehlung dieser Abfolge von Arbeitsschritten geführt. Damit bekommt die Softwareentwicklung trotz ihrer Einmaligkeit einen gewissen Prozesscharakter.

Von der wohlorganisierten Abfolge von Aktivitäten in der Softwareentwicklung wird auch die Sicherung der Qualität der Softwareprodukte erwartet. Die zahlreichen Vorgehensmodelle in der Softwareentwicklung beschreiben den Prozess der systematischen Entwicklung von Software. Man bindet sich in seiner einmaligen kreativen Arbeit der Softwareentwicklung an diese Vorgehensmodelle, um damit die Qualität des Produktes Software zu sichern und gleichzeitig den Prozess der Entwicklung effizient und planbar zu gestalten.

2.2.2 Projektmanagement

2.2.2.1 Projektorganisation

In den vorherigen Abschnitten wurden folgende Ausgangspunkte herausgearbeitet:

- Software ist ein **Produkt** und muss klar definierten Qualitätskriterien genügen.
- Zur Entwicklung der Softwareprodukte gibt es gut ausgearbeitete **Technologien.**

Nun muss der gesamte Prozess der Softwareentwicklung noch **organisiert** werden. Es geht um das Management dieses Prozesses. Aus der Betrachtung des Produktes „Software" ist bekannt, dass seine Entwicklung ein einmaliger Prozess ist, weshalb von Softwareprojekten gesprochen wird. Die Massenfertigung des Softwareproduktes ist dann schließlich durch einfaches Kopieren problemlos möglich.

Für die Softwareentwicklung trifft damit die Projektdefinition vollständig zu, denn ein Projekt ist ein Vorhaben, das im Wesentlichen durch die Einmaligkeit der Bedingungen in ihrer Gesamtheit gekennzeichnet ist (siehe DIN 69 901). Das Management von Softwareprojekten verbindet die allgemeinen Erfahrungen aus dem Projektmanagement mit den speziellen Erkenntnissen zur Softwaretechnologie.

Auf effektive Art und Weise soll ein möglichst qualitativ hochwertiges Softwareprodukt entstehen und dieser Prozess muss entsprechend organisiert, also gemanagt werden. Auf die möglichen Fehler, Fehlerquellen und Risiken in der Softwareentwicklung wurde bereits in den vorherigen Abschnitten verwiesen.

S Stefan erinnert seine Azubi-Kollegen hier an Murphys Gesetze, wonach schiefgeht, was nur schiefgehen kann, oder genauer:

Murphy's Laws

A set of laws regarding the perverse nature of things.
For example:
1. Nothing is as easy as it looks.
2. Everything takes longer than you think.
3. Anything that can go wrong will go wrong.
4. If there is a possibility of several things going wrong, the one that will cause the most damage will be the one to go wrong.
5. If there is a worse time for something to go wrong, it will happen then.
6. If anything simply cannot go wrong, it will anyway.

Das Management von Softwareprojekten muss dazu beitragen, all das, was schiefgehen kann, auszuschließen oder wenigstens in seinen negativen Auswirkungen zu begrenzen. Entscheidend ist dabei die Art und Weise der Einbeziehung der **Ressource Mensch** als kreative Kraft in der Softwareentwicklung. Beim „Programmieren im Kleinen“ steht der Softwareentwickler allein, er muss sich nur selbst organisieren, motivieren und disziplinieren. Bei der „Softwareentwicklung im Großen“ müssen die **Arbeiten im Team** abgestimmt und organisiert werden. Man stelle sich nur das Bild der Großbaustelle vor, auf der eine Vielzahl von Arbeitern planmäßig handeln muss, damit ein großes Gebäude entsteht.

Organisation des Projektteams

In der Definition wird als Merkmal eines Projektes bereits auf die projektspezifische Organisation hingewiesen. Für jedes Projekt sind spezielle Organisationsstrukturen zu bilden.

W Die **Projektorganisation** stellt (nach DIN 69901) die „Gesamtheit der Organisationseinheiten und der aufbau- und ablauforganisatorischen Regelungen zur Abwicklung eines bestimmten Projektes“ dar. Die Projektorganisation stützt sich in der Regel auf vorhandene Bestandteile der Betriebsorganisation und ergänzt diese um projektspezifische Regelungen.

Als spezielle Ziele der Projektorganisation stehen im Vordergrund:

- **Begrenzung von Mängeln der traditionellen Organisation,** durch welche die horizontale und die vertikale Zerteilung des Unternehmens für den Arbeitsprozess nur noch „operative Inseln“ übrig lässt
- **straffe, interdisziplinäre Leitung** von besonders wichtigen Unternehmensaufgaben (Projekten) durch ihre Herauslösung aus den stabilen Unternehmensstrukturen (Leitungslinien und Befugnisse)

Konstruktionsmängel traditioneller Organisationsformen

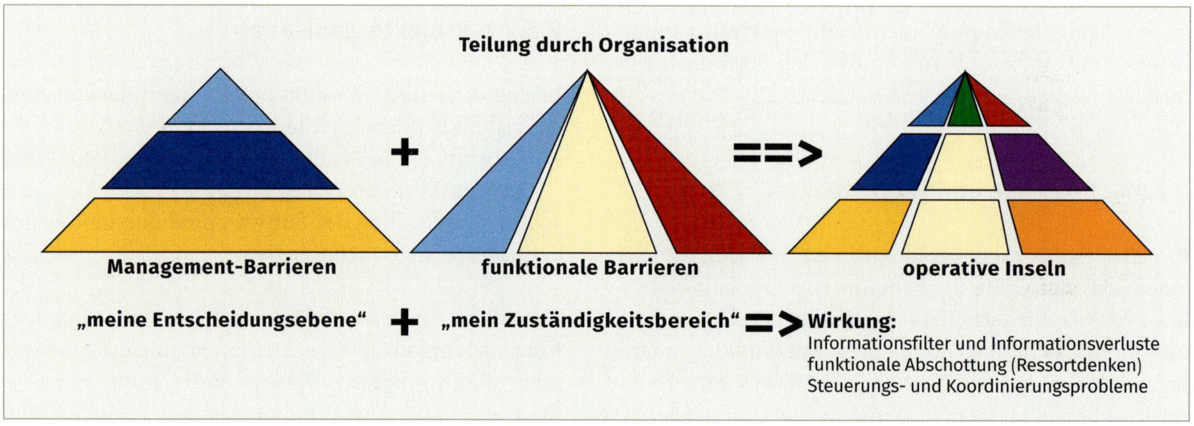

Zur Überwindung dieser Konstruktionsmängel traditioneller Organisation haben sich im Wesentlichen drei Organisationsmodelle für die Projektarbeit herausgebildet:

Reine Projektorganisation

Alle Mitarbeiter am Projekt arbeiten nur für das Projekt, sind nur dem Projektleiter unterstellt und damit zu einer zeitweiligen Struktureinheit zusammengefasst. Klare Verantwortungsabgrenzung und einheitliche Leitung stehen hier dem nur zeitweiligen Einsatz der Mitarbeiter und ihrer Auswahl und Herauslösung aus vorhandenen Strukturen gegenüber.

Der Begriff „Projektorganisation" bezieht sich gemäß DIN auf die Organisation des Projektes selbst. Demgegenüber wird der Begriff „Reine Projektorganisation" zur Beschreibung der Organisationsform eines rein projektorientiert arbeitenden Teams verwendet.

Die reine Projektorganisation findet sich kaum in einem Unternehmen klassischer Prägung. Sie ist typisch für Netzwerke von gleichberechtigten Partnern oder für kleine Unternehmen mit einheitlicher Qualifikation aller Mitarbeiter. Eine Sonderform nehmen Projektgesellschaften ein, die temporäre Unternehmen zur Durchführung eines Großprojekts sind (z. B. eine eigene GmbH für den Bau einer Brücke).

Reine Projektorganisation

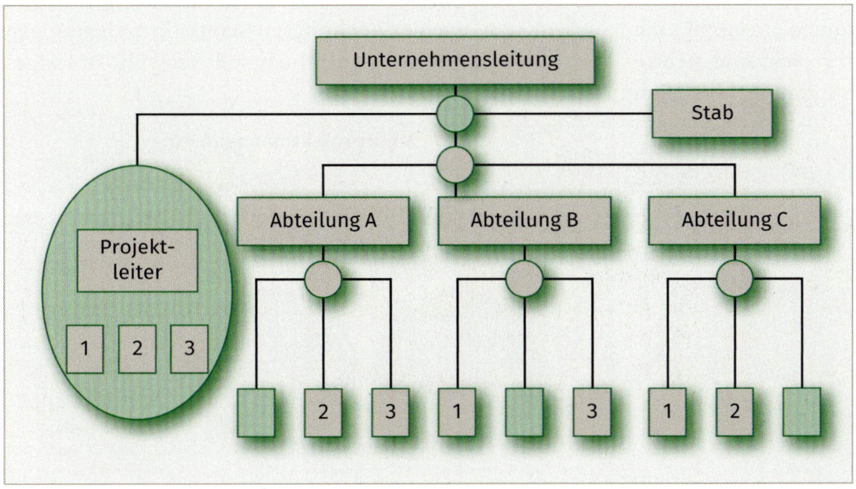

Projektkoordination/Einfluss-Projektorganisation

Der Projektleiter koordiniert nur die Arbeiten an der Projektaufgabe, die in den vorhandenen Strukturen gelöst wird. Er übt keine Entscheidungsbefugnisse aus. Das fördert die Flexibilität und die Nutzung vorhandener Informationen, schmälert jedoch die Gesamtverantwortung und verzögert nötige Entscheidungen.

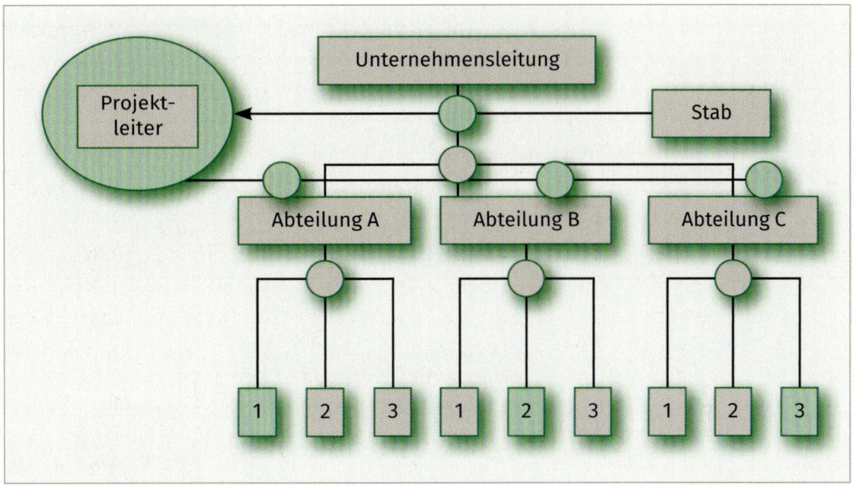

Einfluss-Projektorganisation

Matrix-Projektorganisation

Damit werden die Kompetenzen zwischen dem Projektleiter und den Linieninstanzen geteilt. Diese Form fördert die Ganzheitlichkeit und die zielstrebige Koordinierung der Projektaufgabe, wobei ein hoher Kommunikationsaufwand und Kompetenzkonflikte hinderlich wirken können.

Die Matrix-Projektorganisation ist die am häufigsten praktizierte Form der Projektorganisation. Da ein Projekt zeitlich beschränkt ist, erhält es keine dauerhaften Mitarbeiter. Die Projektmitarbeiter werden vielmehr aus der Linienorganisation für das Projekt in einem bestimmten Umfang freigestellt. Die Projektmitarbeiter finden sich also in einer „Matrix" zwischen Linienorganisation und Projektorganisation wieder.

Für die Auswahl der jeweils geeigneten Form stehen **Auswahlkriterien der Projektorganisation** zur Verfügung, die vor allem Bedeutung und Umfang der Aufgabe sowie personelle Voraussetzungen berücksichtigen.

W

Kriterien	Formen der Projektorganisation		
	Einfluss-Projektorganisation	Matrix-Projektorganisation	Reine Projektorganisation
Bedeutung des Projektes für das Unternehmen	gering	groß	sehr groß
Umfang des Projektes	gering	groß	sehr groß
Unsicherheit der Zielerreichung	gering	groß	sehr groß
Technologie	Standard	kompliziert	neu
Zeitdruck	gering	mittel	hoch
Projektdauer	kurz	mittel	lang
Komplexität	gering	mittel	hoch
Bedürfnis nach zentraler Steuerung	mittel	groß	sehr groß
Mitarbeitereinsatz	nebenamtlich (Stab)	teilzeitlich (variabel)	vollamtlich
Projektleiterpersönlichkeit	wenig relevant	qualifiziert	sehr fähig

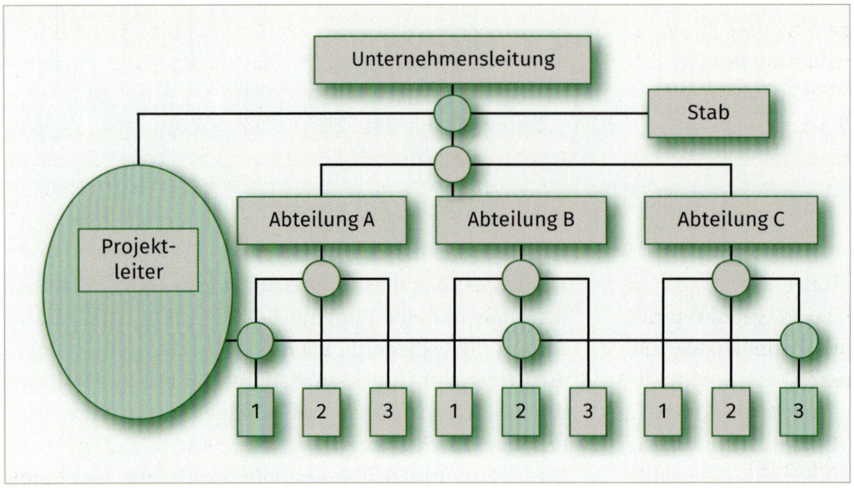

Matrix-Projektorganisation

Organisation der Projektleitung

Bei der Projektplanung, -durchführung und -auswertung kommt dem Einsatz der Ressource „Mensch" eine besondere Bedeutung zu. An jedem Projekt sind mehrere Personen mit unterschiedlichen Interessen beteiligt, sogenannte Stakeholder (siehe 2.2.1.3).

Diese Personen müssen sich organisieren und ihre Beziehungen zueinander definieren. Die Projektmitarbeiter finden sich im Projektteam zusammen und die Projektverantwortlichen organisieren sich im **Lenkungsausschuss.**

Der Lenkungsausschuss ist das oberste Beschluss fassende Gremium der Projektorganisation. In ihm sollten alle Projektbeteiligten (Stakeholder) in geeigneter Weise vertreten sein. Die Minimalbesetzung des Lenkungsausschusses besteht aus dem Projektleiter und dem Auftraggeber. Es muss von Anfang an festgelegt sein, wie der Lenkungsausschuss Entscheidungen trifft. Der Lenkungsausschuss sollte sowohl zu festge-

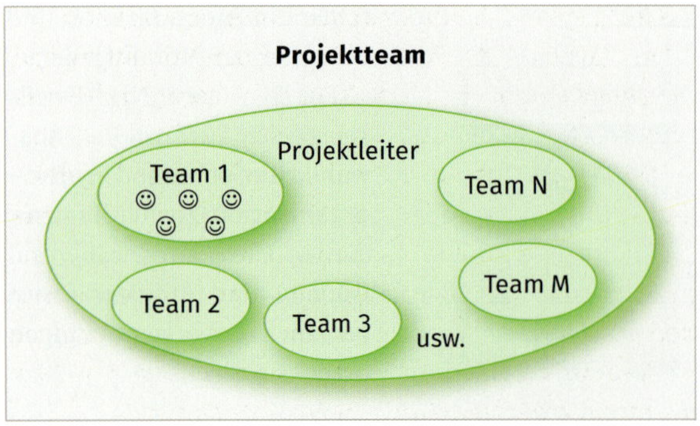

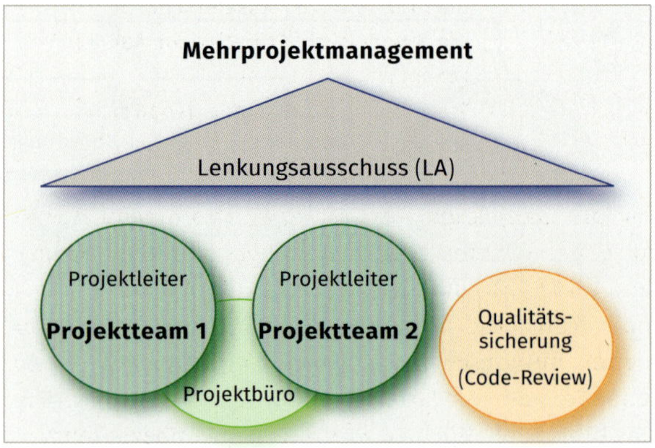

legten Berichtszeitpunkten als auch zu Meilensteinen zusammenkommen und Entscheidungen treffen.

Das Projektteam selbst kann weiterhin in kleinere Teams aufgegliedert sein, wobei aber jedes Team durch einen Teamleiter und das gesamte Projekt durch den Projektleiter zu vertreten ist. Bei größeren Projekten oder der gleichzeitigen Bearbeitung mehrerer Projekte werden auch mehrerer Projektteams eingesetzt. Unter Führung des Lenkungsausschusses können die einzelnen Projektteams dann auf die Unterstützung eines Projektbüros und die spezialisierten Leistungen eines Teams zur Qualitätssicherung zurückgreifen.

2.2.2.2 Führung des Projektteams

Team-Entwicklung

Das bekannteste Modell zur Beschreibung der Etappen in der Entwicklung eines Teams stammt von Bruce Tuckman, veröffentlicht im Jahre 1965. Tuckman beschreibt darin die folgenden vier Phasen:

1. forming
2. storming
3. norming
4. performing

Eine etwas modifizierte Variante sorgt gegenwärtig dafür, die Entwicklung eines Projektteams zu begleiten, zu analysieren und zu beeinflussen.

Formierung	Die Gruppe sucht sich.
	Die Gruppe sucht ihre Aufgaben.
	„Kick-off-Meeting" als erster Treffpunkt zum Kennenlernen
Konflikt	Diskussionen in der Gruppe
	Rollenverteilung unter den Gruppenmitgliedern
	Durchsetzung der Arbeitsregeln/-normen
	Anpassung des Einzelnen
Hauptarbeit	Die Aufgabenerfüllung steht im Mittelpunkt.
	Die Gruppe wächst zusammen.
Reife	Die Gruppe sucht kritisch neue Aufgaben/Lösungen.
	Die Gruppenbeziehungen haben sich stabilisiert.

Für alle Projektgruppen ist das Zusammenwachsen zu einer Gemeinschaft, der Prozess der Gruppenbildung eine Grundbedingung zur erfolgreichen Lösung ihrer Aufgaben. Je aktiver die einzelnen Mitarbeiter hieran mitwirken (sich gegenseitig suchen), desto schneller kann die Gruppe ihre Wirksamkeit erreichen. Das führt schließlich zu stabilen Gruppenbeziehungen.

Im Prozess der Gruppenbildung treten vielfältige Probleme auf. **Kommunikationsprobleme** spielen dabei eine besondere Rolle. Sie zeigen sich als:

- **Erklärungsprobleme,** bei der klaren Einordnung des Details ins Ganze der Aufgabe
- **Veränderungsprobleme** bei der stetigen Anpassung an neue Bedingungen
- **Erfahrungsprobleme,** die durch völlig unterschiedliche berufliche Lebenserfahrungen entstehen

Die Art und die Fähigkeit der Problemlösung kann somit die Gruppenbildung wesentlich beeinflussen. Dazu sind die **Barrieren** zu beseitigen, die der Gruppenarbeit im Wege stehen. Unklare Zielsetzung, fehlende Eigenverantwortung der Mitarbeiter oder dominierendes Konkurrenzdenken zählen dazu.

Am wirksamsten wird die Gruppenbildung durch **konstruktive Kommunikation** unterstützt. Einen deutlichen Hinweis auf die Bedeutung der Kommunikation bietet das Modell des „Extreme Programming". Konstruktive Kommunikation bedeutet:

- **Offenheit** in der Gruppe, um Konflikte möglichst schnell auszutragen
- **Toleranz** gegeneinander, um durch respektvolle Beziehungen die Anderen auch zum Zuhören zu bewegen (die Art, wie man unterschiedliche Meinungen äußert)
- **Symmetrie** zwischen den Kommunikationspartnern, also Gleichberechtigung

Team-Konflikte

Konflikte im Team entstehen zumeist in der zweiten Phase der Gruppenbildung, sie treten aber auch im weiteren Verlauf der Arbeit ständig auf, wobei das Team dann selbst bereits eine **Teamkultur** entwickelt, die diese Konflikte entschärft oder zu konstruktiven Kräften für das Projektziel umwandelt.

Aus der **Herkunft** der Mitglieder der Projektgruppe durch

- Berufung von Mitarbeitern oder
- Zeitverträge mit Betriebsfremden

ergibt sich bereits der erste Unterschied der Teammitglieder nach der Bindung an das Unternehmen.

Die Auswahl der Mitarbeiter in der Projektgruppe unterliegt einem weiteren Kriterium, dem Verhältnis zwischen fachlicher und sozialer Kompetenz.

Fachliche Kompetenz (berufsspezifische und methodische) erhöht vor allem die Leistungseffizienz des Einzelnen. **Soziale Kompetenz** umfasst Kooperations-, also speziell Kommunikationsfähigkeit sowie Arbeitsverhalten/Motivation und ist entscheidend für die Leistungsfähigkeit der Gruppe verantwortlich. Beide Befähigungen sollten im vorteilhaften Verhältnis zueinander stehen.

Schließlich sind damit Ansprüche an jeden Mitarbeiter der Gruppe bezüglich Kreativität, Kritik- und Lernfähigkeit sowie Gemeinschaftsarbeit gestellt.

Im Besonderen gelten die Kriterien für die **Ansprüche an die Projektleiter.** Sie zeigen sich vor allem in

- **Teamfähigkeit,** zu der stets Ausdauer und Toleranz gehören;
- Fähigkeit zum **Generalisieren,** also dem komplexen Denken, dem Einordnen der Details ins Ganze;
- **Praxisorientierung,** gepaart mit den Methoden der Lösungssuche, die stets kritisch erfolgt, sodass sie bei erkennbarer Unpraktikabilität bis zum Abbruch der Arbeit führt;
- Gespür für **Wirtschaftlichkeit** mit der Bewertung der einzelnen Schritte sowie der Chancen und Risiken des Projektes;
- ausreichendem **Durchsetzungsvermögen** gepaart mit hoher Zielstrebigkeit.

Die Ziele der Projektmitarbeiter können in den folgenden Merkmalen zusammengefasst werden:

- materielle Anerkennung
- moralische Anerkennung
- Sicherung des Arbeitsplatzes
- Abwechslung im Arbeitsleben
- neue fachliche Erkenntnisse
- neue soziale Kontakte
- neue Arbeits-, Lebens- und Umwelterfahrungen

Zwischen den Teammitgliedern und dem Projektleiter sowie untereinander entstehen zwangsläufig Konflikte, bedingt durch ihre Bindung zum Unternehmen, ihre fachliche und soziale Kompetenz sowie ihre fachliche Verantwortung für das Team.

Wichtig ist in dieser konfliktgeladenen Atmosphäre die ständige Motivation der Projektmitarbeiter:

- positive Motivation, Leistung anerkennen, Mitarbeiter mit Rückgrat belohnen, Kreativität fördern
- keine Negativmotivation, keine Strafen oder Drohungen, keine Entlassungen
- Förderung der Orientierung an den Unternehmenszielen, Leitbild und Leitkultur, dabei aber keine Orientierung am subjektiven Anspruch einer einzelnen Führungskraft

Aufgaben

1. Beschreiben Sie Ziele und Merkmale der Projektorganisation.
2. Was heißt Neuartigkeit in der Projektaufgabe?
3. Inwiefern ähneln sich die Phasen der Projektbearbeitung und des Projektierungsprozesses?
4. Kennzeichnen Sie die Vor- und Nachteile der typischen Formen der Projektorganisation.
5. Für welche Projektaufgabe wird die reine Projektorganisation bevorzugt?
6. Wodurch unterscheidet sich die Berufung von der Einstellung von Projektmitarbeitern?
7. Was sind offene Projektgruppen?
8. Welche Barrieren behindern den Gruppenbildungsprozess?
9. In welchem Verhältnis stehen fachliche und soziale Kompetenz der Mitarbeiter von Projektgruppen zueinander?

2.2.3 Projektplanung

2.2.3.1 Vorgänge und Arbeitspakete

Als erster Schritt ist die Komplexität und Schwierigkeit der Aufgabenstellungen aufzubrechen und in kleine beherrschbare und eventuell wiederkehrende Teilaufgaben zu zerlegen. Komplexe Lösungswege werden in **Arbeitspakete** aufgegliedert und als **Vorgänge** in der Projektplanung behandelt.

W

Arbeitspakete beschreiben Teilaufgaben mit eindeutiger Zielsetzung und Ergebniserwartung. Sie sind Teile des Projektes, die im **Projektstrukturplan** nicht weiter aufgegliedert werden und auf einer beliebigen Gliederungsebene liegen können.

Aufwandsschätzung zu einzelnen Vorgängen

Grundlage jeder Projektplanung ist die Auflösung der Projektaufgabe in einzelne Arbeitspakete. Diese Arbeitspakete müssen so lange weiter in immer kleinere Arbeitspakete untergliedert werden, bis man den Aufwand an Zeit und Ressourcen, der zur erfolgreichen Durchführung jedes Arbeitspaketes benötigt wird, mit möglichst hoher Sicherheit abschätzen kann.

Bei der Anwendung von Tools aus der Projektplanungssoftware spricht man dann nicht mehr von Arbeitspaketen, sondern in Abhängigkeit von der Komplexität der Arbeitspakete abgestuft von **Teilprojekten, Sammelvorgängen** oder **Vorgängen.** Der Aufwand an Zeit und Ressourcen muss bei Anwendung dieser Tools nur für die Vorgänge als kleinste Einheiten geschätzt werden. Der Aufwand für Sammelvorgänge, Teilprojekte und das Gesamtprojekt errechnet sich dann automatisch.

Für die Gliederung von Projekten existieren zwei unterschiedliche Herangehensweisen. Je nach Art des Projektes und der bereits durchgeführten Planung sollte man sich für eine der beiden Vorgehensweisen entscheiden.

Top-down-Vorgehensweise

Man beginnt mit der Grobplanung (top = **oben**). Anschließend wird jeder Teilpunkt der Grobplanung weiter unterteilt (down = **nach unten**), bis am Ende die Einzelvorgänge bezüglich Dauer, Ressourcenaufwand und Inhalt klar beherrschbar sind. Man erstellt zuerst die Gliederung des Projektes und untersetzt dann die einzelnen Gliederungspunkte durch untergeordnete Gliederungsebenen oder Einzelaktivitäten.

Bottom-up-Vorgehensweise

Man arbeitet sich bei dieser Methode von unten nach oben durch. Sie ist dann sinnvoll einsetzbar, wenn bereits alle oder fast alle Einzelvorgänge auf unterster Ebene (bottom = **unten**) aufgelistet sind und nach einer zweckmäßigen Reihenfolge und nach Zusammenfassungsmöglichkeiten (up = **nach oben**) gesucht wird. Das Gliederungsgerüst entsteht so durch die Systematisierung der vielen vorhandenen Einzelvorgänge.

Beim Erstellen der Projektgliederung und der Abschätzung des Aufwandes kann die Software nur formale Unterstützung leisten. Für inhaltliche Belange ist das **Fachwissen des Projektteams** gefragt. Die Software hilft nur beim Visualisieren der Projektgliederung und beim Kalkulieren des Gesamtaufwandes. Auf diese Weise werden jedoch Fehler im vorgesehenen Ablauf (Zeitziel) und Budgetüberschreitungen (Kostenziel) schnell sichtbar.

S

Herr Pelz verweist seine Azubis hier auf die Methode des Extreme Programming (XP). Dort arbeitet man bewusst mit möglichst kleinen Arbeitspaketen. Der Aufwand zur Programmierung sollte im Stunden- oder Minutenbereich liegen. Zur Sicherung des Erfolges arbeiten zwei Programmierer an jedem Arbeitspaket. Die Strukturierung der Aufgabe in möglichst kleine Arbeitspakete erfolgt in der Gruppe. Alle Gruppenmitglieder lassen ihr Wissen in diesen Strukturierungsprozess einfließen. Kommunikation im Team ist das Erfolgsgeheimnis.

W

Der **Projektstrukturplan (PSP)** liefert die Darstellung einer Projektstruktur als möglichst vollständige hierarchische Anordnung aller Elemente bzw. Arbeitspakete eines Projektes. Verschiedene Darstellungsformen sind hierfür gebräuchlich, z. B.:

- **Organigramm,** diese Darstellungsform wird in den meisten Fällen gewählt
- **Listendarstellung,** mit Nummerierung und Einrückungen eine mit der Textverarbeitung einfach zu erstellende Alternative
- **Mindmap,** mit einer sehr guten visuellen Wirkung und logisch dem Organigramm oder der Listendarstellung gleichwertig. Die Mindmapping-Tools unterstützen besonders gut den kreativen Prozess.

Die Elemente des Projektstrukturplans erhalten einen eindeutigen Bezeichner, den sogenannten **Projektstrukturplan-Code (PSP-Code).** Der PSP-Code entspricht allgemein der Gliederungsnummerierung bei einer Listendarstellung des Projektstrukturplanes.

S

An dieser Stelle setzen sich die Azubis zusammen, um endlich Klarheit über das zu entwickelnde Softwareprodukt zu bekommen. Sie erstellen den Projektstrukturplan mithilfe eines Mindmapping-Tools. Dazu versammeln sie sich vor einem Computer. Kerstin, die zukünftige Bürokauffrau, protokolliert und strukturiert die Hinweise aller Beteiligten. Die Software visualisiert die bisherige Projektstruktur und bietet einfache Möglichkeiten zur Ergänzung bzw. Veränderung dieser Struktur. Als erstes Ergebnis entsteht eine Mindmap (siehe unten).

Ausgangspunkt für die Wahl der Arbeitspakete im Projektstrukturplan sind die Erfahrungen aus dem bestehenden Projekt auf der Basis von Microsoft Access und die theoretischen Kenntnisse zu

- Warenwirtschaft,
- Zahlungsverkehr,
- Auftragsbearbeitung,
- Kundenkontaktpflege

sowie die zusätzlichen Anforderungen aus neuen Geschäftsfeldern.

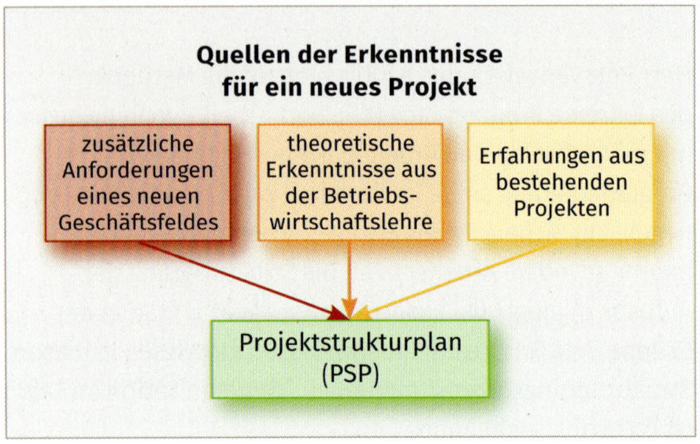

Die beteiligten Azubis und Herr Pelz diskutieren heftig, wie weit die einzelnen Punkte bereits zum gegenwärtigen Zeitpunkt zu detaillieren sind. Herr Pelz beruhigt die Gemüter, er hält die Detaillierung bis zur vierten Gliederungsebene zum gegebenen Zeitpunkt sogar für riskant. Später wird sich eine kleine Projektgruppe mit diesen Unterpunkten beschäftigen, und deren Aufgabe ist dann die weitere Untersetzung.

Stefan kann sich eine Bemerkung nicht verkneifen: „Damit verlassen wir aber das klassische Wasserfallmodell und gehen eher zum Spiralmodell über, weil wir nicht von Anfang an alles detailliert planen, sondern von Zyklus zu Zyklus unsere Planung weiter untersetzen". Herr Pelz kann ihm nur zustimmen: „Wir werden auch das Prototyping anwenden, wenn wir erste funktionierende Komponenten vor der Geschäftsleitung oder vor bestehenden Kunden präsentieren und dort diskutieren. Daraus ergeben sich allgemein weitere Notwendigkeiten zur Detaillierung." Herr Pelz schlägt folgenden Projektstrukturplan in Listenform vor:

Projektstrukturplan (Version 1.0)

1. Front-End beim Kunden
1.1. Katalogangebot präsentieren
1.2. Hinweis auf Sonderangebote
1.3. Warenkorb zusammenstellen

Mindmap zum Projektstrukturplan

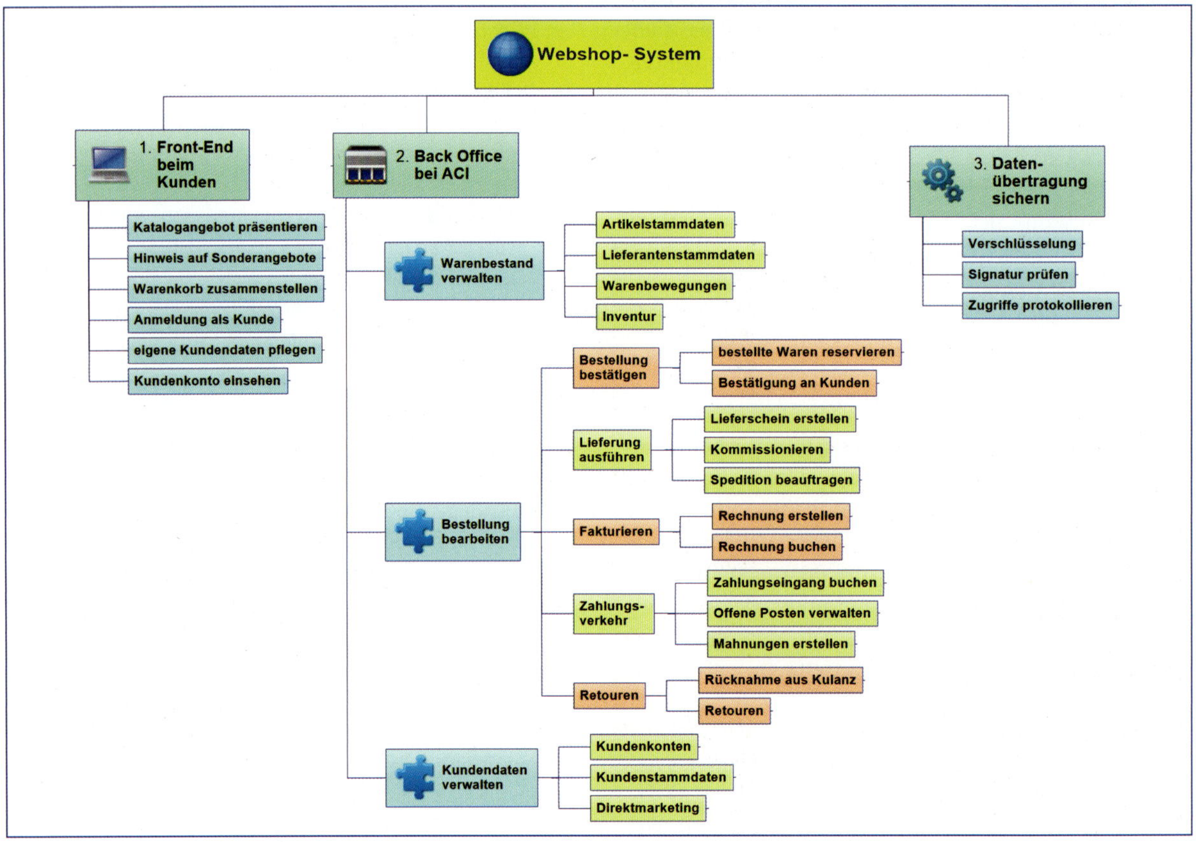

1.4. Anmeldung als Kunde
1.5. eigene Kundendaten pflegen
1.6. Kundenkonto einsehen
2. Back-Office bei ACI
2.1. Warenbestand verwalten
2.2. Bestellung bearbeiten
2.3. Lieferung ausführen
2.4. Fakturieren
2.5. Zahlungsverkehr
2.6. Retouren
2.7. Kundendaten pflegen
3. Sicherung der Datenübertragung
3.1. Verschlüsselung
3.2. Signatur prüfen
3.3. Zugriffe protokollieren

Er verweist seine Auszubildenden auch darauf, dass genau diese Darstellungsformen des Projektstrukturplanes (Diagramm als Organigramm oder Mindmap sowie die Listenform) von vielen Industrie- und Handelskammern (IHK) im Rahmen des „Onlineverfahrens zur Bestätigung der Projektanträge“ abgefordert werden.

Nach der Festlegung der Projektstruktur muss nun der Projektablauf geplant werden. Dazu muss statt der statischen die dynamische Seite von Projekten betrachtet werden. Hierzu werden andere Darstellungsmittel und andere Softwaretools eingesetzt. Ein allgemein bewährtes Tool zur Projektablaufplanung ist Microsoft Project, worauf sich die folgenden Betrachtungen beziehen.

Sichten auf ein Projekt		
Statisch		Dynamisch
▪ Was ist zu tun?	**Grundfragen**	▪ Wann ist es zu tun? ▪ In welcher Reihenfolge ist es zu tun?
▪ Arbeitspaket	**Begriffe**	▪ Vorgang
Projektstrukturplan als ▪ Mindmap ▪ Numerierte Liste ▪ Organigramm	**Darstellungsmöglichkeiten**	▪ Netzplan ▪ Gantt-Diagramm
▪ Mindjet MindManager	**Einsetzbare Tools**	▪ Microsoft Project ▪ ACOS PLUS.1

W

Ein **Vorgang** ist ein Begriff aus der Netzplantechnik und bezeichnet ein Ablaufelement, das ein bestimmtes Geschehen beschreibt. Jeder Vorgang steht für ein Arbeitspaket.

W

Ein **Netzplan** ist eine grafische Darstellung von Abläufen und deren Abhängigkeiten. Die Vorgänge bilden die Knoten in den Netzplänen. Eine gebräuchliche Form der Darstellung von Knoten zeigt die folgende Darstellung:

FAZ		FEZ
Vorgangsbezeichnung		
Vorgangsnummer	**Vorgangsdauer**	**GP**
SAZ		SEZ

Die Erläuterungen für die verwendeten Abkürzungen sind in der Übersicht zusammengefasst.

FAZ	Der früheste mögliche Anfangszeitpunkt zeigt an, dass dieser Vorgang frühestens zu diesem Termin begonnen werden kann.
FEZ	Der früheste mögliche Endzeitpunkt zeigt an, wann dieser Vorgang frühestens beendet werden kann. Addiert man zum FAZ die Vorgangsdauer, so erhält man den FEZ.
SEZ	Der späteste mögliche Endzeitpunkt zeigt an, wann dieser Vorgang spätestens zu beenden ist, um das **zeitliche Ziel** des gesamten Projektes nicht zu gefährden. Der SEZ-Wert wird bei der Rückwärtsrechnung vom Endtermin aus bestimmt und ist abhängig vom spätesten Anfangszeitpunkt seines Nachfolgers. Besitzt ein Vorgang mehrere Nachfolger, so berechnet sich der SEZ-Wert aus dem kleinsten Wert der SAZ aller seiner Nachfolger.
SAZ	Der späteste mögliche Anfangszeitpunkt SAZ zeigt an, dass dieser Vorgang spätestens zu diesem Termin begonnen werden muss, um das **zeitliche Ziel** des gesamten Projektes nicht zu gefährden. Zieht man vom SEZ die Vorgangsdauer ab, so erhält man den SAZ.

(Fortsetzung auf folgender Seite)

GP	Der Gesamtpuffer des Vorganges gibt an, um welchen Zeitraum dieser Vorgang verschoben werden kann, ohne das **zeitliche Ziel** des gesamten Projektes zu gefährden. Er ergibt sich jeweils aus der Differenz der spätesten Anfangs- oder Endzeitpunkte und der frühesten Anfangs- oder Endzeitpunkte.
Bemerkung: Der Vorgang 1 beginnt üblicherweise zum Zeitpunkt 0 (Null), damit kann man beim letzten Vorgang im frühesten und spätesten Endzeitpunkt genau die Gesamtdauer des Projekts ablesen.	

Im Netzplan erscheinen die Vorgänge als Rechtecke mit der oben erklärten Beschriftung. Die Rechtecke werden mit Linien oder Pfeilen verbunden und stellen damit den Ablauf eines Projektes dar. Die Darstellung des Ablaufes folgt den üblichen Lesegewohnheiten und verläuft von links nach rechts und von oben nach unten. Die Linien stellen die Vorgangsbeziehungen dar und beschreiben die zeitliche Beziehung zwischen den Vorgängen, auch als **Parallelläufigkeit** bezeichnet. Dabei wird der Vorgang links vom aktuellen Vorgang **„Vorgänger"**, der Vorgang rechts **„Nachfolger"** genannt.

2.2.3.2 Netzpläne PERT/CPM

Netzpläne basieren auf **Netzknoten.** Mit ihrer Hilfe kann man die Vorgangsbeziehungen darstellen und eventuell auch ohne Hilfe eines Computers die Termine berechnen. Dazu sind eine **Vorwärtsrechnung** und eine **Rückwärtsrechnung** notwendig.

Netzplan mit kritischem Weg

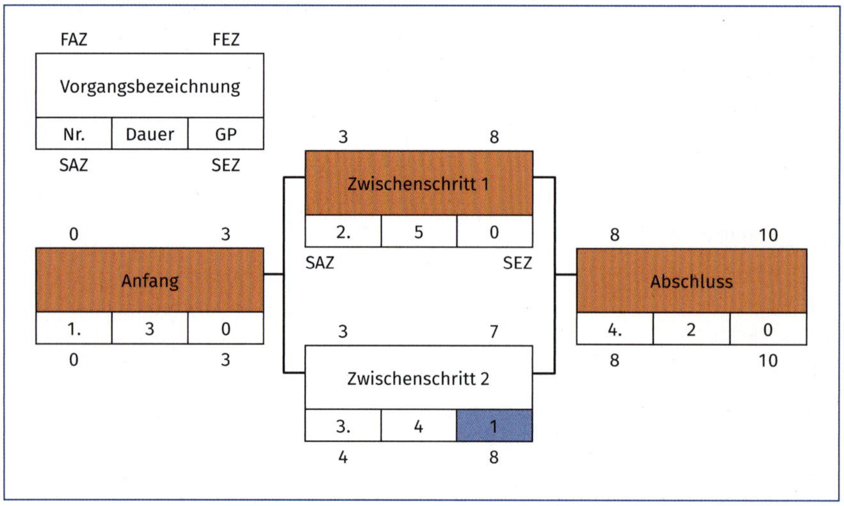

Vorwärtsrechnung (progressive Berechnung) — W

Berechnung der frühesten Zeitpunkte aller Ereignisse und Vorgänge im Netzplan ausgehend vom Starttermin des Projektes ($FAZ_1 = 0$).

$FEZ_i = FAZ_i$ + Dauer

$FAZ_{i+1} = \max(FEZ_i)$

Rückwärtsrechnung (retrograde Berechnung) — W

Berechnung der spätesten Zeitpunkte aller Ereignisse und Vorgänge im Netzplan ausgehend vom vorwärts berechneten Endtermin des Projektes.

$SEZ_i = \min(SAZ_{i+1})$

$SAZ_i = SEZ_i$ – Dauer

Netzplantechnik mit kritischem Weg (CPM, Critical Path Method)

CPM ist ein mathematisches Modell, das die Gesamtdauer eines Projektes auf Grundlage der Dauer und Abhängigkeiten der einzelnen Vorgänge berechnet. Es gibt an, welche Vorgänge zeitkritisch sind (bezogen auf den geplanten Endtermin des Projektes). Die Abfolge der kritischen Vorgänge bildet den **kritischen Weg,** eine Verzögerung der kritischen Vorgänge verzögert automatisch auch das Projekt. CPM ist heute ein fundamentales Verfahren in der Projektmanagementsoftware und wird in Microsoft Project in Verbindung mit der PERT-Darstellung verwendet.

W — Auf dem **kritischen Weg** liegen alle Vorgänge, bei denen die frühesten und spätesten Zeitpunkte übereinstimmen bzw. deren Gesamtpuffer (GP) gleich null ist. Wenn diese Vorgänge verschoben werden, d. h., wenn sich ihre Dauer oder ihre Anfangszeiten ändern, dann ändert sich der Projektendtermin.

In Microsoft Project werden die Vorgänge, die auf dem kritischen Weg liegen, im Rahmen der Projektüberwachung rot gekennzeichnet. In der Darstellung auf folgender Seite sind die Vorgänge 1 bis 6 bereits vollständig abgeschlossen. Sie werden daher nicht mehr als kritisch gekennzeichnet. Vor Beginn der Projektrealisierung zieht sich der kritische Weg durch das gesamte Projekt.

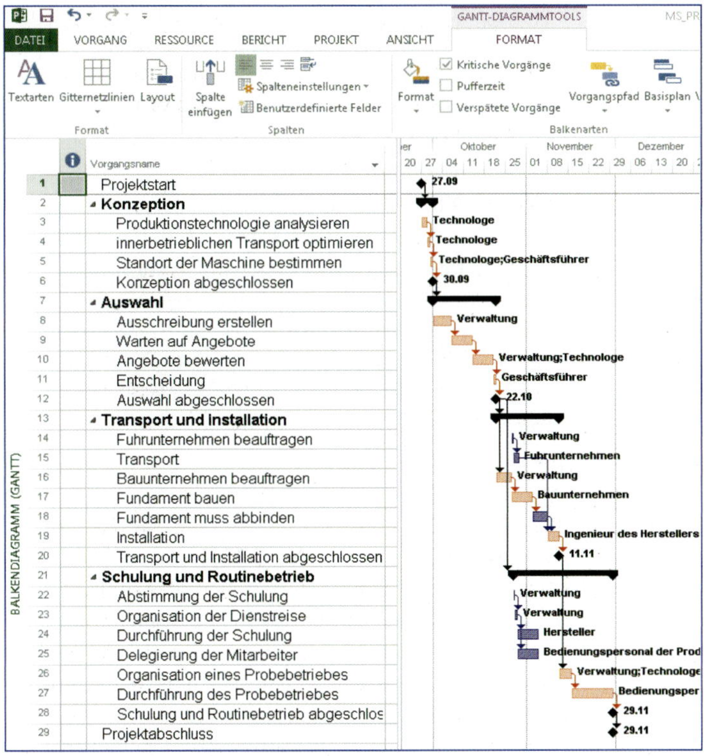

Darstellung des kritischen Weges in Microsoft Project

Program Evaluation Review Technique (PERT)

PERT-Netzpläne (program evaluation and review technique) sind eine grafische Darstellung des Projekts als Reihe verbundener Vorgänge, welche besonders zur Erstellung und Feinabstimmung des Projektplans sowie zur Ermittlung der Reihenfolge von Vorgängen einschließlich ihrer Anfangs- und Endtermine geeignet sind.

Die Festlegung der zeitlichen Beziehungen zwischen den Vorgängen, auch die Entscheidung über deren mögliche gleichzeitige Bearbeitung (parallele Anordnung), ist eine wichtige, durch Fachkenntnisse zu bestimmende Entscheidung im Rahmen der **Projektplanung.**

2.2.3.3 Vorgangsbeziehungen

Vorgangsbeziehungen		
Normalfolge	**EA:** Ende-Anfang-Beziehung	Der nachfolgende Vorgang beginnt erst, wenn der Bezugsvorgang beendet ist, z. B. erst waschen, dann trocknen.
Endfolge	**EE:** Ende-Ende-Beziehung	Das Ende der Vorgänge muss aufeinander abgestimmt sein, z. B. sollten für ein gutes Mittagessen in der Familie Fleisch und Beilagen zur gleichen Zeit gar werden, damit sie warm serviert werden können.
Anfangsfolge	**AA:** Anfang-Anfang-Beziehung	Der Anfang der Vorgänge muss aufeinander abgestimmt sein, z. B. müssen mit Beginn der Arbeiten auf einer Baustelle auch mobile Toiletten bereitstehen.
Sprungfolge	**AE:** Anfang-Ende-Beziehung	Das Ende des nachfolgenden Vorganges wird bestimmt durch den Beginn des Bezugsvorganges, z. B. müssen einige Belegarbeiten als Prüfungsleistung an Universitäten spätestens zwei Monate nach Einreichung des Themas abgeschlossen sein.

Vorgangsname	Dauer	Anfang	Ende	Vorgäng	Ressourcennamen
Sammelvorgang	**3 Tage**	**23 Januar**	**25 Januar**		
Erster	1 Tag	24 Januar	24 Januar		EA
Nachfolger	1 Tag	25 Januar	25 Januar	3	Ende_Anfang
Erster	1 Tag	24 Januar	24 Januar		EE
EndeEnde+1Tag	1 Tag	25 Januar	25 Januar	5EE+1 Tag	Ende_Ende
Erster	1 Tag	24 Januar	24 Januar		AA
AnfangAnfang-5	1 Tag	23 Januar	24 Januar	7AA-50%	Anfang_Anfang
Erster	1 Tag	24 Januar	24 Januar		AE
AnfangEnde	1 Tag	23 Januar	24 Januar	9AE	Anfang_Ende

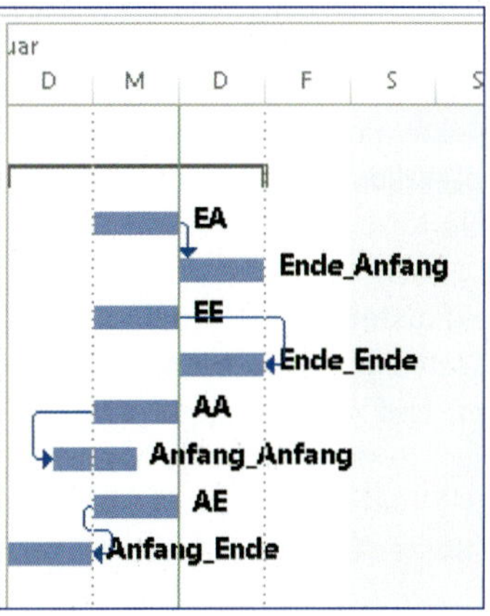

Vorgangsbeziehungen

S Die Azubis stellen sich folgende Fragen: Was muss zuerst getan werden? Was baut aufeinander auf? Der übliche Hinweis: „Erst das Fundament, dann das Haus!" ist eindeutig, hilft aber schon bei den neuerdings üblichen Bodenplatten nicht weiter, denn hier müssen zuerst die Ver- und Entsorgungsrohre unter die Bodenplatte gelegt werden.

Herr Pelz erinnert an die Vorgehensmodelle aus der Softwaretechnologie. Hier wurde sehr viel ausgesagt zur notwendigen Reihenfolge der Aktivitäten: „Erst der Entwurf, dann die Implementierung!"

Der Netzplan visualisiert lediglich die Anordnungsbeziehungen zwischen den Vorgängen, die Zeitinformation ist nur in den Beschriftungen enthalten. Das **Balkendiagramm,** auch **Gantt-Diagramm** nach seinem Erfinder benannt, ordnet alle Elemente in ihrer zeitlichen Abfolge über eine Zeitachse, sodass Zeitdauer und Zeitdifferenzen ebenfalls grafisch dargestellt werden. Während Netzplan und Balkendiagramm grundsätzlich aufeinander darstellbar sind, stellen Strukturpläne eine von der Zeitplanung unabhängige Sicht auf das Projekt dar. Sie visualisieren logische Zusammenhänge hierarchisch und kennen keine Anordnungsbeziehungen.

Mithilfe von Microsoft Project kann man die Vorgangsbeziehungen sehr gut als Balkendiagramm darstellen.

2.2.3.4 Ressourcen und Ressourcenplanung

Ressourcen sind **Personal** und **Sachmittel,** die zur Durchführung von Vorgängen bzw. Arbeitspaketen und damit zur Realisierung von Projekten benötigt werden. „Einsatzmittel" lautet der korrekte deutsche Begriff, der auch in der DIN verwendet wird.

Ressourcen können von unterschiedlicher Natur sein, wobei grundsätzlich Produktions- oder Hilfsmittel gemeint sind. Dazu gehören humane Ressourcen, also Mitarbeiter, aber auch Maschinen, Fahrzeuge oder andere Arbeitsgeräte, sowie Verbrauchsmaterialien. Gemeinsam besitzen alle Arten von Ressourcen folgende Merkmale:

- **Knappheit:** Die Ressourcen stehen nur in begrenztem Umfang zur Verfügung.
- **Projektkosten:** Der Einsatz von Ressourcen verursacht Kosten.

Projektkosten werden unterschieden nach einmaligen Kosten der Ressourcenbereitstellung (z. B. Reisekosten) und zeitabhängigen Kosten für die Einsatzzeit der Ressourcen (z. B. Miete oder Stundensätze der Mitarbeiter). DIN 69 903 unterscheidet noch nach **Kostenarten** und **Kostenträgern.**

Die **Ressourcenplanung** verbindet die Vorgänge mit den Ressourcen. Aus Sicht des Projekts muss versucht werden, die Einsatzzeiten für Ressourcen möglichst gering zu halten, da sie mit entsprechenden Kosten das Projektbudget belasten. Aus Sicht des Arbeitgebers ist eine möglichst gleichmäßige und hohe Auslastung der Mitarbeiter bzw. der humanen Ressourcen gewünscht. Auch dieser Konflikt muss durch geschicktes Management der Ressourcen entschärft oder vermieden werden. Die Ressourcenplanung ergänzt dabei die Verfahren CPM und PERT (siehe 2.2.3.2), die zunächst nur die Zeitkriterien berücksichtigen, um Methoden zum Ressourcenmanagement und zur Kostenplanung. Jedem einfachen Vorgang müssen Ressourcen zugeteilt werden. Sammelvorgänge und Meilensteine erhalten allerdings keine Ressourcen zugewiesen.

Da in der Regel sowohl das **Budget** als auch die Ressourcen für die Projektdurchführung begrenzt sind, kommt der Kosten- und Ressourcenplanung eine große Bedeutung zu. Ressourcen können zugewiesen oder durch weniger teuere Ressourcen ausgetauscht werden, bis das Budget eingehalten wird.

Ressourcen sind aber auch in ihrer **Verfügbarkeit** begrenzt. Arbeitstag und Arbeitszeit sind endlich. Gleiche Ressourcen können nicht gleichzeitig in verschiedenen Vorgängen eingesetzt werden. Projektmanagementsoftware hilft mit ihrer Ressourcenplanung, die komplexen Zusammenhänge zu beachten sowie Ressourcenkonflikte zu erkennen und eventuell auch automatisch zu beseitigen.

Der **Projekt-** und die **Ressourcenkalender,** die zur Erfassung der Arbeitszeiten sowie der geltenden Feiertage

Darstellung der Projektkosten in der Projektstatistik von Microsoft Project

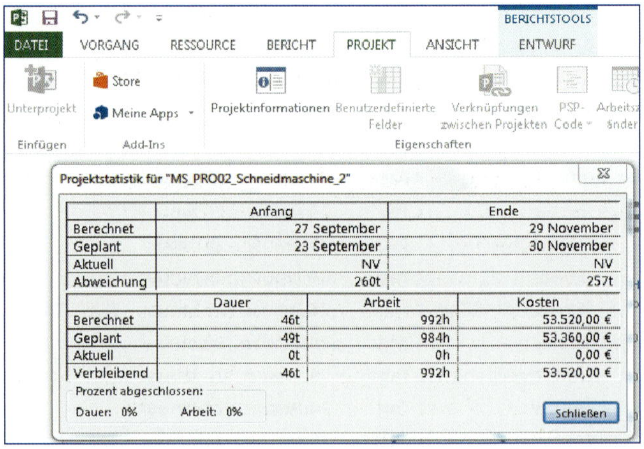

bzw. arbeitsfreien Tage dienen, bilden die Grundlage für die Ermittlung der Verfügbarkeit der Ressourcen. Ein Kapazitätsabgleich vergleicht die Ressourcenkapazitäten mit dem geplanten Einsatz der Ressourcen in den Vorgängen. Bei Kapazitätsüberschreitungen werden einzelne Vorgänge so lange verzögert (nach hinten verschoben), bis die benötigte Ressource wieder zur Verfügung steht. Für alle um eine bestimmte Ressource konkurrierenden Vorgänge kann hierzu eine Prioritätenfolge festgelegt werden.

Der **Projektkostenträger** ist ein Projekt oder Teilprojekt mit einem definierten Ergebnis, dem die Projektkosten nach dem Verursacherprinzip zugeordnet werden. Microsoft Project bietet mit der Projektstatistik eine schnelle Information über den Stand der Projektkosten und differenziert nach

- **berechneten** Kosten im vorliegenden aktuellen Plan mit eventuellen Planänderungen;
- **geplanten** Kosten nach dem einmal fixierten ursprünglichen Basisplan;
- **aktuellen** Kosten nach dem Stand der Projektrealisierung;
- **Abweichungen** zu den geplanten Kosten.

2.2.3.5 Meilensteine

S Stefan setzt mit einem Tool zum Projektmanagement einen Vorgang auf eine Dauer von „0". Daraufhin wird dieser Vorgang automatisch als Meilenstein erkannt und entsprechend dargestellt.

W **Meilensteine** sind Ereignisse mit besonderer Bedeutung. Sie markieren die Fertigstellung eines bedeutenden Projektergebnisses. Meilensteine haben die Dauer 0 (Null).
Ein Meilenstein wird durch einen Zeitpunkt bzw. einen Termin beschrieben. Weiterhin ist er nach einem überprüfbaren Kriterium mit „ja" oder „nein" zu beantworten. Meilensteine definieren die Zwischenetappen eines Projekts. Sie besitzen eine Funktion im **Controlling** und entsprechend hoch ist ihre Bedeutung im Projektmanagement.

Der **Lenkungsausschuss** und alle Projektverantwortlichen orientieren sich wesentlich an der zeitlichen und inhaltlichen Erfüllung von Meilensteinen. Bei der Projektplanung sind einerseits ausreichend viele Meilensteine festzulegen, sodass in nicht zu großen Abständen der Projektfortschritt einfach überprüft werden kann. Andererseits muss man die Zahl der Meilensteine überschaubar halten, sodass effizientes **Controlling** möglich ist.

2.2.3.6 Projektmanagement-Software

Das Projektmanagement wird durch zahlreiche Softwareprodukte unterstützt. Diese Software beschränkt sich im Allgemeinverständnis fälschlicherweise oft nur auf den Planungsprozess, dabei unterstützen diese Systeme allgemein

- die Ablaufplanung,
- die Projektdurchführung und Projektkontrolle mit Plankorrekturen sowie
- die Projektauswertung.

Bei der **Ablaufplanung** erweisen sich die automatischen Berechnungen von Terminen und Kosten sowie die Visualisierung des Ablaufes als besonders nützlich. Für die Projektkontrolle kann man den Projektfortschritt durch die Erfassung des Realisierungsgrades der einzelnen Vorgänge dokumentieren.

Besonders wichtig ist aber die **Flexibilität** dieser Systeme, wodurch **Plankorrekturen** relativ einfach vorgenommen werden können. Bei Abweichungen kann man den Plan leicht ändern. Der Computer berechnet schnell einen neuen Plan unter Beachtung der alten Ziele. Nach diesem neuen Plan kann dann weitergearbeitet werden.

Für die **Projektauswertung** gibt es zahlreiche vorgefertigte Berichte. Sie können auch die Abweichungen zwischen dem aktuellen Plan und dem ursprünglichen Basisplan dokumentieren.

Die Firma Microsoft bietet mit ihrem Produkt **Microsoft Project** eine universell einsetzbare Projektmanagementsoftware an, die weite Verbreitung gefunden hat. Daneben gibt es zahlreiche spezialisierte Softwarelösungen vor allem für das Baugewerbe, die zu den allgemeinen Projektmanagementleistungen auch spezielle Kalkulationen, Darstellungen und Präsentationstechniken enthalten. Es existieren aber auch zahlreiche andere Tools, darunter auch Open-Source-Software. Die folgenden Ausführungen beziehen sich auf die Arbeit mit Microsoft Project.

Um der Projektleitung die aufwendige Arbeit mit Projektplänen, Ablaufdiagrammen, Netzplänen und Berichten zu erleichtern, bietet Microsoft Project die verschiedensten Möglichkeiten der **Projektdarstellung.** Anhand einfacher Tabellen lassen sich die Projektdaten erfassen, verwalten, aktualisieren und auswerten.

Alle **Veränderungen** in den Tabellen wirken direkt auf alle anderen Komponenten des Planes. Analog zur Tabellenkalkulation Microsoft Excel werden veränderte Werte sofort mit ihren Konsequenzen für den gesamten Projektplan durchgerechnet. So können positive oder negative Folgen von Änderungen sofort erkannt und in ihrer Wirkung bewertet werden.

Microsoft Project erspart dem Projektleiter die aufwendige Arbeit zur **Visualisierung des Projektplanes** in **Balkendiagrammen** oder **Netzplänen.** Planänderungen sind in der Praxis bedingt durch unterschiedlichste Ereignisse ständige Realität. Sie führen nicht mehr zum operativen Chaos, sondern können dank der Projektmanagementsoftware in die Pläne eingearbeitet werden und eine systematische Weiterarbeit ist sofort mit den veränderten Plänen möglich.

Die **Datenbasis** des Projektmanagementprogramms Microsoft Project sind **Vorgänge** und **Ressourcen,** deren Beziehungen im Stil von Microsoft Excel in großen Tabellen verwaltet und berechnet werden.

Nach der Zusammenstellung der zur Lösung des Projektes notwendigen Vorgänge und ihrer sinnvollen Gliederung anhand des Projektstrukturplanes (PSP) müssen die geschätzte **Vorgangsdauer** und die **Vorgangsbeziehungen** festgelegt werden.

Die **Dauer** eines Vorganges ist die Zeit, die eine Ressource zur Ausführung dieses Vorganges benötigt. In Microsoft Project steht folgende Formel im Mittelpunkt:

W **Dauer = Arbeit / Einheiten an Ressourcen**

Für eine Einheit an Ressourcen sind somit die Dauer eines Vorganges und die notwendige Arbeit an diesem Vorgang in Zeiteinheiten gleich. Werden später (in einer späteren Zuordnung von Ressourcen) mehr Ressourcen eingesetzt, so bleibt die Arbeit konstant und die Dauer verringert sich (Voreinstellung: **Feste Einheiten**). Bei der Voreinstellung **Feste Dauer** bleibt die Dauer konstant, d.h., zusätzlich eingesetzte Ressourcen erhöhen damit die aufgewandte Arbeitszeit (was z.B. bei technologisch determinierten Reifeprozessen oder Fahrzeiten gilt).

Die bekannten Vorgänge (siehe 2.3.3.1) und Vorgangsbeziehungen (siehe 2.3.3.3) spiegeln die inhaltlich, technologisch bedingten Beziehungen zwischen zwei oder mehreren Vorgängen wider, d.h., sie definieren, wie ein Vorgang von Ende oder Anfang eines anderen Vorganges abhängt. In ihrer Summe sind diese Beziehungen für den zeitlichen Ablauf des Projektes sehr wichtig. Zur Umsetzung der Projektgliederung werden die Vorgänge eines Projektes in Sammelvorgänge, einfache Vorgänge und Meilensteine unterschieden.

Auf der Grundlage dieser Daten wird dann vom Programm der Projektplan berechnet. Für das Projekt können folgende Daten abgerufen werden:

- Anfangs- und Endzeitpunkt eines jeden Vorganges
- berechnete Pufferzeiten, falls von der Planung her möglich
- Gesamtdauer des Projektes
- Kennzeichnung des **kritischen Pfades**
- berechnete Kosten anhand der Kosten für die Ressourcen

Zur visuellen Darstellung des Projektplanes gibt es verschiedenen Ansichten. Die wichtigste und am häufigsten eingesetzte Darstellung ist das Balkendiagramm oder Gantt-Diagramm.

Projektstrukturplan

	Vorgar	Vorgangsname	Dauer
1			
2		**1 Front-End beim Kunden**	**1 Tag**
3		1.1 Katalogangebot präsentieren	1 Tag
4		1.2 Hinweis auf Sonderangebote	1 Tag
5		1.3 Warenkorb zusammenstellen	1 Tag
6		1.4 Anmeldung des Kunden	1 Tag
7		1.5 eigene Kundendaten pflegen	1 Tag
8		1.6. Kundenkonto einsehen	1 Tag
9		**2 Back-Office bei der ACI GmbH**	**1 Tag**
10		2.1 Warenbestand verwalten	1 Tag
11		2.2 Bestellungen bearbeiten	1 Tag
12		2.3 Lieferung ausführen	1 Tag
13		2.5 zahlungsverkehr	1 Tag
14		2.6 Retouren	1 Tag
15		2.7 Kundendaten pflegen	1 Tag
16		**3 Sicherung der Datenübertragung**	**1 Tag**
17		3.1 Verschlüsselung	1 Tag
18		3.2 Signatur prüfen	1 Tag
19		3.3 Zugriffe protokollieren	1 Tag

2.2.4 Projektdurchführung und Projektkontrolle

S Die Azubis erstellen auf der Grundlage des theoretischen Wissens zum Management von Softwareprojekten ihren ersten eigenen Projektplan, der in der Abbildung dargestellt ist.

Nach der Planung wird durch die Projektmanagementsoftware die Kontrolle der Projektdurchführung unterstützt. Zur Lösung der Projektaufgabe selbst kann die Projektmanagementsoftware keinen Beitrag leisten. Aber der erreichte **Arbeitsstand** kann protokolliert und mit den Planwerten verglichen werden.

2.2.4.1 Projektfortschrittskontrolle

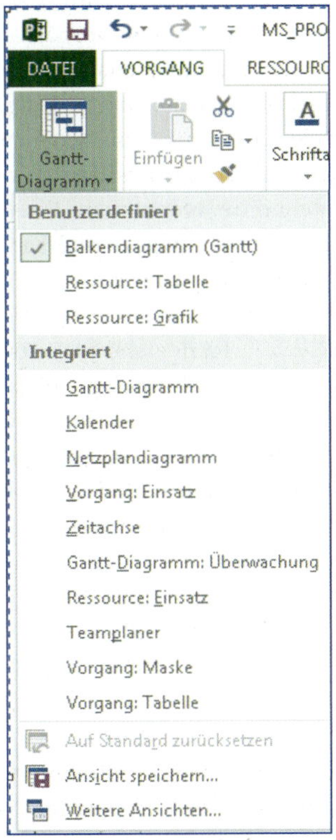

Projektfortschrittskontrolle

Für die Projektfortschrittskontrolle muss der Bearbeitungszustand der aktuellen Vorgänge erfasst werden. Das kann eine 100-prozentige Realisierung oder eine prozentual anteilige Realisierung sein. Erledigte Vorgänge werden sofort im Ablaufplan fixiert. Sie können dann logischerweise nicht mehr verschoben werden, weder automatisch noch manuell.

Die Darstellung erledigter oder teilweise erledigter Vorgänge erfolgt zusammen mit dem kritischen Weg. Diese Darstellung erreicht man in Microsoft Project über den Menüpunkt **Ansicht/Balkendiagramm: Überwachung.**

2.2.4.2 Basisplan und Planänderungen

Die **Ablaufkontrolle und Projektüberwachung** stellt einen Vergleich von Planungsvorgaben (gespeichert als **Basisplan**) mit dem tatsächlichen Arbeitsfortschritt dar. So wird der Projektleitung ermöglicht, Veränderungen zu erkennen und darauf zu reagieren, bevor sich Probleme ergeben. Durch frühzeitiges Eingreifen sollen kosten- und zeitträchtige Fehler vermieden werden. Zur Unterstützung der Kontrolle ermöglichen Projektmanagementprogramme deshalb neben der Eingabe von Plandaten (Solldaten) auch die Eingabe der aktuellen Daten, also des Standes der Realisierung der geplanten Vorgänge **(Arbeitsfortschrittserfassung).** Dadurch werden die geplanten und die tatsächlichen Projektdaten protokolliert, um sie miteinander zu vergleichen.

Die Einarbeitung des realen Arbeitsfortschrittes erfordert oft eine Überarbeitung des gesamten weiteren Planes. Hierzu bietet die Projektmanagementsoftware die notwendige Unterstützung. Der überarbeitete, neu berechnete Plan kann für die weitere systematische Arbeit am Projekt genutzt werden. Für die Projektauswertung steht der ursprüngliche Plan als **Basisplan** ebenfalls weiter zur Verfügung.

2.2.4.3 Protokollierung des Aufwands

Mit der Erfassung des Projektfortschritts wird gleichzeitig auch der Aufwand an den verplanten Ressourcen festgeschrieben. Eine lokal begrenzte Korrektur oder Präzisierung der angefallenen Kosten von bereits erledigten Vorgängen ist in Microsoft Project allerdings nicht vorgesehen.

Die Projektstatistik zeigt aber anhand der geplanten und planmäßig eingesetzten Ressourcen und ihrer planmäßigen Kosten den aktuellen Stand der angefallenen sowie die verbleibenden planmäßigen Kosten an.

Auch die DIN 69 903 nimmt Bezug auf den aktuellen Leistungsstand (Fertigstellungsgrad) und die bis dahin angefallenen aktuellen Kosten (Fertigstellungswert).

W

Der **Fertigstellungsgrad** bezeichnet das Verhältnis der zu einem Stichtag erbrachten Leistung zur Gesamtleistung eines Vorgangs, Arbeitspakets oder Projekts.

Der **Fertigstellungswert** bezeichnet die dem Fertigstellungsgrad entsprechenden Kosten eines Vorgangs, Arbeitspakets oder Projekts.

2.2.4.4 Auswertung und Berichte

Projektmanager sind häufig verpflichtet, Mitarbeiter und andere Personen über das Projekt zu informieren:

- Der Lenkungsausschuss muss die Projektplanung beurteilen und beschließen.
- Buchhaltung und Kostenrechnung müssen zur Planung und zu den laufenden Kosten des Projekts Informationen bekommen.

- Kunden und Vorgesetzte verlangen regelmäßige Statusberichte über den Projektfortschritt.

Projektmanagementsoftware unterstüzt sowohl den Ausdruck der Ansichten von Balkendiagrammen, Netzplänen oder Kalendern als auch die Erstellung zahlreicher Berichte.

Das Erstellen von Ansichtsausdrucken erfordert, dass eine Darstellungsform ausgewählt wird, die den spezifischen Anforderungen entspricht (Gantt-Diagramm, PERT-Netzplan, tabellarische Darstellung etc.).

Als Alternative zum Ausdruck von Ansichten stellt Microsoft Project zum Beispiel **Standardberichte** zur Verfügung, mit denen die gewünschten Projektinformationen ausgedruckt werden können.

Standardbericht	wichtige Einzelberichte
Übersicht	Projektübersicht
Vorgangsstatus	▪ abgeschlossene Vorgänge ▪ bald beginnende Vorgänge
Kosten	▪ Kostenanalyse ▪ Kostenrahmen ▪ Zeitplan zum Kostenanfall
Ressourcen	Wer macht was und wann?
Arbeitsauslastung	Arbeitsauslastung nach Ressourcen oder Vorgängen
Anpassung	individuell veränderte Standardberichte

Neben der Nutzung von Standardberichten besteht zusätzlich die Möglichkeit, völlig neue individuelle Berichte zu erstellen.

2.2.5 Projektmanagement und Prozessqualität

Auch in der Softwareentwicklung ist ein gut und systematisch organisierter Entwicklungsprozess eine notwendige Voraussetzung für die Schaffung qualitativ hochwertiger Softwareprodukte. Die methodische Durchdringung des Projektmanagements, der Einsatz bewährter Organisationsformen für die Projektarbeit und die Unterstützung durch leistungsfähige Softwarewerkzeuge bieten alle Voraussetzungen für eine qualitativ gesicherte Organisation des Prozesses der Bearbeitung von Softwareprojekten.

Auch wenn jedes Softwareprojekt neu und einzigartig ist, so kann doch der Prozess seiner Bearbeitung systematisch organisiert werden. Durch die Sicherung der Prozessqualität in der Softwareentwicklung entsteht eine wesentliche Voraussetzung für Produkte mit gesicherten qualitativen Eigenschaften.

2.2.5.1 Reife der Organisation

Die Reife einer Organisation zeigt sich darin, wie systematisch sie ihre Prozesse bearbeitet. Lange bestehende und daher erfolgreiche Organisationen sind durch einen hohen Reifegrad gekennzeichnet:

- Bei der 2000-jährigen katholischen Kirche erreicht das systematische Herangehen an Prozesse oft den Status von Ritualen.
- In der Organisation des Staates handeln die Beamten möglichst nach klaren Vorschriften.

Für die Softwareentwicklung sind die Beispiele weniger zutreffend, da Flexibilität und Kreativität nicht im Vordergrund stehen. Beide Eigenschaften sind jedoch notwendig, um sich an veränderte Anforderungen anpassen zu können. Da sich das Rad der Innovation im Bereich der Informations- und Telekommunikationstechnik besonders schnell dreht, ist hier in besonderem Maße Anpassungsfähigkeit gefordert.

Anpassungsfähigkeit allein ist aber auch kein Erfolgsgarant. Wenn man allen Trends im Zick-Zack hinterherläuft, verliert man doch früher oder später den Anschluss und hat nie seine eigene Linie gefunden. Diese eigene Linie entsteht eher durch ein Bekenntnis zu einem Organisations- und Technologiemodell. Dementsprechend muss man sich und sein Unternehmen organisieren.

Unsere globale Gesellschaft bietet zahlreiche und im internationalen Vergleich doch erstaunlich ähnliche Ansätze, den Grad der Organisiertheit oder die Reife einer Organisation zu bewerten. Ein Software entwickelndes Unternehmen kann sich nach **CMMI** oder **ISO 9000** zertifizieren lassen.

Für das Unternehmen selbst besteht der Vorteil darin, dass es gezwungen wird, sich selbst mit seiner Organisation zu beschäftigen, diese bewusst zu gestalten und damit zu verbessern. Den Kunden des Unternehmens signalisiert eine Zertifizierung eine gesicherte Prozessqualität und damit die hohe Wahrscheinlichkeit qualitativ gesicherter Produkte.

2.2.5.2 Klassifikation nach CMMI (Capability Maturity Model Integration)

Das **Capability Maturity Model for Software Integration** (CMMI oder korrekter „SW-CMMI“) des Software Engineering Institute der Carnegie Mellon University ist ein bewährtes Reifegradmodell im Bereich der Softwareentwicklung.

Die Reife der Organisation wird in diesem Modell in **fünf Stufen** (Level) eingeteilt:

Level	Kennzeichen
Level 5 **optimizing**	„sich selbst dynamisch optimierender Prozess“ Prozess- und Technologie-Änderungsmanagement
Level 4 **managed**	„Erfahrungen quantitativ analysieren und bewerten“ Prozess-Erfahrungsbewertung, Prozess- und Produkt-Metriken
Level 3 **defined**	„Erfahrungen aus den Projekten organisationsweit nutzen“ Prozessdefinition, projektübergreifender Wissensaustausch
Level 2 **repeatable**	„aus ähnlichen Projekten lernen“ Anforderungs-, Projekt- und Qualitätsmanagement instabil: mittelfristig entweder „Rückfall“ oder „Weiterschreiten“
Level 1 **initial**	„Feuerwehreinsätze“ Chaos, Heldentum, geringe Termin- und Kostentreue, hohes Risiko
Level 0 **incomplete**	„unvollkommen“

In **Level 1** werden Entwicklungsprozesse eingestuft, wenn sie keiner anderen Stufe genügen. In einem solchen Arbeitsumfeld dominieren meistens historisch gewachsene Strukturen und Abläufe, die irgendwie „funktionieren“, jedoch häufig von einzelnen, wenigen

Qualitätsstufen nach CMMI

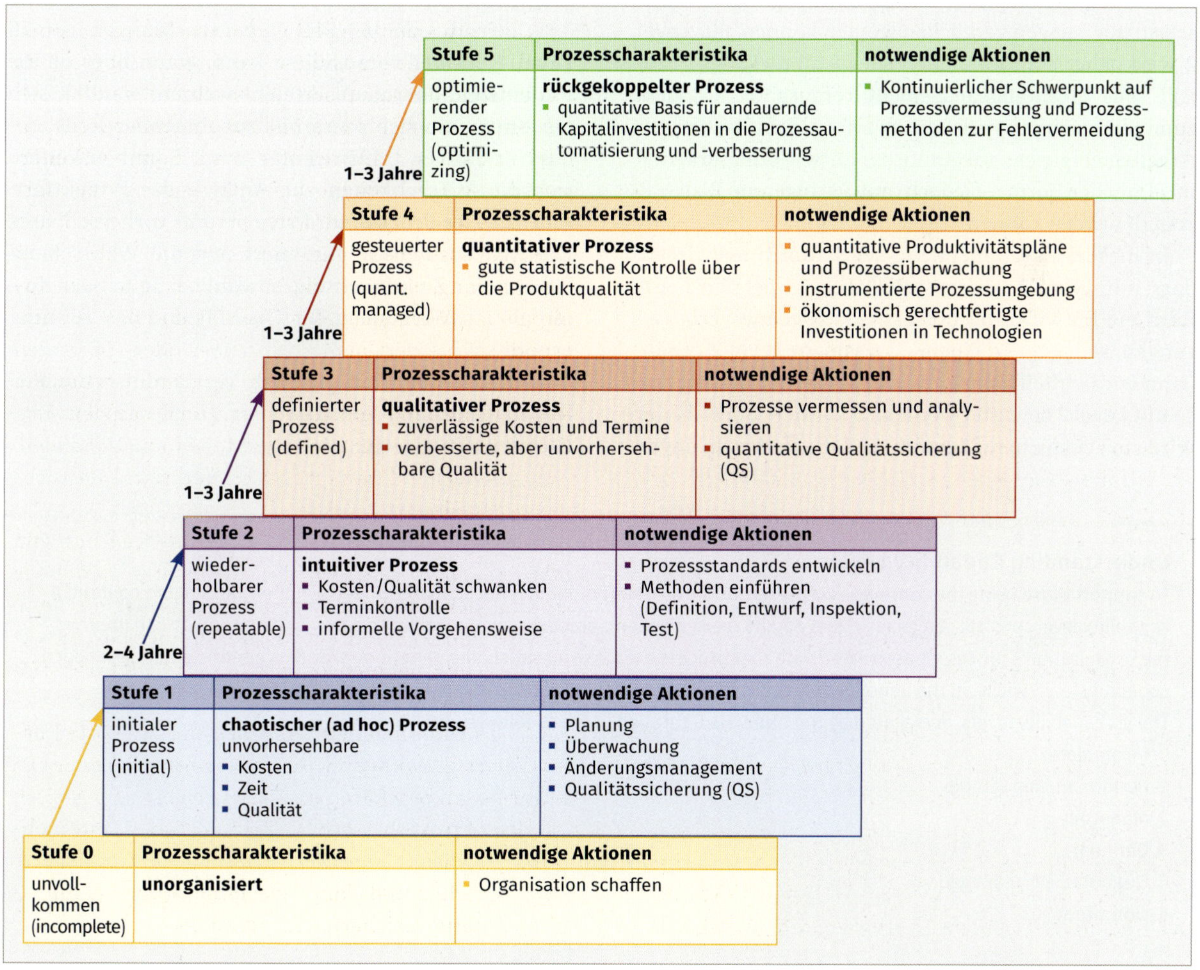

Personen abhängig sind. Man gewinnt leicht den Eindruck eines chaotischen Prozesses mit geringer Termin- und Kostentreue und allgemein hohem Risiko.

Für die Mitarbeiter bedeutet ein solcher Prozess oft genug „Reaktion“ aufgrund unvorhersehbarer Probleme statt geplanter „Aktion“, sodass sie in erheblichem Umfang als „Task Force“ in feuerwehrähnlichen Einsätzen beschäftigt sind, damit trotz aller Widrigkeiten das Softwareprodukt geliefert werden kann, ohne dass schwerwiegende Folgen auftreten. Diese „Retter in der Not“ stehen zwar unter hohem Stress, sind mit der Situation und sich selbst als „Helden“ durchaus zufrieden – sofern und solange sie bereit sind, immer wieder in die Bresche zu springen, oder wenn die Folgen nicht schwerwiegend genug sind.

Ein erster, wesentlicher Fortschritt für typische Entwicklungsprozesse im **Level 1** wäre eine Reduktion des hohen Risikos durch ein funktionierendes Projektmanagement, sodass eine Abweichung vom Plan rechtzeitig bemerkt und dagegen gesteuert werden kann. Dies setzt präzise, verständliche und zumindest einigermaßen stabile Anforderungen voraus, aber auch brauchbare Projekt- und Qualitätspläne, mit denen die aktuellen Fortschrittsmessungen verglichen werden können. Für **Level 2** wird daher ein funktionierendes Anforderungs-, Projekt- und Qualitätsmanagement vorausgesetzt, sodass zumindest sichergestellt sein muss, dass mit bisherigen Arbeiten vergleichbare (ähnliche) Entwicklungsarbeiten in ähnlicher Form – jedoch mit geringerem Risiko – erstellt werden können.

In diesem Zusammenhang sei darauf hingewiesen, dass nur **Level 2** als **„instabil“** bezeichnet wird. Erfährt ein Entwicklungsprozess verschiedene Verbesserungen, sodass er in einem Assessment **Level 2** erhält, dann wird mittelfristig entweder weiter verbessert, um so mit **Level 3** bewertet werden zu können, oder aber er wird zurückfallen auf **Level 1**, weil die Verbesserungen auf Dauer nicht mit der nötigen Konsequenz durchgeführt werden.

Sind die Prozesse im **Level 2** genügend etabliert, wird man die gewonnenen Erfahrungen aus den einzelnen Projekten auch in anderen Projekten nutzen wollen. Organisationen, deren Prozessverbesserungen sich am **Level 3** orientieren, erarbeiten eine allgemein gültige Vorgehensweise für die Softwareentwicklung, die zur Anwendung im Projekt angepasst wird. Erfahrungen werden systematischer über Projektgrenzen hinaus ausgetauscht. Dies gilt insbesondere auch für die Prozessbereiche zum Engineering, in denen sich die eigentlichen anwendungsspezifischen Kernkompetenzen der Softwareentwicklung konzentrieren.

Bereits für **Level 2** werden **Metriken** gefordert, die den Fortschritt im jeweiligen Prozessbereich aufzeigen und so ein Gegensteuern ermöglichen. **Level 4** fordert demgegenüber, dass der Prozess durch eine quantitative Auswertung der Metriken optimiert wird. **Level 5** besteht darauf, dass man insbesondere auch bei **Änderungen** der bisherigen Vorgehensweise den Projekterfolg sicherstellt.

Während man bei Softwareentwicklungen gemäß **Level 1** schwer voraussagen kann, wann oder ob die Projektziele überhaupt erreicht werden, wandelt sich ein Entwicklungsprozess mit zunehmender Reife, sodass er immer transparenter wird. Somit erweitern sich die Möglichkeiten zur Analyse des Projektfortschritts. Der Prozess wird steuer- und vorhersehbarer. Die Risiken werden minimiert und die Wahrscheinlichkeit der Zielerreichung, sowohl bezüglich der Kosten als auch bezüglich der Qualität und des Termins, erhöht sich.

Der folgende Text gibt das Verständnis zum Reifegrad (Capability Level) nochmals im Original in Englisch wieder.

Understanding Capability Levels

To support those using the continuous representation, all CMMI models reflect capability levels in their design and content. A capability level consists of a generic goal and its related generic practices as they relate to a process area, which can improve the organization's processes associated with that process area. As you satisfy the generic goal and its generic practices at each capability level, you reap the benefits of process improvement for that process area.

The six capability levels, designated by the numbers 0 through 5, are as follows:

0. Incomplete
1. Performed/Repeatable
2. Managed
3. Defined
4. Quantitatively Managed
5. Optimizing

The fact that capability levels 2 through 5 use the same terms as generic goals 2 through 5 is intentional because each of these generic goals and practices reflects the meaning of the capability levels in terms of goals and practices you can implement.
A short description of each capability level follows.

Capability Level 0: Incomplete

An "incomplete process" is a process that either is not performed or partially performed. One or more of the specific goals of the process area are not satisfied, and no generic goals exist for this level since there is no reason to institutionalize a partially performed process.

Capability Level 1: Performed/Repeatable

A capability level 1 process is characterized as a "performed process." A performed process is a process that satisfies the specific goals of the process area. It supports and enables the work needed to produce work products.
Although capability level 1 results in important improvements, those improvements can be lost over time if they are not institutionalized. The application of institutionalization (the CMMI generic practices at capability levels 2 through 5) helps to ensure that improvements are maintained.

Capability Level 2: Managed

A capability level 2 process is characterized as a "managed process." A managed process is a performed (capability level 1) process that has the basic infrastructure in place to support the process. It is planned and executed in accordance with policy; employs skilled people who have adequate resources to produce controlled outputs; involves relevant stakeholders; is monitored, controlled, and reviewed; and is evaluated for adherence to its process description. The process discipline reflected by capability level 2 helps to ensure that existing practices are retained during times of stress.

Capability Level 3: Defined

A capability level 3 process is characterized as a "defined process." A defined process is a managed (capability level 2) process that is tailored from the organization's set of standard processes according to the organization's tailoring guidelines, and contributes work products, measures, and other process improvement information to the organizational process assets.
A critical distinction between capability levels 2 and 3 is the scope of standards, process descriptions, and procedures. At capability level 2, the standards, process descriptions, and procedures may be quite different in each specific instance of the process (e.g., on a particular project). At capability level 3, the standards, process descriptions, and procedures for a project are tailored from the organization's set of standard processes to suit a particular project or organizational unit and therefore are more consistent, except for the differences allowed by the tailoring guidelines.
Another critical distinction is that at capability level 3, processes are typically described more rigorously than at capability level 2. A defined process clearly states the purpose, inputs, entry criteria, activities, roles, measures, verification steps, outputs, and exit criteria. At capability level 3, processes are managed more proactively using an understanding of the interrelationships of the process activities and detailed measures of the process, its work products, and its services.

Capability Level 4: Quantitatively Managed

A capability level 4 process is characterized as a "quantitatively managed process." A quantitatively managed process is a defined (capability level 3) process that is controlled using statistical and other quantitative techniques. Quantitative objectives for quality and process performance are established and used as criteria in managing the process. Quality and process performance is understood in statistical terms and is managed throughout the life of the process.

Capability Level 5: Optimizing

A capability level 5 process is characterized as an "optimizing process." An optimizing process is a quantitatively managed (capability level 4) process that is improved based on an understanding of the common causes of variation inherent in the process. The focus of an optimizing process is on continually improving the range of process performance through both incremental and innovative improvements.

2.2.5.3 Total Quality Management

Total Quality Management (TQM) bezeichnet die durchgängige, fortwährende und alle Bereiche eines Unternehmens erfassende, aufzeichnende, sichtende, organisierende und kontrollierende Tätigkeit, die dazu dient, Qualität als Systemziel einzuführen und dauerhaft zu garantieren. TQM benötigt die volle Unterstützung aller Mitarbeiter, um zum Erfolg zu führen.

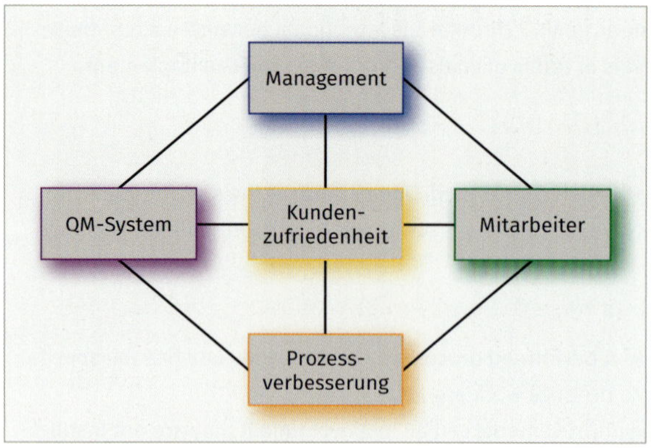

Total Quality Management

Die Idee des Total Quality Management stellt den Kunden in den Mittelpunkt aller Aktivitäten. Diese Herangehensweise findet sich in der Softwaretechnologie in den Modellen des Prototyping und Extreme Programming (XP) wieder.

Beim Prototyping wird der Kunde mit in den Entwicklungsprozess einbezogen. Ihm werden ständig Prototypen der zu entwickelnden Software zur Begutachtung vorgelegt. Auch beim Extreme Programming (XP) wird der Kunde möglichst mit in das Entwicklerteam einbezogen. Die Kundenwünsche finden sich in den User Storys wieder und werden umgesetzt, wobei der Kunde hier voll für die Sinnhaftigkeit seiner Anforderungen einstehen muss.

Der Grundgedanke ist bei allen Modellen gleich. Qualitätsmanagement soll sich nicht auf die technischen Funktionen zur Sicherstellung der Produktqualität beschränken, sondern wird auf die Beziehung zwischen dem Unternehmen und seinen Kunden übertragen. Oberstes Ziel ist die Kundenzufriedenheit, die nur durch eine nachhaltige Entwicklung des Unternehmens selbst dauerhaft gewährleistet ist. Das TQM-Modell gibt eine Anleitung, die die Zusammenhänge und Auswirkungen in einem Unternehmen aufzeigen soll. Das Modell umfasst die folgenden **acht Grundsätze:**

Zusammenfassung W

Im Kapitel „2.2 Projekte zur Softwareentwicklung" wird der Projektbegriff zum Ausgangspunkt gewählt. Jede Softwareentwicklung ist ein Projekt, denn jede Softwareentwicklung ist neuartig, ansonsten könnte man bestehende Software wiederverwenden.
Die Projektarbeit wird von Menschen erbracht, deren Zusammenarbeit muss organisiert werden. Dazu gibt es verschiedene Modelle der Projektorganisation. Im Rahmen des Team-Managements sind aber auch die subjektiven Aspekte der Interessen und Konflikte der Mitglieder des Teams zu beachten.
Wichtig für eine erfolgreiche Projektarbeit ist eine solide Projektplanung. Hierzu gibt es mathematische Methoden und softwaretechnische Hilfsmittel. Von diesen Softwareprodukten wurde die Arbeit mit Microsoft Project näher betrachtet, womit auch die Auszubildenden ihr Projekt planen.
Die Ausführungen zum Projektmanagement wurden ergänzt mit Hinweisen zur Projektkontrolle bei der Projektdurchführung und zur Projektauswertung durch Berichte.
Normen und Zertifizierungsmodelle bewerten die Prozessqualität, wobei die Stufen der Reife der Organisation von Softwareunternehmen nach CMMI fachlich von besonderem Interesse sind.

Das Modell kann grundsätzlich in allen Unternehmen angewandt werden. Es ist branchen- und größenunabhängig. Es hat sich aber gezeigt, dass kleine und mittlere Unternehmen (KMU) das Modell schneller umsetzen können. Große Firmen müssen mehrere Jahre einplanen, bis sie sich zu einer Organisation entwickelt haben, die eine umfassende Qualität mit entsprechenden Ergebnissen aufweist.

1. Kundenorientierung	1. Customer focus
2. Verpflichtung der Führung auf die Qualitätsziele	2. Leadership
3. Einbeziehung der Mitarbeiter	3. Involvement of people
4. Prozessorientierung	4. Process approach
5. Systemorientiertes Managementkonzept	5. System approach to management
6. Ständige Verbesserungen	6. Continual improvement
7. Entscheidungsfindung ausgerichtet an Fakten	7. Factual approach to decision making
8. Lieferantenbeziehungen zum gegenseitigen Vorteil (Win-win-Partnerschaft)	8. Mutually beneficial supplier relationships (win win partnership)

Aufgaben

1. Erläutern Sie den Unterschied zwischen einem Problem und einer Aufgabe.
2. Beschreiben Sie kurz die Aufgaben und die Zusammensetzung des Lenkungsausschusses im Rahmen des Projektmanagements.
3. Beschreiben Sie die „Matrix-Organisation“ als Organisationsmodell von Projektteams im Unternehmen und benennen Sie zwei Vorteile und zwei Nachteile dieses Organisationsmodells jeweils vom Standpunkt der Projektmitarbeiter und der Projektmanager.
4. Wie bestimmt man den kritischen Pfad in einem Projektplan?
5. Projektarbeit erfordert in den meisten Fällen Teamarbeit. Erläutern Sie kurz die typischen Phasen der Teamentwicklung während der Bearbeitung des Projektes.
6. Was war der Ursprung und was ist die heutige Zielstellung der Publikation des PMBoK?

AH Weitere Aufgaben zu diesem Thema finden Sie im Arbeitsheft.

2.3 Entwicklung von Softwareprodukten

2.3.1 Softwarelebenszyklus

Der Softwarelebenszyklus beschreibt, welche Etappen ein Softwareprodukt von der Idee zu seiner Entwicklung, seiner Entstehung und Nutzung bis hin zur Erneuerung durchlaufen wird, wobei in der Regel bestimmte Etappen selbst wieder zyklisch durchlaufen werden. Für dieses Modell gibt es die verschiedensten Darstellungsformen. Dabei wird von den folgenden Etappen ausgegangen:

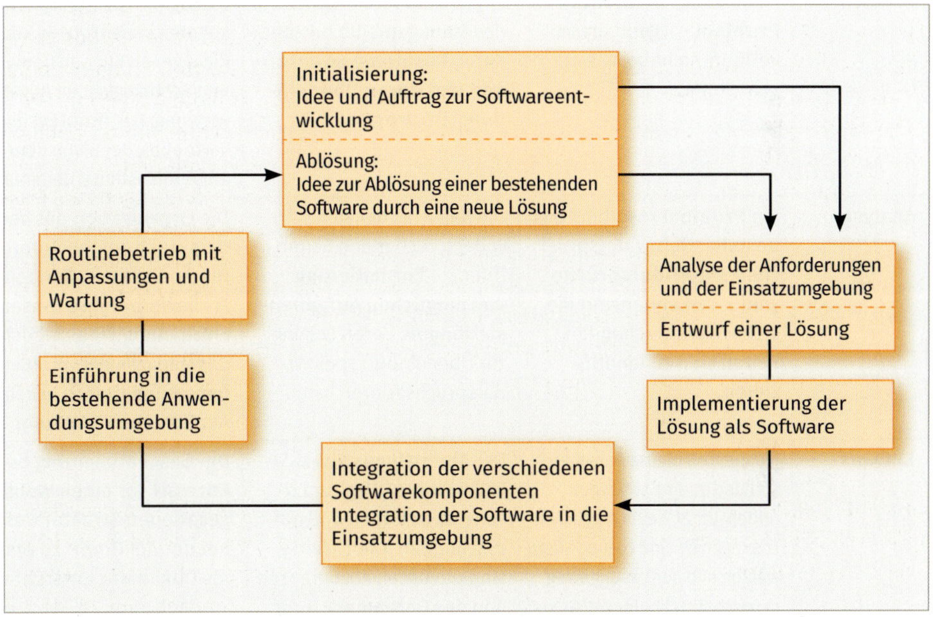

Softwarelebenszyklus

ISO/IEC 15288 **Softwarelebenszyklus**	**Technical Process** **Softwareentwicklung**	**Programmierung**
1. Initialisierung	1. Analyse	
2. Entwurf	2. Entwurf	Dokumentation
3. Implementierung	3. Codierung, Test	Codierung, Test
4. Integration	4. Integration und Integrationstest	
5. Einführung		
6. Routinebetrieb und Wartung		
7. Ablösung		

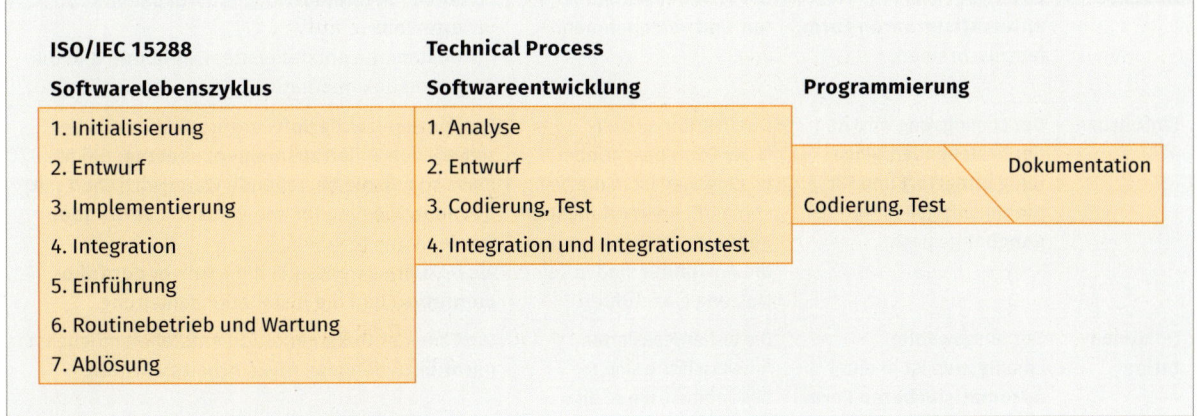

Programmierung als Teil des Softwarelebenszyklus

Die Softwareentwicklung ist nur ein Abschnitt im Softwarelebenszyklus und Gegenstand der Etappen

- Initialisierung (Analyse)
- Entwurf (Design),
- Realisierung und
- Integration.

2.3.2 Phasen der Softwareentwicklung

Die Phasen der Softwareentwicklung sind abzuleiten aus den üblichen Schritten zur systematischen Bearbeitung eines Problems.

Problem	→→→	Aufgabe	→→→	Lösungsweg	→→→	nutzbare Lösung
	Analyse		Entwurf		Implementierung	

Im Einzelnen kann man von folgenden Bearbeitungsphasen ausgehen:

Phase	Situation	Arbeitsaufgabe	Situationen aus dem Modellunternehmen ACI
Problem	Es besteht ein **latentes Problem** – irgend etwas verläuft nicht so, wie es sein sollte.	Eine besondere Pflicht des Managements besteht darin, **Probleme zu erkennen und deren Überwindung anzuregen.**	Es stagniert der Absatz. Die Mitbewerber auf dem Markt konnten in den letzten Jahren neue Kunden gewinnen, die eigenen Kunden bemängeln die fehlende Flexibilität und Schnelligkeit im Angebot und in der Geschäftsabwicklung. Das **Problem** liegt in der Organisation des Vertriebes, der allein über die Ladengeschäfte und Außendienstmitarbeiter abgewickelt wird.
Analyse	Ein **Problem** resultiert aus bestehenden Widersprüchen. Die **Widersprüche** sind zu erkennen und die sich widersprechenden Seiten sind zu identifizieren.	Die Kenntnis der sich widersprechenden Seiten führt zur **Formulierung von möglichen Aufgabenstellungen,** deren Lösung zur Überwindung des Widerspruchs führen kann.	Die Organisation des Vertriebes steht im Widerspruch zu den Anforderungen des Marktes. Die Analyse der Marktsituation zeigt, dass die Mitbewerber ihre Umsatzsteigerungen durch die Einrichtung eines Webshops erzielen. Das Management von ACI formuliert daher die **Aufgabenstellung,** einen neuen Webshop einzurichten. Als Dokument entsteht ein **Lastenheft.**
Entwurf	Für die formulierte Aufgabenstellung ist eine Lösung zu finden. Unter vielen möglichen Lösungen ist eine Lösung auszuwählen und der **Lösungsweg** in nachvollziehbarer Weise zu beschreiben.	Der **Algorithmus** als nachvollziehbarer Weg zur Lösung ist zu finden und aufzuschreiben. Gleichzeitig sind die Daten abzugrenzen und das **Datenmodell** zu beschreiben.	Die Geschäftsleitung beauftragt die Azubis, einen **Entwurf** für einen Webshop unter Beachtung der gegebenen Struktur des Warenwirtschaftssystems bei der ACI GmbH zu erstellen. Als Dokument entsteht ein **Pflichtenheft.**
Implementierung	Der ausgewählte Lösungsweg ist in einer **automatisierbaren Form** festzuschreiben.	Die **Programmierung** und der **Test** der Komponenten sind vorzunehmen.	Ein **Softwareprodukt** ist zu erstellen, der Entwurf ist durch Programmierung und Dokumentation umzusetzen. Als Dokumente entstehen der **Quellcode** und die Programmdokumentation.
Einführung	Der Lösungsweg wird in der bestehenden Umgebung **integriert** und für die zukünftigen Anwender **gangbar** gemacht.	Der in automatisierbarer Form beschriebene Lösungsweg ist in die bestehende **Anwendungsumgebung** zu integrieren und die **Anwender** sind in seine Nutzung einzuführen.	Das einzusetzende Softwareprodukt ist aus verschiedenen Teilen **zusammenzusetzen.** Bei ACI muss so z. B. die bestehende Warenwirtschaft mit der neuen Lösung für den Webshop **verbunden** werden. Als Dokumente entstehen die **Anwenderdokumentation** und die Installationsanleitung.
Dokumentation	Der ausgewählte Lösungsweg ist in einer **automatisierbaren Form** festzuschreiben.	Die bisher realisierten Arbeitsschritte sind zu beschreiben, um so eine **spätere Anpassung** oder Fehlersuche zu ermöglichen.	Die Teile der Dokumentation entstehen möglichst **parallel** zu den bisherigen Arbeitsschritten.

2.3.2.1 Analyse

Das Problem ist benannt, die Widersprüche im Hintergrund sind zu erkennen, mögliche Aufgaben zur Überwindung der Widersprüche sind zu finden und unter den vielen möglichen Aufgaben ist jene auszuwählen, die einfach realisierbar ist und deren Umsetzung den größten Erfolg bei der Überwindung der Widersprüche verspricht (siehe Grafik „Weg vom Problem zur konkreten Aufgabenstellung").

In der Phase der Analyse wird die beschriebene Problemstellung mit allen angrenzenden Faktoren auf tiefgründige Art und Weise betrachtet. Dabei sollten folgende Fragestellungen durchdacht werden:

- Inwieweit ist die vom Management formulierte und nun zu lösende Aufgabenstellung korrekt und vollständig beschrieben und an welchen Stellen müssen Veränderungen bzw. Ergänzungen vorgenommen werden?
- Zu welchen Ergebnissen soll die Ausführung des Programms unter bestimmten Bedingungen führen und in welchem Zustand endet das Programm (Output)?
- Welche Eingabewerte bzw. Zustände sollen das Programm starten und während des Programmablaufs bearbeitet, verändert und verwaltet werden (Input)?
- Welche Ausnahmen (z. B. nicht zugelassene Eingabewerte) sind bei der Entwicklung des Programms zur Problemlösung zu berücksichtigen, die die fehlerfreie Ausführung des Programms hemmen würden?
- Welche funktionalen Beziehungen gibt es zwischen Eingabe- und Ausgabewerten?

Weg vom Problem zur konkreten Aufgabenstellung (siehe Kap. 2.1.2)

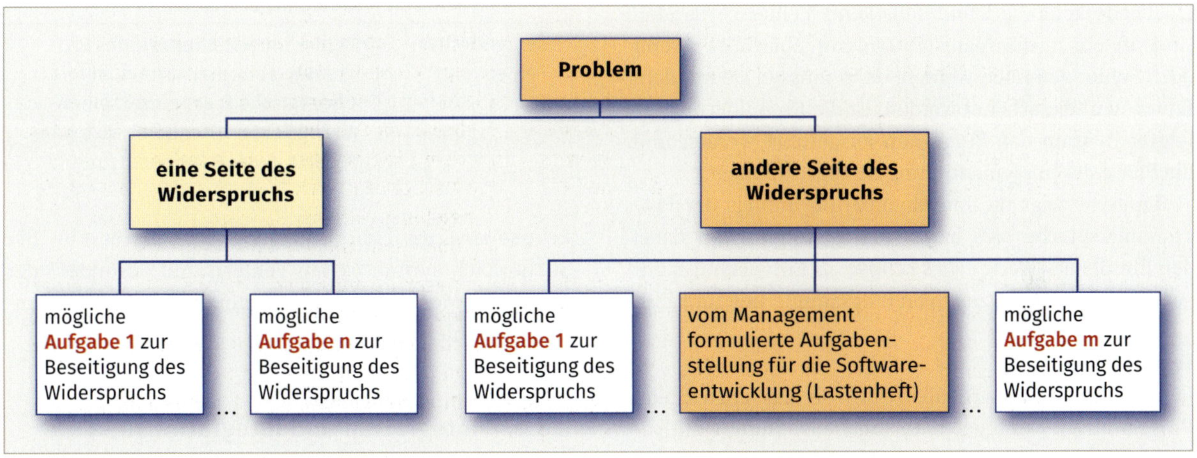

Wurden diese Fragestellungen ausreichend durchdacht, eine exakte Aufgabenstellung formuliert und erste Lösungsansätze aufgezeigt, kann in die Phase des Entwurfs gewechselt werden. Oberflächliches Arbeiten in der Phase der Analyse kann allerdings zu einem enormen zusätzlichen Arbeitsaufwand führen, da alle folgenden Entwicklungsphasen auf den Erkenntnissen der Analyse aufbauen. Darum sollte man in dieser Phase mit großer Sorgfalt arbeiten.

2.3.2.2 Entwurf

Die Aufgabenstellung ist formuliert. Über die Zweckmäßigkeit der vorliegenden Aufgabenstellung ist nicht weiter zu diskutieren. Es sind Lösungswege zu suchen und unter den möglichen Lösungswegen ist der am einfachsten zu realisierende Lösungsweg auszuwählen.

In der Entwurfsphase stehen Überlegungen im Vordergrund, wie man die nun exakt formulierte Aufgabenstellung mithilfe eines Algorithmus lösen kann. Dies ist ein sehr kreativer Prozess, der nicht automatisierbar ist, wohl aber durch geeignete Werkzeuge unterstützt und vorangetrieben werden kann.

Dabei sollte immer überlegt werden, ob sich die Aufgabe in einfachere Teilaufgaben splitten lässt, um dafür einfache Lösungswege zu finden. Anschließend müssen die Teillösungen zur Lösung des komplexeren Gesamtproblems zusammengefügt werden (Integration).

Im Kapitel 3 steht das Design für den Webshop der ACI GmbH im Mittelpunkt und es wird dabei der Einsatz von speziellen Werkzeugen zur Unterstützung der Entwurfsarbeiten demonstriert.

2.3.2.3 Implementierung

Der Entwurf liegt vor. Als Implementierung bezeichnet man die Überführungen der im Entwurf entwickelten Konzepte zur Lösung der Aufgabe in das in einer bestimmten Programmiersprache verfasste, funktionierende Programm, d.h., der beschriebene Lösungsweg ist zu programmieren und zu testen.

Codierung

Wenn in der Phase des Entwurfes mit großer Genauigkeit und Detailliertheit gearbeitet wurde, dann ist die Umsetzung in Programmcode während der Implementierung ein eher formaler Prozess.

Zuerst wird der Programmcode mithilfe eines Editors eingegeben und gespeichert. Anschließend wird dieser Quellcode kompiliert und, falls keine Fehler vorhanden sind, in ein ausführbares Programm überführt. Wenn doch Fehler gefunden werden, dann müssen sie mit dem Editor neu überarbeitet werden. Ist die Kompilierung erfolgreich, kann das Programm ausgeführt werden und die Phase der Implementierung ist abgeschlossen.

Kapitel 4 zeigt die Implementierung mittels der Programmiersprache Java bzw. C# und demonstriert dabei den Einsatz des Werkzeuges **Eclipse** als Entwicklungsumgebung zur Unterstützung von Programmierung und Test.

Test

In der Testphase wird überprüft, ob das entwickelte Programm die vorgegebene Aufgabenstellung löst. Dafür werden dem Programm systematisch Eingabewerte nach vorher geplanten Szenarien übergeben und die erzielten Ergebnisse mit den erwarteten Ergebnissen verglichen.

Da Programme oftmals komplexe Zusammenhänge modellieren, kann man davon ausgehen, dass sie nicht auf Anhieb korrekt funktionieren. Oft liefern Programme im Normalfall korrekte Ergebnisse, versagen jedoch in Ausnahmefällen. Genau diese Ausnahmen müssen beim Testen besonders berücksichtigt werden.

W

Es ist unmöglich, die **Fehlerfreiheit** eines Programms nachzuweisen. Es ist nur möglich, das Vorhandensein von **Fehlern** nachzuweisen und diese Fehler zu dokumentieren bzw. zu beseitigen.

Beim Testen sollten verschiedene Szenarien entwickelt werden, auch bewusst solche, bei denen das Auftreten von Programmfehlern vermutet wird, um die Funktionalität der Software zu überprüfen. Bevor die Szenarien dann ausgeführt werden, sollte man zu erwartende Ergebnisse definieren, die bei fehlerfreier Funktion des Programms erzielt werden sollen. Die erwarteten Ergebnisse werden dann mit dem tatsächlichen Antwortverhalten des Programms bei der Durchführung von Tests in jedem Szenario verglichen. Es folgt nun die Fehlerbehandlung, worauf eine erneute Testphase folgen sollte, um sicherzustellen, dass kein neues Fehlverhalten durch die vorgenommenen Veränderungen erzeugt wird. Man kann allerdings nie davon ausgehen, dass alle Fehler beseitigt sind. Unterschieden werden folgende Fehler:

W

Fehlerart	Beschreibung
syntaktischer Fehler	Fehler **formaler** Art bei der Anwendung einer Programmiersprache, vergleichbar mit einem Rechtschreibfehler; wird vom Compiler automatisch erkannt
semantischer Fehler	Fehler **inhaltlicher** Art; das Programm ist formal korrekt, liefert aber falsche Ergebnisse; semantische Fehler offenbaren sich häufig erst in der Routinenutzung

Eclipse als Entwicklungsumgebung unterstützt bei der Suche nach syntaktischen Fehlern und besonders der **Debugger-Modus** eignet sich zur Suche nach semantischen Fehlern.

2.3.2.4 Integration und Integrationstest

Die einzelnen getesteten Programme liegen vor. Die Entwicklung eines Softwareproduktes erfolgt jedoch meist arbeitsteilig unter Einbeziehung vieler Mitarbeiter, die jeweils eigene Programme als Komponenten des zukünftigen Softwareproduktes erarbeitet haben. Diese Komponenten sind nun zusammenzuführen (Integration im Inneren) und das neue Softwareprodukt ist in die Anwendungsumgebung zu integrieren.

Es gibt eine **horizontale** (aufeinander folgende) Arbeitsteilung zwischen den spezialisierten Mitarbeitern in den Phasen Analyse, Entwurf, Implementierung, Test und Dokumentation. Hinzu kommt eine **vertikale** (gleichzeitige Arbeit zu einer Zeit) Arbeitshäufung, besonders in der Phase der Implementierung. Hier müssen zahlreiche Programmierer anhand eines detailliert ausgearbeiteten Entwurfs (oft auch als Spezifikation bezeichnet) einzelne Programme oder Programmbausteine (Module oder Objekte) entwickeln. Der Bedarf an Personal nimmt dabei von der Analyse zur Programmierung hin deutlich zu.

Der detailliert ausgearbeitete Entwurf soll gewährleisten, dass die einzelnen und von verschiedenen Personen erstellten Programmbausteine schließlich zu einem Ganzen mit einem einheitlichen Erscheinungsbild in Form und Funktion zusammengeführt werden können. Hierzu muss quasi alles festgeschrieben werden, oft bis ins kleinste Detail.

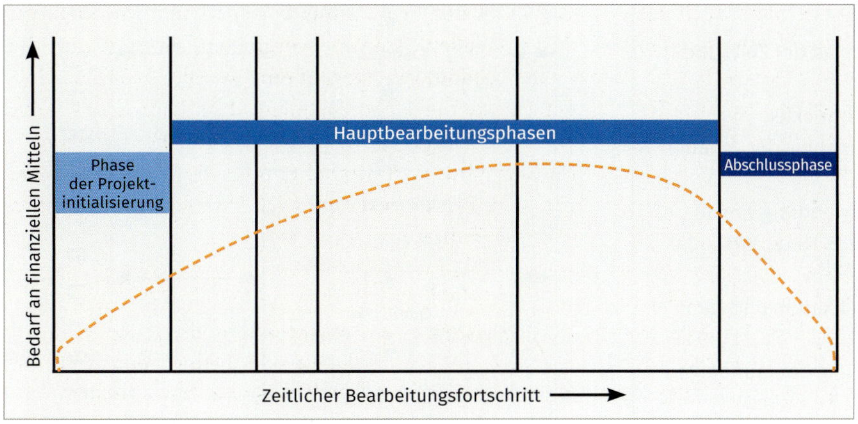

Bedarf an Ressourcen in den Phasen des Projektes

Diese möglichen Angaben aus dem Entwurf machen bereits deutlich, wo überall Fehlerquellen für die Integration der Softwarebausteine liegen können. Auch wenn jedes Modul oder Objekt für sich gut funktioniert, so kann es doch im Zusammenspiel aller Softwarebausteine versagen. Der Integrationstest sollte wenigstens die Abwesenheit von vermuteten Fehlern nachweisen.

Ein schlimmer Fehler, der an dieser Stelle eventuell auffällt, sind die sogenannten **Seiteneffekte.** Programme oder Module kommunizieren nicht ordentlich über die Schnittstellen miteinander, sondern nutzen gemeinsam eine globale Variable. In kleinen Softwaresystemen mag das noch überschaubar und kontrollierbar sein, aber in großen Systemen kann es vorkommen, dass ein drittes Programm diese globale Variable ebenfalls nutzt und mit Werten belegt, deren Verwendung letztlich zum Chaos führt.

Bei der Integration sind neben den selbst entwickelten Programmbausteinen auch fremde Komponenten zu berücksichtigen, z. B. aus Standardbibliotheken. Auch hier muss die korrekte Ansprache und Parametrisierung getestet werden.

Ebene	Integration (im Inneren)	Beispiel
Layout	▪ Verwendung von Farben, Schriftarten, Schriftgrößen, Anordnung der Elemente auf dem Bildschirm ▪ Verwendung von Begriffen ▪ Struktur und Bezugnahme auf die Hilfe etc.	▪ Arial oder Times New Roman ▪ „beenden" über das Menü oder die System-Schaltflächen 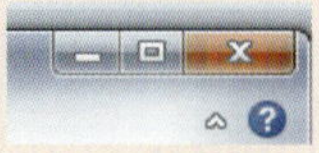
Daten	▪ Inhaltliche Interpretation der Daten und deren Dimension ▪ Beschreibung der Schnittstellen etc.	▪ Beziehen wir uns auf Brutto- oder Nettopreise? ▪ Gilt der Preis pro Stück oder pro Verpackungseinheit?
Verarbeitung	▪ Verwendung einheitlicher Algorithmen ▪ Beachtung von Verfahren zur Vermeidung von Kalkulationsfehlern etc.	(a / b) * c oder (a * c) / b Andere Rechenreihenfolge kann wegen interner Genauigkeitsgrenzen zu verschiedenen Ergebnissen führen.

Herr Pelz erinnert die Auszubildenden zur Verdeutlichung der Integrationsprobleme an den Versuch, eine Software so zu entwickeln, dass jeder Einzelne jeweils einzelne Programmbausteine entwickelt. Neben den zeitlichen Problemen wird es dabei schon zu Gestaltungsfragen heftige Meinungsverschiedenheiten geben: Welche Schriftart ist zu verwenden? Wie groß muss die Schrift sein? Welche Hintergrundfarbe sollen wir wählen?

2.3.2.5 Dokumentation

Der Softwareentwicklungsprozess erfordert viele Dokumente. Der Quellcode ist nur ein Dokument unter vielen. Die folgenden Dokumente entstehen bei einer „Softwareentwicklung im Großen“:

W
- Lastenheft vom Auftraggeber als Basis für die Auftragserteilung
- Projektplan vom Entwicklerteam mit der Zeit- und Ressourcenplanung
- Pflichtenheft als Angebot vom Entwickler
- Anforderungsspezifikation als Ergebnis der genauen Anforderungsanalyse
- Entwurfsbeschreibung unter Verwendung von allgemeinen Darstellungsmitteln (z. B. UML, EPK oder Datenmodellen mit ERM)
- Protokolle von Reviews zur Spezifikation und zum Entwurf
- Quellcode bei der Implementierung des lauffähigen Systems
- Testprotokoll sowohl für Blackbox- als auch für Whitebox-Tests
- Protokolle von Reviews und Programmcode-Inspektionen
- Dokumentation (Kommentierung des Programms, Benutzerhandbuch oder Onlinehilfe, Installationsanleitung)
- Abschlusspräsentation des lauffähigen Systems für den Auftraggeber
- Abnahmeprotokoll

Bezüglich der inhaltlichen Korrektheit und der Arbeitseffizienz empfiehlt es sich, die Dokumente, also auch die Dokumentation parallel zu den anderen Arbeiten zu erstellen.

Während des Durchlaufs der Programmentwicklungsphasen werden alle Gedanken, Vorgehensweisen und Entwicklungen dokumentiert und schriftlich festgehalten, um auch externen Personen, die nicht unmittelbar in den Programmentwicklungsprozess integriert sind, das Verständnis für den Programmcode und die Argumente für die Auswahl des gewählten Weges zu ermöglichen. Es muss klar werden, was gemacht wurde und warum es so gemacht wurde.

Außerdem wird dadurch eine Erweiterung des Programms bzw. eine Wiederverwendung von Programmteilen oder -entwicklungsschritten für andere Problemstellungen vereinfacht.

Etappen der Softwareentwicklung und parallele Dokumentation

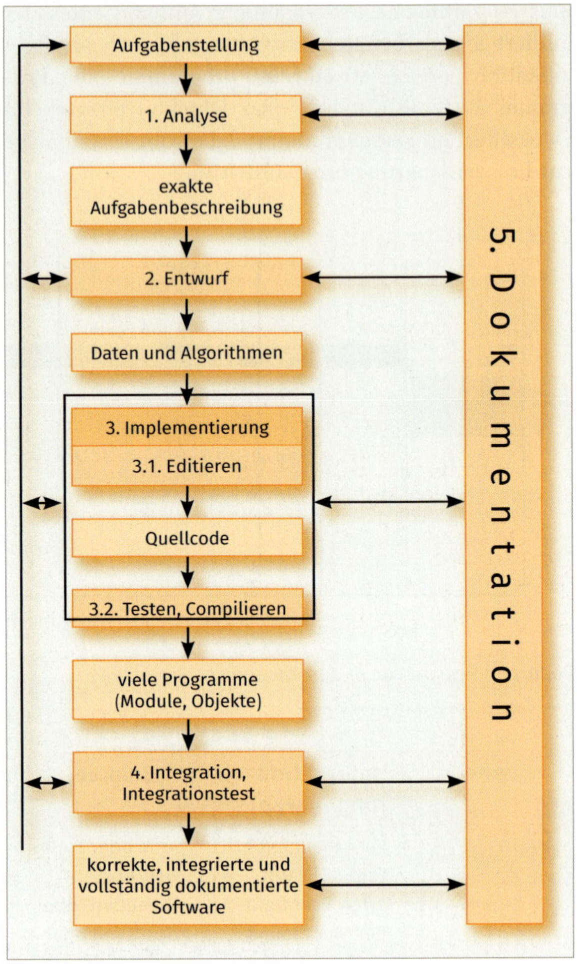

2.3.3 Softwaretechnologie

Bei den Darstellungen zur Softwarequalität wurde bereits der prozessorientierte Ansatz behandelt. Auch die Softwareentwicklung muss als ein **Geschäftsprozess** verstanden werden. Dieser Prozess muss so gestaltet werden, dass der Weg über klar beschriebene und wiederholbare Schritte zu vollständigen und gesicherten Ergebnissen führt.

Wenn man von Softwaretechnologie spricht, meint man damit die eingesetzte Technologie im Prozess der Softwareentwicklung.

W

Die **Softwaretechnologie** umfasst die zielorientierte Bereitstellung und systematische Verwendung von
- Prinzipien,
- Methoden,
- Verfahren (Konzepten, Notationen) und
- Werkzeugen

für die arbeitsteilige Entwicklung von umfangreichen Softwaresystemen.

W

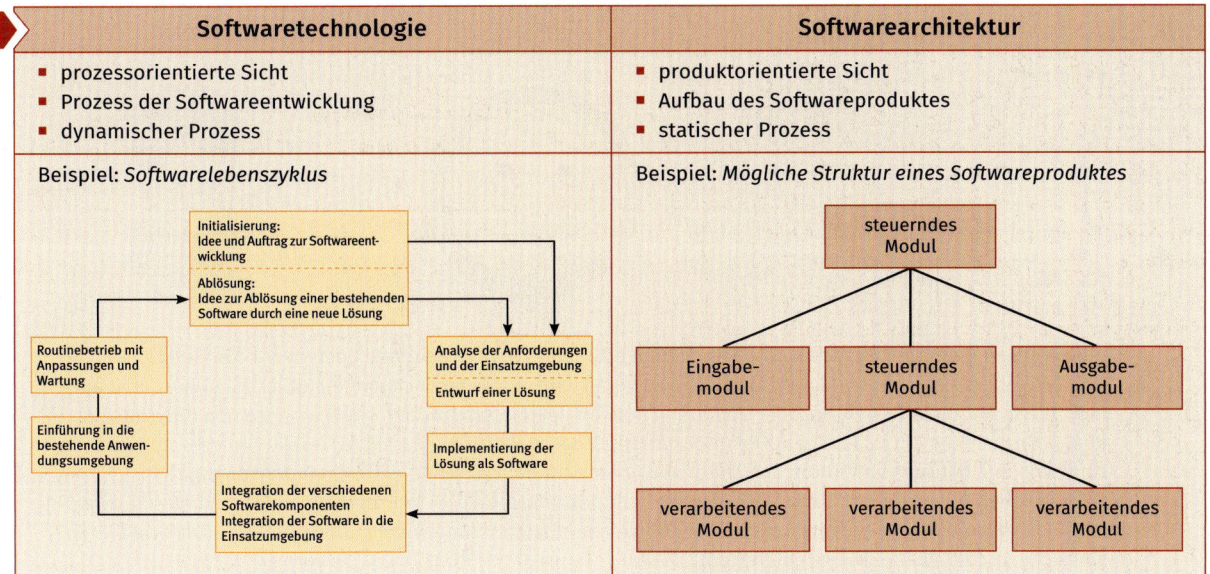

Softwaretechnologie	Softwarearchitektur
▪ prozessorientierte Sicht ▪ Prozess der Softwareentwicklung ▪ dynamischer Prozess	▪ produktorientierte Sicht ▪ Aufbau des Softwareproduktes ▪ statischer Prozess
Beispiel: *Softwarelebenszyklus* 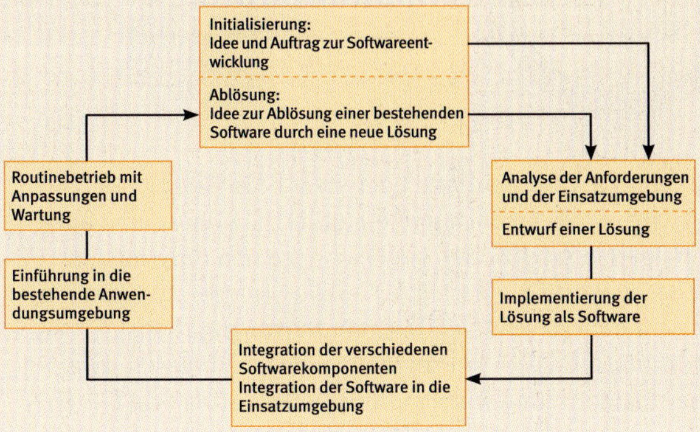	Beispiel: *Mögliche Struktur eines Softwareproduktes* 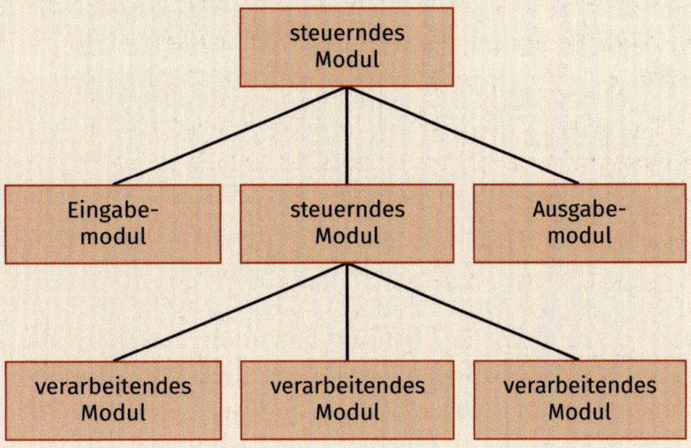

2.3.3.1 Prinzipien

Prinzipien sind oft sehr allgemein und abstrakt, sie sagen nichts darüber aus, was man zu ihrer Durchsetzung im konkreten Fall zu tun hat. Trotzdem sind Prinzipien und deren konsequente Beachtung (Prinzipientreue) allgemein ein Schlüssel zum Erfolg.

Aus dem Bereich der Organisation unserer Gesellschaft kennen wir zahlreiche Prinzipien, wie das

- Gleichheitsprinzip, z. B. „Gleichheit von Mann und Frau“ oder „Gleicher Lohn für gleiche Arbeit“,
- Prinzip der lokalen Verantwortung, z. B. durch die „Trennung von Kirche und Staat“ oder
- Föderalismusprinzip.

W

> Umgangssprachlich versteht man unter einem **Prinzip** einen Grundsatz, an den man sich hält. Dieser Grundsatz kann das Ergebnis theoretischer Überlegungen sein oder er wurde aus Erfahrungen hergeleitet und durch diese bestätigt.

An diesen Beispielen wird deutlich, dass die Prinzipien keine Hilfe zu ihrer Umsetzung vermitteln, aber dass die Verletzung dieser Prinzipien sehr schnell zu großen gesellschaftlichen Problemen führen kann.

Für die Entwicklung von Software wird die Einhaltung folgender Prinzipien empfohlen, die in der folgenden Übersicht zusammengefasst sind.

W

Nr.	Prinzip	Pro	Kontra
1	**Einfachheit** ▪ Sucht einfache Lösungen! ▪ Less is more!/Weniger ist mehr!	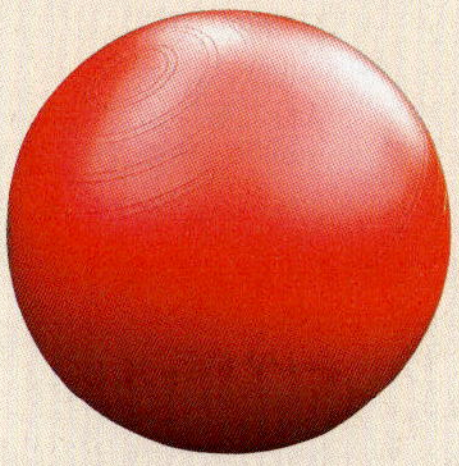	
	Geniale Dinge sind immer einfach, einfach zu verstehen und einfach in der Funktion. ▪ „einfach zu verstehen“ sichert die Akzeptanz unter den Menschen und damit die große Verbreitung. ▪ „einfach in der Funktion“ gewährleistet eine einfache und damit kostengünstige bzw. schnelle Realisierung, was wiederum zur großen Verbreitung beitragen kann.		

(Fortsetzung auf folgender Seite)

W

<table>
<tr><th>Nr.</th><th>Prinzip</th><th>Pro</th><th>Kontra</th></tr>
<tr><td>2</td><td>Lokalität

Tut alles dort, und nur dort, wo es auch hingehört!</td><td></td><td></td></tr>
<tr><td></td><td colspan="3">Programme sollten nur überschaubare Funktionen erfüllen, z. B. verarbeitende oder steuernde Funktionen. Die lokale Verantwortlichkeit bedeutet, das alles dort getan wird, wo es fachlich und inhaltlich hingehört, und auch nicht mehr. Die zur Verarbeitung oder Steuerung notwendigen Informationen sind zwischen den Programmen über Schnittstellen auszutauschen. Alle Informationen, deren Werte die jeweilige Funktion zu verantworten hat, sind auch durch diese Funktion zu speichern und vor Missbrauch zu schützen (Geheimhaltungsgebot).
Die lokale Verantwortlichkeit wirkt auch als ein Strukturierungsprinzip. Die Programme innerhalb des Softwareproduktes erhalten eine Rangordnung. Elemente gleicher Rangordnung stehen auf derselben Stufe und bilden eine Schicht oder Ebene (Hierarchisierung).
Innerhalb der Hierarchie dürfen keine zirkulären Beziehungen auftreten.</td></tr>
<tr><td>3</td><td>Automatisierung

Lasst den Computer arbeiten, er ist schneller und zuverlässiger als der Mensch!</td><td>
Prozessor mit einer Taktfrequenz von 2 · 2,6 GHz</td><td>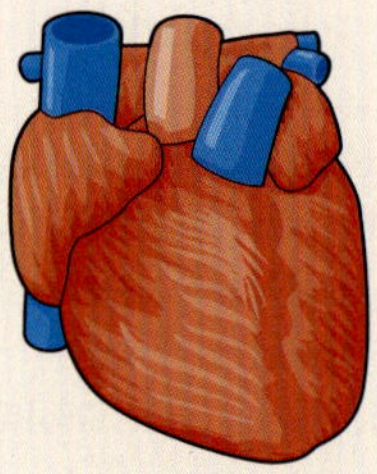
Menschliches Herz mit 80–120 Schlägen pro Minute.</td></tr>
<tr><td></td><td colspan="3">Der Computer ist schneller und zuverlässiger in der Arbeit als seine Entwickler. Optimierungsbestrebungen sollten erst einsetzen, wenn man irgendwo objektiv an Grenzen stößt. Es ist stets zu bedenken:
▪ Wenn man Speicherplatz spart, dann bleibt der Rest des Speichers ungenutzt,
▪ und wenn man dem Prozessor Arbeit abnimmt, dann läuft er trotzdem, nämlich im Wartezustand.
Viele bekannte Anwendungen sind erfolgreich, weil sie den Rechner ständig arbeiten lassen, z. B. werden in Excel nach jeder Eingabe alle Formeln neu berechnet.</td></tr>
<tr><td>4</td><td>Wiederverwendbarkeit

Denkt an die Wiederverwendbarkeit der Entwicklungsprodukte!</td><td></td><td></td></tr>
<tr><td></td><td colspan="3">Programme werden mit wenigen Ausnahmen zur Bearbeitung einer Menge ähnlicher Aufgaben entwickelt und nicht für einen einzelnen konkreten Anwendungsfall. Nur sehr wenige und schlechte Programme sind Wegwerfprodukte.
Ein Programm kann innerhalb eines Softwareproduktes wiederholt zur Bearbeitung ähnlicher Aufgaben aufgerufen werden, es kann aber auch an verschiedenen Stellen des Softwareproduktes oder auch in anderen Softwareprodukten wieder verwendet werden.
Das Abstrahieren, d. h. das Hervorheben des Wesentlichen und das Absehen von speziellen, untergeordneten Details, führt zum Erkennen gleicher Merkmale in der Menge der ähnlichen Aufgaben und damit zu wiederverwendbaren Lösungen.</td></tr>
</table>

5 Standardisierung

Verwendet fertige Bausteine und erfindet die Welt nicht ständig neu!

Das Prinzip der Standardisierung impliziert natürlich auch die **Wiederverwendung.** Die Verwendung fertiger Softwarebausteine bietet zwei Vorteile:

- Der **Aufwand** zur Erstellung entfällt.
- Die Softwarebausteine sind erwartungsgemäß **korrekt,** d. h., das Risiko von Fehlern oder allgemein von Qualitätsmängeln ist gering.

Dem steht natürlich der zusätzliche Aufwand zum Finden und Beschaffen der Softwarebausteine gegenüber. Eine unsachgemäße Nutzung der Softwarebausteine kann natürlich auch zu Fehlern führen, doch die Vorteile überwiegen.

6 Kommunikationsschnittstellen

Kommuniziert über saubere Schnittstellen!

Lokalität und Wiederverwendung setzen eine Kommunikation zwischen den Softwarebausteinen voraus. Diese Kommunikation sollte standardisiert erfolgen. Das weltweit erfolgreichste Softwaresystem, unser Internet, konnte nur entstehen und global erfolgreich werden dank der standardisierten Kommunikationsschnittstelle TCP/IP.
Die Bedeutung der Kommunikationsschnittstelle wird heute allgemein erkannt und unterstützt. XML ist der zu empfehlende Standard für die Kommunikation von Computer zu Computer.

7 Verständlichkeit

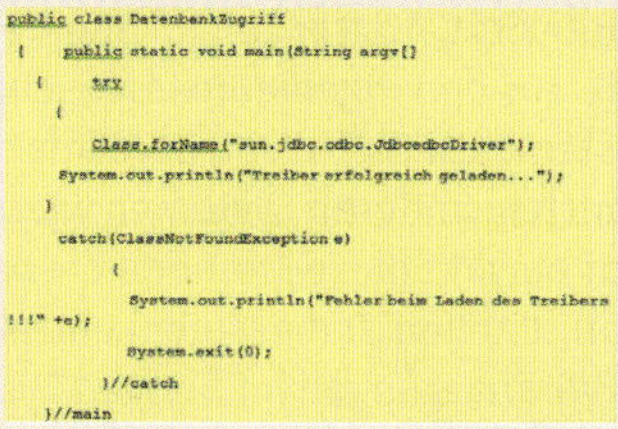

```
public class DatenbankZugriff
 {    public static void main(String argv[]
   {     try
     {
         Class.forName("sun.jdbc.odbc.JdbcodbcDriver");
     System.out.println("Treiber erfolgreich geladen...");
    }
     catch(ClassNotFoundException e)
          {
             System.out.println("Fehler beim Laden des Treibers
!!!" +e);
             System.exit(0);
          }//catch
    }//main
```

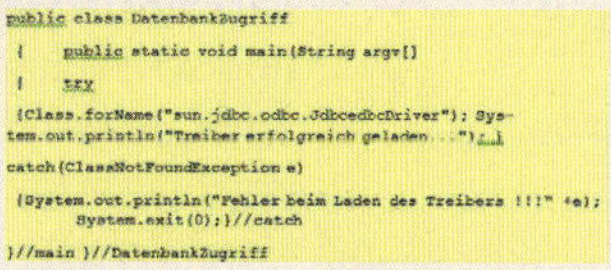

```
public class DatenbankZugriff
 {    public static void main(String argv[]
 {    try
 {Class.forName("sun.jdbc.odbc.JdbcodbcDriver"); Sys-
tem.out.println("Treiber erfolgreich geladen...");}
catch(ClassNotFoundException e)
 {System.out.println("Fehler beim Laden des Treibers !!!" +e);
      System.exit(0);}//catch
}//main }//DatenbankZugriff
```

Schreibt lesbaren und verständlichen Programmcode!

Programme müssen in erster Linie von Computern verstanden werden, dennoch ist eine **allgemein verständliche Notation,** eine bildhafte Darstellung oder die Verwendung einer höheren Programmiersprache sinnvoll, die Begriffe einer natürlichen Sprache enthält. Eine allgemein verständliche Notation ermöglicht dem Menschen die schnelle Einarbeitung in das Programm, fördert die Verständlichkeit und Lesbarkeit des Programms und erleichtert damit die Wartung und Pflege des gesamten Softwareproduktes.
Zu einem gut lesbaren, strukturiert geschriebenen und gut kommentierten Programm gehört auch eine **Dokumentation.** Software besteht laut Definition aus „Programmcode und Dokumentation" und ist letztlich nur so gut wie das schwächste Glied dieser Kette. Die Dokumentation ist nicht nur ein Hilfsmittel für den Anwender, sie ist auch eine Hilfe zum Verständnis des Programmcodes und muss integraler Bestandteil der Softwareentwicklung sein.

Prinzipien sind sehr allgemeine Aussagen. Ihre Formulierung ist nicht einfach und ihre Diskussion führt schnell weg vom eigentlichen Prinzip hin zu den möglichen Methoden der Umsetzung. Dabei verschwimmen auch die Grenzen zwischen den Begriffen „Prinzip“ und „Methode“ sehr schnell. Einzelne Methoden werden so stark verallgemeinert, dass sie schon quasi den Status eines Prinzips haben. **Prinzipien** benennen einen Grundsatz, dessen Einhaltung für alle folgenden Vorhaben verbindlich ist. **Methoden** sind handlungsorientiert, sie dienen der Durchsetzung der Prinzipien. Es gilt der folgende Zusammenhang von Prinzip, Methode, Verfahren und Werkzeug.

W

Prinzip	**Verständlichkeit:** Verwendung einer allgemein **verständlichen Form der Notation**				
Methoden	modellgestützte Entwicklung MDD/(Model Driven Development)			Programmierung in den sogenannten Hochsprachen (ab den Sprachen der 3. Generation)	
Verfahren	UML		Entscheidungs-tabellen	Programmieren in FORTRAN (**For**mular **Tran**slater)	Programmieren in Java etc.
Tools (Produkte)	**SiSy**	**Rational Rose** (unterstützt von IBM)	**Vorelle** von mbp – „Mathematischer Beratungs- und Programmierdienst GmbH“ (1975)	**Fortran 90** für Linux von Pacific-Sierra Research (USA)	**Eclipse**

2.3.3.2 Methoden

W

> Methoden sind planmäßig angewandte und begründete Handlungsvorschriften, um Aufgaben einer bestimmten Klasse zu lösen.

Methoden beziehen sich auf ein Prinzip oder auf mehrere Prinzipien. Methoden machen Prinzipien anwendbar. Die Handlungsvorschrift beschreibt, wie ein Ziel mit einer festgelegten Schrittfolge erreicht wird. Methoden sollen anwendungsneutral sein, dieselben Methoden sollen daher für verschiedene Anwendungsumgebungen gelten. Die folgenden Beispiele sollen dies verdeutlichen.

Top-down-Dekomposition	**Auflösung der Komplexität, Erkennen einer Hierarchie zwischen verarbeitenden und steuernden Komponenten.** Die im Verarbeitungs- und Steuerungsprozess anfallenden Aufgaben und Verantwortlichkeiten sind zu erkennen und einzelnen Bausteinen zuzuordnen. Diese Methode leistet einen wesentlichen Beitrag zur Umsetzung des Prinzips der lokalen Verantwortlichkeiten.
Modularisierung	**Auflösung der Komplexität, Abgrenzen lokaler Verantwortlichkeiten.** Die Modularisierung ist eine allgemeine Methode aus den Ingenieurwissenschaften und dient insbesondere der Erzeugung überschaubarer Systeme zur Sicherung der Einfachheit und Wiederverwendung, wenn Komponenten unter Umständen auch in anderen Systemen wiederverwendet werden können. Auf die Softwareentwicklung angewandt bewirkt diese Methode die Aufteilung des Systems in überschaubare Teile mit klar definierten Schnittstellen. Dabei sollen einzelne Module ausgetauscht oder geändert werden können, ohne dass Veränderungen im übrigen System erforderlich sind. Diese Methode leistet einen Beitrag zur Umsetzung der Prinzipien der Wiederverwendbarkeit, der Einfachheit und der lokalen Verantwortlichkeiten. Entsprechend kleine Module erleichtern die Verständlichkeit.
strukturierte Programmierung	**Das Ziel der strukturierten Programmierung besteht darin, Algorithmen so darzustellen, dass ihr Ablauf einfach zu erfassen und zu verändern ist.** Die Grundkonzepte der strukturierten Programmierung wurden Ende der 60er-Jahre entwickelt und lassen sich mit folgenden Stichworten charakterisieren: ▪ Bildung von funktional abgegrenzten Programmeinheiten (Lokalität) ▪ hierarchische Programmorganisation ▪ Definition einer zentralen Programmsteuerung ▪ Beschränkung der Ablaufsteuerung ▪ Beschränkung der Datenverfügbarkeit

	Die strukturierte Programmierung bedient sich zahlreicher Darstellungsmittel zur Verbesserung der Verständlichkeit: ▪ Programmablaufpläne (PAP) ▪ Struktogramme (Nassi-Shneiderman-Diagramme) ▪ Pseudocode (als Mischung von formalen und umgangssprachlichen Darstellungsmitteln in Textform) Auch diese Methode leistet einen Beitrag zur Umsetzung der Prinzipien der Wiederverwendbarkeit und der lokalen Verantwortlichkeiten. Die grafischen Darstellungsmittel erleichtern die Verständlichkeit.
objektorientierte Programmierung	**Die objektorientierte Programmierung wurde entwickelt, um der menschlichen Art des Denkens näher zu kommen.** In einer komplexen Anwendung werden reale Objekte abgegrenzt und anschließend programmiert. Komplexe Systeme werden dadurch deutlich überschaubarer. Bei der objektorientierten Programmierung geht es um die Einheit der Daten und der zugehörigen Dienste. Die Trennung von Daten und Algorithmen ist aufgehoben. Die objektorientierte Programmierung benötigt von Anfang an geeignete Entwurfs- und Dokumentationstechniken. Ein objektorientierter Entwicklungsprozess ▪ beginnt mit der objektorientierten Analyse (OOA), ▪ geht über zum objektorientierten Design (OOD), ▪ erst dann folgt die objektorientierte Programmierung (OOP). Innerhalb dieser Phasen werden die gleichen Entwurfs- und Dokumentationstechniken verwendet (Klassendiagramme, UML-Diagramme). Objektorientierung erhöht die Wiederverwendbarkeit, das Verhalten von bereits entwickelten Klassen kann durch das Prinzip der Vererbung an neue Klassen übertragen und damit an neue Situationen angepasst werden. Bedingt durch dieses Prinzip versucht man Klassen möglichst allgemein zu entwerfen. Objektorientierte Systeme sind leichter zu warten und erweiterbar, Objekte und Klassen können leichter überprüft und ausgetauscht werden. Die Prinzipien der Wiederverwendbarkeit und der lokalen Verantwortlichkeit werden durch diese Methode hervorragend unterstützt. Die Lokalität wird durch die Kapselung der Daten und die Geheimhaltung interner Strukturen gefördert.
Standardisierung	**Ein einheitliches Erscheinungsbild von Programmen und Dokumenten** (Einhaltung der Programmierrichtlinien) erleichtert dem Menschen die schnelle Einarbeitung in das Programm, fördert die Verständlichkeit und Lesbarkeit des Programms und ermöglicht damit eine einfache Wartung und Pflege des gesamten Softwareproduktes. Die Standardisierung wird unterstützt durch die Vorgabe und Einhaltung betrieblicher und überbetrieblicher Konventionen und Normen (Namenskonventionen für Variablennamen, Style-Guides für die Benutzeroberfläche etc.).

W

Prinzip	**Lokalität:** Abbildung der **lokalen Verantwortlichkeiten**					
Methoden	Strukturierte Programmierung			Objektorientierte Programmierung		
Verfahren	Bildung von **Prozeduren** und **Funktionen** Beschränkung auf **Sequenz, Zyklus** und **Alternative**			Klassendefinition	Vererbung	Polymorphismus
Tool	FORTRAN-Compiler	Pascal-Compiler	C-Compiler	z. B. Java in Eclipse	z. B. Java in Eclipse	z. B. Java in Eclipse

Daraus erwächst eine weitere Möglichkeit der Darstellung des Zusammenhangs von Prinzip, Methode, Verfahren und Werkzeug.

2.3.3.3 Verfahren

W

> Verfahren sind ausführbare Vorschriften oder Anweisungen zum gezielten Einsatz von Methoden. Verfahren beinhalten i. d. R. klare Vorschriften oder Handlungsanweisungen zur Behandlung bestimmter Problemklassen.

Die Abgrenzung zu Methoden ist oft fließend. In der Literatur werden beide Begriffe oft synonym verwendet. Eine Methode kann durch mehrere alternative oder durch mehrere zusammengesetzte Verfahren realisiert werden. Die folgenden Beispiele unterstützen diese Aussage:

- Beschreibung aller Klassen und ihrer Beziehungen in einem Diagramm (z. B. mittels UML)
- Implementierung jeder Klasse in einer eigenen Unit (z. B. in Delphi)
- Festlegung der Gliederung für Spezifikationen (z. B. im Projekthandbuch)

- Festlegung zur Vergabe von Bezeichnern (z.B. die ungarische Notation)
- Formulierung und Organisation eines Verfahrens zur Qualitätskontrolle (z.B. Meilensteine mit Projektverteidigungen)

In der Softwareentwicklung werden verschiedene Verfahren eingesetzt, um eine Idee zu einem lauffähigen Softwareprodukt weiterzuentwickeln.

2.3.3.4 Werkzeuge

Software umfasst nach IEEE Standard 610.12 Programme, Abläufe, Regeln, auch Dokumentationen und Daten, die mit dem Betrieb eines Rechnersystems verbunden sind. All das muss im Prozess der Softwareentwicklung erstellt werden, und dazu benötigen die Softwareentwickler leistungsfähige Werkzeuge.

Diese Werkzeuge (Tools) sind immer konkrete Produkte eines Herstellers. Sie orientieren sich an den Entwicklungsmethoden und unterstützen konkrete Verfahren.

Im Softwareentwicklungsprozess entstehen viele Dokumente (siehe auch 2.3.2.5 „Dokumentation").
Diese vielen Dokumente sollen helfen, die **Qualität des Softwareproduktes** sicherzustellen, denn die „Entwickler sollen nicht nur ein System richtig bauen, sondern auch ein richtiges System bauen".

Die Qualität der Dokumente kann durch den Einsatz guter Werkzeuge unterstützt werden. Derartige Klassen von Werkzeugen sind in der Übersicht zusammengefasst.

W

Werkzeugklasse (Die konkreten Werkzeuge sind Objekte zu der jeweiligen Klasse.)	**Beschreibung**
Textverarbeitungsprogramm	Erstellen und bearbeiten der Dokumentation
Formulargenerator	Generieren von Teilen der Dokumentation
Projektmanagementsystem	Projektplanung mit Ressourcen; Projektüberwachung
Entwicklungsumgebung	Quelltexte erfassen, kompilieren und debuggen; Softwareprojekte verwalten
Compiler, Interpreter	Übersetzen des Quelltextes, Ausführen des Quelltextes
Debugger	Ablaufverfolgung am fertigen Programm zum Auffinden semantischer Fehler
Linker	Verbinden des neuen Programms mit bestehenden Programmbibliotheken
Diagramm-Editor	Erstellen von Entwurfsdarstellungen, speziell für das Model Driven Development (MDD)
Blue-Print-Programme	formal aufbereitete Ausgabe von Quelltexten zu Dokumentationszwecken
Programmgeneratoren	Generierung von Quellcode aus grafischen Darstellungen (Model Driven Development)

Die bewusste Zusammenstellung von Werkzeugen zur Softwareentwicklung fasst man auch unter dem Begriff **CASE-Tools** (**C**omputer **A**ided **S**oftware **E**ngineering) zusammen.

S

Für die Softwareentwicklung bei ACI stehen neben der auf Freeware basierenden Java-Entwicklungsumgebung Eclipse weitere Entwicklungswerkzeuge zur Verfügung, die bereits vorgestellt wurden. Es handelt um SiSy, MindManager, Java und MySQL.

Aufgaben

1. Gegeben sei folgender Ausschnitt aus einem C-Programm:

```
int Potenz_berechnen(int basis,
int exponent)
{
// Berechnung der Potenz einer Zahl, Po-
tenz = basis hoch exponent.
// Voraussetzung: Die Wertebereiche sind
auf Gültigkeit überprüft.
int potenz = basis;
for (int(i) = 2; i < = exponent; i++)
{
potenz = Multiplikation_
durchführen(basis, potenz);
}
return potenz;
}
```

a) Welche Prinzipien werden hier umgesetzt?
b) Welche Methoden werden an welcher Stelle eingesetzt?
c) Gegen welche Prinzipien wird an welcher Stelle verstoßen?

2.4 Vorgehensmodelle zur Softwareentwicklung

Die Aufgliederung der Softwareentwicklung in einzelne, zeitlich nacheinander ablaufende Phasen entspricht im Allgemeinen dem Prozessgedanken. Die damit verbundene Festlegung von Tätigkeiten und Zwischenergebnissen ist eine Voraussetzung zur Sicherung einer arbeitsteiligen, planmäßigen und wirtschaftlichen Projektabwicklung, verbunden mit einer wirksamen Qualitätssicherung. Dieser Ausgangspunkt führt zur Definition von sogenannten **Phasenmodellen,** welche das Vorgehen bei der Softwareentwicklung beschreiben. Sie bestimmen den organisatorischen Rahmen, in dem die Erstellung einer Software stattfindet. Die für die Systementwicklung relevanten Aktivitäten können zu Phasen zusammengefasst werden, in denen die

- Vorgaben,
- Tätigkeiten und
- zu erarbeitenden Ergebnisse

bekannt sind. Die erarbeiteten Ergebnisse einer Phase müssen einer genauen Prüfung unterzogen werden, bevor sie für die weitere Bearbeitung in einer späteren Phase freigegeben werden können (siehe Grafik).

Diese Prüfung der Ergebnisse führt zu einer Entscheidung über die weiteren Arbeiten am Softwareprodukt. Erweisen sich die bisherigen Arbeitsergebnisse als korrekt und vollständig, kann die Arbeit fortgesetzt werden und es erfolgt die **Freigabe** der Ergebnisse. Stellt man jedoch Fehler oder Mängel fest, so sind **Rückgriffe** auf frühere Arbeitsergebnisse und deren Korrekturen notwendig, z.B. die Wiederaufnahme der Problemanalyse, wenn sich beim Entwurf Missverständnisse oder Lücken in der Anforderungsdefinition zeigen. Es kann Rückgriffe zur Korrektur oder Ergänzung der Ergebnisse der gerade abgeschlossenen Phase geben. Möglich sind auch **Rückgriffe** über mehrere Phasen, wenn z.B. während der Integration festgestellt wird, dass die in der Entwurfsphase festgelegte Datenstruktur ungeeignet ist.

Bestimmung der Phasen durch die sinnvollen Entscheidungszeitpunkte

Entscheidungspunkte im Leben bestimmen die Phasen

1 Welche Schule wählen meine Eltern?

2 Welchen Beruf wähle ich?

3 Unter welchen Bedingungen gründe ich eine Familie?

4 Wie sorge ich für das Alter vor?

5 Unter welchen Bedingungen gehe ich in Pension?

Die Kosten für Rückgriffe steigen mit ihrer Weite. Die teuersten Rückgriffe sind zu spät erkannte notwendige Veränderungen in der Aufgabenstellung. Die Software leistet nicht das, was der Anwender erwartet, also kann man mit der Entwicklung quasi wieder von vorn beginnen. Die folgende Tabelle zeigt die Verteilung im Auftreten von Fehlern während der Softwareentwicklung.

Schwere der Fehler	fatal	schwer	mittel	leicht	Summe
Phase					
Anforderungsanalyse	5,0	5,0	3,0	2,0	15,0
Entwurf/Design	3,0	22,0	10,0	5,0	40,0
Implementierung	2,0	10,0	10,0	8,0	30,0
Dokumentation	0,0	1,0	2,0	2,0	5,0
Einführung der Software	0,0	2,0	5,0	3,0	10,0
Gesamt	10,0	40,0	30,0	20,0	100,0

(Quelle: Jones, 1991, Applied Software Measurement)

Die meisten Fehler mit den schlimmsten Konsequenzen werden nach dieser Tabelle im Entwurf gemacht. Hier setzen auch zahlreiche Werkzeuge an, um diese Fehlerhäufigkeit zu reduzieren.

Die in Phasen strukturierte Softwareentwicklung wird überschaubarer, wodurch die Prüfbarkeit und rechtzeitige Korrektur von Fehlern in den einzelnen Erstellschritten erleichtert wird. Die verschiedenen Vorgehensmodelle greifen regelnd in die Arbeitsgebiete der Softwareprojekte ein, wie z.B. in das Konfigurations- und Qualitätsmanagement oder in die Systementwicklung.

2.4.1 Trial and Error (Versuch und Irrtum)

Dieses wohl einfachste Phasenmodell wird von den meisten Anfängern beim Programmieren praktiziert. Die „Softwareentwicklung im Kleinen" unterteilt es dabei in folgende Phasen:

- **Codieren:** Die im Kopf des Entwicklers entstandenen Algorithmen oder seine Vorstellungen von einer Benutzeroberfläche werden mittels einer Programmiersprache in einer möglichst komfortablen Entwicklungsumgebung abgebildet.
- **Fehlersuche und -beseitigung:** Syntaktische Fehler, also Fehler in der Notation mittels der Programmiersprache, erkennen Compiler oder Interpreter schnell. Für die inhaltlichen Fehler (semantische Fehler) gibt es Debugger, mit denen man den Ablauf des Programms und die Entwicklung der Variablenwerte verfolgen kann.

Die Entwickler wiederholen diese beiden Phasen so lange, bis

- das Programm irgendwie akzeptabel funktioniert,
- sie frustriert aufgeben und feststellen, dass sie ja eigentlich nie Programmierer werden wollten,
- sie einsehen, dass ein irgendwie ausgearbeiteter und schriftlich fixierter Entwurf wohl doch notwendig ist.

Dieses Vorgehensmodell führt nicht mit Sicherheit zum Ziel, der Arbeitsfortschritt ist nicht kontrollierbar und für eine Zusammenarbeit mehrerer Programmierer ist es schon gar nicht geeignet. Für die Entwicklung von „Softwareprodukten im Großen" ist dieses Phasenmodell nicht geeignet.

2.4.2 Wasserfallmodell

Die systematische Untersuchung des Softwareentwicklungsprozesses führte zuerst zum sogenannten Wasserfallmodell. Die Abbildung zur Bestimmung der Phasen durch die Festlegung sinnvoller Entscheidungszeitpunkte enthält bereits die Treppenstufen oder Kaskaden des Wasserfalls. Das Modell verführt zur Vermutung oder Vision, dass Software im Ergebnis eines linearen Entwicklungsprozesses entstehen kann. Es wird mit einer Aufgabenstellung begonnen und durch eine Reihe von Transformationen entsteht am Ende ein fertiges Produkt.

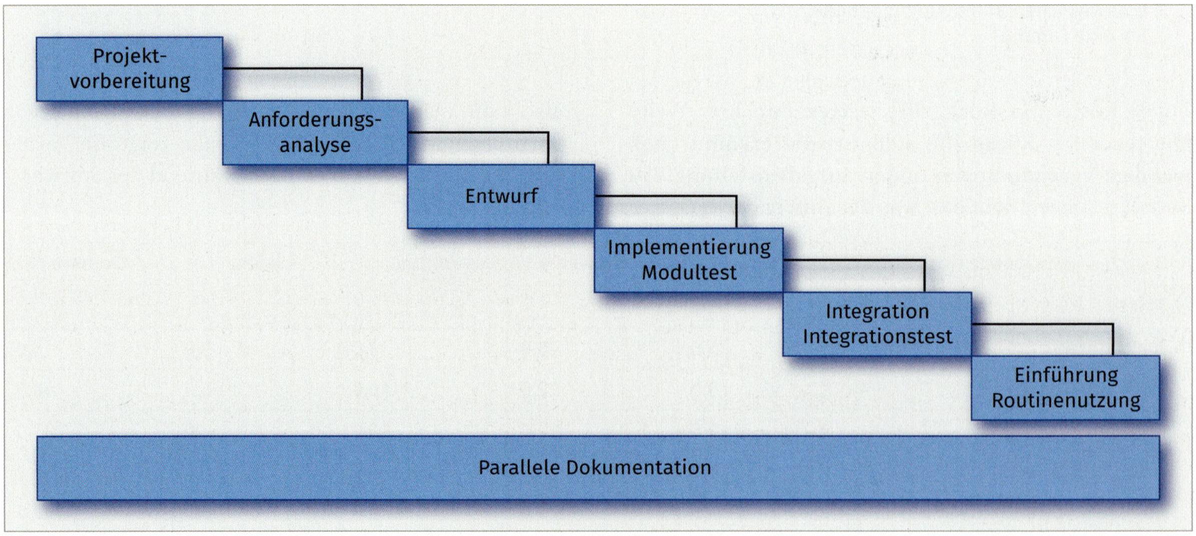

Wasserfallmodell

Das Wasserfallmodell beschreibt den Entwicklungsprozess als sequenziellen Ablauf von Phasen:
- Jede Phase wird vollständig abgeschlossen, bevor die nächste Phase begonnen werden darf.
- Jede Phase produziert genau definierte Ergebnisse, die als Input für die nächste Phase dienen.
- Rückgriffe und Iterationen zwischen aufeinander folgenden Phasen sind nicht gewollt und nur begrenzt möglich. (Beim Wasserfall spritzt auch etwas Gischt wieder auf die höhere Ebene zurück.)
- Am Ende jeder Phase steht ein Prüfschritt.

Das Wasserfallmodell hat wohl die breiteste Akzeptanz in Theorie und Praxis gefunden. Es ermöglicht auch eine Bezugnahme auf das Modell vom Softwarelebenszyklus. Folgende Phasen werden allgemein unterschieden, wobei es verschiedene Bezeichnungen für diese Phasen gibt:

W

Phasenbezeichnung	alternative Bezeichnungen, auch mit teilweise abweichenden Inhalten	Phasen im Softwarelebenszyklus
Initialisierung	Aufgabenstellung, Projektauftrag	Initialisierung
Analyse	Ist-Analyse, Zustandsaufnahme, Anforderungsanalyse	Entwurf
Entwurf	Design, Spezifikation	
Realisierung	Programmierung, Implementierung, Test	Implementierung
Einführung	Integration	Integration, Einführung
Nutzung	Routinebetrieb, Wartung	Routinebetrieb

Dieses Vorgehen eignet sich für größere Softwareprojekte, bei denen alle Phasen komplett durchlaufen und erfahrbar gemacht werden sollen. Die notwendige begleitende Dokumentation protokolliert den Arbeitsfortschritt.

2.4.3 Prototyping

Das Wasserfallmodell bringt ein Problem mit sich. Erst nach Abschluss aller Phasen entsteht ein lauffähiges Softwareprodukt, das dem Auftraggeber vorgeführt werden kann. In vielen Fällen zeigen sich erst dann Probleme, die eventuell auf eine unvollständige Aufgabenstellung zurückzuführen sind. Das Wasserfallmodell gestattet kaum Rückgriffe auf vorherige Phasen. Aus der Verteilung im Auftreten von Fehlern während der Softwareentwicklung resultiert, dass die meisten Fehler mit den schlimmsten Konsequenzen im Entwurf entstehen.

Um diesen Schwierigkeiten zu begegnen, erstellt man analog zur Praxis in der Konsumgüterindustrie mit möglichst einfachen Mitteln und wenig Aufwand einen Prototyp des zukünftigen Produktes, der dem potenziellen Anwender vorgeführt werden kann.

Im Verlauf des Erstellungsprozesses ist die Entwicklung verschiedener Arten von Prototypen vorstellbar:

W

Art des Prototyps	Funktion beim zukünftigen Anwender
Demonstrationsprototyp	vermittelt einen ersten Eindruck des zukünftigen Produkts, dient der Akquisition; Anwender soll von den Möglichkeiten überzeugt werden
Funktionsprototyp	Veranschaulichung spezieller Aspekte des Systems; dient der Kommunikation mit dem Kunden während der Analyse; veranschaulicht die Bedienoberfläche (horizontaler Prototyp) oder spezielle Funktionalitäten (vertikaler Prototyp)
Labor-Prototyp	prüft Umsetzbarkeit der Entwurfsentscheidungen; dient dem Designer und Entwickler innerhalb der Entwurfsphase
Pilotsystem	Kern des zukünftigen Produkts, mögliche Basis für Anpassungen an veränderte Anforderungen

Während ein **horizontaler** Prototyp nur ausgewählte Komponenten einer Systemschicht enthält, realisiert der **vertikale** Prototyp eine Funktionsauswahl.

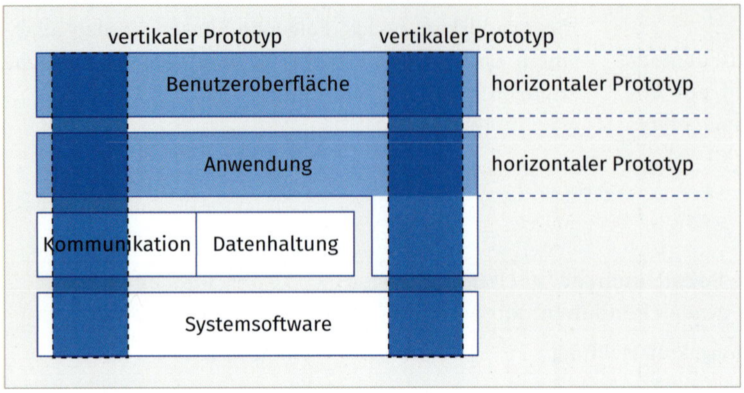

Arten von Prototypen

Evolutionäres Prototyping
Ein spezieller Ansatz ist das evolutionäre Prototyping. Evolutionär bedeutet, der historischen Entwicklung zu folgen. Software ist häufig Weiterentwicklungen unterworfen und der sachgemäße Umgang mit Änderungen kann zu einem verbesserten Produkt führen. Prototyping liefert frühe Versionen eines Softwaresystems zur Begutachtung durch den Anwender. Es ist dann geeignet, wenn die vollständigen Anforderungen noch nicht vorliegen und alternative Lösungsmöglichkeiten erprobt werden sollen.
Prototyping muss systematisch erfolgen und darf dabei keinesfalls als Aufwertung des Trial-and-Error-Modells verstanden werden.

W

Evolutionäres Prototyping bedeutet:
Der Prototyp
- ist ein Pilotsystem, das bereits im Anwendungsbereich eingesetzt werden kann;
- bildet den Kern des zu entwickelnden Systems;
- ist kein Wegwerfprodukt;
- muss „nach allen Regeln der Kunst" entwickelt werden;
- entspricht einem Wachstumsmodell.

Die Arbeit mit dem Prototyp ist eine gute Gelegenheit, die Eigenschaften des zukünftigen Softwareproduktes mit dem Kunden und mit seinen Mitarbeitern, die später mit der Software arbeiten sollen, zu diskutieren und die Anforderungen zu präzisieren. Als besonderes Phänomen erlebt man hier, dass die Kunden oft viel weniger an Leistung von der Software erwarten, als die Entwickler voller Stolz in ihr Produkt implementieren wollen. Die Einbeziehung des Kunden in den Entwicklungsprozess mag diesen Trend etwas verlangsamen. Die Nutzung von Prototypen führt jedoch zu einer besseren Qualität der Softwareprodukte. Zusätzlich erweist sich die **psychologische Wirkung** beim Kunden als enorm nützlich, denn der zukünftige Anwender betrachtet die Software auch als sein Produkt und wird sich dem System in seiner künftigen Arbeit nicht widersetzen. Der Erfolg eines Softwareproduktes ist schließlich stark von der Bereitschaft der Anwender abhängig, mit der Software zu arbeiten.

Wichtig für das Prototyping sind geeignete Werkzeuge zur schnellen Erstellung eines Prototyps mit wenig Aufwand (auch als „Rapid Prototyping" bezeichnet). Im Sinne des evolutionären Prototyping sollten diese Werkzeuge jedoch keine Wegwerfprodukte liefern, sondern ein Kernsystem für weitere Entwicklungen. Für die Erstellung eines Prototyps der Benutzeroberfläche ist z. B. der Aufbau eines Formulars mittels Microsoft Access gut geeignet.

S

Die vorliegende auf Microsoft Access basierte Lösung zu dem Warenwirtschaftssystem der ACI GmbH kann als Prototyp für die geplante netzwerkfähige Softwarelösung auf Java-Basis angesehen werden. Als horizontaler Prototyp verdeutlicht die Access-Lösung die mögliche Bedienoberfläche, als vertikaler Prototyp kann man den Zugriff auf einzelne Funktionen ansehen, z. B. auf den Warenbestand.

2.4.4 Spiralmodell

Das Wasserfallmodell geht davon aus, dass sich die in der einen Phase ausgearbeiteten Ergebnisse in der nächsten Phase auch realisieren lassen. Das Risiko des Scheiterns in der folgenden Phase wird nicht beachtet. Im Spiralmodell wird die Softwareentwicklung **als iterativer Prozess** verstanden, in dem sich bestimmte Phasen stets wiederholen.

Bei den Iterationen stehen jedoch nicht die oben angesprochenen Rückgriffe wegen fehlerhafter Vorarbeiten im Mittelpunkt. Die Iterationen verdeutlichen vielmehr, dass man vor jedem weiteren Entwicklungs-

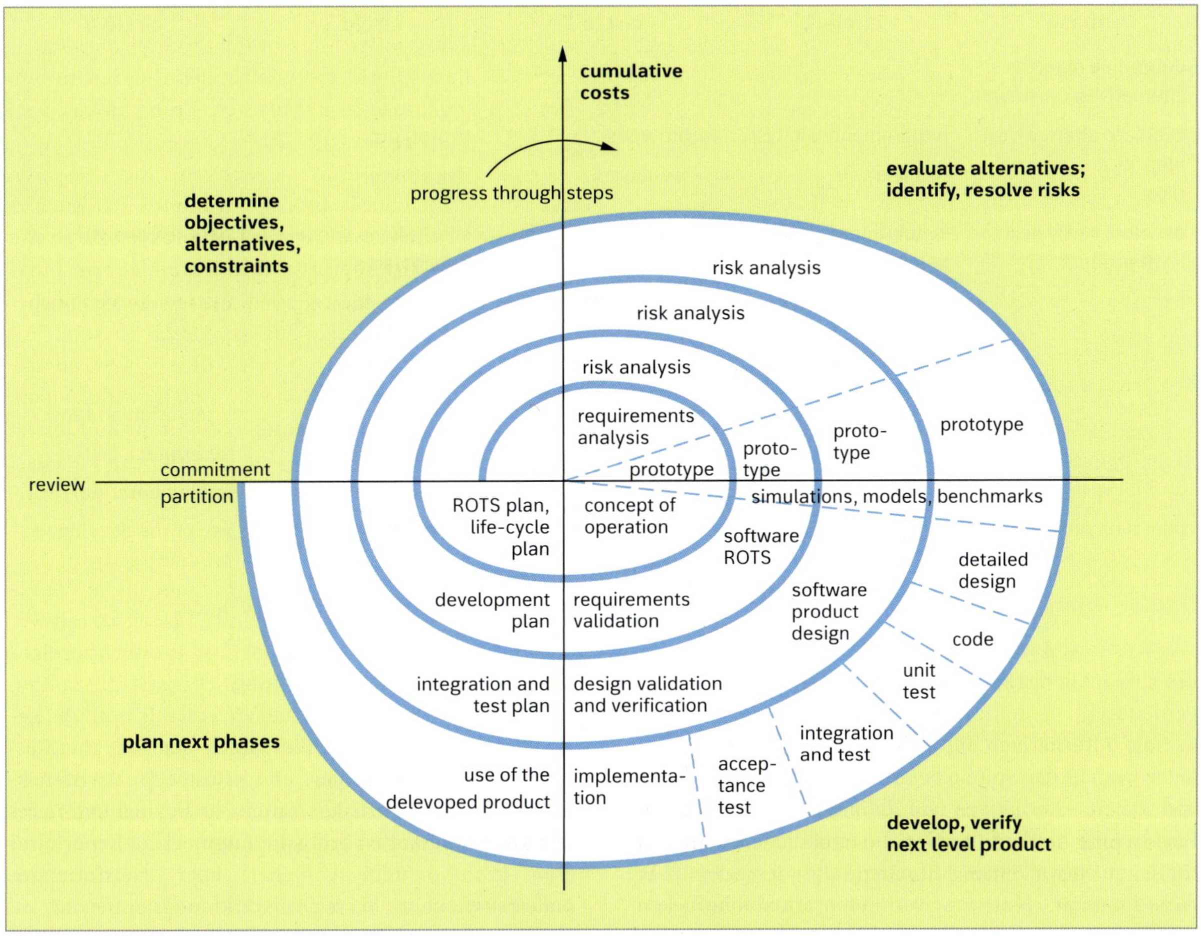

Spiralmodell (nach Vorgehensmodell in der Softwareentwicklung von Barry W. Boehm, 1988)

schritt (Phase 3) genau planen (Phase 4) und sich erneut Gedanken zu den Zielen sowie möglichen Alternativen für die Entwicklung (Phase 1) machen sollte, wobei besonders die Risiken der einzelnen Alternativen bewertet und reduziert werden müssen (Phase 2). Jeder Umlauf der Spirale enthält die folgenden Aktivitäten:

- Festlegung von Zielen, Alternativen und Rahmenbedingungen (determine objectives, alternatives, constraints)
- Evaluierung der Alternativen sowie Erkennen und Reduzieren von Risiken (evaluate alternatives; identify and resolve risks)
- Realisierung und Überprüfung des Zwischenprodukts (develop, verify next level product)
- Planung der Projektfortsetzung (plan next phases).

Am Ende jedes Umlaufs steht ein Review, bei dem der aktuelle Projektfortschritt bewertet wird. Anschließend werden die Pläne für den nächsten Umlauf angenommen sowie die dabei einzusetzenden Ressourcen festgelegt oder aber die Entwicklung wird abgebrochen.

Die Fläche der Spirale repräsentiert die **akkumulierten Kosten,** die während der bisherigen Entwicklungsarbeiten angefallen sind.

phase	circle 1	circle 2	circle 3	circle 4
determine objectives, alternatives, constraints				
evaluate alternatives; identify and resolve risks	requirements analysis	prototypes	prototypes	
	risk analysis	risk analysis	risk analysis	
develop, verify next level product	simulations, models, benchmarks	simulations, models, benchmarks	simulations, models, benchmarks	detailed design
	concept of operations	software ROTS*)	software product design	object oriented design
		requirements validation	design validation and verification	unit test
				integration and test
				acceptance test
				implementation
plan next phases	ROTS plan, life-cycle plan	development plan	integration and test plan	use of the developed product

**) ROTS – Research Off-the-Shelf; Off the shelf refers to products, that have already been designed and made.*

Ein Umlauf in der Spirale kann mit folgenden Schritten verdeutlicht werden:

1. Ziele, Alternativen und Rahmenbedingungen

Jeder Umlauf der Spirale beginnt mit der Identifikation von Zielen, Alternativen und Rahmenbedingungen. Am Beginn jedes Umlaufs werden die inhaltlichen Vorgaben für das zu entwickelnde Softwareprodukt festgelegt (z.B. Funktionalität, Nutzung von Programmbibliotheken zur Wiederverwendung, spezielle Qualitätskriterien). Parallel werden alternative Vorgehensweisen herausgearbeitet (z.B. Einsatz von anderen Entwicklungswerkzeugen oder der Fremdbezug der Software (Make-or-buy-Entscheidung). Als Rahmenbedingungen werden Einschränkungen bezüglich Zeit, Personal, Budget sowie Hard- und Softwareumgebungen festgelegt.

2. Evaluierung der Alternativen bezüglich der Ziele und Randbedingungen – Reduktion der Risiken

In der zweiten Phase des aktuellen Umlaufs werden die Alternativen hinsichtlich der festgelegten Ziele und Einschränkungen untersucht und bewertet. Es tauchen in der Regel Fragen, Unschärfen und Unwägbarkeiten auf, die jede Entscheidung für oder wider eine Alternative (bzw. die Verwerfung aller Alternativen) zu einer unsicheren Entscheidung machen. Unsichere Entscheidungen sind aber Risikoquellen des Projekts. Der Grad der Unsicherheit bzw. das Risiko sollte daher (immer unter Berücksichtigung der zugehörigen Kosten) so weit wie möglich reduziert werden. Dazu können so unterschiedliche Techniken wie z.B. Prototyping, Simulation, Datenmodellierung, Benchmark-Tests, Marktforschung mittels Umfragen oder Literaturrecherchen eingesetzt werden.

3. Realisierung und Überprüfung

In der dritten Phase des aktuellen Umlaufs wird die gewählte Alternative unter Einhaltung der Ziel- und Ressourcenvorgaben realisiert und getestet. Unter Berücksichtigung des Restrisikos kann sehr flexibel und unter Einsatz des gesamten Software Engineering Repertoires (von evolutionärem Vorgehen über transformationelle Entwicklung bis zur verstärkten Orientierung auf Wiederverwendung) vorgegangen werden. Die Entscheidung für eine Methode bzw. eine sinnvolle Kombination mehrerer Vorgehensweisen erfolgt ausschließlich risikoorientiert und nur bezogen auf den aktuellen Umlauf.

4. Planung, Review und Planungskonsens

Zum Abschluss des aktuellen Umlaufs wird auf der Grundlage des aktuellen Projektstands der nächste Spiralumlauf inhaltlich und organisatorisch geplant. Die Planung muss nicht auf die unmittelbar folgende Phase beschränkt bleiben. Sie kann vielmehr mehrere Umläufe betreffen. Erlaubt ist auch die Aufteilung des Projekts in weitgehend unabhängige Teilprojekte, die von verschiedenen Entwicklungsteams parallel durchgeführt und erst zu einem späteren Zeitpunkt integriert werden. Nach diesen Vorarbeiten greift der Kontrollmechanismus des Spiralmodells: In einem Review werden die Projektfortschritte und alle entwickelten Produkte des letzten Zyklus analysiert, die Ergebnisse bewertet und die Projektperspektiven diskutiert, bis unter allen beteiligten Parteien Konsens über die Situation im Projekt besteht.

Sind die technischen oder wirtschaftlichen Risiken einer Projektfortsetzung zu hoch, so enden die Spirale und die Softwareentwicklung an diesem Punkt. Erfolgt kein Abbruch, so liegt am Ende des letzten Umlaufs die neue oder modifizierte Software vor.

W

Spiralmodell	
Vorteile	**Nachteile**
unabhängige Planung und Budgetierung der einzelnen Umläufe in der Spirale	hoher Managementaufwand
flexible, rein risikoorientierte und dennoch kontrollierte Reaktion auf den momentanen Projektstand	nur für größere Projekte geeignet
realisierbare integrierte Qualitätssicherung	schwierige Risikobewertung
einfache Anpassungen	

2.4.5 V-Modell

Das V-Modell in seiner ursprünglichen Form aus dem Jahre 1993 gliedert den Softwareentwicklungsprozess in folgende **sechs Phasen:**

1. Anforderungsanalyse
2. Systementwurf
3. Entwurf und Implementierung der Module
4. Modultest
5. Systemintegration und Integrationstest
6. Abnahmetest und Systemabnahme

Die letzten drei Phasen bilden die Tests für die Produkte der ersten drei Phasen. Dabei werden **drei Sichten** auf das Softwareprodukt unterschieden:

- Anwendersicht
- Sicht der Softwarearchitektur
- Sicht der Implementation

Ordnet man den Sichten die jeweiligen Entwicklungsphasen auf der einen Seite und die Testphasen auf der anderen Seite zu, so entsteht ein V-Modell:

Von unten nach oben betrachtet erfolgt mit dem **Modultest** zunächst der Test einzelner Module, die aus Entwurf und Implementierung hervorgegangen sind. Sie weisen den höchsten Detaillierungsgrad aller im Laufe der Softwareentwicklung entstandenen Produkte auf. Die **Systemintegration** überprüft die Korrektheit des Systementwurfs. Die **Systemabnahme** zeigt die Richtigkeit der anfangs erstellten Anforderungen.

Die Produkte der ersten drei Phasen werden zusammen mit den Tests zu deren Überprüfung als Modell bezeichnet.

- Das **Anwendermodell** besteht aus Anforderungsanalyse, Systemspezifikation und abgenommenem System.
- Das **Architekturmodell** besteht aus technischer Spezifikation, Spezifikationen des Teilsystems, getestetem Teilsystem und getestetem System.
- Das **Implementierungsmodell** besteht aus Spezifikationen zu den Modulen und getesteten Modulen.

Das V-Modell strukturiert den Softwareentwicklungsprozess ähnlich dem Wasserfallmodell in einer sequenziellen Abfolge von Phasen. Als wesentlichen Fortschritt betont es die Zusammengehörigkeit von Produkten und Tests. Produkte und Qualitätssicherung dieser Produkte stehen somit im Mittelpunkt der Überlegungen zum V-Modell. Als Produkte werden die zahlreichen Dokumente angesehen, die bereits bei den Softwarewerkzeugen aufgeführt wurden.

Diese **Produktorientierung** gestattet auf der Basis des V-Modells die Entwicklung und das Angebot von Werkzeugen, die direkt die Erstellung dieser Produkte unterstützen. Im Kapitel 3.2.1 folgen weitere Details zur aktuellen Version des V-Modells, dem V-Modell XT.

V-Modell

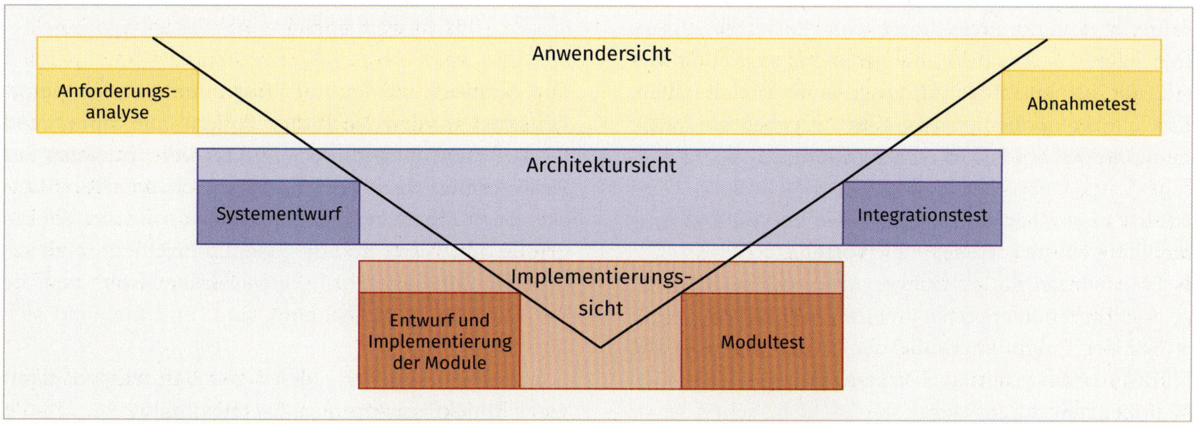

2.4.6 Extreme Programming (XP)

Extreme Programming (XP) ist ein alternativer Ansatz zu den gängigen Modellen zur Softwareentwicklung. XP ist ein Entwicklungsmodell, welches sich vorwiegend an den Bedürfnissen der Kunden orientiert. Das zeigt auch das wichtigste Motto von XP:

> „Der Kunde bekommt das, was er braucht, und genau dann, wann er es braucht."

XP ist nur für Teamarbeit von drei bis etwa zehn Entwicklern geeignet. Alle Mitarbeiter werden in den Entwicklungsprozess mit einbezogen. So gehören neben den Softwareentwicklern auch die Manager und die Kunden zum Entwicklungsteam.

Jedes XP-Projekt sollte grundsätzlich auf folgenden **vier Werten** basieren:

- Kommunikation
- Einfachheit
- Feedback
- Mut und Respekt (Courage)

Die Programmierer kommunizieren mit Kunden und Kollegen. Sie halten das Design und die Schnittstellen einfach und sauber. Feedback bekommen die Programmierer durch das Testen, und zwar schon vom ersten Tag an. Der Kunde erhält so früh wie möglich eine lauffähige Version, die dann nach spezifischen Wünschen weiterentwickelt wird (siehe “Evolutionäres Prototyping”). Eine derartige offene (couragierte), einfache und schnelle Kommunikation bewirkt eine hohe Kreativität und Flexibilität im Team. Bei weniger als drei Teammitgliedern entsteht die kritische Kreativität nicht und bei mehr als zehn Teammitgliedern leidet die offene und einfache Kommunikation. So zeigt es zumindest die Erfahrung.

XP ist im Grunde ein beschleunigtes Spiralmodell mit sehr viel evolutionärem Prototyping. Es besteht aus einer Folge von Ansätzen, die, jeder für sich allein betrachtet, keinen Effekt auf das gesamte Modell haben. Erst alle Komponenten zusammen ergeben ein völlig neues Modell der Softwareentwicklung.

XP hat gegenüber anderen Modellen der Softwareentwicklung einige entscheidende **Vorteile:**

- Es ist durch die einfachere Arbeitsweise möglich, die Programmierkosten drastisch zu senken.
- Vor der Programmierung der Module werden alle Tests automatisiert und können während der ganzen Projektzeit durchgeführt werden, d.h., schon bevor der erste Programmcode geschrieben wird, kann eine hohe Qualität garantiert werden.
- Änderungen zu den Anforderungen des Kunden bedeuten in XP kein Problem.

Extreme Programming (XP) W

Es gibt einige Grundregeln, die zu beachten sind. Dazu gehören:

1. Mache das Einfachste, das funktionieren kann.
2. Entwickeln ist eine komplizierte Tätigkeit, die Kommunikation benötigt.
3. Zusammenarbeit soll Spaß machen.

Der folgende Ablauf eines XP-Projektes soll die typischen Zusammenhänge verdeutlichen.

Beginn: Für jedes Projekt wird als Erstes ein Pflichtenheft mit den bisher bekannten User Storys erstellt. Die Arbeit an einer neuen Software beginnt mit dem „Extreme Planning“. Auf Karteikarten verteilt werden die „User Storys“ geschrieben. Den Entwicklern werden dann einzelne Karteikarten mit einer „User Story“ als Aufgabe zugeteilt.

User Storys: Die User Storys schildern das, was das Produkt lösen soll. Diese Form der Beschreibung ist auch in der Unified Modeling Language (UML) gebräuchlich. Dort heißt die Form „Use Case“.

Nr.	User Storys in einer Autowerkstatt	Story Points
1	Als Meister kann ich alle Kunden und Fahrzeuge sehen, die für diesen Tag für die Werkstatt eingeplant sind.	2
2	Als Meister kann ich mich über die Werkstattgeschichte der Fahrzeuge meiner Kunden informieren.	5
3	Als Verkäufer kann ich einem Kunden einen Werkstatttermin geben.	1
4	Als Verkäufer kann ich einem Kunden eine Rechnung ausdrucken.	3

Die Aufgaben werden mit Prioritäten und Schwierigkeitsgraden versehen (Story Points). Die Storys sind so weit herunterzubrechen, dass der Aufwand zur Realisierung einer Story im Bereich weniger Stunden oder Minuten liegt. Die Bewertung der Storys erfolgt im Team, sodass jedem Einzelnen seine eigene Zuständigkeit, d.h., seine „User Story“ und die der anderen genau bekannt sind, und niemand sich überfordert fühlt.

Die Storys können jederzeit geändert werden, damit erreicht man eine hochgradige Flexibilität.

Dauer: Die für das Design verantwortliche Gruppe entscheidet, was zu welcher Zeit implementiert wird. Danach wird die Dauer der Entwicklung abgeschätzt.
Programmierung: Programmiert wird immer zu zweit, da so die Effizienz sehr gesteigert werden kann. Fehler werden viel eher erkannt, die Implementierung wird durch Diskussionen besser und die Aufmerksamkeit ist größer. Es sollten jedoch nicht immer die gleichen Mitarbeiter zusammenarbeiten, sondern jeden Tag neue Gruppen entstehen.
Arbeitszeit/Kreativzeit: 40 Stunden sind die Grenze der Arbeitszeit pro Woche, da Erholung wichtig ist. Falls eine Aufgabe früher als erwartet gelöst wird, sollte man besser früher den Arbeitstag beenden und nicht noch am selben Tag eine neue Aufgabe beginnen.
Parallele Dokumentation: Dokumentation ist zu jeder Zeit notwendig. Es wird dabei zwischen Design-, Programmcode-, Reporting- und Requirement-Dokumentation unterschieden.

Folgende Übersicht verdeutlicht die Besonderheiten in den Arbeitspraktiken beim Extreme Programming (XP) gegenüber dem traditionellen Vorgehen.

Entwicklungs-praktiken	Vorgehen nach XP	Vorgehen traditionell
Kommunikation	Ein stetiger Austausch wird räumlich und organisatorisch gefördert und erwartet.	Jeder muss seine Aufgaben lösen und sich darauf konzentrieren (möglichst in separaten Arbeitsräumen).
Mut	Eine offene Atmosphäre erlaubt, Fehler anzusprechen und gemeinsam aus Fehlern zu lernen.	Angst vor dem Eingeständnis von Fehlern, versäumten Terminen und Missverständnissen mit Kunden führt zu Fehlentwicklungen im Projekt.
kollektives Eigentum	Programmcode und andere Dokumente gehören dem Team, wobei jeder dafür verantwortlich ist, sie aber auch für eigene Aufgaben wiederverwenden kann.	Jeder wird für seine Arbeitsergebnisse verantwortlich gemacht. („Nur wer nichts macht, macht auch keine Fehler!“)
Pair Programming	Man arbeitet zu zweit am Rechner, denn vier Augen sehen mehr als zwei und Fragen sind schneller geklärt.	Da jeder für seine Ergebnisse verantwortlich ist, lässt sich keiner „in die Karten gucken“.
Integration	Die stetige Integration der Ergebnisse erlaubt ein Feedback zum eigenen Entwicklungsprodukt und erhöht die Qualität des Gesamtproduktes.	Das Testen und besonders die Abstimmung mit anderen Entwicklern für einen Integrationstest kostet Zeit und wird daher als unnütz und als Zeitverschwendung eingestuft.
testgetriebene Entwicklung	Die Arbeitspakete sind im Umfang möglichst klein zu halten und schnell zu testen. Testen hat einen sehr hohen Stellenwert.	Testen kostet nur Zeit.
Kundeneinbeziehung	Der Kunde wird in die Kommunikation einbezogen, er ist Teammitglied und zur aktiven Mitarbeit aufgerufen.	Der Kunde ist König, aber wenn er nicht weiß, was er will, muss er für die Änderungen zusätzlich bezahlen.
Refactoring	Ungünstige Entwürfe (suboptimales Design) und Fehler werden akzeptiert, denn erkannte Fehler sind überwundene Fehler.	Die Transformationsidee besagt: „Wenn meine Vorgaben richtig sind, kann ich auch richtige Ergebnisse produzieren.“ Fehler sind verpönt, erstellte Programme laufen angeblich immer perfekt.
keine Überstunden	Die Einhaltung der regulären Arbeitszeit ist Pflicht, denn Regenerationszeiten sind wichtig für kreative Arbeit.	Terminüberschreitungen sind Fehler und Fehler darf es nicht geben, daher sind regelmäßige Überschreitungen der regulären Arbeitszeit durchaus notwendig.
Iterationen	Das Spiralmodell dreht sich schnell, die Arbeitspakete sind von geringem Umfang und die Ergebnisse sollen schnell vorliegen. Ein Release wird in viele handliche Iterationen unterteilt.	Die Abstimmung für einen Integrationstest mit anderen Entwicklern kostet Zeit und ist Zeitverschwendung. Iterationen sind nicht nötig. Es wird an einem Release, an einem sogenannten „großen Wurf“ gearbeitet.

(Fortsetzung auf folgender Seite)

Entwicklungs-praktiken	Vorgehen nach XP	Vorgehen traditionell
Stand-up-Meeting	Kommunikation ist ständig gefordert, keiner darf sich zurückziehen, ein täglicher strukturierter Austausch ist Pflicht.	Große, lange und langweilige Projektmeetings bieten wenigstens etwas Zeit zur Entspannung. Die Teilnehmerzahl und der Inhalt sind häufig zu aufgebläht.
Dokumentation	Es wird dokumentiert, wo es sinnvoll ist. Das Team und das kollektive Eigentum am Produkt verlangen schon automatisch nach Dokumenten.	Dokumente sind die Belege meiner Arbeit. Alles muss standardisiert dokumentiert werden, viele Formulare sind auszufüllen, eventuell auch mit dem Zusatz „Nicht relevant". Die aufgeblähte Dokumentation wird aber nicht genutzt.
Metapher	Die ständige Kommunikation führt auch zu einer gemeinsamen Sprache und zu einem besseren gemeinsamen Verständnis. Auch mit dem Kunden findet sich so schnell ein gemeinsames Vokabular.	Kunde und Entwicklung sprechen in ihren Fachsprachen, denn jeder ist wichtig und muss seine Kompetenz durch den Gebrauch von Fachbegriffen nachweisen.
Team	Das Team ist alles, der einzelne Entwickler kann nur im Team wirken. Das Team nimmt die Aufgaben an, bewertet sie und verteilt die Arbeitspakete. Feedback wird von jedem erwartet.	Ein Team von Spezialisten führt zur Abschottung und zum Aufbau eines Wissensmonopols. Das Team ist ein notwendiges Übel. Am besten hätte man das ganze Projekt allein gemacht.
Standards	Standards werden genutzt oder auch selbst gesetzt, wo es sinnvoll erscheint. Wichtig ist die Wiederverwendbarkeit von Dokumenten in anderen Projekten oder Projektteilen.	Für alles gibt es Standards. Alles muss standardisiert dokumentiert werden, Formulare sind auszufüllen, eventuell auch mit dem Zusatz „Nicht relevant".
Qualität	Durch das ständige Testen und die Verantwortung des Teams für alle Teile wird die Qualität zu einem inhärenten Bestandteil.	Im klassischen Zielkonflikt des Managements von Inhalt, Zeit und Kosten kann der Inhalt und damit zuerst die Qualität vernachlässigt werden, wenn Zeit oder finanzielle Mittel knapp werden.

Viele Start-up-Unternehmen in der IT-Branche sind heute nach diesen Praktiken von XP organisiert. Für die Berufseinsteiger ergeben sich hier besondere Anforderungen an ihre Soft-Skills wie Kommunikations- und Teamfähigkeit.

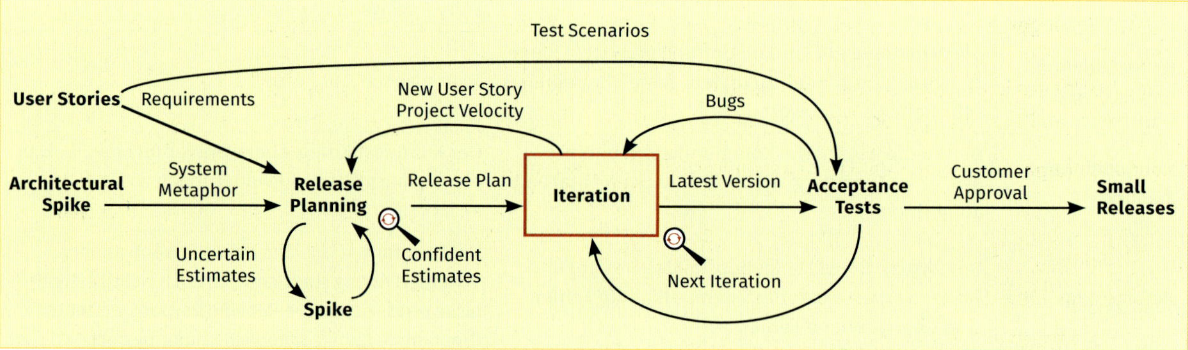

Ablauf von Extrem Programming XP (Quelle: J. Donovan Wells, 2000)

W

Charakteristika des Extreme Programming (XP)

- User Storys beschreiben GUIs (Grafical User Interface, Benutzeroberfläche), Funktionalitäten und Testszenarien.
- Der Kunde ist während der Entwicklungszeit anwesend (**On-site-Customer**).
- Jeweils zwei Entwickler entwickeln gemeinsam (**Pair Programming**).
- Vor der Entwicklung selbst werden **automatisierbare Testfälle** programmiert.
- Auf unnötige Features wird verzichtet (**Simple Design**).
- Häufige Iterationen mit dem Ergebnis lauffähiger Programme können vom Kunden begutachtet werden (**Small Releases**).
- Programmcode kann jederzeit von jedermann restrukturiert werden (**Refactoring**).

- Von verschiedenen Teammitgliedern produzierter Programmcode wird häufig zusammengeführt (**Continuous Integration**).
- Jedes Teammitglied ist für jeden Programmcodeanteil verantwortlich (**Collective Ownership**).
- Es werden Konventionen zum Aufbau des Programmcodes erstellt, um die Lesbarkeit zu erleichtern (**Coding Standards**).

W

Zusammenfassung

Die Entwicklung von Software ist jeweils ein einmaliger Prozess. Aus den Erfahrungen der bisher praktizierten Softwareentwicklungen, auch im Vergleich zu anderen technischen Entwicklungen, lassen sich einzelne Phasen im Entwicklungsprozess abgrenzen. Diese Phasen werden mit unterschiedlichen Inhalten abgegrenzt und in den Phasenmodellen zusammengefasst.

Die Softwaretechnologie, auch als Softwareengineering bezeichnet, entwickelt Prinzipien, Methoden, Verfahren und Werkzeuge zur Softwareentwicklung. Zusammengefasst mit den Phasenmodellen werden so Vorgehensmodelle entwickelt, die eine systematische, effiziente und in der Qualität gesicherte Produktion von Software ermöglichen sollen.

Das V-Modell XT unterstützt die arbeitsteilige Entwicklung großer Softwaresysteme, während das Extrem Programming XP vorrangig die Kommunikation und Kreativität kleiner Entwicklergruppen beflügelt.

Aufgaben

1. Wieso verringert das Spiralmodell das Entwicklungsrisiko?
2. Welche Nachteile der klassischen Phasenmodelle führten zum Prototyping-Modell?
3. Welche Arten von Prototypen gibt es?
4. Wieso charakterisiert man das V-Modell als produktorientiertes Modell?
5. Nennen Sie grundlegende Konzepte des Extreme Programming (XP).
   a) Begründen Sie jeweils das mit dem Konzept verfolgte Ziel.
   b) Finden sich Ansätze dieser Konzepte auch in anderen Vorgehensweisen?
   c) Wie wird das Prinzip der Wiederverwendung beim Extreme Programming unterstützt?
6. Versuchen Sie, die hier vorgestellten Vorgehensmodelle zu gruppieren. Welche Vorgehensweisen sind an welcher Stelle ähnlich?

2.4.7 Scrum

Scrum stellt eine agile (dynamische) Vorgehensweise der Softwareentwicklung dar. Der Begriff „Scrum“ ist eigentlich eine Bezeichnung für einen Spielzug in der Sportart Rugby und bedeutet etwa so viel wie „Gedränge“. Es ist eine Methode, die einfach zu verstehen, jedoch schwierig zu meistern ist. In Scrum werden keine speziellen Vorschriften zur Programmierung festgelegt. Vielmehr handelt es sich um Vorgaben für das Projektmanagement bzw. den Prozess der Softwareentwicklung. Es gibt wenige eindeutige Regeln, wobei der Fokus auf folgenden Merkmalen liegt:

- Kommunikation der Projektmitglieder
- Vorgehensweise im Allgemeinen
- Verwendung von Artefakten

Scrum ist gut mit anderen Methoden für das Projektmanagement kombinierbar.

Ablauf und Ereignisse in Scrum (Quelle: In Anlehnung an Schwaber, K./Sutherland, J. 2011, S 5ff.)

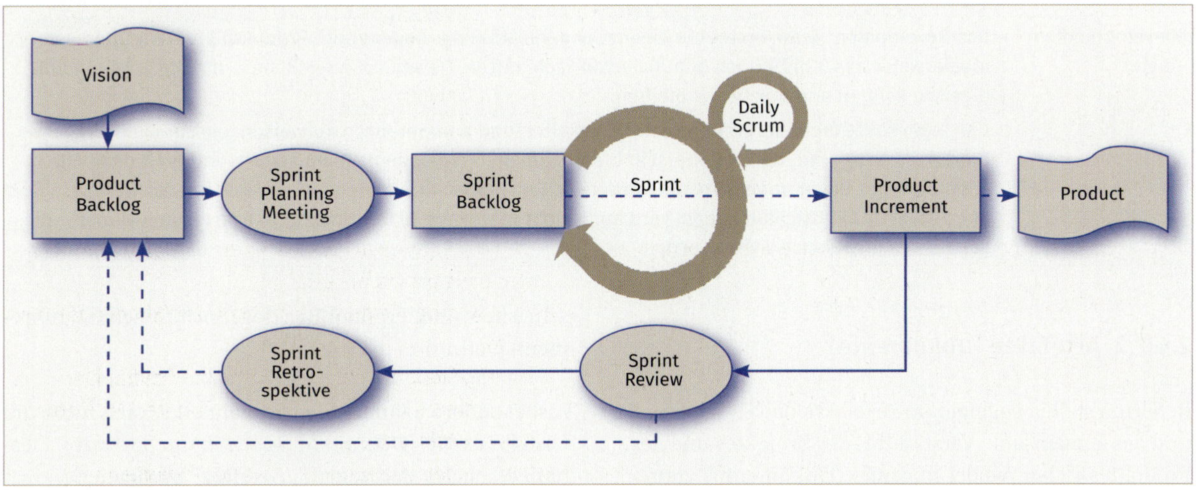

Die Entwicklung des Softwareproduktes erfolgt in Scrum innerhalb von **Iterationen,** also sich wiederholenden Entwicklungszyklen bis zu dessen Fertigstellung.

Scrum basiert auf den folgenden Werten:
- Transparenz
- Inspektion
- Adaption

Die **Transparenz** soll ein gemeinsames Verständnis des Projektteams schaffen, sodass alle Teammitglieder stets den Überblick im Projekt behalten. Die **Inspektion** der Ergebnisse ist fest im Prozess verankert, soll ihn jedoch nicht behindern. **Adaption** bedeutet, dass das Inspizierte so schnell wie möglich angepasst werden soll, insofern Verbesserungsmöglichkeiten identifiziert wurden.

2.4.7.1 Rollen

In Scrum gibt es die folgenden Rollen, die gemeinsam das Scrum Team bilden:
- Product Owner (Produkteigner)
- Scrum Master
- Development Team (Entwicklungsteam)

Rolle	Beschreibung
Product Owner	Der Product Owner ist eine Person, die alle Anforderungen an das Produkt formuliert, darunter das übergeordnete Ziel, das auch Vision genannt wird. Auch die Stakeholder können ihre Anforderungen an den Product Owner herantragen. Die Entscheidung, welche Anforderungen umgesetzt werden, trifft der Product Owner letztendlich allein. Der Product Owner kann der Kunde selbst oder dessen Vertreter sein. Er ist dafür verantwortlich, dass alle Anforderungen an das Produkt eindeutig formuliert und priorisiert werden, sodass sie vom Entwicklungsteam verstanden werden. Dies geschieht durch das sogenannte Product Backlog, für dessen Pflege der Product Owner ebenfalls zuständig ist. Der Product Owner sollte stets zur Verfügung stehen, also möglichst nicht räumlich getrennt sein vom Entwicklungsteam, um dem Grundsatz der engen Zusammenarbeit mit dem Kunden zu entsprechen.
Scrum Master	Zu den Aufgaben des Scrum Masters gehört die Sicherstellung der von Scrum einzuhaltenden Regeln, Praktiken und Prozesse. Dazu schult er u. a. Mitarbeiter und unterstützt die Entwicklung eines Bewusstseins für die dynamische Arbeitsweise und die Scrum Methode im Unternehmen. Die Beratungsleistung des Scrum Masters kann von der gesamten Organisation in Anspruch genommen werden, insbesondere aber von dem jeweiligen Scrum Team. Für die Organisation gilt der Scrum Master als eigentliche Hilfe bei der Einführung und Anpassung von Scrum sowie beim dynamischen Vorgehen. Allerdings führt er in einem Projekt lediglich eine beratende Funktion aus und greift nicht in das eigentliche Projektgeschehen ein. Zu den Leistungen für das Entwicklungsteam zählen das Coaching zur Selbstorganisation und zur funktionsübergreifenden Zusammenarbeit. Zusätzlich kann der Scrum Master bei Bedarf Ereignisse (Events oder Meetings) in Scrum moderieren. Den einzigen Eingriff in das Projektgeschehen unternimmt der Scrum Master im Falle von „Impediments", also Hindernissen und Beeinträchtigungen. Trifft das Entwicklungsteam auf eine Beeinträchtigung, die sie nicht selbst lösen kann, versucht der Scrum Master, diese Beeinträchtigung zu beseitigen. Der Scrum Master unterstützt den Product Owner bei der Erstellung und Kommunikation des Product Backlogs.
Development Team	Das Development Team erstellt in eigener Organisation das sogenannte Produktinkrement und besteht idealerweise aus 3 bis 9 hoch qualifizierten Fachkräften. Diese Größe reicht aus, um alle Arbeiten erledigen zu können und flexibel zu bleiben. Das Team sollte fachübergreifend alle Fähigkeiten und Kompetenzen aufweisen, die zur Lieferung des Produktes nötig sind. Darum unterscheidet Scrum im Development Team keine weiteren Rollen. Alle Mitglieder des Development Teams werden als Entwickler bezeichnet, ungeachtet dessen, was sie genau tun. Das Entwicklungsteam wird auch nicht in weitere Teams unterteilt. Es ist gemeinsam für die gelieferten Ergebnisse verantwortlich.

2.4.7.2 Artefakte (Dokumente)

In Scrum stellen sogenannte Artefakte die Transparenz und das gemeinsame Verständnis des Projektes und des Produktes sicher, wobei folgende „Dokumente" vorgeschrieben sind: Product Backlog, Sprint Backlog, Inkrement, Definition of Done

Insbesondere beim Inkrement handelt es sich nicht um ein klassisches Dokument, sondern um Software. Deshalb erscheint der Begriff „Artefakt" passender.

Artefakt	Beschreibung
Product Backlog	Das Product Backlog ist eine geordnete Liste aller Anforderungen an das Produkt. Im Gegensatz zu einem Lasten- oder Pflichtenheft erlangt es bis zum Projektende keine Vollständigkeit. Es ist ein dynamisches Dokument, worin alle Anforderungen, Funktionalitäten, Eigenschaften und Änderungen festgehalten und priorisiert werden. Das Product Backlog ist die einzige Quelle, die die Anforderungen beschreibt. Die jeweiligen Einträge nennen sich Items und werden typischerweise mit einer Beschreibung, Priorisierung und Aufwandsschätzung versehen. Die Ordnung der Items erfolgt nach Ermessen des Product Owners, was beispielsweise anhand der Priorität, des Risikos oder der Notwendigkeit einzelner Items erfolgen kann.
Sprint Backlog	Für jeden Iterationszyklus existiert ein weiteres „Backlog". Dieses sogenannte Sprint Backlog beinhaltet eine ausgewählte Menge an Items, die in dem darauf folgenden Zyklus abgearbeitet werden sollen. Die Aufgaben werden nach ihrer Priorität in das Sprint Backlog aufgenommen und abgearbeitet. Dazu wählt das Development Team nur hoch-priorisierte Items aus dem Product Backlog zur Abarbeitung aus. Über die Menge der Aufgaben, die in einer Iteration abgearbeitet werden können, entscheidet ebenfalls das Development Team. Zuerst beschreibt das Sprint Backlog deshalb die Eigenschaften, die das Produkt am Ende einer Iteration besitzen soll. Darin wird festgehalten, welche Arbeit und welche Aufgaben in der jeweiligen Iteration noch zu erledigen sind und welche Aufgaben bereits verrichtet wurden. Daher ist auch das Sprint Backlog kein statisches Dokument. Das Sprint Backlog unterliegt ständiger Veränderung, wodurch das Scrum Team in der Lage ist, den Status des Sprints stets transparent zu halten.
Inkrement	Ein Inkrement ist in Scrum das Ergebnis einer Iteration. Es ist die Summe der Ergebnisse aus allen Entwicklungszyklen. Ein Inkrement muss am Ende einer Iteration potenziell einsatz- bzw. releasefähig sein.
Definition of Done	Die Definition of Done beschreibt das gemeinsame Verständnis des Teams darüber, was „done", also fertig, bedeutet. Diese Definition unterscheidet sich je nach Scrum-Team und verändert sich zusätzlich im Projektverlauf. Im Laufe des Scrum-Prozesses wird diese Definition in ihrem Umfang wachsen, bzw. eindeutiger und genauer werden.

Das Development Team (Entwicklungsteam) leistet die eigentliche Implementierungsarbeit in sogenannten Sprints. Dies sind die zuvor erwähnten Entwicklungszyklen, an deren Ende ein fertiges Produktinkrement steht.

In Scrum haben die Aktivitäten jeweils eine fest definierte Länge, die proportional zur Sprintlänge als **Timebox** bezeichnet wird. Der Verlauf der Events kann wie folgt zusammengefasst werden:

Timeboxes in Scrum	
Event	Timebox bei einer Sprintlänge von 30 Tagen
Sprint Planning Meeting	8 Stunden
Sprint	30 Tage
Daily Scrum	15 Minuten
Sprint Review	4 Stunden
Sprint Retrospektive	3 Stunden

Schritt	Name	Beschreibung
1	Product Backlog	Der Product Owner erstellt aus der Vision ein initiales Product Backlog.
2	Sprint Planning Meeting	Das erste Sprint Planning Meeting wird abgehalten, um den ersten Sprint zu planen. Dieses Meeting besteht aus zwei Teilen, die jeweils die Hälfte des Meetings beanspruchen. ▪ Im ersten Teil stellt der Product Owner dem Entwicklungsteam die Items aus dem Product Backlog vor, sodass sie dem Team verständlich sind. Wie viele Items in einem Sprint umgesetzt werden, entscheidet das Development Team. Daraufhin wird ein Sprint Goal definiert, was einem Meilenstein entspricht. Das Sprint Goal erlaubt den notwendigen Spielraum in den zu implementierenden Funktionalitäten, da es allgemeiner als die Anforderungen gehalten wird. ▪ Im zweiten Teil des Sprint Planning Meetings wird das Sprint Backlog angelegt. Hierin werden die Items beschrieben und ein Plan zur Abarbeitung dieser Items definiert. Die einzelnen Aufgaben werden so eingeteilt, dass ein Arbeitspaket nicht mehr als 8 Stunden benötigt, also im Wesentlichen einem Arbeitstag entspricht.

(Fortsetzung auf folgender Seite)

Schritt	Name	Beschreibung
3	Sprint	Im Prinzip ist ein Sprint ein Projekt mit einer Dauer bis zu einem Monat. Alle Sprints in einem Projekt haben jeweils die gleiche Dauer. Darin wird ein Produktinkrement erstellt. Deshalb beinhaltet jeder Sprint die folgenden Abschnitte: ▪ Definition ▪ Entwurf ▪ Planung ▪ Implementierungsarbeit ▪ Test Während eines Sprints werden die Rahmenbedingungen und das Development Team nicht verändert. Auch die Qualitätsziele bleiben unverändert. Nur der Inhalt kann mit dem Product Owner verhandelt werden, wobei trotzdem das Sprint Goal erreicht werden muss.
4	Daily Scrum	Auf Basis des Sprint Backlogs wird vom Development Team die tägliche Arbeit während des Sprints verrichtet. Dabei gibt es jeden Tag zur gleichen Zeit und am gleichen Ort das **Daily Scrum.** Das ist ein 15-minütiges Meeting des Development Teams, das im Allgemeinen dazu dient, die Anzahl der Meetings zu senken. Dabei werden die Veränderungen der letzten 24 Stunden besprochen. Zusätzlich geben alle Teilnehmer einen Ausblick auf die Tagesziele. Der Scrum Master ist kein aktiver Teilnehmer des Meetings. Er stellt jedoch sicher, dass die Timebox eingehalten wird und dass das Meeting stattfindet.
5	Sprint Review	Im Anschluss an die Auslieferung des Produktinkrements folgt das Sprint Review. Dabei wird dem Product Owner und ggf. weiteren Stakeholdern das aktuelle Produkt vorgestellt. Zu diesem Zeitpunkt können bereits weitere Anforderungen gestellt und aufgenommen werden. Des Weiteren wird diskutiert, was im nächsten Sprint zu tun ist. Auch das Product Backlog wird besprochen und die Resultate des Meetings fließen direkt in Product Backlog ein. Konstruktive Kritik kann in diesem Meeting ebenso besprochen werden wie die Probleme und deren Lösungen während des letzten Sprints.
6	Sprint Retrospektive	Abschließend wird die Sprint Retrospektive abgehalten. Dabei handelt es sich um eine Art **Lessons Learned** (gewonnene Erkenntnisse), wobei sich das Scrum Team selbst reflektiert. Der jeweils vorhergehende Sprint wird untersucht. Die Teilnehmer analysieren, was beibehalten werden sollte und was auf welche Weise verändert werden kann, um das Vorgehen noch effektiver zu gestalten. Dementsprechend wird die **Definition of Done** angepasst. Das Ziel besteht darin, die Produktqualität durch die Prozessqualität anzuheben. Darauf folgen weitere Zyklen, in denen das Produkt vervollständigt wird.

(Quellen: Schwaber, Ken/Sutherland, Jeff (2011): The Scrum Guide. The Definitive Guide to Scrum: The Rules of the Game, 2011)

3 Analyse und Design

Phasen der Softwareentwicklung ➲ Systemanalyse ➲ Analysetechniken ➲ Vorgehensmodelle ➲ V-Modell XT ➲ Design: Entwurf der Lösung ➲ Erstellen von Modellen ➲ Objektorientierter Entwurf ➲ Entwurf von Testszenarien ➲ Organisation als Projekt ➲ Dokumente: Lastenheft, Pflichtenheft

3.1 Analyse

Im vorigen Kapitel wurde die Notwendigkeit der Aufgliederung der Softwareentwicklung in einzelne, im Allgemeinen zeitlich nacheinander ablaufende Phasen betont. Die sich daraus ergebende Festlegung von Tätigkeiten und Zwischenergebnissen ist eine Voraussetzung zur Sicherung einer arbeitsteiligen, planmäßigen und wirtschaftlichen Softwareentwicklung, verbunden mit einer wirksamen Qualitätssicherung. Dieser Ausgangspunkt führte zur Definition von sogenannten Phasenmodellen oder allgemeinen Vorgehensmodellen.

In Anlehnung an das Wasserfallmodell wird von folgenden Phasen im Lebenszyklus eines Softwareproduktes ausgegangen:

Phase	Inhalt	Ergebnis
Analyse	▪ systemorientierte Betrachtung ▪ Erfassung des Istzustands ▪ Aufdecken von Schwachstellen ▪ Analyse der Anforderungen ▪ Prognose der Entwicklung	▪ **Abgrenzung** des Einsatzgebiets ▪ **Modell** des Istzustands ▪ präzisierte **Anforderungen**
Design	Beschreibung des zu schaffenden Systems (fachlicher Entwurf)	▪ **Systemarchitektur** ▪ Systemschnittstellen ▪ Testszenarien ▪ **Pflichtenheft** (Anforderungsspezifikation aus Sicht des Auftragnehmers)
	Programmentwurf (programmtechnischer Entwurf)	▪ Datenausgaben und -eingaben ▪ Benutzerschnittstellen ▪ Datenmodell ▪ Entwurf der Algorithmen
Implementierung	▪ Programmierung, Test	▪ lauffähige Module
Integration	▪ Integration, Test	▪ lauffähiges Softwareprodukt
Einführung, Routinebetrieb und Wartung	▪ Abnahmetest ▪ Fehlerkorrektur ▪ Anpassung	▪ freigegebenes Softwaresystem ▪ Updates

(Fortsetzung auf folgender Seite)

W

Phase	Inhalt	Ergebnis
Dokumentation	Beschreibung der Arbeitsschritte und Protokollierung der Ergebnisse, auch der Entscheidungen bezüglich der weiteren Entwicklungsarbeiten	▪ Programmdokumentation ▪ Problemdokumentation ▪ Benutzerhandbuch ▪ Installationshinweise ▪ Betriebsanleitung

Dem Wasserfallmodell entsprechend sind die Ergebnisse einer Phase jeweils die Ausgangsbasis für die Arbeit in der nächsten Phase. Dabei läuft die Arbeit nicht zwangsläufig linear hintereinander ab. Rücksprünge sind notwendig, wenn die Ergebnisse einer Phase nicht den Anforderungen entsprechen. Dann muss die gleiche oder eine frühere Phase erneut durchlaufen werden.

Die weiteren Ergebnisse und zu erstellenden Dokumente verbinden **Analyse** und **Design** eng miteinander. Oft werden beide Phasen auch von demselben Spezialisten bearbeitet, dem Systemanalytiker. Deshalb erfolgt die Betrachtung beider Phasen hier im Folgenden auch gemeinsam.

Das wesentliche Ergebnis von Analyse und Design ist das **Pflichtenheft**. Das Pflichtenheft wird vom Auftragnehmer für die Softwareentwicklung erstellt. Es enthält die Beschreibung, wie sich der Auftragnehmer die Realisierung aller Anforderungen des Auftraggebers vorstellt. Der Auftragnehmer verpflichtet sich zur Entwicklung einer Software mit den dargestellten Leistungen. Ein eventuell vorliegendes **Lastenheft** des Auftraggebers wird Bestandteil des Pflichtenhefts. Im Pflichtenheft werden die Anwendervorgaben vom Entwickler um mögliche Realisierungsansätze ergänzt. Dabei ist zu gewährleisten, dass alle Anforderungen mit diesen Lösungsansätzen realisiert werden können. Im Pflichtenheft wird definiert, **wie** und **womit** die Anforderungen zu realisieren sind.

Analyse und Design werden als die kritischen Phasen im Softwarelebenszyklus angesehen, denn hier gemachte Fehler fallen meist erst bei der Einführung oder im Routinebetrieb auf und verursachen damit erhebliche Kosten für eine erneute Implementierung.

In den Phasen Analyse und Design geht es darum, sich einen Überblick über die Einsatzbedingungen des zukünftigen Softwareproduktes zu verschaffen und die Anforderungen des Auftraggebers genau zu erfassen. Letztendlich ist es das Ziel, den Leistungsumfang des zu entwickelnden Systems genau zu beschreiben. Aus dieser Analyse entsteht das **fachliche Design** des zukünftigen Softwareproduktes. Die Erläuterung zum programmtechnischen Entwurf erfolgt dann im nächsten Kapitel.

Die Beschreibung des fachlichen Entwurfs ist unabhängig von technischen Details, vom Stand der technischen Machbarkeit und absehbaren Aspekten der späteren Implementierung zu erstellen. Diesen **Abstand zur Implementierung** zu gewinnen, fällt besonders den Programmierern nicht leicht, denn sie „verkaufen“ im Design gern ihre subjektiven Erfahrungen. Wenn sie meinen, dass eine Implementierung zu aufwendig ist (oder subjektiv nicht machbar ist oder nicht beherrscht wird), fällt dieser Leistungsaspekt unter den Tisch. Dafür werden andere Leistungen aufgenommen (die man als Programmierer schon in der Schublade hat), auch wenn sie eigentlich nicht notwendig sind.

Ein guter Ausgangspunkt für die Analyse ist die **Dokumentation des Istzustandes.** Das Dokumentieren zwingt den Ersteller zur bewussten Auseinandersetzung mit dem Istzustand, und die erstellten Dokumente sind zugleich eine hervorragende Basis für die Kommunikation mit anderen Beteiligten, z. B. mit dem Auftraggeber oder den späteren Entwicklern. Hier gilt: „Ein Bild sagt mehr als tausend Worte“. Anhand der erstellten Dokumente kann man diskutieren über die

- Vollständigkeit der Darstellung,
- Schwachstellen der bestehenden Lösung,
- Abgrenzung zu anderen Problemstellungen und
- Perspektive der neuen Lösung.

Bei der Dokumentation und Diskussion entsteht ein Gefühl dafür, was das zu erstellende Softwareprodukt alles leisten soll. Viele Anforderungen der späteren Nutzer werden nicht offen angesprochen, sie stellen für den zukünftigen Anwender eine Selbstverständlichkeit dar, die er nicht für erwähnenswert hält und über die er sich keine Gedanken macht. Die Kunst der Analyse besteht u. a. darin, diese versteckten Anforderungen aufzuspüren und in die Dokumentation aufzunehmen.

Die Dokumente und Darstellungen, die in der Phase der Analyse entstehen, sollten so gestaltet sein, dass sie sowohl von den zukünftigen Entwicklern als auch von den Anwendern verstanden werden. Hierzu eignen sich besonders standardisierte Darstellungen, wie z. B. die Use-Case-Diagramme der UML.

Im Ergebnis der Analyse des Istzustandes und der Anforderungen des Auftraggebers sowie einer anschließenden Schwachstellenanalyse wird ein Soll-

Konzept erstellt, das die fachliche Zielsetzung des zu schaffenden Softwareproduktes in der Sprache des Auftraggebers und zukünftigen Anwenders wiedergibt. Es sollte folgende Beschreibungen enthalten:

- die zu lösenden fachlichen Aufgabenstellungen
- das organisatorische und technische Umfeld
- den Funktionsumfang
- die Qualitätsanforderungen
- die Abschätzung des zu bewältigenden Verarbeitungsaufwandes
- das Anforderungsniveau der zukünftigen Benutzer an die Bedienung

3.1.1 Vorbereitung der Systemanalyse

3.1.1.1 Vorgehensweise

Ein wesentlicher Aspekt der Systemanalyse ist das Zerlegen der Systeme in ihre Bestandteile. Die Bestandteile des Systems dienen in der Folge als Bausteine für den Aufbau eines Modells des Systems. Das System wird somit in seine Bestandteile zerlegt, bevor diese Bestandteile dann abstrakt in einem Modell wiederum zu einem Ganzen zusammengefügt werden. Dabei können unterschiedliche Zerlegungsstrategien verfolgt werden. Im Rahmen der Analyse von Informationssystemen kommen allgemein die folgenden Strategien zum Einsatz:

- prozessorientierte Systemanalyse
- datenorientierte Systemanalyse
- objektorientierte Systemanalyse
- ereignisorientierte Systemanalyse

Bei der **prozessorientierten Systemanalyse,** die auch als funktionsorientierte oder verarbeitungsorientierte Systemanalyse bezeichnet wird, stehen die Prozesse und ihre Strukturierung im Vordergrund. Dieser Ansatz wurde bisher bei der Geschäftsprozessmodellierung praktiziert.

Zu den Hauptaufgaben der prozessorientierten Systemanalyse gehören:

- Abgrenzung des zu untersuchenden Gesamtprozesses im Wirtschaftskreislauf
- exakte Bestimmung des Prozessziels
- Abgrenzung der einzelnen Prozessschritte im Gesamtprozess
- Charakterisierung der einzelnen Prozessschritte durch Merkmale (Attribute)
- Spezifizierung der Prozessschritte durch ihr Verhalten und durch ihren Beitrag zur Erreichung des Systemzieles

Die Daten werden bei der prozessorientierten Systemanalyse nur beiläufig als Aus- und Eingabedaten der einzelnen Prozessschritte betrachtet. Im Mittelpunkt steht der Geschäftsprozess.

W

Die typische Fragestellung zur prozessorientierten Systemanalyse lautet:

- Welche Funktionen stellt das System bereit?
- Aus welchen Teilfunktionen sind diese Funktionen aufgebaut?

Ausgangspunkt für die **datenorientierte Systemanalyse** ist die Erfassung der vom System gelieferten Ausgabedaten. Das Systemziel wird beschränkt auf die Transformation der Eingabedaten in die Ausgabedaten. Diese auf die Daten reduzierte, abstrakte Denkweise ist den meisten Informatikern angenehm, sie vernachlässigt jedoch den wirtschaftlichen Hintergrund.

W

Die typische Fragestellung zur datenorientierten Systemanalyse lautet:

- Welche Daten werden ausgegeben?
- Wie sind die Ausgabedaten strukturiert?
- Welche Daten werden eingegeben oder stehen gespeichert zur Verfügung?
- Aus welchen Teilstrukturen sind diese Daten zusammengesetzt?

Mit der **objektorientierten Systemanalyse** versucht man die wesentlichen Nachteile der beiden bisher besprochenen Analysemethoden zu kompensieren. Die prozessorientierte Sicht vernachlässigt die Daten und die datenorientierte Sicht kümmert sich nicht um die Prozesse. Die objektorientierte Systemanalyse betrachtet die Systemelemente als Objekte mit eigenen Attributen (Daten) und Methoden (Verarbeitungsprozessen). Die Beziehungen zwischen den Objekten wirken als Nachrichten zwischen den Objekten. Die Zusammenfassung der Objekte zu Klassen sichert ein einheitliches Verhalten aller Objekte einer Klasse.

W

Die typische Fragestellung zur objektorientierten Systemanalyse lautet:

- Welche Objekte existieren?
- Welche Klassen kann man bilden?
- Wie sind die Beziehungen der Objekte untereinander (Nachrichten)?
- Welche Leistungen erbringen die einzelnen Objekte?
- Wie stehen die Objekte hierarchisch zueinander (Vererbung)?

Die **ereignisorientierte Systemanalyse** setzt im Grunde ein System in Gestalt eines Regelkreises voraus. An den Messgliedern werden Zustandsänderungen erfasst und als Ereignisse gewertet. So verändert z.B. eine Warenentnahme den Warenbestand, was zu dem Ereignis einer Mindestbestandsunterschreitung führen kann.

Die ereignisorientierte Systemanalyse ergänzt damit die objektorientierte Systemanalyse um die sehr wichtige inhaltliche Betrachtung der Nachrichten zwischen den Objekten.

W Die typische Fragestellung zur ereignisorientierten Systemanalyse lautet:
- Auf welche Ereignisse muss ein System (geplant) reagieren?

In Abhängigkeit von der Zerlegungsstrategie haben sich unterschiedliche methodische Ansätze zur Durchführung und Dokumentation einer Systemanalyse entwickelt. In diesem Buch werden insbesondere folgende Ansätze hervorgehoben:
- **ereignisorientierte** Zerlegung mit dem Ziel der Darstellung als **ereignisgesteuerte Prozesskette (EPK/eEPK)**
- **datenorientierte** Zerlegung mit dem Ziel der Darstellung als **Entity-Relationship-Diagramm (ERD)** und somit als Grundlage für Datenbankanwendungen
- **objektorientierte** Zerlegung mit dem Ziel der Darstellung mittels **UML** als Grundlage der objektorientierten Programmierung

Unabhängig von der Zerlegungsstrategie ist die konkrete Vorgehensweise der Systemanalyse im Wesentlichen darauf ausgerichtet, ein Modell des analysierten Systems zu erstellen, das dem Erkenntnisziel der Systemanalyse angemessen ist.

3.1.1.2 Qualitätsanforderungen

An die Systemanalyse werden im Rahmen der Entwicklung eines Softwareproduktes hohe Anforderungen gestellt:

W

Richtigkeit	Die ermittelten Gegebenheiten des Istzustandes, die zusätzlichen Anforderungen zur Verbesserung und die zukünftigen Veränderungen in den Einsatzbedingungen müssen korrekt erkannt werden. Das im Ergebnis der Systemanalyse erstellte Modell muss adäquat zur Realität und offen für Anforderungen und zukünftige Veränderungen sein. Mögliche Fehlerquellen sind: ▪ Verwendung überholter und nicht aktualisierter Unterlagen ▪ Missverständnisse bei der Situationsaufnahme ▪ fehlerhafte Interpretation von Aussagen ▪ mangelhafte Vorgaben und Informationen
Vollständigkeit	Eine unvollständige Systemanalyse bewirkt, dass das Softwareprodukt bestimmte Prozessschritte oder Funktionen nicht abbildet. Ist eine Systemanalyse unvollständig, so besteht die Gefahr, dass auch die weiteren darauf aufbauenden Entwicklungsschritte lückenhafte Ergebnisse produzieren. Mögliche Fehler sind: ▪ fehlende Funktionen ▪ fehlende Prozessschritte ▪ unvollständige Daten ▪ unvollständige Erfassung der Komplexität von Operationen
Wirtschaftlichkeit	Die notwendigen Ergebnisse der Systemanalyse sind mit einem Minimum an Aufwand zu erreichen. Die Systemanalyse ist kein Selbstzweck, sondern muss die Voraussetzungen für die nächsten Phasen schaffen. Auch hier gilt das Wirtschaftlichkeitsprinzip. Mögliche Fehler sind: ▪ keine klare Trennung von wesentlichen und weniger wichtigen Aspekten ▪ zu viel Aufwand für weniger wichtige Aspekte ▪ „Detail-Verliebtheit“ mit quasi „kriminalistischer“ Ursachenforschung
Erkennen von Verbesserungsmöglichkeiten	Bei der Analyse ist der Istzustand nicht einfach nur zu erfassen und abzubilden, es sind auch seine Schwachstellen zu erkennen und aufzuzeigen. Aus dieser Erkenntnis resultieren die Verbesserungsmöglichkeiten. Hierbei kann man aber auch über das Ziel „hinausschießen“ und den Istzustand ignorieren, da das Bestehende sowieso veraltet und durch neue Konzepte zu ersetzen ist. Mögliche Fehler sind: ▪ Ignoranz gegenüber den im bestehenden System abgebildeten Notwendigkeiten ▪ Ignoranz gegenüber aktuellen Erkenntnissen zur Verbesserung von Prozessen

3.1.2 Die Erfassung als erster Schritt der Systemanalyse

3.1.2.1 Gegenstand der Erfassung

Aufgabe der Systemanalyse ist die Ermittlung folgender Sachverhalte, wobei die Erfassung in jedem Punkt konkrete, möglichst messbare Werte liefern muss. Allgemeine Aussagen helfen hier nicht weiter. Die bekannten Aussagen aus dem Lastenheft sind für die einzelnen zu erfassenden Fakten gute Beispiele.

W

Gegenstand der Erfassung im Rahmen der Systemanalyse	Beschreibung
Gegebenheiten	Der Istzustand ist zu ermitteln und zu analysieren hinsichtlich ▪ handelnder Systemelemente, ▪ deren Beziehungen untereinander, ▪ Schwachstellen im bestehenden System, ▪ Verbesserungsmöglichkeiten.
Abgrenzung und Schnittstellen (System-Input, System-Output)	▪ Was gehört alles nicht zum System? ▪ Welche Komponenten soll das zukünftige Softwareprodukt nicht enthalten? ▪ Welche Lösungen anderer Anbieter sind zu verwenden? ▪ Welche Schnittstellen bestehen? ▪ Welche Austauschformate werden verwendet?
funktionale Anforderungen	An ein neues Softwareprodukt werden neben den bisherigen Anforderungen auch neue, zusätzliche Anforderungen gestellt. Die bisherigen Anforderungen können beibehalten oder modifiziert werden. Wichtig ist zu analysieren, ob die Anforderungen angemessen und erforderlich sind. Alle Anforderungen sollten danach unterschieden werden, ob sie zwingend notwendig oder nur wünschenswert sind: ▪ Muss-Kriterien ▪ Kann-Kriterien
allgemeine Qualitätsanforderungen	Neben den funktionalen Anforderungen sind auch allgemeine Qualitätsanforderungen (nicht-funktionale Anforderungen) zu beachten. Forderungen im Bereich der Ergonomie oder der Benutzbarkeit hängen meist stark vom Erfahrungsniveau der zukünftigen Anwender ab. Zu den allgemeinen Qualitätsanforderungen gehören z. B.: ▪ Antwortzeitverhalten ▪ verwaltbare Datenmengen ▪ verfügbare Onlinehilfe
zukünftige Entwicklungen	Neben dem Istzustand und den erkennbaren Anforderungen sollten in der Analyse auch absehbare zukünftige Entwicklungen berücksichtigt werden. Dies darf nicht in Spekulation ausarten, absehbare Tendenzen sollten jedoch nicht ignoriert werden, z. B.: ▪ mobiler Zugang über Smartphone, PDA oder Blackberry ▪ Übertragung von Bild- oder Videodaten
Ursachen	Bei der Systemanalyse genügt es nicht, die Elemente und deren Beziehungen nur aufzunehmen und darzustellen. Man sollte auch die Ursachen dafür verstehen, d. h., warum die Dinge so sind wie sie heute sind. Jede Anforderung und jede Maßnahme hat ihre Ursachen. Oft bestehen die Maßnahmen noch, obwohl ihre Ursachen längst entfallen sind.
Abstraktionen und Systematiken	Bei der Aufnahme und Darstellung der Elemente und Beziehungen sind auch Gemeinsamkeiten zu erkennen. Ähnliche Objekte können zu Klassen zusammengefasst werden. Objekte mit ähnlichen Eigenschaften erben ihr Verhalten aus der Klasse. Diese Abstraktion führt zu einer Systematik der Systemelemente und reduziert damit die Menge der zu implementierenden Klassen.

3.1.2.2 Erfassungstechniken

Für die Erfassung der Informationen über das zu untersuchende System benötigt man klare Ziele, ansonsten verliert man sich in der Menge möglicher Informationen. Wichtig ist zuerst die Abgrenzung des Systems.

Weiterhin kann im vorliegenden Fall „Bereitstellung von Anwendungssystemen" von der Abbildung von Geschäftsprozessen ausgegangen werden (prozessorientierte Systemanalyse). Hierzu gibt es eine ausreichende theoretische Basis, wie z. B. in Gestalt des sogenannten **„ARIS-Haus"**.

Praktische Schritte in der Systemanalyse W

1. Untersuchungsbereich abgrenzen und die Grenzen benennen. Was mache ich und was mache ich nicht?
2. Theorie (Betriebswirtschaftslehre) einbeziehen und die Entsprechungen für die Lehrsätze der Theorie in der Praxis suchen.

AH

Für die Umsetzung der folgenden Techniken werden im weiteren Text nur einzelne Beispiele angedeutet. Umfangreiche Beispiele und die Vorgaben zum Nachvollziehen des gesamten Entwicklungsprozesses befinden sich im **Arbeitsheft** zu diesem Lehrbuch.

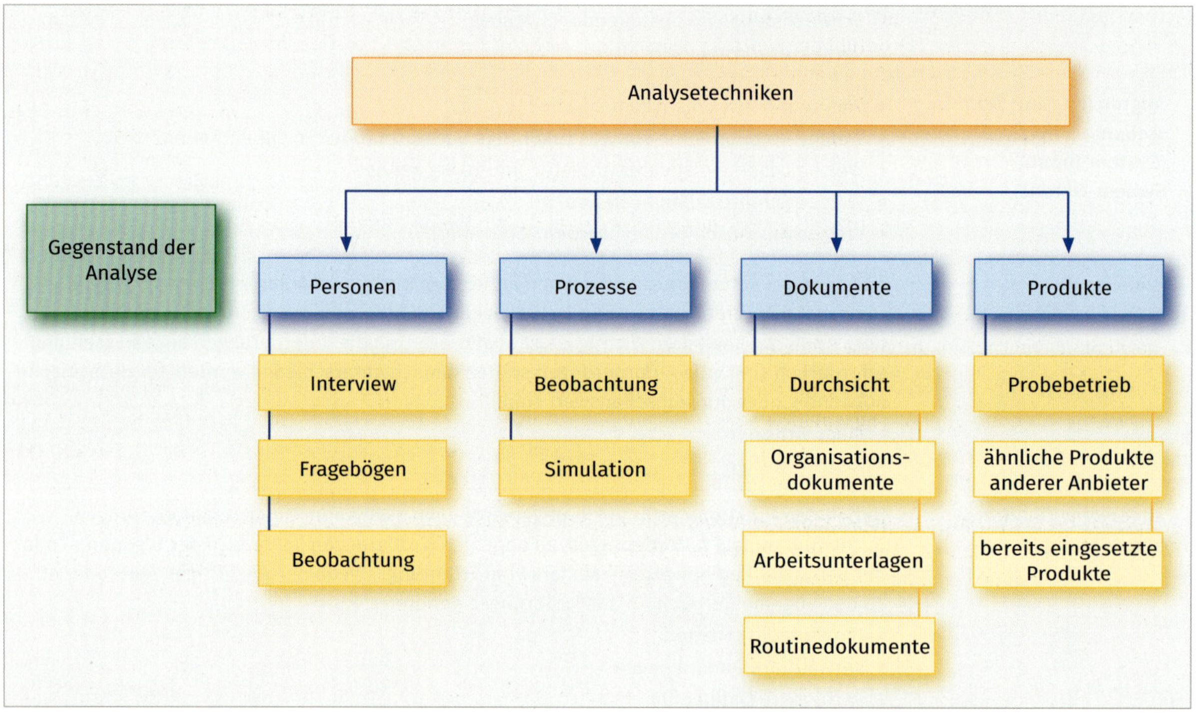

Techniken der Systemanalyse

Das Ansprechen von beteiligten Personen liefert aktuelle und authentische Informationen über das System. Wichtig ist, dass man vorher weiß, was man erfragen möchte. Man darf nie vergessen, dass die beteiligten Personen ihre Arbeitszeit für diese Erfassung aufwenden. Die möglichen Techniken der Befragung haben unterschiedliche Vor- und Nachteile, die auf der folgenden Seite dargestellt werden.

Die Beobachtung oder Simulation der untersuchten Prozesse ist ebenfalls sehr zeitaufwendig. Besonders authentisch wird die Beobachtung, wenn der Analyst die Gelegenheit bekommt, in dem beobachteten Prozess für eine bestimmte Zeit selbst mitzuarbeiten. Für die Simulation von Prozessen sind keine aufwendigen Installationen notwendig. Oft reichen Modellbauten und Modellfahrzeuge zum besseren Verständnis der Prozesse.

Die Durchsicht von vorliegenden Dokumenten ist in jedem Falle notwendig. Die meisten Unternehmen haben z. B. im Rahmen ihrer Zertifizierung nach ISO 9000 wertvolle Organisationsdokumente zur Unternehmensstruktur und zu den Prozessabläufen erstellt. Wichtig ist auch die Beachtung von unternehmensinternen Gestaltungsrichtlinien **(Style Guide, Corporate Design)**.

Interview	
Vorteile	**Nachteile**
Der persönliche Kontakt zwischen Analytiker und Informationsgeber fördert die Bereitschaft zur Auskunft.	Für jedes Interview ist der zeitliche Aufwand beim Analytiker und beim Informationsgeber hoch.
Alle gestellten Fragen werden mit sehr großer Wahrscheinlichkeit auch beantwortet.	Die Angaben in einem einzelnen Interview sind durch eine hohe Subjektivität geprägt, die bedingt durch den hohen Aufwand auch nicht durch eine große Zahl von Interviews ausgeglichen werden kann.
Unklarheiten oder Missverständnisse sowohl hinsichtlich der Fragestellung als auch bezüglich der Interpretation der Antworten können direkt geklärt werden.	Interviews beziehen sich sinnvollerweise auf Informationen, die der Informationsgeber direkt aus seinem Gedächtnis heraus beantworten kann. So scheidet die Erfassung von Faktendaten (z. B. Mengengerüste, Statistiken, historische Daten) bei der Technik des Interviews aus.
Der persönliche Kontakt mit dem Analytiker vermittelt dem Informationsgeber das Gefühl der Wertschätzung und den Eindruck, an der Entwicklung beteiligt zu sein. Diese psychologischen Faktoren können die Auskunftsbereitschaft erheblich steigern.	Die ausführliche Dokumentation der Befragungsergebnisse verlangt allgemein einen hohen Aufwand.

Fragebogen	
Vorteile	**Nachteile**
Es besteht die Möglichkeit zur gleichzeitigen Informationsgewinnung innerhalb eines großen Personenkreises.	Der Vorbereitungsaufwand ist etwas höher als beim Interview.
Für den Analytiker ist diese Technik deutlich weniger zeitaufwendig als die Durchführung von Interviews.	Der Rücklauf der Fragebögen ist in vielen Fällen sehr bescheiden, sowohl im Hinblick auf die Anzahl der Antworten (häufig nicht mehr als 30 %, teilweise deutlich weniger) als auch auf die Termintreue.
Es ist keine zusätzliche Dokumentation der Antworten erforderlich. Es besteht eventuell die Möglichkeit, die Antworten direkt einer automatischen Auswertung zugänglich zu machen.	Ein prinzipieller Mangel ist die fehlende Aufklärungsmöglichkeit von Missverständnissen hinsichtlich der Fragestellung und Beantwortung.

Beobachtung	
Vorteile	**Nachteile**
Ergebnisse sind objektiv durch den Verzicht auf eine eventuell verfälschende Verbalisierung und verbale Kommunikation von Sachverhalten.	Der zeitliche Aufwand für den Analytiker (mit Ausnahme des Selbstaufschreibens) ist durch die Beobachtungszeiten sehr hoch.
Es besteht eine hohe Effektivität, denn die Sachverhalte können ohne Einschränkung aufgenommen werden.	Die Einschränkung auf ein kleines Spektrum an beobachtbaren Sachverhalten ist negativ zu beurteilen und führt zu einer relativ geringen Einsatzhäufigkeit dieser Technik im administrativen Bereich.
Der Arbeitsablauf wird (im Idealfall) nicht gestört, sodass die Beobachtung besonders für die Erfassung zeitlicher und quantitativer Aspekte geeignet ist.	Eine Beobachtung wird in der Regel vom Beobachteten als sehr unangenehm empfunden. Außerdem kann das Wissen um die Beobachtung sein Verhalten deutlich beeinflussen.

S Für die ACI GmbH liegt als Organisationsdokument beispielsweise bereits ein Organigramm vor, das im Rahmen der Analyse mit dem Tool SiSy erfasst wurde (siehe Abbildung unten).

Bei der Durchsicht der Dokumente darf man sich nicht „verzetteln“. Dieses Wort macht das Problem deutlich: Man hat oft mit zu vielen Zetteln zu „kämpfen“.

Während die Organisationsdokumente fast immer einen bereits veralteten Zustand abbilden, sind die persönlichen Arbeitsunterlagen der Mitarbeiter meist aktuell und sehr informativ. Interessant ist auch die Gestaltung der Routinebelege, wie Briefe, Rechnungen, Hausmitteilungen etc. Auch hier ist es wichtig, zu wissen, was man sucht.

Zu den wichtigen Dokumenten gehört das **Lastenheft**, denn hier werden die Anforderungen des Auftraggebers formuliert. Aber auch ein Lastenheft muss nicht perfekt sein und bedarf oft einer weiteren Analyse.

Der Probebetrieb mit Produkten anderer Anbieter kann beim Analysten das Bewusstsein für Stärken und Schwächen im eigenen Konzept entwickeln und die Frage beantworten: „Was machen andere besser und was machen wir besser?“

Der Probebetrieb mit anderer, bereits eingesetzter Software vermittelt einen Eindruck von den Arbeitserfahrungen der zukünftigen Anwender. Auch hier können viele Fragen beantwortet werden:

- An welche Bedienoberflächen sind die Benutzer gewöhnt.
- Welchen Service erwartet man von der Software?

Dieser Erwartungshorizont des Anwenders ist oft viel geringer, als die Entwickler voraussetzen.

3.1.3 Analyse des Ist-Zustandes

Die Analyse führt zu den möglichen Widersprüchen zwischen den Anforderungen des Auftraggebers und dem erkannten Istzustand des Systems.

Zur **Analyse der Anforderungen** wird von den Projektmitarbeitern zuerst ein **Fragenkatalog** erstellt. Grundlage für den Fragenkatalog ist das Lastenheft mit seinen formulierten und protokollierten Anforderungen des Auftraggebers. Im Fragenkatalog vermischen sich die Informationserfassung und die Analyse.

Der Fragenkatalog enthält aber auch schon Ideen zum Design der zukünftigen Softwarelösung, die hier erstmalig gegenüber dem Auftraggeber angesprochen werden.

Der Fragenkatalog wird dem Auftraggeber vorgelegt und nach einer angemessenen Vorbereitungszeit mit ihm besprochen.

Organigramm als Organisationsdokument

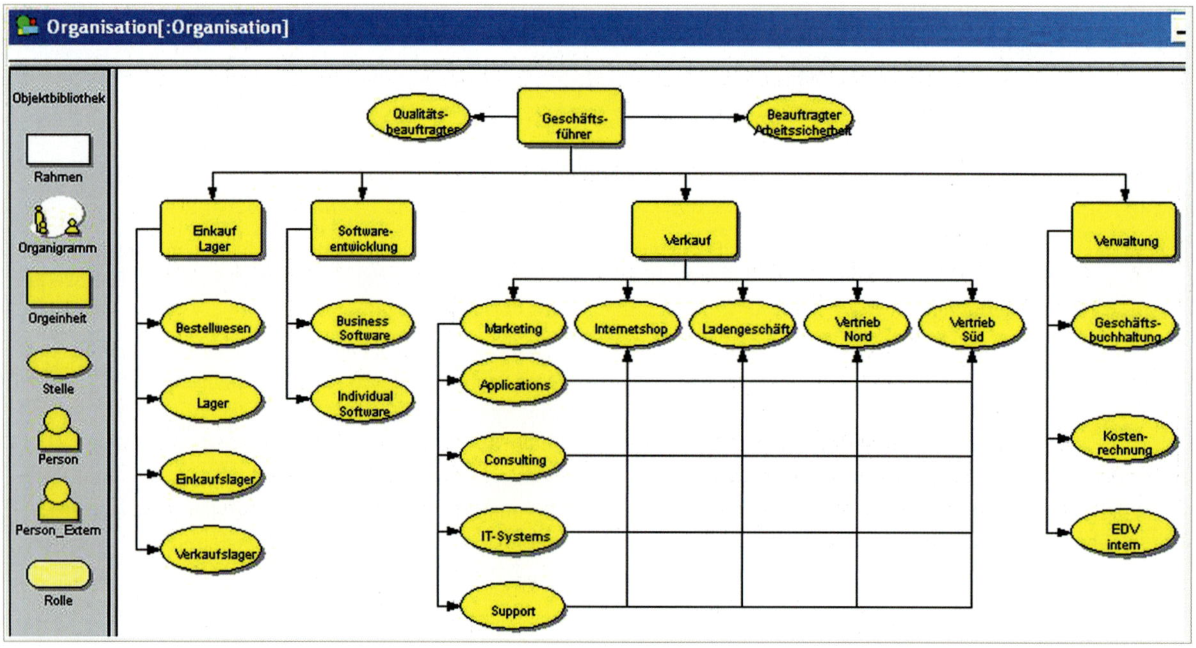

Projektdokumentation		
Projektname	**ACI Webshop**	
Dokumententitel	**Fragenkatalog**	
Erstellt von	**Stefan Fischer**	Erstellt am:
Dokumentablage	E:\Projekt\Dokumente\Fragenkatalog.doc	16. März 20xx
Änderungshinweise	(zum Nachtragen des Namens eines geänderten Dokuments)	(Änderungsdatum)

1. **Ausgangssituation**
   a. Welche Probleme/Schwierigkeiten bestehen mit dem vorhandenen System?
   b. Welche Projekt-Stakeholder sind betroffen?

2. **funktionale Anforderungen**
   a. Was sind die konkreten Use Cases (Anwendungsfälle), die den Prozess abbilden?
   b. Welches fachliche Datenmodell liegt dem Projekt zu Grunde?
   c. Welche Nummernsysteme und Systematiken werden im bestehenden Warenwirtschaftssystem genutzt (Skizzieren!)?

3. **nicht funktionale Anforderungen**
   a. Welche Vorschläge/Anregungen gibt es bezüglich des Designs bzw. Layouts der Bedienoberfläche (Corporate Identity, Corporate Design)?
   b. Welche Hardware (Leistungsparameter) wird im Unternehmen und in den Niederlassungen genutzt?
   c. Welche Betriebssysteme sind im Unternehmen und in den Niederlassungen vorhanden?
   d. Wie viel Speicherkapazität steht für das Projekt bereit?

4. **Lebenszyklus**
   a. Wie sieht die funktionale Systemarchitektur aus Anwendersicht aus?
   b. Wie bettet sich diese Architektur in die funktionalen Abläufe von Nachbarsystemen ein?

5. **Lieferumfang**
   a. Wie soll der Support ohne Schulungsleistungen von den Entwicklern gewährleistet werden? (Um den Mitarbeitern einen reibungslosen eigenen Support anzubieten, sind einige Schulungsstunden empfehlenswert.)
   b. Welche Installations- und Integrationsdienstleistungen werden benötigt?

6. **Abnahmekriterien**
   a. Welche konkreten messbaren KPIs (Key Performance Indicators) haben Sie sich für die Abnahmekriterien der Qualitätsziele vorgestellt?
   b. Was bedeutet beispielsweise die Forderung, dass die Software stabil laufen soll?

Der hier vorliegende Fragenkatalog ist nicht zu verwechseln mit einem Fragebogen aus den Erfassungstechniken der Systemanalyse. Dort werden viele Anwender zwar mit denselben Fragen konfrontiert, während hier nur die offenen Fragen zusammengefasst sind, die von einer kompetenten Stelle beantwortet werden müssen bzw. deren Klärung von den Verantwortlichen zu veranlassen ist.

S Herr Pelz erinnert die Azubis zuerst an die betriebswirtschaftlichen Darstellungen der Organisation der wirtschaftlichen Tätigkeit des Unternehmens. Ausgehend vom Begriff des Prozesses möchte er die Auszubildenden durch die Vermittlung der folgenden Sachverhalte bewusst an ihre Aufgabe heranführen. Zur Einordnung der geplanten betriebswirtschaftlichen Anwendung in den Unternehmenskontext wählt er folgenden Weg:

1. Begriff des Geschäftsprozesses allgemein	▪ Beschreibung verschiedener Sichten auf die betrieblichen Tätigkeiten ▪ prozessorientierte Sicht als die am besten geeignete Sicht vom Standpunkt der Informationsverarbeitung ▪ Prozessschritte und Prozessketten
2. Abbildung der Geschäftsprozesse	▪ Abbildung einzelner Prozessschritte oder ganzer Prozessketten ▪ Prozessmodelle einzelner Geschäftsvorfalle ▪ Integration der Prozessketten im Unternehmen ▪ horizontale und vertikale Integration der Daten ▪ unternehmensübergreifende Integration von Daten und Prozessen
3. Softwaretechnische Realisierungen	▪ Insellösungen und betriebswirtschaftliche Standardsoftware ▪ Enterprise Resource Planning (ERP)-Systeme ▪ Referenzprozesse, Business Objects, Enterprise Application Integration (EAI) und WebServices
4. Was machen wir?	▪ Konsequenzen für das Projekt der Auszubildenden

3.1.4 Geschäftsprozesse als Gegenstand der Analyse

Die Strukturen eines Unternehmens und deren Zusammenwirken können auf unterschiedliche Weise dargestellt werden. Für die Modellierung der betrieblichen Organisation unterscheidet man verschiedene Ausgangspunkte und Sichten:

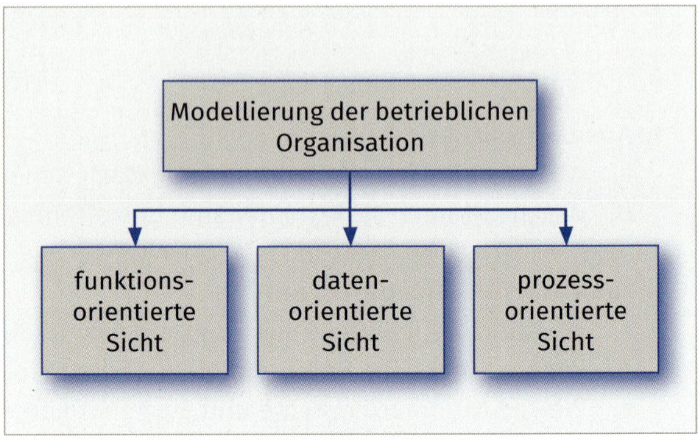

1. Die **funktionsorientierte Sicht** stellt die einzelne Stelle oder Struktureinheit des Unternehmens in den Mittelpunkt und betrachtet deren Hierarchie (Organigramm) und deren Input-Output-Verhalten, also die Transformation des Inputs in den Output (Stellenbeschreibung). Es wird festgelegt, wer wann bei welchem Input welche Arbeit zu verrichten hat und welcher Output zu erbringen ist.

2. Die **prozessorientierte Sicht** betrachtet den wirtschaftlichen Prozess als Ganzes. Der Output der einen Struktureinheit ist der Input der anderen Struktureinheit. Die Struktureinheiten beeinflussen sich in ihrem Verhalten wechselseitig.

3. Die **datenorientierte Sicht** betrachtet die Kommunikation zwischen den Struktureinheiten, also den Datenstrom zwischen den Struktureinheiten.

Ein klassischer Ansatz für die Modellierung in der Informationsverarbeitung ist die datenorientierte Sicht, die die Daten als Abbild der Leistungs-, Geld- und Informationsflüsse im Unternehmen und zu seiner Umwelt versteht.
Gegenwärtig werden zur Darstellung der Zusammenhänge im Unternehmen eher prozessorientierte Modelle gewählt.

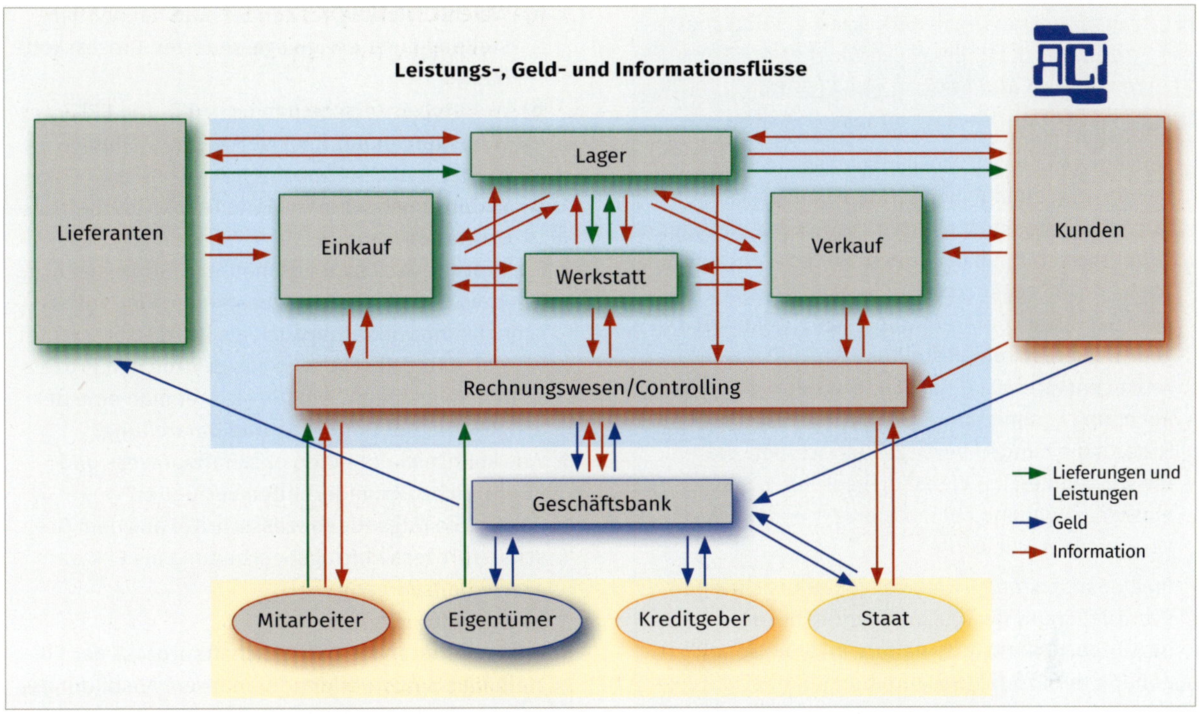

Leistungs-, Geld- und Informationsflüsse im Unternehmen (Quelle: Gratzke, J., Wirtschafts- und Geschäftsprozesse)

W

Prozess

Ein **Prozess** ist eine Folge von Bearbeitungs- oder Bedienungsschritten, die durch einen Input gestartet wird und zu einem vordefinierten Ergebnis führt. Diese Folge kann beliebig oft wiederholt werden. Das Besondere eines **Geschäftsprozesses** besteht darin, dass er zu einem möglichst wirtschaftlich verwertbaren Ergebnis führt.

Die Bearbeitungs- oder Bedienungsschritte werden auch als Prozessschritte oder Unterprozesse bezeichnet. Grafisch stellt man die Prozesse häufig mit allen Details als EPK (Ereignisgesteuerte Prozesskette) dar. Hier werden sie im folgenden Text vereinfacht durch ineinandergreifende, vorwärtsweisende Symbole als Wertschöpfungskette dargestellt .

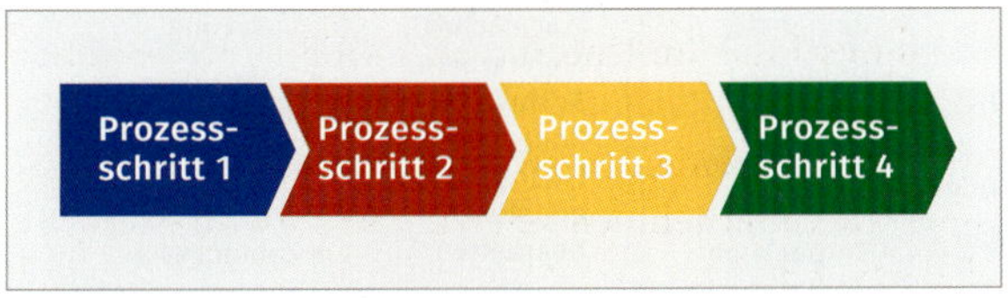

Prozess aus vier Prozessschritten

Die **prozessorientierte Sicht** hat sich in den Unternehmen weitgehend durchgesetzt, denn sie bietet eindeutige Vorteile:

- Durch die anschauliche Darstellung in übersichtlichen Modellen werden die unternehmensweiten Prozesse für alle Beteiligten nachvollziehbar.
- Prozessketten können bei veränderten Marktsituationen, neuen Produkten oder Technologien relativ schnell durch den Austausch oder die Umorganisation einzelner Prozessschritte angepasst werden. Die Flexibilität des Unternehmens erhöht sich damit.
- Beim Einsatz integrierter Anwendungssysteme kommunizieren die Prozessschritte schneller und qualitativ besser miteinander. Wartezeiten und die Mehrfachbearbeitung von Daten entfallen.
- Durch das Workflow-Management können die einen Geschäftsprozess begleitenden Informationsflüsse gesteuert und optimiert werden.

Ein Beispiel für die prozessorientierte Sicht ist der Geschäftsprozess in der Auftragsbearbeitung, der in der Übersicht auf der folgenden Seite als Prozesskette mit mehreren Prozessschritten (Unterprozessen) dargestellt wird.

S

Die Auszubildenden wollen die durch die Geschäftsprozesse der Auftragsbearbeitung geprägte Auftragssituation „Beratung und Verkauf von IT-Komponenten im Handelsgeschäft und im Internetshop" durch ihre Softwareentwicklung abbilden. Sie konzentrieren sich auf die prozessorientierte Sicht.

Auftragssituation (nach AS1, Band 1, Wirtschafts- und Geschäftsprozesse für IT-Berufe): Lagerarbeiten und Verkauf von IT-Komponenten im Ladengeschäft und im Webshop

Für Herrn Muster ist es wichtig, dass die Auszubildenden erst einmal die Produkte von ACI kennen lernen. Hierzu eignet sich gut der Einsatz im Lager, in der Werkstatt, im Ladengeschäft oder für den Webshop. Im Lager kommen laufend Warenlieferungen an, die vom Frachtführer übernommen und geprüft werden. Bei bestellter Ware müssen die Artikel entsprechend dem Lieferschein oder der Rechnung kommissioniert und für die Auslieferung an die Kunden bereitgestellt werden. Waren, die von Kunden per Webshop geordert wurden, müssen umgehend kommissioniert und für den Versand verpackt werden.

Im Webshop sind alle Artikel genau beschrieben. Eventuell muss der Auszubildende im Lager oder im Support (Werkstatt) weitere Informationen anhand der Produktbeschreibungen oder durch Erfahrungsberichte der Kolleginnen und Kollegen einholen.

In der Werkstatt kann insbesondere Kai als Auszubildender im Beruf IT-Systemelektroniker viel über die Produkteigenschaften erfahren.

Aufgaben

1. Geschäftsprozesse können als Vorgangskettendiagramm (VKD) und ereignisgesteuerte Prozesskette (EPK) dargestellt werden.
   a) Welche Symbole verwendet man bei der Darstellung einer ereignisgesteuerten Prozesskette (EPK)?
   b) Wodurch unterscheiden sich VKD und EPK?
   c) Wann verwendet man welche Darstellungsform?
   d) Warum zeichnet man Modelle von Geschäftsprozessen?
2. Ein Prozess setzt sich aus mehreren Prozessschritten bzw. Unterprozessen zusammen. Ein Prozessschritt kann wiederum auch als Prozess betrachtet werden und selbst wieder aus zahlreichen Prozessschritten bestehen. Wie bezeichnet man eine derartige Form der Definition und Darstellung?
3. Was kennzeichnet einen Geschäftsprozess und über welche Besonderheiten verfügt er?
4. Stellen Sie folgende Prozessschritte aus dem Geschäftsprozess Auftragsbearbeitung als EPK dar.
   a) Verkaufsvorgang
   b) Auslieferung
5. Dokumentieren Sie den Geschäftsprozess der Einstellung als Auszubildender in Ihrem Ausbildungsunternehmen.
6. Erläutern Sie, was unter primären, sekundären und tertiären Geschäftsprozessen verstanden wird.
7. Ordnen Sie den Prozess der Einstellung eines Auszubildenden den primären, sekundären oder tertiären Geschäftsprozessen zu und begründen Sie ihre Auswahl.

(Quelle: Gratzke, Jürgen: Prozessorientierte Betriebswirtschaft mit Rechnungswesen, Band 1)

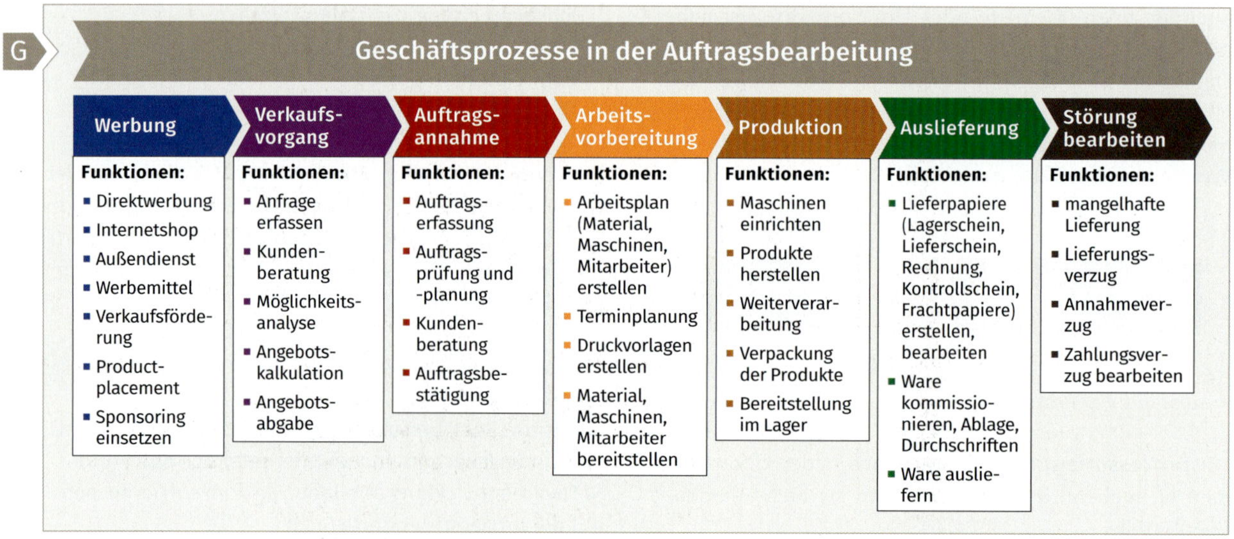

G
Geschäftsprozesse in der Auftragsbearbeitung
Werbung
Funktionen:
Direktwerbung
Internetshop
Außendienst
Werbemittel
Verkaufsförderung
Productplacement
Sponsoring einsetzen
Verkaufsvorgang
Funktionen:
Anfrage erfassen
Kundenberatung
Möglichkeitsanalyse
Angebotskalkulation
Angebotsabgabe
Auftragsannahme
Funktionen:
Auftragserfassung
Auftragsprüfung und -planung
Kundenberatung
Auftragsbestätigung
Arbeitsvorbereitung
Funktionen:
Arbeitsplan (Material, Maschinen, Mitarbeiter) erstellen
Terminplanung
Druckvorlagen erstellen
Material, Maschinen, Mitarbeiter bereitstellen
Produktion
Funktionen:
Maschinen einrichten
Produkte herstellen
Weiterverarbeitung
Verpackung der Produkte
Bereitstellung im Lager
Auslieferung
Funktionen:
Lieferpapiere (Lagerschein, Lieferschein, Rechnung, Kontrollschein, Frachtpapiere) erstellen, bearbeiten
Ware kommissionieren, Ablage, Durchschriften
Ware ausliefern
Störung bearbeiten
Funktionen:
mangelhafte Lieferung
Lieferungsverzug
Annahmeverzug
Zahlungsverzug bearbeiten

3.1.5 Analyse der Anforderungen

3.1.5.1 Anforderungen an die Abbildung von Geschäftsprozessen in Computersystemen

S Herr Pelz nutzt die Gelegenheit, um den Auszubildenden einige Formen und Merkmale betriebswirtschaftlicher Anwendungssysteme vorzustellen. Das ist auch die Gelegenheit, um die zu erstellenden betriebswirtschaftlichen Anwendungen in die unternehmerische Tätigkeit der ACI GmbH einzuordnen.

Bei der Betrachtung des in der Abbildung dargestellten Geschäftsprozesses der Auftragsbearbeitung fällt auf, dass mehrere Prozessschritte für die im vorigen Abschnitt betrachtete Auftragssituation AS1 nicht relevant sind. Andererseits müssen aber einzelne Prozessschritte weiter untersetzt werden. Das betrifft folgende Veränderungen:

- Der Prozessschritt **Werbung** kann in der geplanten Lösung entfallen. Die Werbung kann durch eine später zu schaffende Schnittstelle zum Kundenkontaktmanagement erfolgen, muss aber im aktuellen Projekt nicht betrachtet werden.
- Der Verkaufsvorgang teilt sich in den Ladengeschäften bzw. im Webshop auf in die **Anfrage und Beratung** der Kunden sowie in die **Auftragsannahme.** Der Auftrag kann nach erfolgter Prüfung der Verfügbarkeit der Waren im Lager und nach der Preiskalkulation bestätigt werden.
- Die Auftragssituation AS1 bezieht sich auf eine einfache **Handelstätigkeit,** daher sind Arbeitsvorbereitung und Produktion durch die **Warenwirtschaft** zu ersetzen.
- **Anfrage und Beratung** sind Bestandteil des Auftragssituation, können aber gegenwärtig nicht automatisiert werden und bleiben daher für die Anwendungsentwicklung ausgeklammert.
- Die Störungsbearbeitung erfolgt zukünftig durch den **Kundendienst,** soweit es sich um technische Probleme handelt. Kaufmännische Störungen, wie z.B. fehlende Zahlungen der Kunden, werden im Rahmen der Auftragsbearbeitung beobachtet.

Es ergibt sich damit folgendes Bild:

Zusammenfassung der Prozessschritte für die Aufgabenstellung

Für den Geschäftsprozess der Bearbeitung einer Kundenanfrage entsprechend der Auftragssituation AS1: „Beratung und Verkauf von IT-Komponenten im Handelsgeschäft und im Internetshop" lassen sich aus dieser groben Struktur eine Vielzahl von Aktivitäten für die einzelnen Prozessschritte ableiten, die in folgender Übersicht dargestellt werden:

Aktivitäten zu den Prozessschritten

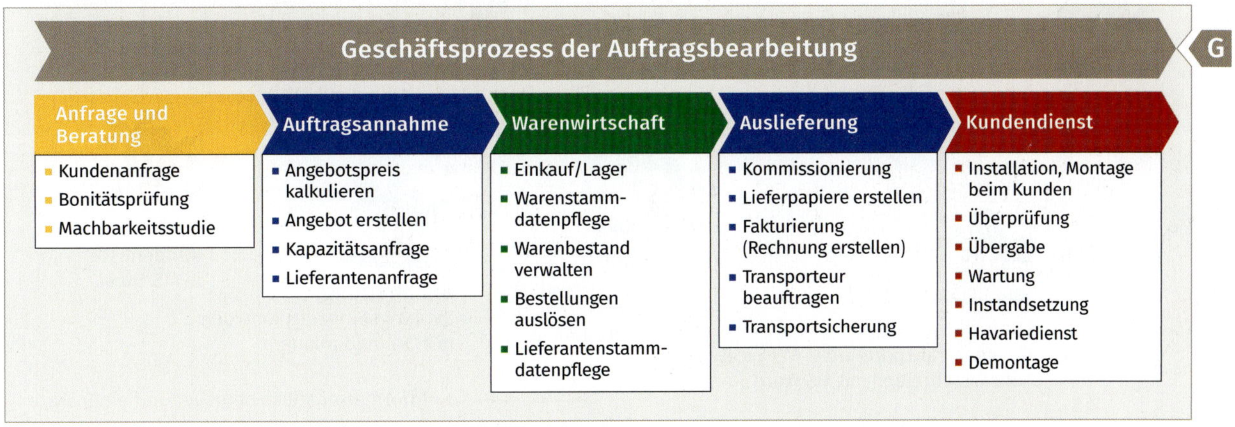

3.1.5.2 Automatisierung einzelner Prozessschritte

Für die Automatisierung von Prozessen, wie z. B. durch den Einsatz von unterstützenden Softwaresystemen, sind die **Formalisierbarkeit** und die **Häufigkeit der Wiederholungen** bei diesen Prozessen unmittelbare Voraussetzungen:

- **Formalisierbar** bedeutet, dass die Dinge und Abläufe klar beschrieben sind und in dieser Form auch wiederholbar sind. Beiträge zur Formalisierung sind z. B. Antragsformulare (jeder muss die gleichen Angaben machen) oder klare Dienstvorschriften (Was ist in welcher Situation zu tun?) sowie die Klassifizierung der Objekte wirtschaftlicher Tätigkeit, was schließlich zur Einführung einer Vielzahl von Identifikationsschlüsseln führt (z. B. Personalnummer oder Artikelnummer).
- Die **Wiederholbarkeit** der Vorgänge ist wichtig, damit sich der Aufwand für die Automatisierung überhaupt lohnt. Laufen Prozesse nur einmal oder selten ab, kann im normalen wirtschaftlichen Umfeld die Steuerung durch den Menschen kostengünstiger sein.

S Stefan wirft hier eine zutreffende Bemerkung ein: „Kaum formalisierbar sind sicherlich die Tätigkeiten der Friseure, jeder Mensch hat eine andere Kopfform und andere Schönheitsvorstellungen. Auch wenn täglich tausenden Menschen die Haare geschnitten werden müssen, so wird es wohl kaum einen Automaten für diese Aufgabe geben."

Wie im Modellunternehmen ACI sind spezifische Lösungen als Projekte einzelner Abteilungen historisch entstanden, gefördert durch den hohen Wiederholungsgrad von Abläufen in diesen betrieblichen Funktionsbereichen und durch die Möglichkeit zur Formalisierung innerhalb dieser Prozesse. Förderlich für die Entwicklung dieser Lösungen war auch die unmittelbare Verantwortlichkeit der fachlich zuständigen Leiter.

Die entstandenen computergestützten Lösungen für einzelne Geschäftsprozesse werden auch als **Insellösungen** bezeichnet. Inseln deshalb, weil sie „im weiten Meer" der Geschäftsprozesse innerhalb des Unternehmens unabhängig voneinander existieren. Es gibt keine direkte Kommunikation zwischen diesen Lösungen, keinen automatischen Datenaustausch. Trotzdem können diese Lösungen sehr nützlich und effektiv sein.

Solche Insellösungen sind z. B. Softwaresysteme zur Lagerhaltung, die bei Warenbewegungen laufend den neuen Bestand berechnen und auf Unterschreitung des Mindestbestandes testen. Dann wird automatisch eine Bestellanforderung ausgelöst oder wenigstens der zuständige Disponent informiert. Diese Lösungen enthalten dann auch raffinierte Algorithmen zur Optimierung der Lagerwirtschaft, wo ein Optimum zwischen den Lagerhaltungskosten und den Bestellkosten ermittelt wird.

Kerstin Raabe, die angehende Bürokauffrau, erinnert sich hier an die *Andler'sche* Formel! Und Kai Dreyer, der angehende IT-Systemelektroniker, verweist auf die Transportgutverfolgung, wie er sie bei der Deutschen Post World Net AG kennen gelernt hat. Dort kann man über das Internet abfragen, wo sich ein versandtes oder erwartetes Paket gerade befindet. S

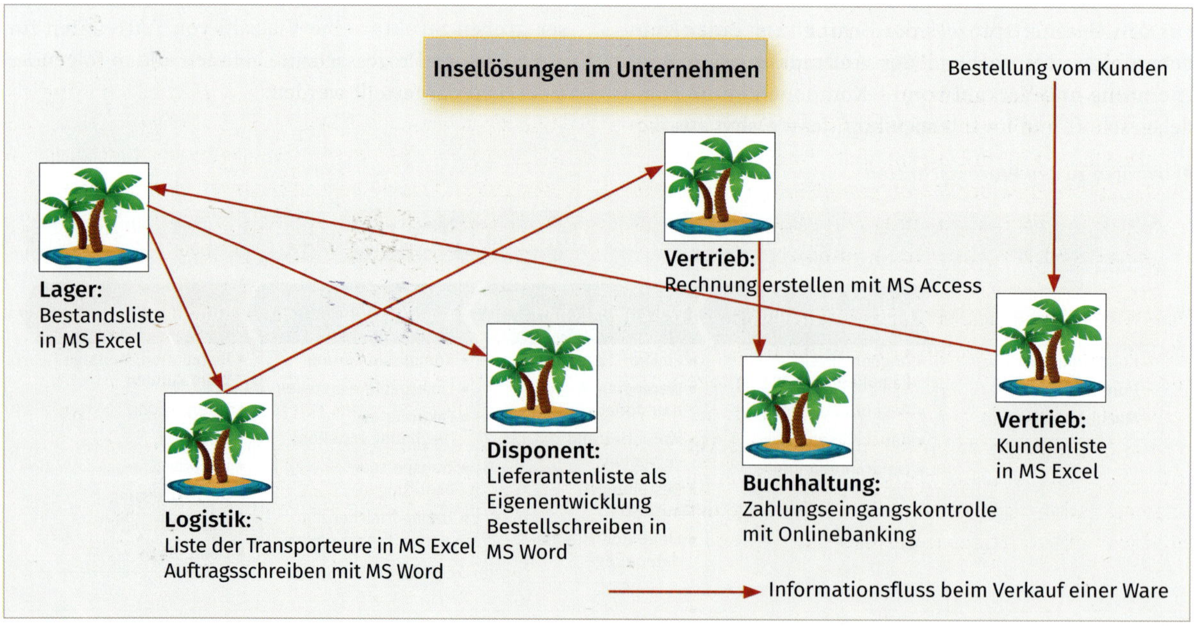

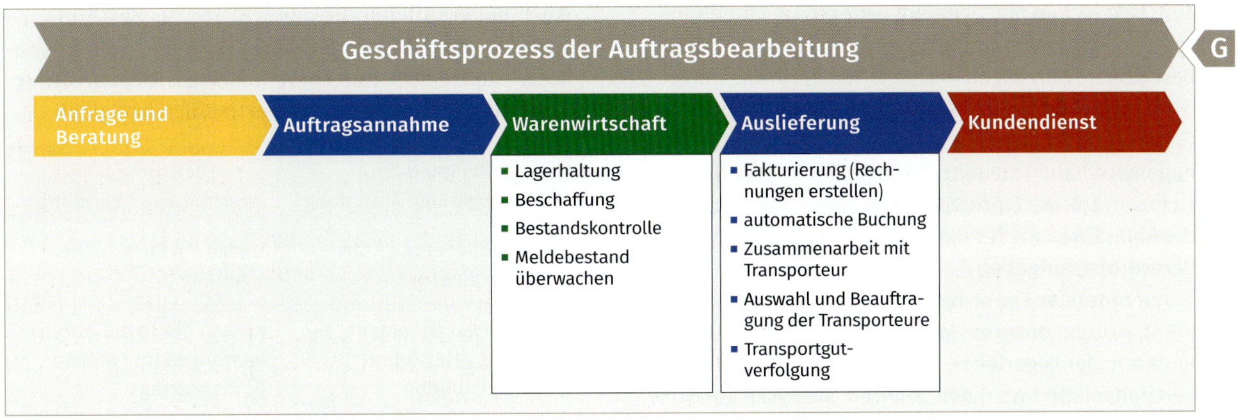

Insellösungen zu den einzelnen Prozessschritten

3.1.5.3 Integration als Forderung des Managements

S Herr Pelz muss die einsetzende Begeisterung seiner Auszubildenden für geniale Insellösungen vorerst bremsen. Was nützen uns gute Insellösungen, wenn das gesamte Unternehmen nicht gut läuft? Die Insellösungen müssen überwunden werden. Die „Inseln" müssen miteinander kommunizieren und sich in den Gesamtablauf einfügen können. Der Gesamtprozess der unternehmerischen Tätigkeit ist zu optimieren, nicht nur einzelne Schritte.

Trotz des Erfolges oder gerade wegen des Erfolges der Insellösungen gibt es Bestrebungen zur Zusammenfassung dieser Systeme. Triebkräfte für die **Integration** der betrieblichen Funktionsbereiche über eine Softwarelösung sind die

- Notwendigkeit zur Verbesserung der **Zusammenarbeit** der einzelnen Prozessschritte untereinander (horizontale Integration),
- Notwendigkeit zur **Optimierung** der Datenverarbeitungslösungen im Unternehmen sowie
- Anforderungen des **Managements** nach zusammenfassenden Berichten über die Unternehmensbereiche (vertikale Datenintegration).

Die Anforderungen des Managements sollten das Gesamtinteresse des Unternehmens nach einer erfolgreichen wirtschaftlichen Tätigkeit widerspiegeln. Sie bilden damit einen guten Ausgangspunkt für die weiteren Betrachtungen zur Integration. Für das Verständnis einer Vielzahl von betrieblichen Anwendungssystemen und ihrer Systematik ist die Managementpyramide ein gutes Anschauungsmaterial.

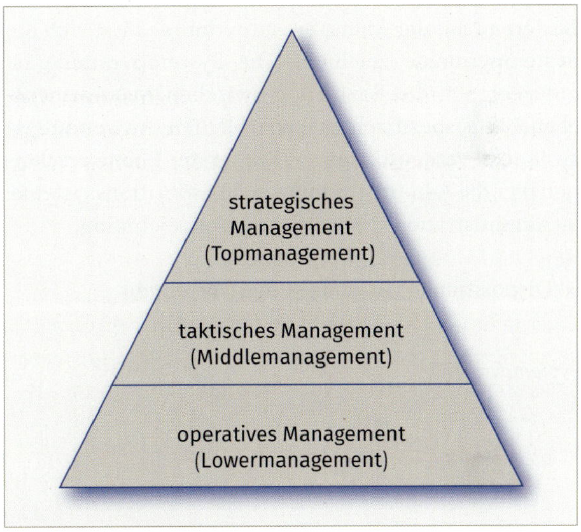

Managementpyramide

Auf oberster Ebene agiert das **strategische** Management. Es arbeitet an Strategien, die das langfristige Überleben und Wachsen des Unternehmens sichern. Das strategische Management lebt quasi in der Zukunft, denn es muss den Kundenbedarf und die Wettbewerbssituation für die Zukunft prognostizieren und das Unternehmen in seiner Entwicklung auf diese zukünftige Situation vorbereiten.

S In unserem Modellunternehmen ACI bildet der Geschäftsführer, Herr Jan Muster, zusammen mit dem Qualitätsbeauftragten Herrn Grabowski das strategische Management. Allein schon das Hinzuziehen eines Qualitätsbeauftragten in das strategische Management bildet eine strategische Entscheidung, die die Orientierung des Unternehmens auf Qualität in allen Prozessen unterstreicht.

S Zum **taktischen** Management gehören im Modellunternehmen alle Abteilungsleiter: Frau Funke für den Bereich Einkauf/Lager, Herr Pelz selbst für die Softwareentwicklung, Herr Guss für den Verkauf und Frau Gand für die allgemeine Verwaltung. Im mittleren Management haben sie mittelfristige Planungsaufgaben zu lösen, z. B. die Einsatzplanung ihrer Mitarbeiter oder die Ablaufplanung für die Bearbeitung der einzelnen Verwaltungsaufgaben.

Auf unterster Ebene handelt das operative Management, wozu in unserem Modellunternehmen unter anderem der Lagerleiter, Herr Voß, oder die Leiter der Vertriebsniederlassungen gehören. Sie lösen kurzfristige Planungsaufgaben und **operative** Aufgaben z. B. in der Kundenberatung oder der Installation und Inbetriebnahme unmittelbar beim Kunden.

Basierend auf der Managementpyramide lässt sich die Systempyramide zeichnen. Die Systempyramide ist gut geeignet, die Beziehung zwischen Managementebene und spezifischem betrieblichen Anwendungssystem zu verdeutlichen. Auf unterster Ebene erscheinen hier die Administrations- und Dispositionssysteme.

- Administration: Verwaltung, Aufzeichnung, Registrierung
- Disposition: Zuordnung, Verteilung

Auch die ermittelten Prozessschritte aus der Auftragssituation AS1 gehören in diese Ebene der Administrations- und Dispositionsprozesse. Hier werden die realen Prozesse mengen- und wertmäßig abgebildet.

Beispiele für mengenmäßige Abbildung	Beispiele für wertmäßige Abbildung
Anzahl der verkauften Stücke einer Ware	Umsatz in Euro am heutigen Tag
Anzahl der für einen Auftrag geleisteten Arbeitsstunden	Kosten der Installationsleistungen im Rahmen eines Auftrags
verbrauchter Treibstoff für den Pkw eines Außendienstmitarbeiters in Liter	Kosten des Außendienstmitarbeiters pro Monat

Auf der operativen Ebene spielt die **horizontale Datenintegration** eine große Rolle. Zum Beispiel muss die Warenwirtschaft über eingehende Aufträge der Kunden informiert werden, Waren für bestätigte Aufträge sind als bestellte Ware zu reservieren. Genauso muss die Warenwirtschaft gegenüber der Auftragsannahme die Verfügbarkeit der Waren signalisieren.

Auch die parallel verlaufenden finanziellen und personellen Prozesse erhalten Informationen. So muss das

Systempyramide

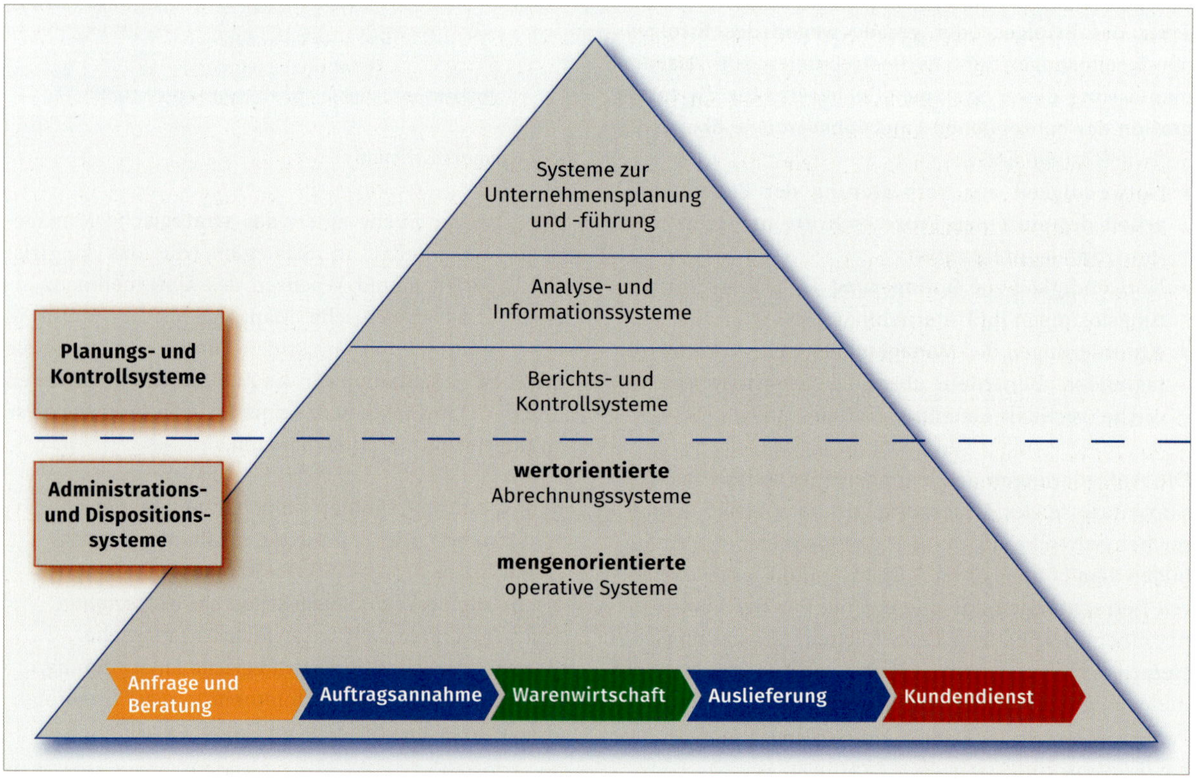

Rechnungswesen von der Beschaffung über einen Wareneingang informiert werden, da die daraus resultierende Forderung in nächster Zeit zu bezahlen ist. Oder der Chef in einer der Vertriebsniederlassungen wartet auf die Meldung, dass ihm vom Personalwesen ein Außendienstmitarbeiter zugeteilt wurde, usw.

Für das mittlere und strategische Management sind Planungs- und Kontrollsysteme von Bedeutung, d.h., es werden **Berichte** aus der operativen Ebene benötigt. Hierzu ist eine **vertikale Datenintegration** notwendig.

Berichte zu erstellen, bedeutet, Daten „nach oben" zu melden.

Management Support Systeme verarbeiten die Daten aus dem Unternehmen, generieren Berichte und ermöglichen operative Auswertungen. Gleichzeitig verbinden sie die Daten aus dem Unternehmen mit Daten aus dem Umfeld des Unternehmens (Kaufkraftentwicklung, Marktanalysen usw.).

W

Unter einem **Management Support System (MSS)** – auch als Managementunterstützungssystem (MUS) bezeichnet – wird ein Software- bzw. Anwendungssystem verstanden, das das Management bei seinen taktischen und strategischen Aufgaben unterstützt.

Unter dem Oberbegriff **MSS** lassen sich eine Reihe von DV-Anwendungssystemen zusammenfassen:

- **MIS: M**anagement **I**nformation **S**ystem; basiert auf regelmäßig erstellten und vorher definierten **Berichten** als Listen und Zusammenfassungen statistischer Art (Anzahl, Summen, Durchschnitte, Abweichungen usw.). Hierzu gehören auch die regelmäßig zu erstellenden Quartals- und Jahresbilanzen.
- **EIS: E**xecutive **I**nformation **S**ystem (auch FIS: Führungsinformationssystem); ermöglicht zusätzlich die operative Erstellung von Berichten und gewährleistet weitestgehend eine Information nach dem **Ausnahmeprinzip** („Nur wenn es brennt, wird es gemeldet!").
- **DSS: D**ecision **S**upport **S**ystem (auch EUS: Entscheidungsunterstützungssystem); bereitet Entscheidungen durch die Aufbereitung der Informationen in **Modellen** oder **Simulationen** vor. Wichtige Modelle sind hier die Vorhersagemodelle (Prognosen), um zukünftige Entwicklungen beurteilen zu können.
- **ESS: E**xecutive **S**upport **S**ystem (auch FUS: Führungsunterstützungssystem); für die hier verwendeten Modellrechnungen und Simulationen werden neben den unternehmensinternen Daten auch Informationen aus dem **wirtschaftlichen Umfeld** herangezogen (z.B. Daten zur demografischen Entwicklung, zur Kaufkraftentwicklung usw.).

S

Herr Pelz bemerkt die vielen Fragezeichen in den Augen seiner Auszubildenden. Stefan spricht es aus: „Wozu brauchen wir das?" Herr Pelz erinnert an das Bild mit den Baustellen zur Verdeutlichung des Unterschiedes beim Programmieren im Kleinen und im Großen: „Beim Programmieren im Großen steht ihr mit eurem Projekt nicht frei und allein wie bei einem Einfamilienhaus, sondern ihr müsst euch an das Konzept und die Pläne der Großbaustelle halten. Nur so kann das Bauwerk seine Funktion erfüllen und die Software als Anwendung geeignet sein. In der Software muss jedes Teil, Objekt oder Modul seine genau definierte Funktion erfüllen (nicht mehr und nicht weniger) und die Daten müssen in vereinbarter Form bereitgestellt werden, damit sie auch von anderen Teilen, von anderen Prozessschritten oder als Management-Informationen genutzt werden können."

3.1.5.4 Schaffung integrierter Anwendungssysteme

Die Integrationsbestrebungen führten historisch gesehen zunächst zu großen, monolithischen Systemen mit einer fast unübersehbaren Fülle von Funktionen. Man bezeichnet diese Systeme auch als **ERP**-Systeme (**E**nterprise **R**esource **P**lanning), denn sie umfassen die Verwaltung und Planung möglichst aller unternehmerischen Ressourcen vom Personal und Kapital (Finanzen) über die Produktion bis hin zu Marketing, Forschung und Entwicklung.

Enterprise Resource Planning heißt: Planung des Ressourceneinsatzes im Unternehmen. Zu den planbaren Ressourcen im Unternehmen gehören das Kapital (die finanziellen Mittel), der Einsatz der technischen Einrichtungen und der Arbeitskräfte sowie die Ressource Information bzw. Wissen. Die in einem Unternehmen vorhandenen Ressourcen sind möglichst effizient für den betrieblichen Ablauf einzuplanen. Unterstützt wird dieser Planungs- und Kontrollprozess durch Software in Gestalt der sogenannten ERP-Systeme.

Ausgangspunkt für die Schaffung von ERP-Systemen ist die Abbildung der Waren-, Geld- und Informationsströme im Unternehmen, also die datenorientierte Sicht. Die unternehmerischen Sachverhalte werden als Daten erfasst und durch entsprechende Softwaresysteme gespeichert, verwaltet und ausgewertet. Für den unternehmerischen Leistungs- und Steuerungsprozess lassen sich mittels der Software auf Basis der gespeicherten Daten die für Entscheidungen notwendigen Informationen generieren und abrufen.

Neben den Argumenten zur horizontalen Datenintegration gab es weitere **Triebkräfte** für die Integration der betrieblichen Funktionsbereiche in derartigen monolithischen Softwarelösungen:

- technische Möglichkeiten der Informationsverarbeitungstechnik, besonders dank der extrem leistungsfähigen Datenbankmanagementsysteme und der Datenkommunikationstechnik
- in Funktionsumfang und Betriebssicherheit überzeugende Standardsoftware
- Notwendigkeit zur Standardisierung von Prozessen
- einheitliche gesetzliche Vorgaben im Rechnungswesen (Bilanzrichtlinien usw.) oder einheitliche Regelungen im Personalwesen durch Tarifverträge
- Forderungen zur Qualitätssicherung nach ISO 9000 (Grafik „Integrierte Systeme“ siehe unten)

Die Abbildung „Integrierte Systeme“ verdeutlicht die Verbindung der Geschäftsprozesse in integrierten Systemen. Neben der bisher betrachteten Auftragssituation „Beratung und Verkauf von IT-Komponenten im Handelsgeschäft und im Internetshop“ werden hier auch die Prozesse des Rechnungswesens und des Personalwesens einbezogen. Sie ergänzen in ihren Leistungen den Kernprozess der Auftragsbearbeitung und kommunizieren mit den einzelnen Prozesselementen.
So wird im **Rechnungswesen** z. B. der Zahlungsverkehr mit den Kunden und Lieferanten kontrolliert:

- Hat der Kunde die Rechnung innerhalb der Zahlungsfrist ordnungsgemäß beglichen?
- Wie ist die Bonität des Kunden? Kann man aus der Erfahrung erwarten, dass er seine Rechnung ordnungsgemäß bezahlt?

Im **Personalwesen** werden unter anderem

- die Arbeits-, Urlaubs- und Krankheitszeiten der Mitarbeiter erfasst und
- der Mitarbeitereinsatz für die Tätigkeiten im Lager oder im Kundendienst geplant (disponiert).

Integrierte betriebliche Anwendungssysteme sollten weitgehend alle Geschäftsprozesse abbilden. Eine durchgehende Integration und eine Abkehr von Insellösungen führen zu einem **zentralen Softwaresystem,** in dem Ressourcen unternehmensweit verwaltet werden können.

W

Zu den typischen Funktionsbereichen einer ERP-Software im Rahmen betrieblicher Anwendungssysteme gehören:

1. Fertigungssteuerung (Arbeitsplätze, Arbeitspläne, Stücklisten, Fertigungsaufträge usw.)
2. Materialwirtschaft (Beschaffung, Lagerhaltung, Disposition, Bewertung usw.)
3. Instandhaltung (Planung und Kontrolle der Durchführung, Wartungspläne usw.)
4. Controlling (Kosten- und Leistungsrechnung, Kennziffern usw.)
5. Rechnungswesen (Haupt- und Nebenbuchhaltungen, Anlagenbuchhaltung, Abschlüsse usw.)
6. Zahlungsverkehr (Forderungen, Verbindlichkeiten, offene Posten, Finanzanlagen usw.)
7. Vertrieb (Anfrage, Angebot, Auftrag, Reklamationsbearbeitung usw.)
8. Beschaffung (Bedarfsermittlung, Bestellanfragen, Lieferantenauswahl, Bestellung usw.)
9. Transport und Logistik (Transportauftrag, Kommissionierung, Warenausgang usw.)
10. Kundenkontaktmanagement (Marketingaktivitäten, Kundenanalyse usw.)
11. Dokumentenmanagement (Archiv, Ablage, Dokumentenaustausch usw.)
12. Forschung und Entwicklung (Analyse, Konstruktion, Simulation usw.)
13. Bürosystem und Portal (Bürokommunikation, Office-Software, Intranet-Portal, Terminplanung usw.)
14. Personalwesen (Entgeltrechnung, Personalzeitwirtschaft, Personalentwicklung usw.)

Alle Module besitzen einen Kontakt zu den Kern-Funktionalitäten:

- **Datenbank** zur Speicherung aller Stamm- und Bewegungsdaten
- **Rollensystem** zur Verwaltung der Benutzer und ihrer Rechte
- **Entwicklungssystem** zur Unterstützung bei der Anpassung und Erweiterung des Systems

Integrierte Systeme

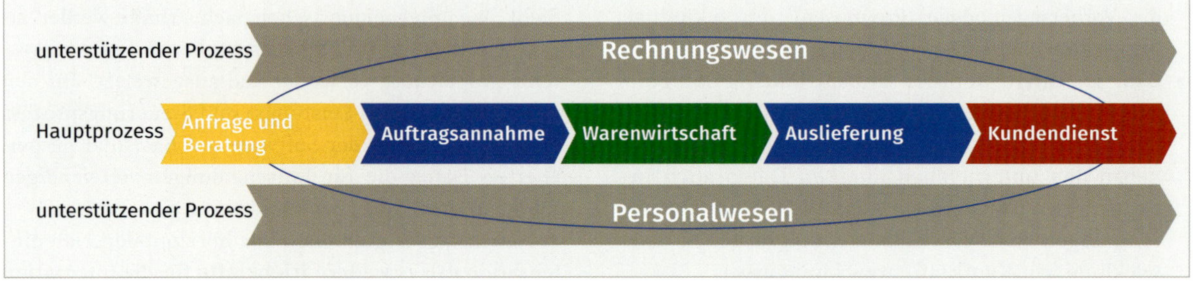

Der Bedarf an den aufgeführten Funktionsbereichen einer ERP-Software wird von der Größe des Unternehmens sowie dem zur Verfügung stehenden Investitionsvolumen für Hardware, Lizenzen und Implementierung bestimmt.

Bei der weiteren Arbeit ist das „Top-Down-Herangehen" mit den Einschränkungen bezüglich der behandelten Bereiche zu beachten. Von den vielen möglichen Funktionsbereichen einer ERP-Software stehen zunächst nur die Komponenten zum Vertrieb (Anfrage, Angebot, Auftrag, Reklamationsbearbeitung usw.) im Vordergrund. Hinzu kommen Kernkomponenten. Das Rollenkonzept reduziert sich auf die Anmeldung als „registrierter Benutzer". Die Datenbank ist notwendig zur zentralen Verwaltung der Datenbestände. Es soll jedoch keine Insellösung nur für den Vertrieb geschaffen werden. Basis für die Integration sind die zentrale Datenbank und die Möglichkeit zur flexiblen Anbindung an die Kernkomponenten über das Internet.

Sogenannte KMU (kleine und mittlere Unternehmen) benötigen z. B. selten Module für Forschung und Entwicklung. Andererseits stellen unterschiedliche Wirtschaftszweige teils sehr stark abweichende Anforderungen an betriebliche Anwendungssysteme. Somit bieten die meisten großen Anbieter Branchenlösungen an, deren Teilpakete speziell auf bestimmte Branchen zugeschnitten sind.

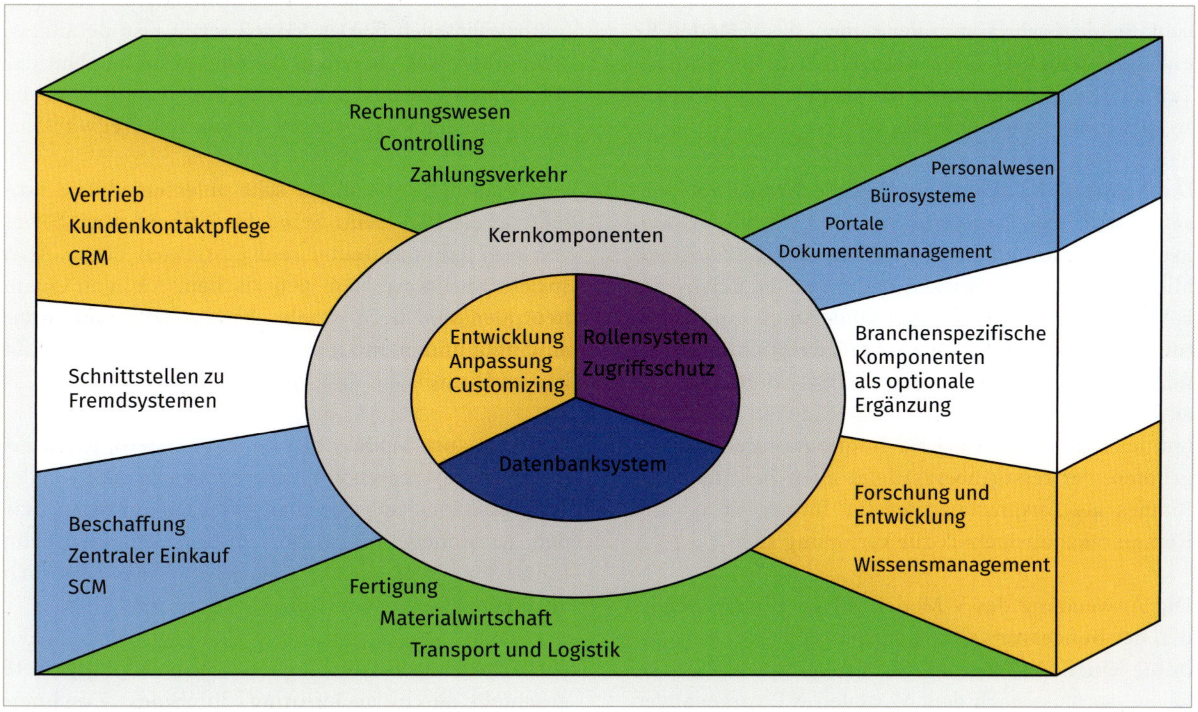

Kernkomponenten und Funktionsbereiche integrierter betrieblicher Informationssysteme

3.2 Orientierung an Vorgehensmodellen

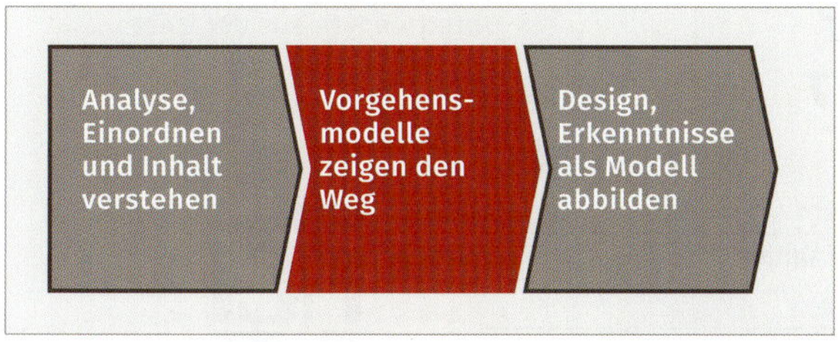

Das in weiten Bereichen der Wirtschaft und Verwaltung verbindliche Vorgehensmodell „V-Modell XT" bietet zahlreiche Vorlagen zur Gestaltung der Dokumente im Prozess der Softwareentwicklung an. Das V-Modell XT bestimmt die Gliederung der Dokumente, macht Vorgaben zu ihrem Inhalt und benennt die Verantwortlichen als Rollen im Projekt.

Bevor mit der Erstellung des Pflichtenheftes begonnen wird, empfiehlt sich das Studium der Vorgaben des V-Modells XT. Hier wird daher kurz die Vorgehensweise nach dem V-Modell XT beschrieben, woraus auch die Quelle für die Gliederung des Lastenheftes (siehe Kap. 3.4.2) und die nachfolgend zitierte Anleitung zum Erstellen des Pflichtenheftes erkennbar wird.

W

Vorgehensmodell

Ein Vorgehensmodell ist eine Arbeitsanleitung, die beschreibt, wie und in welcher Reihenfolge Arbeiten bei der Organisation und Durchführung eines Projekts durchzuführen sind.

3.2.1 Vorgehensweise nach dem V-Modell XT

Das V-Modell XT ist ein Vorgehensmodell für die Durchführung von IT-Projekten. Es regelt das Vorgehen bei der Entwicklung von Hard- und Softwaresystemen und wurde erstmals im Jahre 1992 von der Bundeswehr veröffentlicht. Seitdem gab es zwei Revisionen, das **V-Modell 97** und das **V-Modell XT**. Der Zusatz „XT" steht für „eXtreme Tailoring" und unterstreicht die flexible Anpassbarkeit an spezifische Projektumfelder.

Das V-Modell XT wurde unter Einbeziehung von wissenschaftlichen Einrichtungen und Praxispartnern im Auftrag des Innenministeriums der Bundesrepublik Deutschland entwickelt und im ersten Release im Februar 2005 durch die „Koordinierungs- und Beratungsstelle der Bundesregierung für Informationstechnik in der Bundesverwaltung" (KBSt) vorgestellt. Die aktuelle Version **V-Modell XT 2.2** wird vom Beauftragten der Bundesregierung für Informationstechnik angeboten, der ressortübergreifend allen Behörden des Bundes als Ansprechpartner für Informations- und Kommunikationstechnik zur Verfügung steht.

Die Anwendung des V-Modell XT ist für die Behörden der Bundesverwaltung **verbindlich.** Will eine Behörde einen Auftrag zur Softwareentwicklung vergeben, so muss nach dem V-Modell XT vorgegangen werden. Auch der Auftragnehmer der Bundesverwaltung, also auch ein Unternehmen aus der freien Wirtschaft, muss nach diesem Vorgehensmodell arbeiten. Wenn Unternehmen häufig Aufträge des Bundes bearbeiten, bietet sich das Vorgehen nach dem V-Modell XT auch als unternehmensinterner Standard an.

Das V-Modell XT gliedert sich in ein Teilmodell für **Auftraggeber** und in ein Teilmodell für **Auftragnehmer**. Für beide Seiten werden einheitliche Begriffe, einheitliche Dokumente sowie einheitliche Vorgehensbausteine und Bewertungsvorschriften festgelegt.

Das V-Modell XT definiert die Aktivitäten (Tätigkeiten) und Produkte (Ergebnisse), die während der Entwicklung von Systemen durchzuführen bzw. zu erstellen sind. Es legt die Verantwortlichkeiten jedes Projektbeteiligten fest. Das Modell regelt also detailliert, **„Wer Wann Was"** in einem Projekt zu tun hat. Nur das **„Wie"** bleibt den Ausführenden freigestellt, d.h., die Methoden der Softwareentwicklung sind frei wählbar.

Das V-Modell XT soll für sehr unterschiedliche Projekte einsetzbar sein. Seine Begrifflichkeiten bewegen sich daher auf einer sehr abstrakten Ebene. Man spricht hier von einem **generischen,** d.h. von einem neutralen Modell. Es ist sehr abstrakt, anwendungsunabhängig und methodenneutral aufgebaut und es gibt keinen Hinweis auf das „Wie".

Ein Tool zum Modell, der Projektassistent, generiert nur einen fast leeren Rahmen, erzeugt z.B. die Gliederung und Inhaltsbeschreibung von Dokumenten (wie dem Lastenheft), hilft dem Benutzer aber nicht beim Eintragen seiner spezifischen Inhalte, was eigentlich auch kein Tool leisten kann.

Die Anpassung auf die möglichen Anwendungsgebiete geschieht durch das **Tailoring**, durch das „Zuschneiden" auf das gewünschte Einsatzgebiet. Das V-Modell XT bietet unter Einsatz seines Projektassistenten das

Beispiel für die Anwendung des V-Modell XT

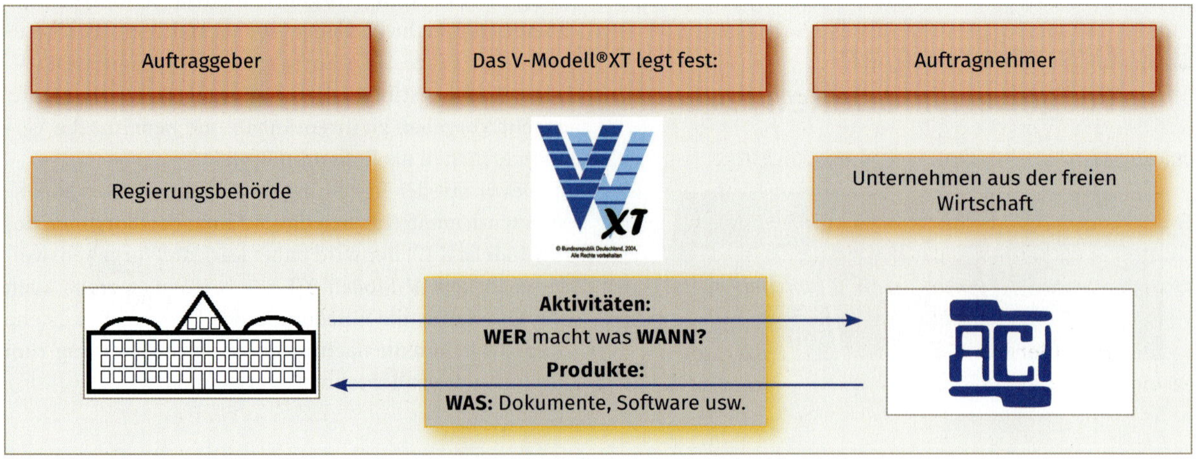

Zuschneiden auf folgende Projektgegenstände jeweils aus Auftraggeber- oder Auftragnehmersicht an:
- Einführung und Pflege eines organisatorischen Vorgehensmodells
- eingebettete Systeme
- Hardwaresysteme
- Komplexe Systeme
- Softwaresysteme
- Systemintegration

Auf der Webseite der BIT (www.bit.bund.de) stehen allen Interessierten in der Rubrik „Standards und Methoden" für das V-Modell XT kostenfrei zur Verfügung:
- Dokumentation (HTML, PDF)
- Installer (Projektassistent)
- V-Modell-CD
- Release Notes

Zusätzlich bietet die Rubrik umfassende Informationen rund um das V-Modell XT. Einsteiger können das V-Modell XT über eine virtuelle Präsentation kennenlernen.

3.2.2 Grundkonzept

Das V-Modell strukturiert den Softwareentwicklungsprozess ähnlich dem Wasserfallmodell in einer sequenziellen Abfolge von Phasen. Als wesentlichen Fortschritt betont es die Zusammengehörigkeit von Produkten und den Tests, die diese Produkte überprüfen. Produkte und die Sicherung der Qualität dieser Produkte stehen somit im Mittelpunkt der Überlegungen zum V-Modell. Als Produkte werden die zahlreichen Dokumente angesehen, die bereits bei der Einführung des Begriffes „Software" aufgeführt wurden.

Die folgenden Ausführungen zum V-Modell XT beschränken sich dem Lernfeld entsprechend auf Softwareentwicklungsprojekte und auf die Sicht der Auftragnehmer. Das V-Modell XT bietet darüber hinaus noch wesentlich mehr Vorgaben zu Aktivitäten, Produkten, Rollen und Vorgehensbausteinen, deren Studium durchaus empfehlenswert ist.

3.2.2.1 Produkte stehen im Mittelpunkt

Das V-Modell ist produktorientiert. Jedes Ergebnis, auch jedes Zwischenergebnis ist ein Produkt. Bei der Betrachtung der Phasen der Softwareentwicklung wurde bereits dargestellt, dass die Softwareentwicklung Dokumente produziert. Der Quellcode ist nur ein Dokument unter vielen. So entstehen auch die folgenden Dokumente bei einer „Softwareentwicklung im Großen":

1. **Lastenheft** vom Auftraggeber als Basis für die Auftragserteilung
2. **Projektplan** vom Entwicklerteam mit Zeit- und Ressourcenplanung
3. **Pflichtenheft** als Angebot vom Entwickler
4. **Anforderungsspezifikation** als Ergebnis der genauen Anforderungsanalyse
5. **Entwurfsbeschreibung** unter Verwendung von allgemeinen Darstellungsmitteln (z. B. UML, EPK oder Datenmodelle mit ERM)
6. Protokolle von **Reviews** zur Spezifikation und zum Design
7. **Quellcode** bei der Implementierung des lauffähigen Systems
8. **Testprotokoll** für Black-Box- und für White-Box-Tests
9. Protokolle von **Reviews** und Code-Inspektionen
10. **Dokumentation** (Kommentierung des Programms, Benutzerhandbuch oder Onlinehilfe, Installationsanleitung)
11. **Abschlusspräsentation** des lauffähigen Systems für den Auftraggeber
12. **Abnahmeprotokoll**

In den Schaubildern zum V-Modell XT wird die zentrale Stellung der Produkte wie folgt dargestellt (siehe Schaubild unten).

Ein Produkt ist das Ergebnis einer Aktivität. Verantwortlich für das Produkt ist eine Person, die im Entwicklungsprozess eine bestimmte Rolle übernimmt.

S

In unserem Beispiel liefert die Aktivität „Kick-off-Meeting" das Produkt „Protokoll", für das der Auszubildende Stefan Fischer verantwortlich ist.

Der Projektassistent liefert eine Vielzahl von Vorlagen für Dokumente, unter anderem auch für das Lastenheft und das Pflichtenheft, die im Rahmen der Bearbeitungsaktivitäten projektbezogen zu vervollständigen sind. Es folgt eine Übersicht über die Vorlagen für den Auftragnehmer einer Softwareentwicklung, generiert durch den Projektassistenten.

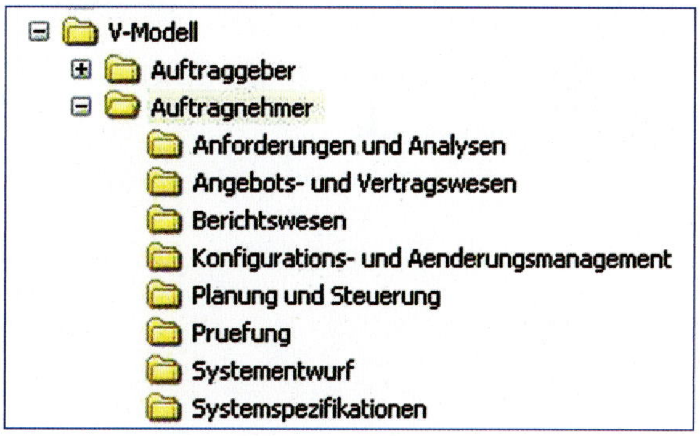

Produkte für den Auftragnehmer
(Anmerkung: Später behandelte Dokumente sind fett gedruckt)

Anforderungen und Analyse
1. Anwenderaufgabenanalyse.rtf
2. **Make-or-Buy-Entscheidung.rtf**
3. Anforderungen.rtf (**Lastenheft,** findet sich beim **Auftraggeber** an dieser Stelle)

Angebots- und Vertragswesen
1. Angebot.rtf
2. Bewertung der Ausschreibung.rtf

Berichtswesen
1. Besprechungsdokument.rtf
2 Kaufmännischer Projektstatusbericht.rtf
3. Metrikauswertung.rtf
4. Projektabschlussbericht.rtf
5. Projektstatusbericht.rtf
6. Projekttagebuch.rtf
7. QS-Bericht.rtf

Konfigurations- und Änderungsmanagement
1. Änderungsentscheidung.rtf
2. Änderungsstatusliste.rtf
3. Problem-Änderungsbewertung.rtf
4. Problemmeldung Änderungsantrag.rtf
5. Produktkonfiguration.rtf

Planung und Steuerung
1. Arbeitsauftrag.rtf
2. Kaufmännische Projektkalkulation.rtf
3. Projektfortschrittsentscheidung.rtf
4. Projekthandbuch.rtf
5. Projektplan.rtf
6. QS-Handbuch.rtf
7. Risikoliste.rtf
8. Schätzung.rtf

Prüfung
1. Nachweisakte.rtf
2. Prüfprotokoll Benutzbarkeit.rtf
3. Prüfprotokoll Dokument.rtf
4. Prüfprotokoll Prozess.rtf
5. Prüfprotokoll Systemelement.rtf
6. Prüfprozedur Systemelement.rtf
7. Prüfspezifikation Benutzbarkeit.rtf
8. Prüfspezifikation Dokument.rtf
9. Prüfspezifikation Prozess.rtf
10. Prüfspezifikation Systemelement.rtf

Systementwurf
1. **Datenbankentwurf.rtf**
2. Implementierungs-, Integrations- und Prüfkonzept SW.rtf
3. Implementierungs-, Integrations- und Prüfkonzept System.rtf
4. Implementierungs-, Integrations- und Prüfkonzept Unterstützungssystem.rtf
5. **Mensch-Maschine-Schnittstelle (Styleguide).rtf**
6. **Softwarearchitektur.rtf**
7. Systemarchitektur.rtf
8. Unterstützungs-Systemarchitektur.rtf

Systemspezifikation
1. Externe-Einheit-Spezifikation.rtf
2. Gesamtsystemspezifikation (**Pflichtenheft**).rtf
3. SW-Spezifikation.rtf
4. Systemspezifikation.rtf

Die in der folgenden Grafik verwendete Notation (Pfeile, Ziffern, Sterne) wird im Kapitel 4.2.2.2 beim UML-Klassendiagramm erläutert.

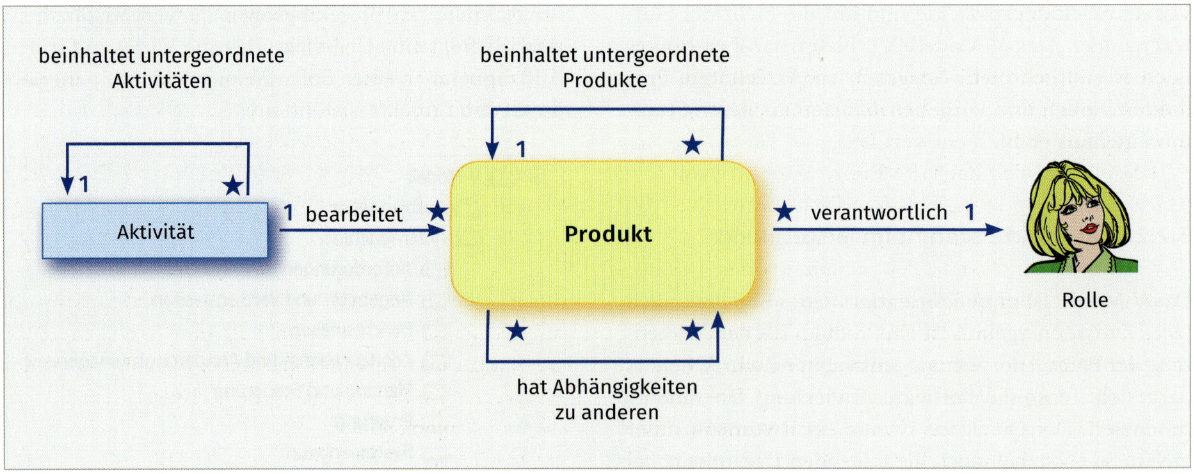

S Diese Fülle der Vorlagen begeistert Stefan schon. Endlich gibt es umfangreiche Hinweise, wie die Dokumente zur Softwareentwicklung aussehen sollen, verbunden mit Hinweisen auf eine entsprechenden Autorität im Hintergrund. Wenn die staatlichen Auftraggeber das so vorgeben, dann müssen sich die Auftragnehmer danach richten. Hauptsache, die Softwareunternehmen übernehmen das auch für ihren internen Gebrauch. Es sieht ja alles sehr gut geregelt aus – man kann natürlich auch sagen, dass es sehr bürokratisch aussieht. Es muss viel Papier produziert werden, aber wenigstens gibt es Vorgaben zum Inhalt der Papiere. Und das Lastenheft von Frau Horn war doch sehr hilfreich. Aber wo bleiben bei dem vielen Papier eigentlich wir, die Softwareentwickler?

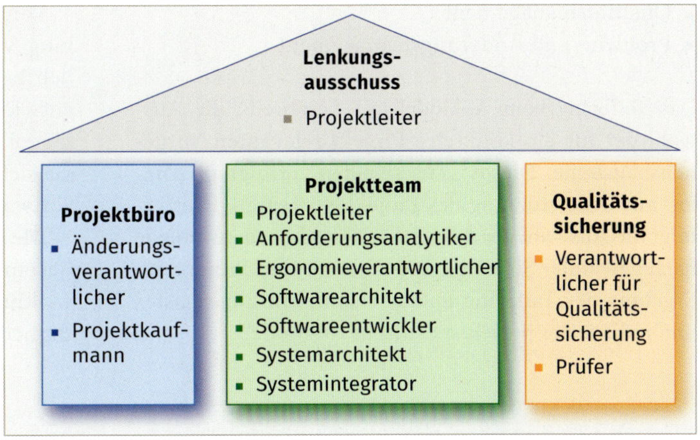

Rollen beim Auftragnehmer in der Softwareentwicklung (vgl. Kap. 2, Projektorganisation)

3.2.2.2 Rollen

Das V-Modell XT ordnet den am Projekt beteiligten Personen Rollen zu. Beim Auftragnehmer unterscheidet man unter anderem folgende Rollen im Projektteil „Softwareentwicklung“ (in alphabetischer Reihenfolge):

1. Änderungsverantwortlicher
2. Anforderungsanalytiker beim Auftragnehmer
3. Ergonomieverantwortlicher
4. Lenkungsausschuss
5. Projektkaufmann
6. Projektleiter
7. Prüfer
8. Verantwortlicher Qualitätssicherung
9. Softwarearchitekt
10. Softwareentwickler
11. Systemarchitekt
12. Systemintegrator

Und es gibt noch einige mehr. Diese Rollen kann man dem bereits bekannten Schema zur Projektorganisation gut zuordnen.

Hier finden sich auch die Rollen der Softwarearchitekten und -entwickler, die dem Fachinformatiker Anwendungsentwicklung entsprechen, sowie die Rolle des Projektkaufmanns (siehe Dokumentenvorlage „Make-or-Buy-Entscheidung.rtf“), die beim Auftragnehmer von einem IT-Systemkaufmann ausgefüllt werden kann wieder. Beim Auftraggeber kann diese Rolle der Informatikkaufmann übernehmen. Interessant ist auch die Herausstellung eines Ergonomieverantwortlichen (siehe Dokumentenvorlage „Mensch-Maschine-SchnittstelleStyleguide.rtf“), wodurch die besondere Bedeutung der Softwareergonomie für die Akzeptanz beim Anwender unterstrichen wird.

Die Fachinformatiker Systemintegration finden ihre Rolle als Systemarchitekten und Systemintegratoren. Projektleitung und Anforderungsanalyse entfallen dagegen eher auf die Informatiker mit Studienabschlüssen.

3.2.3 Vorgehensbausteine und Tailoring

Ein Vorgehensbaustein fasst mehrere Aktivitäten zu einer Einheit zusammen. Aktivitäten werden von einem Menschen erbracht, der eine Rolle ausübt. Aktivitäten wiederum führen zu Produkten. Jeder Vorgehensbaustein ist eine konkrete Aufgabenstellung, die im Rahmen eines V-Modell-Projektes auftreten kann. Der Vorgehensbaustein kapselt dabei diejenigen Produkte, Aktivitäten und Rollen, die für die Erfüllung dieser Aufgabenstellung relevant sind und damit inhaltlich zusammengehören.

Produkte werden im V-Modell mit abgerundeten Ecken dargestellt, Aktivitäten erscheinen in Form von Rechtecken. Vorgehensbausteine sind die elementaren Einheiten des V-Modells. Ein V-Modell setzt sich also aus verschiedenen Vorgehensbausteinen zusammen.

Das Gesamtmodell umfasst ca. 120 Vorgehensbausteine. Für die Softwareentwicklung werden davon 22 empfohlen. In jedem Projekt ist die Verwendung der folgenden vier Vorgehensbausteine Pflicht. Sie werden auch als Kern des V-Modells bezeichnet:

- Projektmanagement
- Konfigurationsmanagement

- Qualitätsmanagement
- Problem- und Änderungsmanagement

Das Tailoring beim V-Modell XT beschreibt die Auswahl der für ein konkretes Projekt relevanten Vorgehensbausteine. Dieses „Zuschneiden" erfolgt im Dialog mit Unterstützung des Projektassistenten. Hier erfolgt die Auswahl der relevanten Vorgehensbausteine je nach gewählter Situation und Position zum Projekt. Im Ergebnis des Tailoring entsteht dann ein angepasstes und reduziertes projektspezifisches V-Modell.

Vom Standpunkt der Entwicklung und Bereitstellung von Anwendungssystemen interessieren natürlich besonders die Vorgehensbausteine zur Softwareentwicklung. Die entsprechende Abbildung zeigt die hierzu gehörenden Aktivitäten, Produkte und Rollen, die sich hier natürlich auf die Softwarearchitekten und Softwareentwickler beziehen.

Die in den Grafiken „Vorgehensbaustein und seine Bestandteile" und „Vorgehensbaustein Softwareentwicklung" verwendete Notation wird im Kapitel 4 bezüglich UML erläutert.

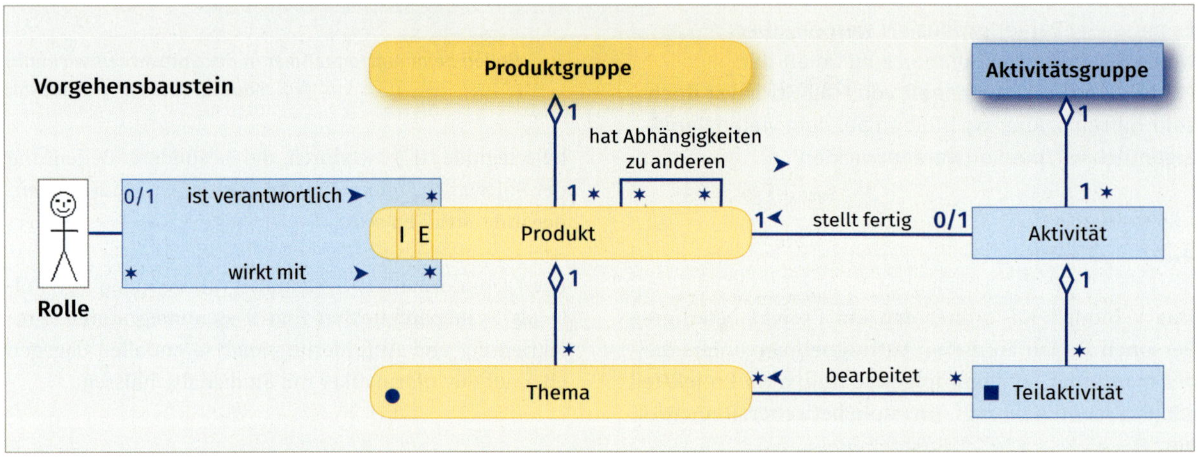

Vorgehensbaustein und seine Bestandteile

Tailoring mittels Projektassistent

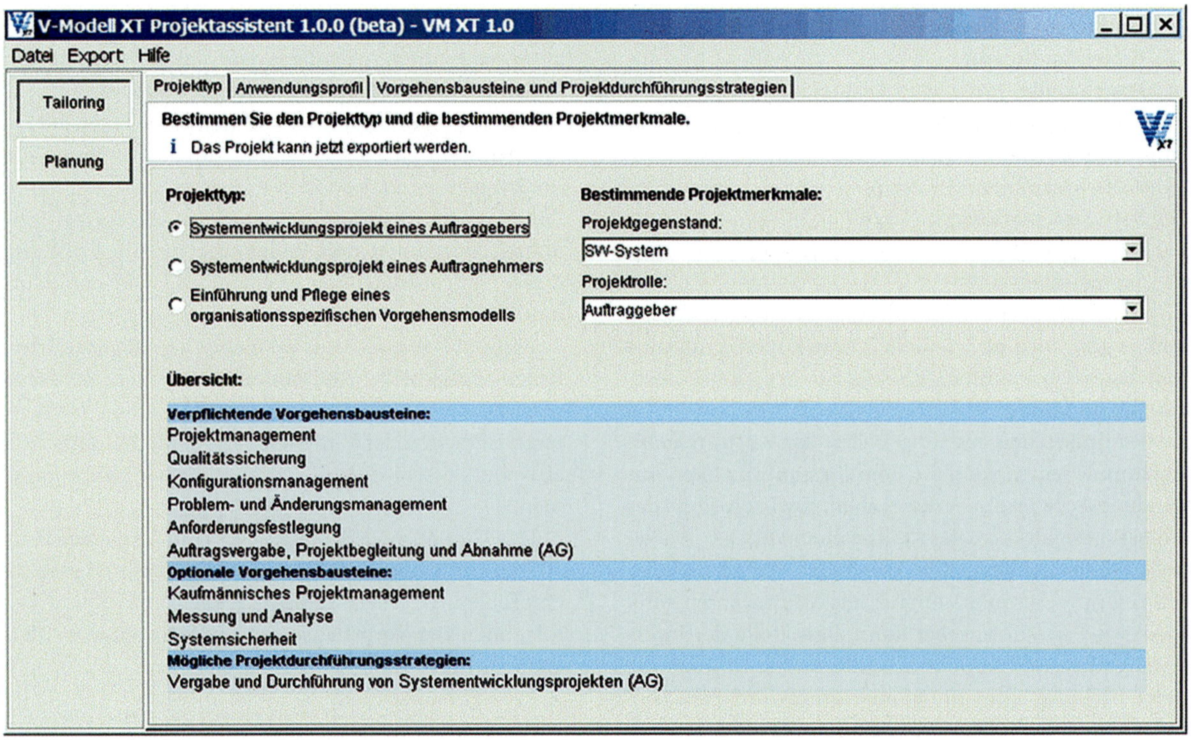

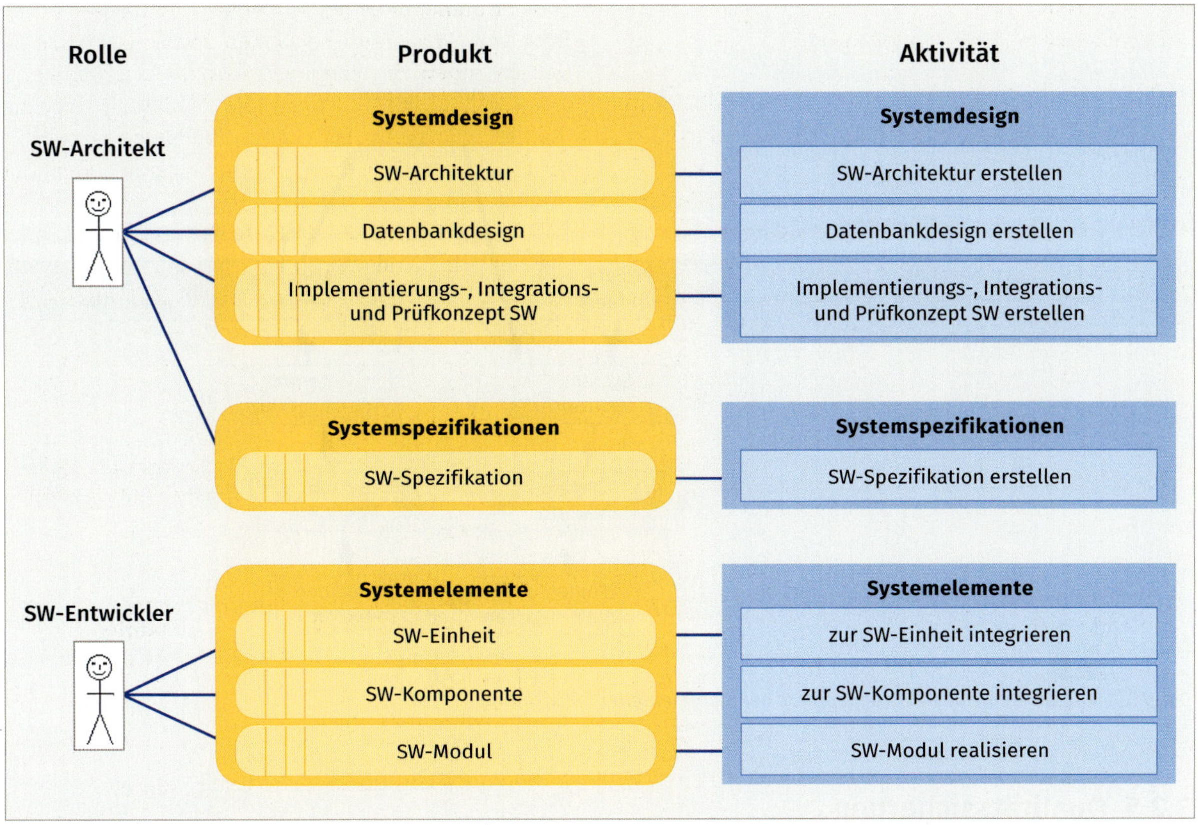

Vorgehensbaustein Softwareentwicklung

3.2.4 Projektdurchführungsstrategien

Der inhaltliche und zeitliche Ablauf eines Projektes ist in der Regel komplex. Um eine zuverlässige Planung und Steuerung des Projektes zu ermöglichen, muss ein geordneter Projektablauf entwickelt werden. Hierfür stellt das V-Modell dem Anwender einen Katalog von sogenannten Projektdurchführungsstrategien zur Verfügung. Eine Projektdurchführungsstrategie definiert einen grundlegenden Rahmen für die geordnete und nachvollziehbare Durchführung eines Projektes.

Die Vorgehensbausteine selbst sind elementar, sie geben keinerlei Hinweise auf eine mögliche Reihenfolge der Durchführung von Aktivitäten. Die Projektdurchführungsstrategie legt die Reihenfolge der Aktivitäten und damit auch die Reihenfolge der Vorgehensbausteine fest.

Für jeden Projekttyp bietet das V-Modell mindestens eine geeignete Projektdurchführungsstrategie an.

W

Projektdurchführungsstrategien für die Softwareentwicklung

- **Inkrementelle Systementwicklung** (aus gleichartigen Teilen wachsend – Phasenmodell: Wasserfallmodell)
- **Komponentenbasierte Systementwicklung** (aus Bausteinen aufgebaut – Phasenmodell: Spiralmodell)
- **Agile Systementwicklung** (sehr dynamisch und anpassungsfähig – Phasenmodell: Extreme Programming XP)

S

Im Kick-off-Meeting zum Projekt der Auszubildenden wurde die Vorgehensweise nach dem Wasserfallmodell festgelegt. Als Projektdurchführungsstrategie empfiehlt sich damit die inkrementelle Entwicklung.

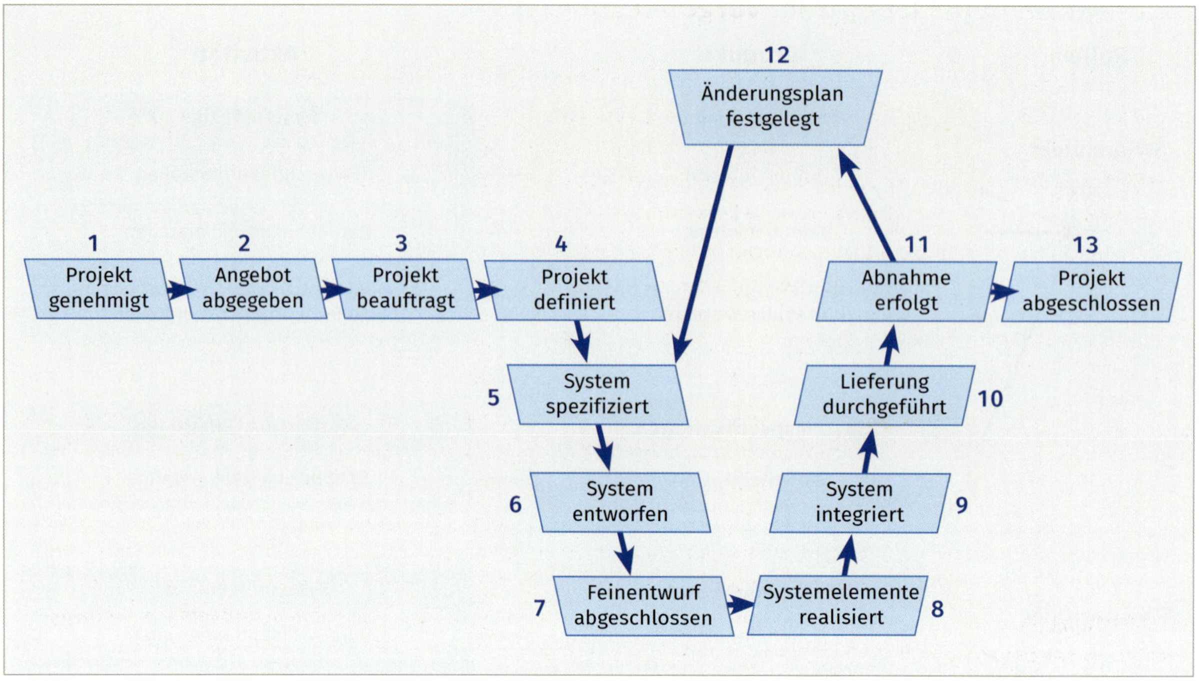

Durchführungsstrategie des Auftragnehmers bei inkrementeller Entwicklung

3.2.5 Qualitätssicherung

Bei allen bisherigen Themen spielte das „V" aus dem V-Modell eigentlich keine Rolle. Die Idee des ursprünglichen V-Modells, bereits in der Spezifikations-, Design- und Entwicklungsphase Kriterien zur Überprüfung der Qualität der Entwicklungsergebnisse zu formulieren, wird auch im V-Modell XT bewahrt.

Die Produkte der Phasen auf der linken Seite des „V" bilden zusammen mit den Tests auf der rechten Seite des „V" die bekannten vertikalen Modellebenen:

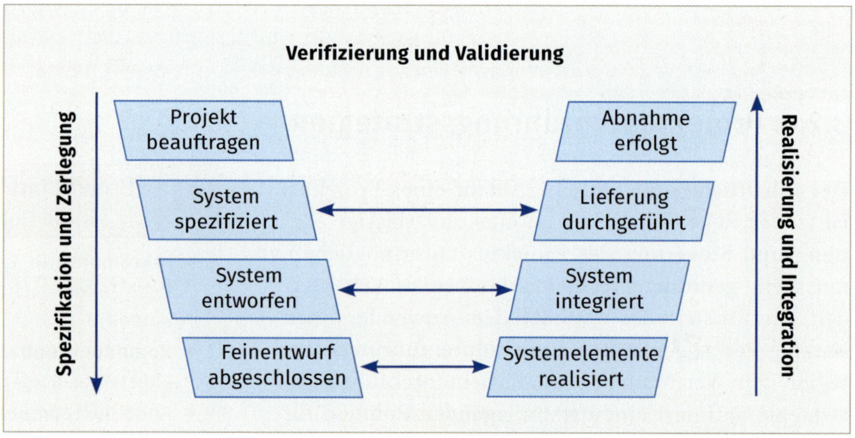

Qualitätssicherung nach klassischem V-Modell

- **Die Ebene des Anwendermodells** besteht aus dem definierten Projekt im Ergebnis der Anforderungsanalyse und der Systemspezifikation (links) und dem abgenommenen System (rechts).
- **Die Ebene des Architekturmodells** besteht aus dem Systemdesign (links) und dem erfolgreich integrierten und getesteten System (rechts).
- **Die Ebene der Implementierung** besteht aus dem DV-technischen Feinentwurf und den realisierten und getesteten Systemelementen (Modulen).

Als wesentliche Besonderheit betont das V-Modell die Zusammengehörigkeit von Produkten und Tests zur Überprüfung dieser Produkte. Produkte und die Sicherung der Qualität dieser Produkte stehen somit im Mittelpunkt aller Überlegungen zum V-Modell. Als Produkte werden die zahlreichen Dokumente angesehen.

Diese Produktorientierung gestattet auf der Basis des V-Modells Werkzeuge zu entwickeln und anzubieten, die direkt die Erstellung dieser Produkte unterstützen.

3.2.6 Zusammenfassung zum Vorgehensmodell

Welche Ziele verfolgt das V-Modell und wie werden diese Ziele erreicht?	
Minimierung der Projektrisiken	Durch die standardisierten Vorgehensweisen sowie die Beschreibung der zugehörigen Ergebnisse und der verantwortlichen Rollen erhöht das V-Modell die Transparenz und verbessert die Planbarkeit von Projekten. Planungsabweichungen und Risiken werden bereits frühzeitig erkannt. Prozesse lassen sich besser steuern und damit wird das Projektrisiko eingedämmt.
Verbesserung und Gewährleistung der Qualität	Das V-Modell regelt detailliert, „Wer Wann Was" in einem Projekt zu tun hat. Es liefert konkrete Hilfestellungen bei der Entwicklung und enthält Anleitungen und Empfehlungen, wie Arbeiten durchzuführen sind. Diese Vorgaben ermöglichen auch bei komplexen und umfangreichen Projekten eine systematische Durchführung. Dadurch werden Projekte besser plan- und nachvollziehbar, verlaufen zuverlässiger und liefern Ergebnisse von hoher Qualität. Ein standardisiertes Vorgehensmodell stellt sicher, dass die Ergebnisse vollständig und von gewünschter Qualität sind. Definierte Zwischenergebnisse können frühzeitig geprüft werden. Einheitliche Produktinhalte machen die Ergebnisse besser lesbar, verständlicher und leichter überprüfbar.
Eindämmung der Gesamtkosten über den ganzen Projekt- und Systemlebenszyklus	Durch die Anwendung des standardisierten Vorgehensmodells lässt sich der Aufwand für die Entwicklung, Herstellung, den Betrieb sowie die Pflege und Wartung eines Systems auf transparente Weise kalkulieren, abschätzen und steuern. Die erzeugten Ergebnisse sind einheitlich und leichter nachvollziehbar. Diese Tatsachen verringern die Abhängigkeit des Auftraggebers vom Auftragnehmer und führen zu vermindertem Aufwand in anschließenden Aktivitäten und Projekten. Durch die Vorgabe der Gestaltung von Entwicklungsdokumenten und ihrer Strukturen seitens des Modells müssen diese Dokumente nicht mehr selbst entworfen werden und die Kommunikation wird sowohl innerhalb des Unternehmens als auch extern zu anderen Unternehmen oder Behörden vereinfacht. Zusätzlich wird die Projektplanung durch die Vorgabe von definierten und standardisierten Aktivitäten erleichtert.
Erkennen von Verbesserungsmöglichkeiten	Die standardisierte und einheitliche Beschreibung aller relevanten Bestandteile und Begriffe ist die Basis des wechselseitigen Verständnisses aller Projektbeteiligten. So werden Reibungsverluste zwischen Nutzer, Auftraggeber, Auftragnehmer und Entwickler reduziert. Das V-Modell ist generell für alle Unternehmen, insbesondere auch für große und mittelständische Unternehmen geeignet. Bei den zivilen und militärischen Vorhaben des Bundes ist dieser Entwicklungsstandard durch die Bundesstelle für Informationstechnik in der Bundesverwaltung (BIT) empfohlen worden.

3.3 Design

3.3.1 Modelle als Designergebnis

Vor der Realisierung eines Anwendungssystems, also vor dem Programmieren, Testen, Integrieren und Installieren der Lösung, liegt die Phase des Designs. Das Bearbeiten dieser Phase ist ein wesentlicher Beitrag zur Sicherung der Qualität des zu erstellenden Softwareproduktes. Die Dokumente des Designs sollten publiziert und diskutiert werden. Die Korrektheit und Vollständigkeit der Vorstellungen von Auftraggebern und Entwicklern bezüglich des zukünftigen Softwareproduktes können anhand der Dokumente des Designs überprüft, abgestimmt und verbessert werden.

Das Designs und die erstellten Dokumente sollten

- nicht viel Aufwand verursachen,
- von allen Beteiligten leicht verstanden werden,
- langfristig als Belege nutzbar sein und
- möglichst automatisch in der nächsten Phase der Entwicklung verwendbar oder überführbar sein.

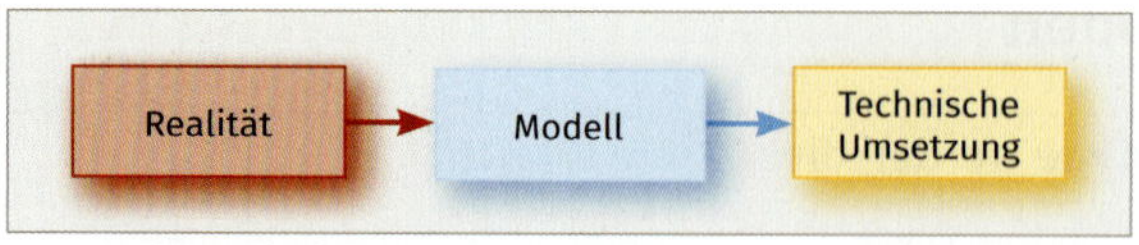

Für die Dokumentation der Ergebnisse des Designs nutzt man verschiedene Darstellungsformen, auch Modelle genannt. Das Modell ist dabei das Ergebnis eines Konstruktionsprozesses, es wird neu geschaffen und beschreibt das aufzubauende System. Dabei werden die als nicht relevant angesehen Eigenschaften des Systems weggelassen, d. h., das Modell ist Ergebnis eines Abstraktionsprozesses.

W

Modelle sind zweckgebundene Abbildungen von Systemen.

Jedes Modell, das im Ergebnis einer Systemanalyse entsteht bzw. modelliert wird, ist ein manipulierbarer Vertreter des untersuchten Systems, der durch eine Abbildung entsteht.

Jedes Modell hat eine Stellvertreterfunktion für das System, das durch das Modell abgebildet wird.

Wir kennen verschiedene Arten von Modellen:

- physische Modelle, z. B. kleine Häuser oder ganze Städte aus Architektur und Städtebau
- analoge Modelle, z. B. die geografische Karte als Abbild einer Stadt oder eines Verkehrsnetzes
- mathematische Modelle, z. B. über den Zusammenhang von Fallhöhe und Fallgeschwindigkeit

Als Voraussetzung für das Entwickeln und Bereitstellen von betrieblichen Anwendungssystemen muss die Geschäftstätigkeit des Unternehmens durch ein Modell abgebildet werden. Gegenstand der Modellierung sind dabei die Aufbau- und Ablauforganisation im Unternehmen. Für die Modellierung gelten die folgenden Sichten als wesentliche Ausgangspunkte:

- **Organisationssicht**
  Betrachtung von beteiligten Organisationseinheiten zur Abwicklung der Geschäftsprozesse (Aufbauorganisation)
- **Funktionssicht**
  Betrachtung von ausgeführten bzw. auszuführenden Tätigkeiten oder Aktivitäten der Organisationseinheiten innerhalb der Geschäftsprozesse
- **Aufgabensicht**
  Betrachtung der Aufgabeninhalte der Organisationseinheiten für den Zweck der Erfüllung bzw. Durchführung der Tätigkeiten innerhalb der Geschäftsprozesse
- **Arbeitsplatzsicht**
  Betrachtung der Aufgaben eines Arbeitsplatzes und deren Abhängigkeiten sowie des Grades der Beeinflussung eines Arbeitsplatzes durch die Geschäftsprozesse
- **Sicherungssicht**
  Betrachtung der Risiken und Gefahren bei der Ausführung von Geschäftsprozessen (Ablauforganisation)
- **Prozesssicht**
  Betrachtung des wirtschaftlichen Prozesses als Ganzes mit dem Ziel der Untergliederung in einzelne Prozessschritte
- **Informationsflusssicht**
  Betrachtung der Informationswege und des Flusses von Informationen zwischen den Organisationseinheiten bei der Ausführung von Geschäftsprozessen
- **Datensicht**
  Betrachtung von strukturierten/formalisierten und unstrukturierten Informationsobjekten im Zusammenhang mit der Ausführung der Geschäftsprozesse

Die formulierten Anforderungen an das Design gelten gleichermaßen für die Modellierung. Die Modelle müssen ohne viel Aufwand erstellt werden. Dafür stehen zahlreiche Werkzeuge zur Verfügung, wie Microsoft Visio, ARIS, SiSy oder ADONIS.

Aufgaben

1. Der Designer von Microsoft hat bei der hier verwendeten Darstellung einer EPK auf der folgenden Seite formale Fehler gemacht. Identifizieren Sie diese formalen Fehler!

Alle diese Werkzeuge arbeiten mit grafischen Darstellungen unter Verwendung von mehr oder weniger standardisierten Symbolen. Ein Bild sagt mehr als tausend Worte – so sind auch die grafischen Modelle schnell erfassbar und dank der Standardisierung meist auch allgemein verständlich. Gute Tools helfen nicht nur beim Zeichnen der Modelle, sondern verstehen die Modellobjekte auch inhaltlich, sodass sich automatische Prüfungen auf Vollständigkeit, Widerspruchsfreiheit, formale Korrektheit und Redundanzfreiheit durchführen lassen.

In ihren vollständigen Versionen unterstützen gute Tools dann auch die Konvertierung der Modelle in ausführbare Komponenten, wie in der folgenden Tabelle dargestellt.

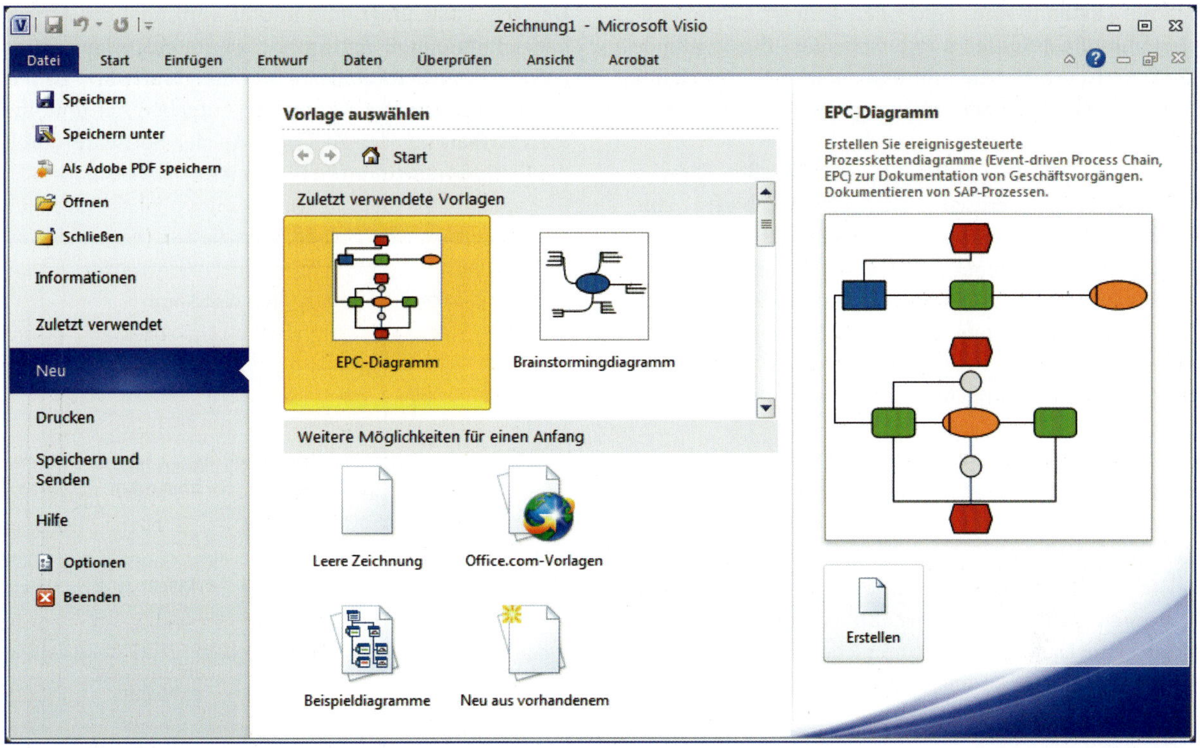

Möglichkeiten zur Geschäftsprozessmodellierung mit Microsoft Visio

Modell	Konvertierungsergebnis
Datenmodell	→ SQL-Anweisungen zum Erzeugen der Tabellen
Funktionsbeschreibung	→ Klassendefinition in einzelnen Programmiersprachen
Geschäftsprozess	→ Workflow-Beschreibung

Diese Konvertierung ist ein Bestandteil der angestrebten Technologie des modellgestützten Entwickelns (Model Driven Development).

3.3.1.1 Modellarten

Neben den bereits angesprochenen Modellarten (physische, analoge und mathematische Modelle) spielen die grafischen Modelle eine besondere Rolle. Sie werden in vielfältiger Weise bei der Entwicklung von Softwarelösungen eingesetzt.

Grafische Modelle bilden die Systeme unter Verwendung grafischer Symbole ab. Bei der Verwendung möglichst weniger und eindeutiger Symbole können grafische Modelle visuell leicht erfasst werden und sind von allen Betrachtern leicht zu verstehen. Damit erfüllen diese Modelle ihre Aufgabe als Mittel zur Kommunikation und Dokumentation. Die Modelle werden so zu einer wichtigen Schnittstelle zwischen den Auftraggebern aus den betrieblichen Prozessen und den Entwicklern von Anwendungssystemen.

Die Vertreter der Praxis sollten ihre Situation und ihre Abläufe in den Modellen wiedererkennen. Gleichzeitig sollten die Modelle abstrakt genug sein für eine Umsetzung mithilfe der formalen Mittel der Software. Die Modelle sind geeignete Mittel der Kommunikation, wenn sich Auftraggeber und Entwickler anhand der Darstellungen im Modell verständigen können. Die Modelle werden dabei wahrscheinlich verändert. Damit eine Bereitschaft zu Änderungen besteht, müssen diese Änderungen durch die Unterstützung von Tools einfach realisierbar sein. Erst wenn man sich auf eine Darstellung geeinigt hat, wird das Modell zum Mittel der Dokumentation. Das abstrakte Abbild der Realität wird festgeschrieben und dokumentiert. Später kann dieses Abbild als Basis weiterer Arbeiten herangezogen werden.

In den abzubildenden Systemen, im konkreten Fall in den abzubildenden Unternehmen, sind stets relativ

stabile Zustände und mehr oder weniger häufig **wiederkehrende Abläufe** zu unterscheiden. Die Zustände sind statische, die Abläufe dynamische Sachverhalte. Für beide Sachverhalte gibt es spezielle Darstellungsmittel und Modellarten.

Die folgende Darstellungen von Modellen für statische und dynamische Sachverhalte bietet eine Übersicht über verschiedene Modellarten, die bei der Entwicklung von Anwendungssystemen eingesetzt werden. Die Abbildungen der Modelle sind relativ klein, alle Details daher nicht immer erkennbar. Hier soll es auch nicht um die Details gehen, sondern um eine Übersicht zu den relevanten Modellarten.

Darstellung statischer Sachverhalte

Das **Organigramm** ist das wichtigste Darstellungsmittel in der Organisationssicht. Hiermit wird die Aufbauorganisation des Unternehmens dargestellt. Die grafischen Darstellungen unterscheiden sich je nach gewählter Organisationsform (Stab-Linien- oder Matrix-Organisation).

Das **Use-Case-Diagramm in UML** verbindet die Aufgabensicht und die Funktionssicht mit eindeutigem Blick auf die zu entwickelnde Anwendungssoftware. Es wir dargestellt, was der Akteur für Aufgaben hat und wie die Bearbeitung der Aufgaben in der Software durch die Funktionen zu unterstützen ist.

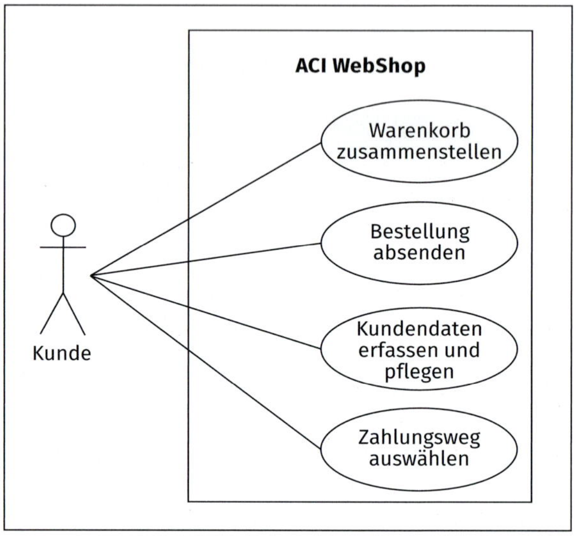

Use Case in UML

Organigramm

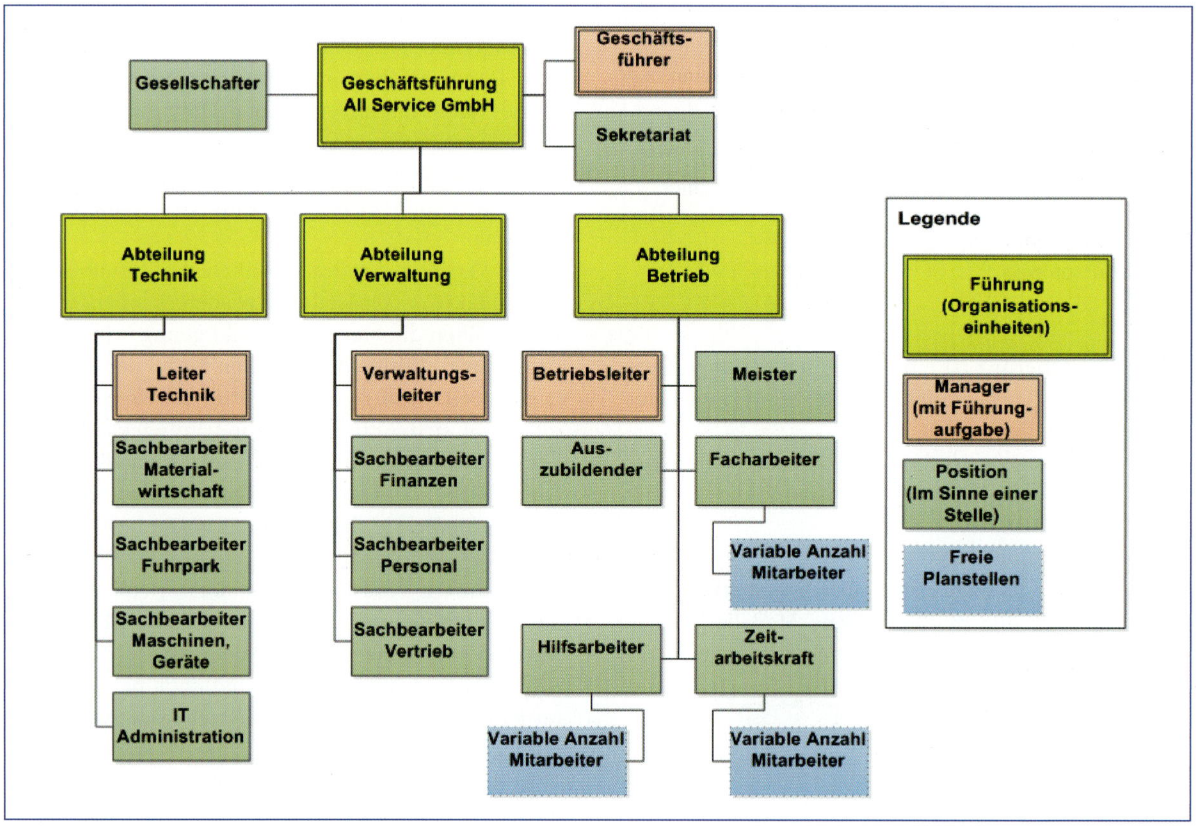

Das **Entity-Relationship-Diagramm (ERD)** gehört ebenfalls zu den Modellen, die einen Zustand, also einen statischen Sachverhalt abbilden. Hier wir die Datensicht unterstützt. Das Modell zeigt, wie die Attribute zu Tabellen (Relationen) zusammengefasst werden und welche Beziehungen (relationships) zwischen diesen Tabellen bestehen.

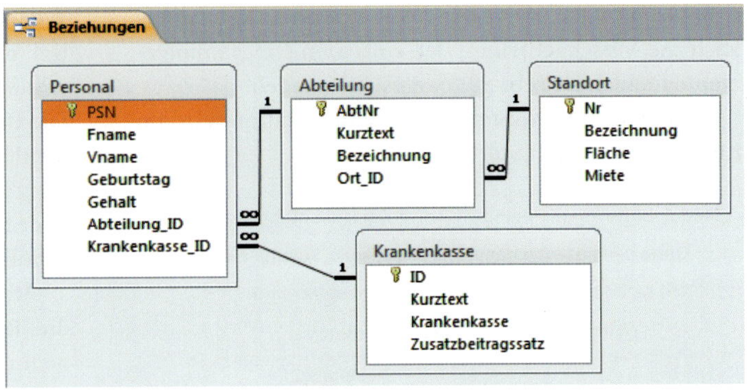

Relationales Datenmodell aus Microsoft Access

Darstellung dynamischer Sachverhalte

Die **Prozesslandkarte** dient zur Darstellung von Geschäftsprozessen aus einer sehr allgemeinen Perspektive. Es geht um die Gesamtsicht über alle relevanten Prozesse. Die Bezeichnung „Prozesslandkarte" leitet sich aus dem im Englischen verwendeten Begriff „process landscape" ab und wird im deutschen Sprachgebrauch auch als „Wertschöpfungskette" bezeichnet. Die Verwendung des Begriffes „Landkarte" verdeutlicht jedoch besser die Überblicksfunktion dieses Modelles.

Nach dem Überblick mittels der Prozesslandkarte bieten die **ereignisgesteuerten Prozessketten (EPK)** die Darstellung der Geschäftsprozesse im Detail an (engl.: event driven process chain – EPC). Hier wird deutlich, welche Ereignisse die einzelnen Funktionen auslösen, wer diese Funktionen ausführt, wer dafür verantwortlich ist und welche Datenobjekte bei der Ausführung der Funktionen verwendet werden bzw. dabei entstehen.

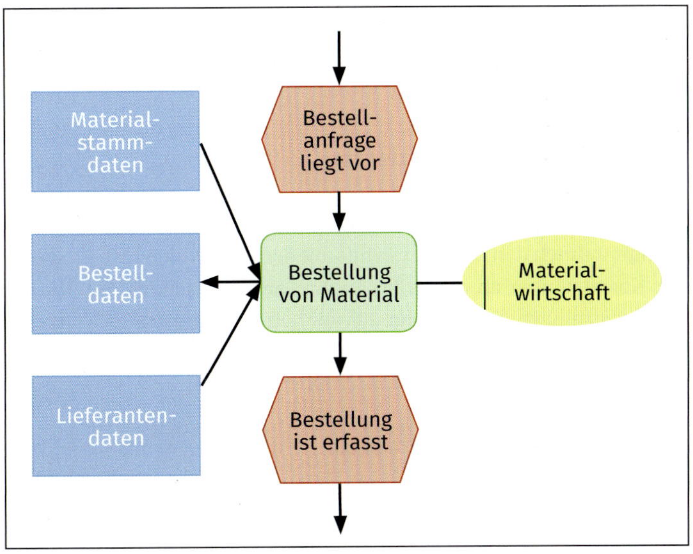

Ereignisgesteuerte Prozesskette (EPK)

Das **Struktogramm** ist ein Modell zur Darstellung des Programmablaufes. Es enthält Symbole der drei Grundelemente für jeden Algo-

Prozesslandkarte

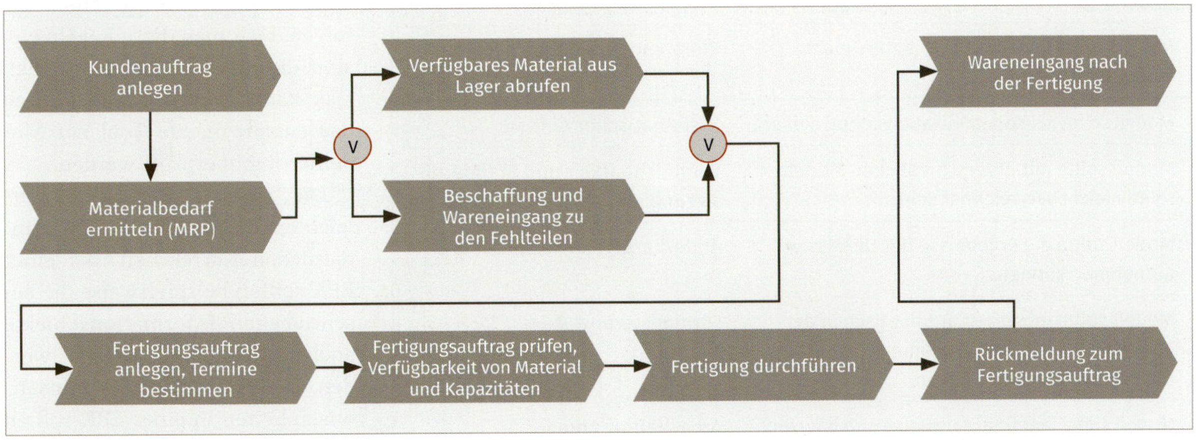

rithmus: Sequenz, Zyklus und Alternative. Es kann dabei auch die Verschachtelung der einzelnen Programmelemente ineinander sehr gut dargestellt werden.

Die im Struktogramm verwendete Notation wird im Kapitel 4 näher erläutert.

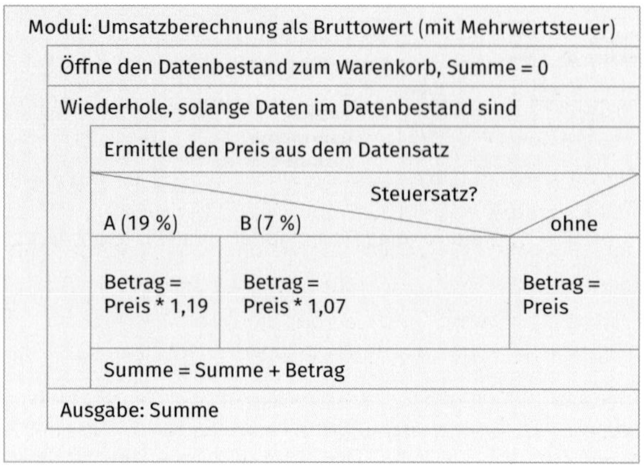

Struktogramm

3.3.1.2 Qualität von Modellen

Die Qualität jedes Produktes, so auch der Modelle, wird bestimmt durch den Grad der Erfüllung der Erwartungen der Konsumenten an dieses Produkt. Man muss jedoch den Erwartungen der Vertreter aus der betrieblichen Praxis und der Anwendungsentwicklung die einzuhaltenden Qualitätskriterien der Modelle gegenüberstellen.

Erwartungen an ein Modell	Bedingungen für qualitativ gutes Modell (Qualitätskriterien)
Modell bildet die für die Entwicklung wichtigen Eigenschaften des betrachteten Systems ab.	Relevanz
Modell bildet die Komponenten und Beziehungen des betrachteten Systems richtig ab.	Korrektheit
Modell verursacht nicht viel Aufwand zur Erstellung.	Wirtschaftlichkeit
Modell sollte von allen Beteiligten leicht verstanden werden.	Klare und eindeutige Symbole
Modell sollte als Kommunikationsmittel dienen.	Systematischer Aufbau
Modell sollte mit unterschiedlichen Modellen relativ leicht vergleichbar sein.	Vergleichbarkeit und Standardisierung
Modell sollte die Ergebnisse der Diskussion aufnehmen können.	Änderbarkeit und Anpassbarkeit
Modell sollte möglichst automatisch in der nächsten Phase der Entwicklung verwendbar oder dahin überführbar sein.	Formalisierung
Modell sollte langfristig als Beleg nutzbar sein.	Archivfähige Ablage

Wenn man sich mit der Qualität von Modellen beschäftigt, muss man auch über Möglichkeiten zur exakten Bestimmung, also der **Messung der Qualität** nachdenken. Die Bedingungen für die Schaffung eines guten Modells werden mit klaren, messbaren Kriterien gleichgesetzt. Für die Messung sind zahlenmäßig bestimmbare Merkmale notwendig, die jedoch nicht bei jedem Qualitätskriterium ableitbar sind.

An erster Stelle unter den Qualitätskriterien steht die **Relevanz.** Es nützt das schönste Modell nichts, wenn es nicht die Dinge abbildet, die es abbilden sollte. Leider beeindrucken Modelle oft durch eine ansprechende Gestaltung, enthalten aber nicht die ihrer Bestimmung nach wichtigen Komponenten. Die Relevanz ist schwer messbar. Das Modell sollte nur jene Ausschnitte der Realität abbilden, die dem verfolgten Zweck entsprechen. Das Modell sollte nur genau so viele Elemente und Beziehungen bzw. Informationen enthalten, wie für den Nutzen notwendig sind.

Nach der Relevanz ist die **Korrektheit** eines Modelles ein notwendiges Qualitätskriterium. Ein Modell ist korrekt, wenn es inhaltlich und formal richtig ist. Die formale oder syntaktische Korrektheit ist gegeben, wenn ein Modell vollständig und widerspruchsfrei (konsistent) bezüglich der festgelegten Modellierungsmethode ist. Die inhaltliche oder semantische Korrektheit ist gegeben, wenn die abgebildeten Sachverhalte der Realität entsprechen.

Die formale Korrektheit ergibt sich durch die Einhaltung von bestimmten Regeln bei der Modellierung. So sollten beispielsweise die Ablaufmodelle einen Anfang (Startpunkt) und ein Ende (Zielpunkt) haben. Bei den EPKs kennen wir die Regeln, dass Ereignis und Funktion in der Ablaufkette stets abwechselnd aufeinanderfolgen. Hält man diese Regeln ein, sind die Modelle formal korrekt. Das kann eventuell auch durch das entsprechende Tool zur Modellierung überprüft werden.

Die formale Korrektheit erleichtert die Überprüfung der inhaltlichen Korrektheit. Bei einer EPK sollten beispielsweise die beschriebenen Informationsobjekte auch irgendwann gelesen werden. Die zuständigen Organisationseinheiten in einer EPK sollten sich auch in dem korrespondierenden Organigramm wiederfinden. Außerdem sollte sich jede Organisationseinheit aus dem Organigramm auch im EPK wiederfinden. Wenn die Organisationseinheit keiner Funktion zuzuordnen ist, wozu existiert sie dann? Eine derartige Konsistenzprüfung der Modelle kann ebenfalls durch das entsprechende Tool zur Modellierung durchgeführt werden. Teilweise ermöglichen diese Tools auch eine Simulation der beschriebenen Abläufe, wodurch die Korrektheit im Sinne der Funktionsfähigkeit des Modells nachweisbar ist.

Auch das Kriterium **„Wirtschaftlichkeit"** ist eine notwendige Bedingung für die Erstellung von Modellen guter Qualität. Jedes Modell ist nur ein Hilfsmittel, dessen Erstellung nicht mehr Aufwand verursachen darf, als das angestrebte Produkt der Entwicklung. Die Wirtschaftlichkeit der Modellierung kann man gut messen, indem die Dauer der Erstellung und die Menge der gebundenen Ressourcen bestimmt werden. Schnell soll es gehen und einfach muss das Modell zu erstellen sein. Der bewusste Einsatz von Tools zur Modellierung kann hier helfen, aber auch die Nutzung von Referenzmodellen oder die mehrfache Verwendung von Modellbausteinen.

Die ersten hinreichenden Bedingungen leiten sich aus der Anforderung ab, dass ein Modell als **Kommunikationsmittel** dienen soll. Über das Modell teilt der Modellierer den Beteiligten mit, was er für wichtig erachtet und wie er die Beziehungen der Komponenten zueinander sieht. Diese Botschaft sollten die anderen Beteiligten schnell und klar verstehen. Hierzu ist es gut, wenn ein Modell wenige, klare und eindeutige Symbole verwendet. Gleiche Sachverhalte sind stets mit gleichen Symbolen abzubilden. Nützlich für eine schnelle Verständigung sind standardisierte Symbole, die die Beteiligten bereits aus anderen Modellen kennen.

Ein systematischer und gut strukturierter Aufbau von Modellen trägt ebenfalls zur leichteren Lesbarkeit und damit zum schnelleren Verständnis bei. Die Modelle sollten übersichtlich und optisch auch leicht lesbar sein. Oft ist die Zerlegung in Teilmodelle sinnvoll. Das kann auch bedeuten, dass man zielgruppenorientierte Sichten von den Modellen erstellt. Die Sicht der Prozesslandkarte hat einen Überblickcharakter und ist für jene Zielgruppe geeignet, die Gesamtzusammenhänge sehen will. Die EPK ergänzt die Prozesslandkarte und zeigt zu den Prozessschritten die Details mit Funktionen, Zuständigkeiten und Informationsobjekten.

Im Interesse der **Wirtschaftlichkeit** werden bei der Erstellung der Modelle **spezialisierte Tools** eingesetzt. Diese Tools unterstützen die weiteren hinreichenden Bedingungen für die Erstellung guter Modelle und ermöglichen die leichte Änderbarkeit und Anpassbarkeit der Modelle. In der Kommunikation auf der Basis der Modelle entstehen neue Ideen, die umgehend in die Modelle einbezogen werden können. Die Mindmaps, die beim gemeinsamen Brainstorming entstehen, sind ein gutes Beispiel hierfür.

Die Tools sollten nicht allein das Zeichnen der Modelle unterstützen. Eine Formalisierung bei den verwendeten Symbolen ist ebenfalls notwendig. Microsoft Visio bietet hierzu die Shapes als Sammlung fertiger Symbole. Die Modellierung unter Verwendung fester Formalismen unterstützt dann auch die Umwandlung der Modelle in abarbeitungsfähige Programmfragmente. Die modellgetriebene Softwareentwicklung als alter Traum wird so mehr und mehr zur Realität.

Die Tools können die Modelle abspeichern, ausdrucken und archivieren. Damit generieren sie Dokumente, die im weiteren Entwicklungsprozess verwendet werden können, die aber auch häufig eine Grundlage für vertragsähnliche Dokumente (z. B. Pflichtenheft) bilden.

3.3.2 Tools zur Modellierung

3.3.2.1 ARIS

Für die Modellierung von Geschäftsprozessen gibt es zahlreiche Darstellungsmittel und Softwarewerkzeuge. Ein Pionier auf diesem Gebiet ist Prof. Scheer mit dem von ihm erstellten ARIS-Modell (ARIS: Architektur integrierter Informationssysteme, Scheer [1998] „Wirtschaftsinformatik", S. 10 ff.).
Das Modell beschreibt einerseits die notwendigen Arbeitsschritte, wie Fachkonzept, DV-Konzept sowie Implementierung, und grenzt andererseits die in das Modell einzubeziehenden Sichten (Organisation, Daten, Steuerung und Funktionen) voneinander ab.

Diese Arbeitsschritte werden auch bei der eigenen Anwendungsentwicklung durchlaufen:

- Im **Fachkonzept** geht es zuerst um die fachlichen Anforderungen, wobei es hier falsch ist, wenn man bereits „die Brille des Informatikers" aufsetzt. Die fachlichen Anforderungen an die Organisation, die Steuerung, die Daten und Funktionen sind hier zu klären, ohne an eine Form der Realisierung zu denken.
- Im **DV-Konzept** ist die Brücke zu schlagen von den Anforderungen zu den Realisierungsmöglichkeiten. Hier wird das DV-orientierte Modell der zu entwickelnden Programme und Datenstrukturen erstellt.

- Die **Implementierung** beinhaltet dann die Umsetzung in Gestalt eines Programms mit Daten und Funktionen.

Die Arbeitsschritte werden auch als **Phasen der Softwareentwicklung** bezeichnet. Dieses Phasenkonzept erleichtert es, Veränderungen in den Geschäftsprozessen oder Veränderungen in der Informationsverarbeitungstechnik umzusetzen. So sind z. B. Änderungen in der Implementierungstechnologie (neue Hardware, neue Betriebssysteme) unter Beibehaltung des Fachkonzeptes möglich.

In der Phase des Fachkonzeptes werden die verschiedenen Sichten auf den abzubildenden Geschäftsprozess besonders deutlich:

- Die **Organisationssicht** erfasst alle vom Geschäftsprozess berührten organisatorischen Einheiten und Stellen innerhalb des Unternehmens und stellt deren Beziehungen dar (Organigramm).
- Die **Datensicht** stellt alle zu verwendenden Daten mit ihren Beziehungen zueinander in Form strukturierter Datenmodelle dar. (**ERM: E**ntity **R**elationship **M**odel)
- Die **Steuerungssicht** beschreibt die zeitlich-logische Reihenfolge der Funktionsabarbeitung für alle Steuerungsaktivitäten im Geschäftsprozess.
- Die **Funktionssicht** stellt alle Funktionen, die innerhalb des Geschäftsprozesses ausgeführt werden, in einer hierarchischen Anordnung von Funktionen und Teilfunktionen dar. (Methoden der Objekte)

Das Konzept des ARIS-Modells hat das Unternehmen IDS Scheer AG zu einem weltweit erfolgreichen Softwarewerkzeug (ARIS-Plattform) zur Modellierung komplexer unternehmensweiter Geschäftsprozesse weiterentwickelt. Die IDS Scheer AG ist heute ein Unternehmen der Software AG.

3.3.2.2 SiSy

Das Softwarewerkzeug **SiSy** (**Si**mple **Sy**stem) unterstützt den ganzheitlichen Ansatz der Modellierung und programmtechnischen Realisierung von Geschäftsprozessen. SiSy ist den sogenannten CASE-Tools zuzurechnen. **CASE** bedeutet **C**omputer **A**ided **S**oftware **E**ngineering (computergestützte Softwareentwicklung) und umfasst den Prozess vom Entwurf über die Modellierung bis hin zum Datenbankdesign und zur Programmgenerierung.

Durch die Modellierung werden die notwendigen Objekte definiert. Dieser Vorgang wird grafisch unterstützt, die Grafik dient der Anschauung und Überprüfung durch Dritte. Aus dem Informationsbedarf der Objekte lässt sich das Datenmodell ableiten, das dann in Gestalt eines Entity-Relationship-Modells (ERM) dargestellt wird. Damit sind wesentliche Leistungen zur Vorbereitung des Datenbankeinsatzes geschaffen. Technisch übersetzt das System das Datenmodell in Form eines ERM über ein ODBC-Interface mittels generierter SQL-Anweisungen schließlich in konkrete Datenbanktabellen zur Aufnahme der späteren Daten. **ODBC** steht für **O**pen **D**ata**b**ase **C**onnectivity und ist eine Softwareschnittstelle für relationale Datenbanken, die den Datenaustausch zwischen einem Anwendungsprogramm und der Datenbank ermöglicht.

ARIS Architektur von Software (nach IDS Scheer AG)

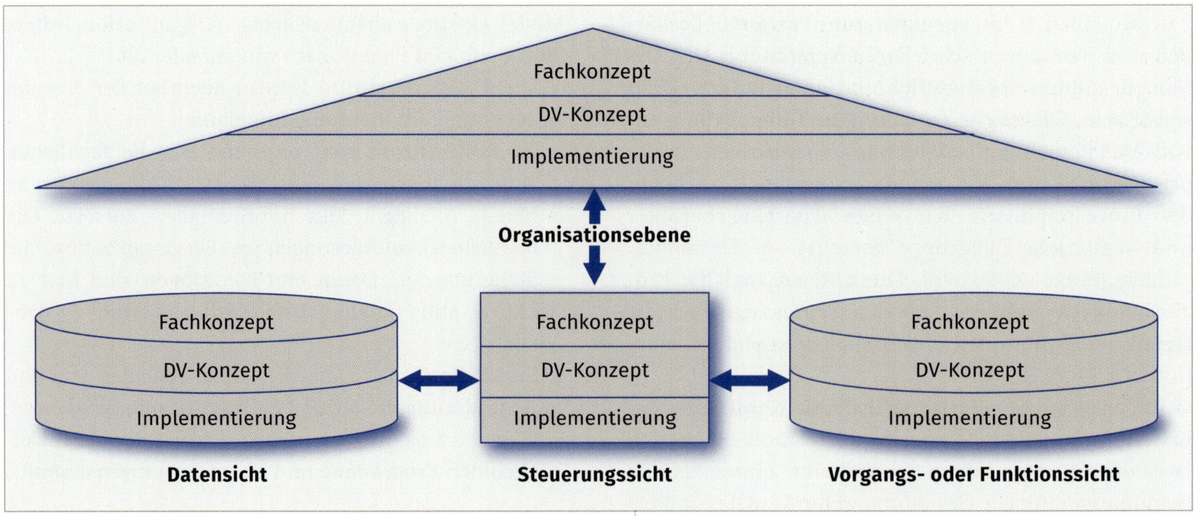

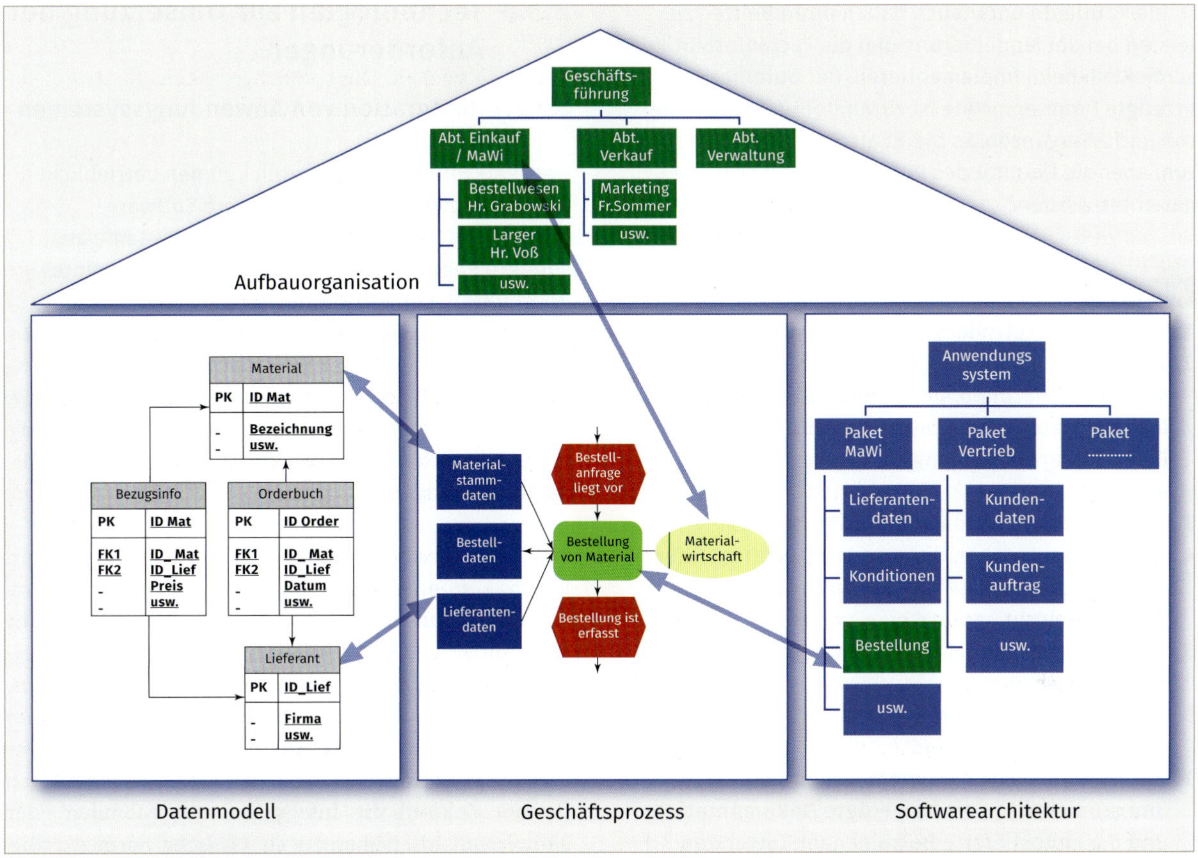

ARIS-Haus (nach IDS Scheer AG)

Entsprechend dem ARIS-Modell wird über diesen Weg die **Datensicht** vom Fachkonzept (Modell) über das DV-Konzept (SQL) bis hin zur Implementierung (noch leere Tabellen in der Datenbank) aufgebaut. Die **Steuerungssicht** aus ARIS wird durch die CASE-Unterstützung für die Softwareentwicklung in Form objektorientierter und strukturierter Methoden unterstützt. Hierzu gehören die Modellierung in **UML** (**U**nified **M**odeling **L**anguage) und die automatische Generierung des Quellcodes in verschiedenen Programmiersprachen. Der **Vorgangs- oder Funktionssicht** dienen schließlich auch die Dokumentationshilfsmittel, die im Rahmen der Qualitätssicherung und einer möglichen Zertifizierung nach DIN EN ISO 9000 ff. Verwendung finden können.

SiSy wurde vom Systemhaus Laser & Co. Computer GmbH entwickelt und ist gegenwärtig in verschiedenen Versionen unter www.sisy.de zu beziehen.

Mit diesen Versionen können folgende Funktionen realisiert werden:

- Geschäftsprozessmodellierung
- objektorientierte Modellierung mittels UML
- strukturierte Analyse, strukturiertes Design und strukturierte Programmierung durch Code-Generatoren
- Netzwerkdesign und Netzwerkdokumentation
- Design des Datenmodells und Darstellung der **ERM** (**E**ntity-**R**elationship-**M**odelle)

Stefan, der angehende Fachinformatiker, fragt besorgt: „Ich habe zwar von den vielen Fachbegriffen noch nicht alle verstanden, aber eine Gefahr sehe ich doch: Wenn dieses Tool das wirklich alles kann, wo bleiben wir dann, was bleibt für uns zu tun?" **S**

Herr Pelz kann ihn beruhigen: „Keine Angst, Stefan! Die vielen Fachbegriffe werden wir Schritt für Schritt erklären und in der praktischen Anwendung erleben. Dabei wirst du auch die Möglichkeiten und Grenzen des Tools kennen lernen. Die besondere Leistung des Tools besteht vor allem darin, dass man einen konsequenten Leitfaden hat und damit die Entwicklung in sich geschlossen, widerspruchsfrei und gut dokumentiert bzw. nachvollziehbar ist. Damit entsteht jedoch nur ein Rahmen, z. B. nur ein Programmquellcode mit der Steuerungslogik, aber ohne eigentliche verarbeitende Anweisungen.

Die Kaufleute unter euch haben ihren Beitrag zu leisten bei der Modellierung und die Fachinformatiker schließlich beim Implementieren. Der automatisch erzeugte Programmcode ist zu verstehen, zu optimieren und zu ergänzen. Es bleibt also durchaus viel zu tun, aber die Qualität des Produktes kann so besser gesichert werden."

Aufgaben

1. Wofür stehen die vier Buchstaben von ARIS?
2. Wieso sind die Phasen „fachliches Konzept", „DV-Konzept" und „Implementierung" für die Entwicklung der Datensicht, Steuerungssicht sowie für die Entwicklung der Vorgangs- oder Funktionssicht anwendbar?
3. Was erwartet man von einem CASE-System?
4. Wie werden die oben diskutierten Begriffe „Methoden" und „Werkzeuge" bei der Anwendung eines CASE-Systems umgesetzt?
5. Was bedeutet „model driven development" und wo wird es eingesetzt?
6. IBM bietet die Software „Rational Rose" an. Wofür kann sie genutzt werden?
7. Installieren Sie sich die Demoversion von SiSy und studieren Sie die beigefügte Dokumentation und das mitgelieferte Beispiel nach folgenden Kriterien:
   a) Welche Möglichkeiten gibt es zur Modellierung der Aufbauorganisation?
   b) Welche Möglichkeiten gibt es zur Modellierung von Geschäftsprozessen?
   c) Welche Möglichkeiten gibt es zur Beschreibung des Datenmodells?
8. Erproben Sie den Zusammenhang zwischen grafischem Modell und Programmcode mit Microsoft Access. Berücksichtigen Sie die folgenden Schritte:
   a) Entwickeln Sie mit dem grafischen Assistenten eine Abfrage zu einer oder mehreren Datentabellen.
   b) Wechseln Sie anschließend in die SQL-Ansicht. Der SQL-Code sollte Ihrer grafischen Aussage entsprechen.
   c) Ändern Sie nun den SQL-Code manuell in einer syntaktisch korrekten Form und wechseln Sie zurück in die Ansicht des grafischen Assistenten. Auch diese Ansicht sollte sich nun entsprechend Ihren Änderungen im Code angepasst haben.
9. Recherchieren Sie nach frei verfügbaren (Open Source) CASE-Systemen.

3.3.3 Technologien zur Umsetzung der Anforderungen

3.3.3.1 Integration von Anwendungssystemen

S

Herr Pelz führt seinen Überblick zu den betrieblichen Anwendungssystemen fort: „Unsere Software-Partner bieten keine kompletten ERP-Systeme an, sondern eher Module, die zu einem System zu integrieren sind. Ein weltweit führender Hersteller für ECM-Systeme (Enterprise Content Management) setzt seine Schwerpunkte beispielsweise auf die Bereiche Archivierung, Dokumentenmanagement und Workflow. Das Angebot der DATEV e. G. bezieht sich hingegen auf die Bereiche Rechnungswesen, Controlling und Personalabrechnung."

Das Angebot von Modulen als den frei kombinierbaren Bausteinen einer Softwarelösung für betriebswirtschaftliche Anwendungen bietet den Anwendern mehr Flexibilität bei der Zusammenstellung einer auf die eigenen Bedürfnisse abgestimmten Lösung. Ein fertiges, integriertes Anwendungssystem garantiert wiederum die Vollständigkeit und Widerspruchsfreiheit der eingesetzten Softwarelösung. Trotzdem zeichnet sich für die Zukunft die Integration von Modulen oder kompletten Insellösungen als typische Form der Bildung von Anwendungssystemen ab. Das hat im Wesentlichen **vier** Gründe:

1. Der Einsatz neuer und der Austausch veralteter Module gewährleistet die notwendige höhere Flexibilität.
2. Auch bestehende ältere Lösungen können weiterverwendet und modular integriert werden. Im Sinne des berühmt-berüchtigten Spruches „Never touch a running system!" erweist sich die Leistung der bestehenden Alt-Lösungen (Legacy Systems) in vielen Fällen als stabil und funktional ausgereift. Diese Lösungen können somit weiterbetrieben und trotzdem in neue Anwendungen eingebunden werden.
3. Es können auch Fremdsysteme als Module von Partnerunternehmen (z. B. von Banken oder Zulieferern) integriert werden. Damit wird eine Integration von Daten und Prozessen über Unternehmensgrenzen hinaus erreicht.
4. Besonders dank der Netzwerk- und Kommunikationstechnik wird eine Integration weiterer Systeme ermöglicht (Stichwort: XML).

Die aktuellen Schlagworte zum Thema der Integration von Anwendungssystemen sind **EAI, WebServices** und die **SOA** (**S**ervice**o**rientierte **A**rchitektur) von Anwendungssystemen.

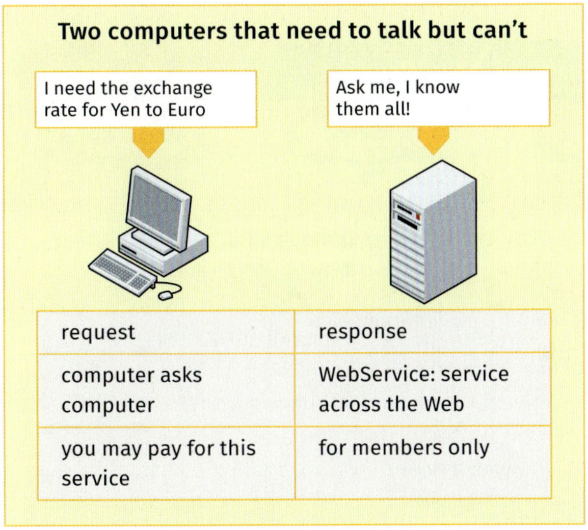

Two computers that need to talk but can't
I need the exchange rate for Yen to Euro
Ask me, I know them all!
request
response
computer asks computer
WebService: service across the Web
you may pay for this service
for members only

Notwendigkeit der Kommunikation von Computer zu Computer

Die Integration mittels **WebServices** geht weit über die Möglichkeiten der klassischen Zusammenstellung von Anwendungslösungen auf der Basis von Modulen hinaus. Bisher mussten die Module auf einem Rechner oder einem lokalen Rechnerverbund installiert sein. Sie konnten sich dort wechselseitig aufrufen, z.B. über **RFC** (**R**emote **F**unction **C**all), und ihre Daten über eine gemeinsame Datenbank austauschen. Damit entstanden fest installierte Strukturen in der Verantwortung eines Anwenders bzw. seines Rechenzentrums. WebServices ermöglichen jetzt im Bedarfsfall eine lose Verbindung von Anwendungen über die Wege des Internets hinweg. Hier reden Computer mit Computern, unabhängig von ihrem Standort und unabhängig von den Beschränkungen lokaler Netze. Die verschiedenen Programme tauschen Nachrichten aus und verwenden dabei **XML** (e**x**tensible **M**ark-up **L**anguage) als gemeinsame Sprache. Auch der Mensch muss nicht mehr eingreifen. Der eine Computer sendet eine Anfrage (request) und irgendein anderer Computer im weltweiten Netz weiß die Antwort (response).

EAI (**E**nterprise **A**pplication **I**ntegration) bezeichnet den Integrationsprozess von mehreren, voneinander unabhängig entwickelten Softwaresystemen, die meist auf unterschiedlichen und zum Teil inkompatiblen Technologien beruhen. Das können verschiedene Alt-Systeme (Legacy Systems) in einem Unternehmen sein, aber auch Systeme bei juristisch unabhängigen Anwendern. EAI soll die Kommunikation zwischen Prozessen über beliebige Anwendungen und Geschäftsprozesse hinweg ermöglichen.

Unter **SOA** (**S**ervice **O**riented **A**rchitectur) wird eine Technologie zur Realisierung der EAI verstanden, gefördert durch Microsoft mit dem Angebot der **WebServices.** Ein WebService ist eine Anwendung, die

- über offene Internetprotokolle kommuniziert,
- XML-Nachrichten gemäß der SOAP-Spezifikation verarbeitet,
- Nachrichten mittels XML-Schema beschreibt,
- eine Schnittstellenbeschreibung in Form von WSDL bereitstellt und
- über UDDI „gefunden" werden kann.

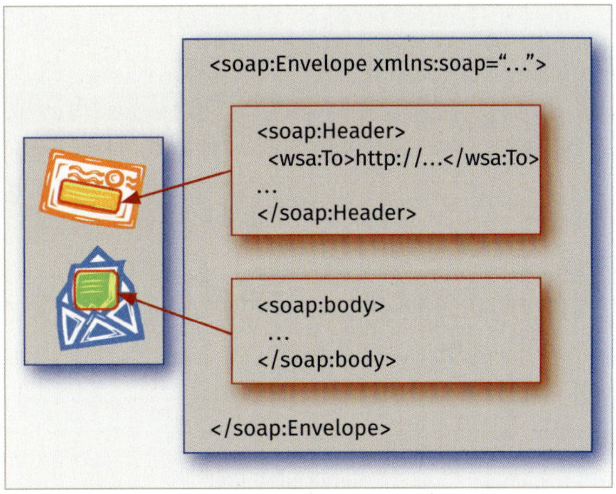

SOAP: Ein Brief mit Anschrift und Inhalt (nach Microsoft Tech Talk)

SOAP bedeutet **S**imple **O**bject **A**ccess **P**rotocol (einfaches Objekt-Zugriffs-Protokoll) und ist für die Struktur der Übermittlung zuständig.

WSDL (**W**eb **S**ervices **D**escription **L**anguage) bezeichnet als XML-Standard die Schnittstellenbeschreibungssprache.

Mit **UDDI** (**U**niversal **D**escription, **D**iscovery and **I**ntegration) wird der Verzeichnisdienst bzw. die Metadatenbank bezeichnet.

S

Herr Pelz beruhigt die Azubis: „Das klingt sicherlich alles recht abstrakt, ist aber im Rahmen der modernen Betriebssysteme und Entwicklungsumgebungen relativ einfach zu realisieren. Man muss nur das eigentliche Anliegen verstehen: Computer sollen sich mit Computern über die Wege des Internets hinweg unterhalten. Ein WebService ist ein Service zur Bereitstellung von weiterverarbeitbaren Informationen über die Wege des Internets. Auch wir werden für unsere Anwendung im Bereich der Auftragsbearbeitung einen WebService entwickeln. Wir werden z.B. den Vertriebsniederlassungen ermöglichen, aktuelle Preise und Konditionen sowie die Verfügbarkeit der Waren zum geplanten Auslieferungszeitpunkt im Zentrallager abzufragen, von Computer zu Computer ohne Einbeziehung des Menschen."

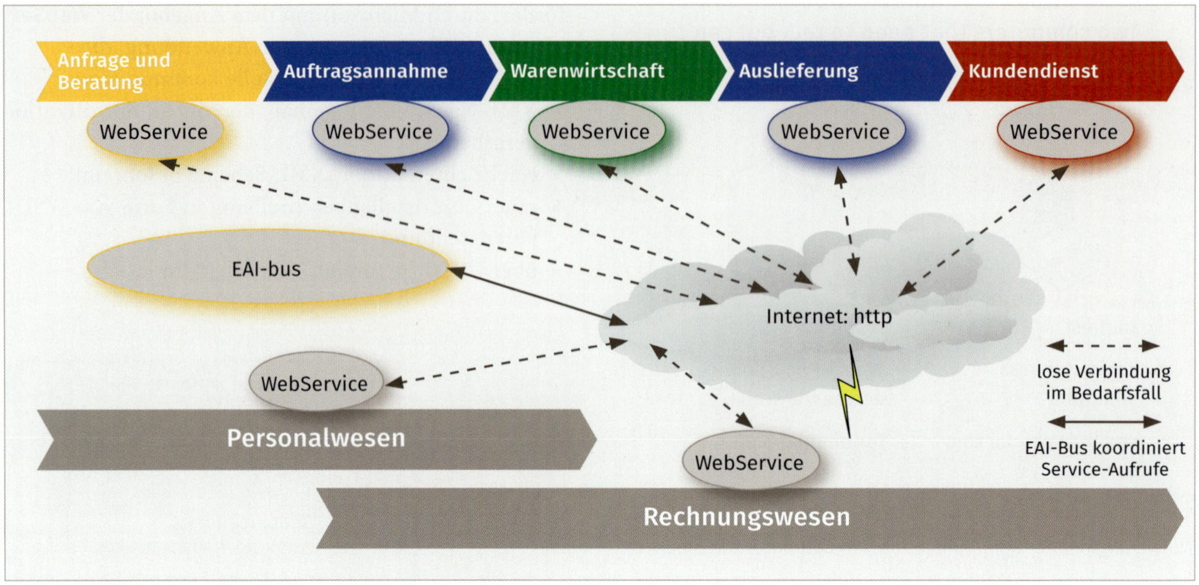

SOA konkret für die Auftragsbearbeitung

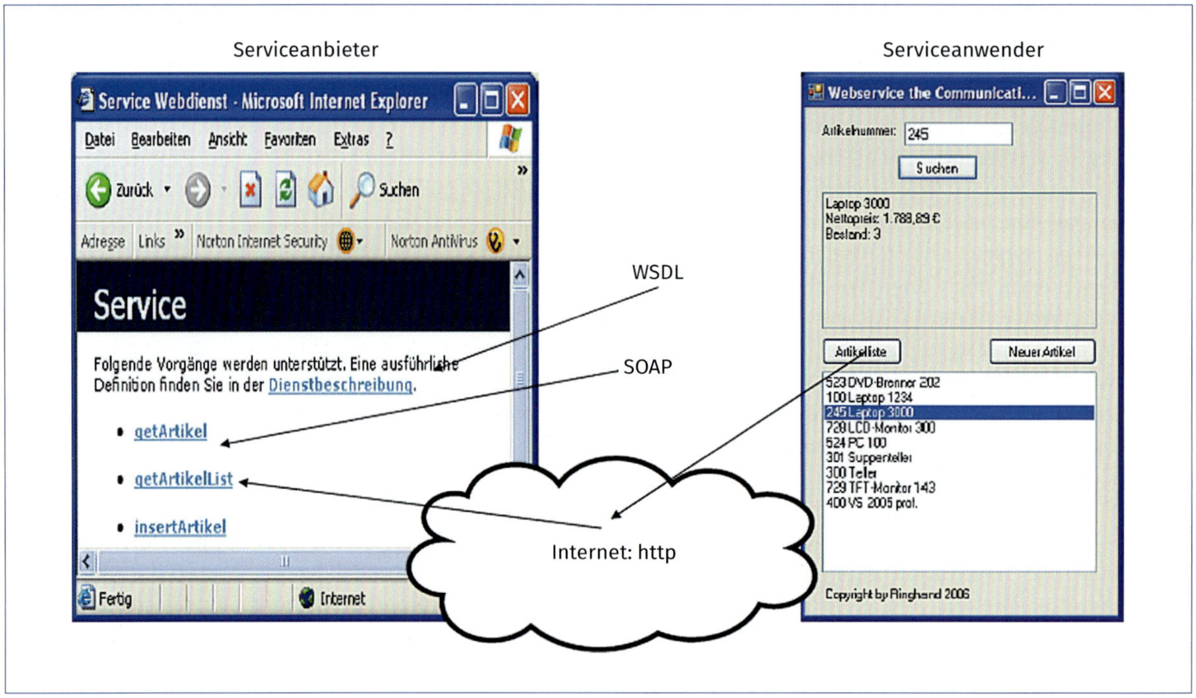

Beispiel einer simplen Anwendung auf Basis von WebServices

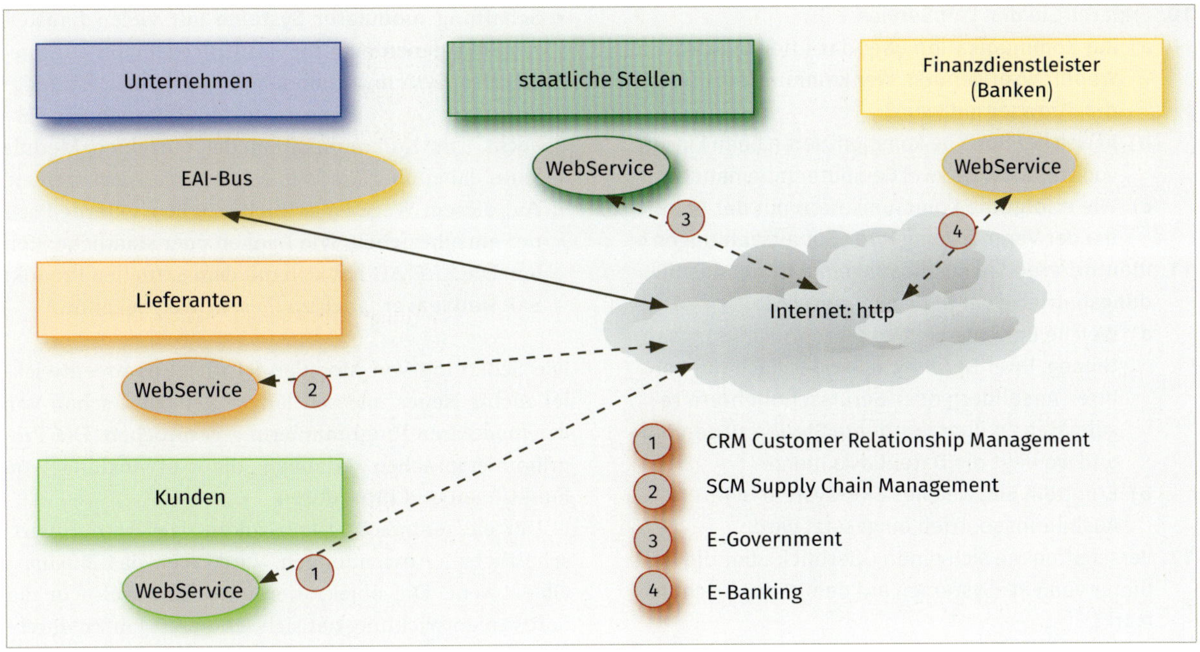

Beispiel einer Integration über Unternehmensgrenzen

Integration über Unternehmensgrenzen

Die Integration betrieblicher Anwendungen über Unternehmensgrenzen hinweg mit Anwendungen staatlicher und privatwirtschaftlicher Stellen ist für die Unternehmen heute eine aktuelle Herausforderung.

W

SCM	**S**upply **C**hain **M**anagement bedeutet Überwachung der Lieferkette mit Transportpositionsverfolgung.
CRM	**C**ustomer **R**elationship **M**anagement bezeichnet die Pflege der Kundenbeziehungen und wird vielfach in Callcentern genutzt.
E-Banking	Der elektronische Zahlungsverkehr ist sicher die bekannteste und am meisten verbreitete Form der Datenkommunikation über Unternehmensgrenzen hinweg.
E-Government	Staatliche Stellen, z. B. das Finanzamt oder das Gewerbeamt, erwarten im Interesse der eigenen Rationalisierung heute von den Unternehmen die Datenübergabe in digitaler Form. Auch der Bürger kann diese Dienste nutzen und seine Steuererklärung mittels Computer erstellen und online an das Finanzamt senden. (ELSTER)

Diese Form der Integration mit völlig unterschiedlichen Softwaresystemen setzt eine einheitliche Gestaltung der Schnittstellen dieser Systeme voraus. Hier spricht man von der **Softwarearchitektur,** einer einheitlichen Bauweise unter Verwendung einheitlicher Konstruktionsprinzipien. Maßgeblich ist hier die SOA, die serviceorientierte Architektur unter Nutzung der WebServices.

Aufgaben

1. Was versteht man im Umfeld betriebswirtschaftlicher Softwaresysteme unter einer „Insellösung“?
2. Wieso entstehen Insellösungen, welche Faktoren fördern ihre Entstehung?
3. Was versteht man unter vertikaler Datenintegration?
4. Woher beziehen die Managementinformationssysteme ihre Daten?
5. Warum benötigt das strategische Management Zeitreihen von Daten aus der Vergangenheit des Unternehmens?
6. Nennen und erläutern Sie vier Geschäftsprozesse, die durch ERP-Systeme allgemein abgedeckt werden.
7. Wie wird in ERP-Systemen die Datenintegration gewährleistet?
8. Was ist ein Workflow und wie kann er durch Software abgebildet werden?
9. Welche Kernfunktionalitäten besitzen ERP-Systeme?

10. Erklären Sie den WebService.
   a) Zur Kommunikation über das Internet wird ein Webbrowser genutzt. Wer kommuniziert über den Browser mit wem?
   b) In welcher Sprache kommunizieren beim Einsatz von WebServices zwei Computer miteinander?
   c) Wie erfolgt die Kommunikation mit der Bank bei der Veranlassung Ihrer Gehaltszahlungen?

11. Identifizieren Sie Insellösungen in Ihrem Ausbildungsbetrieb oder in der Berufsschule.
   a) Welche Berichte sind von Ihrer Ausbildungsabteilung, Ihrer Berufsschule oder auch nur von Ihren Ausbildern oder Berufsschullehrern regelmäßig an übergeordnete Stellen zu senden und wo liegt die Datenbasis hierzu?
   b) Ermitteln Sie, welches ERP-System in Ihrem Ausbildungsbetrieb eingesetzt wird.

12. Verschaffen Sie sich einen Überblick über die Anbieter von ERP-Systemen auf dem europäischen Markt.
   a) Ermitteln Sie einen Anbieter eines ERP-Systems für kleine und mittlere Unternehmen.
   b) Recherchieren Sie den Angebotspreis für diese Software. Diskutieren Sie hierzu die Frage: „Make or buy?"

13. Welche Vor- und Nachteile besitzt ein Unternehmen, das betriebswirtschaftliche Standardsoftware einsetzt, gegenüber einem Unternehmen mit selbst entwickelten Softwarelösungen?
   a) Recherchieren Sie nach Angeboten frei verfügbarer ERP-Systeme.
   b) Diskutieren Sie die Vor- und Nachteile des Einsatzes derartiger Systeme in der betrieblichen Praxis.

14. Welche Formen der computergestützten Kommunikation über die Unternehmensgrenzen hinaus können Sie in Ihrem Ausbildungsbetrieb identifizieren?

15. Ermitteln Sie die Form der elektronischen Steuererklärung für die Bürger in Ihrem Bundesland.

3.3.3.2 Modularisierung durch Softwarebausteine

Für die Schaffung von ERP-Systemen als integrierte Systeme gibt es prinzipiell zwei denkbare Ansätze:

- Schaffung großer **monolithischer Systeme,** die eine möglichst umfassende Abdeckung aller Geschäftsprozesse eines Unternehmens erreichen. Die Integrationsbasis ist hier eine zentrale Datenbank, über die die einzelnen Anwender ihre Daten austauschen. Die SAP AG verfolgte in den ersten Jahren ihres Bestehens diese Strategie mit ihrem äußerst erfolgreichen Produkt **SAP R/3®**.
- Schaffung **modularer Systeme** mit vielen Bausteinen, aus denen man für das Unternehmen ein integriertes System zusammensetzen kann, das möglichst alle Geschäftsprozesse des Unternehmens abdeckt. Die Kommunikation der einzelnen Module kann dabei über die WebServices realisiert werden. Auf diesem Wege ist es auch möglich, externe Partner einzubeziehen, wie Banken oder staatliche Stellen. Die SAP AG hat sich mit dem aktuellen Produkt **SAP NetWeaver®** auch zu diesem Weg bekannt.

Die Schaffung von Modulen ist für Softwareentwickler nichts Neues und seit langer Zeit wird schon von der modularen Programmierung gesprochen. Die Programmiersprachen erlauben die Entwicklung von Funktionen und Prozeduren.

Der elementare Baustein zukünftiger betriebswirtschaftlicher Anwendungen wird aber das Business Object sein. Die objektorientierte Denkweise in der Softwareentwicklung hat sich schon seit Jahren durchgesetzt. Durch die Business Objects sind nun die typischen Akteure der betriebswirtschaftlichen Prozesse abzubilden. Das Verhalten der Objekte bildet schließlich das Verhalten der Akteure in den Prozessen ab.

Business Objects

S

Herr Pelz setzt hier die Diskussion fort: „Die Behandlung von ‚Business Objects' ist für euch als Auszubildende hier sicherlich etwas abstrakt. Der Prototyp der ACI Teach Business Software unter Microsoft Access stellt eine Insellösung dar. Die Verbindung ähnlicher Systeme im Betrieb zu einem komplexen ERP-System dürfte auch nachvollziehbar sein, aber die Business Objects sind etwas Neues!" Stefan Fischer, der angehende Fachinformatiker, wirft ein: „Business Objects haben doch sicher etwas mit objektorientierter Programmierung zu tun." Herr Pelz setzt daraufhin seine Ausführungen fort.

Von der Firma SAP AG gibt es eine weithin bekannte Darstellung für ein Business Object, die auch die Merkmale der objektorientierten Programmierung allgemein verdeutlicht (siehe Abbildung auf der folgenden Seite).

Jedes Business Object ist die programmtechnische Abbildung eines **betriebswirtschaftlichen Sachverhaltes.** Es umfasst wie jedes Objekt (in der Softwareentwicklung) die Funktionalität (Methoden) und die Daten (Attribute) dieses Sachverhaltes.

Den **Kern** eines Business Objects bilden die zum Objekt gehörenden Daten und Funktionen (Methoden), d.h. die Funktionen, die zur Bearbeitung dieser Daten zulässig sind, z.B. das Anlegen, Ändern oder Erweitern der Daten. Diese Daten und ihre möglichen Bearbeitungsfunktionen werden durch die **Konsistenzbedingungen** nach außen geschützt. Eine Konsistenzbedingung (Constraint) ist in diesem Zusammenhang eine Regel, die einen wirtschaftlich korrekten Zustand des Objektes gewährleistet (z. B. kann ein Lagerbestand niemals negativ werden).

Business Rules sind Regeln, die ein Objekt einhalten muss, damit es sich seinem Umfeld gegenüber wirtschaftlich korrekt verhält. Zum Beispiel kann eine Verkaufsorganisation nur an einen Kunden verkaufen, zu dem Informationen bezüglich der Geschäftsbeziehung vorliegen, andernfalls müssen diese Informationen vor dem Verkauf zunächst erfasst werden.

Die **Schnittstelle** beschreibt die erlaubten Zugriffsmöglichkeiten auf das Business Object. Dabei kann es sich um den erlaubten Zugriff auf öffentliche Daten (public attributes) handeln oder um den für Objekte typischen Zugriff über angebotene Methoden bzw. Ereignisse. Methoden werden hier als **BAPI**s bezeichnet (**B**usiness **A**pplication **P**rogramming **I**nterface).

Von außen, also auch von anderen Business Objects, erfolgt der Zugriff mithilfe der folgenden standardisierten Verfahren.

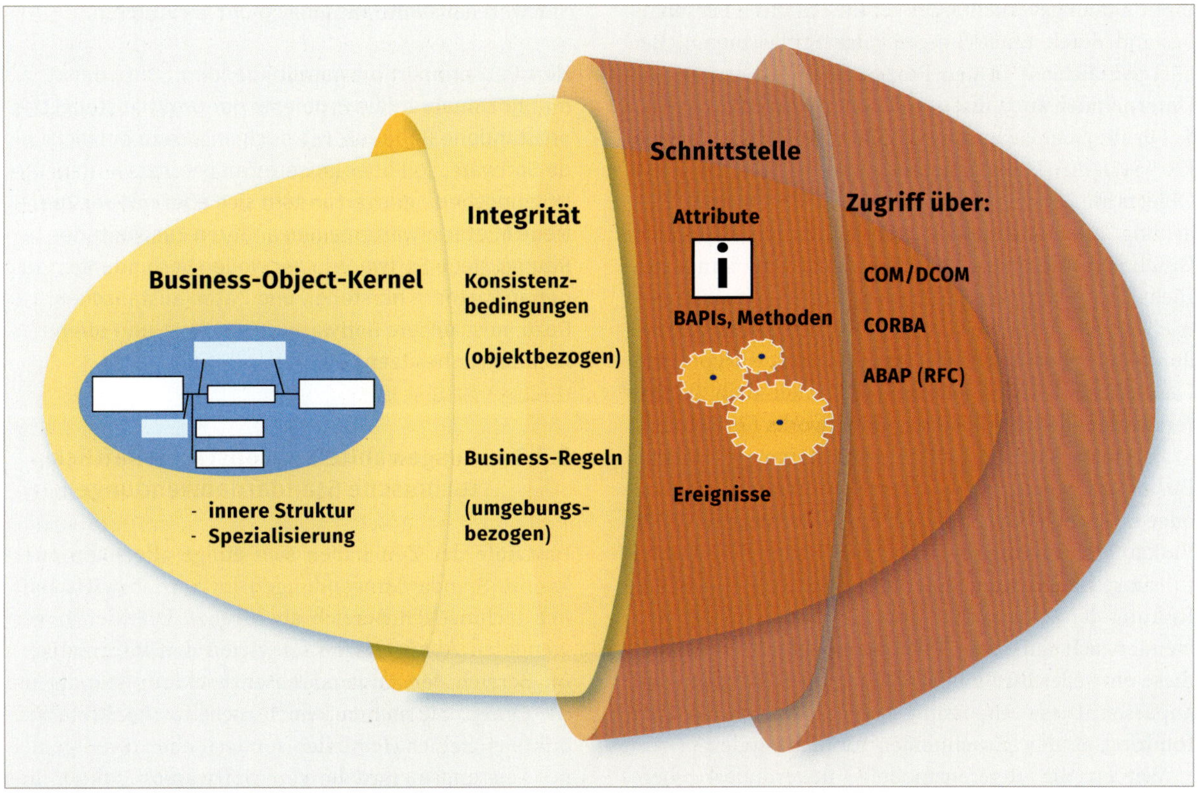

Aufbau eines Business Objects (nach SAP AG)

W

COM, Component **O**bject **M**odel, ist eine Zugriffsmethode unter Windows und bietet Lösungen für den Zugriff auf Objekte, die außerhalb der Anwendung liegen. Sie basiert auf der OLE-Technik. (**OLE: O**bject **L**inking and **E**mbedding: Verbundene Objekte werden entweder durch einen Link erreicht oder eingebettet in die Anwendung.)	Datenaustausch von Anwendungsprogramm zu Anwendungsprogramm, aber unter einem Windows-Betriebssystem
DCOM, Distributed **C**omponent **O**bject **M**odel, ist eine Zugriffsmethode unter Windows und macht OLE auch auf verteilten Systemen verfügbar.	Datenaustausch von Anwendungsprogramm zu Anwendungsprogramm über ein Netzwerk hinweg, aber nur unter mehreren Windows-Betriebssystemen
CORBA steht für **C**omponent **O**bject **R**equest **B**roker **A**rchitecture und ist ein vom Betriebssystem unabhängiger Standard für die Kommunikation der Objekte untereinander.	Datenaustausch von Anwendungsprogramm zu Anwendungsprogramm, auch zwischen verschiedenen Betriebssystemen (z. B. Windows und Linux)

S Herr Pelz muss sich hier etwas bremsen, denn er merkt, dass die Kaufleute unter den Auszubildenden seinen Ausführungen schwerer folgen können. Deshalb kehrt er zu betriebsorganisatorischen und kaufmännischen Fragen zurück.

3.3.3.3 Referenzmodelle oder Business Frameworks

Es gibt zahlreiche betriebswirtschaftliche Prozesse, die in gleicher Weise in jedem Unternehmen zu bearbeiten sind. So verwalten alle Unternehmen beispielsweise ihren Zahlungsverkehr oder verändern ihren Personalbestand durch Einstellungen oder Entlassungen. Bei aller Ähnlichkeit in den Prozessen besitzen aber alle Unternehmen auch ihre spezifischen Prozesse.

Für die Standardprozesse bieten die Entwickler von ERP-Systemen standardisierte Module oder Business Objects an. Diese werden vom Entwickler in einer Umgebung zusammengefasst, die einen idealtypischen Geschäftsprozess abbildet. Hier sind all die Dinge berücksichtigt, die auch im Rahmen der allgemeinen Betriebswirtschaftslehre vermittelt werden. Diese Verbindungen der Business Objects zu einem idealtypischen Geschäftsprozess komplexer Art werden auch als **Referenzmodelle** oder **Business Frameworks** bezeichnet.

In einem Referenzmodell wird dargelegt, welche Business Objects in welcher Kombination sinnvoll oder notwendig sind und wie die Anwendungen (z.B. Einkaufsinformationssystem und Einkauf/Bestandsführung) Daten miteinander austauschen. Bei der Einführung der Software im Unternehmen kann der Anwender sich auf diese Referenzmodelle stützen und diese entweder direkt übernehmen oder entsprechend anpassen. Diese Anpassung bezeichnet man als **Customizing,** als das „Zuschneiden auf den Kunden".

Werden die Referenzmodelle unverändert übernommen, besteht die vom Hersteller garantierte Sicherheit der korrekten und vollständigen Abbildung des Geschäftsprozesses. Damit nutzt man jedoch ein Standardwerkzeug und kann keinen Wettbewerbsvorteil gegenüber den Mitbewerbern auf dem Markt erringen, die das gleiche Werkzeug nutzen. Trotzdem ist die Nutzung eines derartigen Standardwerkzeuges oft immer noch besser als die „Handarbeit".

Durch das Customizing können die Referenzmodelle oder Business Frameworks modifiziert und so an die besonderen Bedingungen im Unternehmen angepasst werden. Parallel ist es möglich, die enthaltenen Business Objects durch Eigenentwicklungen zu ersetzen. Wichtig hierfür ist ein konsequentes Konzept zum Aufbau der Software, auch als **Softwarearchitektur** bezeichnet. Die Softwarearchitektur muss die Aktualisierung, Erweiterung und Kombinationsfähigkeit der Softwarebausteine auf lange Sicht garantieren.

S Herr Pelz erinnert die Auszubildenden: „Bitte denkt hier nochmals an die Probleme der Großbaustelle! Das entstandene Gebäude, wie auch unsere zu entwickelnde Software, soll über längere Zeit genutzt werden. Die Nutzungsbedingungen ändern sich aber mit der Zeit. Neue Mieter erwarten einen anderen Zuschnitt der Räume. Neue Softwarenutzer wollen Verbindungen zu neuen Partnern herstellen und Daten austauschen. Dazu muss unsere Software eine sichere und offene Architektur besitzen."

3.3.3.4 Ausgewählte betriebswirtschaftlich-technische Standardanwendungen

Im Laufe der Zeit haben sich einige allgemein anerkannte Standardanwendungen im betriebswirtschaftlich-technischen Bereich abgegrenzt. Die hierfür verwendeten Abkürzungen schwirren den Informatikern im Bereich der Anwendungsentwicklung ständig um die Ohren. Sie stehen jedoch nicht für konkrete Produkte einzelner Hersteller, sondern eher für allgemeine Leistungsmerkmale von Softwareprodukten aus diesem Anwendungsbereich.

Neben den bereits bekannten Abkürzungen ERP, CRM und SCM folgen noch weitere Begriffe, allerdings ohne Anspruch auf Vollständigkeit.

W

Kürzel	Bedeutung	Funktionsumfang
ERP	**E**nterprise **R**esource **P**lanning	Planung des Ressourceneinsatzes im Unternehmen. Zu den planbaren Ressourcen im Unternehmen gehören das Kapital (die finanziellen Mittel), der Einsatz der technischen Einrichtungen und der Arbeitskräfte sowie die Ressource Information oder Wissen.
CAD	**C**omputer **A**ided **D**esign	computergestütztes technisches Design; wichtig ist die Verwendung von Bibliotheken mit vorgefertigten Konstruktionselementen
CAE	**C**omputer **A**ided **E**ngineering	computergestützte technische Entwicklung
CAP	**C**omputer **A**ided **P**lanning	computergestützte Planung

CAS	**C**omputer **A**ided **S**elling	computergestützter Vertrieb, heute eher CRM (siehe unten)
EDI	**E**lectronic **D**ata **I**nterchange	elektronische Datenübertragung (zu Banken, Versicherungen usw.)
PPS	**P**roduktions**p**lanung und -**s**teuerung	Systeme bezogen auf den eigentlichen Produktionsprozess; vielfach aber auch mit betriebswirtschaftlichen Zusatzfunktionen ausgestattet
MRP I	**M**aterial **R**equirements **P**lanning	Bedarfsplanung hauptsächlich durch Stücklistenauflösung
MRP II	**M**anufacturing **R**esource **P**lanning	Planung von Produktionsaufträgen unter Beachtung von Produktionskapazitäten und Absatzprognosen
CAM	**C**omputer **A**ided **M**anufacturing	computergestützte Produktion
CAQ	**C**omputer **A**ided **Q**uality Assurance	computergestütztes Qualitätsmanagementsystem
TQM	**T**otal **Q**uality **M**anagement	computergestütztes Qualitätsmanagementsystem (moderne Bezeichnung)
BDE	**B**etriebs**d**aten**e**rfassung	mobile Datenerfassung, kontinuierliche Messwerterhebung
PDE	**P**rozess**d**aten**e**rfassung	automatische Erfassung von Daten an Produktionsanlagen, z. B. durch Zählen oder Wiegen
MDE	**M**aschinen**d**aten**e**rfassung	automatische Erfassung von Maschinenlaufzeiten
SCM	**S**upply **C**hain **M**anagement	Überwachung der Lieferkette mit Transportpositionsverfolgung
CRM	**C**ustomer **R**elationship **M**anagement	Pflege der Kundenbeziehungen; Einsatz erfolgt vielfach im Callcenter-Bereich
POS	**P**oint **o**f **S**ale	Kassenterminal bei elektronischer Zahlungsverbuchung

3.3.3.5 Empfehlungen zur Softwarearchitektur

Die Softwarearchitektur spielt neben anderen Aspekten wie Ergonomie, Skalierbarkeit, Offenheit und Funktionalität beim Entscheidungsprozess für eine ERP-Software eine entscheidende Rolle. In der Regel ist die ERP-Auswahl für eine längere Zeit bindend. Da die Architektur wesentliche Bereiche wie

- Offenheit zur Integration anderer Komponenten,
- Performance und Skalierbarkeit,
- Erweiterbarkeit,
- Aufnahme von neuen Trends

bestimmt, kann sich eine Fehlentscheidung bei der Entwicklung oder der Auswahl eines ERP-Systems direkt in ungeplanten Kosten niederschlagen.

S Die Softwarearchitektur der durch die Azubis zu erstellenden Anwendung soll durch folgende Merkmale gekennzeichnet sein:

- Einsatz frei verfügbarer Entwicklungswerkzeuge wie Java
- Verwendung von standardisierten Schnittstellensprachen wie SQL und XML
- konsequente objektorientierte Programmentwicklung in Design und Programmierung zur Schaffung wiederverwendbarer Business Objects
- konsequente Nutzung der Internettechnologie mit ihren Standards

Ein gutes Beispiel für ein Business Framework veröffentlichte ein Software-Partner unseres Modellunternehmens ACI GmbH. Hier soll die Fülle nicht erschlagen, aber es ist trotzdem zweckmäßig, sich an den Technologien großer Softwareentwickler zu orientieren, auch wenn in der Ausbildung nur kleine Bausteine erstellt werden können.

Daraus ergibt sich für die geplante eigene Anwendung der Azubis eine Zielstellung mit folgenden Merkmalen:

- Die Anwendung soll Leistungen aus dem Business Framework „Vertrieb" enthalten.
- Es werden eigene Business Objects entwickelt.
- Die Business Objects wirken im Rahmen einer Web-Service-Application zusammen (siehe Grafik „Softwarearchitektur" auf folgender Seite).

Die Systemarchitektur der zu entwickelnden Anwendung für den Bereich „Vertrieb" in der ACI GmbH wird dem dargestellten Konzept entsprechend auf Business Objects aufbauen. Die Business Objects werden in Java entwickelt und sind als Bytecode portabel auf verschiedenen Betriebssystemen einsetzbar. Es gibt Basis-Business Objects, die die Verbindung zur Datenbank und zum Web sichern, und es gibt Business Objects, die die Aktivitäten in Geschäftsprozessen abbilden. Aus der Zusammenstellung inhaltlich passender Business Objects entsteht ein Business Framework und unter Einsatz verschiedener Business Frameworks entsteht schließlich das betriebliche Anwendungssystem.

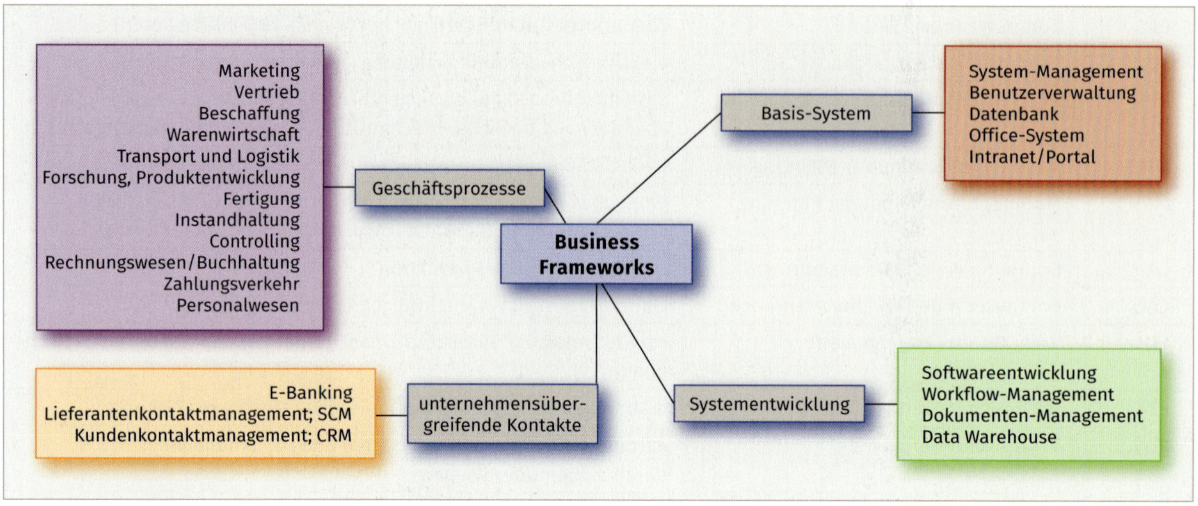
Marketing
Vertrieb
Beschaffung
Warenwirtschaft
Transport und Logistik
Forschung, Produktentwicklung
Fertigung
Instandhaltung
Controlling
Rechnungswesen/Buchhaltung
Zahlungsverkehr
Personalwesen
Geschäftsprozesse
Business Frameworks
Basis-System
System-Management
Benutzerverwaltung
Datenbank
Office-System
Intranet/Portal
E-Banking
Lieferantenkontaktmanagement; SCM
Kundenkontaktmanagement; CRM
unternehmensübergreifende Kontakte
Systementwicklung
Softwareentwicklung
Workflow-Management
Dokumenten-Management
Data Warehouse

Business Frameworks

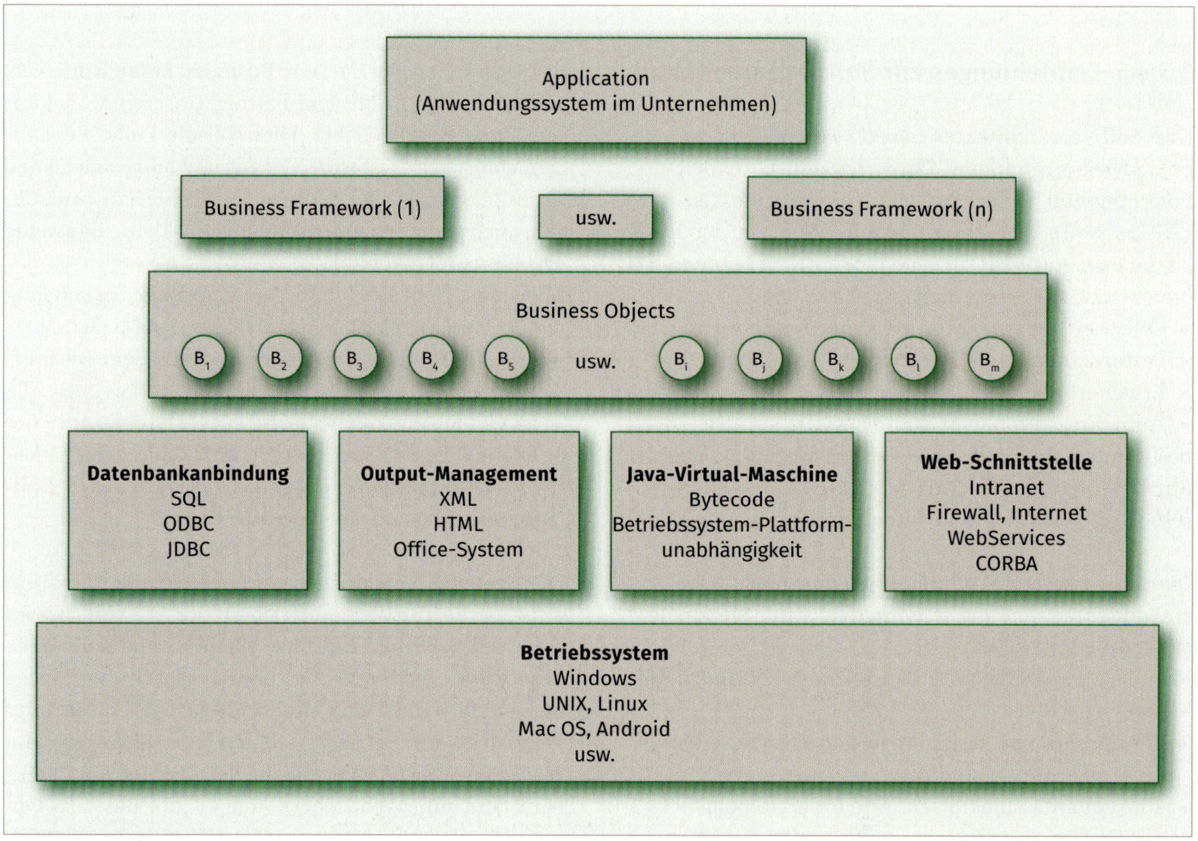
Application
(Anwendungssystem im Unternehmen)
Business Framework (1)
usw.
Business Framework (n)
Business Objects
B_1 B_2 B_3 B_4 B_5 usw. B_i B_j B_k B_l B_m
Datenbankanbindung
SQL
ODBC
JDBC
Output-Management
XML
HTML
Office-System
Java-Virtual-Maschine
Bytecode
Betriebssystem-Plattform-unabhängigkeit
Web-Schnittstelle
Intranet
Firewall, Internet
WebServices
CORBA
Betriebssystem
Windows
UNIX, Linux
Mac OS, Android
usw.

Softwarearchitektur

Die zu entwickelnde Anwendung für den Bereich **Vertrieb** stellt nur einen Teil des betrieblichen Anwendungssystems in der ACI GmbH dar. Die zu entwickelnde Anwendung wird damit ein Business Framework neben vielen anderen in der ACI GmbH sein. Orientieren sich alle erstellten Business Frameworks im Unternehmen an der dargestellten Architektur, so ist ihr Zusammenwirken durch Datenaustausch und wechselseitige Aktivierung von Methoden gesichert.

Aufgaben

1. Erklären Sie die drei Schichten zur Kapselung der Daten in einem Business Object.
2. Warum gibt es Standards für den Zugriff auf Business Objects?
3. Was versteht man unter dem Customizing einer Standardsoftware?
4. Was bezwecken die Anbieter betriebswirtschaftlicher Standardsoftware mit der Bereitstellung von Referenzmodellen?
5. Worin liegt der Unterschied von PPS- und ERP-Systemen?
6. Welche Parallelen gibt es zwischen den Aufgaben der Softwarearchitektur und den Aufgaben der Architektur am Bau, wenn Sie an den bildlichen Vergleich von „Softwareentwicklung im Großen" mit der Großbaustelle denken?
7. Was ist damit gemeint, wenn man bei Software von einer „offenen Architektur" spricht?
8. Bestimmen Sie die Objekte (Personen, Gegenstände, Hilfsmittel usw.), die an dem einfachen Geschäftsprozess des Kaufs einer Ware in einem Ladengeschäft beteiligt sind, z. B. beim Kauf von Brot bei einem Bäcker. Ermitteln Sie einige für den Geschäftsprozess wesentliche Merkmale (Daten) dieser Objekte und schreiben Sie diese auf.
9. Bestimmen Sie die Objekte, die an dem Geschäftsprozess des Verzehrs einer Mittagsmahlzeit in einer Gaststätte mit Bedienung beteiligt sind.
   a) Ermitteln Sie einige für den Geschäftsprozess wesentliche Merkmale (Daten) dieser Objekte und schreiben Sie sie auf.
   b) Was vereinfacht den Geschäftsprozess in der Systemgastronomie, z. B. in einem Fastfoodrestaurant?
10. Recherchieren Sie nach frei verfügbaren CAD-ähnlichen Systemen (Wohnungsplaner, Küchenplaner, Gartenplaner usw.) und verschaffen Sie sich einen Überblick über die mitgelieferten Objektbibliotheken.
11. Sicherlich nutzen Sie die Dienste eines Providers für Ihren E-Mail-Verkehr. Versuchen Sie, die Architektur der hierbei eingesetzten Softwaresysteme zu skizzieren, achten Sie hierbei auch auf die räumliche Verteilung.

3.3.4 Formulierung von Testszenarien

Zum Design gehört auch die Formulierung von Testszenarien. Diese Testaufgaben werden bewusst zu einem sehr frühen Zeitpunkt ohne Kenntnis des erst später zu entwickelnden Softwareproduktes festgeschrieben. Damit wird die Möglichkeit für einen Black-Box-Test gesichert. Diese Testaufgaben können auch vor Vollendung des Softwareproduktes jederzeit eingesetzt werden.

Wichtig ist die Formulierung und Fixierung der Verbindung zwischen Input und Output, zwischen Situation und Ergebnis. Später kann man dann überprüfen, ob der Input den erwarteten Output bewirkt, ob in der provozierten Situation das erwartete Ergebnis produziert wird.

Zur Erfassung der Testszenarien bietet sich eine Tabellenform an. Dazu folgen mit Test-Nr. 1 bis 4 einige sehr einfache Beispiele:

Test-Nr. 1	**Komponente**/Gegenstand des Tests	Anmeldeformular
	Anforderungen an das System	Ein bekannter Nutzer des Webshops meldet sich konkret mit Passwort an.
	erwartetes Ergebnis	Das Formular zur **Katalogauswahl** für Webshop-Benutzer öffnet sich.
	Prüfergebnis: Test liefert erwartetes Ergebnis.	ja/nein

Test-Nr. 2	**Komponente**/Gegenstand des Tests	Anmeldeformular
	Anforderungen an das System	Ein registrierter Mitarbeiter der ACI-Niederlassung meldet sich korrekt mit Passwort an.
	erwartetes Ergebnis	Das Menü zum **Warenwirtschaftssystem** öffnet sich.
	Prüfergebnis: Test liefert erwartetes Ergebnis.	ja/nein

Test-Nr. 3	**Komponente**/Gegenstand des Tests	Anmeldeformular
	Anforderungen an das System	Unbekannter Nutzer des Webshops meldet sich neu an.
	erwartetes Ergebnis	Das Formular zur **Anmeldung** für Webshop-Benutzer öffnet sich.
	Prüfergebnis: Test liefert erwartetes Ergebnis.	ja/nein

Test-Nr. 4	**Komponente**/Gegenstand des Tests	Anmeldeformular
	Anforderungen an das System	Bekannter Nutzer des Webshops meldet sich mit fehlerhaftem Passwort an.
	erwartetes Ergebnis	Ein Hinweisfenster mit dem Hinweis auf die fehlerhaften Anmeldedaten erscheint. Der Zugang bleibt dem Nutzer weiterhin verschlossen.
	Prüfergebnis: Test liefert erwartetes Ergebnis.	ja/nein

3.4 Dokumentation der Ergebnisse von Analyse und Design

Nach den vielen theoretischen Vorüberlegungen beginnen die Azubis in der Phase „Analyse und Design“ mit der Umsetzung ihrer Entwicklungsaufgabe. Für die weitere Arbeit orientieren sie sich am Wasserfallmodell. Nach dem Wasserfallmodell ergibt sich eine Vorgehensweise in folgenden Schritten:

1. Kick-off-Meeting durchführen
2. Vorlage des Lastenheftes durch den Auftraggeber
3. Erstellen des Projektplanes
4. Analyse der Ausgangssituation und der Anforderungen
5. Modellierung des Prozesses, der Benutzeroberfläche und Erstellung des Datenmodells
6. Erstellen des Pflichtenheftes
7. Vorlage des Pflichtenheftes zur Abnahme durch den Auftraggeber

3.4.1 Projektvorbereitung

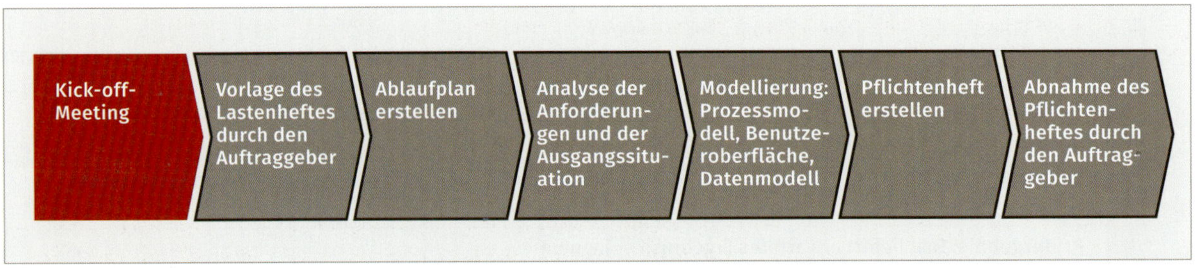

S Herr Pelz lädt die Azubis sowie Herrn Reck, Herrn Köhler und Frau Horn vom Bereich Vertrieb für den Start der Arbeiten am Projekt zu einem Kick-off-Meeting ein. Als Protokollant wird Stefan Fischer bestimmt. Für das Meeting legt Herr Pelz folgende Tagesordnung fest:

Tagesordnung für das Kick-off-Meeting zum Projekt: Webshop
(1) Vorstellung der Anwesenden (2) Anforderungen der Fachabteilung an das Projekt (Frau Horn) (3) Benennung der Projektmitarbeiter, Organisation des Projektarbeit (4) Benennung des Projektleiters (5) Benennung der Mitglieder des Lenkungsausschusses (6) Namensfindung für das Projekt (7) Vereinbarungen zur Entwicklungstechnologie (8) Vereinbarungen zur Qualitätssicherung (9) Termin des nächsten Meilensteines und vorzulegende Ergebnisse (10) Sonstiges

Protokoll vom Kick-off-Meeting

Projektdokumentation		
Projektname	**ACI-Webshop**	
Dokumententitel	**Protokoll: Kick-off-Meeting**	
Erstellt von	**Stefan Fischer**	Erstellt am:
Dokumentenablage	E:\Projekt\Dokumente\Protokoll_01.doc	25. Febr. 20xx
Änderungshinweis	(zum Nachtragen des Namens eines geänderten Dokuments)	(Änderungsdatum)

	Tagesordnung	**Ergebnis**
1	Vorstellung der Anwesenden	▪ Herr Pelz, Abteilungsleiter Softwareentwicklung ▪ Herr Reck, Abteilung Softwareentwicklung, verantwortlich für Individualsoftware ▪ Frau Horn, Abteilung Verkauf, verantwortlich für den Betrieb des Internetshops ▪ Azubis: Kai Dreyer, Stefan Fischer, Anna Hedder, Kerstin Raabe ▪ Herr Köhler, Ausbildungsleiter und EDV-Leiter bei ACI
2	Anforderungen der Fachabteilung	Frau Horn trägt als fachlich Verantwortliche für den Webshop die Vorstellungen der Fachabteilung vor. Hierzu wird von ihr ein **Lastenheft** vorgelegt.
3	Benennung der Projektmitarbeiter, Organisation der Projektarbeit	Herr Reck und die Azubis: ▪ Kai Dreyer ▪ Stefan Fischer ▪ Anna Hedder ▪ Kerstin Raabe
		Die Arbeit der Projektmitarbeiter erfolgt im Rahmen einer **Matrixorganisation.** Die Projektmitarbeiter verbleiben disziplinarisch in ihren Fachabteilungen. Die Azubis wenden etwa 50 % ihrer im Ausbildungsbetrieb verfügbaren Arbeitszeit für das Projekt auf.
4	Projektleiter	Herr Reck, mit etwa 20 % seiner Arbeitszeit

(Fortsetzung auf folgender Seite)

5	Lenkungsausschuss	▪ Herr Pelz als Ausschussvorsitzender ▪ Herr Reck als Projektleiter ▪ Frau Horn als Vertretung des Auftraggebers ▪ Herr Köhler als Verantwortlicher für den Routinebetrieb der zu erstellenden Softwarelösung
6	Namensfindung	Das Projekt erhält den Namen „ACI-Webshop“
7	Entwicklungstechnologie	Als Vorgehensmodell wird das **Wasserfallmodell** gewählt. Bei der Entwicklung sind ausschließlich folgende frei verfügbare und kostenlose Werkzeuge einzusetzen: ▪ Für die Erstellung der Dokumente in Analyse und Design sind die Vorgaben und Hilfsmittel des **V-Modells XT** zu verwenden. ▪ Die Visualisierung des Designs erfolgt mit dem Tool **SiSy** (Demoversion bedingt geeignet!). ▪ Programmiert wird in **Java** in der Entwicklungsumgebung **Eclipse.** ▪ Als Datenbankmanagementsystem ist **mySQL** zu nutzen. ▪ Die Erstellung dynamischer Webseiten erfolgt mittels **JSP** (**J**ava **S**erver **P**age). ▪ Als Webserver wird die Nutzung von **Tomcat** eingeplant.
8	Qualitätssicherung	▪ Durch das Projektteam sind bereits im Rahmen des Pflichtenheftes 10 **Testszenarien** vorzulegen. ▪ Für ein **Code-Review** ist Herr Krüger aus der Abteilung Softwareentwicklung zu gewinnen. ▪ Die **Blackbox-Tests** sind durch die Mitarbeiter im Vertrieb Nord und Vertrieb Süd vorzunehmen.
9	nächster Termin	20. März 20xx
	vorzulegende Ergebnisse	▪ Pflichtenheft: verantwortlich Herr Reck ▪ Projektplan: verantwortlich Herr Reck
10	Sonstiges	keine Bemerkungen

3.4.2 Lastenheft

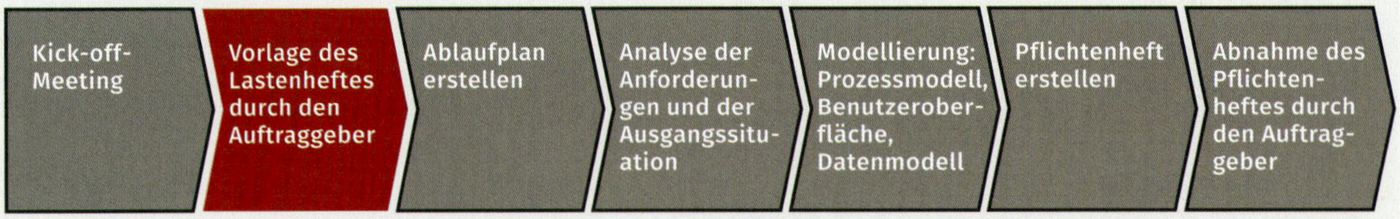

S Der Entwicklungsauftrag der ACI GmbH wurde bereits im Kapitel 1 nach der Vorstellung des Unternehmens und der handelnden Personen angesprochen. Dieser Situation entsprechend folgen nun die vom Auftraggeber festgeschriebenen Anforderungen an das Projekt.

Frau Horn von der Abteilung Verkauf hat das Lastenheft erstellt und sich bei dessen Gliederung und bei der Formulierung der Inhalte an den Vorlagen aus dem V-Modell XT orientiert.

Projektdokumentation		
Projektname	**ACI-Webshop**	
Dokumententitel	**Lastenheft**	
Erstellt von	**Frau Horn**	Erstellt am:
Dokumentenablage	E:\Projekt\Dokumente\Lastenheft.doc	28. Febr. 20xx
Änderungshinweise	(zum Nachtragen des Namens eines geänderten Dokuments)	(Änderungsdatum)

Lastenheft

Inhaltsverzeichnis:

1. Ausgangssituation und Zielsetzung

1.1 Ausgangssituation

Das Unternehmen ACI bietet in seinen Niederlassungen diverse Artikel aus den Bereichen Hardware, Software und Zubehör an. Ein Warenwirtschaftssystem verwaltet die Stammdaten zu den Artikeln sowie die Kunden- und Lieferantendaten. Das Programm ermöglicht die Abbildung der kaufmännischen Prozesse vom Einkauf bis zum Verkauf der Waren. Parallel dazu werden auch Mitarbeiterdaten verwaltet, wodurch die Arbeitszeiten und die Entgelte der Mitarbeiter sowie deren Urlaubszeiten mit dem System bearbeitet werden können. Technisch ist dieses Warenwirtschaftssystem mit einer Microsoft-Access-Datenbank verbunden. Die Ein- und Ausgaben erfolgen über die unter Microsoft Access erstellten Formulare und Berichte.

(Fortsetzung auf folgender Seite)

Vom Bereich Verkauf besteht der Wunsch, dieses System weiter zu vervollkommnen, sodass es auch in den Vertriebsniederlassungen Nord und Süd eingesetzt werden kann. Gleichzeitig wird eine Verbindung zwischen dem geplanten Webshop und dem internen Warenwirtschaftssystem angestrebt.

1.2 Zielbestimmung

Ziel des Projektes ist die Entwicklung von Web-Komponenten zu dem bestehenden Warenwirtschaftssystem mit dem Zugriff auf die Bestandsverwaltung sowie der Aufbau eines Webshops für direkte Bestellungen der Kunden der ACI GmbH. Das Projekt soll insgesamt folgende Prozesskette abbilden:

Der Webshop ist im Prozessschritt „Angebot und Bestellung“ anzusiedeln. Die hier erfassten Daten müssen allen anderen Schritten in der Prozesskette zur Verfügung stehen. Sie dienen auch als Basis für ein **Managementinformationssystem** im Rahmen der vertikalen Datenintegration. Eine Speicherung der Daten in einer **zentralen Datenbank** ist daher notwendig.

Die **Orte für die Ausführung** der einzelnen Prozessschritte sind räumlich getrennt. Anfragen können in den Vertriebsniederlassungen in Hamburg oder Frankfurt am Main eingehen. Bestellungen sollen auch über das Internet im sogenannten PowerShop möglich sein. Die Warenwirtschaft wird in der Zentrale in Eppendorf realisiert und der Kundendienst findet dezentral beim Kunden statt. Die **Kommunikation** innerhalb der Prozessschritte sollte deshalb über das Internet erfolgen.

2. Funktionale Anforderungen

2.1 Muss-Kriterien

1. Die Software muss die **Vertriebsniederlassungen** bei der Warenbestellung aus einem Zentrallager unterstützen. Die Vertriebsniederlassungen, regional verteilt im gesamten Bundesgebiet, sollen zusammenarbeiten und zukünftig bundesweit von einem zentralen Lagerort versorgt werden. Zu den Vertriebsniederlassungen gehören Ladengeschäfte, die nur über wenig Lagerfläche verfügen. Von den angebotenen Waren können in den Läden nur wenige Exemplare vorrätig gehalten werden.
   Im täglichen Verkauf abgesetzte Komplettsysteme, Bauteile, Software oder Zubehör sollen über Nacht aus dem Zentrallager nachgeliefert werden. Die Bestellung der Waren von den Läden gegenüber dem Zentrallager soll über das Internet mithilfe des webbasierten Warenwirtschaftssystems erfolgen.
2. Die Software muss den **Stammkunden** der ACI GmbH die direkte Bestellung von Hardware, Software und Zubehör aus der gesamten Angebotspalette über das Internet im Rahmen eines Webshops ermöglichen.
3. Bei einer **Bestellung** muss die Verfügbarkeit der Ware im Bestand des Zentrallagers überprüft werden. Ist eine Ware nicht in ausreichender Menge verfügbar, so ist diese Bestellposition abzuweisen. Die erfolglosen Bestellungen sind zur Verbesserung des Warenangebotes zu protokollieren.
4. Erfolgreiche Bestellungen, d. h. Bestellungen zu Waren, von denen ausreichende Mengen im Zentrallager lagern, sind durch eine **E-Mail an den Kunden** zu bestätigen. Außerdem muss die bestellte Menge sofort reserviert und damit für weitere Zugriffe durch Bestellungen gesperrt werden.
5. Das System hat die **Lieferscheine** und **Rechnungen** zu den Bestellungen zu erstellen.
6. Das System muss eine **Schnittstelle** zum laufenden Warenwirtschaftssystem besitzen. Sortimentspflege, Preisbildung und Wareneingänge finden im bestehenden Warenwirtschaftssystem statt.
7. Ein **Administrator** muss die Möglichkeit besitzen, die Kundenlisten manuell zu pflegen und gegebenenfalls Kunden zu sperren.
8. Die Bedienung erfolgt im Internet über eine browserunabhängige **Benutzeroberfläche** mit festen Objektgrößen, unabhängig von der Bildschirmauflösung beim Benutzer.

2.2 Kann-Kriterien

1. Die Software soll auch **neuen Kunden** die direkte Bestellung von Hardware, Software und Zubehör aus der Angebotspalette der ACI GmbH über das Internet im Rahmen eines Webshops ermöglichen. Die Authentizität der Neukunden muss gesichert werden.
2. Für die Auswahl von Waren soll im Webshop der **Artikelkatalog** mit Artikelnummer, Beschreibung und Bruttopreis angezeigt werden.

3. Der Artikelkatalog ist durch eine systematische Anzeige zusammenhängender Artikelgruppen aufzuwerten. Nach Möglichkeit ist eine **Volltextsuche** vorzusehen und die Artikel sind durch **Bilder** zu illustrieren.
4. Die Software soll eine **differenzierte Rechnungslegung** ermöglichen. Es ist dabei zwischen folgenden Kundengruppen zu unterscheiden:
   - Vertriebsniederlassungen,
   - Stammkunden,
   - Web-Kunden.

   Den Kundengruppen sind die Waren zu verschiedenen Konditionen zu berechnen.
5. Die Zugriffe aller Benutzer werden in einer **Logdatei** erfasst, die vom Administrator eingesehen und ausgewertet werden kann.
6. Die Bedienung erfolgt im Internet über eine browserunabhängige **Benutzeroberfläche.** Die Größe der Objekte der Ein- und Ausgabemasken soll sich dynamisch der Bildschirmauflösung beim Benutzer anpassen.
7. Der Benutzer kann seine Bestellungen auf dem eigenen Computer als **Textdatei** speichern.
8. Der Administrator kann sich zu den eingegangenen Bestellungen **statistische Angaben** wie **Anzahl der Bestellungen in einer Warengruppe** oder **Anzahl der Bestellungen pro Kunde** anzeigen lassen.
9. Die Artikeldaten entstammen der ACI-Warenwirtschaft, die unter Microsoft Access läuft.

2.3 Abgrenzungskriterien

1. Es sind keine Maßnahmen zur **Datensicherung** vorzusehen.
2. Es sind keine Maßnahmen zur **Datenarchivierung** vorzusehen.
3. Es sind nur einfache Maßnahmen zur **Zugriffssicherheit** vorzusehen.
4. Die **Pflege des Warenbestandes** erfolgt ausschließlich über das bestehende Warenwirtschaftssystem.

(Anmerkung: Die ersten drei Abgrenzungskriterien sind nur in der Modellsituation akzeptabel)

3. Nicht-funktionale Anforderungen

3.1 Einsatzumgebung Hardware

Die Software ist lauffähig auf der **vorhandenen Hardware** in der Zentrale, in den Vertriebsniederlassungen und beim Kunden. Zusätzliche Investitionen in Hardware sind auszuschließen.

3.2 Einsatzumgebung Software

Die Software ist lauffähig auf den **vorhandenen Betriebssystemen** in der Zentrale, in den Vertriebsniederlassungen und beim Kunden. Zusätzliche Investitionen in Software sind auszuschließen. Falls notwendig, ist Public-Domain-Software einzusetzen.

3.3 Einsatzumgebung Orgware

Der Betrieb der Software setzt möglichst **keine zusätzlichen organisatorischen Regelungen** voraus. Die Nummernsysteme und Systematiken aus dem Warenwirtschaftssystem sind zu übernehmen. Zusätzliche **Arbeitskräfte** für den Betrieb der Software sind auszuschließen. Die Aufgabe des Administrators ist einem Mitarbeiter als zusätzliche Arbeitsaufgabe zu übertragen.

3.4 Leistungsparameter Datenvolumen

Gegenwärtig gibt es 400 Stammkunden. Durch gute Werbung und Multiplikatoreneffekt ist mit ca. 2.000 wiederkehrenden Gelegenheitskunden zu rechnen. Die Vertriebsniederlassungen und die Gelegenheitskunden generieren maximal **50 Bestellungen pro Tag** mit durchschnittlich 3 Bestellpositionen. Pro Bestellposition fallen 120 Zeichen an. Die Datenmenge wird begrenzt durch die Speicherkapazität der vorhandenen Hardware und die Kapazität von Microsoft Access.

3.5 Leistungsparameter Verarbeitungsgeschwindigkeit

Die **Antwortzeit** für die Kundeneingaben soll unter drei Sekunden liegen. Die Bestellbestätigungen sollten innerhalb von einer Minute beim Kunden sein.

4. Lebenszyklus des Gesamtsystems

4.1 Zeitpunkt des Einsatzes

Der Webshop soll zum 01. Sept. 20xx eröffnet werden.

4.2 Abzulösende Systeme

Es gibt bezüglich der Webshop-Funktionalität **keine abzulösenden Systeme.**

(Fortsetzung auf folgender Seite)

4.3 Zu erwartende wachsende Anforderungen

Die Anzahl der Vertriebsniederlassungen soll langfristig auf **6 Niederlassungen** im gesamten deutschsprachigen Raum wachsen. Die Anzahl der Gelegenheitskunden im Webshop kann nach Erfahrungen anderer Shopbetreiber auf 10.000 wachsen.

5. Lieferumfang

5.1 Zu übergebende Dokumente

Zu übergeben sind die **Systemdokumentation,** ein **Benutzerhandbuch** für den Betrieb in den Niederlassungen, **Administrationshinweise,** eine **Schnittstellenbeschreibung** zum Warenwirtschaftssystem und eine **Installationsanleitung** in gedruckter Form und als *.pdf-Datei auf CD zusammen mit der Software.

5.2 Bereitstellung der Software

Die gesamte Software wird **auf CD** übergeben. Die clientseitigen Zugriffskomponenten für die Vertriebsniederlassungen werden als **Download** aus einem geschützten Bereich angeboten und dort auch gegebenenfalls aktualisiert. Für die Gelegenheitskunden entfällt die Bereitstellung der Software. Sie nutzen ihre eigenen Browser und laden die Daten von Server der ACI GmbH.

5.3 Installation und Datentransfer

Die Software für die Vertriebsniederlassungen ist in komprimierter Form bereitzustellen, wobei sie sich selbst entpackt und **selbstständig die Installation startet.**

Ein Datentransfer aus Vorgängerlösungen ist nicht notwendig.

5.4 Schulungsleistungen

entfallen

5.5 Supportleistungen

Der Support in der Zentrale und in den Vertriebsniederlassungen wird durch die **Mitarbeiter der ACI GmbH** gewährleistet.

6. Abnahmekriterien

6.1 Qualitätsziele

- **Funktionalität:** Dem Nutzer des Webshops muss das volle Spektrum der Waren aus dem Warenwirtschaftssystem zur Auswahl angeboten werden. Die Bestellungen sind auf ihre Realisierbarkeit entsprechend dem verfügbaren Warenbestand zu prüfen.
- **Zuverlässigkeit:** Die Software kann im Routinebetrieb stabil genutzt werden. Fehler treten nur durch Ausfälle im Internet oder in der Stromversorgung auf.
- **Benutzbarkeit:** Die Bedienung muss robust, intuitiv, einfach und gut strukturiert gestaltet sein, damit der Nutzer das System ohne Schulungsaufwand nutzen kann.
- **Effizienz:** Die Performance der Anwendung muss in Verbindung mit dem Warenwirtschaftssystem so ausgelegt sein, dass der Anwender ohne längere Wartezeiten agieren kann. Der Webshop sichert Antwortzeiten unter drei Sekunden.
- **Änderbarkeit:** In der Programmstruktur wird die Erweiterbarkeit mit berücksichtigt, um später Änderungen leicht integrieren zu können.
- **Übertragbarkeit:** Die Software des Webshops kann auf andere Hardwaresysteme und Betriebssysteme mit Standardbrowsern übertragen werden.

6.2 Testszenarien

Durch das Projektteam sind im Rahmen des Pflichtenheftes 10 Testszenarien vorzulegen.

3.4.3 Ablaufplan

Der Ablaufplan bzw. Projektplan wird mit dem bekannten Tool **Microsoft Project** erstellt. Für die Planung gelten folgende Ausgangspunkte:

- der ursprünglich entwickelte Projektstrukturplan (PSP) **als inhaltliche Richtschnur**
- die im Wasserfallmodell vorgegebenen und zu durchlaufenden Arbeitsschritte **für den formalen Ablauf**
- der Termin 31.08.20xx, zu dem laut Lastenheft das Projekt für die Routinenutzung zur Verfügung stehen soll, **als formales Zeitziel**

Projektdokumentation		
Projektname	**ACI-Webshop**	
Dokumententitel	**Projektplan**	
Erstellt von	**Herr Reck**	Erstellt am:
Dokumentenablage	E:\Projekt\Dokumente\Projektplan.doc	03. März 20xx
Änderungshinweise	(zum Nachtragen des Namens eines geänderten Dokuments)	(Änderungsdatum)

Projektplan

Inhaltsverzeichnis:

1. Ausgangssituation

Die Entscheidung zur Durchführung des Projektes ist bereits gefallen. Inhaltlich ist ein bestehendes Warenwirtschaftssystem durch neue Funktionalitäten zu erweitern. Das Projektteam ist benannt.

2. Vorgänge und Ablaufplan

Der Projektplan wurde mit Microsoft Project erstellt und umfasst 76 Vorgänge, die hier nicht im Detail abgebildet werden können. Zur Sicherung der Übersichtlichkeit wurden Sammelvorgänge gebildet, die zahlreiche Einzelvorgänge zusammenfassen.

Vorgangsname	Dauer	Anfang
⊟ **Projektvorbereitung**	**1,75 Tage**	**09. April**
Projektentscheidung	1 Tag	09. April
⊞ **Kick-Off-Meeting**	**0,75 Tage**	**12. April**
Vorlage Lastenheft	2 Std.	09. April
⊞ **Projektplanung**	**1 Tag**	**09. April**
Freigabe des Projektes	0 Tage	09. April
⊟ **Projektdurchführung**	**100 Tage**	**12. April**
⊞ **Anforderungsanalyse**	**3 Tage**	**12. April**
⊞ **Systementwurf**	**29 Tage**	**15. April**
⊞ **Implementierung**	**52 Tage**	**26. Mai**
⊞ **System integieren**	**7 Tage**	**06. August**
⊞ **Test**	**9 Tage**	**17. August**
⊞ **Dokumentation**	**64 Tage**	**01. Juni**
Projektabnahme	0 Tage	28. August

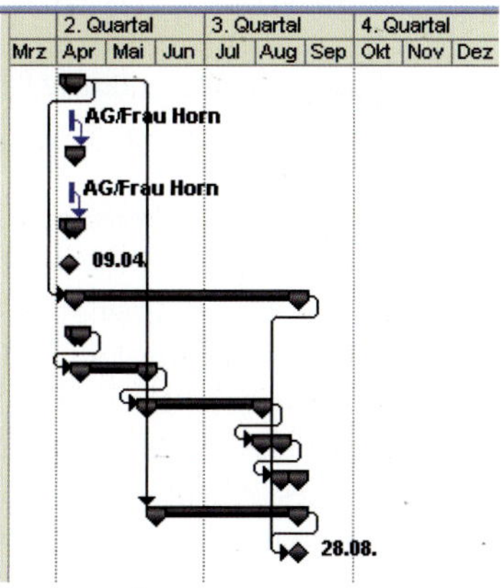

(Fortsetzung auf folgender Seite)

3. **Personelle Ressourcen im Projekt**

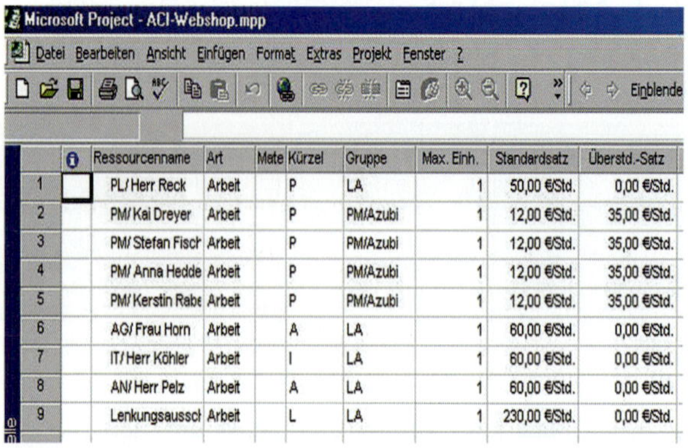

Microsoft Project - ACI-Webshop.mpp

	Ressourcenname	Art	Mate	Kürzel	Gruppe	Max. Einh.	Standardsatz	Überstd.-Satz
1	PL/ Herr Reck	Arbeit		P	LA	1	50,00 €/Std.	0,00 €/Std.
2	PM/ Kai Dreyer	Arbeit		P	PM/Azubi	1	12,00 €/Std.	35,00 €/Std.
3	PM/ Stefan Fisch	Arbeit		P	PM/Azubi	1	12,00 €/Std.	35,00 €/Std.
4	PM/ Anna Hedde	Arbeit		P	PM/Azubi	1	12,00 €/Std.	35,00 €/Std.
5	PM/ Kerstin Rabe	Arbeit		P	PM/Azubi	1	12,00 €/Std.	35,00 €/Std.
6	AG/ Frau Horn	Arbeit		A	LA	1	60,00 €/Std.	0,00 €/Std.
7	IT/ Herr Köhler	Arbeit		I	LA	1	60,00 €/Std.	0,00 €/Std.
8	AN/ Herr Pelz	Arbeit		A	LA	1	60,00 €/Std.	0,00 €/Std.
9	Lenkungsaussch	Arbeit		L	LA	1	230,00 €/Std.	0,00 €/Std.

In die Ressourcenliste wurden zuerst alle am Projekt beteiligten Personen und Organisationseinheiten aufgenommen. Das bedeutet noch nicht, dass diese Ressourcen auch einzelnen Vorgängen im Projekt zugeteilt werden müssen. Alle am Projekt interessierten Personen bezeichnet man auch als Stakeholder des Projektes.

4. **Projektstatistik**

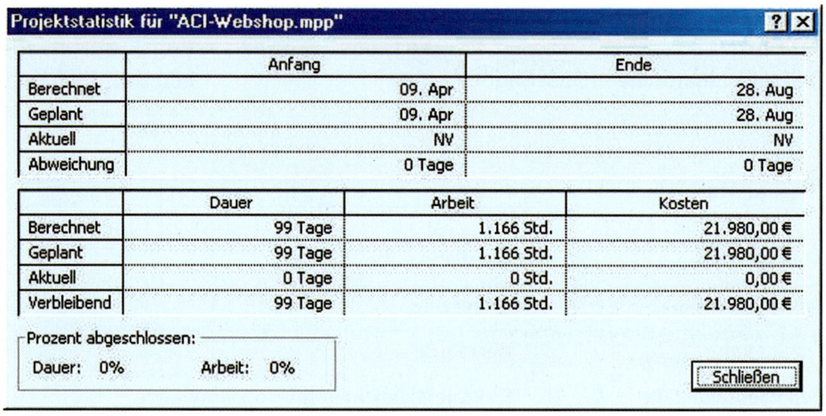

Projektstatistik für "ACI-Webshop.mpp"

	Anfang	Ende
Berechnet	09. Apr	28. Aug
Geplant	09. Apr	28. Aug
Aktuell	NV	NV
Abweichung	0 Tage	0 Tage

	Dauer	Arbeit	Kosten
Berechnet	99 Tage	1.166 Std.	21.980,00 €
Geplant	99 Tage	1.166 Std.	21.980,00 €
Aktuell	0 Tage	0 Std.	0,00 €
Verbleibend	99 Tage	1.166 Std.	21.980,00 €

Prozent abgeschlossen:
Dauer: 0% Arbeit: 0%

Schließen

Die Kosten des Projektes von etwa 22.000,00 € sind erheblich. Sie ergeben sich als Produkt aus der aufzuwendenden Arbeit und den Kosten der Ressourcen pro Arbeitseinheit. Auch die Auszubildenden verursachen Kosten im Projekt, denn schließlich muss man deren Ausbildungsvergütung, Betreuungskosten und weitere Sozialleistung auch anteilig zurechnen.

Auf die Schritte „Analyse der Anforderungen und der Ausgangssituation“ und „Modellierung: Prozessmodell, Benutzeroberfläche, Datenmodell“ wird hier nicht weiter eingegangen. Diesen Themen widmen sich die nachfolgenden Kapitel zu den Werkzeugen der Softwareentwicklung und der Anwendung von Datenbanken.

3.4.4 Pflichtenheft

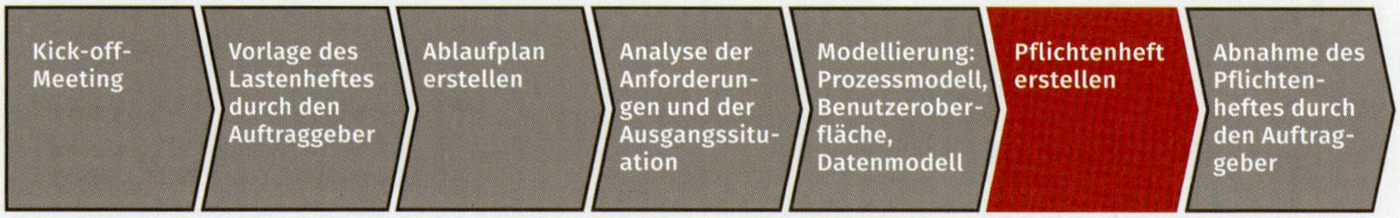

AH Das V-Modell XT bietet über seinen Projektassistenten auch eine Vorlage zur Erstellung des Pflichtenheftes an.

Bezüglich des zum Beispielprojekt „ACI-Webshop“ gehörenden Pflichtenheftes wird hier auch auf das **Arbeitsheft** verwiesen. Nach der Vorlage aus dem V-Modell-Projektassistenten folgt eine exemplarische Ausarbeitung des Pflichtenheftes, basierend auf dem anfangs dargestellten Lastenheft.

Die hier zitierte Gliederung für ein Pflichtenheft ist nur eine Variante von vielen. So kann man unter anderem auch mit **SiSy** in seiner vollständigen Version ein Pflichtenheft in ähnlicher Weise erzeugen.

Für die Auszubildenden in den IT-Berufen ist die Vorgabe einer Dokumentengliederung nach dem **„online-Prüfungsverwaltungssystem“** der IHK relevant für die Einreichung ihres **Projektantrages,** der quasi einem Pflichtenheft gleichzusetzen ist. Hierzu finden sich konkrete Beispiele im folgenden Text und im Arbeitsheft. AH

Projektdokumentation		
Projektname	**ACI-Webshop**	
Dokumententitel	**Pflichtenheft**	
Erstellt von	**Herr Reck, Stefan Fischer**	Erstellt am:
Dokumentenablage	E:\Projekt\Dokumente\Pflichtenheft.doc	10. April 20xx
Änderungshinweise	(zum Nachtragen des Namens eines geänderten Dokuments)	(Änderungsdatum)

Pflichtenheft

Inhaltsverzeichnis:

1. Ausgangssituation und Zielsetzung

1.1 Ausgangssituation

Anlass zur Durchführung des Projektes sind die erkannten Defizite im Fernhandel der ACI GmbH. In den Niederlassungen und über das Internet sollen den Kunden diverse Artikel aus den Bereichen Hardware, Software und Zubehör angeboten werden. Stakeholder des Projektes sind bei der ACI GmbH die Abteilungen Verkauf und Softwareentwicklung, die Mitarbeiter der Vertriebsniederlassungen Nord und Süd und diverse, noch über das Internet zu gewinnende Kunden. Die Geschäftsleitung erwartet im Ergebnis der Routinenutzung der Projektergebnisse eine Steigerung des Umsatzes um etwa 20 %.
Das bestehende Warenwirtschaftssystem ist weiter zu nutzen. Es verwaltet die Stammdaten zu den Artikeln, Kunden und Lieferanten. Die aufzubauende Lösung muss auf das bestehende Warenwirtschaftssystem zurückgreifen.
Technische Veränderungen an der Hardware in der Zentrale wie auch in den Niederlassungen sollen nicht erfolgen. Spezielle Software kann in der Zentrale und in den Niederlassungen installiert werden, jedoch nicht bei den Kunden, die man über das Internet erreichen will.

(Fortsetzung auf folgender Seite)

1.2 Zielbestimmung

Ziel des Projektes ist die Entwicklung von Web-Komponenten als Ergänzung zu dem bestehenden Warenwirtschaftssystem mit Zugriff auf die dortige Bestandsverwaltung. Der Webshop muss erstens die Web-Kunden ansprechen und für sie erreichbar sein. Hierzu ist der Zugriff über den jeweiligen Standardbrowser zu ermöglichen. In den Niederlassungen kann spezielle Software installiert werden, die einen privilegierten Zugriff auf die Daten des Warenwirtschaftssystems mit speziellen Leistungen (Vorbestellungen, Preisänderungen usw.) ermöglicht.

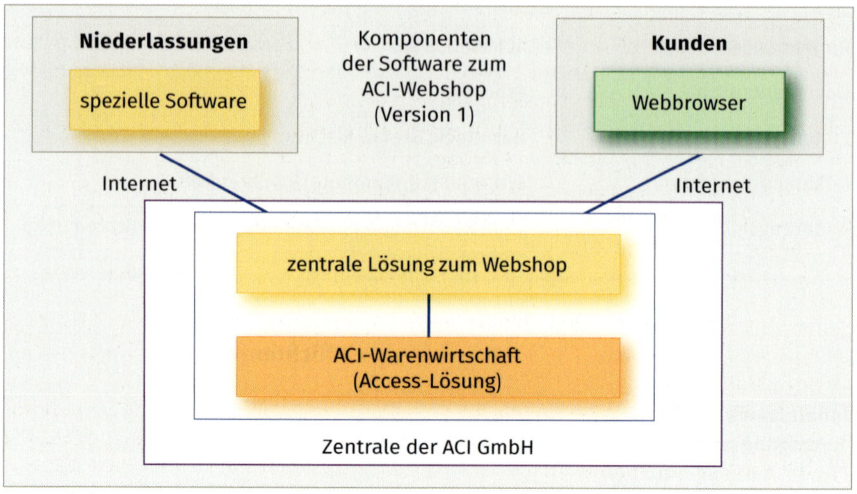

ACI-Webshop

Die **Orte für die Ausführung** der einzelnen Softwarekomponenten sind räumlich getrennt. Anfragen können in den Vertriebsniederlassungen in Hamburg oder Frankfurt am Main eingehen. Kundenbestellungen müssen zu jeder Zeit und von jedem Ort der Welt über das Internet im ACI-Webshop möglich sein. Die Warenwirtschaft wird in der Zentrale in Eppendorf realisiert und der Kundendienst findet dezentral beim Kunden statt. Die **Kommunikation** der Softwarekomponenten erfolgt über die standardisierten Protokolle im Internet.

2. Funktionale Anforderungen

2.1 Softwarearchitektur, Leistung der Komponenten

Die Software setzt sich aus **vier Komponenten** zusammen:

- Datenbanklösung als Abbild des zentralen Datenbestandes im ACI-Warenwirtschaftssystem
- WebService für die Datenkommunikation mit den Niederlassungen
- Web-Client als Front-End für die Niederlassungen
- Erzeugung dynamischer Webseiten für den Abruf in einer Standardbrowser-Kommunikation

Der **Web-Client** muss die **Vertriebsniederlassungen** bei der Warenbestellung aus einem Zentrallager unterstützen. In der Zentrale bietet der Webserver den Zugriff auf die **Datenbank.**

Die **dynamischen Webseiten** ermöglichen den **Stammkunden** der ACI GmbH die direkte Bestellung von Hardware, Software und Zubehör aus der Angebotspalette der ACI GmbH über das Internet im Rahmen eines Webshops. Für die Auswahl von Waren soll im Webshop der Artikelkatalog mit Artikelnummer, Beschreibung und Bruttopreis angezeigt werden. Die Bedienung erfolgt im Internet über eine browserunabhängige Benutzeroberfläche mit festen Objektgrößen unabhängig von der Bildschirmauflösung beim Benutzer.

Webshop Softwarekomponenten

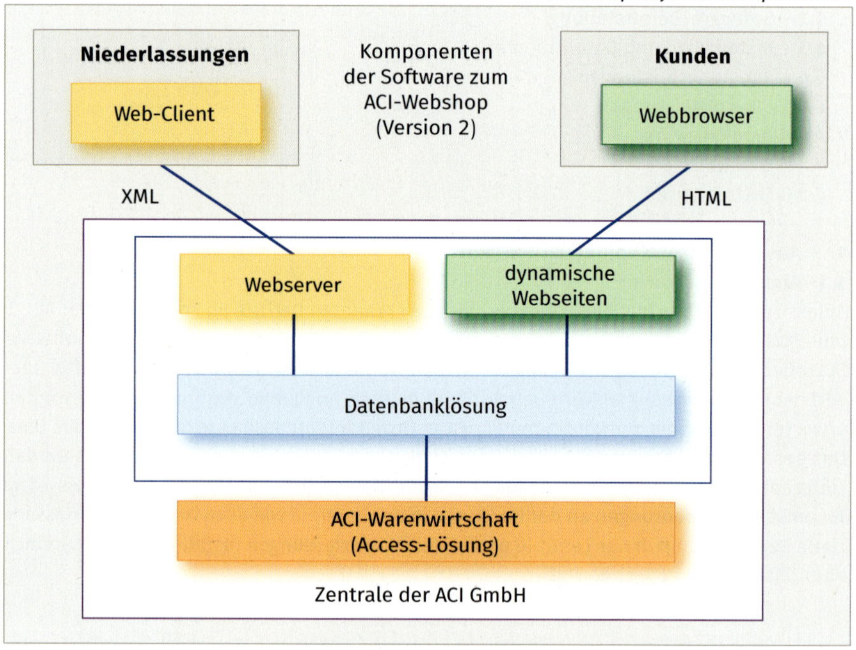

Neukunden können sich über die dynamischen Webseiten anmelden und werden so zu Stammkunden. Die Authentizität der Neukunden muss gesichert werden.
Für die Arbeit der Webshop-Komponenten wird eine eigene **Datenbanklösung** aufgebaut, in der die Daten aus dem Warenwirtschaftssystem gespiegelt werden. (Anmerkung: Dies ist eine praktisch nicht zu akzeptierende Variante, die ausschließlich im Interesse der Realisierung einer Musterlösung gewählt werden muss.)
Die Arbeitsmöglichkeiten der Vertriebsniederlassungen und der Web-Kunden unterscheiden sich erheblich. Die Vertriebsniederlassungen haben besondere **Privilegien** in der Arbeit mit dem Datenbestand:

- Für die Vertriebsniederlassungen gelten spezielle **Rabatte** auf alle Preise.
- Vertriebsniederlassungen können **neue Artikelstammdaten** aufnehmen, also Waren definieren, die dann durch die Zentrale zu beschaffen sind.
- Vertriebsniederlassungen können Artikel zu einem bestimmten Termin **bestellen** und **reservieren.**

Bei einer **Bestellung** durch Web-Kunden muss die **Verfügbarkeit** der Ware im Bestand des Zentrallagers überprüft werden. Ist eine Ware nicht in ausreichender Menge verfügbar, so ist diese Bestellposition abzuweisen. Die erfolglosen Bestellungen sind zur Verbesserung des Warenangebotes zu protokollieren.
Erfolgreiche Bestellungen von Waren, die in ausreichender Menge im Zentrallager lagern, sind durch eine **Mitteilung im Browser** zu bestätigen. Außerdem muss die bestellte Menge sofort reserviert und damit für weitere Zugriffe aus anderen Bestellungen gesperrt werden.
Das System muss eine Schnittstelle zu dem laufenden Warenwirtschaftssystem besitzen. Sortimentspflege, Preisbildung und Wareneingänge finden im bestehenden Warenwirtschaftssystem statt. Die Artikeldaten entstammen dem Warenwirtschaftssystem, realisiert unter Microsoft Access.
Ein Administrator muss die Möglichkeit haben, die Listen der Web-Kunden manuell zu pflegen und gegebenenfalls Web-Kunden zu sperren.

2.2 Anwendungsfälle (Use Cases)

Anmerkung: Von den möglichen Anwendungsfällen kann hier aus Platzgründen nur ein Anwendungsfall exemplarisch untersetzt werden.

UML Use Cases des Web-Kunden (aus SiSy)

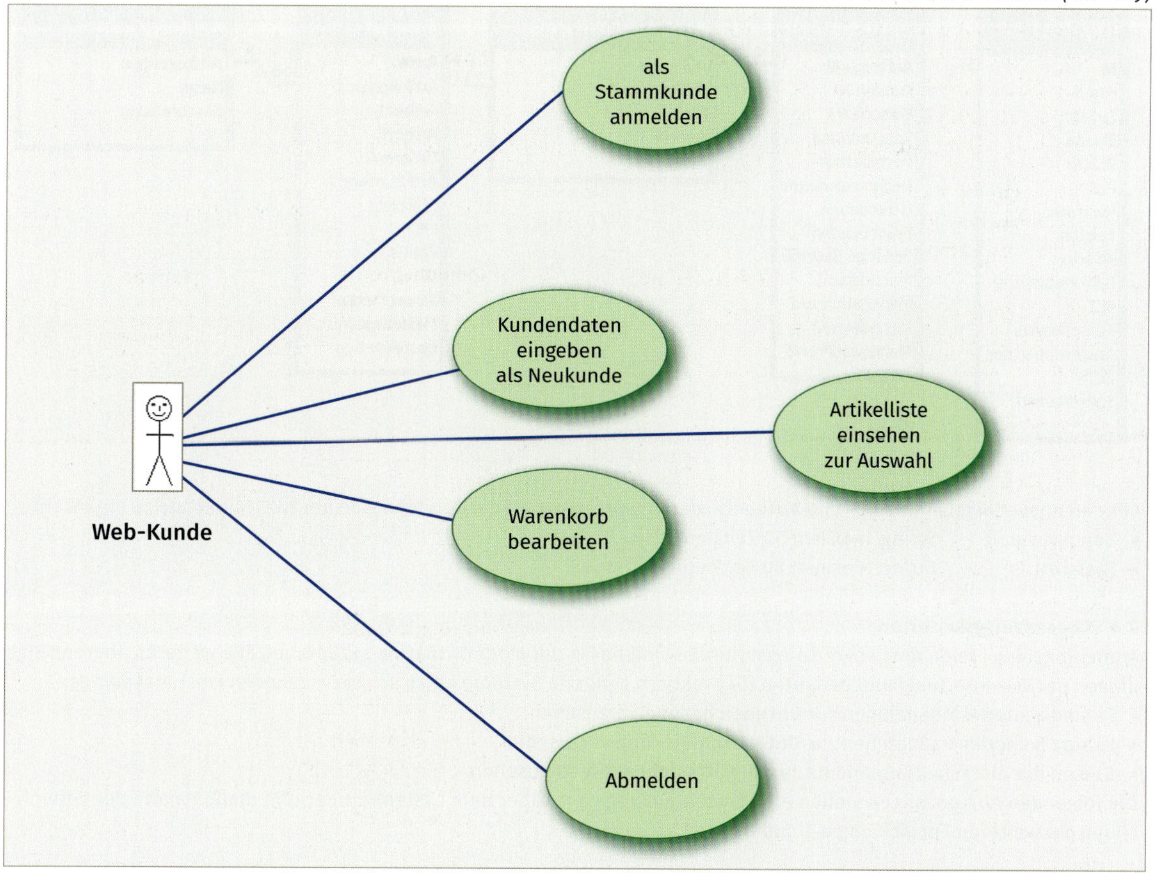

(Fortsetzung auf folgender Seite)

Nummer Use Case	1
Kurzbeschreibung	Anmelden als Stammkunde am System „ACI-Webshop“.
Akteure	▪ Mitarbeiter der Niederlassung (MA Niederlassung) ▪ Web-Kunde
Vorbedingungen	Die Benutzerdaten sind bereits im System hinterlegt.
essenzieller Ablauf	1) Der Benutzer öffnet das Programm „ACI-Webshop“. 2) Das System lädt das Formular „frmLogin“. Der Benutzer befindet sich nun im Log-in-Dialog. 3) Der Benutzer gibt seinen Benutzernamen und sein Passwort ein. 4) Der Benutzer klickt auf die Schaltfläche „Anmelden“. (V1 - V2) 5) Das System überprüft die Daten auf Richtigkeit. (V3) 6) Das System schließt das Log-in-Formular und lädt das Menu „frmMenu“.
Variationen	V1) Der Benutzer klickt auf die Schaltfläche „Neuer Kunde“. Use Case endet. V2) Der Benutzer klickt auf die Schaltfläche „Abmelden“. Use Case endet. V3) Wenn der Benutzername unbekannt ist oder das falsche Passwort eingegeben wurde, erscheint die Mitteilung: „Anmeldung nicht möglich!“.
Nachbedingung	Das Formular „frmMenu“ kann initialisiert werden.
Ergebnis	Der Benutzer ist angemeldet und befindet sich im Hauptmenü.

2.3 Datenmodell

Das Datenmodell orientiert sich am Datenmodell des Warenwirtschaftssystems, da die Datenbank aus dem Warenwirtschaftssystem für den Webshop nur gespiegelt wird. Die folgende Übersicht ist aus der Microsoft-Access-Umgebung zum Warenwirtschaftssystem entnommen.

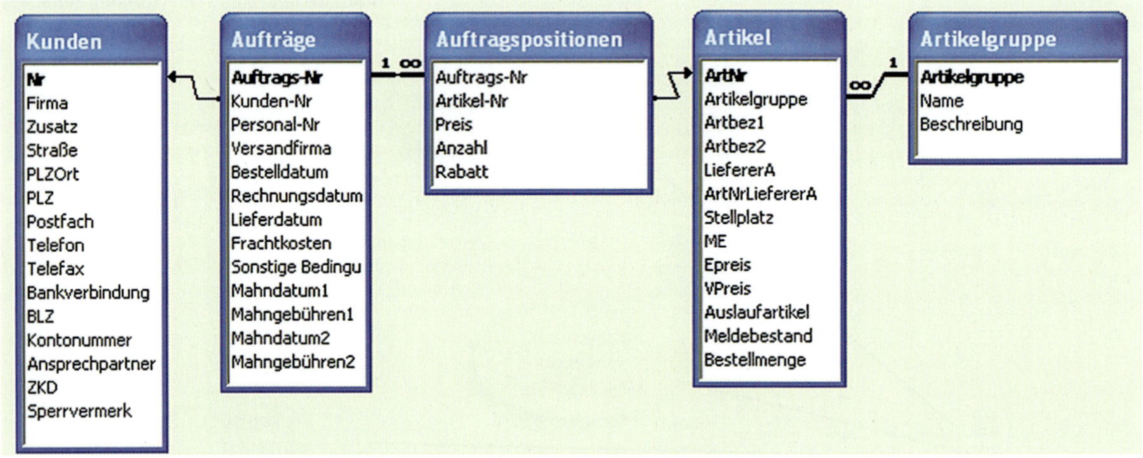

Für den notwendigen Anmelde- und Authentifizierungsprozess sind die Kundendaten um zwei Merkmale zu ergänzen:

- Benutzername String, maximal 50 Zeichen
- Passwort String, maximal 20 Zeichen

2.4 Abgrenzungskriterien

Anmerkung: Die ersten **drei** Abgrenzungskriterien sind nur in der Modellsituation akzeptabel, alle weiteren Abgrenzungen dienen der Vereinfachung und bedeuten für praktisch genutzte Systeme einen schwerwiegenden Leistungsmangel.

- Es sind keinerlei Maßnahmen zur **Datensicherung** vorzusehen.
- Es sind keinerlei Maßnahmen zur **Datenarchivierung** vorzusehen.
- Es sind nur einfache Maßnahmen zur **Zugriffssicherheit** vorzusehen.

Die folgenden Abgrenzungen stellen eine Einschränkung gegenüber dem Lastenheft dar und dienen allein der Vereinfachung der weiteren Entwicklungsaufgaben.

- Die **Pflege des Warenbestandes** erfolgt ausschließlich über das bestehende Warenwirtschaftssystem.
- Der Artikelkatalog wird nicht durch Bilder und Systematiken aufgewertet.
- Der Benutzer erhält keine E-Mail zu seiner Bestellung. Er selbst kann seine Bestellung nicht speichern.
- Eine Logdatei sowie Statistiken zum Kaufverhalten wird es vorerst nicht geben.
- Die Rechnungslegung (Fakturierung) muss über das Warenwirtschaftssystem angesprochen werden.
- Die dynamischen Webseiten werden ohne Anpassung an die Parameter der jeweiligen Browser erstellt, also beispielsweise mit festen Objektgrößen.

3. Nicht-funktionale Anforderungen

3.1 Einsatzumgebung Hardware

Die Software ist lauffähig auf der **vorhandenen Hardware** in der Zentrale, in den Vertriebsniederlassungen und beim Kunden. Zusätzliche Investitionen in Hardware sind auszuschließen.

3.2 Einsatzumgebung Software

Die Software ist lauffähig auf den **vorhandenen Betriebssystemen** in der Zentrale, in den Vertriebsniederlassungen und beim Kunden. Zusätzliche Investitionen in Software sind auszuschließen. Es ist nur frei verfügbare Software zur Entwicklung zu verwenden. Gearbeitet wird mit folgenden Produkten:

- MySQL als Datenbankmanagementsystem
- Java als Programmiersprache für alle drei Komponenten
- Eclipse als Entwicklungsumgebung
- Tomcat als Server zum Betrieb der WebServices

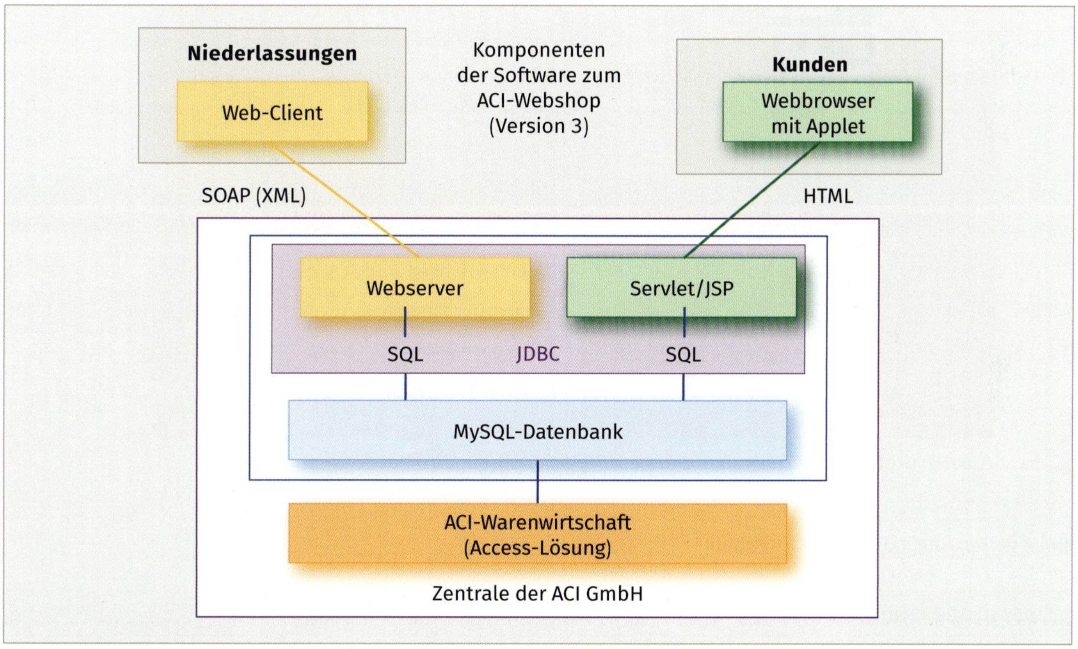

Softwaretools für den ACI-Webshop

3.3 Einsatzumgebung Orgware

Der Betrieb der Software setzt möglichst **keine zusätzlichen organisatorischen Regelungen** voraus. Die Nummernsysteme und Systematiken sind aus dem Warenwirtschaftssystem zu übernehmen.

Nummernsystem	Systematik	Beispiel
Kundennummer	Dxxxxx „D“ für Debitor, gefolgt von fünf Ziffern	D24001
Artikelnummer intern (extern wird die EAN verwendet)	xxxxx numerisch, fünf Stellen, ohne Systematik	50009 – LCD-Monitor 22 Zoll

(Fortsetzung auf folgender Seite)

3.4 Leistungsparameter Datenvolumen

Laut Lastenheft erzeugen die Vertriebsniederlassungen pro Web-Kunden maximal **50 Bestellungen pro Tag** mit durchschnittlich 3 Bestellpositionen. Pro Bestellposition fallen 120 Zeichen an. Daraus errechnet sich folgender Speicherbedarf:

täglich	monatlich	jährlich	pro Dekade
50 · 3 · 120 = 18.000 oder 18 KB	30 · 18.000 = 540.000 oder 540 KB	365 · 18.000 = 6.570 KB oder 6,6 MB	10 · 6,6 = 66 MB

Auch ohne Datenarchivierung sind diese 66 Mbyte absehbar über 10 Jahre auf jedem gängigen Personalcomputer speicherbar. MySQL erzeugt auch keinen nennenswerten Overhead zu den reinen Nutzdaten, sodass die Datenmenge kein Problem darstellt.

3.5 Leistungsbereich Benutzerführung

Die Gestaltung der Softwarekomponenten hat sich am Aussehen der Benutzeroberfläche des Warenwirtschaftssystems zu orientieren.

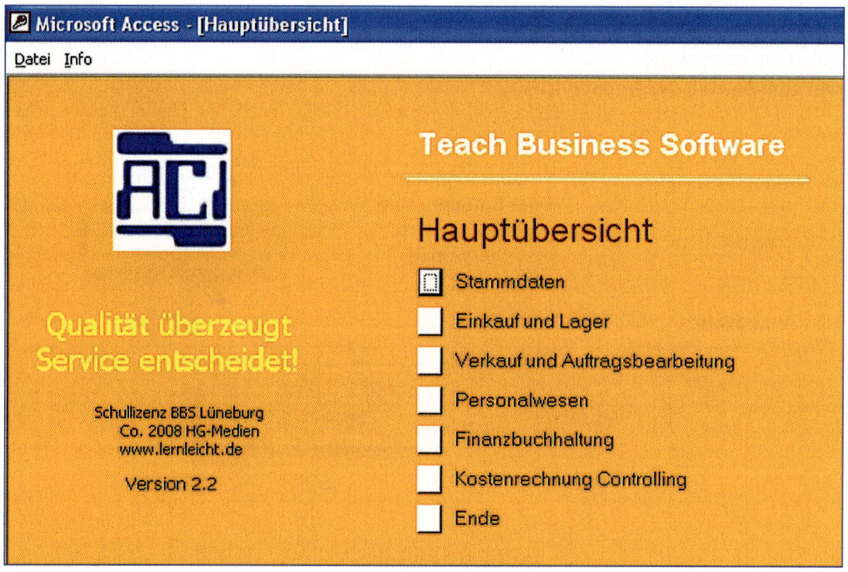

(Quelle: Gratzke, J., Wirtschafts- und Geschäftsprozesse)

Im Einzelnen gelten folgende Formatvorgaben:

Gestaltungselement	Ausprägung
Schaltflächen	kleine Quadrate als Menüpunkte ohne Text und ohne Bilder
Schriftart	Arial
Schriftgröße	Datenanzeige: 10 Menü: 12 bis 18
Hintergrundfarbe im Menü	ockergelb RGB: 250; 100; 0
Hintergrundfarbe in den Masken	grau rosa RGB: 255; 190; 255
Anordnung	In den Masken ist die Schaltfläche zum Verlassen oben links angeordnet.
Logo	Im Hauptmenü erscheint das ACI-Logo.
Navigationsschaltflächen	in den Masken oben links angeordnet

3.6 Leistungsparameter Verarbeitungsgeschwindigkeit
Die **Antwortzeit** für die Kundeneingaben muss unter drei Sekunden liegen. Die Bestätigungen von Bestellungen sollten innerhalb von einer Minute beim Kunden eintreffen.

4. Lebenszyklus des Gesamtsystems
Alle Anforderungen des Lastenheftes zum Lebenszyklus werden in das Pflichtenheft übernommen.

4.1 Zeitpunkt des Einsatzes
Der Webshop soll zum **01. Sept. 20xx** eröffnet werden.

4.2 Abzulösende Systeme
Es gibt bezüglich der Webshop-Funktionalität **keine abzulösenden Systeme.**

4.3 Zu erwartende wachsende Anforderungen
Die Anzahl der Vertriebsniederlassungen soll langfristig auf **6 Niederlassungen** im gesamten deutschsprachigen Raum anwachsen. Nach Erfahrungen anderer Shopbetreiber kann mit etwa 10.000 Gelegenheitskunden gerechnet werden.

5. Schnittstellenübersicht

Schnittstelle	Kommunikationsstandard
Application – Datenbank	JDBC mit eingebettetem SQL
Web-Client – WebService	SOAP auf Basis von XML
Browser – Servlet/JSP	HTML

6. Lieferumfang

6.1 Zu übergebende Dokumente
- Systemdokumentation
- Benutzerhandbuch für den Betrieb in den Niederlassungen
- Administrationshinweise
- Schnittstellenbeschreibung zum Warenwirtschaftssystem
- Installationsanleitung in gedruckter Form und auf CD zusammen mit der Software als *.pdf- Datei

6.2 Software-Bereitstellung
Die gesamte Software wird **auf CD** übergeben. Die clientseitigen Zugriffskomponenten für die Vertriebsniederlassungen werden als **Download** aus einem geschützten Bereich angeboten und dort gegebenenfalls auch aktualisiert.
Für die Web-Kunden entfällt die Bereitstellung der Software. Sie nutzen ihre eigenen Webbrowser und laden die Daten vom Server der ACI GmbH.

6.3 Installation und Datentransfer
Die Software für die Vertriebsniederlassungen ist in einer komprimierten Form bereitzustellen, die sich selbst entpackt und selbstständig die Installation startet. Ein Datentransfer aus Vorgängerlösungen ist nicht notwendig.

6.4 Schulungsleistungen
entfallen

6.5 Supportleistungen
Der Support in der Zentrale und in den Vertriebsniederlassungen wird durch die **Mitarbeiter der ACI GmbH** gewährleistet.

7. Abnahmekriterien
7.1 Qualitätsziele
Die Qualitätsanforderungen an die Software aus dem Lastenheft werden ohne Abstriche gewährleistet.

7.2 Testszenarien
Der Test ist genau vorzubereiten. Für die folgenden Testfälle sind bereits Stammdaten zu erfassen, auf die dann im Rahmen der Tests zugegriffen wird.

(Fortsetzung auf folgender Seite)

Testdaten:

Kundentabelle: zwei Datensätze	Feld	Datensatz 1	Datensatz 2
	Nr	D24006	D00001
	Firma	Der BüroMarkt GmbH	Niederlassung Nord
	Benutzername	Büromarkt	Nord
	Passwort	start	moinmoin
	Zusatz	Zentraleinkauf	
	Straße	Köthener Straße 22	Hauptstr. 10
	PLZOrt	39104 Magdeburg	20010 Hamburg
	PLZ	39104	20010
	Postfach	14 55	
	Telefon	0391 6363630	040 234 567 80
	Telefax	0391 6363639	040 234 567 89
	Bankverbindung	Postbank Berlin	Volksbank
	BLZ	100 100 10	200 300 00
	Kontonummer	255 300 60	333 444 00
	Sperrvermerk	0	0

Artikeltabelle: ein Datensatz	Feld	Datensatz 1
	ArtNr	30100
	Artikelgruppe	30 (Zubehör)
	Artbez1	externe Festplatte 1 TByte
	Artbez2	USB-2.0-Anschluss
	LiefererA	MaxData
	ArtNrLiefererA	200.777.260
	Stellplatz	R10/25
	ME	Stück
	Epreis	56,80
	Vpreis	89,00
	Auslaufartikel	nein
	Meldebestand	10
	Bestellmenge	10

Testfall: Nr./Komponente	11 / Servlet „Benutzerzugang“
Anforderungen an das System	Das Anmelden an das System erfolgt als Web-Kunde, die Kundendaten existieren bereits im System, die Eingabe von Benutzername und Passwort ist korrekt.
Prüfkriterien	Der Benutzer erhält Zugang zum Webshop.
Prüfmethode	Funktionsüberprüfung

Testfall: Nr./Komponente	11 / Servlet „Benutzerzugang" (Fortsetzung)
Testdaten	Benutzername: „Büromarkt"/Passwort: „start"
Soll-Ergebnis	Die Maske mit der Artikelliste öffnet sich.
Prüfergebnis	Das Ist-Ergebnis entspricht dem Soll-Ergebnis.

Testfall: Nr./Komponente	12 / Servlet „Benutzerzugang"
Anforderungen an das System	Das Anmelden an das System erfolgt als Web-Kunde, die Kundendaten existieren bereits im System, die Eingabe des Benutzernamens ist korrekt, das Passwort ist falsch.
Prüfkriterien	Der Benutzer erhält keinen Zugang zum Webshop.
Prüfmethode	Fehlerprovokation
Testdaten	Benutzername: „Büromarkt"/Passwort: „sstart"
Soll-Ergebnis	Die Maske mit der Artikelliste öffnet sich nicht, dafür erscheint eine Fehlermeldung mit dem Hinweis auf falsche Zugangsdaten.
Prüfergebnis	Das Ist-Ergebnis entspricht dem Soll-Ergebnis.

Testfall: Nr./Komponente	13 / Servlet „Benutzerzugang"
Anforderungen an das System	Das Anmelden an das System erfolgt als Web-Kunde, die Kundendaten existieren noch nicht im System, der eingegebene Benutzername ist unbekannt, das Passwort spielt keine Rolle.
Prüfkriterien	Der Benutzer erhält keinen Zugang zum Webshop.
Prüfmethode	Fehlerprovokation
Testdaten	Benutzername: „Neuling"/Passwort: „start"
Soll-Ergebnis	Die Maske mit der Artikelliste öffnet sich nicht, dafür erscheint eine Fehlermeldung mit dem Hinweis auf falsche Zugangsdaten.
Prüfergebnis	Das Ist-Ergebnis entspricht dem Soll-Ergebnis.

Testfall: Nr./Komponente	21 / Web-Client
Anforderungen an das System	Das Anmelden an das System erfolgt als Mitarbeiter der Niederlassung „Nord", die Eingabe von Benutzername und Passwort ist korrekt.
Prüfkriterien	Der Benutzer erhält Zugang zum Web-Client.
Prüfmethode	Funktionsüberprüfung
Testdaten	Benutzername: „Nord"/Passwort: „moinmoin"
Soll-Ergebnis	Die Maske zum Anlegen eines Warenkorbes öffnet sich.
Prüfergebnis	Das Ist-Ergebnis entspricht dem Soll-Ergebnis.

(Fortsetzung auf folgender Seite)

Testfall: Nr./Komponente	22 / Web-Client
Anforderungen an das System	Das Anmelden an das System erfolgt als Mitarbeiter der Niederlassung „Nord", die Eingabe des Benutzernamens ist korrekt, das Passwort ist falsch.
Prüfkriterien	Der Benutzer erhält keinen Zugang zum Web-Client.
Prüfmethode	Fehlerprovokation
Testdaten	Benutzername: „Nord" / Passwort: „tagtag"
Soll-Ergebnis	Die Maske zum Anlegen eines Warenkorbes öffnet sich nicht, dafür erscheint eine Fehlermeldung mit dem Hinweis auf falsche Zugangsdaten.
Prüfergebnis	Das Ist-Ergebnis entspricht dem Soll-Ergebnis.

Anmerkung:
Die Liste der Testfälle mit genauer Beschreibung der Situation, der Eingaben und der Ergebnisse ist bereits zum Zeitpunkt des Designs ausführlich aufzustellen, wobei hier aus Platzgründen auf eine Fortsetzung verzichtet wird.

Aufgaben

1. Aus welchen Gründen werden Systemanalysen durchgeführt?
2. Durch welche allgemeinen Merkmale lassen sich Systeme jeglicher Art beschreiben?
3. Wann sprechen wir von offenen Systemen?
4. Erläutern Sie den Begriff „Regelkreis" im Rahmen der Systemtheorie.
5. Erläutern Sie am Beispiel eines Unternehmens den Unterschied und gleichzeitig den Zusammenhang zwischen der vertikalen und der horizontalen Subsystembildung.
6. Ist es möglich, dass innerhalb der horizontalen Subsystembildung eine weitere Subsystembildung erfolgen kann (Subsysteme in Subsystemen)?
7. Welche Bedeutung haben Modelle im Rahmen der Systemanalyse?
8. Nach welchen unterschiedlichen Sichten werden Informationssysteme zerlegt, bevor sie dann in einem Modell zu einem Ganzen zusammengefügt werden?
9. Welche zwei wesentlichen Arbeitsphasen sind in der Systemanalyse zu durchlaufen und welche Hauptaufgaben sind in den beiden Phasen zu erfüllen?
10. Welche Arbeitsergebnisse bringt eine umfassende Systemanalyse hervor?
11. Was ist ein Case-Tool?

3.4.5 Abnahme des Pflichtenheftes durch den Auftraggeber

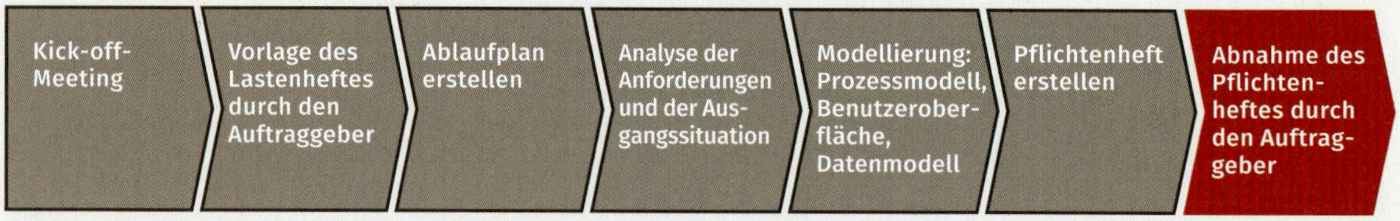

Wie für das Pflichtenheft bietet das V-Modell XT über seinen Projektassistenten auch eine Vorlage zur Erstellung der Abnahmeerklärung an. Diese Vorlage wird im Folgenden ohne den bekannten Kopf in einer etwas verkürzten Form zitiert.

Bezüglich der zum Beispiel-Projekt „ACI-Webshop" gehörenden Abnahmeerklärung wird auf das **Arbeitsheft** verwiesen. AH

Projektdokumentation		
Projektname	**ACI-Webshop**	
Dokumententitel	**Abnahmeerklärung Pflichtenheft**	
Erstellt von	**Vorlage aus dem V-Modell XT**	Erstellt am:
Dokumentenablage	E:\Projekt\Dokumente\Abnahme_01.doc	10. April 20XX
Änderungshinweise	(zum Nachtragen des Namens eines geänderten Dokuments)	(Änderungsdatum)

1. Einleitung

In der Abnahmeerklärung erklärt der Auftraggeber sein Einverständnis mit der vom Auftragnehmer erbrachten (Teil-)Lieferung oder seine Ablehnung. Bei allen Lieferungen, die laut Vertrag abgenommen werden müssen, hat der Auftragnehmer ein Recht auf die Ausstellung einer Abnahmeerklärung. Mit der Abnahmeerklärung können rechtliche Folgen verbunden sein, wie die Fälligkeit vereinbarter Zahlungen.
Im Falle der Ablehnung der Abnahme obliegt es dem Auftragnehmer nachzuweisen, dass der Liefergegenstand doch vertragsgemäß erstellt wurde, oder er muss die festgestellten Mängel innerhalb der gesetzten Frist beseitigen. Die Ablehnung der Abnahme kann für beide Seiten erhebliche Folgen nach sich ziehen, wie vereinbarte Vertragsstrafen.

2. Beurteilung der Lieferung

Der Liefergegenstand ist in Art und Umfang zu beschreiben. Die Abnahmeprüfergebnisse werden zusammengefasst und beurteilt. Anhand der Prüfergebnisse ist zu entscheiden, ob die Abnahme erteilt werden kann, unter Vorbehalt erfolgt oder nicht erteilt wird. Im Fall einer Abnahme unter Vorbehalt wird die Mängelliste mit Fristsetzung zur Nachbesserung ebenfalls hier dokumentiert.

3. Anhang: Prüfprotokoll Lieferung

Im Anhang befindet sich eine Kopie vom Prüfprotokoll Lieferung. Es dient der Dokumentation der Prüfung gegenüber dem Auftragnehmer.

4. Abkürzungsverzeichnis

Abkürzung	Erklärung

5. Literaturverzeichnis

6. Abbildungsverzeichnis

Vorgaben zur Prüfung des Dokuments

Inhaltliche und formale Vorgaben für das Produkt sind dem Teil 5: „V-Modell-Referenz Produkte des V-Modell XT" und gegebenenfalls einer zugehörigen Prüfspezifikation „Dokument" zu entnehmen. Für die Überprüfung des Produktes hinsichtlich seiner inhaltlichen Konsistenz zu bereits fertiggestellten Produkten sind die folgenden Produktabhängigkeiten zu überprüfen.

Produktumfang für die Abnahme einer Lieferung (ohne Vertrag);

- betroffene Produkte
- Projekthandbuch
- Beschreibung

Für jedes in der Projektdefinition festgehaltene Ziel der Erstellung müssen Exemplare der **Produkte Abnahmeerklärung, Prüfspezifikation Lieferung** und **Prüfprotokoll Lieferung** erstellt werden, wenn sich die Sachverhalte nicht bereits aus einem Vertrag ergeben.

Ausgehend von den Anforderungen werden die Inhalte der **Prüfspezifikation Lieferung** erarbeitet. Die Abnahmeprüfung wird auf Basis dieser **Prüfspezifikation Lieferung** durchgeführt und im **Prüfprotokoll Lieferung** dokumentiert. Dieses Protokoll wird als Beleg über die erfolgte Abnahmeprüfung der Abnahmeerklärung beigefügt.

4 Werkzeuge zur Softwareentwicklung

Klassische Werkzeuge zur Modellierung: PAP und Struktogramm → Objektorientierte Modellierung mit UML: Anwendungsfalldiagramm, Klassendiagramm und andere → Objektorientierte Analyse (OOA) und objektorientiertes Design (OOD) am Beispiel → Computersprachen: Historie und Überblick → Entwicklungsumgebung Eclipse → Übersetzer formaler Sprachen: Compiler und Interpreter, Browser

4.1 Überblick zu den Werkzeugen

Die Notwendigkeit einer systematischen Entwicklung von Software wurde bereits herausgearbeitet. In diesem Kapitel sollen die Werkzeuge zur systematischen Entwicklung von Software unter folgenden Schwerpunkten vorgestellt werden:

- **Werkzeuge zur Modellierung.** Es werden verschiedene Modelle zur Darstellung der Ergebnisse des Entwurfsprozesses besprochen, wobei UML den Schwerpunkt bildet.
- **Methoden zur Strukturierung.** Das objektorientierte Herangehen von der Analyse über den Entwurf bis hin zur Programmierung bildet eine wesentliche Grundlage erfolgreicher Softwareentwicklung.
- In der **Entwicklungsumgebung** werden die Anweisungen an den Computer als Quelltext erfasst, gestaltet, kontrolliert und im Rahmen der Tests auch ausgeführt.
- Die **Geschichte der Computersprachen** mit den Übergängen von den prozeduralen zu den objektorientierten Sprachen sowie dem Aufkommen deskriptiver Sprachen verdeutlicht die Fortschritte in der Technologie der Softwareentwicklung.
- Die **Übersetzer der Computersprachen** beenden den Überblick zu den Werkzeugen, denn schließlich bringen sie die entwickelte Software in Funktion.

Bei den Werkzeugen zur Entwicklung von Software fällt das Augenmerk wahrscheinlich zuerst auf die Programmiersprachen, wobei man besser den Begriff **Computersprachen** verwenden sollte. Es handelt sich um formale und damit maschinenverständlichen Sprachen, die der Übermittlung von Anweisungen an den Computer dienen.

Sprachen sind Werkzeuge zur Kommunikation. Der Mensch schreibt seine Anweisungen an den Computer als Programm. In der heutigen Zeit, die vom „Internet of Things“ gekennzeichnet wird, erfolgt die Kommunikation zunehmend direkt zwischen den Maschinen oder Robotern, aber auch hierfür bedarf es einer formalen Sprache.

Zu den Computersprachen gehören neben den Programmiersprachen die deskriptiven Sprachen. Deskriptive Sprachen sind z. B. die Datenbanksprache SQL und HTML5 als Sprache zur Beschreibung von Webseiten. Für die Kommunikation von Maschine zu Maschine verwendet man überwiegend deskriptive Sprachen, wie z. B. XML, also rein beschreibende Sprachen ohne Elemente zur Ablaufsteuerung (Zyklen und Alternativen).

Doch vor der Programmierung steht die Modellierung. Mit den Modellen werden die Erkenntnisse aus der Entwurfsphase festgehalten und als Vorgaben für die Programmierung dokumentiert. Auch die **Modelle** können als formale Sprachen angesehen werden. Dabei ist nicht die Verständlichkeit durch den Computer das vordergründige Ziel, sondern die Festschreibung der Ergebnisse des Entwurfs zur Dokumentation eines gemeinsamen Verständnisses zwischen Auftraggeber und Softwareentwickler.

Eine der wichtigsten Empfehlungen zur Modellierung bezeichnet sich selbst als Sprache (Language): **UML (Unified Modeling Language)**. Hier spricht man in Bildern, denn bekanntlich gilt: „Ein Bild sagt mehr als 1000 Worte!“

Das Schreiben eines Programmes geschieht allgemein mithilfe einer komfortablen Entwicklungsumgebung. Diese **integrierte Entwicklungsumgebung (IDE**, integrated development environment) enthält Texteditor, Compiler bzw. Interpreter, Linker, Debugger und Quelltextformatierungsfunktionen. IDEs werden mehrheitlich als freie Software angeboten, wie z. B. die Produkte „Eclipse" oder „Android Studio". Es gibt aber auch proprietäre IDEs, also kostenpflichtige und firmenspezifischen Lösungen. Microsoft Visual Studio ist hierfür ein gutes Beispiel.

Die IDE „Eclipse" wird im nächsten Kapitel als Umgebung für die C#- bzw. Java-Programmierung genutzt. Die IDE „Android Studio", die vom Konzept her auf Eclipse aufbaut, wird für die Web-Entwicklung eingesetzt, wo XML und Java zusammenlaufen und so die Basis für eine einfache Smartphone-App bilden.

Zu jeder Computersprache benötigt man spezielle Software, die diese Sprache versteht und für den Computer übersetzt, also verständlich macht. Früher kamen **Compiler** zum Einsatz, womit ganze Programme übersetzt wurden. Heute werden mehrheitlich **Interpreter** genutzt, die aus der Sprache nacheinander Anweisungen für Anweisung analysieren und für den Computer übersetzen, also interpretieren. Auch die üblichen **Webbrowser**, wie Safari, Mozilla Firefox, Google Chrome oder Microsoft Edge, sind eigentlich Interpreter. Sie werten die in der Sprache HTML geschriebenen Webseiten Zeile für Zeile aus und erstellen so die gewünschten Ansichten der Webinhalte (siehe auch Kap. 7).

4.2 Entwurf und Modellierung

Bevor man mit der Programmierung beginnt, sollte ein Plan existieren. Dieser Plan muss Vorstellungen von der Funktionsweise und Bedienung der Software enthalten, aber auch den Ablauf der Entwicklung berücksichtigen. Die Planung des Ablaufs und der Arbeitsschritte, der Zeitplan sowie der Einsatz von Ressourcen (Personen, Technik, etc.) sind Gegenstand das Projektmanagements (vgl. Kap. 3).

Funktionsweise und Bedienung der zu erstellenden Software sollten sich nach den Anforderungen der Auftraggeber richten. Auch wenn man selbst eine Idee umsetzen möchte, also selbst der Auftraggeber ist, sollte man vorher genau überlegen, was man eigentlich realisieren möchte. Die Ermittlung der Anforderungen an das zu entwickelnde System kann durch Befragungen oder Analysen beim Auftraggeber (vgl. Anforderungsanalyse, Kap. 3) erfolgen. Es eignet sich auch die Analyse der Bedürfnisse des potenziellen Nutzers, also die Methode des „Design Thinking". Wichtig ist auf jeden Fall die Dokumentation der Ergebnisse des Entwurfs.

Für die Dokumentation von Entwürfen haben sich die Modelle bewährt. Modelle verbinden Auftraggeber und Entwickler und dienen der Kommunikation zwischen beiden. Der Auftraggeber kann anhand des Modelles zeigen, was ihm gefällt oder nicht gefällt und was er sich noch wünscht. Der Entwickler kann anhand des Modells die Funktionsweise und Bedienung der Software veranschaulichen und auch auf weitere Leistungsmöglichkeiten verweisen. Es gibt viele Arten von Modellen, wie zum Beispiel:

- **Haptische Modelle**, also Modelle zu Anfassen. Architekten oder Designer verwenden diese Modelle.
- **Funktionale Modelle**, also Prototypen der zukünftigen Produkte. Hier kann man ausgewählte Eigenschaften in Funktion erleben.
- **Abstrakte Modelle**, d. h. Gedankenspiele oder exakte mathematische Systeme zur Abbildung realer Zusammenhänge.
- **Grafische Modelle**, dargestellt mit einfachen Zeichnungen oder umfangreichen Skizzen.

Die grafischen Modelle finden in der Softwareentwicklung breite Verwendung. Meistens basieren sie auf wenigen eindeutigen Symbolen, sind mithilfe spezieller Editoren am Computer erstellbar und können häufig automatisch in Quelltext überführt werden (Modell Driven Development).

Bei der Softwareentwicklung dienen Modelle zur Beschreibung von Funktionsweise und Bedienung. Die Funktionsweise ergibt sich aus den implementierten Algorithmen, zu deren Modellierung traditionell Programmablaufpläne (Kap. 4.2.1) oder Struktogramme (Kap. 4.2.2) genutzt werden. Die Struktur und Arbeitsweise der Software lässt sich mit der vereinheitlichten Modellierungssprache UML (Kap. 4.3) beschreiben.

4.2.1 Programmablaufplan

Ein Programmablaufplan (PAP) wird auch als Ablaufdiagramm, Flussdiagramm oder Blockdiagramm bezeichnet. Genormt ist jedoch der Begriff **Programmablaufplan** nach DIN 66001 bzw. ISO 5807.

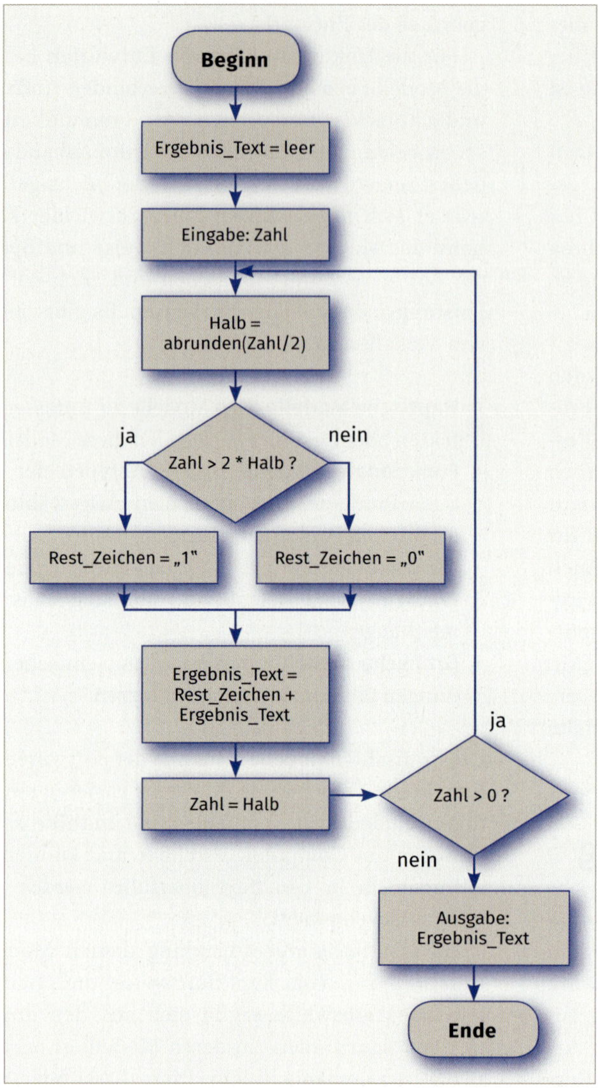

Als Beispiel dient die Umrechnung einer Dezimalzahl in eine Dualzahl durch die wiederholte Division durch den Wert 2 und das Notieren der Restwerte. Aus den Restwerten, gelesen von unten nach oben, ergibt sich die Dualzahl.

Gegeben: Zahl = 25
25 / 2 = 12 Rest 1
12 / 2 = 6 Rest 0
6 / 2 = 3 Rest 0
3 / 2 = 1 Rest 1
1 / 2 = 0 Rest 1

Ist der Quotient Null, bricht der Algorithmus ab.
Die Dualzahl ist von unten nach oben zu lesen:
$25_{dez} = 11001_{dual}$

Im Algorithmus erreicht man dieses Lesen von unten nach oben durch das jeweilige Voranstellen des neuen „Rest_Zeichen“ vor den bisherigen „Ergebnis_Text“.

PAP zur Umrechnung in Dualzahlen

W **Programmablaufpläne** sind grafische Darstellungen mithilfe genormter Symbole. Sie sind weit verbreitete Hilfsmittel bei der Programmentwicklung. Die Programmstruktur lässt sich bildhaft als Ablauf darstellen.

Die Festlegung der Symbole basiert auf der Erkenntnis, wonach sich jeder Algorithmus durch die folgenden Elemente darstellen lässt:

- **Sequenz:** Folge von Anweisungen
- **Alternative:** Mögliche Auswahl zwischen weiteren Wegen der Abarbeitung
- **Zyklus:** Wiederholung von Anweisungsfolgen

Die einzelnen Symbole sind im Rahmen der angegebenen Standards mit ihrer Bedeutung festgeschrieben. Die Pfeile zeigen die Verarbeitungsrichtung an. Die wichtigsten Symbole werden in der folgenden Übersicht in ihrer Bedeutung erläutert.

Symbol	Bedeutung
	**Operation**, allgemeine Anweisung zur Darstellung der Sequenz
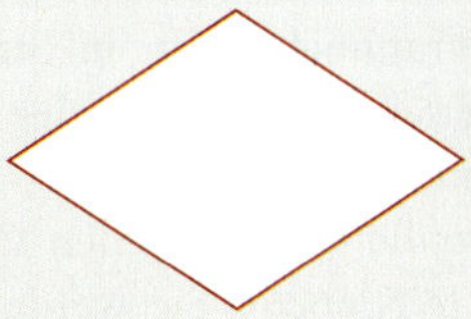	**Verzweigung**, Symbol zur Darstellung der Alternative
	**Unterprogramm**, Symbol zur Zusammenfassung mehrerer komplexer Anweisungen
	**Eingabe und Ausgabe**, wobei die Art der Ein- oder Ausgabe aus der Beschriftung hervorgeht
	**Ablauflinie möglichst mit Pfeilen**, wobei die Vorzugsrichtungen von oben nach unten und von links nach rechts verlaufen
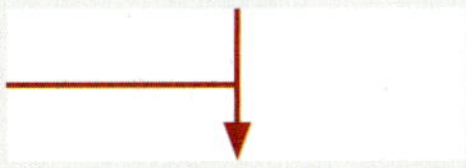	**Zusammenführung von Abläufen**. Zwei sich kreuzende Ablauflinien bedeuten keine Zusammenführung.
	**Übergangsstelle**, kennzeichnet die mögliche Fortsetzung des Ablaufs auf einem anderen Blatt. Zusammenhängende Übergangsstellen tragen die gleiche Bezeichnung.
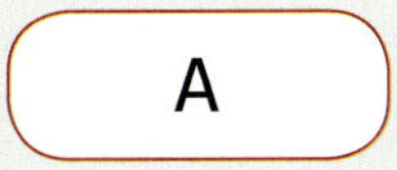	**Grenzstelle**, allgemein genutzt zur Darstellung von Beginn und Ende
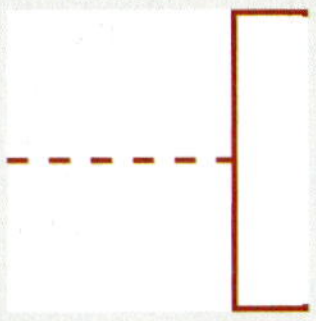	**Bemerkungen**. Über dieses Symbol können zu allen anderen Symbolen Kommentare eingefügt werden.

Symbole des PAP laut Definition

Aufgaben

1. Beschreiben Sie anhand eines PAP den Ablauf, der das Betanken eines Fahrzeuges an einer Tankstelle darstellt.
2. Erstellen Sie einen PAP zur Umsatzberechnung aus einzelnen Kassenbuchungen.
3. Entwerfen Sie einen PAP, mit dessen Hilfe der Einbau einer Festplatte beschrieben wird.
4. Entwickeln Sie einen PAP, der beschreibt, wie nach der Eingabe einer Schulnote die Bewertung in Textform ausgegeben wird.

4.2.2 Struktogramm

S

Der Ausbildungsleiter Herr Köhler wünscht sich Struktogramme zur Dokumentation der Programmstruktur, weil sich daraus eine strukturierte Programmierung entwickeln lässt. Deshalb versuchen die beiden Azubis Anna und Stefan, den PAP in ein Struktogramm umzusetzen.

W

> Ein **Struktogramm** ist die grafische Darstellung eines Programmablaufs in Form eines geschlossenen Blocks, der entsprechend den einzelnen logischen Grundstrukturen in verschiedene untergeordnete Blöcke aufgeteilt werden kann.

Struktogramme wurden im Jahre 1973 von I. Nassi und B. Shneiderman als Darstellungsmittel für einen Algorithmus beim strukturierten Programmentwurf entwickelt.

Bei der Festlegung der Symbole für die Blöcke bezieht man sich wie beim Programmablaufplan auf die Erkenntnis, wonach jeder Algorithmus durch folgende Elemente dargestellt werden kann:

- **Sequenz:** Folge von Anweisungen
- **Alternative:** Mögliche Auswahl zwischen weiteren Wegen der Abarbeitung
- **Zyklus:** Wiederholung von Anweisungsfolgen

Ein Programmbaustein aus mehreren logisch zusammengehörenden Befehlen wird als **Strukturblock** bezeichnet. Ein einzelner Befehl heißt **Elementarblock**. Zur Darstellung von Programmabläufen in Struktogrammen werden Symbole verwendet, die in der Übersicht zusammengefasst sind.

Die Symbole stehen für die verschiedenen Operationsarten, genormt nach DIN 66261. Sie werden von oben nach unten betrachtet (Top-down-Betrachtung).

Verarbeitung (Prozess)		Mit dem Verarbeitungssymbol werden Struktur- und Elementarblöcke dargestellt, die Ein- und Ausgabebefehle, Berechnungen und Unterprogrammaufrufe enthalten.
Folge (Sequenz)	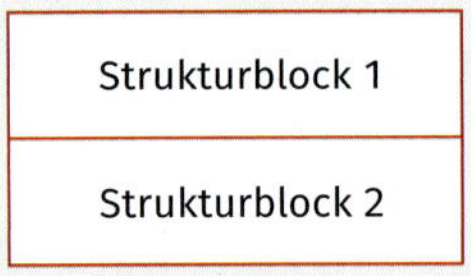	Abfolgen mit zwei oder mehreren Arbeitsschritten werden durch aneinandergereihte Strukturblöcke dargestellt.
Auswahl, Alternative (Verzweigung)	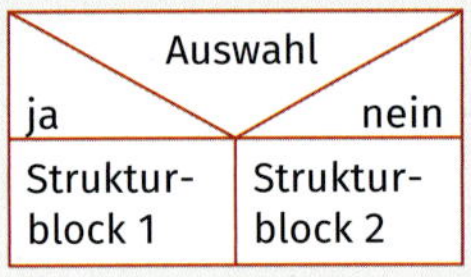	Mit dem Symbol „Alternative" wird eine Bedingung im Programmablauf dargestellt. Ist die Bedingung erfüllt, wird der Strukturblock 1 ausgeführt, ansonsten der Strukturblock 2.
Fallauswahl (Mehrfachverzweigung)	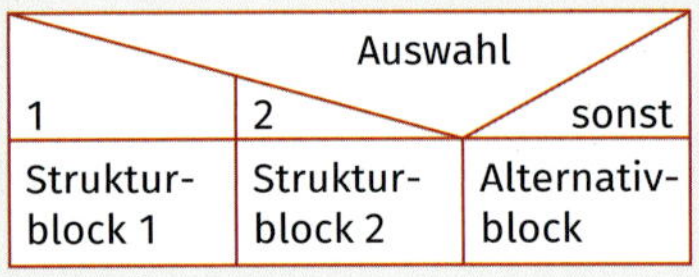	Bei einer mehrfachen Bedingung im Programmablauf wird kontrolliert, welche Auswahl vorgenommen wurde, und dann wird in den entsprechenden Strukturblock verzweigt. Trifft keine der Bedingungen zu, wird der Alternativblock ausgeführt.
Zyklus/Wiederholung (Schleife)	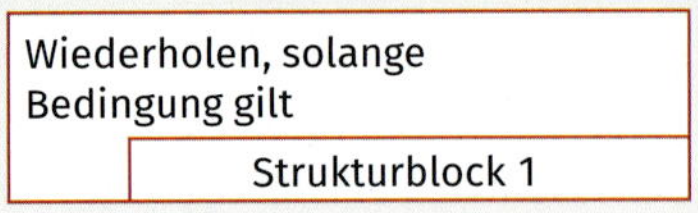	Diese Wiederholungssymbole dienen zum Formulieren von Befehlen in Schleifen. **Der Strukturblock wird wiederholt, solange die Bedingung gilt.**
Zyklus/Wiederholung (solange Bedingung gilt)	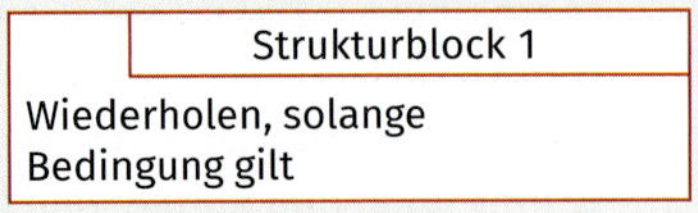	Diese Wiederholungssymbole dienen zum Formulieren von Befehlen in Schleifen. **Der Strukturblock wird solange von Neuem ausgeführt, bis die angegebene Bedingung erfüllt ist.**

Symbole der Struktogramme laut Definition

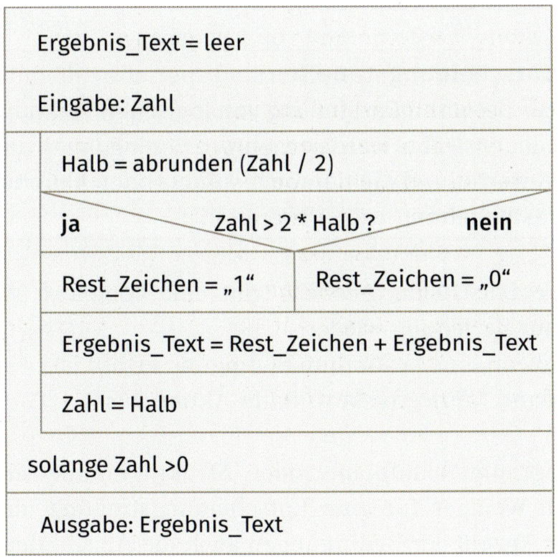

Die Aufgabenstellung für das Struktogramm entspricht der Aufgabenstellung für die Entwicklung eines Programmablaufplanes (PAP) aus Kapitel 4.2.1. Als Beispiel dient wieder die Umrechnung einer Dezimalzahl in eine Dualzahl mithilfe der wiederholten Division durch den Wert 2 und das Notieren der Restwerte. Aus den Restwerten, gelesen von unten nach oben, ergibt sich dann die Dualzahl.

Beispiel für Struktogramm

Aufgaben

1. Beschreiben Sie mit einem Struktogramm den Ablauf, der das Betanken eines Fahrzeuges an einer Tankstelle darstellt.
2. Erstellen Sie ein Struktogramm zur Umsatzberechnung aus einzelnen Kassenbuchungen.
3. Entwerfen Sie ein Struktogramm, mit dessen Hilfe der Einbau einer Festplatte beschrieben wird.
4. Entwickeln Sie ein Struktogramm, das beschreibt, wie nach der Eingabe einer Schulnote die Bewertung in Textform ausgegeben wird.

4.2.3 Pseudocode

S Von ihrem IT-Lehrer erhalten die beiden Azubis Anna und Stefan den Tipp, statt der Struktogramme Pseudocodes zu verwenden und bei kniffligen Auswahlkriterien Entscheidungstabellen zu benutzen. Damit soll die Lesbarkeit des Programmablaufs erhöht werden.

W Der **Pseudocode** ist die umgangssprachliche Beschreibung eines Programmablaufs, der sich syntaktisch an eine Programmiersprache anlehnt. Der Pseudocode ist nicht genormt und kann deshalb relativ frei formuliert werden.

Der Aufbau von Pseudocodes sollte der Programmiersprache entsprechen, in der das Programm geschrieben wird. In Pseudocodes können bereits Variablen- und Konstantendeklarationen enthalten sein.

Die folgende Aufgabenstellung entspricht wieder der Aufgabenstellung für die Entwicklung eines Programmablaufplanes (PAP) aus Kapitel 4.2.1.

```
Beginne Modul Umrechnung_Dezimal_Dual
Definiere Dualfolge als leere Zeichenkette
Definiere Rest als Zeichen
Definiere Zwischenwert als ganze Zahl
Eingabe Dezimalzahl
Wiederhole bis Dezimalzahl gleich Null
       Zwischenwert = Dezimalzahl / 2
       Wenn glatt teilbar dann Rest="0"
       Ansonsten Rest="1"
       Dezimalzahl = Zwischenwert
       Dualfolge <= Rest vor Dualfolge
Ende der Schleife
Ausgabe der Dualfolge
Ende des Moduls
```

Als Beispiel dient die Umrechnung einer Dezimalzahl in eine Dualzahl mit wiederholter Division durch den Wert 2 und das Notieren der Restwerte. Im Pseudocode muss man nicht genau mahematisch definieren, wie der Restwert ermittelt wird. Wenn die Dezimalzahl glatt teilbar ist, also ohne Restwert, wird das „Rest"-Zeichen auf „0" gesetzt, ansonsten auf „1".

Aus den Restwerten baut sich dann die Dualzahl auf. Dazu wird der neue Rest immer vor die bestehende Zeichenkette gesetzt, was dem „Lesen von unten nach oben" entspricht.

Aufgaben

1. Entwickeln Sie ein Programm in Pseudocode, womit nach der Eingabe einer Schulnote die Bewertung in Textform ausgegeben wird.
2. Aus dem Rechnungswesen eines Unternehmens liegen folgende Daten vor:
   - Warenanfangsbestand lt. Inventur 60.000,00 €
   - Warenendbestand lt. Inventur 80.000,00 €
   - Wareneinkäufe während des Abrechnungszeitraums 230.000,00 €

   Schreiben Sie ein Programm in Pseudocode, das folgende Lagerkennziffern berechnet:
   - Umschlagshäufigkeit
   - durchschnittlicher Lagerbestand
   - Wareneinsatz
   - durchschnittliche Lagerdauer
3. Kerstin Raabe muss im Versand Päckchen einpacken, die von unterschiedlicher Größe sind. Um den Platzbedarf im Lager zu ermitteln, soll mittels eines Programms die Berechnung für das Volumen eines jeden Päckchens vorbereitet werden. Zur Sicherheit werden zum ermittelten Volumen 15 % hinzugefügt. Erstellen Sie einen entsprechenden Pseudocode zur Beschreibung des Programms.
4. Erklären Sie die Funktion des Programmes, das durch folgenden Pseudocode beschrieben wird.

```
Beginne Modul Umsatzberechnung
Eingabe Produkt-Nr.
Öffne Datei "Auftragspositionen"
Wiederhole bis das Dateiende erreicht ist
    Wenn Artikel-Nr = Produkt-Nr
    Dann
    Ermittlung der Produkte pro Auftrag
Berechnung des Umsatzes
Ausgabe des Umsatzes
```

4.2.4 Entscheidungstabellen

Entscheidungstabellen sind spezielle Hilfsmittel zur besseren Darstellung von logischen Verknüpfungen. Dabei werden mehrere Bedingungen ausgewertet und die daraus resultierenden Aktionen festgehalten.

W

Eine Entscheidungstabelle gibt eine komplexe Wenn-Dann-Beziehung wieder:

- Wenn eine bestimmte Bedingung erfüllt ist,
- dann führe eine bestimmte Aktion aus.

Programmablaufpläne oder Struktogramme eignen sich weniger für eine Entscheidungsfindung, da mit der Anzahl der Bedingungen auch die Anzahl der Verzweigungen steigt, sodass die Pläne dann sehr unübersichtlich sind.

Entscheidungstabellen werden besonders bei komplexen Entscheidungssituationen angewendet. Die Regeln können als Kombination der Wahrheitswerte automatisch erzeugt werden. Damit wird die Vollständigkeit der Abbildung von Entscheidungen erreicht. Die **Konsolidierung** verringert die Zahl der Regeln und macht eventuelle und sogar irrelevante Bedingungen sichtbar. Beispielhaft sind in diesem Zusammenhang Situationen, wie die Entscheidung über die Zahlung von Kindergeld an einen Auszubildenden.

Für die Entscheidungsregeln gilt, dass sie in einen Bedingungs- und einen Aktionsteil untergliedert werden. Dieser Sachverhalt erklärt sich an folgendem Beispiel: Es existieren drei Aussagen, deren Wahrheitswert zu überprüfen ist:

- a < b
- b < c
- c < a

Entscheidungstabelle vollständig (Langform)									
		Regeln							
Bedingungen	a < b	0	0	0	0	1	1	1	1
	b < c	0	0	1	1	0	0	1	1
	c < a	0	1	0	1	0	1	0	1
Aktion	a ist Maximum	Z	X		X				Y
	b ist Maximum	Z				X	X		Y
	c ist Maximum	Z		X				X	Y

Entscheidungstabelle konsolidiert (Kurzform)				
0	0	1	–	1
0	–	0	1	1
0	1	–	0	1
Z	X			Y
Z		X		Y
Z			X	Y

Entscheidungstabelle: Maximum der drei Variablen a, b, c

Legende: 0: falsch 1: richtig X: Die Aussage ist richtig. Y: Es existiert ein Fehler in der Wahrheitswertbestimmung, der Zustand kann nicht erreicht werden. Z: Alle Werte sind gleich. Das Maximum ist unter a, b und c frei wählbar.

Beispiel für Entscheidungstabelle

Aufgaben

1. Welche Wahrheitswerte müssen Aussagen der Entscheidungstabelle haben, damit a, b oder c den Maximalwert der drei Größen a, b und c darstellt? Erstellen Sie eine vollständige Entscheidungstabelle und fassen Sie Regeln zusammen, die zu gleichen Aktionen führen (konsolidierte Entscheidungstabelle).
2. Eine Farbenfabrik hat für die Abfüllung von Farben folgende Regelung getroffen:
   - Ungiftige und nicht feuergefährliche Farben werden in 10-kg-Plastikeimer abgefüllt.
   - Giftige, aber nicht feuergefährliche Farben werden für Großabnehmer in 10-l-Kunststoffkanister, für Kleinabnehmer in 1-l-Blechdosen gefüllt.
   - Feuergefährliche Farben, unabhängig ob giftig oder nicht giftig, werden für Großverbraucher in 10-l-Blechkanister, für Kleinverbraucher in 1-l-Blechdosen abgefüllt.
   - Andere als die bisher angeführten Behälter können nicht befüllt werden.

   a) Erstellen Sie den zugehörigen Pseudocode, der nach Beantwortung der vom Programm gestellten Fragen die Art des zu verwendenden Behälters angibt.

   b) Stellen Sie die verschiedenen Möglichkeiten in einer Entscheidungstabelle dar.
3. Entwickeln Sie für die Anweisung „Ermittlung der Produkte pro Auftrag“ eine Entscheidungstabelle.

4.3 UML (Unified Modeling Language)

4.3.1 Überblick zu UML

W

Unified Modeling Language (Abk. UML) ist eine Sprache zur Spezifikation, Visualisierung, Konstruktion und Dokumentation von Modellen für Softwaresysteme. Sie kann aber auch für andere Themen, z. B. zur Darstellung von Geschäftsmodellen genutzt werden. UML bietet den Softwareentwicklern die Möglichkeit, den Entwurf auf einheitlicher Basis zu dokumentieren und zu diskutieren. UML wird seit 1998 als Standard angesehen. Die Verantwortung für die Standardisierung der Symbole dieser Sprache liegt bei der Object Management Group (OMG).

Entwickelt wurde UML von Grady Boch, Ivar Jacobsen und Jim Rumbaugh, auch genannt „die drei Amigos“ von Rational Rose Software (IBM). Viele führende Unternehmen der Computerbranche, wie Microsoft, Oracle und Hewlett-Packard, unterstützen UML und wirkten bzw. wirken aktiv an der Entwicklung mit.

Die aktuelle UML-Spezifikation der OMG umfasst fast 800 Seiten (in Englisch) und beinhaltet in der im Jahre 2015 veröffentlichten Version 2.5 insgesamt 14 Diagrammtypen, die den Strukturdiagrammen oder den Verhaltensdiagrammen zugerechnet werden.

Strukturdiagramme sind Darstellungsmittel eines Zustandes und somit statisch. Sie stellen den Aufbau und die Beziehungen der Komponenten zu einem bestimmten Zeitpunkt dar.

Verhaltensdiagramme bilden die Aktivitäten und Abläufe ab, d. h., sie sind dynamisch und orientieren sich am Zeitablauf.

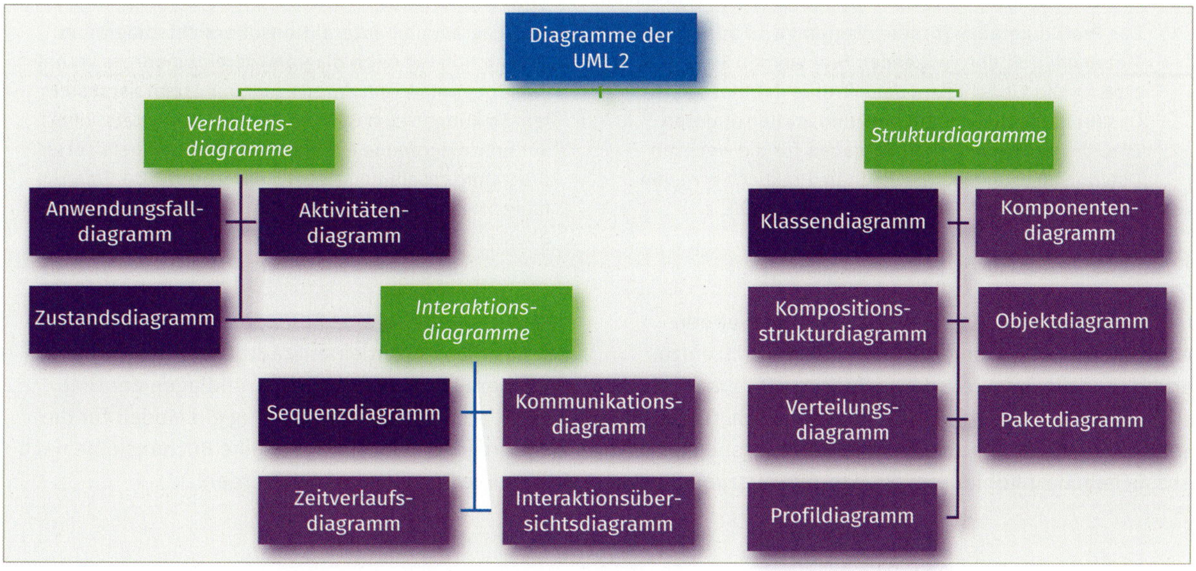

Systematik der UML-Diagramme

Die nachfolgende Übersicht enthält alle UML-Diagramme und beschreibt deren Inhalt mit kurzen Erläuterungen.

Strukturdiagramme (Structured Classifiers, Classifications, Packages and Deployment)	**Verhaltensdiagramme** (Use Cases, Activities, Interactions and State Machine)
1. Das **Klassendiagramm** (class diagram) ist der wichtigste Diagrammtyp der UML. Mit diesem Diagramm werden Klassen beschrieben und Zusammenhänge zwischen Klassen dargestellt. Es verdeutlicht die grundlegende Architektur der Software.	2. Das **Anwendungsfalldiagramm** (Use Case Diagramm) ist das am häufigsten verwendete Diagramm der UML, woraus die verschiedenen Szenarien ersichtlich werden, die durch die Software zu bedienen sind. Es verdeutlicht die grundlegenden Anwendungsszenarien.
3. Im **Komponentendiagramm** (component diagram) werden als Komponenten die Funktionseinheiten der Software beschrieben. Sie stellen quasi die nächsthöhere Ebene über den Klassen dar und werden vor allem über Schnittstellen beschrieben.	4. Das **Aktivitätsdiagramm** (activity diagram) ist das Diagramm zur Beschreibung von Abläufen. Es beschreibt den Ablauf von Aktionen und ist in seinen Darstellungsmöglichkeiten sehr flexibel.
5. Das **Kompositionsstrukturdiagramm** (composite structure diagram) ist das Gegenstück zum Komponentendiagramm. Es beschreibt die interne Struktur der Kompositionen.	6. Das **Zustandsdiagramm** (state machine diagram) beschreibt den Ablauf nicht als Aneinanderreihung von Aktionen, sondern als Zustandswechsel. Es wird daher auch als Zustandsautomat bezeichnet.
7. Das **Objektdiagramm** (object diagram) bildet die während der Laufzeit zu einem bestimmten Zeitpunkt existierenden Objekte und deren Zusammenhänge ab. Die Klassen existieren während der gesamten Laufzeit eines Programms, während Objekte erstellt und freigegeben werden können. Das Objektdiagramm stellt eine Momentaufnahme dar, das Klassendiagramm ist zeitlos.	8. Das **Sequenzdiagramm** (sequence diagram) wird mit anderen Diagrammen auch der Gruppe der Interaktionsdiagramme zugeordnet. Im Sequenzdiagramm liegt der Fokus auf den Abläufen, die zwischen mehreren interagierenden Partnern stattfinden. Das können zum Beispiel Klassen oder nur einzelne Objekte sein.
9. Der Diagrammtyp **Verteilungsdiagramm** (deployment diagram) findet Verwendung bei verteilter Software, wenn beschrieben werden muss, auf welchen Geräten welche Programme ausgeführt werden und wie diese Programme miteinander kommunizieren. Client-Server-Applikationen, Chat-Systeme oder Online-Spiele basieren auf verteilter Software.	10. Das **Kommunikationsdiagramm** (communication diagram) ist eine andere Form des Sequenzdiagramms, wobei der Fokus nicht mehr auf den Abläufen zwischen interagierenden Partnern, sondern auf den interagierenden Partnern selbst liegt.
11. Im **Paketdiagramm** (package diagram) werden Klassen zu Paketen gruppiert. Pakete werden in modernen Programmiersprachen wie Java oder C# eingesetzt, um Klassen übersichtlich anzuordnen.	12. Das **Zeitverlaufsdiagramm** (timing diagram) wird eingesetzt, wenn neben der Reihenfolge von Abläufen auch Zeitangaben wichtig sind. So kann im Zeitverlaufsdiagramm beschrieben werden, nach wie vielen Sekunden eine Aktion auf eine andere zu folgen hat.
13. Das **Profildiagramm** (profile diagram) wird auf der Metamodell-Ebene verwendet. Hier werden Stereotype für die Klassen bzw. neue Profile definiert. Das Profildiagramm steht somit über allen anderen UML-Diagrammen, da hier Vorgaben für die weiteren Diagramme erteilt werden können. Praktisch wird von dieser Möglichkeit selten Gebrauch gemacht.	14. Der Diagrammtyp **Interaktionsübersichtsdiagramm** (interaction overview diagram) vereint mehrere Verhaltensdiagramme, um deren Zusammenspiel darzustellen. So können zum Beispiel mehrere Aktivitäts- und Sequenzdiagramme in einem Interaktionsübersichtsdiagramm zusammengefügt werden, um Zusammenhänge zwischen den in den verschiedenen Diagrammen abgebildeten Abläufen darzustellen.

S Die Auszubildenden erhalten von Herrn Köhler den Auftrag, sich in die Darstellungsmittel der UML einzuarbeiten sowie Beispiele der wichtigsten Diagramme zu erstellen und deren Notation zu verstehen. Dazu sollen sie sich ein vereinfachtes Anwendungsbeispiel aussuchen. Herr Köhler regt an, dass die Auszubildenden ein Modell für eine Software zur Unterstützung der Ausleihtätigkeit einer Stadtbibliothek erstellen. Nach der Einarbeitung in die Grundlagen der UML soll mit einem Entwurfswerkzeug ein Modell für die Software eines Webshops für eine Buchausleihe nach folgendem Szenario erstellt werden:

Szenario für die Software zur Verwaltung der Ausleihvorgänge

- Mit der Software arbeiten nur die Bibliotheksmitarbeiter.
- Mit der Software erfolgt die Einschreibung der Benutzer der Bibliothek sowie deren Abmeldung.
- Die Software dient der Erfassung der Ausleihe von Büchern, Zeitschriften und Spielfilmen. Bücher, Zeitschriften und Spielfilme werden allgemein als Medien oder Bibliotheksgüter bezeichnet.
- Die Software dient zur Erfassung der Rückgabe ausgeliehener Medien.
- Für jede Ausleihe gilt eine Leihfrist von drei Wochen.
- Bei verspäteter Rückgabe ist eine Verzugsgebühr zu berechnen. Pro Kalendertag und Medium beträgt die Verzugsgebühr 20 Cent.

4.3.2 Anwendungsfalldiagramm

Die Funktion eines Programms lässt sich übersichtlich durch Beschreibung seiner Anwendungsfälle (use cases) strukturieren. Die Anwendungsfälle werden in einem Anwendungsfalldiagramm (use case diagram) zusammengefasst.

W

Ein **Anwendungsfalldiagramm** besteht aus einer Menge von Anwendungsfällen und stellt die Beziehungen zwischen Akteuren und Anwendungsfällen sowie das äußerlich erkennbare Systemverhalten aus der Sicht eines Anwenders dar. Es beschreibt die Zusammenhänge

- zwischen verschiedenen Anwendungsfällen untereinander,
- zwischen den Anwendungsfällen und den beteiligten Akteuren und
- zeigt die verschiedenen Geschäftsvorfälle und wie mit ihnen verfahren wird.

Symbol	Beschreibung
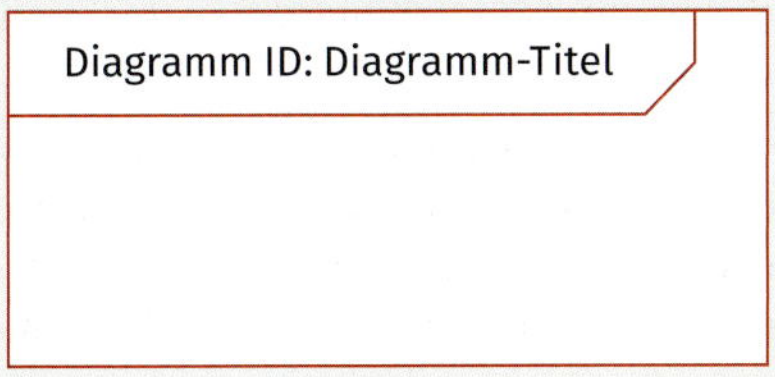	Rahmen mit Identifikationsmerkmalen für das System
	Anwender oder Akteur
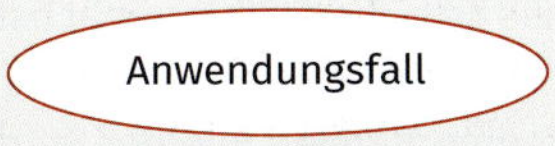	Anwendungsfall
	Anwendungsfall mit Erweiterungspunkten
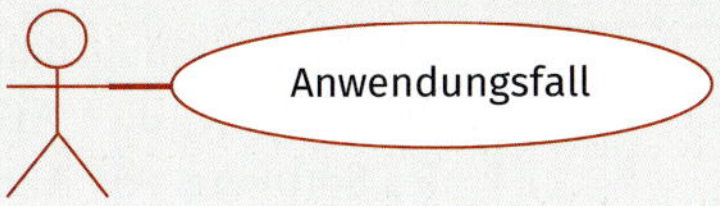	**Assoziation**, d. h., der Akteur ist mit dem Anwendungsfall verbunden.
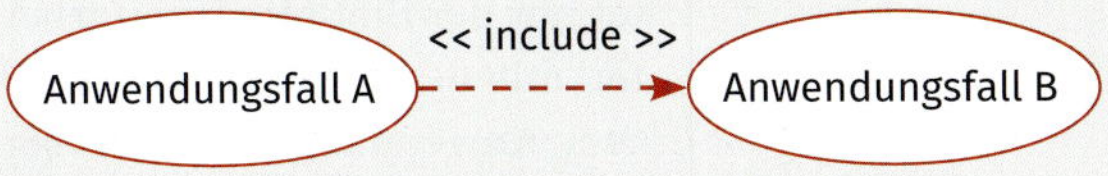	**Include-Beziehung.** Der Anwendungsfall A schließt immer den Anwendungsfall B ein.
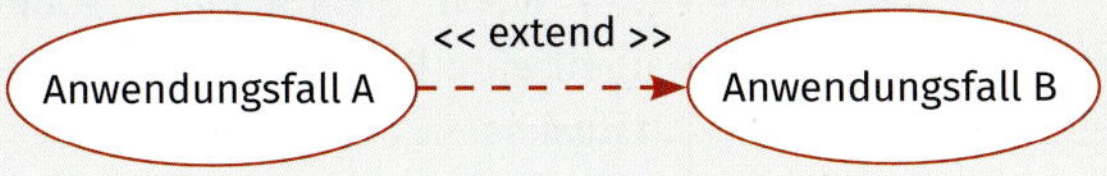	**Extend-Beziehung.** Der Anwendungsfall A kann, muss aber nicht durch Anwendungsfall B erweitert werden.

(Fortsetzung auf folgender Seite)

Symbol	Beschreibung
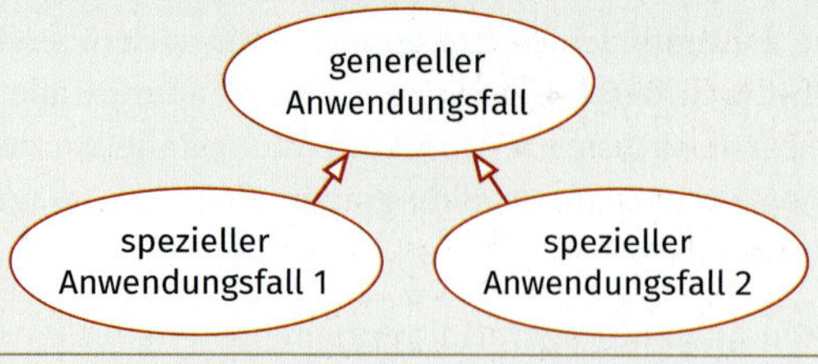	Generalisierung der Anwendungsfälle
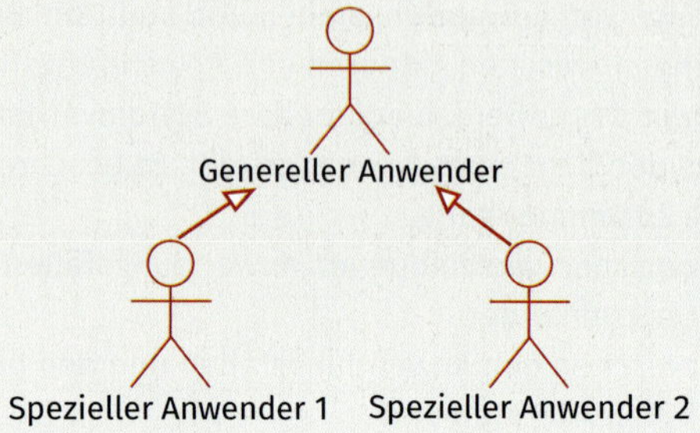	Generalisierung der Anwender

Symbole zum „use case"

Das Anwendungsfalldiagramm stellt das zu entwickelnde System (vgl. Kap. 2.1.2, Systemtheorie, Abgrenzung) als großes Rechteck dar. Zur Identifikation des Systems werden oben links in der Ecke die Diagrammart und der Systemname angegeben. Die innerhalb des Rechtecks dargestellten Anwendungsfälle formulieren die Anforderungen an die zu erstellende Software. Außerhalb des Rechtecks werden die Akteure eingezeichnet, die diese Software benutzen. Die Akteure, auch die nicht menschlichen, werden den Anwendungsfällen zugeordnet (assoziiert), die sie ausführen können. Alle Angaben außerhalb des Rechtecks gehören nicht zum Gegenstand der Entwicklungsaufgabe.

Im Rahmen der Softwareentwicklung sind jedoch geeignete Schnittstellen vorzuhalten, damit externe Programme auf den betreffenden Anwendungsfall zugreifen können. Allgemein ergeben sich aus den Verbindungen zwischen den Akteuren und den Anwendungsfällen die Schnittstellen, die im Programm implementiert werden müssen. Bei einem menschlichen Akteur kann z. B. eine interaktive grafische Benutzeroberfläche (GUI) als mögliche Schnittstelle fungieren.

Die im Anwendungsfalldiagramm zusammengestellten Anwendungsfälle werden nach einem vorgegebenen Schema zu Anwendungsfallbeschreibungen ausformuliert. Bei einem größeren Softwareprojekt dienen die Anwendungsfallbeschreibungen als Grundlage zur Ableitung der Klassen, z. B. durch eine Nominalphrasenanalyse, bei der alle Nomen (Namen) aufgelistet und hieraus die Klassenkandidaten bestimmt werden.

Für die Illustration der UML-Diagramme schlägt Herr Köhler vor, dass sich die Azubis zunächst die hinlänglich bekannte Arbeitsweise einer Software zur Verwaltung von Ausleihvorgängen in einer Stadtbibliothek vorstellen sollen. Zu den Zuständen, Abläufen und verwendeten Objekten lassen sich auf diese Weise verständliche UML-Diagramme erstellen.

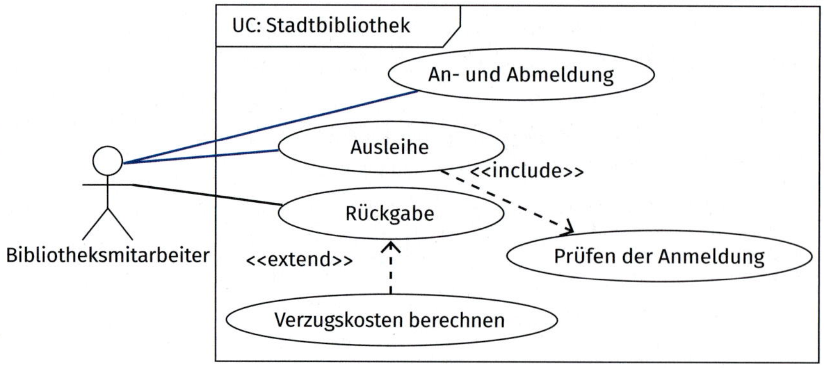

Das Anwendungsfalldiagramm verdeutlicht die Arbeitsweise der Software. Als Akteur arbeitet nur der Bibliotheksmitarbeiter mit der Software. Er kann drei Anwendungsfälle bearbeiten, wobei die Rückgabe eventuell eine Berechnung der Verzugskosten beinhalten kann.

Beispiel eines Anwendungsfalldiagramms zur Software „Stadtbibliothek"

4.3.3 Klassendiagramm

Bei der objektorientierten Programmiertechnik (OOP) stehen Objekte im Mittelpunkt. Die Objekte, allgemein sind es mehrere gleichartige Objekte, leiten sich aus einer Klasse ab. Objekte sind Repräsentanten (Instanzen) dieser Klasse und werden daher auch als Instanzen der Klasse bezeichnet.

Jedes Objekt kapselt in sich Daten und Funktionen bzw. Methoden und besitzt deshalb einen aktuellen und spezifischen Zustand bzw. eine Identität und ein Verhalten. Der Zustand des Objektes ergibt sich aus seinen Daten (Attribute und Attributswerte). Das Verhalten des Objektes wird durch seine Funktionen (Methoden) beschrieben. Die Identität unterscheidet ein Objekt von anderen Objekten, auch wenn alle Objekte ein übereinstimmendes Verhalten zeigen.

Ein Beispiel soll diesen Zusammenhang verdeutlichen: Die Schaltfläche (Button) auf der Bedienoberfläche einer Software, z. B. von Microsoft Windows, ist ein Objekt. Auf der Benutzeroberfläche einer Software kann es mehrere Schaltflächen geben. Sie sind alle ähnlich, haben aber unterschiedliche Eigenschaften bezüglich ihrer Position, Beschriftung, eventuell einer Vorauswahl (Fokus), ihrer Farbe usw. Auch ihr Verhalten ist ähnlich, denn sie rufen jeweils eine Programmfunktion oder andere Datenmasken auf. Andererseits sind die Objekte unterschiedlich, denn jede Schaltfläche ruft ihre spezielle Funktion oder Maske auf. Alle Schaltflächen sind somit Instanzen einer Klasse.

W

Eine **Klasse** ist die Beschreibung einer Menge von Objekten hinsichtlich der Definition ihrer
- Eigenschaften (Attribute),
- Funktionen (Methoden oder Operationen) und
- Semantik (Bedeutung).

Alle Objekte einer Klasse entsprechen dieser Festlegung.

Außerdem können sogenannte **Stereotype** enthalten sein. Stereotype werden zu UML-Modellelementen hinzugefügt, um zusätzliche Informationen für den Leser oder für die maschinelle Verarbeitung bereitzustellen. Das Stereotyp stammt als Fachausdruck aus der Drucktechnik und führt letztlich zu dem, was man heute auch als Textbausteine bezeichnet.

Stereotype erlauben allein durch die Nennung des stereotypen Begriffs den zugehörigen komplexen Inhalt schnell präsent zu machen. Begriffe wie „Organisationseinheit“, „Fachabteilung“ oder „Server“ sind Stereotype. Man versteht sie, aber eigentlich bedarf es einer näheren Definition. Stereotype werden in Profilen definiert (vgl. Kap. 4.3.1, Übersicht Profildiagramm), und jedes Profil stellt Sätze von Stereotypen bereit.

Das Klassendiagramm enthält die folgenden drei Rubriken:

Klassenname
Attribute (Eigenschaften oder Daten)
Methoden (Funktionen oder Operationen)

Klassen werden in der UML durch Rechtecke dargestellt, die den Namen der Klasse und/oder die Attribute und Methoden der Klasse enthalten. Klassenname, Attribute und Methoden werden durch eine horizontale Linie getrennt.

Der **Klassenname** steht im Singular und beginnt mit einem Großbuchstaben. **Attribute** können näher beschrieben werden, z. B. durch ihren Typ, einen Initialwert und Zusicherungen eines Wertebereiches. Sie werden aber mindestens mit ihrem Namen aufgeführt. **Methoden** können ebenfalls durch Parameter, Initialwerte, Zusicherungen usw. beschrieben werden. Auch sie werden mindestens mit ihrem Namen aufgeführt.

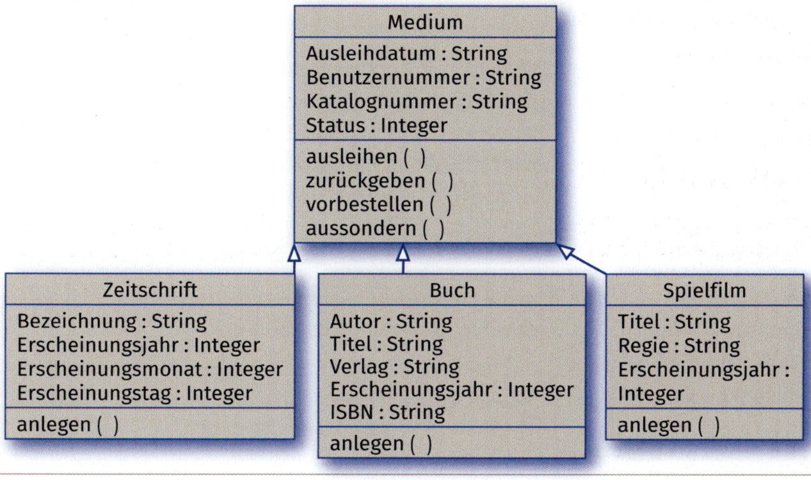

Die Klasse „Medium“ in der Stadbibliothek repräsentiert die Sicht auf das Bibliotheksgut als „ausleihbares Medium“. Dementsprechend gehören zu dieser Klasse nur die Attribute und Methoden, die die Ausleihe betreffen. Die Klassen der Zeitschriften, Bücher und Spielfilme besitzen jeweils spezielle Merkmale, die sie aber an die Klasse „Medium“ vererben.

Beispiel eines Klassendiagramms zum Projekt „Stadtbibliothek“

4.3.3.1 Attribute

W **Attribute** beschreiben die Eigenschaften einer Klasse. In der Programmierung werden sie mithilfe von Variablen oder Konstanten abgebildet. Den Variablen können Wertebereiche (von ... bis) zugewiesen werden. Auf der Ebene der Objekte werden die Attribute mindestens durch ihren Namen beschrieben, aber sie können zusätzlich einen Initialwert und Zusicherungen besitzen.

Mit Zusicherungen kann der Wertebereich bzw. die Wertemenge eines Attributwertes eingeschränkt werden. Mithilfe von Merkmalen können zusätzlich besondere Eigenschaften von Attributen beschrieben werden, z. B. dass ein Attribut nur gelesen werden darf.

Neben den normalen Attributen existieren noch sogenannte **abgeleitete Attribute**. Diese Attribute werden durch eine Berechnungsvorschrift automatisch berechnet. Sie sind innerhalb eines Objektes nicht durch einen physischen Wert repräsentiert und sie benötigen keinen Initialwert.

Eine weitere Ausprägung von Attributen sind die **Klassenattribute**. Sie gehören nicht zu einem einzelnen Objekt, sondern zu einer Klasse. Alle Objekte dieser Klasse können ein solches Klassenattribut benutzen.

Je nach Programmiersprache gibt es die Möglichkeit, die Sichtbarkeit der Attribute nach außen hin einzuschränken.

Notation
attribut: Klasse = Initialwert {Merkmal} {Zusicherung}
Die Attributnamen beginnen immer mit einem Kleinbuchstaben, Klassennamen erkennt man an einem Großbuchstaben, Merkmale und Zusicherungen stehen in geschweiften Klammern.

Abgeleitete Attribute werden mit einem vorangestellten Schrägstrich markiert, Klassenattribute werden unterstrichen, und die Angabe zur Sichtbarkeit geschieht mithilfe der folgenden Sichtbarkeitskennzeichen:

+	**public**	verfügbar für alle Klassen des Systems
#	**protected**	verfügbar für Objekte der eigenen Klasse und aller abgeleiteten Klassen
-	**private**	verfügbar nur für Objekte dieser Klasse
~	**package**	verfügbar nur für Klassen im gleichen Paket

Das folgende Beispiel „WindowKreis“ verdeutlicht den Zusammenhang zwischen Klasse, Attribut und Zusicherung.

WindowKreis	Klassenname für die Kreise auf der Windows-Oberfläche

`farbe: String = "weiss" { farbe ∈ {"blau", "gelb", "rot", "weiss"} }`
`posX: int = 1 { posX ∈ [1; fenster.getBreite()] }`
`posY: int = 1 { posY ∈ [1; fenster.getHoehe()] }`
`fenster: Window`
	Attribute mit Initialwert und Zusicherung eines Wertebereiches

`setRadius()`
`setMitte()`
`getFlaeche()`
`getUmfang()`
	Methoden

4.3.3.2 Methoden

Mit den Methoden wird die Funktionalität der Objekte zu der jeweiligen Klasse beschrieben. Verwandte Begriffe zum Begriff „Methode“ sind: Operation, Funktion, Prozedur, Routine, Service, Nachricht, Message.

W Eine **Methode** ist die Umsetzung einer Dienstleistung, die vom Objekt erbracht werden kann. Sie wird in der Programmierung durch eine Funktion oder Prozedur mit einer Folge von Anweisungen implementiert.

Die beiden Programmstrukturen (Prozedur und Funktion) werden unter der Bezeichnung „Operation“ zusammengefasst und können Parameter besitzen. Die Parameter einer Operation entsprechen in ihrer Definition den Attributen (siehe auch Kapitel 5 „Programmierung“).

Notation
name (argument: Argumenttyp=Standardwert,...): Rückgabetyp {Merkmal} {Zusicherung}
Der Name einer Operation beginnt mit einem Kleinbuchstaben. Der Name des Argumentes/Parameters beginnt ebenfalls mit einem Kleinbuchstaben.

4.3.3.3 Beziehungen zwischen den Klassen

Die verschiedenen Klassen können zueinander in Beziehung stehen. Die Beziehung zwischen den Klassen wird durch eine Assoziation beschrieben, in UML dargestellt als Verbindungslinie.

Notation	Beschreibung
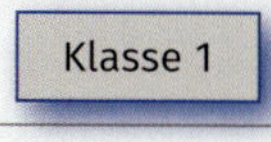	**Klasse** ohne Angabe von Attributen und Methoden
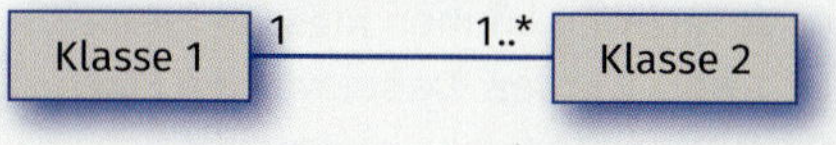	**Assoziation** mit Angabe der Kardinalitäten/Multiplizitäten Die Kardinalität 1..* bedeutet, dass wenigstens ein Objekt der Klasse 2, aber auch beliebig viele Objekte der Klasse 2 mit einem einzigen Objekt der Klasse 1 verbunden sein können.
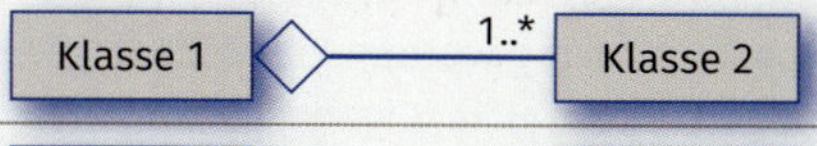	**Aggregation**
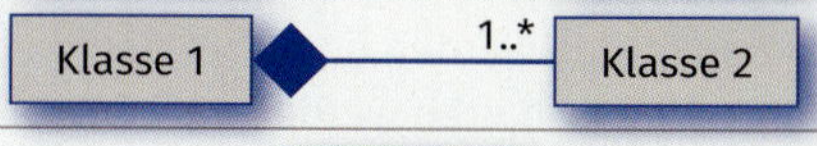	**Komposition**
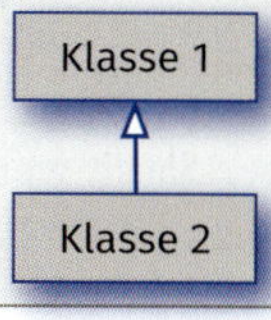	**Vererbung**

Notation im UML-Klassendiagramm (Auszug)

Für die Assoziation gibt es zahlreiche Beispiele und Anwendungen. Wichtig zum Verständnis der beiden Varianten **Aggregation** und **Komposition** ist die sogenannte **Ganzes-Teil-Beziehung**:

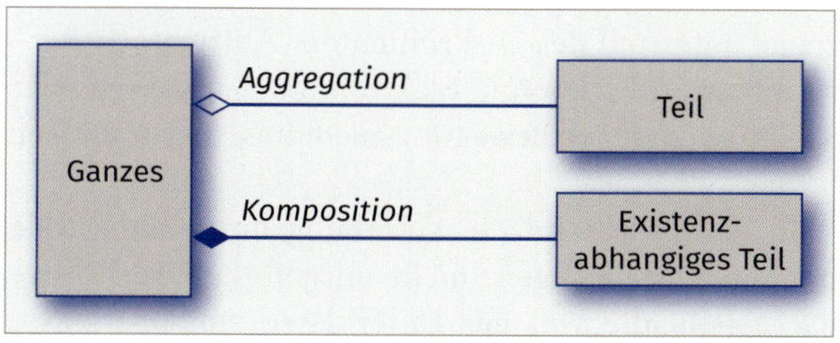

Assoziation als Ganzes-Teil-Beziehung

Assoziation

> **W** Eine **Assoziation** ist eine Relation zwischen Klassen. Varianten der Assoziation sind die **Aggregation** und die **Komposition**. Die **Multiplizität** oder **Kardinalität** einer Assoziation gibt an, mit wie vielen Objekten der gegenüberliegenden Klasse ein Objekt assoziiert sein kann.

Der Wertebereich wird wie folgt notiert:

- Die Angabe des Minimums und des Maximums erfolgt getrennt durch zwei Punkte.
- Mit einem „*" wird der Joker beschrieben, also „beliebig viele" oder auch nur zwei.
- Mit einem Komma können unterschiedliche Möglichkeiten der Multiplizität aufgezählt werden.

Auf jeder Seite der Assoziation können **Rollennamen** vergeben werden. Diese Namen beschreiben, welche Rolle die jeweiligen Objekte in der Beziehung einnehmen. Außerdem können Zusicherungen verwendet werden, um die Beziehung einzuschränken.

Aggregation

> **W** **Aggregationen** oder **gerichtete Assoziationen** sind Beziehungen, die nur in eine Richtung navigierbar/gangbar sind. Dargestellt wird die Navigation durch eine offene Pfeilspitze, die die zugelassene Navigationsrichtung angibt.

Folgendes Beispiel soll die Aggregation verdeutlichen: Die Beziehung zwischen einem Personalcomputer (PC) und seinen Bauteilen stellt eine Ganzes-Teil-Beziehung dar. Ein PC setzt sich aus Bauteilen zusammen bzw. die Bauteile gehören zu einem PC. Für ein Bauteil ist es möglich, in einem anderen PC verwendet zu werden. Fällt ein PC aus, so kann das Bauteil ausgetauscht werden.

Die Ganzes-Teil-Beziehung wird durch eine Verbindungslinie zwischen den Klassen mit einer nicht ausgefüllten Raute am Ende zur „Ganzes“-Klasse geschrieben. Die „Ganzes“-Klasse wird auch als **Aggregationsklasse** bezeichnet.

Den Umstand, dass ein Teilobjekt zu mehreren Aggregationsobjekten gehören kann, bezeichnet man als „shared aggregation“ oder als „weak ownership“ (schwacher Besitz).

Komposition

W Unter einer **Komposition** versteht man eine **starke Form der Aggregation**. Abweichend von der Aggregation erfordert die Komposition einen starken Besitz (strong ownership bzw. unshared ownership) über seine Teilobjekte.

Die Kardinalität an der Aggregationsklasse (Klasse, die das Ganze repräsentiert) darf nicht größer als 1 sein. Daraus resultiert, dass ein Teilobjekt unabhängig von einem Aggregationsobjekt existieren kann. Sobald jedoch eine Verbindung zum Aggregationsobjekt hergestellt wurde, ist diese Verbindung ausschließlich.

Der starke Besitz hat auch Auswirkungen auf den Umgang mit dem Aggregationsobjekt. Wird das Ganze (ganzes Objekt) kopiert, so werden auch seine Teile (Teilobjekte) kopiert. Ebenso werden die Teile gelöscht, wenn das Ganze gelöscht wird.

Die Ganzes-Teil-Beziehung der Komposition wird durch eine Verbindungslinie zwischen den Klassen mit einer ausgefüllten Raute am Ende zur Ganzes-Klasse geschrieben. Die Ganzes-Klasse wird auch für die Komposition als Aggregationsklasse bezeichnet.

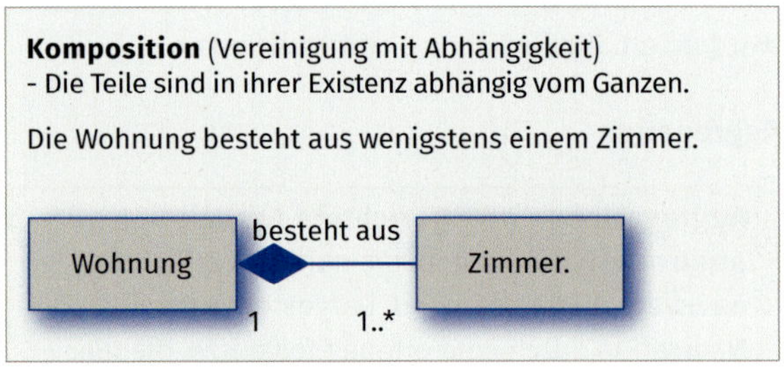
Komposition (Vereinigung mit Abhängigkeit)
- Die Teile sind in ihrer Existenz abhängig vom Ganzen.
Die Wohnung besteht aus wenigstens einem Zimmer.
Wohnung
besteht aus
Zimmer.
1
1..*

Komposition mit Kardinalität

Vererbung

Die UML verwendet das Konstrukt der Vererbung, um unnötige Mehrarbeit, aber auch potenzielle Fehlerquellen bei der Modellierung und Implementierung zu vermeiden. Damit kann auch das Prinzip der Lokalität (vgl. Kap. 2, Prinzipien) gesichert werden: Attribute und Methoden werden nur dort definiert, wo sie auch hingehören. Abgeleitete Klassen haben spezielle Eigenschaften und erben die allgemeinen Eigenschaften.

Mithilfe der **Vererbung** können Klassen hierarchisch strukturiert werden. Dabei werden Eigenschaften einer **Oberklasse** an die zugehörige **Unterklasse** weitergegeben. Bei der Generalisierung bzw. Spezialisierung werden Eigenschaften hierarchisch gegliedert, d. h., Eigenschaften mit allgemeiner Bedeutung werden den Oberklassen und speziellere Eigenschaften werden den Unterklassen zugeordnet. W

Die Eigenschaften der Oberklasse werden an die zugehörige Unterklasse weitergegeben. Eine Unterklasse verfügt folglich über ihre speziellen Eigenschaften und über die Eigenschaften ihrer Oberklasse(n).

Die Unterscheidung in Ober- und Unterklasse erfolgt mittels eines Unterscheidungsmerkmals, des sogenannten **Diskriminators**. Er definiert den für die Strukturierung maßgeblichen Aspekt und ist nicht von selbst gegeben, sondern das Ergebnis der Modellierungsentscheidung. Beispielsweise kann man Fahrzeuge aufgrund des Diskriminators Antriebsart (Benzinmotor, Dieselmotor, Elektromotor) gliedern oder aufgrund des Fortbewegungsmediums (Luft, Wasser, Straße, Schiene).

In der UML wird die Vererbung durch eine Linie mit einer dreieckigen, nicht ausgefüllten Pfeilspitze dargestellt, die von der Unterklasse zur Oberklasse weist.

Anwendungen der Assoziation finden sich besonders in den Datenmodellen, die im Kapitel 6 ausführlicher behandelt werden. In der folgenden Übersicht werden die Beziehungen zwischen den Klassen mit Beispielen zusammengefasst.

Assoziation	Es bestehen Verbindungen zwischen den Objekten unterschiedlicher Klassen. Die Assoziation kann mit Hinweisen auf die Anzahl der möglichen verbundenen Objekte versehen werden. Diese Hinweise bezeichnet man als **Kardinalität** oder **Multiplizität**.

(Fortsetzung auf rechter Seite)

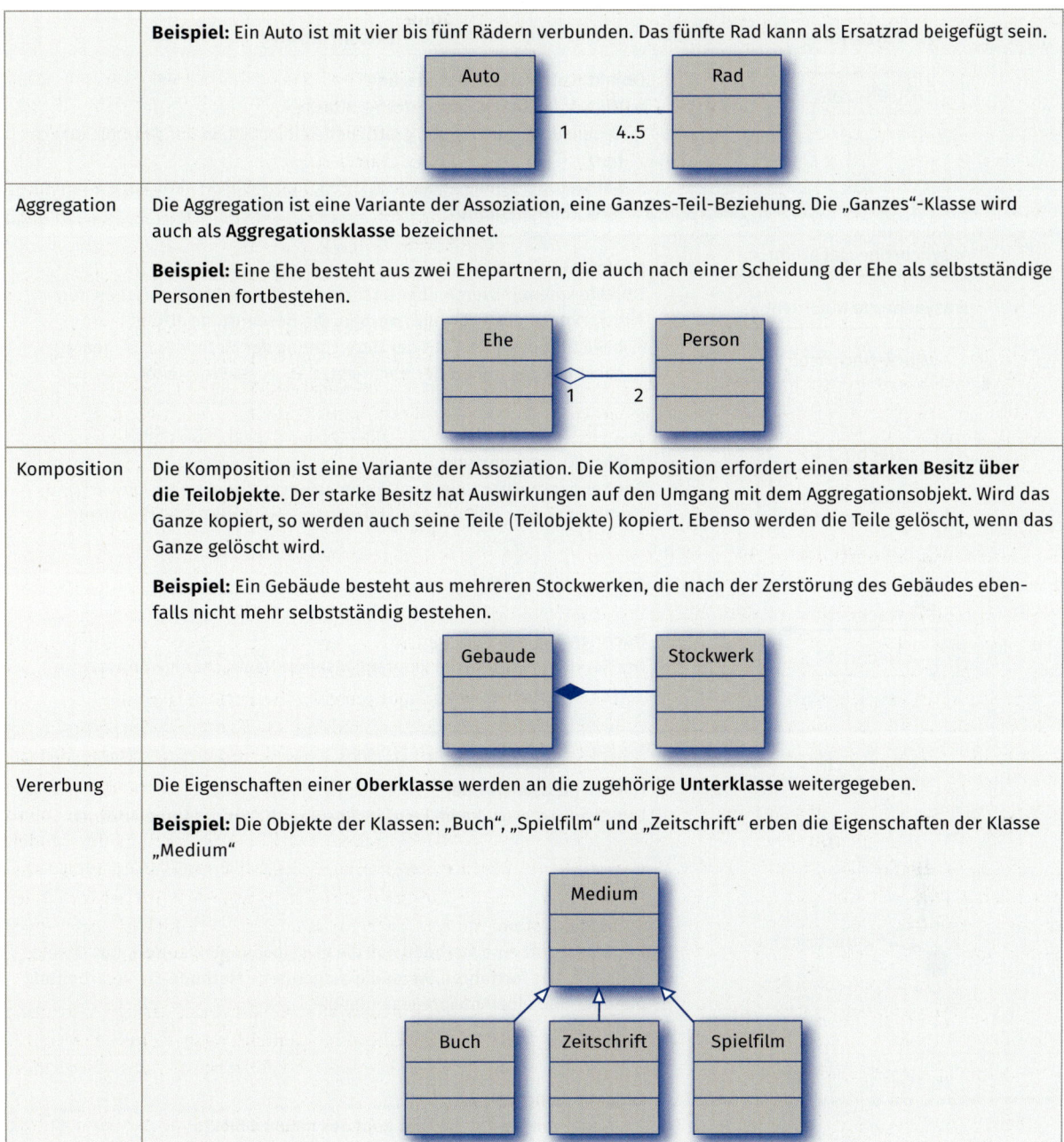

	Beispiel: Ein Auto ist mit vier bis fünf Rädern verbunden. Das fünfte Rad kann als Ersatzrad beigefügt sein. 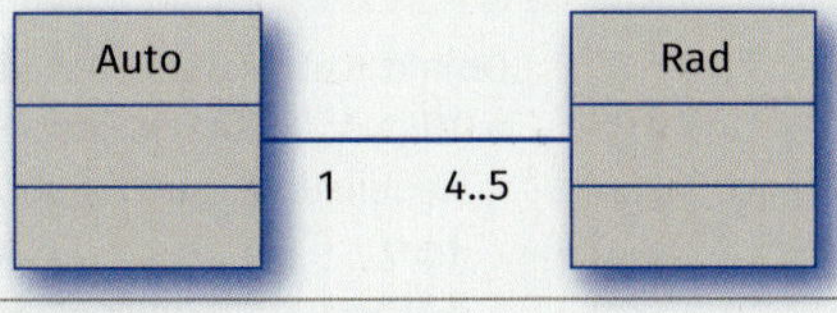
Aggregation	Die Aggregation ist eine Variante der Assoziation, eine Ganzes-Teil-Beziehung. Die „Ganzes"-Klasse wird auch als **Aggregationsklasse** bezeichnet. **Beispiel:** Eine Ehe besteht aus zwei Ehepartnern, die auch nach einer Scheidung der Ehe als selbstständige Personen fortbestehen. 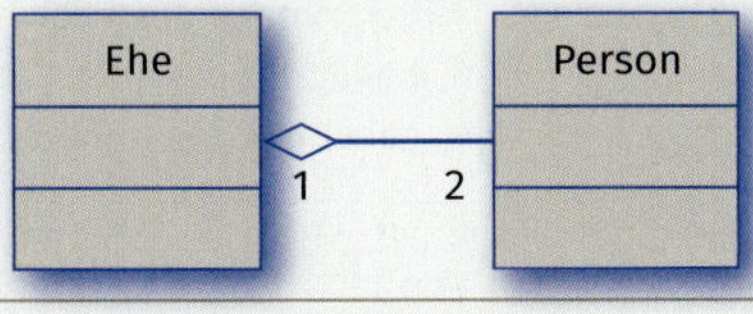
Komposition	Die Komposition ist eine Variante der Assoziation. Die Komposition erfordert einen **starken Besitz über die Teilobjekte**. Der starke Besitz hat Auswirkungen auf den Umgang mit dem Aggregationsobjekt. Wird das Ganze kopiert, so werden auch seine Teile (Teilobjekte) kopiert. Ebenso werden die Teile gelöscht, wenn das Ganze gelöscht wird. **Beispiel:** Ein Gebäude besteht aus mehreren Stockwerken, die nach der Zerstörung des Gebäudes ebenfalls nicht mehr selbstständig bestehen. 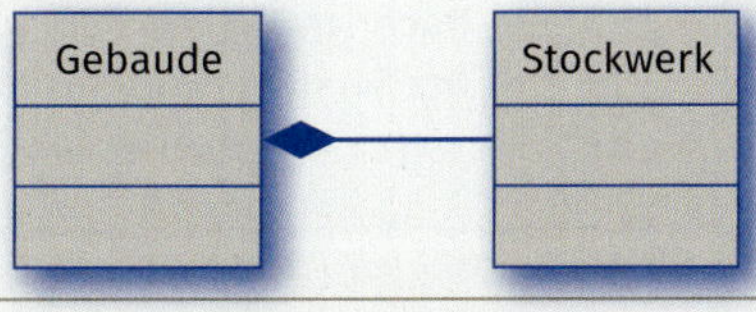
Vererbung	Die Eigenschaften einer **Oberklasse** werden an die zugehörige **Unterklasse** weitergegeben. **Beispiel:** Die Objekte der Klassen: „Buch", „Spielfilm" und „Zeitschrift" erben die Eigenschaften der Klasse „Medium" 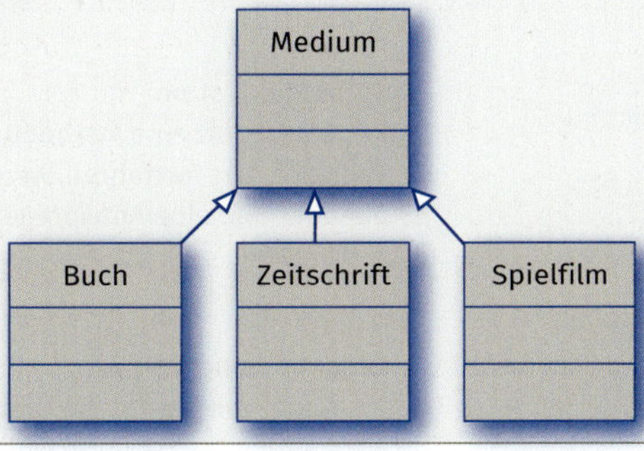

Darstellung der Klassenbeziehungen im UML-Klassendiagramm

4.3.4 Sequenzdiagramm

> W Das **Sequenzdiagramm** beschreibt die zeitliche Abfolge von Interaktionen zwischen einer Menge von Objekten. Mit diesem Modell wird das Ziel verfolgt, die Zusammenarbeit der Objekte (den Nachrichtenaustausch) darzustellen.

Sequenzdiagramme werden sinnvoll eingesetzt, um den Ablauf interaktiver, ereignisgesteuerter Programme zu verdeutlichen. Man erkennt, wann (bei welcher Nachricht oder bei welchem Ereignis) ein Objekt aktiviert wird und mit welchen Nachrichten es reagiert. Die Details der internen Implementierung spielen dabei keine Rolle. Die konkret handelnden Objekte werden daher im Modell auch durch den Namen ihrer Klasse ersetzt.

Notation	Beschreibung
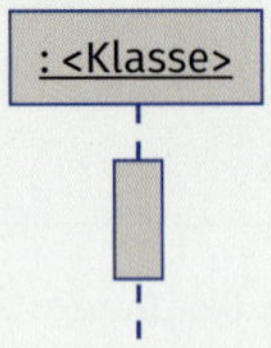	**Objekt, Lebenslinie, Aktivierung** ▪ Objekt: Rechteck, Beschriftung: **:Klasse** ▪ Lebenslinie: senkrechte, gestrichelte Linie; Zeit, in der das Objekt existiert ▪ Aktivierung: schmales Rechteck; Zeit, in der Objekt aktiv ist, z. B. Ausführung einer Methode
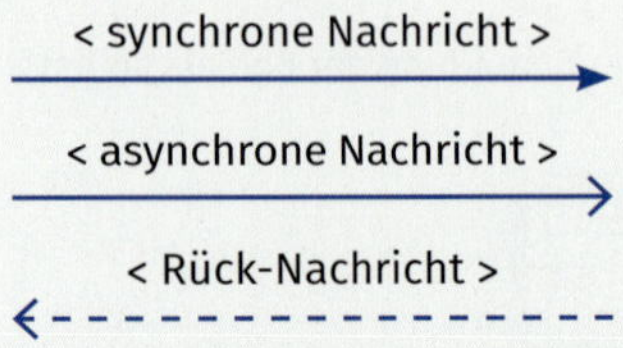	**Nachricht** Objekte kommunizieren über Nachrichten, die als Pfeile zwischen den Aktivierungen eingezeichnet werden. Die Beschriftung erfolgt ▪ bei Methodenaufruf mit der Bezeichnung der Methode, z. B. create(), ▪ sonst mit dem Inhalt der Nachricht, z. B. „zeige Startseite".
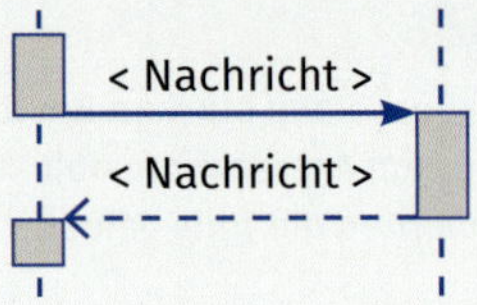	**Nachricht, sequenzielle** Der Sender erwartet vom Empfänger seiner Nachricht eine Antwort und kann erst wieder im Prozess aktiv werden, wenn die Antwort vorliegt.
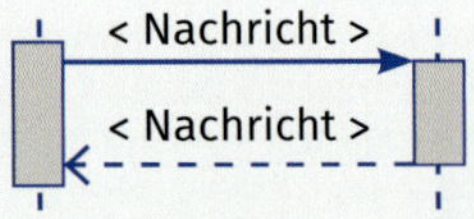	**Nachricht, synchrone** Der Sender erwartet vom Empfänger seiner Nachricht eine Antwort.
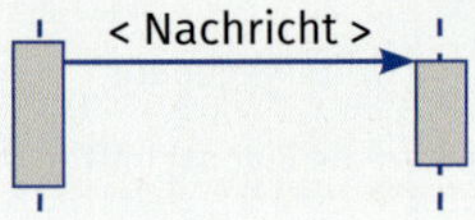	**Nachricht, asynchrone** Der Sender erwartet vom Empfänger seiner Nachricht keine Antwort.
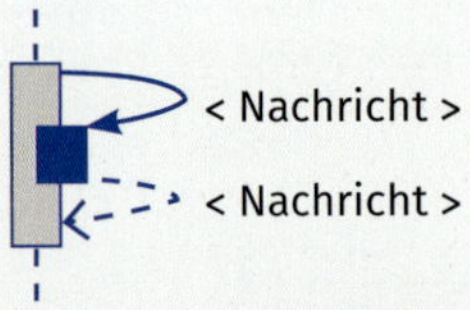	**Selbstdelegation** Ein Objekt ruft eine Methode auf, die es selbst implementiert. Das Objekt kann ggf. erst fortfahren, wenn die aufgerufene Methode die Verarbeitung beendet und eine Antwort gesendet hat.
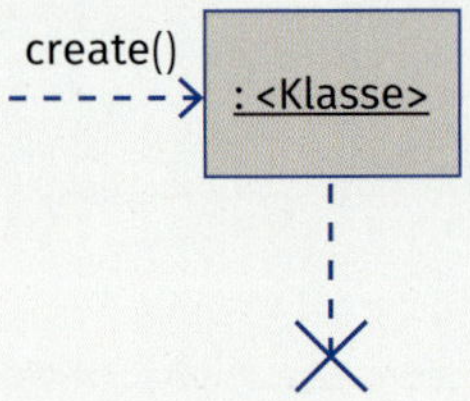	**Objekt erzeugen** Richtung: von der Quelle zum Kopf des neuen Objekts Darstellung: gestrichelte Linie, offener Pfeil **Objekt löschen** Das Löschen eines Objektes wird durch ein X auf der Lebenslinie markiert.

Symbole im UML-Sequenzdiagramm

Die Zeitlinie verläuft senkrecht von oben nach unten, die Objekte werden durch senkrechte Lebenslinien beschrieben und die gesendeten Nachrichten waagerecht entsprechend ihrem zeitlichen Auftreten eingetragen. Diese zeitliche Abfolge (Sequenz) steht beim Sequenzdiagramm im Vordergrund.

Die Objekte werden durch Rechtecke visualisiert, von denen die senkrechten Lebenslinien ausgehen, dargestellt durch gestrichelte Linien. Die Nachrichten werden durch waagerechte Pfeile zwischen den Objektlebenslinien beschrieben. Auf diesen Pfeilen werden die Nachrichtennamen notiert. Iterationen von Nachrichten werden durch ein Sternchen „*" vor dem Nachrichtennamen beschrieben.

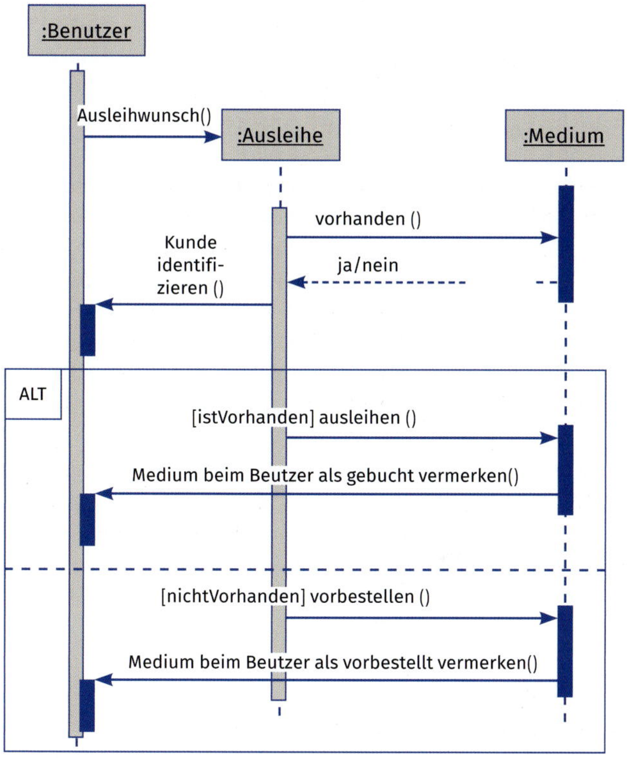

Das Sequenzdiagramm verdeutlicht den Ablauf und die notwendige Kommunikation zwischen den Objekten zur Abwicklung eines Ausleihvorganges in der Stadtbibliothek.

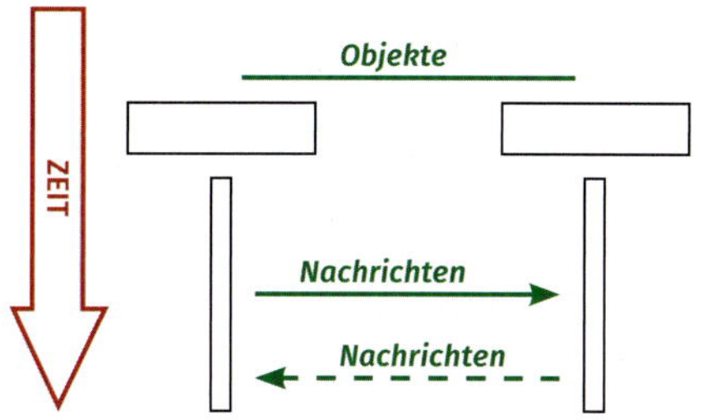

Beispiel eines Sequenzdiagramms zum Projekt „Stadtbibliothek"

4.3.5 Zustandsdiagramm

W

Ein Objekt kann in seinem „Leben" verschiedenartige Zustände annehmen. Mithilfe des **Zustandsdiagrammes** visualisiert man diese Zustände sowie die Funktionen, die zu Zustandsänderungen des Objektes führen.

Ein Zustandsdiagramm beschreibt eine hypothetische Maschine, die sich zu jedem Zeitpunkt in einem Zustand aus einer endlichen Menge von Zuständen befindet:

- Anfangszustand
- Zustände in endlicher Menge
- Ereignisse in endlicher Menge
- Transitionen, die den Übergang des Objektes von einem zum nächsten Zustand beschreiben, in endlicher Anzahl
- Endzustand (einer oder mehrere)

Notation	Beschreibung
	**Anfangszustand**
	**Zustand**, den ein Element einnehmen kann, z. B. Element = Fenster; Zustände: offen, geschlossen
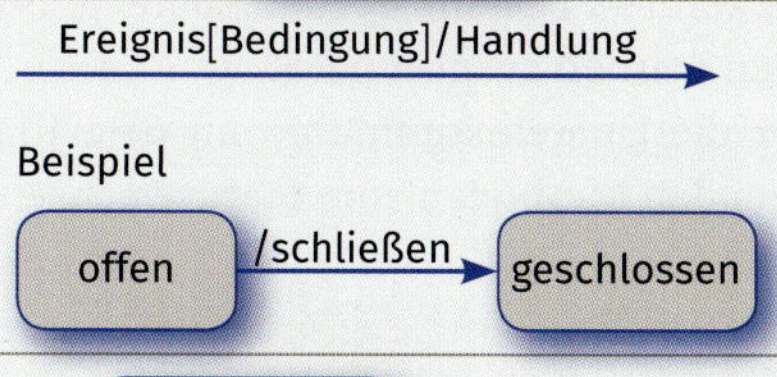	**Transition** (Zustandsübergang) vom Quellzustand zum Zielzustand mit folgender Beschriftung: ▪ Ereignis (trigger), das den Zustandsübergang auslöst ▪ Bedingung (guard), die beim Zustandsübergang erfüllt sein muss ▪ Handlung (action), die den Zustandsübergang bewirkt
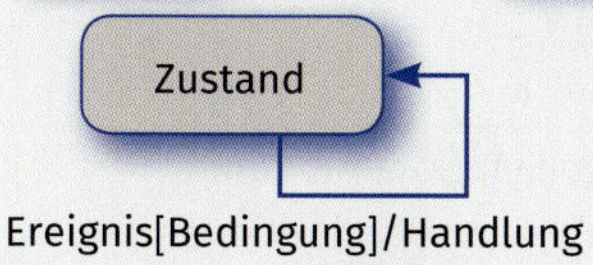	**Selbstaufruf**
	**Endzustand**

Notation im UML-Zustandsdiagramm

Ein **Zustand** bleibt für die Zeitspanne zwischen zwei Ereignissen bestehen. Eine Änderung von Attributwerten eines Objektes, die das Verhalten des Objektes maßgeblich verändern, heißt **Zustandsänderung**. Zustände sind durch einen eindeutigen Namen definiert. Zustände werden durch Rechtecke mit abgerundeten Ecken visualisiert. Sie können in bis zu drei Bereiche geteilt werden.

- Der obere Bereich beinhaltet den Namen des Zustandes.
- Der mittlere Bereich enthält die Zustandsvariablen.
- Im unteren Bereich werden mögliche innere Ereignisse, Bedingungen und daraus resultierende Operationen definiert.

Gleichnamige Zustände innerhalb eines Zustandsdiagrammes beschreiben den gleichen Zustand eines Objektes. Zusätzlich können **anonyme Zustände** definiert werden. Zwei namenlose Zustände in einem Diagramm beschreiben grundsätzlich verschiedene Zustände eines Objektes.

Start- und **Endzustand** eines Objektes sind als besondere Zustandstypen anzusehen, da zu einem Startzustand kein Übergang stattfinden kann und dem Endzustand eines Objektes keine Zustandsänderung folgt.

Die **Transition** ist ein Ereignis, dass den Übergang von einem Zustand eines Objektes in den nächsten Zustand auslöst, definiert durch einen Namen und eine Liste möglicher Ereignisargumente. Ein Zustand kann mit dem Ereignis Bedingungen verbinden, die erfüllt sein müssen, um den Folgezustand zu erreichen, bzw. um zu entscheiden, welchen Folgezustand das Objekt einnimmt. Ein Ereignis kann eintreten, wenn eine oder mehrere notwendige Bedingungen für eine Transition erfüllt sind oder ein Objekt eine ereignisauslösende Nachricht erhalten hat.

Durch Ereignisse können Aktionen innerhalb eines Zustandes eines Objektes ausgelöst werden. Ein Zustandsübergang als Folge eines Ereignisses wird als Pfeil zwischen zwei Zuständen symbolisiert. Der Pfeil kann auch zum Ausgangszustand zurückführen.

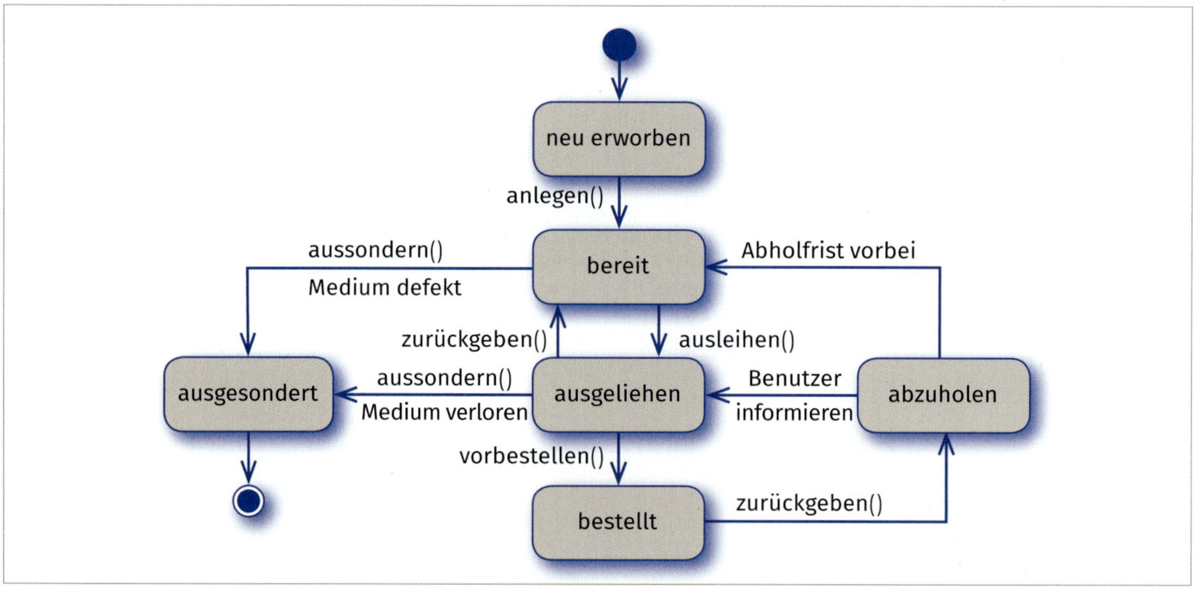

Beispiel eines Zustandsdiagramms zum Projekt „Stadtbibliothek"

Das Zustandsdiagramm illustriert die Statusänderung eines Mediums über die Lebenszeit. Nach dem Ankauf ist der Status „neu erworben", was eigentlich bedeutet: „noch nicht im System erfasst". Nach dem Anlegen steht es bereit und kann ausgeliehen werden. Wenn es ausgeliehen ist, kann es bestellt werden. Defekte oder verlorene Medien werden ausgesondert.
Wichtig ist hier die Übereinstimmung mit dem Klassendiagramm bei den Methoden zum Statuswechsel.

4.3.6 Aktivitätsdiagramm

W Das **Aktivitätsdiagramm** beschreibt den Ablauf von Aktionen und verwendet wenige Symbole für sehr umfangreiche Darstellungsmöglichkeiten. Das Aktivitätsdiagramm kann hinsichtlich seiner Darstellungsweise und seiner Aussagen mit einem Programmablaufplan verglichen werden (vgl. Kap. 4.2.1).

Notation	Beschreibung
	**Startknoten** Markiert den Beginn eines Ablaufs.
	**Aktion** Legt das Verhalten fest, das eine Veränderung herbeiführt.
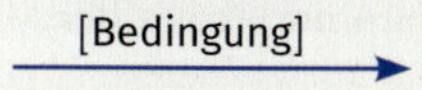	**Pfeil** Beschreibt den Fluss zwischen den Aktionen. Eine Bedingung kann in eckiger Klammer angegeben werden.
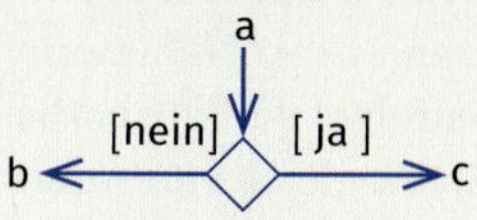	**Entscheidung** (XOR – „entweder ... oder ...“) Nach dem Ende der „Aktion a“ wird entweder die „Aktion b“ oder die „Aktion c“ ausgeführt.
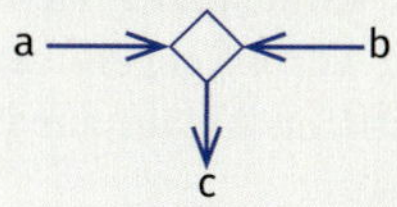	**Zusammenführung** Nach dem Ende der „Aktion a“ oder der „Aktion b“ wird die „Aktion c“ ausgeführt.
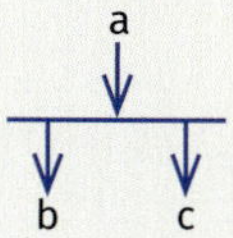	**Splitting** (UND) Nach dem Ende einer Aktion werden mehrere Aktionen gleichzeitig begonnen, z. B. wenn die „Aktion a“ beendet wurde, beginnen „Aktion b“ und „Aktion c“ gleichzeitig und laufen parallel.
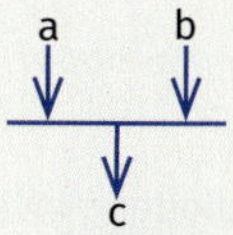	**Synchronisation** Nach dem Ende mehrerer Aktionen wird eine Aktion ausgeführt, z. B. wenn „Aktion a“ und „Aktion b“ beendet wurden, beginnt die Ausführung der „Aktion c“.
	**Ablaufende** Markiert das Ende eines Zweiges.
	**Endknoten** Markiert das Ende eines Ablaufs.

Notation im UML-Aktivitätsdiagramm

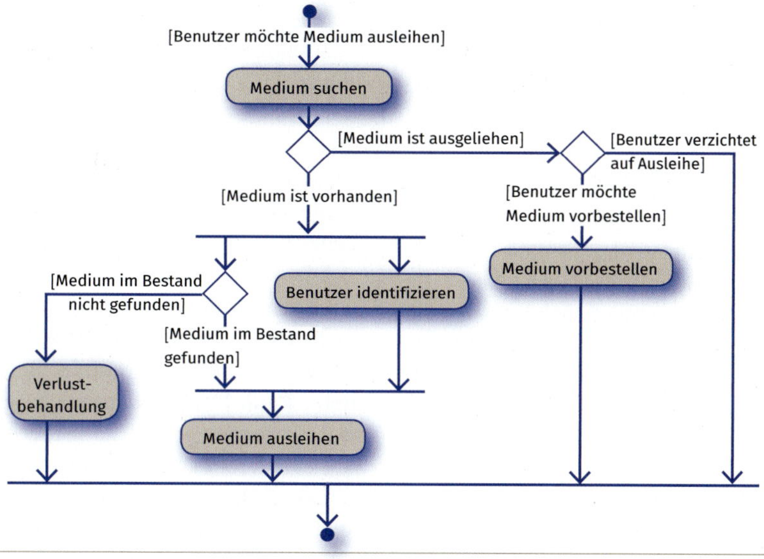

Beispiel eines Aktivitätsdiagramms zum Projekt „Stadtbibliothek“

Das Aktivitätsdiagramm zeigt den Ablauf der Ausleihprozesse. Zuerst muss das Medium (Buch, Zeitschrift oder Spielfilm) im Katalog gesucht werden.

Wenn das Medium laut Katalog vorhanden ist, aber nicht im Bestand (Regal) gefunden werden kann, dann ist eine Verlustbehandlung notwendig.

4.3.7 Kommunikationsdiagramm

Die Kommunikation zwischen Objekten lässt sich neben dem Sequenzdiagramm auch in einem Kommunikationsdiagramm modellieren. Im ursprünglichen Sinne geht es um die Zusammenarbeit der Objekte. Zusammenarbeit lautet im Englischen „Collaboration“, daher wird das Kommunikationsdiagramm im Englischen auch als „Collaboration-Diagram“ bezeichnet.

W

> Das **Kommunikationsdiagramm** visualisiert die einzelnen Objekte und ihre Kommunikation untereinander. Dabei steht im Vergleich zum Sequenzdiagramm nicht der zeitliche Ablauf dieser Interaktionen im Vordergrund, sondern es werden die für den Programmablauf und dessen Verständnis wichtigen kommunikativen Aspekte zwischen den einzelnen Objekten ereignisbezogen dargestellt.

Das Kommunikationsdiagramm legt den Schwerpunkt auf die Objektbeziehungen (Collaborations), die durch Verbindungslinien ausgedrückt werden. Die Kommunikation zwischen Objekten kann an diesen Verbindungslinien vermerkt werden. Hierzu wird der Methodenname zusammen mit einem Pfeil angegeben, der vom aufrufenden zum aufgerufenen Objekt weist. Die Reihenfolge wird durch die Nummerierung der Methoden verdeutlicht.

Führt eine Methode zum Aufruf weiterer Methoden, so wird dies durch eine hierarchische Nummerierung hervorgehoben. Eine Reihenfolge der abzuarbeitenden Operationen muss hier nicht gleich von Anfang an festgelegt werden, sondern sie kann später nachgetragen werden. Darin besteht der Vorteil gegenüber dem Sequenzdiagramm, wo der zeitliche Ablauf zur Erstellung bereits bekannt sein muss.

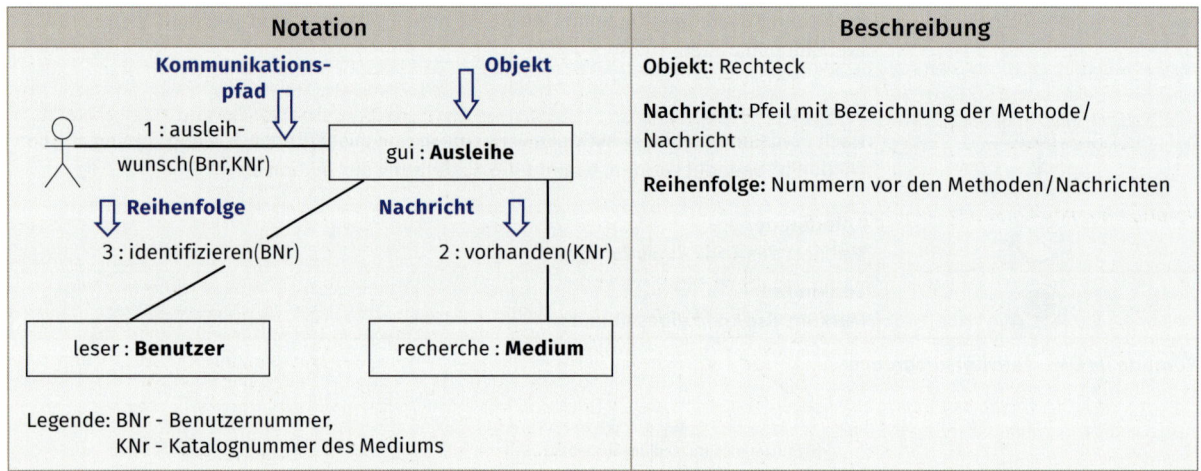

Notation	Beschreibung
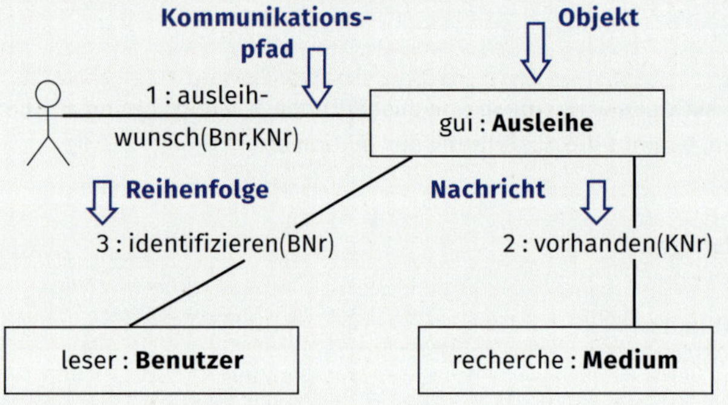 Legende: BNr - Benutzernummer, KNr - Katalognummer des Mediums	**Objekt:** Rechteck **Nachricht:** Pfeil mit Bezeichnung der Methode/Nachricht **Reihenfolge:** Nummern vor den Methoden/Nachrichten

Notation im UML-Kommunikationsdiagramm

4.3.8 Komponentendiagramm

W

> Das **Komponentendiagramm** verdeutlicht die Bemühungen, wonach Software aus fertigen, aber anpassbaren Bausteinen (Komponenten) zusammengesetzt werden soll. Jede Komponente enthält eine größere Menge von Klassen und arbeitet über Schnittstellen mit anderen Komponenten zusammen.

Am rechten Rand tragen die Komponenten ein kleines Rechteck mit zwei an Rand eingebetteten Rechtecken, die die Schnittstellen nach außen symbolisieren. Eine Komponente kann wiederum weitere Elemente, wie Klassen, Artefakte (Dokumente) und andere Komponenten besitzen. Diese internen Elemente werden üblicherweise genauer durch Stereotype gekennzeichnet.

Die Abhängigkeiten zwischen den einzelnen Komponenten werden durch gestrichelte Pfeile symbolisiert. Die in dieser Art dargestellten Abhängigkeiten zeigen z. B. auch die spätere Reihenfolge des Kompilierens auf. Nachgelagerte Komponenten können erst erstellt werden, wenn die vorhergehenden Komponenten existieren. Das folgende Beispiel zeigt das Komponentendiagramm über die Komponenten eines Web-Services (siehe auch Kap. 7).

Notation	Beschreibung
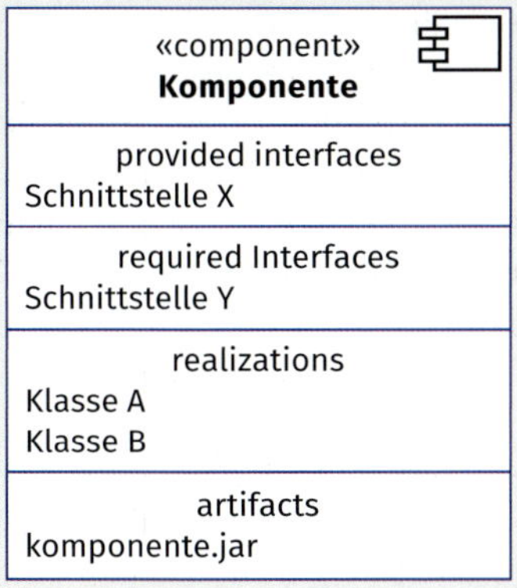	**Schnittstellen:** Eine Komponente kann Output über ausgehende, also selbst angebotene Schnittstellen erzeugen sowie Input über eingehende, also genutzte Schnittstellen anfordern. **Klassen:** Eine Komponente wird eine oder mehrere Klassen implementieren. **Artefakte/Dokumente:** Artifacts (engl.) sind vom Menschen erzeugte Gegenstände, wobei im Kontext der Programmierung darunter üblicherweise Dokumente zu verstehen sind. Eine Komponente kann eine oder mehrere Dokumente enthalten.
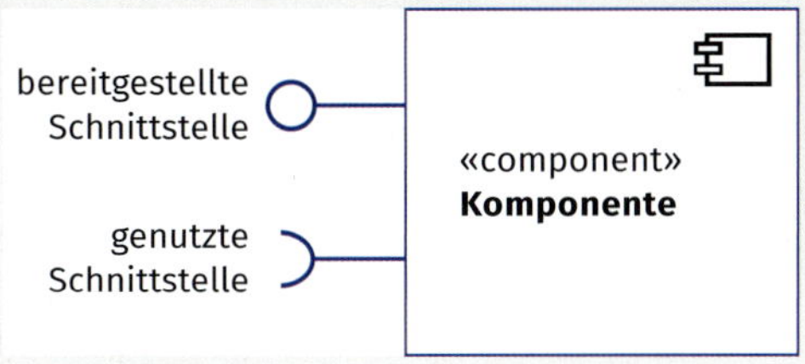	**Verbindungen:** Die Komponenten sind über die Schnittstellen miteinander verbunden.
	**Nachrichten:** Die Komponenten können Nachrichten aus Artefakten (Dokumenten) beziehen.

Notation im UML-Komponentendiagramm

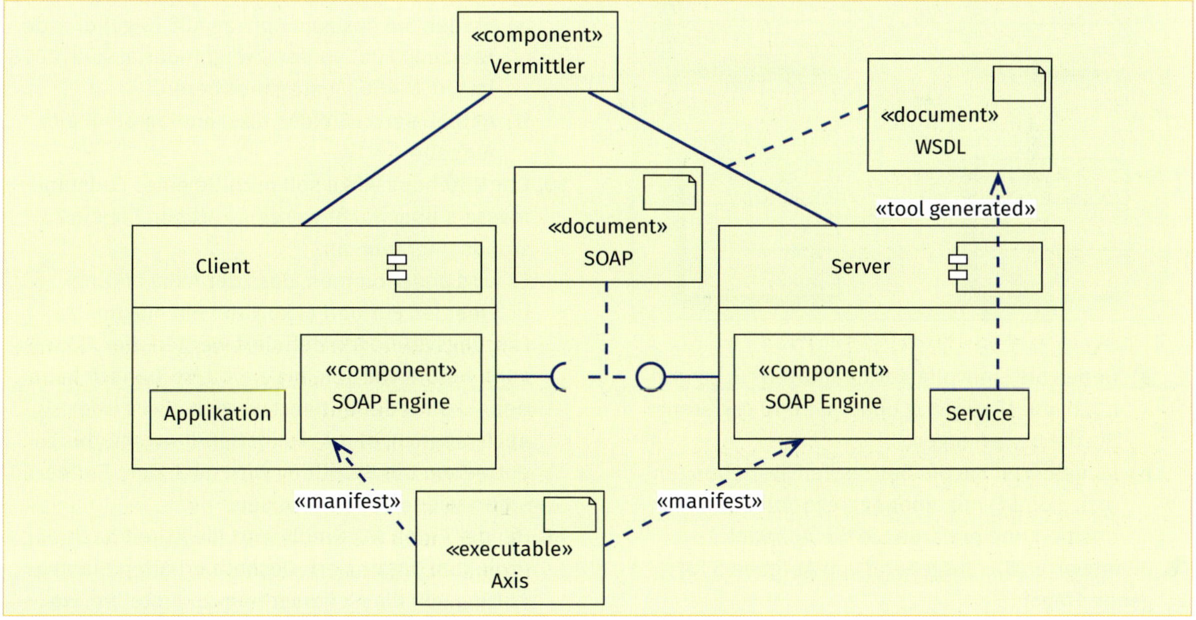

UML-Komponentendiagramm zum Web-Service

Aufgaben

1. Für die Haftpflichtversicherung einer Autovermietung sind bei der Klasse „Auto" die folgenden Attribute von Bedeutung:

- Hersteller
- Typ
- Baujahr
- Hubraum
- Motorleistung
- Zahl der Türen

Das Verhalten der Fahrzeuge, d. h., die folgenden Methoden interessieren die Versicherung vorerst nicht, sind aber bereits in der Modellierung zu beachten:

- Auto bremsen
- Motor starten
- Blinker setzen
- Auto beschleunigen

a) Erstellen Sie ein Klassendiagramm (Klassenmodell) „Auto".
b) Modellieren Sie Ihr Traumauto mit konkreten Attributwerten in einem Objekt der Klasse „Auto".

2. Gibt es Fahrzeuge, die nicht nach dem obigen Muster versichert bzw. dargestellt werden können?
3. Ergänzen Sie die Methoden und Attribute der Klasse „Auto".
4. Ergänzen Sie die Bezeichnungen der Elemente im folgenden UML-Klassendiagramm.

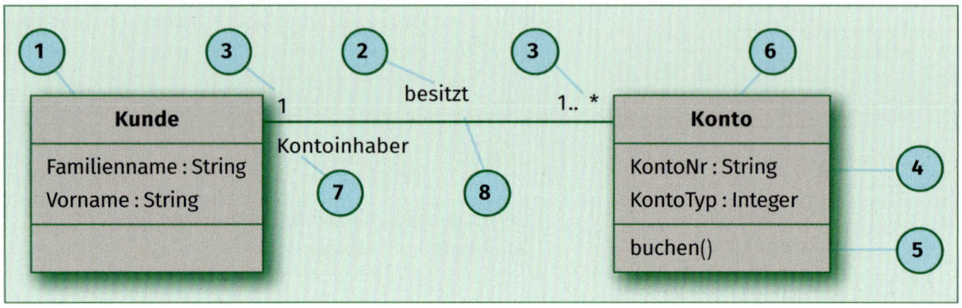

5. Das folgende unvollständige Klassendiagramm ist zu erweitern.

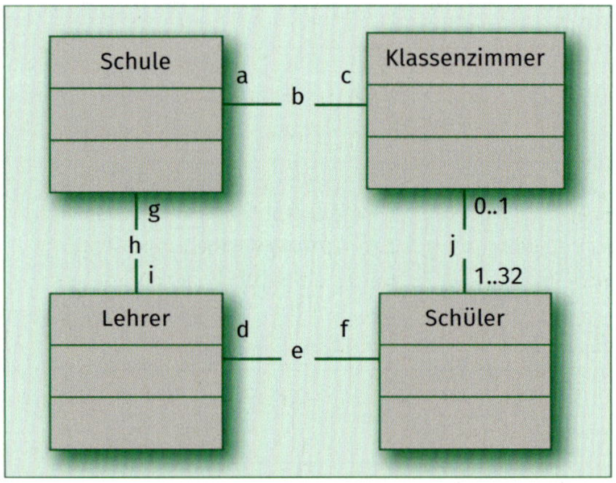

a) Geben Sie sinnvolle Kardinalitäten für „a und c", „d und f" sowie „g und i" an und erklären Sie die Beziehungen.
b) Modellieren Sie die Ganzes-Teil-Beziehungen (b, j, e und f) mit einer Aggregation oder Komposition und erklären Sie die Auswahl.

6. Beantworten Sie ausgehend von Aufgabe 5 folgende Fragen:
a) Was passiert mit dem Objekt „Klassenzimmer", wenn das zugehörige Objekt „Schule" gelöscht wird?
b) Kann es leere Objekte „Klassenzimmer" geben?
c) Wie muss das Klassendiagramm geändert werden, damit leere „Klassenzimmer" entstehen?
d) Muss sich ein Schüler in einem Klassenzimmer aufhalten?

7. Geben Sie zu den UML-Elementen (Assoziation, Komposition, Aggregation) je ein Beispiel aus dem Bereich der Warenwirtschaft an.
8. Die Software einer Autovermietung verwaltet Kunden und Fahrzeuge. Ein Kunde und ein Fahrzeug können über mehrere Buchungen verfügen. Eine Buchung beinhaltet immer ein Fahrzeug und einen Kunden.
a) Erstellen Sie für diesen Fall ein Anwendungsfalldiagramm.
b) Stellen Sie den Ablauf einer Kundenbuchung im Sequenzdiagramm dar.
c) Fertigen Sie zu dem Sequenzdiagramm das dazugehörige Kommunikationsdiagramm an.

9. Die Autovermietung stellt ihre Fahrzeuge in verschiedenen Filialen an verschiedenen Orten zur Verfügung. Bis zur Abholung durch den Kunden werden die Fahrzeuge in einem Abhollager bereitgehalten.
a) Stellen Sie das zum Auftrag A0815 gehörende Fahrzeug F007 in der Zweigniederlassung Z008 im Ort 23456 Musterstadt bereit.
b) Aktualisieren Sie das Klassendiagramm aus Aufgabe 1.

10. Der Notebook-Akku soll mithilfe eines Füllstandsmessers überwacht werden. Fertigen Sie ein Zustandsdiagramm an.
Es wird angenommen, dass der Akku anfänglich leer ist. Für den Akku kann ein maximales Fassungsvermögen definiert werden. Der Akku kann befüllt werden, bis er voll ist. Danach kann der Akku wieder entleert werden. Es ist aber auch möglich, den Akku im Befüllungsmodus zu entleeren. Die Befüllung wird nach dem Entleeren sofort wieder vorgenommen.

11. Bei der Firma ACI GmbH wird die Arbeit nach Projekten organisiert. Deshalb erhalten Sie den Auftrag, ein Klassendiagramm zu erstellen, wo Sie in der UML-Notation ein Objekt der Klasse „Projekt" mit dem Projektnamen „Multimedia-PC" modellieren. Zu einem Projekt gehören immer mindestens ein Projektleiter und ein Projektname. Hinzu kommen beliebig viele Mitarbeiter, die an dem Projekt teilnehmen. Der Projektleiter selbst wird auch als Mitarbeiter geführt und er darf auch nur ein Projekt leiten.

4.4 Objektorientierte Analyse (OOA) und objektorientiertes Design (OOD)

4.4.1 Von der Vision zum objektorientierten Modell

S Die Azubis Anna und Stefan erhalten die Aufgabe, den ACI-Webshop mittels UML zu modellieren. In diesem Onlineshop sollen beliebig viele Artikel angeboten werden, die von Kunden ausgewählt, in einen Warenkorb gelegt und schließlich nach Angabe der Zahlungsmethode bestellt werden können. Vor der eigentlichen Modellierung erarbeiten sich die Azubis eine möglichst genaue Beschreibung des Prozesses der Kundenbestellung. Sie dokumentieren damit ihre Vorstellungen, ihre Vision von dem Produkt und seiner Funktionsweise.

Die folgenden Schwerpunkte sind eine wesentliche Ausgangsbasis für die Aufgabenstellung. Eine derartige Auflistung wird oftmals als **Visionsdokument** bezeichnet, kann aber auch mit dem bereits vorgestellten Lastenheft gleichgesetzt werden. Im Detail soll der Onlineshop folgende Funktionalitäten bieten:

Vereinfachtes Lastenheft (Visionsdokument) zum IT-System „ACI-Webshop"

1. Jeder **Kunde** muss sich im System des ACI-Webshops **anmelden**, was durch Eingabe eines Namens und eines Passwortes geschieht.
2. Neue **Kunden** müssen sich zuerst registrieren und dabei ihren Kundennamen und ihr Passwort festlegen.
3. Die **Kunden** können sich die Artikel aus dem Angebot ansehen, detaillierte Informationen zu einem bestimmten Artikel abrufen und den Artikel in den **Warenkorb** legen. Hierbei können sie auch die Anzahl der bestellten Artikel festlegen.
4. Alle erhältlichen Artikel besitzen eine eindeutige Artikelnummer, einen Namen und einen Preis. Außerdem sollen Artikel vom **Verkäufer** aus dem Angebot entfernt werden können, ohne dass deren Daten aus dem System gelöscht werden. Die Artikel werden als **gesperrt** gekennzeichnet.
5. **Kunden** dürfen wählen, auf welche Weise sie ihre Bestellung bezahlen. Als **Zahlungsmethoden** stehen Nachnahme, Bankeinzug und Vorauskasse zur Verfügung. Je nach gewählter Zahlungsmethode fallen zusätzliche Kosten an. Für die Zusendung der Rechnung ist eine Rechnungsanschrift anzugeben.
6. Während des Bestellvorgangs bestimmen die **Kunden** die **Art der Lieferung**. Hierzu wählen sie einen Transporteur, die Art der Verpackung und geben eine Lieferanschrift ein. Grundsätzlich wird nicht zwischen Rechnungs- und Lieferanschrift unterschieden. Der Kunde kann jedoch unterschiedliche Adressen für Rechnung und Lieferung angeben.
7. Die Rechnungs- und die Lieferanschrift des Kunden bestehen aus der Anrede, die aus einer Liste gewählt wird, sowie Vor- und Nachname, Straße, Hausnummer, Postleitzahl und Ort. Beim Absenden der Bestellung müssen die **Kunden** ihre **E-Mail-Adresse** angeben, an die am Ende des Bestellvorgangs eine E-Mail zur Bestätigung der Bestellung geschickt wird.
8. Die Kosten für Verpackung und Versand werden separat ausgewiesen. Wenn der Wert einer Bestellung eine festgelegte Grenze überschreitet, werden keine Verpackungs- und Versandkosten in Rechnung gestellt.
9. Kundendaten müssen bei der Eingabe auf Vollständigkeit und Richtigkeit überprüft werden, soweit dies technisch möglich ist. Fehlen Daten oder sind Daten falsch angegeben, müssen verständliche Hinweise ausgegeben werden, damit der Mangel behoben werden kann.
10. Der **Kunde** muss seine **Bestellung** absenden. Vorher muss er die Korrektheit seine Artikelauswahl sowie der Angaben zur Zahlung und Lieferung bestätigen und die AGB der ACI GmbH anerkennen.

Dieses Visionsdokument muss sehr genau angesehen und sorgfältig analysiert werden. Bei der Analyse sind die Objekte aus der Sicht der Anwendung zu erkennen, abzugrenzen und ihr Zusammenwirken ist zu ermitteln. Welche Komponenten gehören zum System und welche Beziehungen haben sie zueinander (vgl. Kap. 2.1.2, Systemtheorie). Hier ist stets die fachliche Sicht mit ihren Fachtermini zu verwenden. Es wäre völlig falsch, Aspekte und Begriffe der Implementierung zu verwenden. An dieser Stelle geht es noch nicht um Datenbanken oder Texte als String-Variable.

Für den Entwickler ist es schwer, sich auf die Fachterminologie aus dem Fachbereich einzustellen. Hier sei auf die bereits besprochenen Analysetechniken verwiesen. Die Techniken der Systemanalyse enthalten unter anderem die Möglichkeit, sich mit Personen aus dem Fachbereich zu unterhalten, sie zu interviewen und sie bei ihrer Arbeit zu beobachten. Oder man studiert die bereitgestellten Dokumente aus dem Fachbereich.

Für das Beispiel zur Modellierung einer Software für die Stadtbibliothek hat es sich als nützlich erwiesen, die Benutzerordnung einer dieser Bibliotheken genauer zu studieren. Schließlich kann es auch sinnvoll sein, die Arbeitsweise ähnlicher Softwareprodukte zu analysieren.

Wenn man etwas völlig Neues machen will, wo noch keine Erfahrungen, keine Dokumente und schon gar keine vergleichbaren Produkte vorliegen, dann wird das Visionsdokument seinem Namen besonders gerecht. Die Vision sollte so viele Details wie möglich beschreiben, die möglichst mit vertrauten Personen diskutiert werden. Erfolgreiche Produkte bis hin zu denen von Weltkonzernen sind im Team entstanden, auch wenn heute meist nur Einzelpersonen an deren Spitze stehen. Wichtig ist die Vision und deren konsequente Umsetzung.

4.4.2 Tools zur Unterstützung von OOA und OOD

S Den beiden Auszubildenden stellt sich aber immer noch eine Frage: Wie kann UML mit all seinen Diagrammtypen zur objektorientierten Softwareentwicklung beitragen? Herr Pelz erklärt ihnen, dass die Modellierung von Software helfen soll, den Überblick zu behalten.

- Der **erste Schritt** ist bereits getan: Die ausführliche Beschreibung des Prozesses zur Bearbeitung eines Kundenauftrages hilft bereits, sich von einer Vielzahl weiterer Aktivitäten abzugrenzen und die zu verwendenden Sachverhalte klarzustellen. Die Vision liegt vor, auch wenn sie hier noch recht bescheiden ist.
- Die UML-Diagramme stellen den **zweiten Schritt** in Richtung der Abstraktion dar. Mit der objektorientierten Analyse (OOA) der Vision konzentrieren sich die weiteren Aktivitäten auf das angedachte Verhalten der Objekte im System und es werden die Anwendungsfalldiagramme (use case) und die Aktivitätendiagramme erstellt. Der anschließende Wechsel von der anwendungsorientierten zur implementierungsorientierten Sicht schafft die Voraussetzungen, um im Rahmen des objektorientierten Designs (OOD) die wichtigsten Strukturen mithilfe von Klassendiagrammen zu modellieren.
- Im **dritten Schritt** kann der Entwurf in Gestalt des Modells von Auftraggebern, Entwicklern und potenziellen Anwendern diskutiert und modifiziert werden. Eventuell helfen die Tools zur Modellierung, um die Fehler, Widersprüche oder Unvollständigkeiten in Modell zu erkennen. Der Entwickler muss das Ganze im Blick behalten, anstatt sich tausende Zeilen von Quellcode mit unendlich vielen technischen Details anzusehen. Die Diagrammtypen der UML können die Software zunächst aus unterschiedlichen Blickwinkeln überschaubar darstellen, ergeben aber letztlich zusammengenommen ein aussagefähiges Gesamtbild der Software.

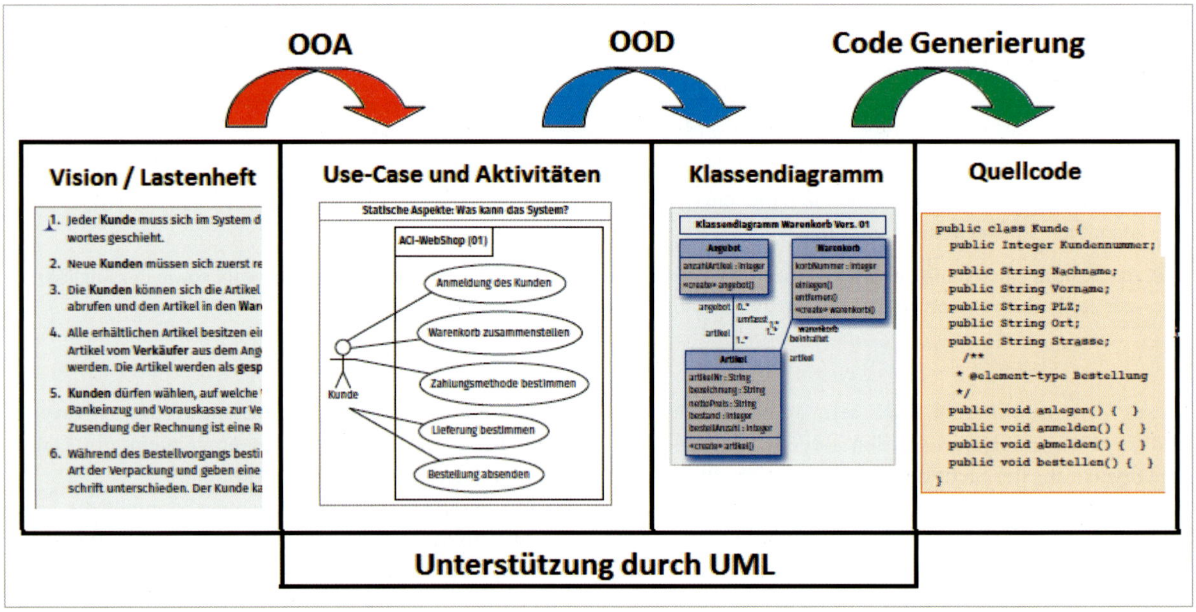

UML im Mittelpunkt von OOA und OOD

Zahlreiche Tools unterstützen die objektorientierte Analyse (OOA) und das objektorientierte Design (OOD). Wichtig hinsichtlich der Funktionalität sind bei diesen Tools

- die **grafische Oberfläche zum Zeichnen der Diagramme** in Verbindung mit der inhaltlichen/semantischen Kontrolle der Darstellungen sowie
- die **Fähigkeit,** aus den grafischen Darstellungen schließlich **Quellcode zu generieren**.

Bei diesen umfangreichen Anforderungen ist es verständlich, dass nicht alle angebotenen Tools dieses Leistungsspektrum erfüllen. Reduziert man die Auswahl auf kostenfrei nutzbare Tools aus dem Bereich „Open Source“, empfiehlt sich das Tool **ArgoUML**.

S Herr Pelz schlägt den beiden Azubis das Tool **ArgoUML** vor, das als Open-Source-Programm im Internet bereitsteht. Die Vorteile von ArgoUML bestehen darin, dass es kostenlos zu beziehen ist, aber dennoch eine umfangreiche Funktionalität anbietet, die auch die Generierung von Programmcode auf der Basis der Modelle ermöglicht.

ArgoUML liegt als Java-Projekt vor und kann auch in eine Eclipse-Umgebung (siehe Kap. 5) eingebunden werden. Nachteilig erweisen sich die nicht vollständig ausgearbeitete Dokumentation und der eingeschränkte Umfang der unterstützten Diagrammarten. Eine Alternative bietet das Programm **Microsoft Visio**, das in den Unternehmen häufig im Rahmen von Microsoft-Office-Lizenzen vorliegt. Microsoft Visio bietet Unterstützung beim Zeichnen von UML-Diagrammen. Allerdings beherrscht nur die Version „Visio Professional“ die Kontrolle der Semantik in den Modellen.

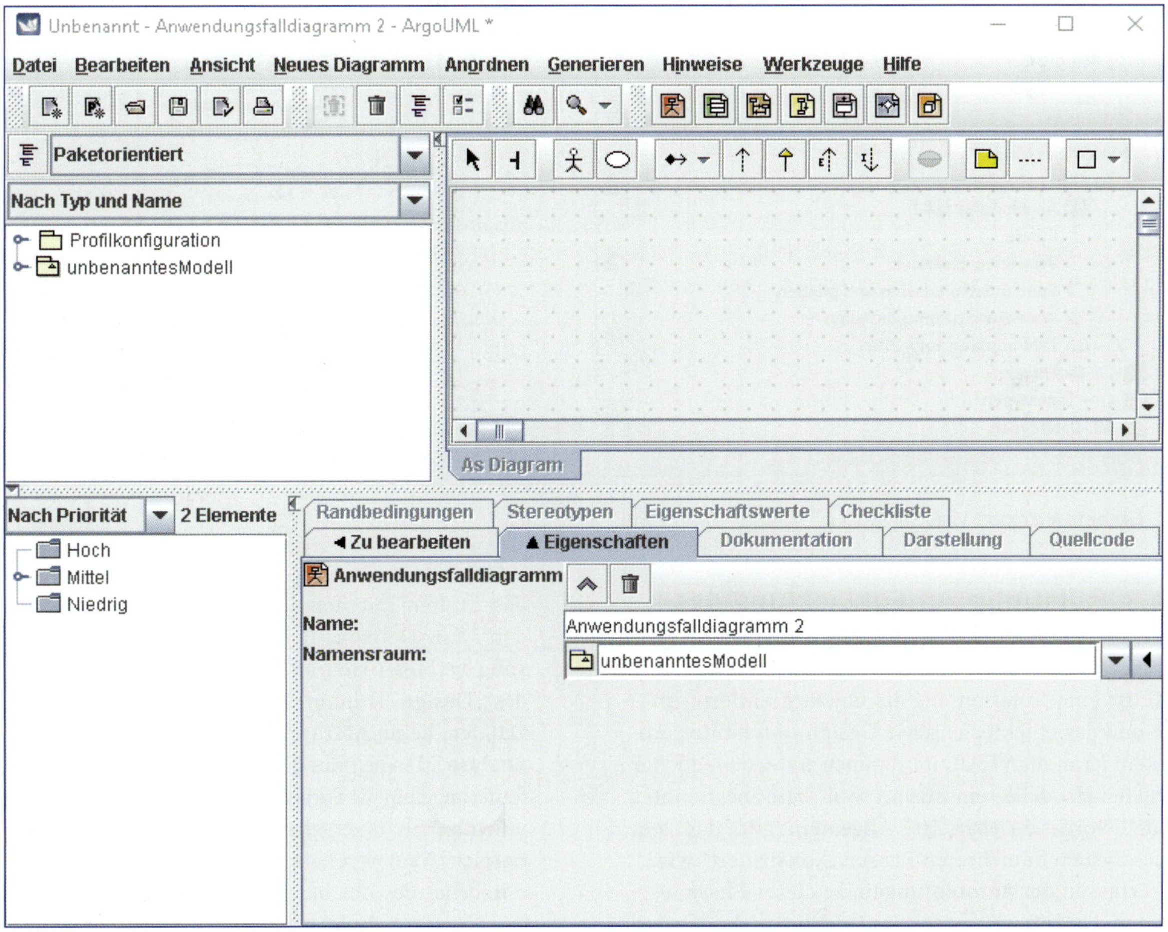

ArgoUML-Editor

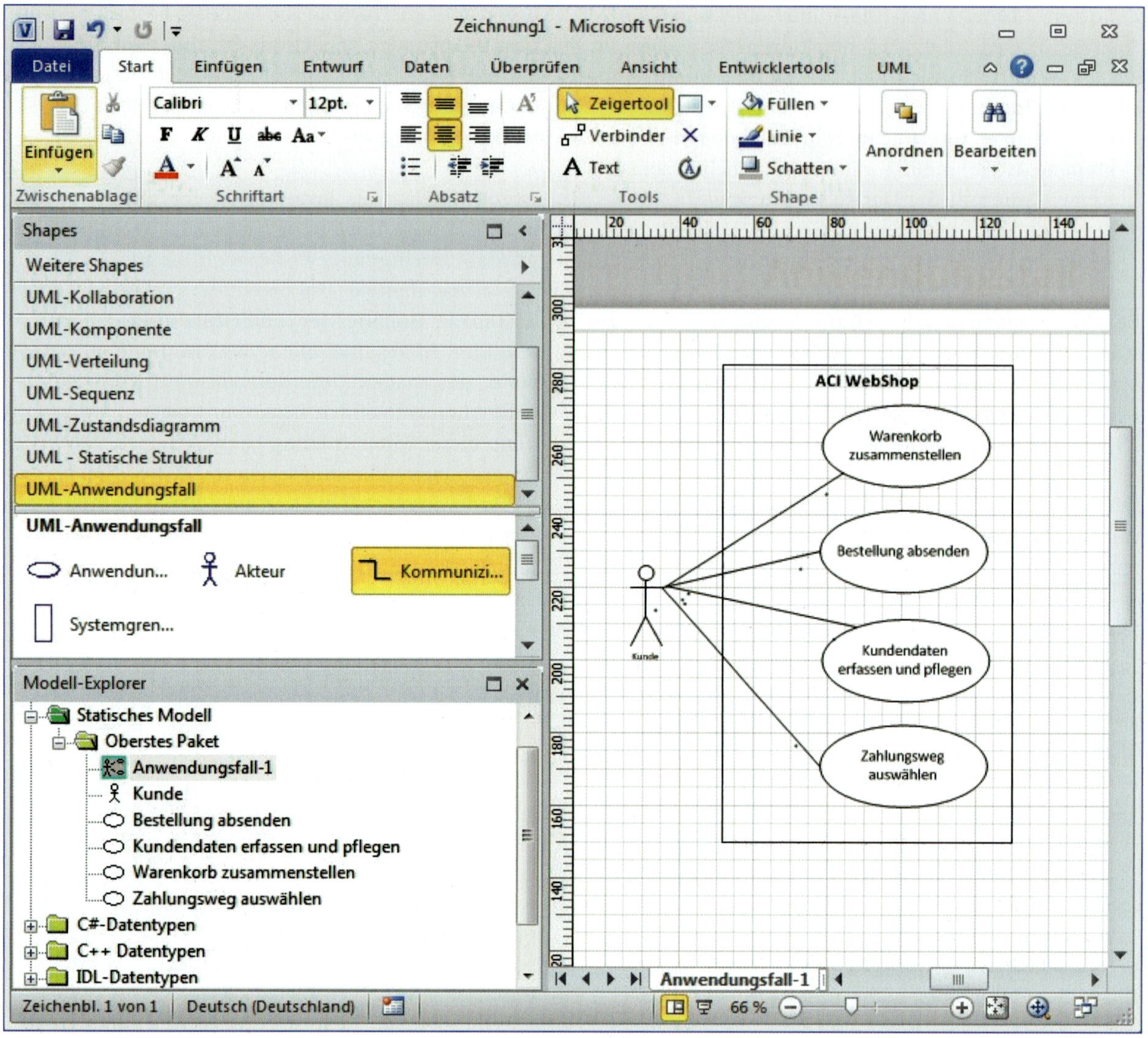

UML-Editor in Microsoft Visio

4.4.3 Fallstudie zur Entwicklung des „Webshop" mit UML

UML ist eine Notation, die die objektorientierte Analyse und das objektorientierte Design unterstützt. Außerdem kann man UML im Rahmen unterschiedlicher Vorgehensmodelle einsetzen, weil kein bestimmtes Modell vorgeschrieben ist. Allgemein gilt, dass ein neues System in mehreren Phasen „konstruiert" wird.

1. **Erfassen der Anforderungen**. In dieser Phase werden die Anforderungen des Kunden an das System identifiziert. Dabei verwendet man die Sprache des Kunden bzw. des betreffenden Fachbereiches im Unternehmen. Anders formuliert, man beschreibt das System mit den Begrifflichkeiten des „Kunden". Ein Denken in Begriffen der späteren Lösung verbietet sich in dieser Phase (vgl. Methode des „Design Thinking"). Hier gibt es noch keine Dateien, keine Abfragen usw.
2. **Analyse**. Man beginnt die unter Punkt 1 fixierten Anforderungen in die Sprache der vermeintlichen Lösung umzuformen und gelangt somit in den **Lösungsbereich**. Man verbleibt auf einer hohen Abstraktionsebene, obwohl bereits in den Begrifflichkeiten der Lösung gedacht werden darf, jedoch ohne dass man an die konkreten Details einer spezifischen Lösung denkt. Dieser Vorgang ist als **Abstraktion** bekannt, woraus die Spezifikation entsteht.

3. **Design.** Auf Basis der Spezifikation aus der Analyse kann nun die Lösung detailliert konstruiert oder entworfen werden. Damit bewegt man sich von der **Abstraktion** des Systems hin zu seiner **Realisierung** in einer konkreten Form.
4. **Build-Phase.** Das aktuelle Design wird abschließend in eine reale Programmiersprache umgesetzt, was nicht nur die Programmierung umfasst, sondern das Testen und das Verfassen der gesamten Anwenderdokumentation einschließt. Folgende Fragen sind zu beantworten:
   - **Verifikation.** Entspricht das Programm den Anforderungen des Kunden?
   - **Validierung.** Löst das Programm die aktuellen Kundenprobleme?

4.4.3.1 Entwicklung nach dem Wasserfallmodell

In den letzten Jahren gab es zahlreiche Bemühungen, den notwendigen Entwicklungsaufwand für die Software zu reduzieren. Dies führte zur Entstehung von kleineren Vorgehensmodellen (bekannt als *agile computing oder extreme programming*), die auf sehr kleine Entwicklerteams zugeschnitten waren. Im folgenden Abschnitt soll aber das Wasserfallmodell als Vorgehensmodell für die Entwicklung angewendet werden.

In diesem Vorgehensmodell wird jeder Schritt abgeschlossen (Erfassen der Anforderungen, Analyse, Design und Build mit Codierung und Test), bevor der nächste Schritt beginnt. Dies ist ein allgemein zufriedenstellendes Vorgehensmodell, sofern die Anforderungen gut erfasst und spätere Änderungen vermieden werden.

Der Schwachpunkt dieses Vorgehensmodells bzw. Ansatzes zeigt sich bei weniger gut definierten Aufgabenstellungen. Einige Anforderungen bleiben bis zur Phase „Analyse und Design“ oder sogar bis zur Codephase ungeklärt. Besonders ungünstig ist es, dass ausführbarer Code erst zum Ende des Projektes verfügbar wird. Zu diesem Zeitpunkt treten Probleme mit den ursprünglichen Anforderungen erst deutlich hervor, was dann ein Zurückgehen erfordert, um notwendige Arbeiten nachzuholen. Hier bewähren sich die Vorzüge einer mit Tools gestützten Modellierung, wo man an den Modellen mit geringerem Aufwand die notwendigen Änderungen vornehmen kann.

Das objektorientierte Denken bringt im Softwareentwicklungsprozess einen besonderen Vorteil mit sich. Die Softwaresysteme werden nicht als monolithische Produkte konzipiert, sondern sie werden in Subsysteme, Module usw. unterteilt. Die Softwareprojekte untergliedern sich entsprechend in Pakete und Klassen. Das sind Begriffe, die auch in der UML vertreten sind.

Der Softwareentwicklungsprozess erfolgt für jedes modulare Subsystem (Modul) nach den gleichen Regeln, aber bei auftretenden Schwierigkeiten mit überschaubaren Konsequenzen. Treten Fehler, Leistungsschwächen oder Fehlfunktionen in den Modulen auf, muss der Entwicklungsprozess für das Modul wiederholt werden. Man spricht hier auch von einem **iterativen Prozess** mit **rekursiver Entwicklung**. Objektorientierte Analyse und objektorientiertes Design mit anschließendem Build-Prozess werden solange wiederholt (Iterationen), bis stabile und leistungsfähige Module entstehen. Das alles geschieht in einem arbeitsteiligen Entwicklungsprozess, der von unterschiedlichen Entwicklerteams und mithilfe von leistungsstarken Tools getragen wird, die einen Rückgriff (rekursiv) auf die bereits erstellten Modelle ermöglichen. Die rekursive Entwicklung kann parallel in allen Vorgehensmodellen angewendet werden, d. h., sie verläuft als eine Ergänzung zu diesen Prozessen.

In Beispiel „Webshop“ wird ein vereinfachter iterativer Prozess mit rekursiver Entwicklung verwendet. Die Fallstudie führt durch die erste Iteration und am Ende des Abschnittes wird man sehen, wie das Projekt vollständig entwickelt wird. Innerhalb der ersten Iteration wird jede Aktivität näher vorgestellt, also das Erfassen der Anforderungen, die Analyse, das Design und der Build-Prozess, wobei die verschiedenen UML-Diagramme in ihrer Anwendung betrachtet werden.

4.4.3.2 Analyse: Erfassen und Dokumentieren der Anforderungen

Zum Erfassen der Anforderungen verwendet man das **UML-Anwendungsfalldiagramm**. Es bildet die Struktur des zu entwickelnden Systems ab, zeigt die statischen Aspekte und liefert die Antwort auf die Frage: **„Was kann das System?“**

Die dynamischen Aspekte werden durch das **UML-Aktivitätsdiagramm** abgebildet. Es zeigt die Abläufe und gibt damit die Antwort auf die Frage: **„Wie funktioniert das System?“**

W

Schrittfolge bei der Erfassung der Anforderungen

1. Werten Sie das Lastenheft/**Visionsdokument** hinsichtlich der Gesamtsicht auf die Aufgabenstellung und die gewünschten Charakteristika seiner Lösung aus.
2. Identifizieren Sie die **Anwendungsfälle** und **Akteure** aus dem Lastenheft/Visionsdokument und stellen Sie deren Beziehungen zueinander in einem oder mehreren **Anwendungsfalldiagrammen** dar.
3. Erstellen Sie für jeden Anwendungsfall eine detaillierte **Beschreibung der Abläufe**. Wichtig ist die Festschreibung der allgemein zu durchlaufenden Bearbeitungsschritte. Verwenden Sie hierzu die **Aktivitätsdiagramme**. Die Aktivitäten können später in den Programmpaketen implementiert werden.
4. Verbessern Sie die Beschreibung von Anwendungsfällen und Aktivitäten in mehreren **Iterationen**. Mit der Unterstützung geeigneter Tools ist es an dieser Stelle einfacher, eine Zeichnung im Modell zu verbessern, als später das gesamte Programm zu verändern.

Auf dieser Top-Level-Ebene der Analyse wird mit den Begriffen der Anwendungsebene, also mit den Fachbegriffen des Kunden gearbeitet. Besonders agile Vorgehensmodelle involvieren während dieses Prozesses deshalb vollständig den maßgeblichen Repräsentanten des Kunden.

Erste Iteration

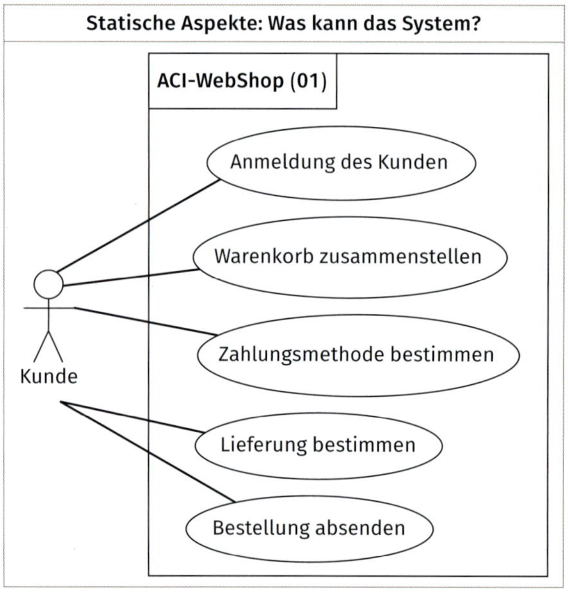

Anwendungsfalldiagramm (erster Entwurf)

Im ersten Entwurf des Anwendungsfalldiagramms sieht man den **Kunden** als Akteur mit den verbundenen (assoziierten) Anwendungsfällen, wie sie im **Lastenheft** beschrieben sind.

Der Akteur ist der Anwender, das System stellt die zu entwickelnde Software dar. Der Akteur gehört nicht zum System, er interagiert mit dem System. Er tauscht in irgendeiner Form Informationen mit dem System aus und steht daher außerhalb der Systemgrenzen, die durch das Rechteck symbolisiert werden. In dem als Rechteck dargestellten System werden die wesentlichen Anforderungen platziert.

Zitate aus dem Lastenheft	Anwendungsfall
(1.) Zuerst muss sich jeder <u>Kunde</u> im System des Webshops **anmelden,**	Anmeldung des Kunden
(3.) ... den Artikel schließlich in den **Warenkorb** legen.	Warenkorb zusammenstellen
(5.) ... auf welche Weise sie ihre Bestellung bezahlen. Als **Zahlungsmethoden ...**	Zahlungsmethode bestimmen
(6.) ... bestimmen die <u>Kunden</u> die Art der **Lieferung**	Lieferung bestimmen
(10.) Abschließend muss der <u>Kunde</u> seine **Bestellung** absenden.	Bestellung absenden

Das Lastenheft benennt mit dem **Verkäufer** neben dem Kunden noch einen weiteren Akteur. Der Verkäufer sorgt für die Aktualität des angezeigten Warenangebotes. Er stellt neue Artikel in das System ein oder sperrt die Anzeige bestehender oder ausgelaufener Artikel. Diese Anwendungsfälle werden allerdings in einem separaten Anwendungsfalldiagramm abgebildet.

Bei der **Analyse der Aktivitäten** beschränken wir uns an dieser Stelle auf die Erfassung der Rechnungs- oder Lieferanschrift. (Lastenheft, Punkt 7): Die Rechnungs- und Lieferanschrift des Kunden besteht aus der Anrede, die aus einer Liste gewählt wird, sowie Vor- und Nachname, Straße, Hausnummer, Postleitzahl und Ort.

Dynamische Aspekte: Wie funktioniert das System?

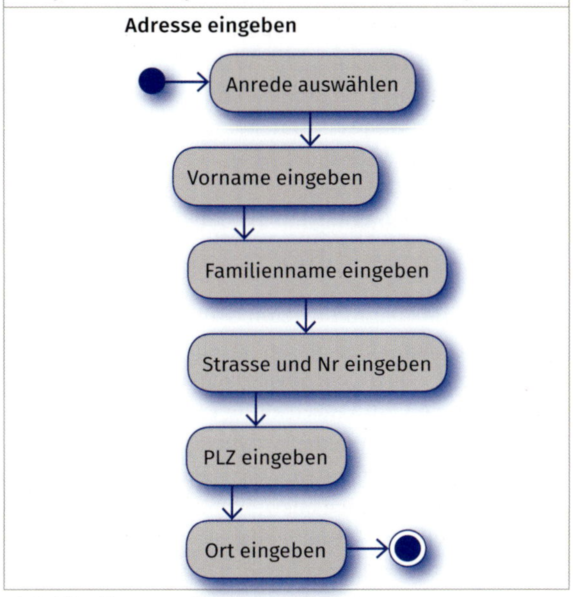

Aktivitätsdiagramm (erster Entwurf)

Der Anwendungsfall „Adresse eingeben“ wird mithilfe des Aktivitätsdiagramms dargestellt. Tritt der Fall ein, dass ein Kunde im Webshop aufgefordert wird, seine Anschrift einzugeben, wird eine Aktivität gestartet. Zuerst wird im Startpunkt ein Token erzeugt, das entlang der Verbindungslinie zum ersten Knoten wandert. Der erste Knoten im Aktivitätsdiagramm ist mit „Anrede auswählen“ beschriftet. Die erste Aktion des Kunden bei der Eingabe seiner Anschrift besteht also darin, die Anrede aus einer Auswahlliste auszuwählen.

Danach wandert das Token weiter zum Knoten „Vorname eingeben“, nach der Ausführung dieser Aktivität zum Knoten „Familienname eingeben“ usw. Das Token bewegt sich also Schritt für Schritt von einem Knoten zum nächsten, bis alle Aktionen durchlaufen sind und der Endpunkt erreicht ist. Dort wird das Token „zerstört“. Die Aktivität ist in diesem Fall beendet, weil sich nur ein Token im Diagramm bewegt hat.

Die Ergebnisse der ersten Iteration werden exemplarisch dargestellt. Das Ergebnis der ersten Iteration kann auch dazu dienen, dass man das Lastenheft genauer hinterfragt und in Zusammenarbeit mit dem Kunden korrigiert bzw. ergänzt.

Zweite Iteration

Durch die erste Iteration wurde eine Basis geschaffen, die in weiteren Iterationen ergänzt und ausgebaut werden kann. So können auch andere Akteure und andere Anwendungsfälle zum System gehören, auf deren Darstellung im Rahmen dieser Fallstudie jedoch verzichtet wird. Es können aber Erweiterungen und Alternativen vorgestellt werden.

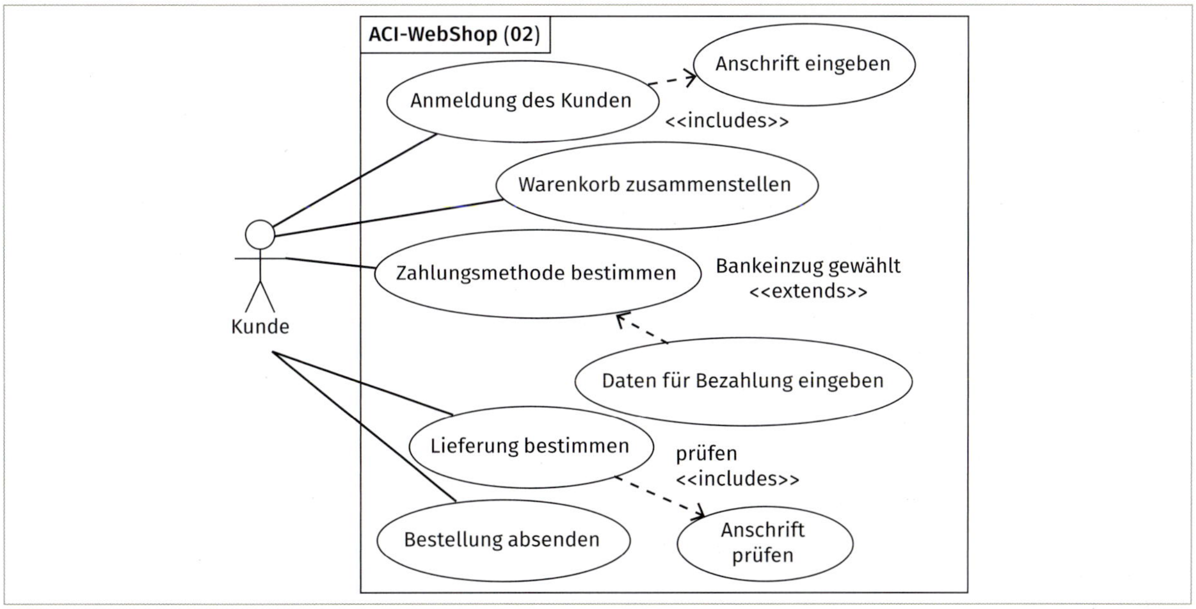

Anwendungsfalldiagramm aus zweiter Iteration mit Ergänzungen

Im Anwendungsfalldiagramm wird der Webshop als System beschrieben, das dem Kunden fünf wesentliche Funktionen anbietet (siehe auch Anwendungsfalldiagramm zum ersten Entwurf). Der Kunde kommt mit allen fünf Anwendungsfällen (use cases) in Kontakt, was durch die Verbindungslinien zwischen dem Akteur und den fünf Ellipsen erkennbar ist. Dabei gibt er Daten in das System ein oder ihm werden Daten vom System angezeigt.

Mit der zweiten Iteration werden Erweiterungen dargestellt. Wie aus der Erweiterung des dargestellten Anwendungsfalldiagramms ersichtlich wird, gibt es nicht zu jedem Anwendungsfall eine Assoziation vom Akteur. Das Anwendungsfalldiagramm umfasst zusätzlich eine Funktion, um bei der Anmeldung des Kunden die Eingabe der Anschrift anzufordern. Ein anderer Anwendungsfall soll bei der Lieferadresse die eingegebene Anschrift auf Vollständigkeit und Richtigkeit überprüfen. Zwischen dem Akteur und dem Anwendungsfall „Anschrift prüfen" gibt es nicht die übliche Verbindungslinie. Die Anschrift wird nicht nur dann überprüft, wenn es der Kunde wünscht und deshalb zum Beispiel auf eine entsprechende Schaltfläche im Webshop klickt, sondern die Prüfung erfolgt immer automatisch vom System nach deren Eingabe.

Die Verbindungslinie zwischen den beiden Anwendungsfällen „Lieferung bestimmen" und „Anschrift prüfen" wird mit dem **Stereotyp** (Beziehung) <<includes>> spezifiziert. Das bedeutet, wann immer der Anwendungsfall „Lieferung bestimmen" ausgeführt wird, schließt dies die Ausführung des Anwendungsfalls „Anschrift überprüfen" ein. Es werden also grundsätzlich alle Anschriften überprüft, die die Kunden im Webshop eingeben.

Beziehungen <<include>> und <<extend>> W

Zwischen den Anwendungsfällen (Funktionen) können die Beziehungen **<<include>>** und **<<extend>>** bestehen. Der entscheidende Unterschied zwischen beiden Assoziationen besteht darin, dass bei der Beziehung <<include>> der zweite Anwendungsfall immer ausgeführt werden muss, während dies bei der Beziehung <<extend>> nur in Abhängigkeit von Bedingungen im ersten Anwendungsfall erfolgt.

Das Aktivitätsdiagramm zum Anwendungsfall „Anschrift eingeben" liegt in der zweiten Iteration ebenfalls in modifizierter Form vor. Folgende Aspekte wurden im Rahmen der Entwicklung ergänzt:

- Es gibt eigentlich keine notwendige Reihenfolge für die Erfassung der Daten. Man kann z. B. die Anrede auch als letzte Aktion auswählen.
- Die Bezeichnung „Familienname" wird durch die Bezeichnung „Nachname" ersetzt, was den allgemein üblichen Konventionen entspricht.

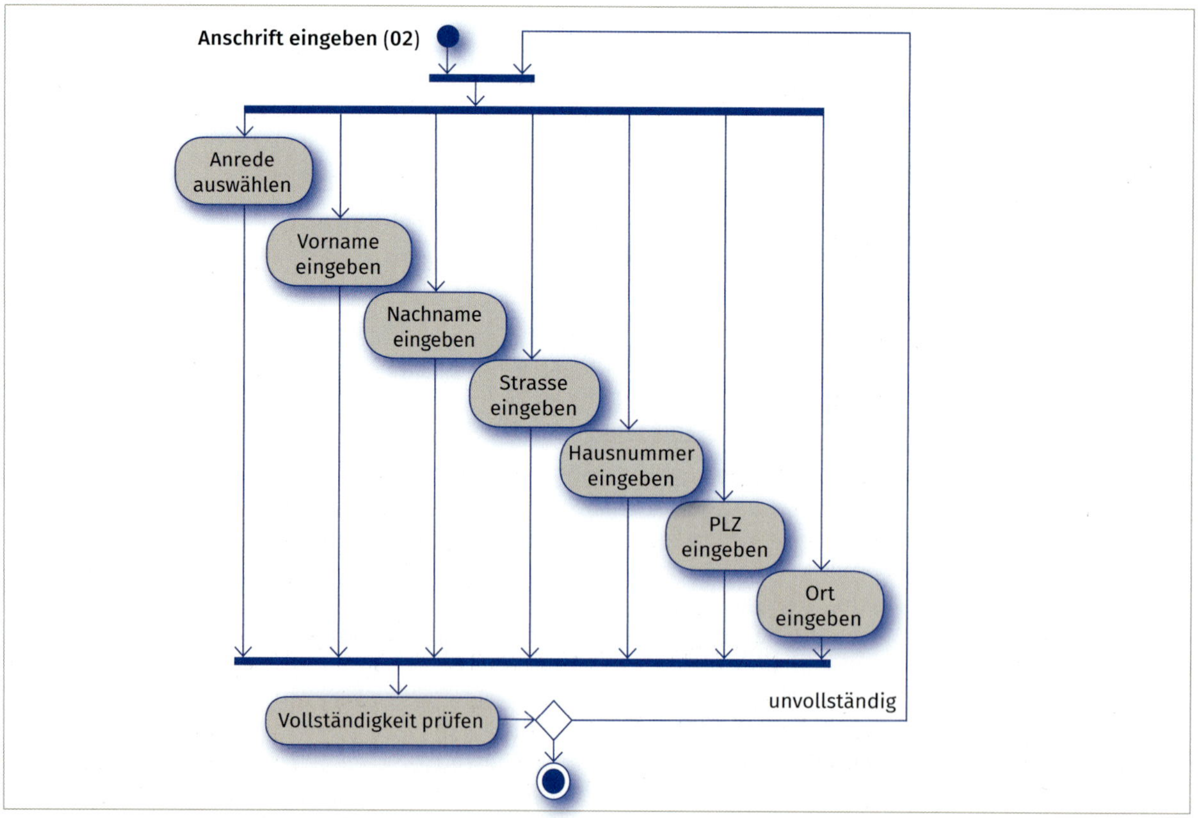

Aktivitätsdiagramm aus zweiter Iteration mit Alternativen

- Die Daten von Straße und Hausnummer werden separat erfasst, hierzu sind dann auch zwei separate Datenfelder vorzusehen.

Das Token kann jetzt in diesem Aktivitätsdiagramm auf mehreren Wegen laufen, weil es keine vorgeschriebene Reihenfolge der Eingaben gibt. Andererseits kann das Token auch mehrere Wege ohne besondere Vorkehrungen wiederholen. So kann man seinen Nachnamen mehrfach eingeben, falls man sich z. B. verschrieben hat. Man kann die Eingabe jedoch nur verlassen, wenn die Eingaben vollständig sind.

Interessant ist das Aktivitätsdiagramm zum Anwendungsfall „Anschrift prüfen". Hier werden Verzweigungen für die Überprüfung der Anschrift eingebaut. Eigentlich müsste es hier auch zwei Endknoten geben, weil die Überprüfung der Anschrift positiv oder negativ ausfallen kann, je nachdem ob der Anwender seine Daten vollständig und richtig eingegeben hat oder nicht. Aber zum guten Stil eines Aktivitätsdiagrammes gehört, dass es nur einen Anfang und ein Ende gibt. Im Falle fehlender Angaben wird daher auf die Aktivität „Anschrift eingeben" erneut Bezug genommen.

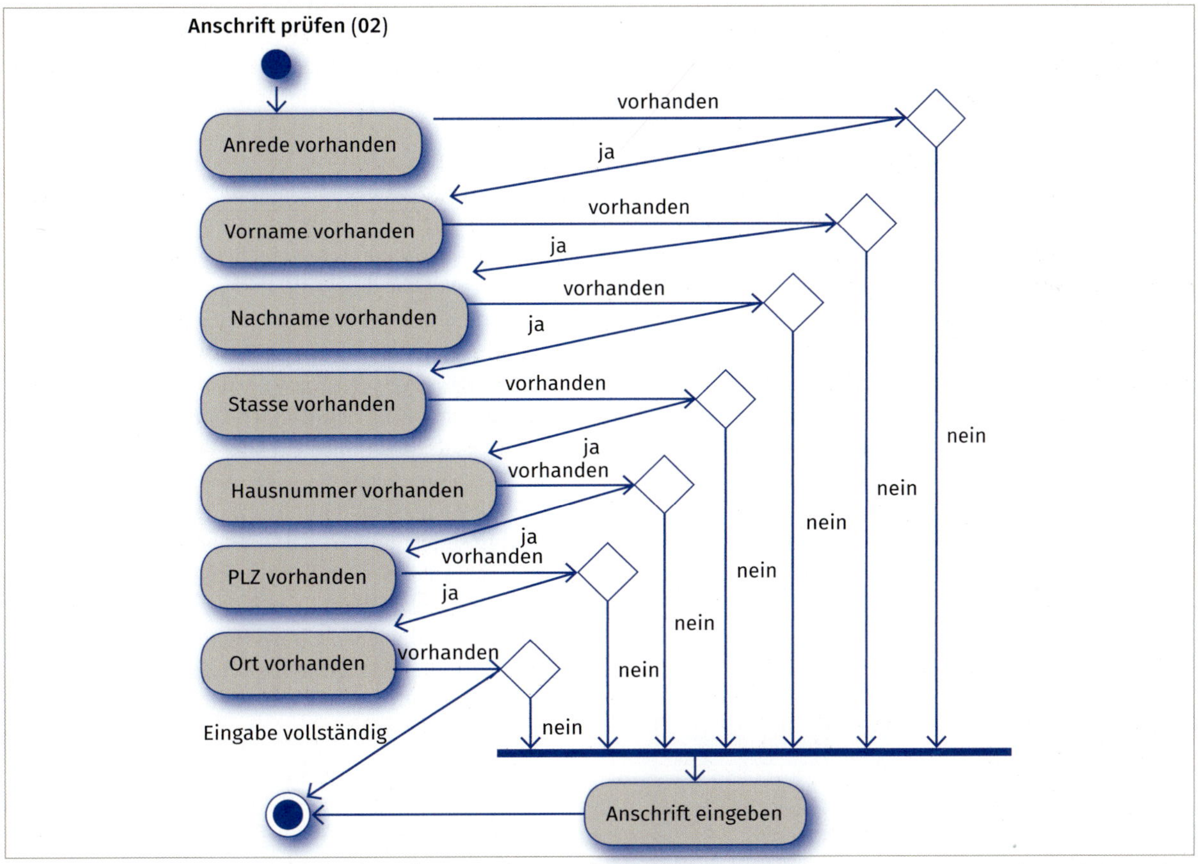

Aktivitätsdiagramm aus zweiter Iteration mit Alternativen zur Überprüfung

Ein Token wandert durch das Aktivitätsdiagramm und der Reihe nach wird das Vorhandensein der Angaben überprüft. Fehlt eine Angabe, so verzweigt der Ablauf sofort zur Aufforderung, die Anschrift (erneut) einzugeben. An dieser Stelle ergeben sich weitere Anforderungen an den Ablauf und die Art der Implementierung dieser Überprüfung:

- Bei einer erneuten Aufforderung zur Eingabe der Anschrift sollten die bereits belegten Felder erhalten bleiben. Man darf in diesem Fall nicht mit einer leeren Eingabemaske starten.
- Bei der Prüfung auf das Vorhandensein der Daten bieten sich eventuell auch inhaltliche Prüfungen an, z. B. ob die eingegebene PLZ überhaupt vergeben wurde.

4.4.3.3 Design: Klassendiagramme erstellen

Zum Erfassen der Anforderungen nutzten wir bisher das UML-Anwendungsfalldiagramm, das die **Struktur** des zu entwickelnden Systems abbildet. Die dynamischen Aspekte werden durch das UML-Aktivitätsdiagramm abgebildet, wodurch die **Abläufe** aufgezeigt werden.

Ausgehend von den UML-Dokumenten Anwendungsfalldiagramm und Aktivitätsdiagramm werden die Objekte anschließend mit ihren allgemeinen Merkmalen im UML-Klassendiagrammen modelliert. Damit verlassen wir das Top-Level der Anwendersicht, d. h., wir wechseln bei den Begriffen von der Sprache des Anwenders hin zu der Sprache der Implementierung. An dieser Stelle wird z. B. erstmalig der „Datentyp" genutzt, auch wenn die Datentypen mit der einfachen Unterscheidung von Daten als Zahlen (Integer, Float) oder Texten (String) noch wenig mit der Implementierung in Verbindung stehen.

W

Schrittfolge im Design-Prozess

1. Nutzen Sie die Anwendungsfall- und Aktivitätendiagramme als Grundlage der weiteren Modellierung. Sie zeigen eine **Gesamtsicht** auf die Aufgabenstellung und die gewünschten Charakteristika ihrer Lösung.
2. Identifizieren Sie die **angesprochenen Objekte**, beschreiben Sie deren notwendige Eigenschaften (Merkmale, Attribute) und stellen deren Beziehungen zueinander in einem oder in mehreren **Klassendiagrammen** dar. Erinnern Sie sich hierzu an die Ausführungen zum Systembegriff. Die Klassendefinition stellt eine Verallgemeinerung der Merkmale und Beziehungen ähnlicher Objekte dar.
3. Die Beziehungen der Objekte zueinander werden auch als Nachrichten zwischen den Objekten verstanden. Ermitteln Sie, welche Nachricht ein Objekt an ein anderes sendet. Zum Erstellen dieser Nachrichten benötigen die Objekte Funktionalitäten, auch **Methoden** genannt.
4. Verbessern Sie die Definition ihrer Klassen in mehreren Iterationen. Bedenken Sie, dass es viel einfacher und effektiver ist, an dieser Stelle eine Zeichnung im Modell zu ändern, als später ein Programm zu verändern.

Das Klassendiagramm ist das wichtigste Strukturdiagramm der UML. Es stellt Zusammenhänge zwischen Klassen und den Aufbau von Klassen dar. An den verschiedenen Klassendiagrammen kann jeweils ein Teil der Softwarearchitektur des geplanten ACI-Webshops betrachtet werden. Jedes Klassendiagramm stellt mehrere in Beziehung zueinanderstehende Klassen dar. Diese Klassen können später in einem Paket der „Zielsprache" implementiert werden.

Wir beginnen die Betrachtung mit der Klasse „Warenkorb" und den mit dieser Klasse in Beziehung stehenden weiteren Klassen.

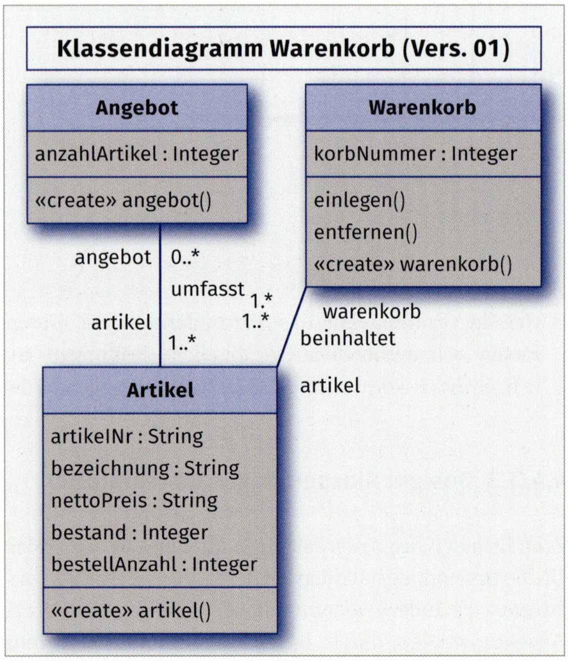

Klassendiagramm zum Warenkorb

- Im Webshop werden verschiedene Artikel angeboten. Alle Artikel, die durch die gleichnamige Klasse repräsentiert werden, werden in einer **Klasse „Angebot"** zusammengefasst. Dazu wird zwischen der Klasse „Angebot" und der Klasse „Artikel" eine Assoziation eingezeichnet. Es handelt sich um eine 1: n-Assoziation: Das bedeutet, auf ein Objekt der Klasse „Angebot" kommen mehrere Objekte der Klasse „Artikel".
- Die **Klasse „Artikel"** besitzt fünf Eigenschaften. Ein Artikel ist durch eine **Artikelnummer**, eine **Bezeichnung** und einen **Preis** gekennzeichnet. Außerdem kann für einen Artikel angegeben werden, wie hoch sein **Bestand** ist und wie viele **Bestellungen** von Kunden bereits existieren. Alle fünf Eigenschaften sind „privat", weshalb jeweils ein Minuszeichen vor den Namen erkennbar sein müsste. Das Tool ArgoUML speichert das Merkmal zur Sichtbarkeit, zeigt es jedoch nicht an. Der Datentyp jeder Eigenschaft steht hinter dem Namen, getrennt durch einen Doppelpunkt.
- Als dritte Klasse im Diagramm wird die **Klasse „Warenkorb"** definiert. Für Artikelbewegungen im Warenkorb werden zwei Methoden deklariert: Die Methode **einlegen**( ) wird verwendet, um einen Artikel mit der angegebenen Artikelnummer in den Warenkorb zu legen. Die Methode **entfernen**( ) wird verwendet, um einen Artikel zu entfernen, der sich bereits im Warenkorb befindet. Beide Methoden erwarten als Parameter eine Zahl, die angibt, wie viele Artikel in den Warenkorb gelegt bzw. wie viele Artikel aus dem Warenkorb entnommen werden sollen. Beide Methoden sind „öffentlich" (public), was am Pluszeichen zu erkennen ist. Auch für dieses Merkmal zur Sichtbarkeit gilt, dass es vom Tool ArgoUML gespeichert, jedoch nicht angezeigt wird.

Iterationen sind auch im Design-Prozess nützlich. Das Klassendiagramm zum Warenkorb muss erweitert werden, wobei wichtig ist, dass die bereits existierenden Klassendefinitionen „Angebot“, „Artikel“ und „Warenkorb“ übernommen werden. Es wäre nicht im Sinne einer verbessernden Iteration, wenn die Klassen vollkommen neu definiert werden müssen.

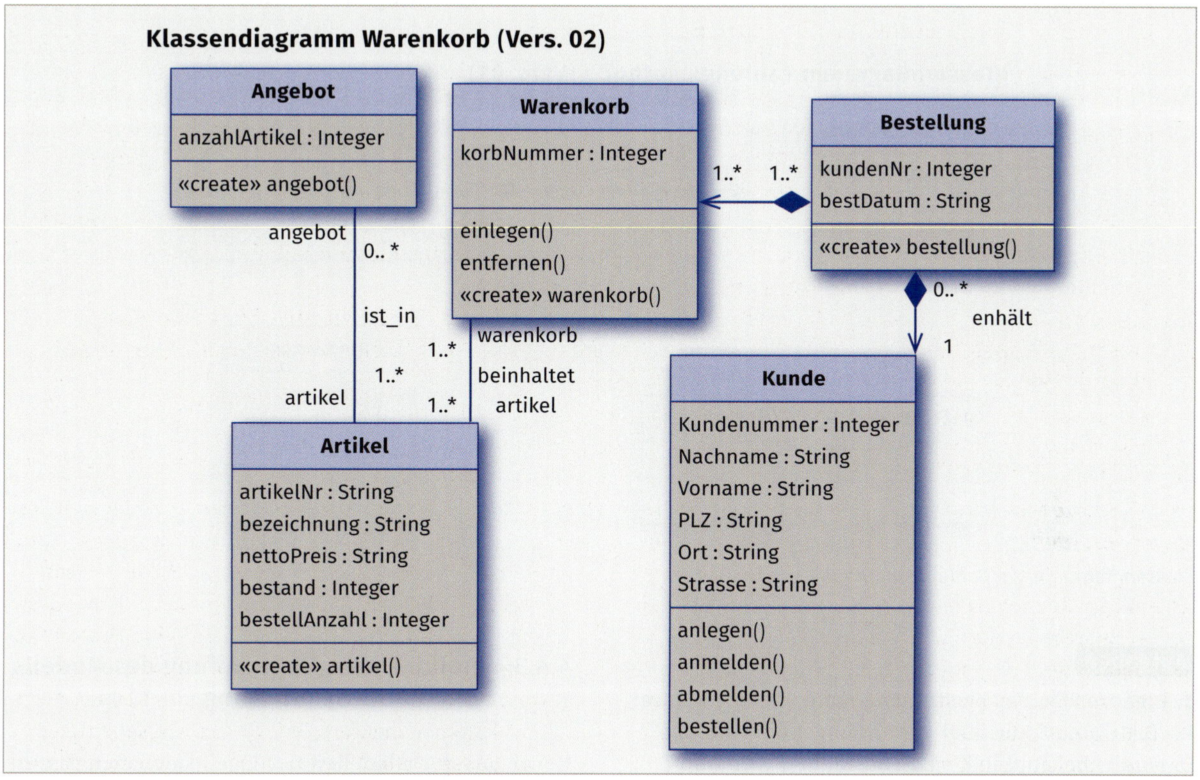

Klassendiagramm aus der zweiten Iteration mit Alternativen

Der Warenkorb reicht für eine Bestellung noch nicht aus. Es werden weitere Angaben benötigt, um ausgewählte Artikel ausliefern zu können. Das Klassendiagramm zum Warenkorb mit Alternativen stellt die **Klasse „Bestellung“** im Mittelpunkt der Betrachtung.

- Die Klasse „Bestellung“ hat Zugriff auf die bereits bekannte Klasse „Warenkorb“ und auf eine Klasse „Kunde“. Dieser Zugriff findet über eine private Eigenschaft „Kundennummer“ statt. Außerdem besitzt die Klasse „Bestellung“ eine private Eigenschaft „Bestelldatum“ vom Typ „String“. Während es aber genau eine Kundennummer zur Bestellung gibt, kann an der Kardinalität abgelesen werden, dass eine Bestellung nicht für jeden Kunden zwingend ist.
- Die Verbindungslinien von der Klasse „Bestellung“ zu den Klassen „Warenkorb“ und „Kunde“ sind Kompositionen, erkennbar an der Raute. Damit soll ausgedrückt werden, dass eine Bestellung eine Kombination aus „Warenkorb“ und „Kunde“ darstellt. Eine Bestellung kann ohne diese beiden Klassen nicht existieren.

Eine komplette Bestellung beinhaltet auch die Festlegung der Zahlungsmethode, dargestellt in einem weiteren Klassendiagramm auf folgender Seite.

- Die **Klasse „Zahlungsmethode“** ist durch eine Komposition mit der Klasse „Bestellung“ verbunden. Da für eine Bestellung jedoch eine konkrete Zahlungsmethode ausgewählt werden muss, ist die Klasse „Zahlungsmethode“ abstrakt, was an der kursiven Darstellung des Klassennamens „Zahlungsmethode“ zu erkennen ist. Es kann aber kein Objekt der „Klasse Zahlungsmethode“ erstellt werden, weil dieses Objekt keine Auskunft geben würde, welche Zahlungsmethode vom Kunden gewählt wurde.
- Die vom Webshop unterstützten Zahlungsmethoden werden als abgeleitete Klasse(n) dargestellt, erkennbar an den Verbindungslinien mit dem ausgeprägten dreieckigen Pfeil. Die **Klassen „Nachnahme“, „Vorauskasse“** und **„Bankeinzug“** sind **Kindklassen** der **Elternklasse** „Zahlungsmethode“. Die Klassen „Nachnahme“ und „Vorauskasse“ definieren keine Eigenschaften. Die Klasse „Bankeinzug“ wird durch die privaten Eigenschaften IBAN, BIC und Bankname charakterisiert.

Alle drei Kindklassen erben von der Klasse „Zahlungsmethode" die Eigenschaft „gebühr", hier vom Datentyp „String", da bisher keine Klasse „Währung" zur Definition von Objekten mit Währungsangaben existiert.

- Hinzuweisen ist auch auf den **Konstruktor „zahlungsmethode"**, der hier deutlich hervorgehoben wird durch das Stereotyp <<create>>. Dessen Angabe ist bei abstrakten Klassen immer notwendig.

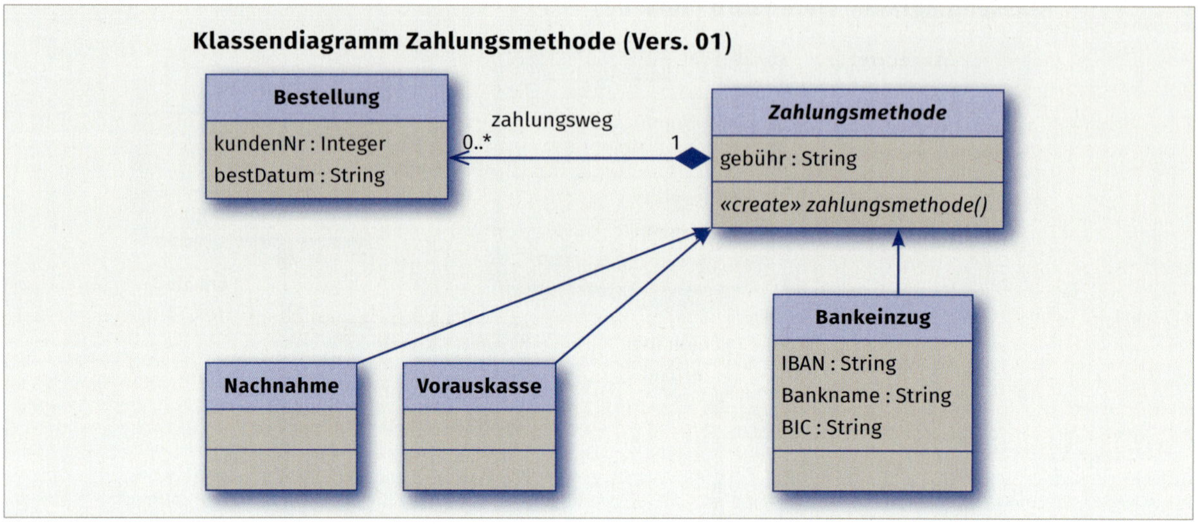

Klassendiagramm zur Zahlungsmethode

Aufgaben

1. Ergänzen Sie das Klassendiagramm um eine Klasse „Distributor", die über Verbindungslinien mit der bereits bekannten Klasse „Bestellung" verknüpft ist. Diese Assoziationen sollen ausdrücken, dass der Distributor auf beliebig viele Bestellungen zugreifen kann.
2. Ergänzen Sie das Klassendiagramm um die Klasse „Format". Diese Klasse soll das Format festlegen, in dem die Kunden- und Bestelldaten für den Distributor zur Verfügung gestellt werden.
3. Ergänzen Sie im Klassendiagramm die Klasse „Bestellung" um das Attribut „Lieferanschrift".

4.4.3.4 Build-Phase: Überprüfung des Modells und Code-Generierung

Bevor aus den Modellen der Quellcode erzeugt wird, sollte deren formale Korrektheit überprüft werden. Das Tool ArgoUML bietet hierzu umfangreiche Prüfkriterien an. Auf Wunsch des Anwenders erfolgt auch eine automatische Modifikation am Modell, sodass die Prüfkriterien erfüllt werden.

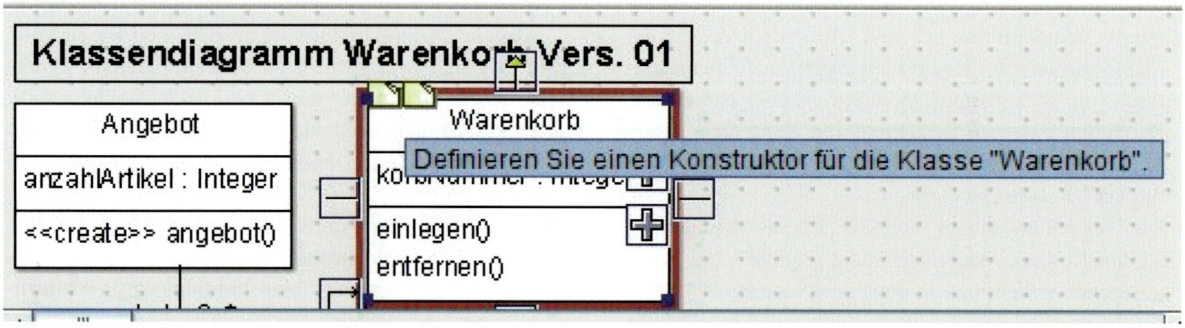

Anzeige von Prüfhinweisen bei der Modellierung

Bereits bei der Modellierung erscheinen an den Zeichnungen oben rechts kleine Kommentarsymbole, die auf notwendige Aktivitäten hinweisen. In der Abbildung zur Anzeige von Prüfhinweisen wird man z. B. daran erinnert, den Konstruktor zur Klasse „Warenkorb" zu erstellen.

Auf der Registerkarte „Zu bearbeiten" erscheinen bei Bedarf umfangreiche Hinweise zur Vervollständigung der Modelle. Besonders kritisch werden die Kardinalitäten ausgewertet, sodass man viele Hinweise zu notwendigen Änderungen oder Ergänzungen erhält.

Im Falle eines fehlenden Konstruktors kann das Tool ArgoUML sogar selbst eingreifen, was man in der folgenden Abbildung daran erkennt, dass für diesen Hinweis die Schaltfläche „Fertigstellen" aktiviert wurde. Durch das Betätigen dieser aktivierten Schaltfläche wird der erkannte Mangel vom Tool durch das Einfügen des Konstruktors unter die Methoden automatisch beseitigt.

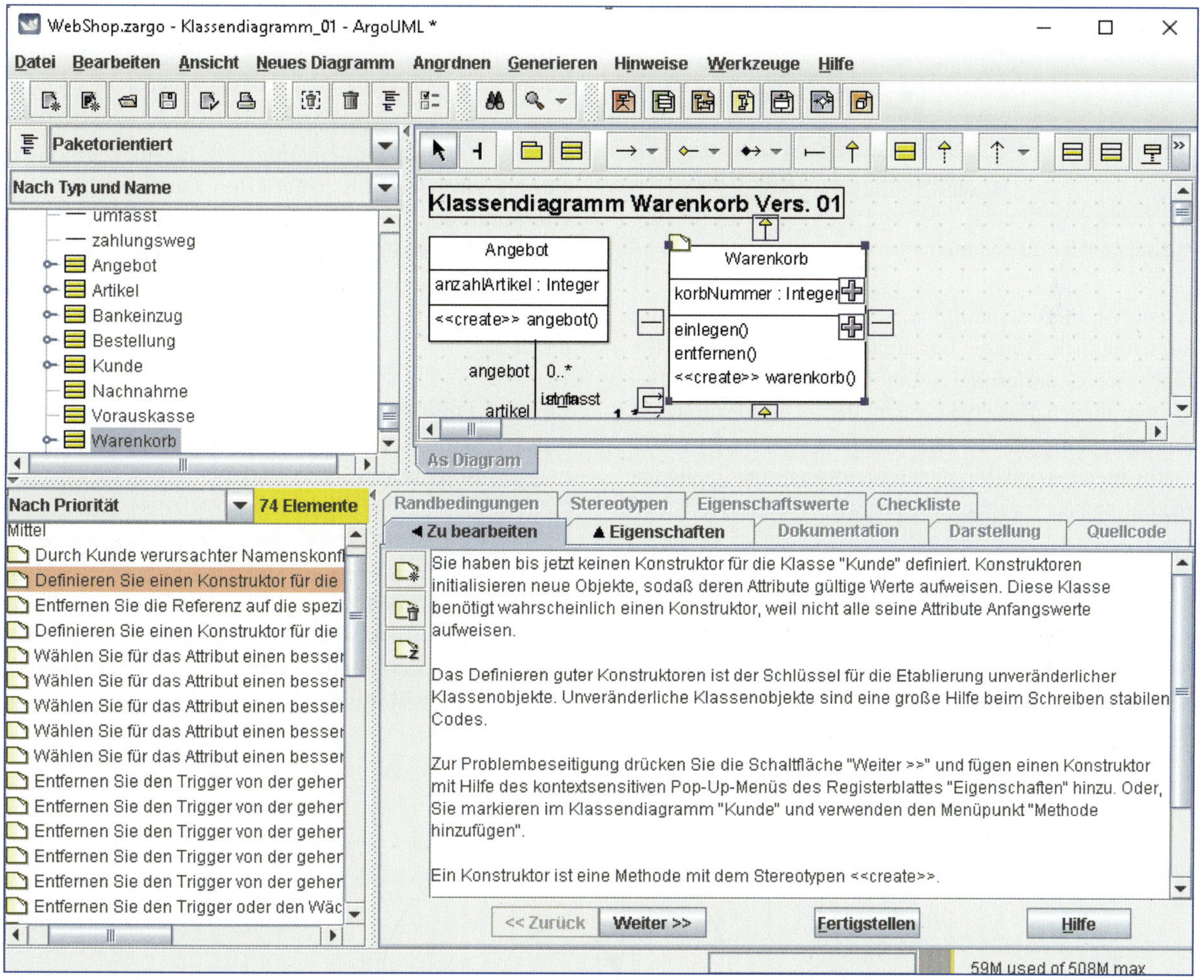

Unterstützung von ArgoUML bei der Überprüfung der Modelle

Code-Generierung

> **W** Unter **Code-Generierung** versteht man den Prozess, der die UML-Diagramme in Quellcode überführt. Dieser Prozess ist notwendig, da UML-Diagramme ein Modell der Software darstellen.

UML ist nicht direkt mit dem Generieren von Programmcode verknüpft. Jedoch soll an dieser Stelle gezeigt werden, wie z. B. das Tool ArgoUML für die Code-Generierung eingesetzt werden kann.

Die Überführung in Quellcode kann manuell vorgenommen werden, wobei jedoch die automatische Übersetzung in den Quellcode zu empfehlen ist.

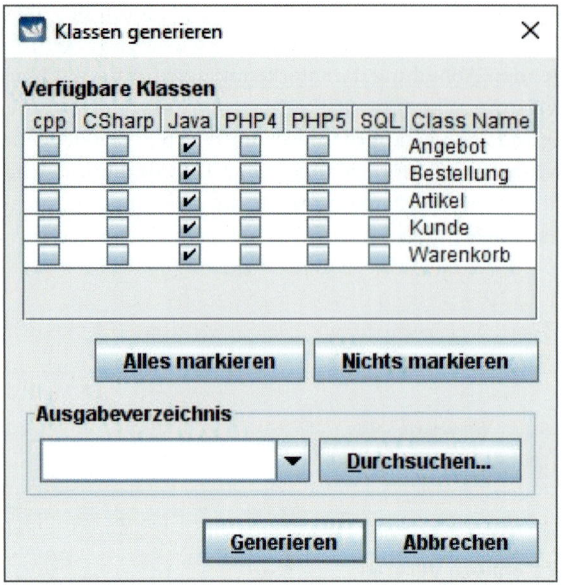

Auswahlfenster zur Code-Generierung

ArgoUML berücksichtigt für die Code-Generierung ausschließlich Klassendiagramme. Als Grundlage für die Code-Generierung sollte daher ein Klassendiagramm dienen, das eine Gesamtübersicht aller Klassen darstellt, die z. B. für den Webshop benötigt werden. Dafür bietet ArgoUML die Generierung von Quellcode in zahlreichen Sprachen an, darunter auch Java, C# und PHP.

Wurde die Code-Generierung erfolgreich ausgeführt, stehen im Ausgabeordner die generierten Dateien als Quellcode zur Verfügung, wie z. B. der erzeugte Quellcode für die Klasse „Kunde".

Die Klassen liegen mit ihren Eigenschaften und Methoden in Java-Quellcode vor. Allerdings ist keine

```
public class Kunde {
  public Integer Kundennummer;
  public String Nachname;
  public String Vorname;
  public String PLZ;
  public String Ort;
  public String Strasse;
    /**
   * @element-type Bestellung
   */
  public void anlegen() {  }
  public void anmelden() {  }
  public void abmelden() {  }
  public void bestellen() {  }
}
```

einzige Methode implementiert, d. h., die Methodenrümpfe sind leer. Im generierten Quellcode müssen alle Methoden implementiert werden, um den Quellcode für die gewünschte Software kompilieren zu können. Ein Kompilieren des erzeugten Quellcodes in der vorliegenden Fassung würde daher nicht viel Sinn machen.

Reverse Engineering

> Die Erstellung eines UML-Diagramms aus einem vorhandenen Quellcode (z. B. Java-Code) wird Reverse Engineering genannt.

Der Zusammenhang zwischen UML-Diagramm (Modell) und Quellcode wird mit der folgenden Abbildung verdeutlicht. Reverse Engineering wird von einigen Tools ermöglicht, die auch für die Code-Generierung geeignet sind.

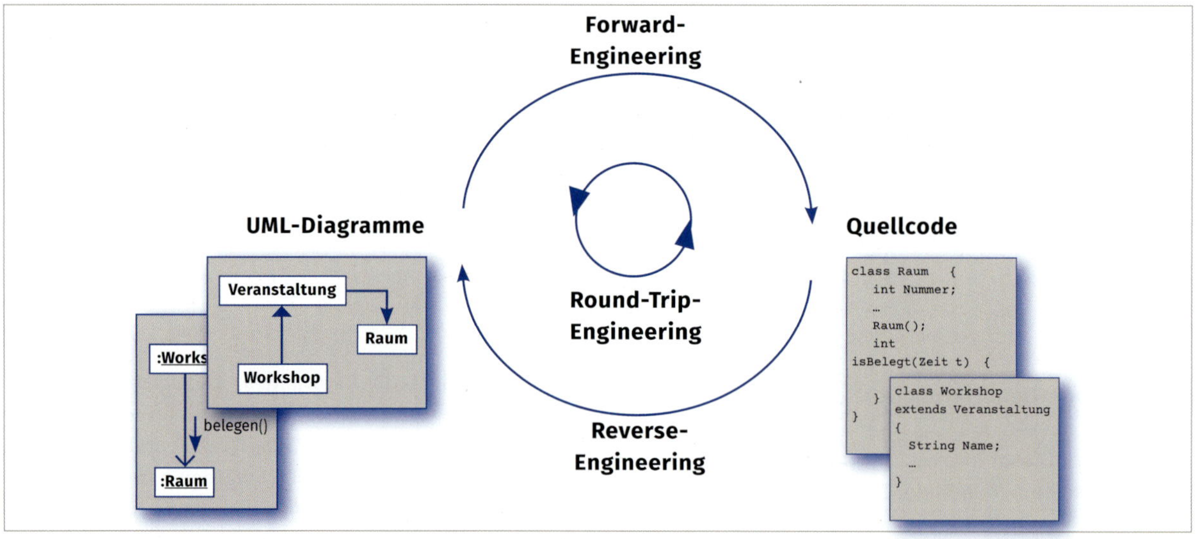

Reverse Engineering – vom Modell zum Quellcode und umgekehrt

4.5 Entwicklungsumgebung

4.5.1 Java-Komponenten

4.5.1.1 Java-Laufzeitumgebung

Für die Nutzung von Java-Anwendungen benötigt man eine Java-Laufzeitumgebung, womit das Ausführen der zuvor übersetzten Java-Programme möglich ist. Die Java-Laufzeitumgebung (JRE, Java Runtime Environment) besteht aus drei Komponenten:

- Die **Java Virtual Machine (JVM)** ist für die Ausführung der vom Java-Compiler übersetzten Java-Anwendungen zuständig.
- Die **API** (Application Programming Interface) definiert eine Programmierschnittstelle zur Nutzung der Schnittstellen des Betriebssystems auf Quelltextebene. Neben dem Zugriff auf die Hardware, wie Festplatte oder Grafikkarte, kann eine Programmierschnittstelle auch die Verwendung von Komponenten der grafischen Benutzeroberfläche ermöglichen oder vereinfachen.
- Die mitgelieferten **Programmbibliotheken** (Runtime Libraries) enthalten die Standardklassen der Programmiersprache Java, wie „java.lang.String". Die API verwendet diese Standardklassen und stellt sie dem Programmierer in komfortabler Form bereit.

Die Java-Laufzeitumgebung wird von der Firma Oracle angeboten und in verschiedenen Versionen (Editionen) ausgeliefert. Auf diese Weise können Java-Anwendungen auf unterschiedlichen Geräten mit unterschiedlichen Leistungsmerkmalen laufen. Die Editionen sind abgestimmt auf die jeweiligen Einsatzumgebungen in Mobilgeräten, Desktop-Computern (PCs) oder Servern:

- Java **Platform CE** (Card Edition): Diese Plattform erlaubt Java-Applets auf Chipkarten auszuführen.
- Java **Platform ME** (Micro Edition): Diese Plattform eignet sich für sogenannte „embedded consumer products", wie Smartphones oder Tablets.
- Java **Platform SE** (Standard Edition): Diese Plattform ist der allgemeine Standard für den Einsatz auf PCs und Servern.
- Java **Platform EE** (Enterprise Edition): Es handelt sich um eine Plattform, wo die Standard Edition mit Schnittstellen für die Ausführung von Unternehmens- und Webanwendungen ergänzt wurde, z. B. mit einer Multiuser-Verwaltung.

Die Java-Laufzeitumgebung enthält keine Entwicklungswerkzeuge und ist nicht für die Übersetzung der Java-Quellprogramme in den Java-Bytecode geeignet.

4.5.1.2 Java Development Kit (JDK)

Wer Java-Programme erstellen will, benötigt eine **Java-Entwicklungsumgebung**, auch bekannt als Java Development Kit (JDK). Das JDK beinhaltet neben der Laufzeitumgebung Java Runtime Environment (JRE) die wichtigsten Java-Entwicklungswerkzeuge. Installiert man z. B. die Entwicklungsumgebung (JDK) der Firma Oracle, ist die Java-Laufzeitumgebung darin enthalten. Die folgende Übersicht listet die wichtigsten Entwicklungswerkzeuge aus dem Java Development Kit auf:

Java-Compiler (javac)	Der Java-Compiler (javac) übersetzt den Java-Quellcode in Java-Bytecode. Er verarbeitet Quellcode aus Dateien mit der Endung **.java** und erzeugt Bytecode in Dateien mit der Endung **.class**. Der eigentliche Dateiname muss dem Namen der zu übersetzenden Klasse entsprechen. Damit sind Referenzen auf andere Klassen aus fremden Dateien möglich. Das Paket, in dem die Klassen liegen, wird auf einen Verzeichnispfad abgebildet. Ein Java-Paket (englisch **package**) ist ein eigener Namensraum. Der Java-Compiler ist in Java programmiert. Somit benötigt er als Voraussetzung die Laufzeitumgebung (JRE), um arbeiten zu können. Der erzeugte Java-Bytecode des Compilers ist auf unterschiedlichen Plattformen identisch. Das Ergebnis der Übersetzung ist demnach plattformunabhängig.
Java-Debugger (jdb)	Der Java-Debugger (jdb) ist ein Tool zur Unterstützung der Suche nach logischen Fehlern in einer laufenden Java-Anwendung. Das wichtigste Leistungsmerkmal besteht im Setzen von Unterbrechungspunkten (Breakpoints), womit die Möglichkeit zum Inspizieren von Variablenwerten zur Laufzeit besteht. Man kann nachvollziehen, wie sich die Variablenwerte Schritt für Schritt verändern, und Schlussfolgerungen auf mögliche logische Fehler ableiten.
Java-Dokumentationswerkzeug (javadoc)	Das Tool **javadoc** sammelt aus dem Java-Quellcode speziell gekennzeichnete Kommentare und erzeugt daraus eine Programmdokumentation im HTML-Format (Hypertext). Neben den Kommentaren werden auch die Programmstrukturen berücksichtigt.
Java-Archiver (jar)	Das Tool **jar** erstellt die Java-Archive, wo alle für die konkrete Anwendung benötigten Java-Klassen in verteilbaren Einheiten zusammengefasst werden. Diese JAR-Dateien sind die finale, ausführbare Version der entwickelten und kompilierten Java-Programme.

Ergänzt man die Entwicklungswerkzeuge aus dem JDK mit einem **Texteditor**, so ist es möglich, brauchbare Java-Anwendungen zu entwickeln und zu verteilen. Im Prinzip können Java-Anwendungen auch ohne eine Entwicklungsumgebung entwickelt werden, doch ist dies wenig komfortabel. Allein die Verwaltung von Dateien, notwendigen Bibliotheken und Umgebungsvariablen verlangt einen erheblichen Aufwand, verbunden mit viel Aufmerksamkeit und Sorgfalt.

4.5.2 Eclipse als Java-Entwicklungsumgebung

Opener von Eclipse 4.6

Eclipse ist eine bewährte integrierte Entwicklungsumgebung (IDE, integrated development environment) für Java-Anwendungen mit einer komfortablen Benutzeroberfläche, die die Komponenten der Java-Entwicklungsumgebung vereint und ergänzt. Häufig ist die Version 4.6 (Neon) im Einsatz, im Jahre Jahre 2017 wurde die neue Version 4.7 „Oxygen" veröffentlicht. Inzwischen kann man Eclipse auch für die Entwicklung in anderen Programmiersprachen (z. B. PHP) einsetzen. Für Eclipse existieren zahlreiche Plug-Ins zur Erweiterung und Aufwertung der Entwicklungsumgebung, wie z. B. für die Modellierung in UML.

Der Erfolg von Eclipse basiert auf seiner konsequent objektorientierten Arbeitsweise. Eclipse ist voll auf die Entwicklung von Klassen ausgerichtet und verwaltet diese Klassen in Paketen und Bibliotheken. Für den Einsteiger erscheint das Prinzip zunächst aufwendig. Auch das erste einfache Programm muss sich in diese Hierarchie einordnen. Wenn man sich die Möglichkeiten jedoch Schritt für Schritt erschließt, vor allem fremde Bibliotheken mit leistungsstarken Klassen einbindet, wird man die komfortable Arbeit mit Eclipse schätzen lernen.

Der Programmstart erfordert etwas Zeit. Eclipse ist in Java geschrieben. Außerdem werden viele Plug-Ins installiert. Der Byte-Code muss zunächst von der Java VM in den Maschinencode des Computers übersetzt werden. Wird der Code erneut benötigt, dann liegt er bereits übersetzt vor, weshalb Java-Programme dann genauso schnell wie andere Programme laufen.

Der Nutzer wird nach dem Start aufgefordert, einen Workspace zu wählen. Dies ist der Ordner, in dem Eclipse alle Dateien und seine Verwaltungsinformationen speichert. Dieser Ordner sollte nie direkt bearbeitet werden, da Eclipse sonst instabil werden kann. Der Workspace kann sich auch auf einem USB-Stick befinden.

Danach erscheint die Begrüßungsseite mit einigen Informationen zur Version und zu nützlichen Beispielen, die man aber später auch über die **Hilfe** auswählen kann.

Um mit der Arbeit zu beginnen, klickt man rechts oben auf das Symbol zur **Workbench**.

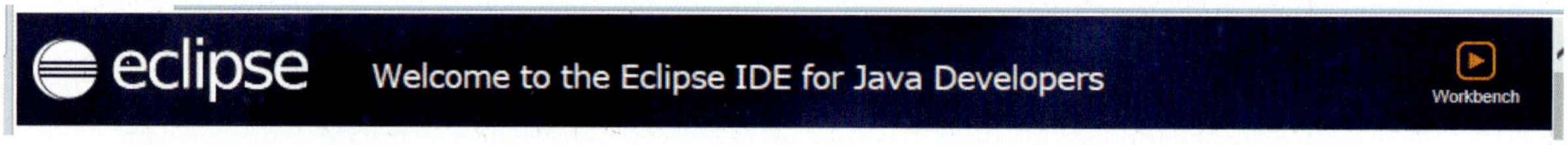

Kopf der Begrüßungsseite von Eclipse 4.6

4.5.2.1 Aufbau der Benutzeroberfläche

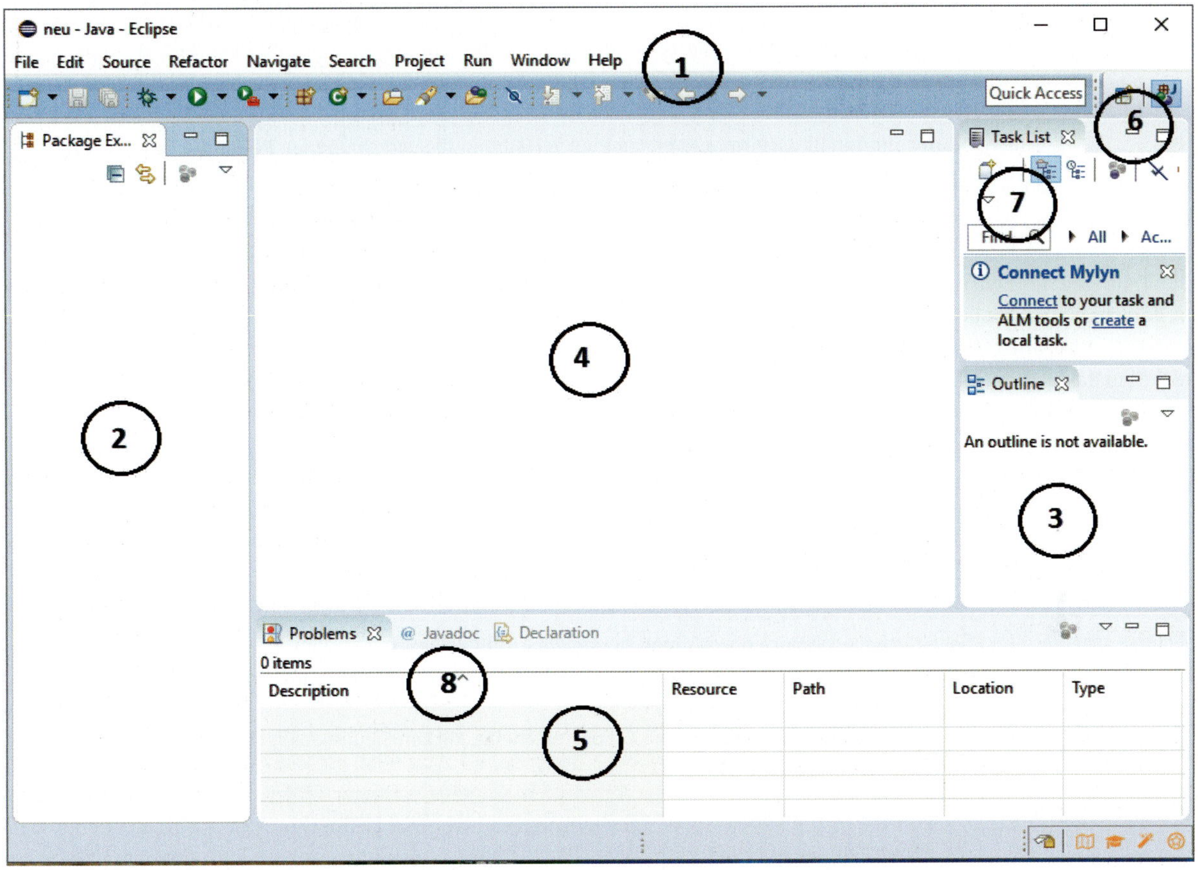

Layout der Teilbereiche (Ansichten) von Eclipse 4.6

Die Benutzeroberfläche von Eclipse hat sich mit ihrer Aufteilung fast schon als Standard etabliert. Die vielen Teilbereiche gruppieren sich um den Editor-Bereich und erleichtern dem Nutzer die Navigation zwischen seinen Programmteilen und zwischen den Teilbereichen (Ansichten) der Entwicklungsumgebung. In der folgenden Übersicht werden die üblichen Teilbereiche 1 bis 8 kurz beschrieben:

Teilbereich	Beschreibung
1	**Menü und Werkzeugleiste:** In der Werkzeugleiste sind alle vorhandenen Entwicklerwerkzeuge sichtbar. Die gesamte Funktionalität ist auch über das Menü erreichbar.
2	**Package-Explorer:** Hier werden die von Eclipse verwalteten Projekte angezeigt, also die Verzeichnisse mit den einzelnen Klassen. Die Anzeige erfolgt hierarchisch.
3	**Outline:** Hier befindet sich eine Zusammenfassung der Informationen über den aktuell ausgewählten Projektbaustein. Dies kann z. B. eine Liste aller Variablen und Methoden einer Klasse sein.
4	**Editor:** Hier findet die eigentliche Entwicklungsarbeit statt. Eclipse kann mit verschiedenen Editoren arbeiten. Es wird ein zur Aufgabe passender Editor geöffnet, typischerweise ein Editor mit Syntax-Highlighting (Syntaxhervorhebung).
5	**Problems, Javadoc, Declaration:** Am unteren Bildschirmrand werden, verteilt auf die verschiedenen Reiter, Ausgaben zu aktuellen Vorgängen angezeigt. Dies können z. B. Meldungen des Kompilierungsprozesses, Listen mit Syntaxfehlern oder Eingabeaufforderungen von Nutzungsdialogen sein (siehe auch Teilbereich 8).
6	**Perspektive:** Eine Perspektive ist in Eclipse ein bestimmtes Layout von Fenstern auf dem Bildschirm mit den entsprechenden Menüpunkten und Symbolschaltflächen. Jede Sicht beinhaltet spezielle Fenster und kann eine etwas andere Darstellung des Projektinhalts bieten.

(Fortsetzung auf folgender Seite)

Teilbereich	Beschreibung
7	**Task List:** In diesem Fenster befindet sich eine Liste der aktuellen Aufgaben. „Mylyn" ist z. B. ein Eclipse-Plug-In, das eine „aufgabenfokussierte Benutzeroberfläche" anbietet. Damit wird die Arbeit mit sehr großen Projekten erleichtert, weil die Entwickler nur die aufgabenbezogenen Entwicklungsdokumente (Dateien, Klassen) sehen und andere Elemente ausgeblendet werden.
8	**Javadoc:** Am unteren Bildschirmrand erscheinen verteilt auf die verschiedenen Reiter die Ausgaben zu aktuellen Vorgängen. Der Reiter „Javadoc" zeigt die Ergebnisse des Programmes javadoc aus dem Java Development Kit an.

Die Teilbereiche (Fenster) können frei verschoben und an verschiedenen Stellen angedockt werden. Zum Verschieben wird auf die Mitte eines Reiters mit der linken Maustaste gedrückt und diese dann festgehalten. Pfeile zeigen an, wo das Fenster dann angezeigt werden würde. Man sollte jedoch zu viele Veränderungen bezüglich der Anordnung der Fenster vermeiden, da die Oberfläche von Eclipse dann zumindest für andere Personen eher „unleserlich" wirkt. Mit dem Menüpunkt **Window | Reset Perspective ...** lässt sich der Ursprungszustand der Fensteranordnung wiederherstellen.

4.5.2.2 Ein Projekt anlegen

In Eclipse wird ein Softwareprojekt in folgenden Schritten angelegt und ausgeführt. Ein weiteres Beispiel ist in Kapitel 5.2.2 dargestellt.

Schritt	Erklärung
Eclipse starten	▪ Starten Sie Eclipse durch einen Doppelklick auf das Programmsymbol. ▪ Mit **Select a workspace** werden Sie aufgefordert, ein Verzeichnis auf Ihrem Datenträger anzugeben. ▪ Wenn die Begrüßungsseite von Eclipse erscheint, klicken Sie auf das rechts oben befindliche Symbol für **Workbench**.
Projekt anlegen	▪ Erzeugen Sie ein Projekt mit dem Menü-Befehl: **File | New | Project...** ▪ Wählen Sie **Java Project** und klicken Sie auf **Next**. ▪ Geben Sie den Namen des Projektes ein, z. B. **Demo**. ▪ Aktivieren Sie (weiter unten) die Option **Use project folder as root for sources and class files** und klicken Sie anschließend auf **Finish**.
Package erzeugen	▪ Markieren Sie das angelegte Projekt im Package Explorer (linker Teil der Eclipse-Benutzeroberfläche). ▪ Erzeugen Sie ein Package mit dem Menü-Befehl: **File | New | Package** ▪ Vergeben Sie den Namen für das Package, z. B. **Demo_1**, und klicken Sie auf **Finish**.
Klasse erzeugen	▪ Markieren Sie das angelegte Package im Package Explorer (linker Teil des Eclipse-Fensters). ▪ Erzeugen Sie eine Klasse mit dem Menü-Befehl: **File | New | Class** ▪ Vergeben Sie den Namen für die Klasse, z. B. **EinAusgabe**. ▪ Markieren Sie das Kästchen **public static void main(String[] args)** und klicken Sie dann auf **Finish**. Im Editor öffnet sich ein Fenster, im dem die Klasse **EinAusgabe** zu sehen ist.
Programm schreiben	▪ Geben Sie Ihren Programmtext im Editorfenster an der Stelle ein, wo **// TODO Auto-generated method stub** steht.
Programm starten	▪ Wählen Sie im Menü **Run | Run as | Java Application** und starten Sie Ihr Programm. Gegebenenfalls werden Sie noch aufgefordert, das Programm vorher zu speichern. ▪ Es öffnet sich im unteren Teil der Bedienoberfläche ein Fenster mit der Bezeichnung **Console**. Dort erscheint die Ausgabe des Programms. ▪ Beim nächsten Programmstart genügt es, auf die Symbolschaltfläche **Run** zu klicken, um das Programm erneut zu starten.

4.6 Computersprachen

Zuerst ist es sinnvoll, einen Blick auf die Historie der Computersprachen zu werfen. Damit bietet sich die Gelegenheit zur Erklärung der wesentlichen Unterschiede zwischen den Sprachen, z. B. ob es sich um eine imperative oder deskriptive Sprache, prozedurale oder objektorientierte Herangehensweise oder um Spezialsprachen einzelner Fachgebiete handelt.

Im Rahmen der Ausbildung stehen die Programmiersprachen **Java** und **C#** im Mittelpunkt. Auf deren Anwendung wird im Kapitel 5 ausführlich eingegangen. Die Datenbanksprache **SQL** bildet einen Schwerpunkt im Kapitel 6. Die deskriptiven Sprachen **HTML**, **XML** und **CSS** werden im Kapitel 7 in Verbindung mit der Web-Entwicklung ausführlicher erläutert.

4.6.1 Entwicklung formaler Computersprachen

Die Geschichte formaler Computersprachen in der Informationsverarbeitung begann in den 50er-Jahren des 20. Jahrhunderts mit der Entwicklung einer Sprache zum Übersetzen mathematischer Formeln (Formel Translator – kurz FORTRAN). Die folgende Übersicht zeigt den Weg der Entwicklung einzelner Computersprachen, jeweils aufbauend auf den Erfahrungen mit vorherigen Sprachkonzepten.

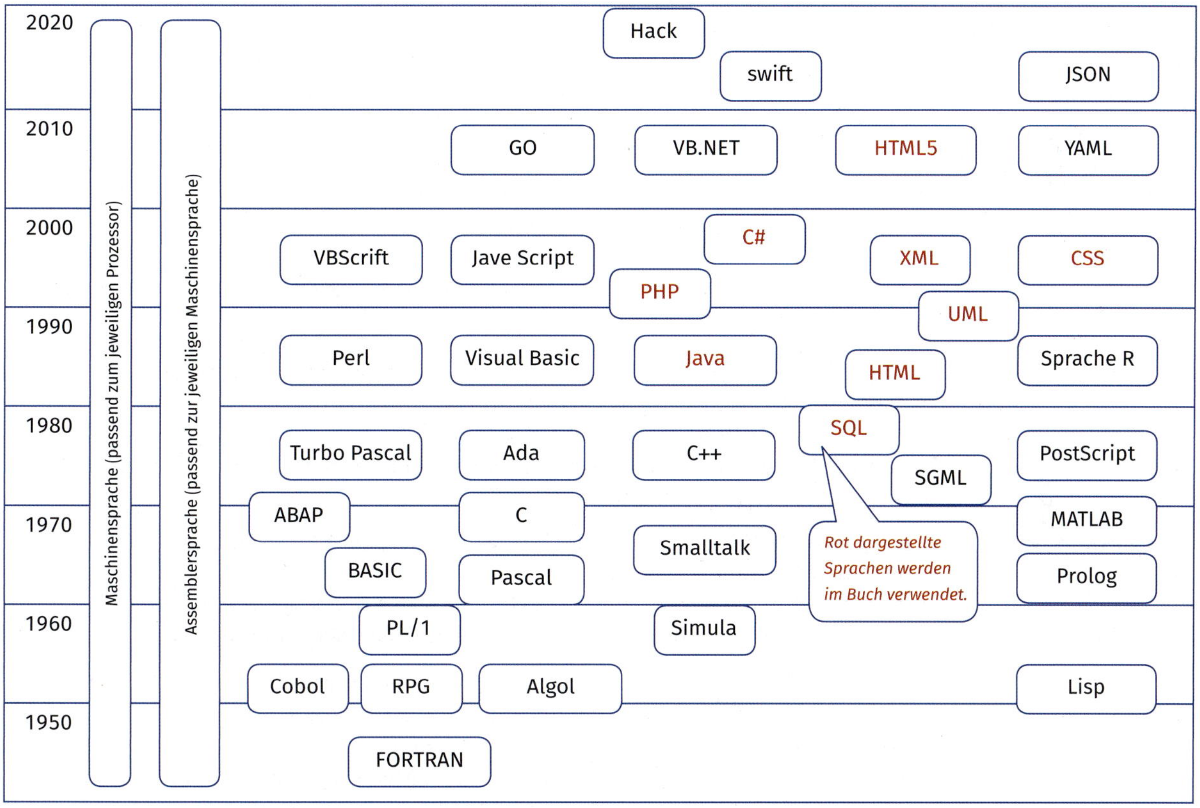

Geschichte der formalen Computersprachen

4.6.2 Programmiersprachen

4.6.2.1 Syntax und Semantik

S Kerstin und Stefan stehen vor der Frage, mit welcher Programmiersprache sie arbeiten sollen. Sie beschließen, zunächst im Internet zu recherchieren und sich über die geeigneten Programmiersprachen zu informieren, bevor sich danach endgültig entscheiden.

W Unter einer **Programmiersprache** versteht man nach DIN 44300, Teil 4, eine formale Sprache zum Abfassen (Formulieren) von Verarbeitungsanweisungen für Rechnersysteme. Die mithilfe einer Programmiersprache ausgedrückte, von einem Menschen lesbare Beschreibung heißt Quelltext (oder auch Quellcode/Programmcode).

W Unter der **Syntax** versteht man die in der Sprache übliche Verbindung von Wörtern zu Wortgruppen und Sätzen. Für die Programmierung wird durch die Syntax die korrekte Verknüpfung sprachlicher Einheiten zu Anwevwisungen definiert. So wird es möglich, erlaubte Konstruktionen festzulegen und unerlaubte Konstruktionen auszuschließen. Die Syntax einer Programmiersprache wird formal durch die Syntaxdiagramme (siehe Kap. 5) oder in der einfachen oder erweiterten Backus-Naur-Form angegeben.

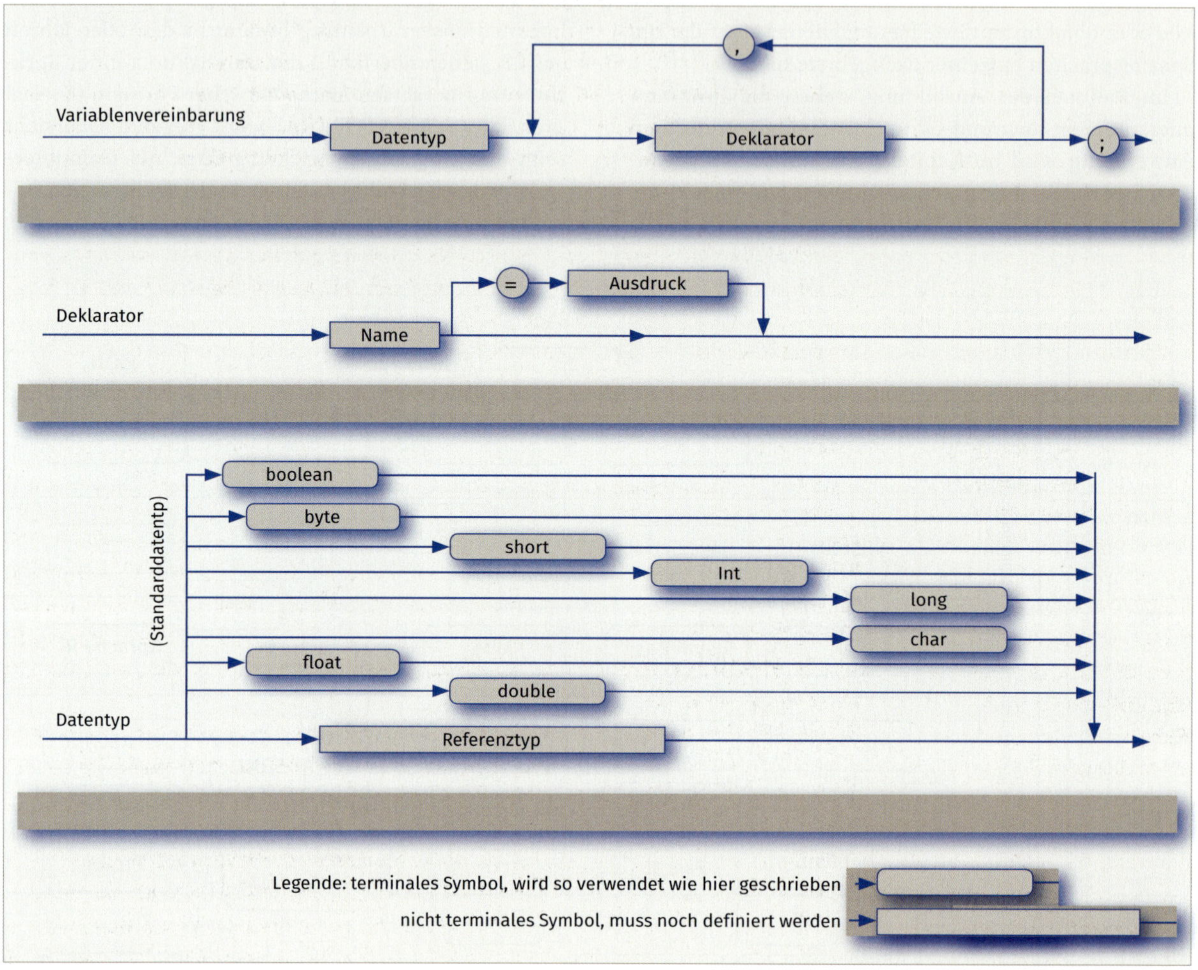

Syntaxdiagramm

Erweiterten Backus-Naur-Form (EBNF)	
(1) <Variablenvereinbarung> ::= <Datentyp> <Deklarator> {„,“ <Deklarator>}* „;“.	
(2) <Deklarator> ::= <Name> [„=“ <Ausdruck>].	
(3) <Datentyp> ::= <Standardtyp> | <Referenztyp>	
(4) <Standardtyp> ::= boolean | byte | short | int | long | char | float | double	
Die nicht terminalen Symbole <Datentyp>, <Name> und <Ausdruck> sind an anderer Stelle zu definieren. (Hinweis: Die Syntax der Variablendefinition ist hier im Interesse der Übersichtlichkeit etwas verkürzt dargestellt.)	
Bedeutung (Semantik) der Notation in der Erweiterten Backus-Naur-Form (EBNF):	
(Einfache) EBF-Notation	▪ Zeichen „ |“ (vertikaler Strich) kennzeichnet eine Alternative. ▪ Zeichenfolge „::=“ kennzeichnet eine Definition. ▪ Nicht-Terminale-Symbole werden mit spitzen Klammern „<...>“ umschlossen.

„{...}*“	**Zeichen für optionale Wiederholungen.** Die Symbole innerhalb der geschweiften Klammern müssen einmal auftreten, können sich aber wiederholen.
„[...]“	**Zeichen für Optionen.** Die Symbole innerhalb der eckigen Klammern können einmal auftreten, müssen aber nicht zwingend vorhanden sein.
„...“	**Zeichen für terminale Symbole.** Diese Symbole stehen für sich selbst (z. B. „,“ oder „=“).

Die Abbildung zeigt ein Syntaxdiagramm aus der Definition der Sprache Java und beschreibt den Aufbau einer Variablenvereinbarung. Man muss nur den Pfeilen folgen und erkennt die zulässigen, also syntaktisch korrekten Konstruktionen. Es beginnt immer mit einem Datentyp, gefolgt von den Namen der Variablen. Es können mehrere durch Komma getrennte Namen folgen. Außerdem darf nach dem Namen auch eine Wertzuweisung aus einem Ausdruck folgen. Abgeschlossen wird die Deklaration immer mit einem Semikolon. Die verwendeten Begriffe „Name“, „Ausdruck“ und „Referenztyp“ müssen durch weitere Syntaxdiagramme definiert werden.

Im Quellcode eines Java-Programmes erscheint die Variablendeklaration in folgender Form:

```
int Wert, Anfang=0, Ende;
```

Das sieht natürlich viel einfacher aus, als die komplizierte Syntaxdefinition. Das Beispiel zeigt aber nur einen speziellen Fall, während die Syntaxdefinition **alle** zulässigen Fälle abdeckt.

W

Die Bedeutung der einzelnen Elemente einer Programmiersprache nennt man deren **Semantik**. Zu jeder Programmiersprache gibt es eine Liste der reservierten Worte, die mit einer festen Bedeutung verbunden sind.

Syntax und Semantik der Programmiersprache können aus deren Spezifikation bzw. Dokumentation entnommen werden.

- Die Sprache Java verwendet bei den Wertzuweisungen z. B. das Gleichheitszeichen „=“ im Sinne von „ergibt sich aus“. Der Ausdruck „a=3;“ bedeutet, dass sich der Wert der Variablen a aus der Konstanten 3 ergibt. Andere Sprachen verwenden hierfür das Symbol „:=“.
- Für die Gleichheit von zwei Ausdrücken verwendet Java das doppelte Gleichheitszeichen „==“.
- Die Worte der Programmiersprachen als terminale Symbole (wie: boolean, byte, short, int, long, char, float oder double) lehnen sich in ihrer Bedeutung und in ihrer Semantik allgemein an die englische Sprache an.

4.6.2.2 Maschinenorientierte Sprachen

Die Sammlung der unmittelbar vom Prozessor ausführbaren Befehle und die Festlegung ihrer Struktur (Syntax) zur Angabe von Speicheradressen und Prozessorregistern bezeichnet man als **Maschinensprache**. Eigentlich ist es keine Sprache im Sinne einer Sammlung von Worten und Symbolen, denn die Anweisungen werden durch Folgen von 1 und 0 binär angegeben. Eine Übersetzung der Maschinenbefehle ist nicht notwendig. Programmcode in Maschinensprache wird von Programmierern heutzutage kaum noch direkt erzeugt, sondern unter Nutzung von Compilern oder Interpretern einer höheren Programmiersprache oder einer Assemblersprache. Mithilfe des Compilers, Interpreters oder Assemblers und/oder Linkers entsteht der ausführbare Maschinencode. Alle auszuführenden Programme werden so in Maschinensprache übersetzt, denn nur diese Sprache „verstehen“ die Prozessoren.

Es besteht keine Notwendigkeit, in Maschinensprache zu programmieren. Nur in sehr hardwarenahen Bereichen mag das sinnvoll sein, denn man erreicht mit Maschinensprache eine hohe Verarbeitungsgeschwindigkeit direkt im Takt des Prozessors und ohne jeglichen Overhead. Die Maschinensprache wird auch als **erste Generation der Programmiersprachen** bezeichnet, weil man die ersten Computer noch direkt mit Maschinenbefehlen programmieren musste.

Um komfortabler Arbeiten zu können, wurden die Binärfolgen durch einfache Worte ersetzt, wie z. B. MOVE oder ADD. Anstelle der direkten Speicheradressen wurden Variablennamen verwendet. Auf diese Weise entstand mit der **zweiten Generation der Programmiersprachen** die erste wirkliche Sprache zum Programmieren, die allgemein als **Assemblersprache** bezeichnet wird. Eine Assemblersprache (von „to assemble“ = „montieren“) ist ebenfalls eine hardwarenahe Programmiersprache. Der Quelltext wird durch einen sogenannten Assembler in direkt ausführbaren Maschinencode umgewandelt.

Assemblersprachen unterscheiden sich von den Maschinensprachen dadurch, dass die Befehle anstelle des für den Menschen schwer verständlichen Binärcodes mithilfe leichter verständliche mnemonische Symbole in Textform sowie Operanden als symbolische Adressen (Variable) dargestellt werden. Im Gegensatz zu der ersten Generation der Programmiersprachen kann der Code vom Menschen gelesen und relativ leicht geschrieben werden. Allerdings muss der Code noch in eine maschinenlesbare Form umgewandelt werden, um auf einem Computer ausführbar zu sein. Das geschieht durch eine Übertragung vom Assemblercode in den binären Maschinencode. Die Assemblersprache ist speziell für eine bestimmte Prozessorfamilie und deren Umfeld abgestimmt. Da sie die „Muttersprache" eines Prozessors ist, erhält man erhebliche Geschwindigkeitsvorteile, die für sehr häufig verwendete Programme unerlässlich sind, z. B. im Kern des Betriebssystems oder in Gerätetreibern. Die folgende Übersicht zeigt das Beispiel eines Assembler-Programmes.

Anweisung	Kommentar
`DATA SEGMENT`	Beginn des Datensegments, identifiziert durch den Variablennamen DATA
`Meldung db "Hello World"`	Zeichenkette „Hello World" unter der Variablenbezeichnung „Meldung" ablegen
`db "$"`	Zeichen, das INT 21h (s. u.) als Ende der Zeichenkette erkennt
`DATA ENDS`	Ende des Datensegments
`CODE SEGMENT`	Beginn des Codesegments
`ASSUME CS:CODE,DS:DATA`	dem Assembler die vorgesehenen Segmente und Segmentregister mitteilen
`Anfang:`	Einsprung-Label für den Anfang des Programms
`mov ax, DATA`	Adresse des Datensegments in das Register „AX" laden
`mov ds, ax`	in das Segmentregister „DS" übertragen (in das DS Register kann nicht direkt geladen werden)
`mov dx, offset Meldung`	die zum Datensegment relative Adresse des Textes in das „DX" Datenregister laden die vollständige Adresse von „Meldung" befindet sich nun im Registerpaar DS:DX
`mov ah, 09h`	die Unterfunktion 9 des Betriebssysteminterrupts 21h auswählen
`int 21h`	den Betriebssysteminterrupt 21h aufrufen (hier erfolgt die Ausgabe des Textes am Bildschirm)
`mov ax, 4C00h`	die Unterfunktion 4Ch (Programmbeendigung) des Betriebssysteminterrupts 21h festlegen
`int 21h`	diesen Befehl ausführen, damit wird die Kontrolle wieder an das Betriebssystem zurückgegeben
`CODE ENDS`	Ende des Codesegments
`END Anfang`	dem Assembler- und Linkprogramm den Programm-Einsprung-Label mitteilen

4.6.2.3 Höhere Programmiersprachen

FORTRAN gilt als erste höhere Programmiersprache mit prozeduralem Charakter, die insbesondere für numerische Berechnungen erfolgreich eingesetzt wird. Der Name entstand aus den Begriffen „FORmula" und „TRANslation". Entwickelt wurde FORTRAN bei IBM auf Anregung von John W. Backus.

Die Worte der höheren Programmiersprachen lehnen sich in ihrer Bedeutung bzw. Semantik an die englische Sprache an. Mit der Annäherung an die menschliche Sprache wird die binäre Notation verlassen. Quelltexte in einer höheren Programmiersprache müssen mit einem Compiler oder Interpreter übersetzt werden, bevor sie ausgeführt werden können. Wichtiger als die Performance ist die Verständlichkeit durch den Menschen, denn die Quelltexte sind leicht lesbar und damit auch leicht änderbar. Die Programmiersprache verlässt damit die unterste Ebene (Hardware des Computers) und begibt sich auf das höhere Niveau des Menschen.

Auf Basis der guten Erfahrungen mit FORTRAN entwickelte man eine Vielzahl von Programmiersprachen, die in ihren Sprachkonstrukten der menschlichen Sprache immer ähnlicher wurden, wie z. B. Pascal oder Modula. Man bezeichnet diese Sprachen auch als **dritte Generation der Programmiersprachen**.

Prozedurale Programmiersprachen

In der klassischen Datenverarbeitung dominieren die sogenannten prozeduralen Programmiersprachen. In diesen Programmiersprachen wird zwischen den Daten und den Anweisungsfolgen unterschieden. Dieses Prinzip hat zur Folge, dass alle global verfügbaren Datenkomponenten in jedem Unterprogramm bzw. jeder Prozedur verändert werden können.

Ein typischer Vertreter der prozeduralen Programmiersprachen ist die Sprache **Modula**. Im folgenden Programmbeispiel eines Modula-Programmes soll die Fläche eines Kreises berechnet werden.

```
PROGRAM Flaechenberechnung;
        VAR Flaeche, Radius : REAL;
        PROCEDURE BerechneFlaeche;
                CONST Pi = 3.14;
                BEGIN Flaeche : Pi * Radius *
                Radius;
        END;
BEGIN
        Radius := 42;
        WriteLn('Der Kreisradius betraegt:
        ', Radius);
        BerechneFlaeche;
        WriteLn('Die Kreisflaeche betraegt ',
        Flaeche);
END.
```

Im Quelltext ist ersichtlich, dass eine parameterlose Prozedur definiert wird, die die Berechnung der Kreisfläche ausführt. Zu diesem Zweck erfolgt der Zugriff auf die folgenden globalen Variablen:

- Variable „Radius", die den Kreisradius enthält und mit dem Wert 42 belegt wird
- Variable „Flaeche"

Objektorientierte Programmiersprachen

Objektorientierte Programmiersprachen definieren sogenannte Objekte, die aus **internen Objekten**, die im einfachsten Fall nur Daten darstellen, und zugehörigen **Operationen** bzw. **Methoden** bestehen. Die internen Objekte sind normalerweise nicht zugänglich, weil sie nur für den Autor des Objektes von Interesse sind. Die Anwender des Objektes kennen nur die Methoden als sichtbaren Teil des Objektes. Damit wissen sie, welche Aktion eine bestimmte Methode ausführt. Nicht bekannt ist hingegen, wie eine Methode ihr Ziel erreicht. Die Objekte können deshalb auch als „Black Box" betrachtet werden.

Die objektorientierte Programmierung unterscheidet zwischen den **Entwicklern** und den **Anwendern** der Objekte.

- Die **Entwickler** können die Objekte als Bausteine großer Programme bereitstellen, wobei diese Objekte meist von Spezialisten entwickelt, getestet und gegebenenfalls auch weiterentwickelt werden. Wichtig ist, dass die publizierten Eigenschaften und Methoden der Objekte erhalten bleiben.
- Die **Anwender** greifen auf die Objekte zu und nutzen deren publizierte Methoden, ohne sich darum zu kümmern, wie diese funktionieren.

Die interne Arbeitsweise der Objekte kann auch während der Implementierung von Anwendungen ausgetauscht werden können. Durch diese „Datenkapselung" werden die internen Objekte gegen ungewollte Veränderungen geschützt, denn der Schreibzugriff ist nur über die Methode als der ausgezeichneten Schnittstelle möglich.

S

Stefan erinnert sich, dass er bei der Entwicklung einer Windows-Oberfläche nur auf Bausteine wie „Button/Schaltfläche", „Textfeld", „Listenfeld" oder „Radio-Button" zugreifen musste. Aus diesen Objekten konnte er schnell eine komfortable Benutzeroberfläche zusammenbauen.

Mit einer objektorientierten Programmiersprache kann das Beispiel zur Berechnung der Kreisfläche folgendermaßen realisiert werden, wobei im konkreten Fall Java verwendet wird:

Das Objekt „Kreis" mit der Eigenschaft „Radius" hat die Methode „Flaeche". Beim Aufruf des Programmes muss der Radius als Parameter übergeben werden. Es wird daraufhin ein Objekt „Kreis" mit dem angegebenen Radius erzeugt und die berechnete Fläche ausgegeben.

Ein weiteres Programmbeispiel auf der folgenden Seite zeigt die Umrechnung einer Dezimalzahl in eine Dualzahl mit wiederholter Division durch den Wert 2 und das Notieren der Restwerte (siehe Kap. 4.2.1).

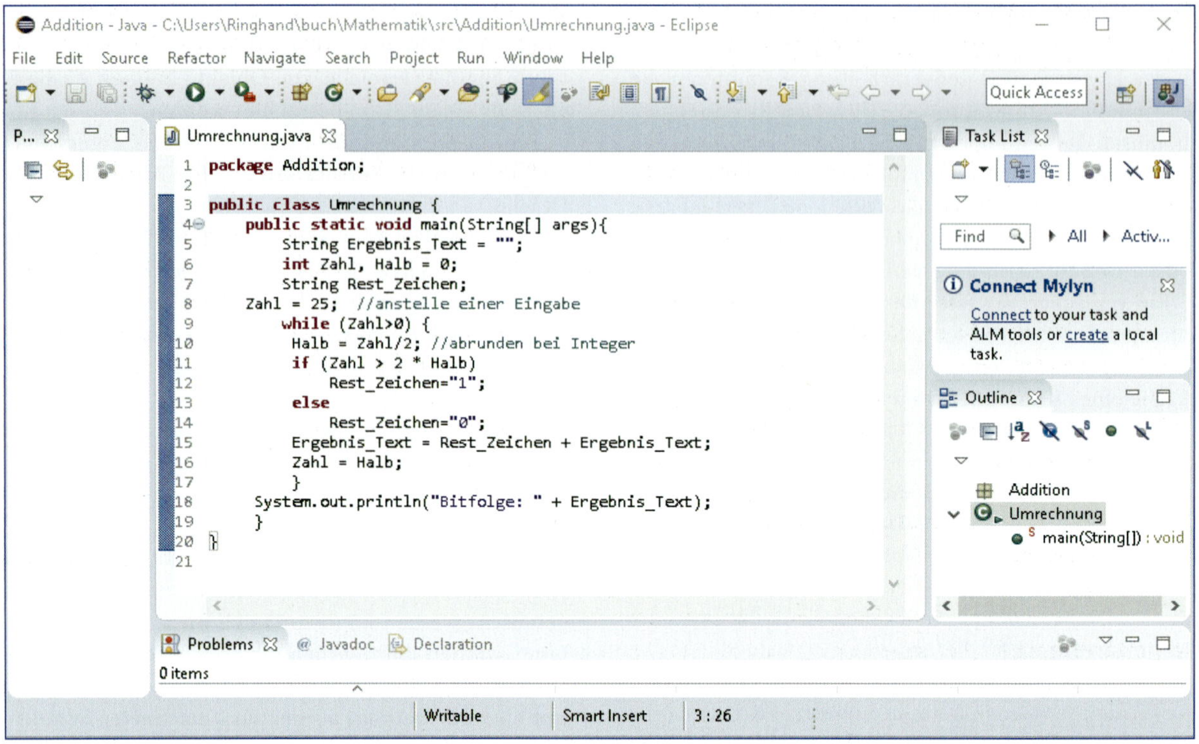

Java-Quelltext ohne Eingabe

Spezialsprachen

Zu den Spezialsprachen gehören imperative oder deklarative Sprachen für einzelne Spezialgebiete, wobei sich deren Sprachkonstrukte in den jeweiligen Fachgebieten besonders eignen. Eigentlich sind es prozedurale oder objektorientierte Sprachen, die über spezielle Bibliotheken mit Funktionen oder Objekten verfügen, die im jeweiligen Fachgebiet optimal eingesetzt werden können.

Der folgende Quelltext zeigt ein gutes Beispiel für die **Sprache R**, mit der man Aufgaben aus der Statistik, aber auch Analysen im Umfeld von „Big Data“ schnell und effizient durchführen kann.

```
# Anwendung der Funktion zur Bestimmung von Parametern einer linearen Regressionsgleichung
x <- c(151, 174, 138, 186, 128, 136, 179, 163, 152, 131)
y <- c(63, 81, 56, 91, 47, 57, 76, 72, 62, 48)

relation <- lm(y~x)

print(relation)
```

Es folgt die Ausgabe:

```
Call:
lm(formula = y ~ x)

Coefficients:
(Intercept)            x
   -38.4551       0.6746
```

4.7 Übersetzer formaler Programmiersprachen

Quelltexte von höheren Programmiersprachen müssen vor ihrer Ausführung übersetzt werden. Kommerzielle Software wird in ausführbarer Form ausgeliefert, d. h., die Quelltexte sind beim Hersteller vorab mittels Compiler übersetzt worden. Diese Verfahrensweise hat zwei Vorteile:

- Die ausgelieferte Software arbeitet als Ganzes mit hoher Effizienz, d. h., sie ist schnell und sicher.
- Der Anwender kann an der Software keine (unerlaubten) Veränderungen vorzunehmen, ohne sich komplizierter Hacker-Methoden zu bedienen. Die Produkte der Softwarehersteller werden damit geschützt.

Zu den bekannten **Compiler-Sprachen** gehören C und C++ sowie Pascal.

Will man den Quelltext hingegen lesbar und damit auch änderbar übergeben, eigenen sich hierfür die **Interpreter-Sprachen**, bei denen der Quelltext erst unmittelbar vor der Ausführung übersetzt wird. Eigentlich wird jede Anweisung einzeln (Schritt für Schritt) übersetzt und sofort abgearbeitet. In den Sprachen sind andere Konstrukte erlaubt und erforderlich, da man sich nicht mehr auf das Programm als Gesamtheit beziehen kann, sondern nur der bisherige Ablauf der Bearbeitung bekannt ist. Für den Vertrieb der Software ergibt sich jedoch der Vorteil, dass die ausgelieferte Software ohne Änderungen auf unterschiedlichen Computerplattformen eingesetzt werden kann. Vorausgesetzt, es gibt für die jeweilige Plattform einen Interpreter.

Bekannte **Interpreter-Sprachen** sind BASIC, JavaScript und PHP. Für einige Sprachen, wie z. B. Smalltalk, gibt es je nach Anbieter Interpreter, Bytecode-Interpreter sowie verschiedene Compiler.

4.7.1 Compiler

Ein Programm muss vor der Laufzeit in Maschinenbefehle umgewandelt werden, die der Prozessor versteht und schnell ausführen kann. Diese Aufgabe übernimmt der Compiler.

W Der **Compiler** übersetzt die Programme der Programmiersprache in einen Maschinencode, ohne jedoch die Befehle auszuführen. Die Programmiersprache, aus der die übersetzten Programme stammen, wird als **Quellsprache** bezeichnet. Entsprechend nennt man das zu übersetzende Programm **Quellprogramm** und das übersetzte Programm **Zielprogramm** oder einfach nur Programm.

Ein Nachteil besteht darin, dass die kompilierten Programme maschinenabhängig sind und somit nicht auf jeder Computerplattform ausgeführt werden können. Java geht in dieser Hinsicht einen neuen Weg:

- Der Java-Programmcode wird nicht zu einem ausführbaren Programm, sondern in einen Java- Bytecode kompiliert (1. Schritt),
- Java-Bytecode ist mithilfe des entsprechenden Java-Interpreters (2. Schritt) auf jeder Plattform ausführbar. Java-Interpreter werden auch virtuelle Maschinen genannt und sind optimal auf das jeweilige Betriebssystem zugeschnitten.

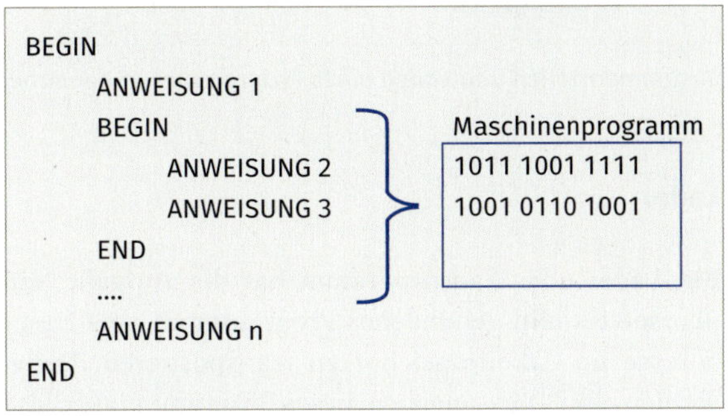

Arbeitsweise eines Compilers

Bei der Übersetzung eines Programms durch einen Compiler wird jede Anweisung auf die korrekte Syntax der Befehle geprüft. Manche Compiler brechen die Übersetzung ab, sobald ein Fehler aufgetreten ist. Art und Position des Fehlers werden angegeben, wobei nach der Korrektur die Kompilierung erneut gestartet werden kann. Es gibt auch Compiler, die den gesamten Quellcode übersetzen, ohne bei einem bemerkten Fehler abzubrechen. Nach der Übersetzung übergeben sie dann eine Liste der aufgetretenen Fehler.

Linker

Vom Objektcode zum ausführbaren Programm sind weitere Schritte unter Einbeziehung des sogenannten **Linkers** erforderlich. Unter dem Begriff „Linker“ werden der eigentliche Binder (Linker) sowie der **Lader** und der **Bindelader** zusammengefasst.

Die separat kompilierten Module eines Programms sind noch nicht lauffähig, da die verwendeten Adressen der Funktionen, Prozeduren usw. angepasst werden müssen. Der Binder verbindet die einzelnen Programmodule mithilfe der relativen Adressauflösung innerhalb der Module und dem Anfügen eines Programmheaders zu einem vollständigen Programm. Der Programmheader zählt zu den Bibliotheksverwaltungsprogrammen, gehört aber inzwischen zu jedem Betriebssystem mit einem Compiler bzw. zu der verwendeten Programmiersprache.

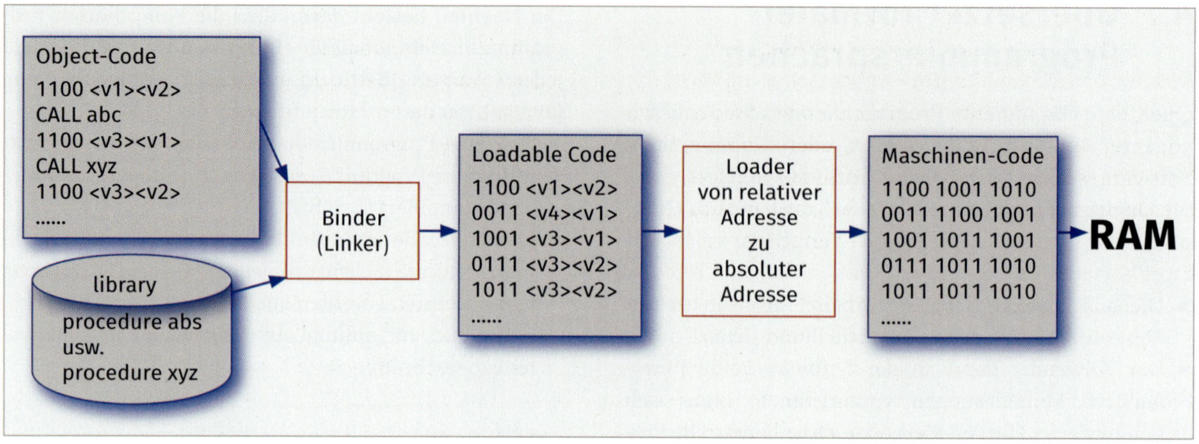

Zusammenstellen und Laden eines Programmes in den Arbeitsspeicher

Lader

Ein Lader oder Ladeprogramm hat die Aufgabe, ein übersetztes und gebundenes Programm an eine Ladeadresse im Arbeitsspeicher zu transportieren. Dabei werden alle Adressangaben dieses Programms auf diese Ladeadresse ausgerichtet, d. h., die relativen Adressen werden in absolute Adressen umgesetzt, damit das Programm von dort ausgeführt werden kann.

Bindelader

Mit einem Bindelader können die Vorgänge „Binden“ und „Laden“ zusammengefasst werden, d. h., die einzelnen Module werden zu einem vollständigen Programm zusammengesetzt und anschließend wird das Programm in den Arbeitsspeicher geladen.

In der letzten Phase werden die Teile des Programmcodes aus der getrennten Übersetzung der Unterprogramme zu einem endgültigen ausführbaren Programm zusammengesetzt.

4.7.2 Interpreter

Der **Interpreter** übersetzt während der Laufzeit eines Programms den vorhandenen Quelltext Anweisung für Anweisung in eine maschinenverständliche Form, d. h., er bearbeitet ein Programm zeilenweise, wobei jede Zeile einer Syntaxprüfung unterzogen wird. Programme, die von einem Interpreter bearbeitet werden, laufen im Vergleich zu kompilierten Programmen relativ langsam ab und sind daher für komplexe Lösungen ungeeignet.

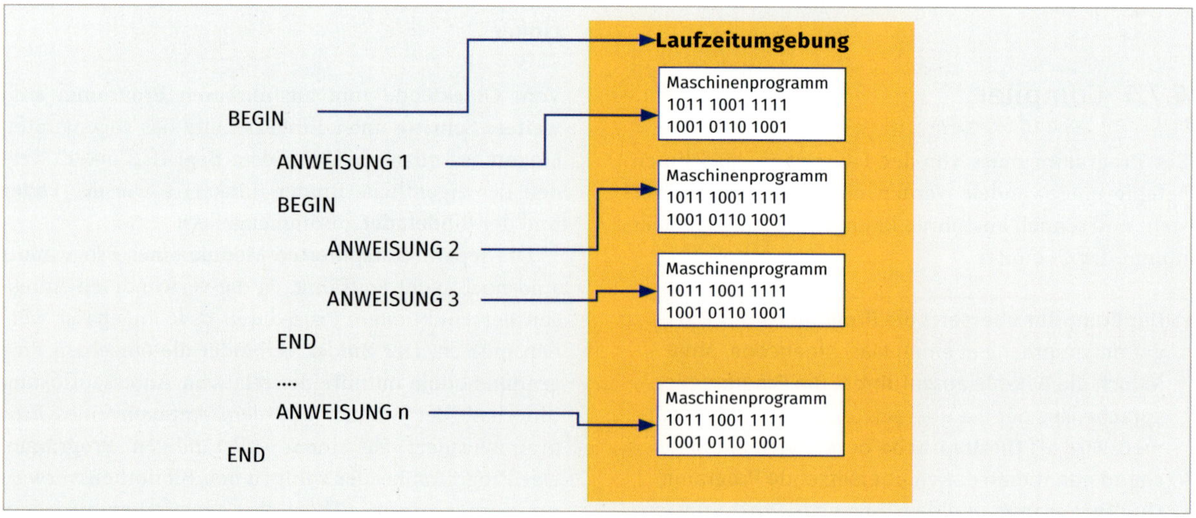

Arbeitsweise eines Interpreters

Sind die Befehle in einer Zeile (Anweisung) formal korrekt, werden sie vom Interpreter übersetzt und vom Prozessor sofort ausgeführt. Anschließend wird die nächste Zeile geprüft usw. Tritt während des Interpreterlaufs ein Syntaxfehler auf, wird der Übersetzungsvorgang abgebrochen und eine entsprechende Fehlermeldung ausgegeben. Die fehlerhafte Zeile wird angezeigt und kann korrigiert werden, sofern der Quelltext vorliegt. Danach setzt der Interpreter seine Arbeit fort. Der Interpreter verfügt im Gegensatz zum Compiler nicht über Kenntnisse vom nachfolgenden Programmcode. Die interpretierten Programme werden aufgrund der ständigen Prüfung zur Laufzeit nicht besonders schnell ausgeführt.

Der BASIC-Interpreter gehört zur BASIC-Programmiersprache und ist der wohl bekannteste Interpreter. Mittlerweile gibt es Programmiersprachen, wo der Interpreter bereits vor dem Start eines Programms die Syntax kontrolliert und verschiedene Optimierungen vornimmt, wie z. B. die Anordnung des Programmcodes. Diese Programme werden schneller abgearbeitet, da während der Laufzeit keine weitere Überprüfung erfolgen muss. Ein Vertreter dieser Art ist die Programmiersprache Perl, die vorwiegend auf Servern genutzt wird, die im Internet eingesetzt werden.

4.7.3 Browser

Ein Browser ist ein Interpreter für eine deklarative Sprache. Der HTML-Quelltext einer Webseite wird Zeile für Zeile gelesen und am Bildschirm dargestellt. Aber das passiert alles mit höchster Geschwindigkeit. Dabei gibt es keine Kontrollstrukturen. Zeilen können nicht zyklisch wiederholt werden. Es ist auch nicht möglich, Zeilen unter bestimmten Bedingungen auszulassen. Wenn etwas auf dem Bildschirm geändert werden soll, dann muss der Bildschirminhalt komplett neu geschrieben werden.

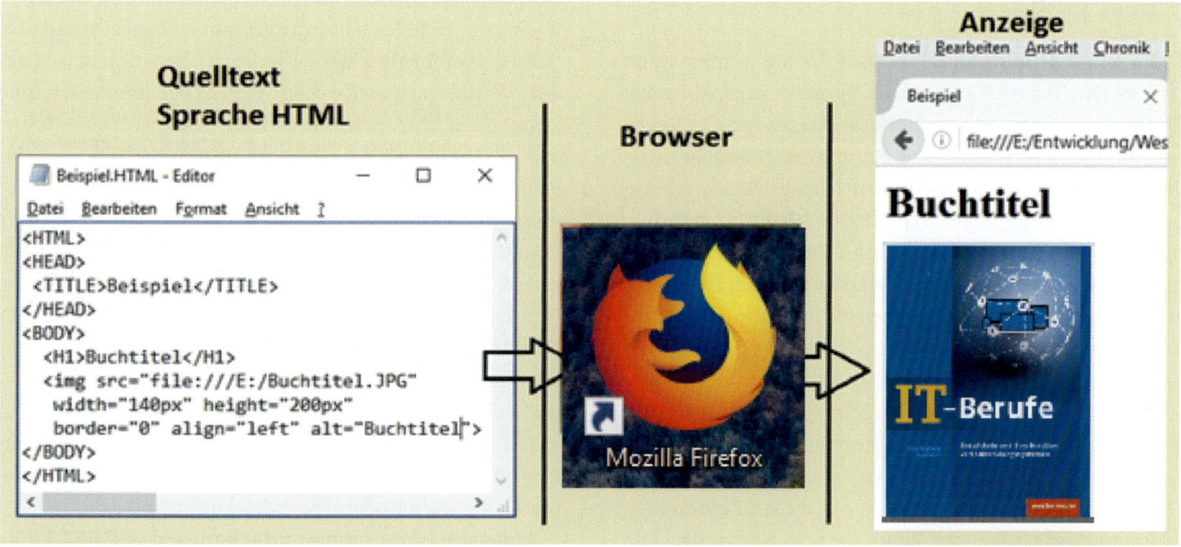

Arbeitsweise eines Browsers

5 Programmierung in Java und C#

bedingte Anweisung

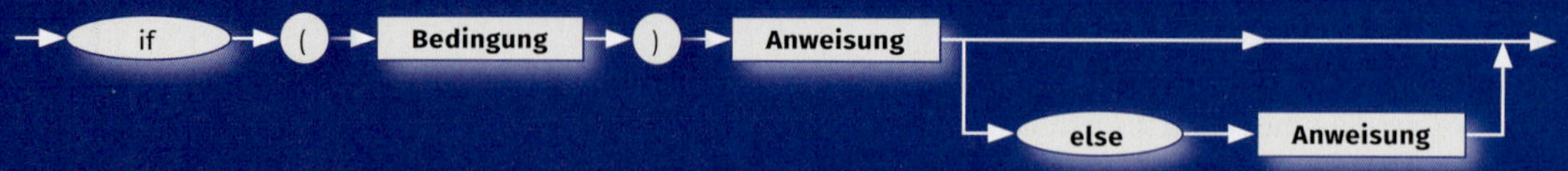

5.1 Auswahl einer Programmiersprache

S Kerstin und Stefan stehen vor dem Problem, mit welcher Programmiersprache sie ein Programm programmieren sollen. Um sich endgültig zu entscheiden, beschließen sie, im Internet zu recherchieren und sich über die möglichen Programmiersprachen zu informieren.

Unter einer **Programmiersprache** versteht man nach DIN 44300, Teil 4, eine formale Sprache zum Abfassen (Formulieren) von Verarbeitungsanweisungen für Rechnersysteme. Die durch eine Programmiersprache ausgedrückte, von einem Menschen lesbare Beschreibung heißt Quelltext (oder auch **Quellcode/Programmcode**).

Unter der **Syntax** versteht man eine formale Grammatik, die es ermöglicht, erlaubte Konstruktionen festzulegen und unerlaubte Konstruktionen auszuschließen. Der Quelltext besteht aus folgenden Elementen oder einer Kombination dieser Elemente:

- Wörter
- Regeln
- Symbole
- Trennzeichen

Die Bedeutung eines speziellen Symbols in einer Programmiersprache nennt man dessen **Semantik.** Die **Syntax** und die **Semantik** kann man der **Spezifikation,** teilweise auch der **Dokumentation** der Programmiersprache entnehmen. Die syntaktische Definition einer Programmiersprache wird meist in der formalen Notation **Backus-Naur-Form** angegeben.

Neben der Unterscheidung nach Generationen lassen sich Programmiersprachen nach der Art und Weise der Problemlösung bzw. -darstellung unterscheiden.

Als **prozedurale Programmiersprachen** werden die Sprachen der ersten bis dritten Generation bezeichnet. Bei diesen Programmiersprachen werden vor allem Programmabläufe beschrieben. Ein solcher Programmablauf gibt den Weg zur Problemlösung als Folge von Einzelschritten an. Die Entwicklung eines Algorithmus ist demnach als Vorstufe der Programmierung anzusehen.

Die prozedurale Entwurfsmethode konzentriert sich auf die Zerlegung von Aufgaben der einzelnen Verarbeitungsschritte, um sie danach in übersichtliche **Unterprogramme** zu gliedern. Diese Unterprogrammtechnik ist in den prozeduralen Programmiersprachen eine sinnvolle Möglichkeit der strukturierten Programmentwicklung, da jedes Unterprogramm einen Teilschritt bei der Problemlösung darstellt. Auch unter dem Aspekt der Wiederverwendbarkeit von Programmbausteinen können Unterprogramme effizient eingesetzt werden.

Bei **funktionalen Programmiersprachen** ist das Programm eine Funktion, die sich typischerweise auf einfachere Funktionen stützt, daher auch der Name „funktionale Programmiersprache". Die Beziehungen zwischen den Funktionen sind einfach: Eine Funktion kann eine andere aufrufen oder das Ergebnis einer Funktion kann als Parameter für eine andere Funktion genutzt werden. Programme werden wie mathematische Funktionen geschrieben. Eine Funktion hat einen Definitions- und einen Wertebereich. Die Funktion erhält einen Eingabewert und berechnet, mathematisch gesehen, den Wert der Funktion.

Logische Programmiersprachen sind auf die Lösung von bestimmten Problemen abgestimmt (Datenbankabfragen, mathematische Beweise). Es wird kein Algorithmus zum Lösen eines Problems angegeben, sondern es werden lediglich die Bedingungen für eine korrekte Lösung bestimmt.

Die Weiterentwicklung der modularen Programmierung führte zur **objektorientierten Programmiersprache.** Das Problem der modularen Programmierung besteht darin,

- dass globale Variablen in jedem Teil des Programms aufgerufen und überschrieben werden können und
- Verbindungen zwischen den Daten eines Programms und den sie manipulierenden Funktionen fehlen.

Dies führt dazu, dass große Programme sehr leicht unübersichtlich werden und sich schwerer testen lassen.

Im Jahre 1970 erkannte David Parnas das Problem und hatte die Idee, in einem Modul jede einzelne Variable zu kapseln. Der direkte Zugriff auf die Variablen wurde nur über eine bestimmte Schnittstelle mit einem Satz von Operationen, wie z.B. über Prozeduren oder Funktionen, erlaubt. Sollen andere Module ebenfalls auf die Variable zugreifen, können sie dies nur indirekt, indem sie die Variable über eine Schnittstelle für ein solches Modul aufrufen.

Statt ein Problem in Teilprobleme zu zerlegen und diese Teilprobleme durch Unterprogramme wie bei der prozeduralen Programmierung zu lösen, werden hier das Problem und seine Lösung durch eine Untergliederung der einzelnen Elemente reduziert. Es entstehen sogenannte **Klassenhierarchien.**

Typische Vertreter für diesen Lösungsansatz sind C++, Java oder C#. Dabei ist C++ die älteste dieser Programmiersprachen. Bereits im Jahre 1982 begann Bjarne Stroustrup eine Erweiterung der prozeduralen Programmiersprache C zu entwickeln. Im Jahre 1989 wurde die Basissprache definiert und 1996 der internationale Standard verabschiedet. C++ eignet sich auch zur Entwicklung von systemnahen Programmen.

Java wurde im Jahre 1991 von Ingenieuren der Firma SUN mit dem Ziel eines interaktiven Fernsehens unter dem Namen „OaK“ entwickelt. Nach und nach änderte sich die Zielvorstellung und heute wird Java hauptsächlich für Internet- bzw. plattformübergreifende Anwendungen eingesetzt.

Im Jahr 2001 entwickelte Microsoft die Programmiersprache **C#** für ihre .Net-Plattform. Dabei wurde auf bewährte Konzepte der Programmiersprachen C, C++, Java, Delphi und Haskell zurück gegriffen. Wie Java ist auch C# eine reine objektorierentierte Sprache.

Aufgaben

1. Nennen Sie den Unterschied zwischen einer prozeduralen und einer objektorientierten Programmiersprache.
2. Diskutieren Sie den Unterschied zwischen den Programmiersprachen C++ , Java und C#.
3. Informieren Sie sich über weitere moderne Programmiersprachen wie Rust, Go, Swift und D. Erarbeiten Sie deren Gemeinsamkeiten und Unterschiede.

S

Anna und Stefan finden sowohl Java als auch C# sehr interessant. Deshalb beschließen sie, beide Sprachen besser kennenzulernen und in Projekten auszuprobieren. Anna möchte sich mit Java beschäftigen und Stefan mit C#. Anschließend informieren sich beide über Entwicklungsumgebungen (IDEs), mit deren Hilfe sie ein Programm in der entsprechenden Sprache schreiben und ausführen können.

5.2 Das erste Programm

5.2.1 Grundlagen von Java

Java ist eine moderne, einfach zu erlernende und konsequent objektorientierte **Programmiersprache**. Gleichzeitig steht Java aber auch für eine spezielle **Technologie** der Bereitstellung von Software und hat sich quasi zu einer **Philosophie** der IT-Branche entwickelt.

Als Programmiersprache unterstützt Java den Programmierer dabei, kleine, zuverlässige und fehlerfreie Programmeinheiten zu erstellen. Wichtig ist in diesem Zusammenhang die konsequente Objektorientierung. Unter Java entstehen Objekte mit gesicherter Qualität, wobei die Performance etwas in den Hintergrund tritt.

Als Technologie umfasst Java zum einen das JDK (**J**ava **D**evelopment **K**it) als komfortable Entwicklungsumgebung und zum anderen die JRE (**J**ava **R**untime **E**nvironment) als Laufzeitumgebung. In der Entwicklungsumgebung werden die Programme erfasst, getestet und übersetzt. Die Laufzeitumgebung realisiert die Java-Plattform und muss auf den Computern installiert sein, wo Java-Anwendungen ausgeführt werden sollen. Die Laufzeitumgebung beinhaltet zum einen die virtuelle Maschine (VM) zur Interpretation und Ausführung des vorab übersetzten Java-Programms und zum anderen die Java-API (**A**pplication **P**rogramming **I**nterface) als Bibliothek mit vorgefertigten Softwarebausteinen.

Java zielt als Philosophie auf Unabhängigkeit und Qualität. Unabhängig will man von konkreten Hard- und Softwareplattformen sein, unabhängig aber auch von jeglichen kommerziellen Einflüssen. Java ist das Werkzeug der Open-Source-Community. Es gibt in diesem Bereich umfangreiche Unterstützung und eine Vielzahl von frei nutzbaren Tools, wie z. B. Eclipse, worauf bereits in Kapitel 4 verwiesen wurde.

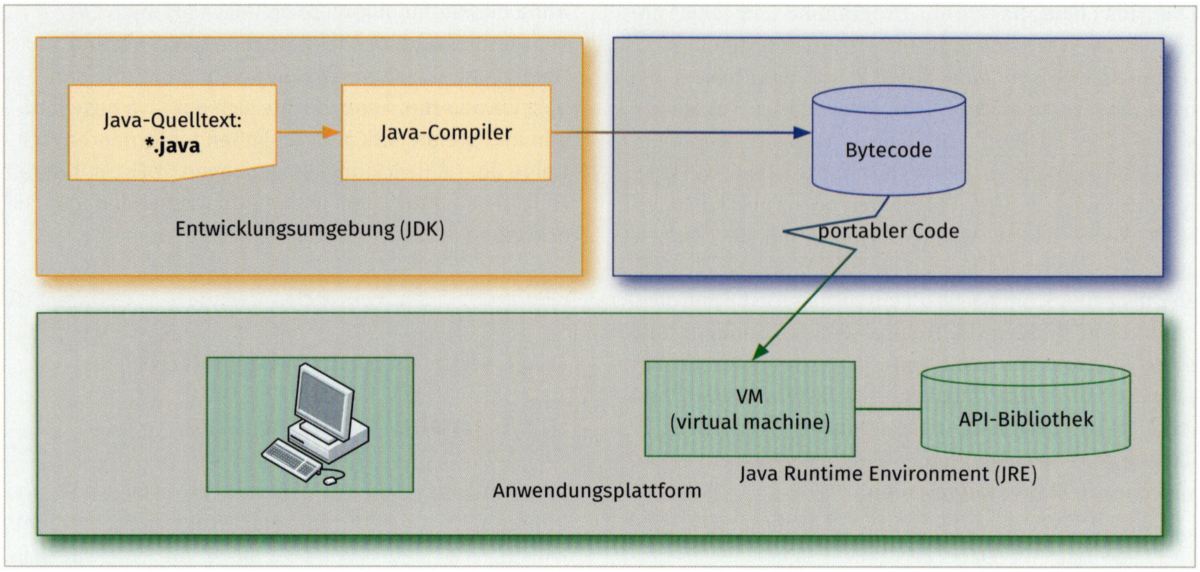

Entstehung einer Java-Applikation

5.2.2 Programm in Java mithilfe von Eclipse erstellen

S Anna informiert sich über die Entwicklung von Java-Programmen und entsprechenden integrierten Entwicklungsumgebungen (IDEs). Dabei stellt sie fest, dass es möglich ist, Java-Programme auch ohne Hilfe einer IDE zu entwickeln. Allerdings lassen sich Programme mithilfe einer IDE komfortabler erstellen und Projekte besser verwalten. Nach einigen Recherchen und aufgrund von Empfehlungen entscheidet sich Anna für „Eclipse" als Entwicklungsumgebung.

Eclipse ist ein sehr flexibles und leistungsfähiges Open-Source-Framework für eine Entwicklungsumgebung, das nach entsprechender Aufrüstung durch Plug-ins durchaus mit kommerziellen IDEs konkurrieren kann. Um ein Programm in „Eclipse" zu erstellen, sind folgende Schritte notwendig.

Eclipse starten

Gestartet wird Eclipse durch einen Doppelklick auf das Programmsymbol. In das folgende Fenster muss dann das Arbeitsverzeichnis eingegeben und mit „Ok" bestätigt werden.

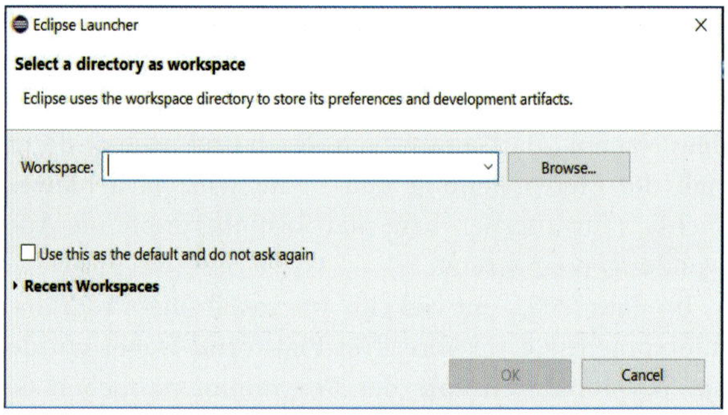

Projekt anlegen

Durch den Menübefehl **File | New | Java Project** wird ein neues Projekt erzeugt. Es ist dabei ein Projektname anzugeben, hier z. B. „MeinErstesProgramm", und mit Betätigen des „Finish"-Buttons zu bestätigen.

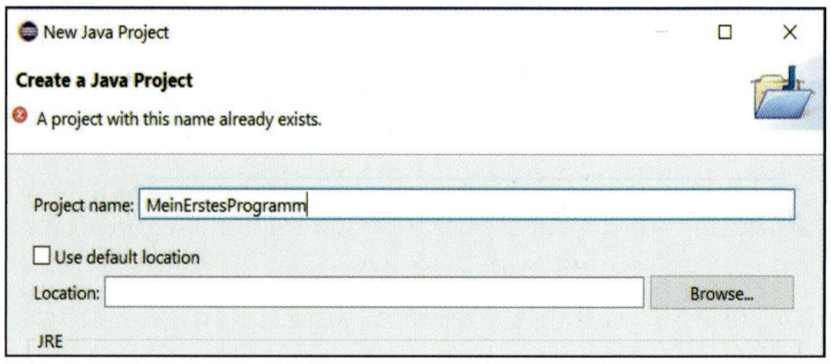

Klasse erzeugen

Durch den folgenden Menübefehl wird eine Klasse erzeugt: **File** | **New** | **Class**

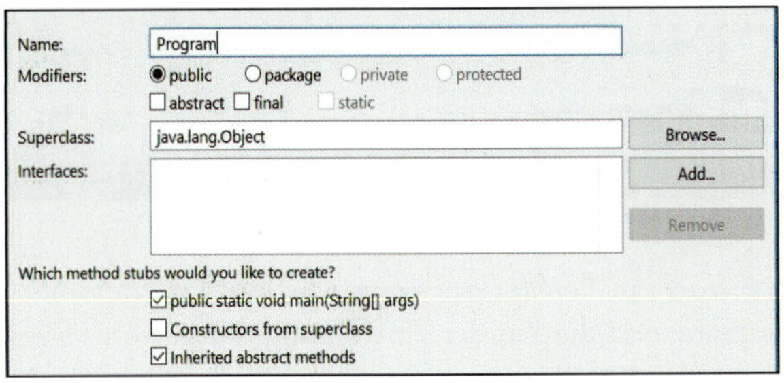

Dabei ist ein Name für die Klasse anzugeben, hier z. B. der Name „Program". Weiterhin ist der Haken bei dem Auswahlpunkt „public static void main (String[] args)" zu setzen. Danach wird durch das Betätigen des Button „Finish" die Klasse erzeugt.

Programm schreiben

Jetzt sollte folgende Ansicht zu sehen sein und es kann mit dem Schreiben des Programmes begonnen werden.

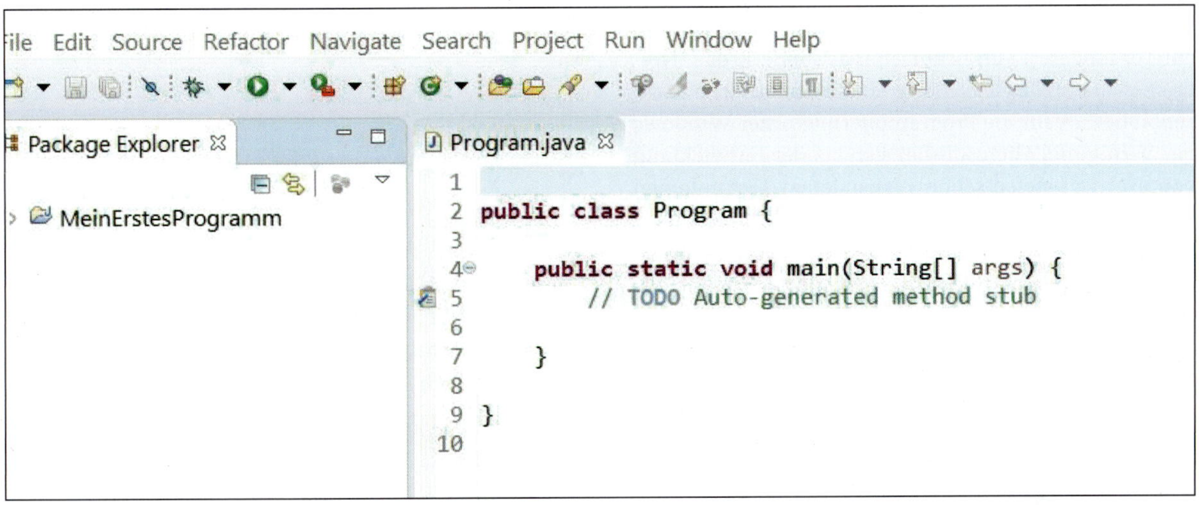

Als erstes Programm soll das klassische „Hello World" ausprobiert werden. Nachfolgend ist der Quelltext für dieses Programm angegeben.

```
public class Program
{
    public static void main( String[] args )
    {
      System.out.println("Hello World");
    }
}
```

Dieser Quelltext kann in die IDE „Eclipse" zum Ausprobieren übertragen werden. Dabei ist zu beachten, dass jene Teile, die automatisch generiert wurden und im Quelltext schon vorhanden sind, nicht erneut eingegeben werden müssen. In unserem Fall reicht es also, die Anweisung „System.out.println("Hello World");" zu übertragen. Danach kann das Programm ausgeführt und getestet werden.

Programm starten

Durch den folgenden Menübefehl wird das Programm gestartet: **Run** | **Run**

Alternativ kann auch der in der Menüleiste abgebildete Button zum Ausführen betätigt werden. Das Programm wird ausgeführt und das Ergebnis erscheint im Ausgabefenster von Eclipse.

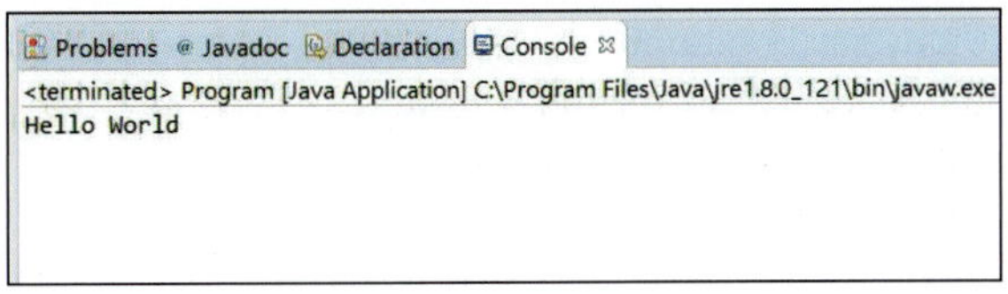

5.2.3 Grundlagen der Programmiersprache C#

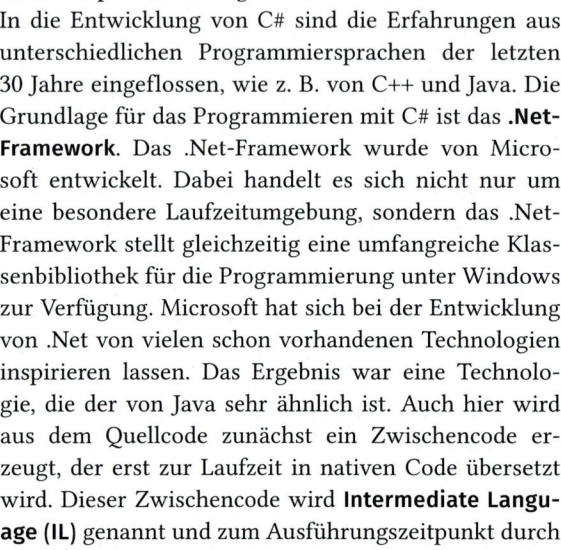

C# ist eine einfache, sichere, moderne und leistungsfähige sowie rein objektorientierte Sprache. Sie wurde unter anderem von Andres Hejlsberg entwickelt, der früher z. B. auch für die Entwicklung des Produktes Borland Delphi zuständig war. In die Entwicklung von C# sind die Erfahrungen aus unterschiedlichen Programmiersprachen der letzten 30 Jahre eingeflossen, wie z. B. von C++ und Java. Die Grundlage für das Programmieren mit C# ist das **.Net-Framework**. Das .Net-Framework wurde von Microsoft entwickelt. Dabei handelt es sich nicht nur um eine besondere Laufzeitumgebung, sondern das .Net-Framework stellt gleichzeitig eine umfangreiche Klassenbibliothek für die Programmierung unter Windows zur Verfügung. Microsoft hat sich bei der Entwicklung von .Net von vielen schon vorhandenen Technologien inspirieren lassen. Das Ergebnis war eine Technologie, die der von Java sehr ähnlich ist. Auch hier wird aus dem Quellcode zunächst ein Zwischencode erzeugt, der erst zur Laufzeit in nativen Code übersetzt wird. Dieser Zwischencode wird **Intermediate Language (IL)** genannt und zum Ausführungszeitpunkt durch einen Just-In-Time-Compiler übersetzt und ausgeführt.

5.2.4 Programm in C# mithilfe von Visual Studio erstellen

S Während sich Anna mit Eclipse als Entwicklungsumgebung für Java beschäftigt, lernt Stefan Visual Studio als IDE für C#-Programme kennen.

Visual Studio ist eine von Microsoft entwickelte integrierte Entwicklungsumgebung (IDE), womit standardmäßig verschiedene Sprachen unterstützt werden. Neben C# sind das unter anderem C++ und Visual Basic. NET. Mithilfe von Plug-ins können weitere Sprachen in Visual Studio genutzt werden. Außerdem existiert mit Visual Studio Community eine Version, die aus dem kostenpflichtigen Visual Studio hervorgegangen ist und von allen Anwendern gratis verwendet werden darf.

Um ein Programm in „Visual Studio" zu erstellen, sind folgende Schritte notwendig:

Visual Studio starten

Gestartet wird Visual Studio durch einen Doppelklick auf das Programmsymbol.

Projekt anlegen

Durch den folgenden Menübefehl wird ein neues Projekt erzeugt: **Datei | Neu | Projekt**

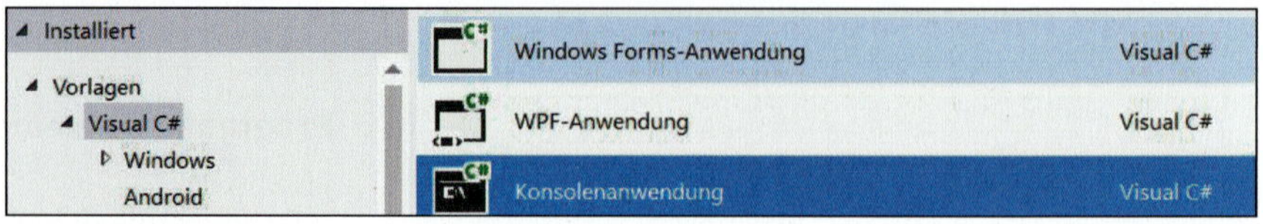

Es wird ein Fenster angezeigt, wo die Programmiersprache und die Art der Anwendung ausgewählt werden muss. Für die ersten Übungen wird der Menüpunkt „Konsolenanwendung" ausgewählt, ein Projektname eingegeben und ein Speicherort ausgewählt. Anschließend sind die Eingaben mit „Ok" zu bestätigen.

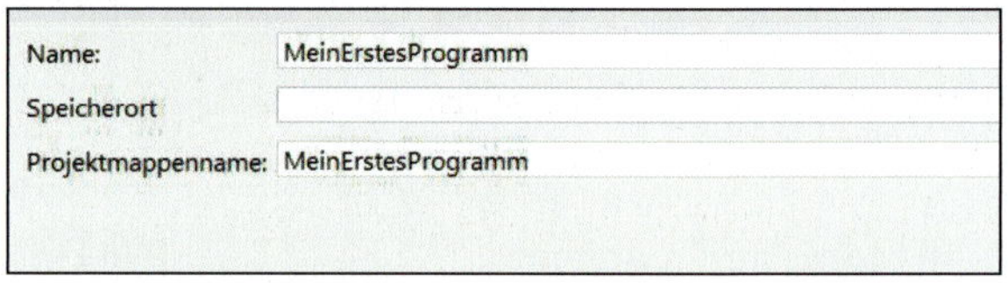

Programm schreiben

Nachdem die folgende Ansicht erscheint, kann mit dem Schreiben des Programmes begonnen werden.

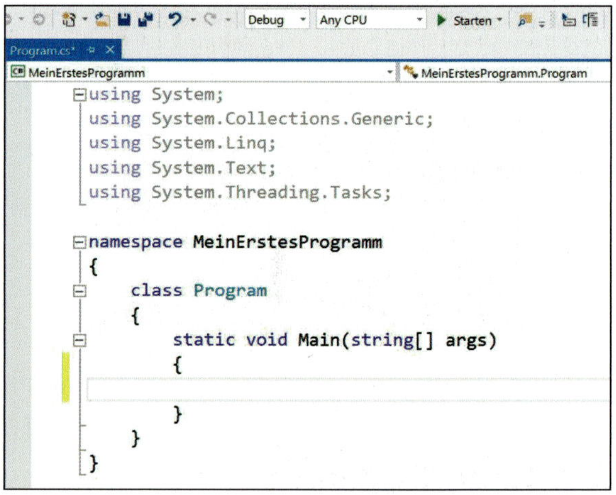

Das erste Programm, das ausprobiert werden soll, ist auch hier das klassische „Hello World". Der Quelltext für das Programm erscheint in der folgendem Box.

Zur besseren Unterscheidung sind die Quelltexte für C#-Programme im gesamten Kapitel grün eingerahmt.

```
using System;

namespace MeinErstesProgramm
{
    class Program
    {
        static void Main(string[] args)
        {
            Console.WriteLine("Hello World");
            Console.ReadKey();
        }
    }
}
```

Dieser Quelltext kann nun nach Visual Studio zum Ausprobieren übertragen werden. Dabei ist zu beachten, dass bereits automatisch generierte Teile, die schon im Quelltext vorhanden sind, nicht noch einmal eingegeben werden müssen. In unserem Fall reicht es, die Anweisungen „Console.WriteLine("Hello World");" und „Console.ReadKey();" einzugeben. Danach kann das Programm ausgeführt und getestet werden.

Programm starten

Durch den folgenden Menübefehl wird das Programm dann gestartet: **Debuggen | Debugging starten**

Alternativ kann auch der in der Menüleiste abgebildete Startbutton betätigt werden. Das Programm wird ausgeführt und das Ergebnis erscheint in einem sich öffnenden, separaten Fenster.

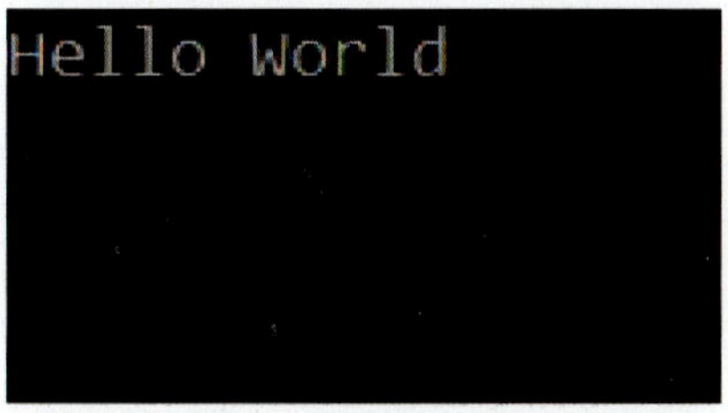

5.3 Grundlegende Sprachelemente

5.3.1 Grundgerüst eines Programmes

Die nachstehenden Beispiele zeigen jeweils das **Grundgerüst für Java- und C#-Programme**. Die Quelltexte, die für Java-Programme, C#-Programme und für beide Programme gelten, sind farblich verschieden unterlegt.

```
public class Program
{
    public static void main( String[] args )
    {
    }
}
```

```
class Program
{
    static void Main(string[] args)
    {
    }
}
```

Wie man in den Beispielen sehen kann, sind Java und C# in den grundlegenden Sprachelementen syntaktisch sehr ähnlich. Folgende syntaktische Eigenschaften gelten deswegen auch für beide Sprachen:

1. Es wird zwischen Groß- und Kleinschreibung unterschieden. Beide Sprachen sind „case sensitive".
2. Die Programme bestehen aus Klassen. Die Klassendefinition wird mit dem Schlüsselwort **class** eingeleitet.
3. Damit aus der Klasse eine Anwendung (Application) wird, muss eine Funktion mit dem Namen **main** vorhanden sein. Dies ist die Hauptfunktion, die beim Aufruf der Anwendung gestartet wird. In C# muss **Main** großgeschrieben werden.
4. Die Schlüsselwörter der Funktion **main** verkörpern folgende Sachverhalte:
   - **void** - Diese Funktion hat keinen Rückgabewert. Der Datentyp der Funktion ist damit unbestimmt.
   - **static** - Diese Funktion gehört fest zu der Klasse und kann aufgerufen werden, ohne das ein Objekt von der Klasse erzeugt wurde.
5. Geschweifte Klammern { } markieren die Anweisungenblöcke. Das erste Klammerpaar fasst alles zusammen, was zur Klasse gehört. Das innere Klammerpaar schließt die Anweisungen der Funktion **main** ein.
6. Anweisungen werden immer mit einem Semikolon abgeschlossen. Das Komma ist nur ein Trennzeichen für Aufzählungen, wie z. B. bei der Aufzählung der Variablen, die mit dem Datentyp **int** deklariert werden.

Java- und C#-Quelltexte verwenden kein vorgegebenes Format und es gibt keine vorgeschriebene Zeilenstruktur. Das Leerzeichen, das Zeilenendezeichen, der Zeilenvorschub, der Tabulator und Kommentare werden außerhalb von Zeichenkonstanten und Zeichenketten (Strings) als Trennzeichen behandelt, wodurch auch alle Schlüsselwörter und Anweisungen voneinander getrennt werden. Eine Folge von Trennzeichen wirkt sich dabei wie ein Trennzeichen aus. Im Prinzip kann der Quelltext in einer Datei in einer einzigen Zeile geschrieben werden. Allerdings ist es für den besseren Überblick zweckmäßig, eine Strukturierung des Quelltextes vorzunehmen. Für die Schreibweise von Namen für Variablen, Klassen oder Funktionen gibt es Namenskonventionen, die sinnvoll, aber nicht notwendig sind.

5.3.2 Reservierte Wörter

W

Reservierte Wörter (Schlüsselwörter) sind feste, vorgegebene Wörter, die der entsprechenden Sprache entstammen. Da jedes dieser Wörter eine feste, definierte Bedeutung besitzt, dürfen diese Wörter nicht als Bezeichner in Namen verwendet werden.

Die reservierten Wörter für Java und C# sind in den folgenden Tabellen zusammengefasst.

Schlüsselwörter in Java				
abstract	continue	for	new	switch
assert	default	if	package	synchronized
boolean	do	goto	private	this
break	double	implements	protected	throw
byte	else	import	public	throws
case	enum	instanceof	return	transient
catch	extends	int	short	try
char	final	interface	static	void
class	finally	long	strictfp	volatile
const	float	native	super	while

Schlüsselwörter in C# (Auszug)				
abstract	continue	finally	new	string
as	decimal	float	null	struct
base	default	for	private	switch
bool	do	foreach	protected	this
break	double	goto	public	true
case	else	if	readonly	try
catch	enum	int	return	using
char	event	interface	sbyte	void
class	extern	long	short	volatile
const	false	namespace	static	while

5.3.3 Kommentare

W

Kommentare dienen dazu, Notizen oder Bemerkungen direkt in den Quelltext des Programms aufzunehmen.

Der Programmierer gestaltet mithilfe von Kommentaren sein Programm für die Leser einfacher und verständlicher. Folgende Kennzeichnungen für Kommentare sind möglich und können in Java und C# mit gleicher Syntax genutzt werden.

`//`	`einzeilige Kommentare, reichen bis zum Ende der Zeile`
`/*...*/`	`mehrzeilige Kommentare, reichen über mehrere Zeilen`

Außerdem gibt es beiden Sprachen die Möglichkeit, mehrzeilige Kommentare direkt in eine Programmdokumentation umzuwandeln.
Diese Kommentare werden in beiden Sprachen unterschiedlich gekennzeichnet. In Java wird der entsprechende Kommentar in folgende Zeichen eingeschlossen: /**...*/. In C# sind diese Kommentarzeilen mit /// anstatt mit // gekennzeichnet.

5.3.4 Datentypen

W Der **Datentyp** einer Variablen oder Konstanten legt den Wertebereich sowie die Größe des Speicherplatzes fest. Des Weiteren bestimmt er die Operationen und Funktionen, die für diesen Datentyp angewendet werden können.

Java und C# besitzen unter anderem die folgenden elementaren Datentypen:
- Zahlen (numerische Datentypen)
- Zeichen
- boolesche Datentypen

Diese Datentypen sind in Java und C# weitestgehend identisch. Bei den in beiden Sprachen abweichenden Datentypen wird hinter dem Datentyp die entsprechende Programmiersprache in Klammern vermerkt.

5.3.4.1 Numerische Datentypen

Die numerischen Datentypen werden in Integer- und Gleitkomma-Typen unterteilt. Sie werden für Berechnungen, Aufzählungen und Nummerierungen eingesetzt.

Integer-Datentyp

Integer-Datentypen besitzen keine Nachkommastellen und werden im Computer immer genau dargestellt. Sie treten in verschiedenen Varianten auf:

Datentyp	Wertebereich	Speichergröße
byte (Java) sbyte (C#)	−128 ... +127	1 Byte
short	−32768 ... +32767	2 Byte
int	− 2.147.483.648 ...+2.147.483.647	4 Byte
long	− 9.223.372.036.854.775.808 ... +9.223.372.036.854.775.807	8 Byte

Gleitkomma-Datentyp

Gleitkomma-Datentypen enthalten Kommastellen. Der Computer kann jedoch nicht jede Zahl genau darstellen. Dies führt auch bei einfachen Rechnungen zu Rundungsfehlern. Je nach verwendetem Typ ist eine bestimmte Genauigkeit in den Nachkommastellen möglich. Auch diese beiden Datentypen sind in Java und C# gleich.

Datentyp	Wertebereich	Genauigkeit	Speichergröße
float	1.4 * 10 −45 ... 3.4028235 * 10 +38	7 Stellen	4 Byte
double	5 * 10 −324 ... 1.797693134 *10 +308	15 Stellen	8 Byte

5.3.4.2 Zeichen-Datentyp

Der Zeichen-Datentyp **char** kann beliebige Zeichen in Unicode enthalten. Java und C# gehen damit über die Möglichkeiten des ASCII-Codes hinaus. Dadurch sind die Zeichen nicht nur auf Zahlen und Buchstaben begrenzt. Es können auch Sonderzeichen (! , ", § , $,%, /) sowie Buchstaben anderer Alphabete enthalten sein, wobei immer nur ein Zeichen gespeichert werden kann. Einzelne Zeichen werden bei der Zuweisung durch Apostrophe eingeschlossen.

Datentyp	Wertebereich	Speichergröße
char	0 ... 65536	2 Byte

5.3.4.3 Boolescher Datentyp

Java besitzt zur Verwaltung von Wahrheitswerten den Datentyp **boolean**, der in C# **bool** lautet. Dieser Datentyp kann als Wert nur die Literale **true** oder **false** annehmen. Logische Ausdrücke liefern in beiden Sprachen immer einen booleschen Wert zurück.

Datentyp	Wertebereich	Speichergröße
boolean (Java) bool (C#)	true, false	1 Byte

5.3.5 Literale

W
> **Literale** sind unveränderliche, namenlose Darstellungen eines Wertes. Es gibt die vordefinierten Literale **null, true** und **false**.

In der folgenden Programmzeile ist die Zahl 100 ein Literal, weil sie einen konstanten Wert besitzt und weil man nicht über einen Bezeichner auf diese Zahl zugreifen kann.

```
anzahl = 100;
```

5.3.6 Variablen und Konstanten

Um Zwischenergebnisse von Berechnungen während der Programmausführung zu speichern oder konstante Werte, wie die Zahl Pi am Programmanfang zu definieren, muss Speicherplatz reserviert werden, wo diese Werte gespeichert werden können. Man unterscheidet in diesem Zusammenhang zwischen Variablen und Konstanten.

5.3.6.1 Variablen

Variablen können während der Programmausführung unterschiedliche, veränderbare Werte annehmen, wie z. B. Zwischen- und Endergebnisse aus Berechnungen.

Für jede Variable wird ein Speicherplatz im Arbeitsspeicher des Computers reserviert, auf den mit dem Variablennamen zugegriffen werden kann. Es gilt: n Variablen werden mit einem Namen und einem Datentyp vereinbart. Jede Variable, die in einem Programm verwendet wird, muss vor ihrer ersten Verwendung deklariert werden. Diese Deklaration kann aber an beliebiger Stelle in der Klasse geschehen.

Ein Beispiel soll die Berechnung und die Speicherung der Eingabe eines Anwenders verdeutlichen. Die Werte ändern sich während der Programmausführung, denn es sind variable Werte. In diesem Beispiel wird der Variablen **ergebnis** die Summe der beiden Zahlen 100 und 200 zugewiesen.

```
int ergebnis;             // Deklaration
ergebnis = 100 + 200;     // Zuweisung
```

5.3.6.2 Syntax der Variablendeklaration

Die Deklaration von Variablen erfolgt in beiden Programmiersprachen übereinstimmend, was die folgenden Beispiele zeigen:

```
// Deklaration einer einzelnen Variablen
int anzahl;

// Deklaration einer einzelnen Variablen
// und gleichzeitige Initialisierung
double  preis = 12.30;

// Deklaration mehrerer Variablen
double breite, laenge, hoehe;
```

Die Deklaration besteht aus einem Datentyp (hier: **int** oder **double**) und dem Namen der Variablen (hier z. B. **anzahl** oder **preis**). Die Deklaration wird mit einem Semikolon abgeschlossen. Die Namen der Variablen werden direkt nach dem Datentyp, getrennt durch ein oder mehrere Leerzeichen, angegeben. Die Namen der Variablen halten sich an die Vorgaben für Bezeichner. Es kann hinter dem Variablennamen eine Initialisierung vorgenommen werden, wobei ein Gleichheitszeichen (Zuweisungsoperator) sowie ein Ausdruck angefügt werden (hier: **= 12.30**). Es ist auch möglich, mehrere Variablen gleichzeitig zu deklarieren. Dies geschieht dadurch, dass man die einzelnen Variablen durch Komma getrennt aufzählt. Standardmäßig werden aber Variablendeklarationen einzeln in eine Zeile geschrieben und meist auch gleich initialisiert.

5.3.6.3 Konstanten

Konstanten können wie Variablen deklariert werden und Werte aufnehmen. Im Gegensatz zu Variablen kann der vereinbarte Wert aber während des Programmablaufs nicht mehr verändert werden. Wird dies trotzdem versucht, reagiert das Programm mit einer Fehlermeldung. Bezeichner für Konstanten enthalten üblicherweise nur Großbuchstaben.

5.3.6.4 Syntax der Deklaration von Konstanten

Um Konstanten zu deklarieren, wird vor den Datentyp ein Schlüsselwort geschrieben, wobei sich in diesem Fall die Schlüsselwörter in Java und in C# unterscheiden. In Java lautet das Schlüsselwort **final**, in C# ist es das Schlüsselwort **const**.

```
final double PI = 3.1415;
final int ANZAHL_MONATE = 12;
```

```
const double PI = 3.1415;
const int ANZAHL_MONATE = 12;
```

5.3.6.5 Variablen- und Konstantennamen oder Bezeichner

Namen oder Bezeichner benennen u. a. Konstanten und Variablen in den Java- und C#-Programmen. Bei der Programmierung kann über einen Namen auf diese Elemente zugegriffen werden. Der Name wird vom Programmierer festgelegt. Dabei müssen folgende Regeln beachtet werden:

Namenskonventionen	
Anfang	Namen müssen mit ‚a'… ‚z', ‚A'… ‚Z', ‚_' oder ‚$' beginnen und können dann beliebig fortgesetzt werden. Sie dürfen keine Leerzeichen enthalten. Mehrere Worte als Name müssen daher zusammengezogen werden („anzahlMitarbeiter").
Länge	Namen können eine beliebige Länge haben. Es ist ein angemessener Kompromiss aus Lesbarkeit (lang) und Schreibaufwand (kurz) zu finden.
groß/ klein	Variablennamen sollten mit einem Kleinbuchstaben beginnen. Bei Namen aus mehreren Wörtern ist der Beginn der einzelnen Wortstämme innerhalb des Namens zur besseren Lesbarkeit jeweils mit einem Großbuchstaben zu beginnen („maxWert").
Gültigkeit	Namen dürfen in ihrem Gültigkeitsbereich nur einmal vorkommen, d. h., man kann keine Namen mehrfach deklarieren.

5.3.6.6 Wertzuweisungen an Variablen und Konstanten

Um einer Variablen einen Wert zuzuweisen, wird der Zuweisungsoperator „=" verwendet. Einer Variablen oder Konstanten dürfen nur Werte zugewiesen werden, die dem vereinbarten Datentyp entsprechen.

```
// Deklaration von Variablen
int i, j;
char zeichen;

// Wertezuweisungen
i = 10;
j = i + 20;
zeichen = 'A';
```

5.3.7 Operatoren

W

Operatoren sind Symbole, die Verarbeitungsaktionen in Ausdrücken auslösen.

In einem Ausdruck werden die Operatoren hinsichtlich der Ausführungsreihenfolge nach Prioritäten eingeteilt. Die Ausführungsreihenfolge kann auch durch das Setzen von runden Klammern festgelegt werden. Der Inhalt der Klammern wird immer zuerst ausgewertet, da ihm die höchste Priorität zukommt.

5.3.7.1 Arithmetische Operatoren

Arithmetische Operatoren, auch Rechenoperatoren genannt, führen mathematische Berechnungen durch, wobei sie in der Eingabe Ganz- oder Gleitkommazahlen erwarten und ein numerisches Ergebnis liefern. Diese Operatoren sind in der nachfolgenden Übersicht aufgeführt und für beide Programmiersprachen gleich.

Operator	Name	Bedeutung
+	Addition	a + b ergibt die Summe von a und b.
–	Subtraktion	a – b ergibt die Differenz von a und b.
*	Multiplikation	a * b ist das Produkt aus a und b.
/	Division	a / b ist der Quotient von a und b.
%	Modulo	a % b ist der Rest der ganzzahligen Division von a und b.
++ oder --	Preinkrement .. Predekrement	++a erhöht oder (--a) verringert die Variable a um 1 vor der weiteren Verwendung.
++ oder --	Postinkrement .. Postdekrement	a++ erhöht und a-- verringert die Variable a um 1 vor der weiteren Verwendung.

5.3.7.2 Relationale Operatoren

Relationale Operatoren werden auch Vergleichsoperatoren genannt, weil sie Ausdrücke miteinander vergleichen und ein logisches Ergebnis liefern, entweder „true“ (wahr) oder „false“ (falsch). Die folgenden Operatoren sind in Java und in C# gleich:

Operator	Name	Bedeutung
==	Gleichheit	a == b ergibt true, wenn a und b gleich sind.
!=	Ungleichheit	a! = b ergibt true, wenn a und b ungleich sind.
<	kleiner	a < b ergibt true, wenn a kleiner b ist.
>	größer	a > b ergibt true, wenn a größer b ist.
<=	kleiner gleich	a <= b ergibt true, wenn a kleiner oder gleich b ist.
>=	größer gleich	a >= b ergibt true, wenn a größer oder gleich b ist.

5.3.7.3 Boolesche Operatoren

Boolesche Operatoren werden auch logische Operatoren genannt. Sie stammen aus der booleschen Algebra und dienen der logischen Verknüpfung von Aussagen. Mit ihrer Hilfe werden einzelne Vergleichsoperationen zu komplexeren Bedingungen zusammengefügt.

<table>
<tr><th>Operator</th><th>Name</th><th>Bedeutung</th></tr>
<tr><td>!</td><td>Negation</td><td>invertiert den Ausdruck</td></tr>
<tr><td>&&</td><td>UND</td><td>ergibt true, wenn beide Operanten true sind</td></tr>
<tr><td>||</td><td>ODER</td><td>ergibt true, wenn mindestens ein Operant true ist</td></tr>
<tr><td>^</td><td>Exclusive ODER</td><td>ergibt true, wenn genau ein Operant true ist</td></tr>
</table>

In der nachfolgenden Übersicht sind die Ergebnisse bei der Anwendung boolescher Operatoren für die Variablen x und y erkennbar.

<table>
<tr><th>x</th><th>y</th><th>x && y</th><th>x || y</th><th>x ^ y</th><th>!(x && y)</th><th>!(x || y)</th><th>!(x ^ y)</th></tr>
<tr><td>true</td><td>true</td><td>true</td><td>true</td><td>false</td><td>false</td><td>false</td><td>true</td></tr>
<tr><td>true</td><td>false</td><td>false</td><td>true</td><td>true</td><td>true</td><td>false</td><td>false</td></tr>
<tr><td>false</td><td>true</td><td>false</td><td>true</td><td>true</td><td>true</td><td>false</td><td>false</td></tr>
<tr><td>false</td><td>false</td><td>false</td><td>false</td><td>false</td><td>true</td><td>true</td><td>true</td></tr>
</table>

5.3.8 Ein- und Ausgabe in der Konsole

Konsolenprogramme sind sehr nützlich zum schnellen Ausprobieren von Algorithmen, ohne mit hohem Aufwand eine Benutzeroberfläche erstellen zu müssen. Man kann sich so auf das Wesentliche im Algorithmus konzentrieren. Trotzdem ist es notwendig, grundlegende Ein- und Ausgabebefehle zu kennen, um mit dem Programm interagieren zu können. Die Befehle für die Ein- und Ausgabe unterscheiden sich zwischen Java und C#.

5.3.8.1 Ein- und Ausgabe mithilfe von Java

Ausgabe

Zur Ausgabe von Zeichenketten, Zahlen und weiteren Elementen verwendet man folgenden Befehl:

```
// Ausgabe ohne Zeilenwechsel
System.out.print (<Ausgabe>);

// Ausgabe mit Zeilenwechsel
System.out.println (<Ausgabe>);
```

Das folgende Beispiel zeigt: Zeichenketten werden in Hochkommata eingeschlossen. Variablen werden mit Zeichenketten durch ein **„+“** verbunden.

```
// einfache Ausgabe
System.out.print ("Geben Sie einen Wert ein");

// Ausgabe Text + Variable
System.out.println ("Das Ergebnis ist:" + ergebnis);
```

Eingabe

Benutzereingaben über die Konsole realisiert man in Java vorzugsweise mit der Klasse „java.util.Scanner“, wie das folgende Beispiel zeigt:

```
import java.util.*;

public class Program
{
   public static void main(String[] args)
   {
      Scanner input = new Scanner(System.in);
      System.out.println("Geben Sie einen Text ein");
      String text = input.nextLine();
      System.out.println("Sie haben folgenden Text eingeben:" + text);
   }
}
```

Die Eingabe untergliedert sich in folgende Schritte:

1. Einbinden der Import-Anweisung für das Paket **java.util**, da dort die Scannerklasse definiert ist:

```
import java.util.*;
```

2. Anlegen eines Objektes der Klasse **Scanner**, welche als Eingabestrom die Standardeingabe **System.in** nutzt. Es genügt sich zu merken, dass der Eingabepuffer benötigt wird. Mit dem Deklarieren und Anlegen von Speicherplatz für den Scanner besteht nun die Möglichkeit, direkt Eingaben von der Eingabekonsole vorzunehmen:

```
Scanner input = new Scanner(System.in);
```

3. Deklarierung einer Variable (meistens als String), in die der Inhalt von Scanner geschrieben wird, sowie Einlesen der Konsoleneingabe des Benutzers:

```
String text = input.nextLine();
```

4. Beim Einlesen von Integer-Zahlen empfiehlt sich statt „nextLine( )“ die Methode „nextInt( )“. Für Kommazahlen empfiehlt sich die Methode „nextDouble( )“.

Für die Konsoleneingabe und -ausgabe in Java ist auf der folgenden Seite ein Programm zu sehen, in dem man aufgefordert wird, verschiedene Daten einzugeben, und das im Anschluss daran die eingegebenen Werte wieder ausgibt.

```
import java.util.*;

public class Program
{
    public static void main(String[] args)
    {
        Scanner input = new Scanner(System.in);
        System.out.println("Geben Sie bitte ihren Namen ein");
        String name = input.nextLine();
        System.out.println("Geben Sie bitte ihr Alter ein");
        int alter = input.nextInt();
        System.out.println("Geben Sie bitte Ihre Körpergröße ein");
        double groesse = input.nextDouble();
        System.out.println("Sie heißen" + name + ", sind" + alter +
                          "Jahre alt und sind" + groesse + "groß.");
    }
}
```

5.3.8.2 Ein- und Ausgabe mithilfe von C#

Ausgabe

Zur Ausgabe von Zeichenketten, Zahlen und weiteren Elementen verwendet man folgenden Befehl:

```
// Ausgabe ohne Zeilenwechsel
Console.Write(<Ausgabe>);

// Ausgabe mit Zeilenwechsel
Console.WriteLine(<Ausgabe>);
```

Zeichenketten werden in Hochkommata eingeschlossen. Variablen werden mit Zeichenketten durch ein **„+“** verbunden.

```
// einfache Ausgabe
Console.Write ("Geben Sie einen Wert ein");

// Ausgabe Text + Variable
Console.WriteLine (" Das Ergebnis ist:" +
                   ergebnis);
```

Eingabe

Benutzereingaben über die Konsole realisiert man in C# vorzugsweise mit der Methode „ReadLine()“, wie das folgende Beispiel zeigt:

```
using System;

namespace BeispielKonsole
{
    class Program
    {
        static void Main(string[] args)
        {
            Console.WriteLine("Geben Sie eine Text ein");
            String text = Console.ReadLine();
            Console.WriteLine("Sie haben folgenden Text eingegeben: " + text);
            Console.ReadKey();
        }
    }
}
```

Die Eingabe untergliedert sich in folgende Schritte:

1. Einbinden des Namespace **System** mithilfe der Using-Anweisung, da dort die Konsolenklasse definiert ist:

```
using System;
```

2. Deklarierung einer Variable (meistens als String), in die der Inhalt der Eingabe geschrieben wird, und Einlesen der Konsoleneingabe des Benutzers:

```
String text = Console.ReadLine();
```

3. Da alle Eingaben immer als Text interpretiert werden, egal ob es sich um Zahlen oder Zeichen handelt, müssen Zahlen noch entsprechend konvertiert werden. Für Integerzahlen wird der Befehl **Convert.ToInt32** und für Doublezahlen der Befehl **Convert.ToDouble** benutzt.

Im folgenden Beispiel für die Konsoleneingabe und -ausgabe in C# ist ein Programm zu sehen, in dem man aufgefordert wird, verschiedene Daten einzugeben, und das im Anschluss daran die eingegebenen Werte wieder ausgibt.

```
using System;

namespace BeispielKonsole
{
    class Program
    {
        static void Main(string[] args)
        {
            Console.WriteLine("Geben Sie bitte ihren Namen ein");
            String name = Console.ReadLine();
            Console.WriteLine("Geben Sie bitte ihr Alter ein");
            int alter = Convert.ToInt32(Console.ReadLine());
            Console.WriteLine("Geben Sie bitte Ihre Körpergröße ein");
            double groesse = Convert.ToDouble(Console.ReadLine());
            Console.WriteLine("Sie heißen " + name + ", sind " + alter +
                                        "Jahre alt und sind " + groesse + " groß.");
            Console.ReadKey();
        }
    }
}
```

5.3.9 Kontrollstrukturen

Anweisungen beschreiben einzelne Arbeitsschritte, die zur Lösung einer Problemstellung erforderlich sind.

Anweisungen werden nacheinander (sequenziell) von oben nach unten und genau einmal abgearbeitet. Oft ist es jedoch erforderlich, dass Programmteile mehrmals oder gar nicht abgearbeitet werden sollen. Dafür gibt es Kontrollstrukturen.

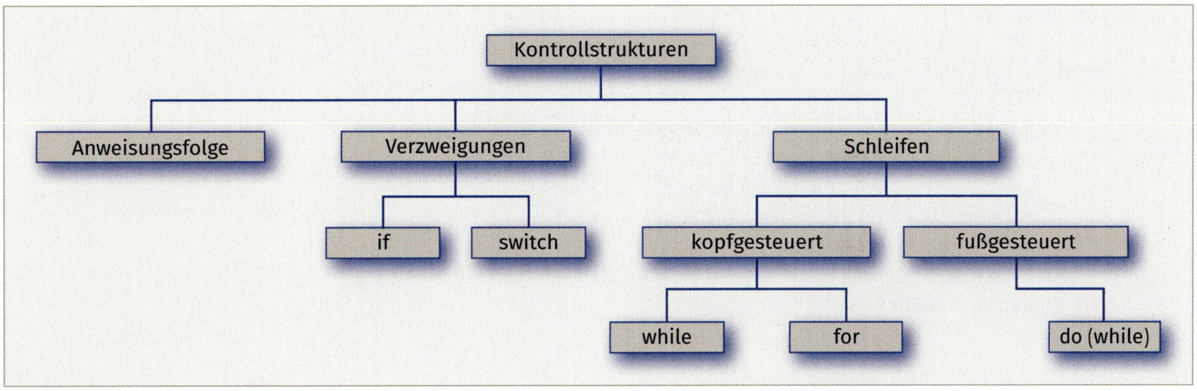

Kontrollstrukturen

5.3.9.1 Anweisungen und Anweisungsfolgen (Sequenz)

Einzelne Anweisungen in Programmen können z. B. Zuweisungen, Berechnungen oder Ein- und Ausgaben sein. Sollen für die Lösung einer Aufgabe einfach nur mehrere Anweisungen hintereinander ausgeführt werden, können sie in der gleichen Reihenfolge beschrieben werden, wie im folgenden Struktogramm dargestellt:

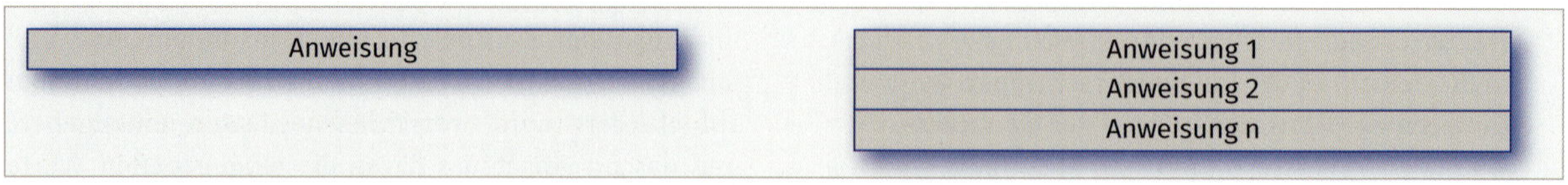

Anweisung und Anweisungsfolge

Als Beispiel soll ein Programm dienen, wo der Benutzer zwei ganze Zahlen eingeben kann und wo danach die Summe dieser Zahlen berechnet und ausgegeben wird.

Zuerst wird das Struktogramm für den Algorithmus entwickelt. Mithilfe des Struktogramms kann ein Programm in Java oder C# geschrieben werden, dass die Summe zweier ganzer Zahlen berechnet.

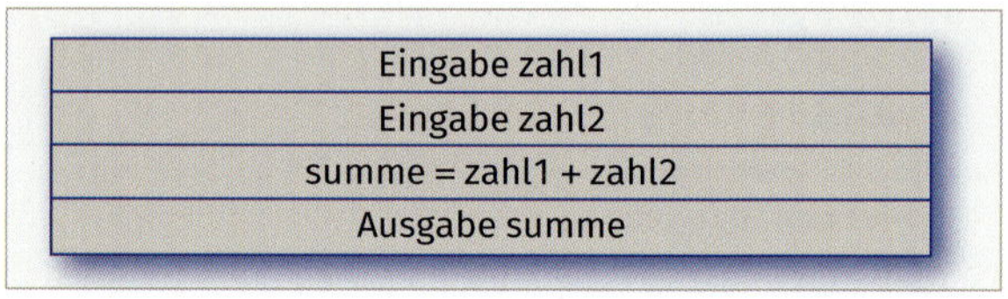

Struktogramm

```
import java.util.*;

public class Program
{
    public static void main(String[] args)
    {
       Scanner input = new Scanner(System.in);
       System.out.println("Geben Sie bitte die erste Zahl ein");
       int zahl1 = input.nextInt();
       System.out.println("Geben Sie bitte die zweite Zahl ein");
       int zahl2 = input.nextInt();
       summe = zahl1 + zahl2;
       System.out.println("Die Summe beider Zahlen ist: " + summe);
    }
}
```

```
using System;

namespace BeispielSumme
{
   class Program
   {
      static void Main(string[] args)
      {
          Console.WriteLine("Geben Sie bitte die erste Zahl ein ");
          int zahl1 = Convert.ToInt32(Console.ReadLine());
          Console.WriteLine("Geben Sie bitte die zweite Zahl ein ");
          int zahl2 = Convert.ToInt32(Console.ReadLine());
          summe = zahl1 + zahl2;
          Console.WriteLine("Die Summe beider Zahlen ist: " + summe);
          Console.ReadKey();
      }
   }
}
```

Aufgaben

1. Schreiben Sie ein Programm, das den Durchschnittsverbrauch an Kraftstoff von Fahrzeugen auf 100 km berechnet. Einzugeben sind die gefahrenen Kilometer und die getankte Menge an Kraftstoff.
2. Ermitteln Sie mithilfe eines Programmes den ganzzahligen Rest einer Division. Dabei werden der ganzzahlige Dividend und der ganzzahlige Divisor eingeben und der Rest ausgeben. Benutzen Sie dafür den Modulo-Operator.
3. Der Computer soll mithilfe eines Programms nach Eingabe von Listenpreis, Lieferantenrabatt und Skonto des Lieferers in Prozent den Bareinkaufspreis berechnen und ausgeben.
4. Schreiben Sie ein Programm, das nach Eingabe der elektrischen Spannung und der elektrischen Stromstärke den elektrischen Widerstand ausrechnet und ausgibt.
5. Nach Eingabe der Länge und der Breite eines Rechtecks sollen Umfang, Flächeninhalt und die Länge der Diagonalen berechnet und ausgegeben werden.
6. Schreiben Sie ein Programm, das nach Eingabe einer Speichergröße in Byte die Größe des Speichers in Megabyte (MB) und in Mebibyte (MiB) berechnet und ausgibt.
7. Der Computer soll mithilfe eines Programms nach Eingabe von vier Zahlen den Durchschnitt dieser Zahlen berechnen und ausgeben.
8. In einem Programm sollen die Länge und die Breite eines Bildes in Pixeln eingeben werden. Des Weiteren soll der Benutzer den Speicherbedarf pro Pixel in Byte eingeben können, sowie die Anzahl der Bilder, die er speichern möchte. Ausgegeben werden soll der Speicherplatzbedarf in Gibibyte (GiB).

5.3.9.2 Verzweigungen

Die Verzweigung (Auswahl, Alternative) unterstützt den Programmablauf, wenn er von einer oder mehreren Bedingungen abhängt.

W

Die mehrseitige **Auswahl** ist dann sinnvoll, wenn eine einzige Variable auf unterschiedliche Werte abgefragt wird. In diesem Falle ist die mehrseitige Auswahl übersichtlicher als eine mehrfache, zweiseitige Auswahl.

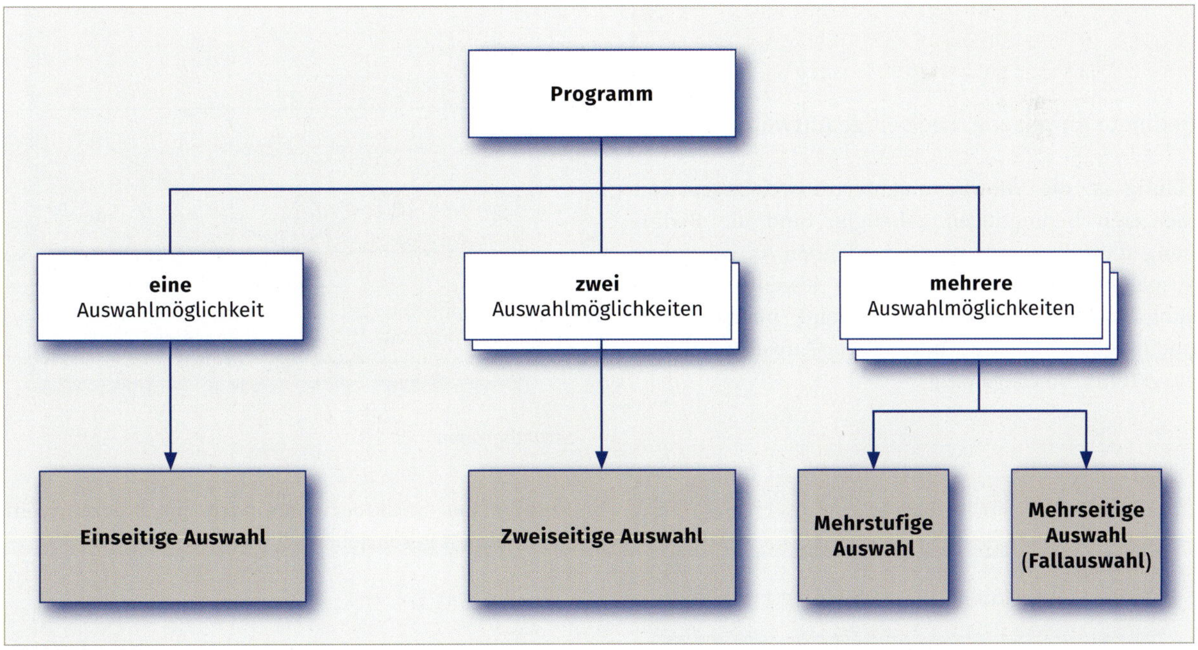

Verzweigungen

Bedingte Anweisung, einseitige Auswahl

Bei vielen Problemstellungen ist die Verarbeitung der Anweisungen an eine Bedingung geknüpft. Ist die Bedingung erfüllt, werden die betreffenden Anweisungen ausgeführt. Andernfalls wird der jeweilige Anweisungsblock, der der Bedingung folgt, übersprungen.

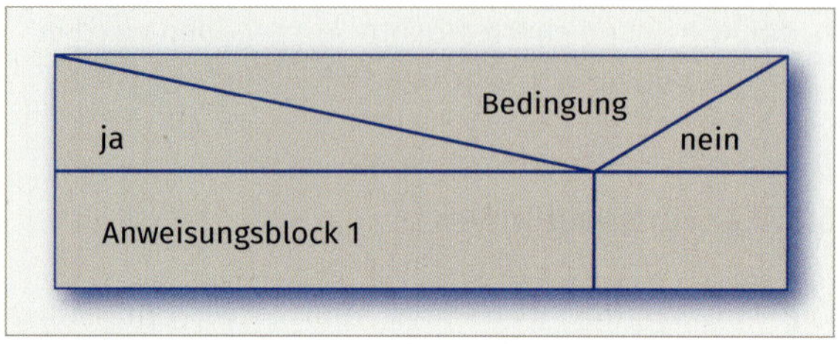

Alternative

Syntaktisch ist die einseitige Auswahl in Java und in C# gleich. Hinter dem Schlüsselwort **if** folgt in Klammern der Bedingungsausdruck. Die sich anschließende Anweisungsgruppe wird in geschweifte Klammern { } eingeschlossen.

```
if (Bedingung)
{
    Anweisung1;
    Anweisung2;
     ......
}
```

Bedingte Anweisung, zweiseitige Auswahl

Häufig ist die Verarbeitung der Anweisungen von mehreren Bedingungen abhängig. Sind die Bedingungen erfüllt, werden die betreffenden Anweisungen ausgeführt. Andernfalls wird der jeweilige Anweisungsblock, der der Bedingung folgt, übersprungen und möglicherweise ein alternativer Anweisungsblock ausgeführt (im else-Zweig).

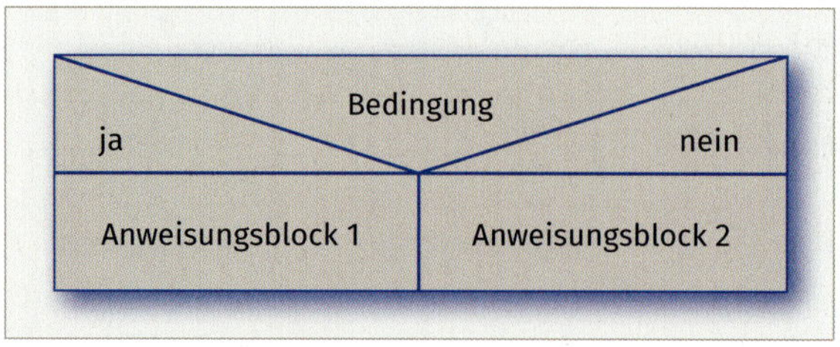

Zweiseitige Alternative

Wie bei der einseitigen Verzweigung ist auch hier die Syntax für beide Programmiersprachen gleich. Die Syntax der einseitigen Struktur wird dabei um einen **else**-Zweig erweitert. Der Anweisungsblock des **else**-Zweiges wird wieder in { } eingeschlossen.

```
if (Bedingung)
{
    Anweisung11;
    Anweisung12;
     ......
}
else
{
    Anweisung21;
    Anweisung22;
     ......
}
```

Als Beispiel soll ein Programm entwickelt werden, das nach der Eingabe einer Zahl ausgibt, ob die Zahl größer oder kleiner gleich Null ist. Zuerst wird wieder ein Struktogramm für den Algorithmus entwickelt.

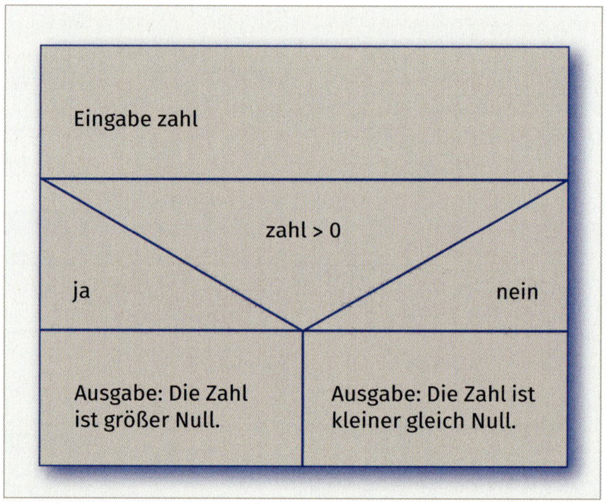

Struktogramm

Mithilfe des Struktogramms wird ein Programm in Java oder C# geschrieben.

```
import java.util.*;

public class Program
{
    public static void main(String[] args)
    {
        Scanner input = new Scanner(System.in);
        System.out.println(“Geben Sie bitte eine Zahl ein”);
        int zahl = input.nextInt();
        if ( zahl > 0 )
        {
            System.out.println(“Die Zahl ist größer Null”);
        }
        else
        {
            System.out.println(“Die Zahl ist kleiner gleich Null”);
        }
    }
}
```

```
using System;

namespace BeispielVerzweigung
{
    class Program
    {
        static void Main(string[] args)
        {
            Console.WriteLine(“Geben Sie bitte eine Zahl ein”);
            int zahl = Convert.ToInt32(Console.ReadLine());
            if ( zahl > 0 )
            {
                Console.WriteLine(“Die Zahl ist größer Null”);
            }
            else
            {
                Console.WriteLine(“Die Zahl ist kleiner gleich Null”);
            }
            Console.ReadKey();
        }
    }
}
```

Bedingte Anweisung, mehrseitige Auswahl

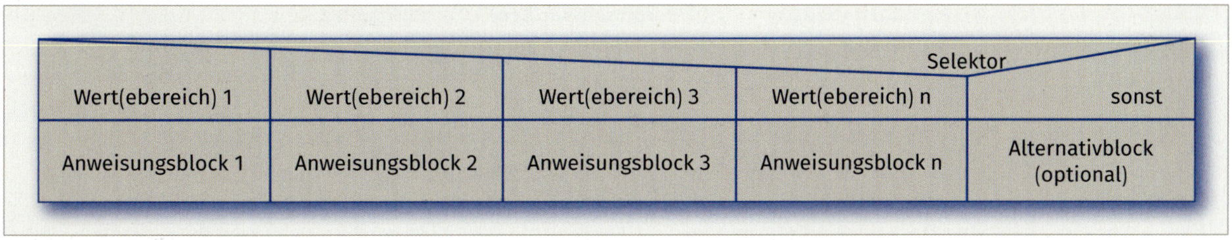

Mehrseitige Alternative

Neben der zweiseitigen gibt es die mehrseitige Auswahl. Mit einer switch-Anweisung kann eine Bedingung auf verschiedene Werte überprüft werden. Die Variable, deren Inhalt geprüft wird, heißt Selektor. Es sind nur Selektoren der Datentypen **char, byte, short** und **int** zugelassen. Es kann auch immer nur auf Gleichheit geprüft werden.

```
switch (<Selektor>)
{
    case Wert1:
    {
          Anweisung11;
          Anweisung12;
          ...
          break;
    }
    case Wert2:
    {
          Anweisung21;
          Anweisung22;
          ...
          break;
    }
    case Wert3:
    {
          Anweisung31;
          Anweisung32;
          ...
          break;
    }
    ...
    default:
    {
          Anweisung_d1;
          Anweisung_d2;
          ...
          break;
    }
}
```

```
import java.util.*;

public class Program
{
    public static void main(String[] args)
    {
        System.out.println("Aufgabe1 : 1");
        System.out.println("Aufgabe2 : 2");
        System.out.println("Ende : beliebige andere Zahl");
        System.out.println("Geben Sie bitte eine Zahl ein.");
        Scanner input = new Scanner(System.in);
        int auswahl = input.nextInt();
        switch (auswahl)
        {
                   case 1:
                   {
                         Aufgabe1();   //  Funktionsaufruf
                         break;
                   }
                   case 2:
                   {
                         Aufgabe2();   //  Funktionsaufruf
                         break;
                   }
                   default :
                   {
                         System.out.println("Das Programm wird beendet.");
                         break;
                   }
        }
    }
}
```

```
using System;

namespace BeispielMenue
{
    class Program
    {
        static void Main(string[] args)
        {
            Console.WriteLine("Aufgabe1 : 1");
            Console.WriteLine("Aufgabe2 : 2");
            Console.WriteLine("Ende : beliebige andere Zahl");
            Console.WriteLine("Geben Sie bitte eine Zahl ein.");
            int zahl = Convert.ToInt32(Console.ReadLine());
            switch (auswahl)
            {
                    case 1:
                    {
                        Aufgabe1();  //  Funktionsaufruf
                        break;
                    }
                    case 2:
                    {
                        Aufgabe2();  //  Funktionsaufruf
                        break;
                    }
                    default :
                    {
                        Console.WriteLine("Das Programm wird beendet.");
                        break;
                    }
            }
            Console.ReadKey();
        }
    }
}
```

In Abhängigkeit des Wertes wird ein case-Zweig ausgewählt und angearbeitet. Trifft keine Übereinstimmung zu, so wird der default-Zweig gewählt. Jeder case-Zweig sollte mit einem **break** abgeschlossen werden. Ansonsten wird der nachfolgende case-Zweig auch mit abgearbeitet. Die Syntax für eine mehrseitige Auswahl stimmt in Java und C# überein. Die Mehrfachauswahl kann z. B gut dafür verwendet werden, ein Auswahlmenü in der Konsole zu erstellen, wo der Benutzer einen bestimmten Menüpunkt auswählt, indem er eine Zahl eingibt. Die folgenden Quelltexte zeigen eine mehrseitige Auswahl in Java und C#.

Aufgaben

Generelle Aufgabenstellung: Schreiben Sie zuerst ein Auswahlmenü, wo der Benutzer durch die Eingabe einer Zahl bestimmen kann, welche der Aufgaben 1 bis 6 er ausgeführt haben möchte. Lösen Sie anschließend die folgenden Aufgaben:

1. Ein Unternehmen gewährt seinen Kunden 5 % Bonus, wenn deren Nettoabnahmemenge pro Jahr 70.000,00 € übersteigt. Schreiben Sie ein Programm, das den Bonus eines Kunden errechnet und ausgibt. Falls der Kunde den erforderlichen Umsatz nicht erbringt, soll eine entsprechende Meldung ausgegeben werden.

2. Eine Bank gewährt ihren Kunden bei einer Festgeldanlage folgende Zinsen pro Jahr:

Anlagebetrag	Zinsen
bis zu 5.000,00 €	2,00 %
bis zu 10.000,00 €	2,25 %
bis zu 50.000,00 €	2,50 %
ab 50.000,00 €	2,75 %

Berechnen Sie mithilfe eines Programmes die Zinsen bei verschiedenen Anlagebeträgen.

3. Ermitteln Sie den Bruttolohn eines Arbeiters durch die Eingabe der geleisteten Arbeitsstunden pro Woche und des Stundenlohnes. Für jede über 35 Wochenstunden abgeleistete Stunde wird ein Zuschlag von 50 % gewährt, an Sonn- und Feiertagen zusätzlich weitere 25 %. Eingaben über 80 Stunden und Stundenlöhne über 50,00 € soll das zu erstellende Programm nicht verarbeiten.
4. Schreiben Sie ein Programm, dass Ihnen nach Eingabe einer positiven ganzen Zahl ausgibt, ob es sich um eine gerade oder ungerade Zahl handelt. (Hinweis: Nutzen Sie den Modulo-Operator)
5. Ein Programm soll nach Eingabe von drei Zahlen die größte Zahl ausgeben.
6. Schreiben Sie ein Programm, welches nach der Eingabe einer Jahreszahl ausgibt, ob es sich um ein Schaltjahr handelt oder nicht. Ein Jahr ist ein Schaltjahr, wenn die Jahreszahl durch 4 und nicht durch 100 teilbar ist. Ausnahme: Ein Jahr ist ein Schaltjahr, wenn es durch 4 und durch 100 und durch 400 teilbar ist. (Hinweis: Nutzen Sie den Modulo-Operator.)

5.3.9.3 Schleifen

Mithilfe von Schleifen können bestimmte Anweisungen mehrfach wiederholt werden. Schleifen bestehen aus einer Schleifensteuerung und einem Schleifenkörper. Es werden grundsätzlich drei Arten von Schleifen unterschieden:

- kopfgesteuerte Schleife (kopfgesteuerte Wiederholung)
- fußgesteuerte Schleife (fußgesteuerte Wiederholung)
- Zählschleife (Wiederholung mit Zähler)

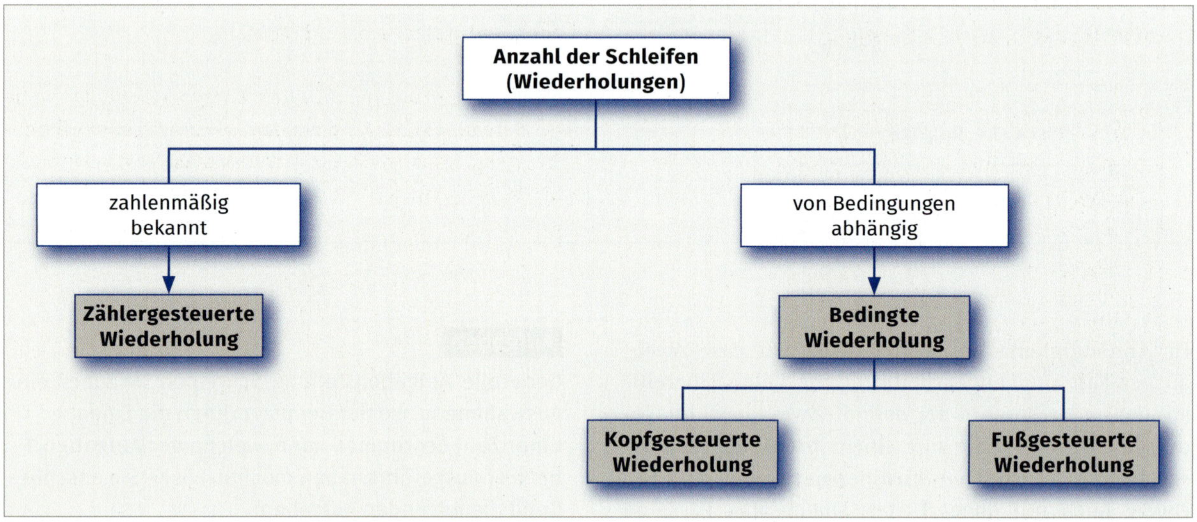

Schleifen

Wiederholung mit vorausgehender Bedingungsprüfung (kopfgesteuerte Schleife)

In der **while-Anweisung** wird die Ausführung von Anweisungen von der Gültigkeit eines beliebigen Ausdrucks abhängig gemacht. Der Ausdruck liefert einen booleschen Wert. Solange der Wert **true** ist, wird der folgende Anweisungsblock wiederholt ausgeführt. Beim Rückgabewert **false** wird die Ausführung nach der while-Anweisung fortgesetzt. Der Ausdruck wird in jedem Durchlauf zu Beginn der while-Anweisung ausgewertet.

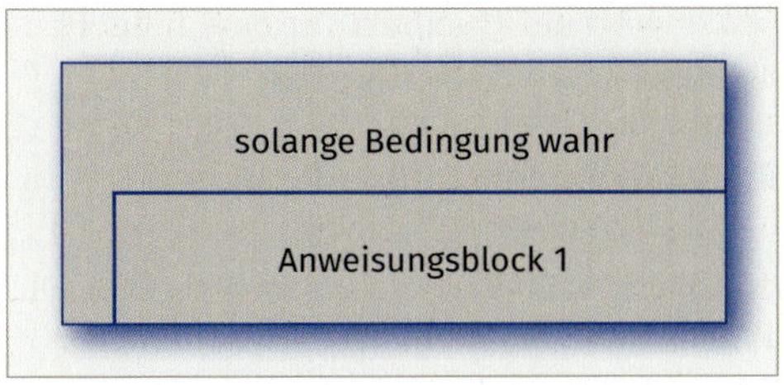

Kopfgesteuerter Zyklus

Die Syntax der kopfgesteuerten Schleife ist in Java und C# gleich. Nach dem Schlüsselwort **while** folgt in runden Klammern der Bedingungsausdruck, welcher angibt, wie lange die Schleife durchlaufen wird. Der nachfolgende Anweisungsblock wird wieder in geschweifte Klammer { } eingeschlossen.

```
while (<Bedingung>)
{
      Anweisung1;
      Anweisung2;
      ...
}
```

Als Beispiel sollen alle ganzen Zahlen von 1 bis 10 auf dem Bildschirm ausgeben werden, wie im entsprechenden Struktogramm dargestellt:

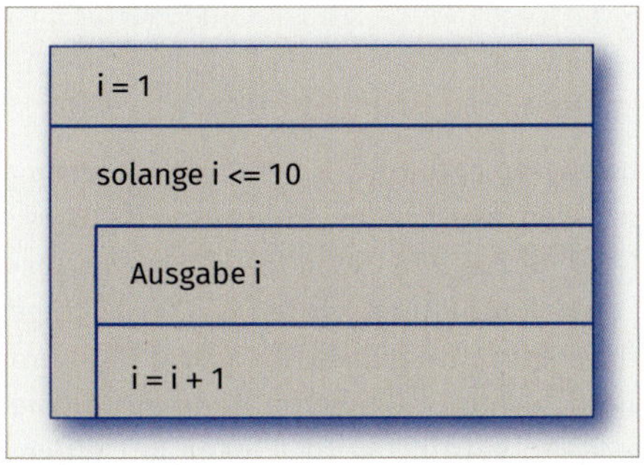

Aus dem Struktogramm wird das Programm einer kopfgesteuerten Schleife in Java und C# entwickelt.

```
import java.util.*;

public class Program
{
   public static void main(String[] args)
   {
      int i = 1;
      while ( i <= 10 )
      {
         System.out.println(i);
         i = i + 1;
      }
   }
}
```

```
using System;

namespace BeispielKopfgesteuerteSchleife
{
   class Program
   {
      static void Main(string[] args)
      {
         int i = 1;
         while ( i <= 10 )
         {
            Console.WriteLine(i);
              i = i + 1;
         }
         Console.ReadKey();
      }
   }
}
```

Wiederholung mit nachfolgender Bedingungsprüfung (fußgesteuerte Schleife)

Dieser Schleifentyp ist eine annehmende Schleife, da die Schleifenbedingung erst nach jedem Schleifendurchgang geprüft wird. Bevor es zum ersten Test kommt, ist der Rumpf also schon einmal durchlaufen.

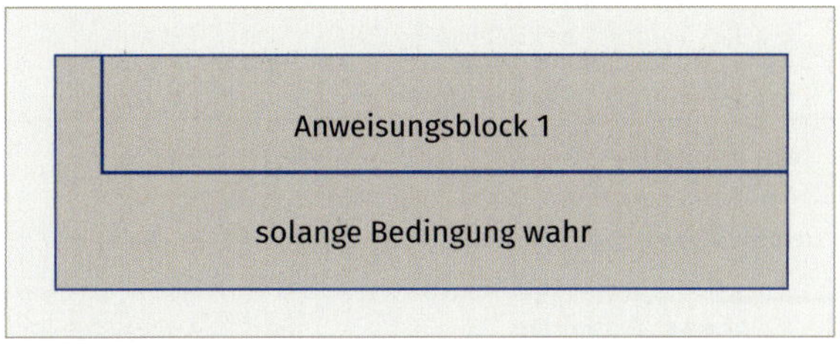

Fußgesteuerter Zyklus

Die Syntax dieser Schleife besteht aus den Schlüsselwörtern **do** und **while**. Hinter dem **while** steht wieder in runden Klammern eine Bedingung. Es ist wichtig, auf das Semikolon hinter der Bedingung zu achten. Liefert die Bedingung den Wert **true**, so wird der Rumpf erneut ausgeführt. Andernfalls wird die Schleife beendet und das Programm wird mit der nächsten Anweisung nach der Schleife fortgesetzt. Die Syntax der fußgesteuerten Schleife stimmt ebenfalls für die beiden Programmiersprachen Java und C# überein.

```
do
{
      Anweisung1;
      Anweisung2;
      ...
} while (<Bedingung>);
```

Als Beispiel dient wieder die Ausgabe der Zahlen 1 bis 10. Das Struktogramm sieht wie folgt aus:

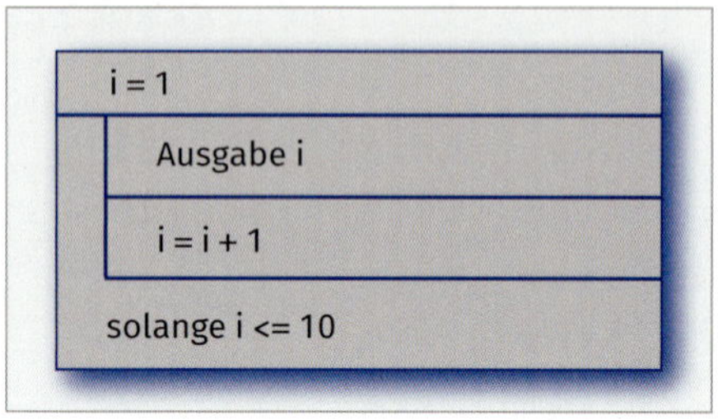

In Java bzw. C# wird der Quelltext für eine fußgesteuerte Schleife folgendermaßen dargestellt:

```
import java.util.*;

public class Program
{
    public static void main(String[] args)
    {
      int i = 1;
      do
      {
        System.out.println(i);
          i = i + 1;
      } while (i <= 10);
    }
}
```

```
using System;

namespace BeispielKopfgesteuerteSchleife
{
   class Program
   {
      static void Main(string[] args)
      {
          int i = 1;
          do
          {
            Console.WriteLine(i);
              i = i + 1;
          } while (i <= 10);
           Console.ReadKey();
      }
   }
}
```

In Java bzw. C# wird der Quelltext für eine fußgesteuerte Schleife folgendermaßen dargestellt:

Wiederholung mit Zähler (Zählschleife)

Bei der Zählschleife steht von Anfang an fest, wie viele Wiederholungen des Schleifenkörpers ausgeführt werden. Dabei wird ein Zähler in der Regel um den Wert 1 erhöht.

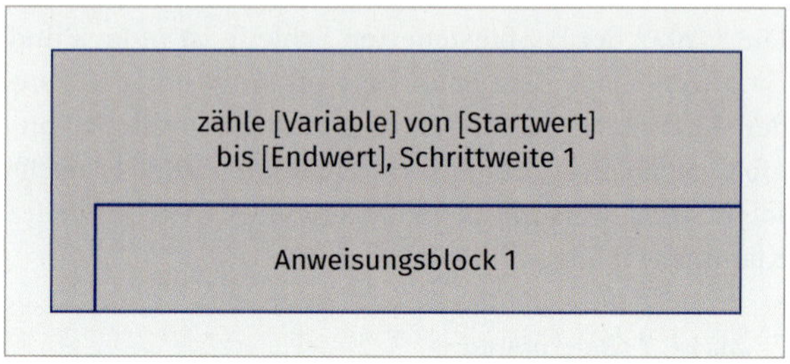

Abgezählter Zyklus

Die Syntax der beiden Sprachen ist in diesen Fall wieder gleich und beginnt mit dem Schlüsselwort **for**.

```
for (<Startwert>; <Bedingung>; <Schritt-
weite>)
{
     Anweisung1;
     Anweisung2;
     ...
}
```

Nach dem Schlüsselwort **for** erfolgt die Initialisierung der Zählervariablen mit einem Anfangswert. Diese Anweisung wird durch ein Semikolon abgeschlossen. Es folgt eine Bedingung, die angibt, wie lange die Schleife durchlaufen wird. In Java und C# wird die Schleife durchlaufen, solange die Bedingung **true** erfüllt ist. Diese Anweisung wird wieder mit einem Semikolon abgeschlossen.

Zuletzt erfolgt die Angabe, um welchen Betrag sich der Wert der Zählervariablen verändern soll. In der Regel wird die Zählervariable um den Wert 1 erhöht, was mit der Kurzschreibweise **i++** angeben wird. Es sind aber auch andere Veränderungen (Schrittfolgen) für den Wert möglich.

Für das gewählte Beispiel zur Ausgabe der Zahlen 1 bis 10 hat das Struktogramm in diesem Fall folgendes Aussehen:

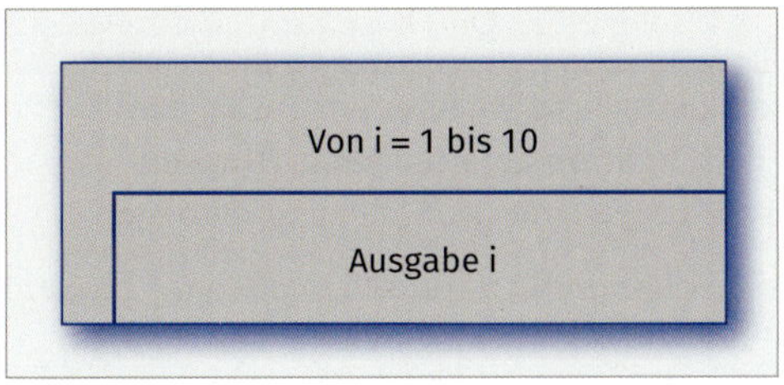

In Java und. C# stellt sich der Quelltext dann folgendermaßen dar:

```
import java.util.*;

public class Program
{
    public static void main(String[ ] args)
    {
      for(int i = 1; i <= 10; i++ )
      {
        System.out.println(i);
      }
    }
}
```

```
using System;

namespace BeispielZaehlSchleife
{
   class Program
   {
      static void Main(string[ ] args)
      {
         for(int i = 1; i <= 10; i++ )
         {
            Console.WriteLine(i);
         }
         Console.ReadKey();
      }
   }
}
```

Da Schleifen häufig im Zusammenhang mit Feldern (Arrays) benutzt werden, befinden sich die Übungsaufgaben am Ende von Kapitel 5.3.11.2.

5.3.10 Funktionen

In objektorientierten Programmen interagieren die Objekte zur Laufzeit miteinander und senden sich gegenseitig Nachrichten mit der Aufforderung, etwas zu tun. Die Operationen einer Klasse, also die Verarbeitungsangebote ihrer Objekte, sind ein Grund für Funktionsdeklarationen in einer objektorientierten Programmiersprache. Daneben gibt es aber noch weitere Gründe, die für Funktionsdeklarationen sprechen:

- **Komplexe Programme** werden in kleine Teilprogramme zerlegt, womit die Komplexität des Programms heruntergebrochen wird. Auf diese Weise ist der Kontrollfluss leichter zu erkennen. In klassischen Programmen heißen die Funktionen daher auch **Unterprogramme**.
- **Wiederkehrende Programmteile** sollen nicht immer wieder programmiert, sondern an einer zentralen Stelle im Programm angeboten werden. Änderungen an der Funktionalität lassen sich dann leichter durchführen, wenn der Programmcode lokal zusammengefasst ist.
- **Vorteile von Funktionen** sind deren hohe Wiederverwendbarkeit, Untergliederung in mehrere Teilprogramme, Übersichtlichkeit und Möglichkeit der Aufteilung auf mehrere Entwickler.

In der nachfolgenden Übersicht ist der grundlegende Aufbau einer Funktion zu erkennen. Dieser Aufbau ist in Java und C# wieder gleich und anhand der Funktion „berechneSumme" dargestellt:

```
static double berechneSumme (double x,
                             double y)
{
        double summe = x + y;
        return summe;
}
```

Aufbau einer Funktion	
static	Angabe, dass es sich um eine statische Funktion handelt, d. h., die Funktion kann direkt über die Klasse aufgerufen werden, ohne das ein Objekt erstellt werden muss.
double	Datentyp des Rückgabewertes der Funktion. Gibt die Funktion keinen Wert zurück, steht an dieser Stelle das Schlüsselwort **void**.

(Fortsetzung auf folgender Seite)

Aufbau einer Funktion	
berechneSumme	Name der Funktion, der frei gewählt werden kann. Es sollte aber ein aussagekräftiger Name sein, aus dem man die Aufgabe der Funktion ableiten kann. (Hinweis: In C# werden die Funktionsnamen im Gegensatz zu Java mit Großbuchstaben begonnen, wobei dies aber keine Pflicht ist.)
(double x, double y)	Liste von Übergabeparametern an die Funktion. Diese Liste kann auch leer sein.
{	öffnende Klammer des Funktionsrumpfes
double summe = x + y;	Einzelne Anweisungen, die in der Funktion ausgeführt werden.
return summe;	Rückgabewert der Funktion. Dieser Wert ist nur erforderlich, wenn die Funktion einen Rückgabewert haben soll.
}	schließende Klammer des Funktionsrumpfes

Je ein Programm in Java und in C# dokumentiert beispielhaft, wie die Funktion „berechneSumme" benutzt werden kann. In C# erhält das Programm den Namen „Zaehlschleife".

```
import java.util.*;

public class Program
{
    public static void main(String[] args)
    {
        double summe = berechneSumme(17.3, 18.4);
        System.out.println(summe);
    }

    static double berechneSumme (double x, double y)
    {
        double summe = x + y;
        return summe;
    }
}
```

```
using System;

namespace BeispielZaehlSchleife
{
    class Program
    {
        static void Main(string[] args)
        {
            double summe = BerechneSumme(17.3, 18.4);
            Console.WriteLine(summe);
            Console.ReadKey();
        }

        static double BerechneSumme (double x, double y)
        {
            double summe = x + y;
            return summe;
        }
    }
}
```

5.3.11 Felder und Zufallszahlen

5.3.11.1 Felder

Die bisher verwendeten Variablen können immer genau einen Wert des entsprechenden Datentyps speichern. Um mehrere Werte des gleichen Datentyps zu speichern, werden Felder verwendet. In Java und C# versteht man unter einem Feld (Array) einen Container, in dem mehrere Objekte vom gleichen Typ aufgenommen und verwaltet werden. Dabei wird das Feld (Array) als spezielle Klasse repräsentiert, was gleichzeitig bedeutet, dass auf spezielle Methoden und Operationen bei Arrays zurückgegriffen werden kann.

Ein Array kann mit der gleichen Syntax in Java und C# angelegt werden, wobei es im folgenden Beispiel fünf Integer-Werte aufnimmt.

```
Typ[] Name = new Typ[Anzahl];

// Beispiel
int[] feld = new int[5];
```

W

Beim Zugriff auf ein Feld (Array) muss beachtet werden, dass intern ab dem Wert 0 gezählt wird.

Auf die einzelnen Feldelemente des Feldes kann man in diesem Beispiel über die Indizes 0 bis 4 zugreifen, z. B. feld[4] = 17, während feld[5] einen Fehler ergibt.

Schleifen sind ein komfortables Mittel, um alle Elemente eines Arrays zu erfassen, auszugeben oder andere Operationen mit diesen Elementen auszuführen. Allerdings muss darauf geachtet werden, die Länge des Arrays in der Schleife nicht zu überschreiten oder auf nichtexistierende Felder zuzugreifen.

5.3.11.2 Zufallszahlen

Um Felder mit sehr vielen Elementen zu testen, wäre es sehr umständlich, alle Testdaten per Hand einzugeben. Stattdessen ist es einfacher, sich Testdaten zu erzeugen und diese mithilfe einer Schleife in das Feld zu schreiben. Damit man auch unterschiedliche Testdaten erhält, bietet sich deren Erzeugung per Zufallszahlengenerator an. Wie dies in Java und C# geschehen kann, wird anhand der folgenden Quellcodes für ein Beispielprogramm „Feld mit Zufallszahlen“ deutlich.

```
import java.util.*;
public class Program
{
      public static void main(String[] args)
      {
            int anzahlElemente = 20;
            int[] feld = new int[anzahlElemente];

            for(int i = 0; i < anzahlElemente; i++)
            {
                  feld[i] = (int)(Math.random() * 10);
                  System.out.println(feld[i]);
            }
      }
}
```

Eine einfache Möglichkeit zur Erzeugung von Zufallszahlen in Java, bietet die Klasse „Math“. Die Methode Math.random() erzeugt eine Zufallszahl im Bereich größer gleich 0.0 und kleiner 1.0. Um Zahlen im Bereich von 0 bis 9 zu erhalten, muss die Zufallszahl noch mit 10 multipliziert werden. Im Beispiel wird ein Array mit 20 Elementen angelegt und mit Zufallszahlen im Bereich von 0 bis 9 gefüllt und ausgegeben. Etwas anders wird die gleiche Aufgabe in C# umgesetzt.

```
using System;

namespace BeispielZufallszahlen
{
    class Program
    {
        static void Main(string[] args)
        {
            int anzahlElemente = 20;
            int[] feld = new int[anzahlElemente];
            Random zufallszahl = new Random();
            for (int i = 0; i < anzahlElemente; i++)
            {
                feld[i] = zufallszahl.Next(0, 10);
                Console.WriteLine(feld[i]);
            }
            Console.ReadKey();
        }
    }
}
```

In C# wird die Klasse „Random" zur Generierung der Zufallszahlen verwendet. Dazu muss zuerst ein neues Objekt dieser Klasse erzeugt werden. Im Beispiel heißt das Objekt **zufallszahl**. Um eine neue Zufallszahl zu erzeugen, wird von diesem Objekt die Methode „Next" aufgerufen. Dabei wird ein Bereich angegeben, in dem sich die Zufallszahl befinden soll. Die linke Zahl ist in den Bereich eingeschlossen, die rechte Zahl nicht. In unserem Beispiel sollen Zufallszahlen im Bereich von 0 bis 9 erzeugt werden. Also lautet die Anweisung **Next(0, 10)**, da der rechte Zahlenwert nicht mehr zum Bereich gehört.

Aufgaben

Generelle Aufgabenstellung: Es ist ein Auswahlmenü zu erstellen, in dem der Benutzer eine der nachfolgenden Aufgaben 1 bis 9 auswählen kann. Bei Eingabe einer entsprechenden Zahl wird die dazugehörige Aufgabe ausgeführt und danach wieder das Menü angezeigt. Dies soll solange geschehen, bis der Benutzer die Zahl zum Beenden des Programmes eingibt. (Hinweis: Erstellen Sie die Lösung mithilfe einer fußgesteuerten Schleife und schreiben Sie für jede Aufgabe eine einzelne Funktion, welche dann im Hauptmenü aufgerufen wird.)
Erstellen Sie folgende Programme:

1. Es sollen alle geraden Zahlen von 0 bis 20 ausgegeben werden.
2. Der Benutzer gibt eine ganze Zahl ein und es werden alle ganzen Zahlen ab dieser Zahl bis Null ausgeben, z. B.: Eingabe: 5; Ausgabe: 5, 4, 3, 2, 1, 0
3. Der Benutzer gibt eine ganze Zahl ein und es soll die Summe aller ganzen Zahlen von Null bis zu dieser Zahl berechnet und ausgegeben werden, z. B.: Eingabe: 4; Ausgabe: 10
4. Der Benutzer gibt eine ganze Zahl ein und das Programm soll die Fakultät dieser Zahl berechnen. (Hinweis: 0! = 1)
5. Es ist ein Feld von Monatsumsätzen mit Zufallszahlen von 1.000 bis 5.000 zu füllen und der Durchschnitt auszugeben.
6. Das Programm fragt nach einer ganzen Zahl und gibt nach der Eingabe alle Primzahlen bis zu dieser Zahl aus.
7. Das Programm gibt nach Eingabe eines Anlagebetrages und eines Zinssatzes aus, wie lange Sie das Geld anlegen müssen (in Jahren), um eine Million zu erhalten. (Hinweis: Die erwirtschafteten Zinsen werden wieder angelegt und im nächsten Jahr mitverzinst.)
8. Mithilfe von Schleifen sind folgende Figuren aus Sternen auf dem Bildschirm auszugeben. (Hinweis: Pro Schreibvorgang darf jeweils immer nur ein Stern ausgeben werden.)

```
* * * * * * *    7 Sterne
 * * * * *       5 Sterne
  * * *          3 Sterne
    *            1 Stern
```

9. Der Benutzer gibt eine ganze Zahl ein und bestimmt damit die größte Zahl eines Integerfeldes. Anschließend ist das Integerfeld mit Zufallszahlen im Bereich von 0 bis 200 zu füllen und auszugeben. Danach soll das Feld mit dem Bubblesort-Algorithmus sortiert werden. Das sortierte Feld soll wieder ausgegeben werden.

5.3.12 Exception Handling

Es ist nicht zu vermeiden, dass beim Programmieren Fehler entstehen. Logische Fehler lassen sich durch Testen des Programmes finden und können im Anschluss beseitigt werden. Schwieriger wird es mit dem Erkennen und Beseitigen von nicht vorhersagbaren Fehlern, wie z. B. falschen Benutzereingaben. In älteren Programmiersprachen (z. B. C) werden Fehler in Funktionen durch einen sogenannten Fehlercode angezeigt, den die jeweilige Funktion zurückgibt. Dieser Fehlercode besitzt aber meist nur beschränkten Informationsgehalt.

Java und C# bieten hier die elegante Methode des Exception Handlings (Ausnahmebehandlung). Durch das Verwenden von Exceptions (Ausnahmen) werden Objekte erzeugt, die das Fehlerverhalten ganz genau beschreiben. Außerdem wird der Programmfluss durch Abfrage der Fehlercodes nicht unterbrochen.

Gegenüber der Fehlerbehandlung mit Rückgabewerten kann eine Exception nicht ignoriert werden. Ein Programmierer kann das Auswerten von Rückgabewerten vergessen oder ganz bewusst vermeiden. Eine Exception wird hingegen solange weitergereicht, bis sie zu einer Stelle im Programm kommt, wo sie behandelt wird. Programme mit Exception Handling laufen deshalb in der Regel stabiler als Programme ohne diese Methode.

Die Schlüsselwörter für das Exception Handling sind in Java und C# wieder gleich. Es ist zu sehen, dass sich das Exception Handling in drei Blöcke unterteilt.

```
try
{
        Anweisung1;
        Anweisung2;
        …
}
catch( <Exception > )
{
       // Behandlung der Exception
}
finally
{
      // dieser Block wird immer
// durchlaufen, egal ob
      // eine Exception auftritt oder
// nicht. Er ist aber
         // optional
}
```

Block	Beschreibung
try	Hier steht der Quelltext, in dem eine Exception auftreten könnte.
catch	In diesen Block wird gewechselt, wenn im try-Block eine Exception auftritt. Die Expedition kann hier behandelt werden, d. h., der Fehler kann ausgewertet und es kann entsprechend reagiert werden.
finally	Dieser Block wird immer ausgeführt, egal ob im try-Block eine Exception auftritt oder nicht. Tritt eine Exception auf, wird zuerst der catch-Block abgearbeitet und danach der finally-Block.

```
import java.util.*;

public class Program
{
    public static void main(String[] args)
    {
       try
       {
         Scanner input = new Scanner(System.in);
         System.out.println("Geben Sie bitte eine ganze Zahl ein");
         int zahl = input.nextInt();
         System.out.println("Sie haben eine " + zahl + "eingegeben");
       }
       catch (Exception ex)
       {
         System.out.println("Im Programm ist folgender Fehler aufgetreten" + ex);
       }
    }
}
```

Als Beispiel für Exception Handling in Java und C# soll das Abfangen von falschen Benutzereingaben dienen. Bisher wurde davon ausgegangen, dass der Benutzer auch immer korrekte Werte eingibt. Was passiert aber bei der Eingabe von Werten, die nicht den Anforderungen entsprechen. In der Regel stürzt das Programm an dieser Stelle ab, weil es z. B. nicht in der Lage ist, einen Buchstaben in eine Fließkommazahl umzuwandeln. Das Ziel besteht darin, den Fehler zu erkennen und eine Fehlermeldung auszugeben. Das Programm soll außerdem nicht mehr abstürzen.

In den Beispielen in Java und C# soll der Benutzer eine ganze Zahl eingeben. Bei allen korrekten Eingaben wird diese Zahl wieder ausgeben, ansonsten erscheint eine Fehlermeldung.

```
using System;

namespace BeispielException
{
   class Program
   {
      static void Main(string[] args)
      {
         try
         {
            Console.WriteLine("Geben Sie bitte eine Zahl ein");
            int zahl = Convert.ToInt32(Console.ReadLine());
            Console.WriteLine("Sie haben eine" + zahl + "eingegeben");
         }
         catch (Exception ex)
         {
         Console.WriteLine("Es ist folgender Fehler aufgetreten" + ex.Message);
         }
         finally
         {
            Console.ReadKey();
         }
      }
   }
}
```

5.4. Objektorientierte Programmierung (OOP)

Objektorientierte Programmiersprachen wie Java oder C# definieren sogenannte **Objekte**. Diese Objekte bestehen aus internen Objekten, die im einfachsten Fall nur Daten darstellen, sowie den zugehörigen Operationen bzw. Methoden.

Die internen Objekte sind normalerweise nicht zugänglich, weil Sie nur für den Autor des Objektes von Interesse sind. Anwender des Objektes kennen nur die Methoden als den sichtbaren Teil und müssen wissen, welche Aktion eine bestimmte Methode ausführt. Nicht bekannt ist, wie eine Methode ihr Ziel erreicht. Die internen Objekte werden daher auch als „Black Box" betrachtet, wobei deren Implementationen ausgetauscht werden können. Mithilfe dieser „Datenkapselung" erfolgt ein Schutz der internen Objekte gegen ungewollte Veränderungen. Der Schreibzugriff ist nur über die ausgezeichnete Schnittstelle bzw. Methode möglich.

In der objektorientierten Programmierung (OOP) wird angestrebt, alle Objekte zu abstrahieren und für diese Objekte jeweils eine sogenannte Klasse zu generieren. Eine Klasse ist eine allgemeine Beschreibung für Objekte mit ähnlichen Eigenschaften und Methoden. So wird beispielsweise nicht eine Klasse für (farbig) gefüllte Kreise generiert, sondern eine Klasse

„Kreise". Die Klasse „Kreise" beinhaltet die Grundeigenschaften aller Kreise, wie den Radius und eine Methode zur Berechnung der Kreisfläche.

Diese Grundeigenschaften gelten auch für gefüllte Kreise. Wird eine Klasse für ein Objekt „gefüllter Kreis" benötigt, so können alle Eigenschaften der Klasse „Kreise" übernommen (vererbt) und erweitert werden. Dafür wird eine konkrete Ausprägung dieser Klasse bzw. eine Instanz erzeugt, z. B. ein gefüllter Kreis mit der Farbe Rot.

Diese Wiederverwendbarkeit von Klassen gehört zu den Grundeigenschaften der objektorientierten Programmierung (OOP). Klassen werden nicht für einen speziellen Anwendungsfall programmiert, sondern ein allgemeiner Ansatz soll alle denkbaren Eigenschaften und Methoden bereitstellen. Allerdings fällt der Programmieraufwand für eine Klasse höher aus und der Quelltext wird länger als in einem mit einer prozeduralen Programmierung erstellten Pendant. Aber dafür kann die programmierte Klasse ohne zusätzlichen Aufwand in viele weitere Anwendungsfälle übernommen werden. Somit reduziert sich im Laufe der Zeit der Aufwand für die Programmierung, indem auf bereits verfügbare Definitionen bzw. Klassen zurückgegriffen wird.

Die Eigenschaften einer Klasse „Kreis" können für andere Anwendungsfälle genutzt werden. Die Bildung von neuen, sogenannten Unterklassen wird durch ein Verfahren der „Vererbung" unterstützt, wo die internen Objekte und Methoden an die Unterklasse übergeben und durch neue, zusätzliche Eigenschaften zu einer neuen Klasse ergänzt werden.

W

Vorteile der objektorientierten Programmierung	
Nähe zur natürlichen Umgebung	Alle Eigenschaften ähnlicher Objekte können in einer Klasse beschrieben werden. Objekte, die im realen Leben verbunden sind, sollten auch im Programm zusammengehören.
Wiederverwendbarkeit	Die erstmals erzeugte und überprüfte Implementierung einer Klasse kann in vielen anderen Anwendungen erneut eingesetzt werden, wobei die vorhandenen Programmteile dann nicht erneut kontrolliert oder gar programmiert werden müssen.
Kontrollfunktion	Es erfolgt eine strengere Überprüfung während der Übersetzung und Laufzeit. Der Compiler führt gegenüber prozeduralen Programmiersprachen eine strengere Typ- und Code-Überprüfung durch. Insbesondere bei Java laufen auch während des Programmablaufs viele Tests für die korrekte Ausführung ab, um Speicherzugriffsfehler und andere unerwünschte Ereignisse zu vermeiden.

5.4.1 Klassen, Methoden, Zugriffsrechte und Objekte

5.4.1.1 Klassen und Methoden

Für die Erstellung einer Software können hunderte von Objekten notwendig sein. Es ist nicht sinnvoll, jedes einzelne Objekt gesondert zu programmieren. Also fasst man gleichartige Objekte zu Klassen zusammen und programmiert nur diese zusammengefassten Klassen.

W

Klassen sind die wichtigsten Struktureinheiten objektorientierter Programme. Eine Klasse beschreibt die Eigenschaften und Verhaltensweisen der Objekte. Jedes einzelne Objekt wird aus dieser Klasse abgeleitet, es ist ein Exemplar (auch „Instanz" oder „Ausprägung") einer Klasse.

Eine Klasse definiert Attribute und Operationen sowie weitere Klassen (innere Klassen). Attribute heißen auch Eigenschaften eines Objektes. Welche Eigenschaften eine Klasse tatsächlich besitzen soll, wird in der Entwurfs- und Designphase festgesetzt.

Die Operationen der Klassendefinition werden in einer Programmiersprache durch Funktionen (auch Methoden genannt) umgesetzt. Die Attribute eines Objektes definieren die Zustände, die durch Variablen implementiert werden. Die konkrete Repräsentation der Daten (Datentyp und Datenstruktur) innerhalb des Objektes muss für die Verwendung von außen nicht beachtet werden. Die Daten des Objektes sind gegenüber der Objektumgebung gekapselt. Die Methoden bilden die Schnittstellen zwischen einem Objekt und dessen Umgebung.

An einem einfachen Beispiel soll der Aufbau einer Klasse erläutert und die Umsetzung in Java und C# dargestellt werden. Dazu soll das UML-Klassendiagramm „Mitarbeiter“ dienen.

Die Klasse besteht aus einem Klassennamen, Attributen und Methoden. Der Zugriff auf die einzelnen Attribute und Methoden wird durch die Zugriffsrechte geregelt.

Wenn man diese Klasse in Java programmiert, ergibt sich folgendes Ergebnis:

Mitarbeiter
- name: string - alter: int - gehalt: double
+ Mitarbeiter() + getName():string + setName(string) + getAlter():int + setAlter(int) + getGehalt():double + setGehalt(double)

```
class Mitarbeiter
{
    //------------------------------
    // Attribute der Klasse
    //------------------------------
    private String name;
    private int alter;
    private double gehalt;

    //------------------------------
    // Konstruktors der Klasse
    //------------------------------
    public Mitarbeiter()
    {
        this.name = "unbekannt";
        this.alter = -1;
        this.gehalt = 0.0;
    }

    //------------------------------
    // Getter und Setter der Klasse
    //------------------------------
    public String getName() { return this.name; }
    public void setName(String name) { this.name = name; }

    public int getAlter() { return this.alter; }
    public void setAlter(int alter) { this.alter = alter; }

    public double getGehalt() { return this.gehalt; }
    public void setGehalt(double gehalt) { this.gehalt = gehalt; }
}
```

Die gleiche Klasse sieht in C# programmiert ähnlich aus. Der größte Unterschied besteht darin, dass die Syntax für die **Getter** und **Setter** (siehe Kap. 5.4.1.3) anders aufgebaut ist. Dabei ist unbedingt auf Groß- und Kleinschreibung zu achten. Der Übergabeparameter heißt immer **value**.

```
class Mitarbeiter
{
    //-------------------------------
    // Attribute der Klasse
    //-------------------------------
    private string name;
    private int alter;
    private double gehalt;

    //-------------------------------
    // Konstruktors der Klasse
    //-------------------------------
    public Mitarbeiter()
    {
        this.name = "unbekannt";
        this.alter = -1;
        this.gehalt = 0.0;
    }

    //-------------------------------
    // Getter und Setter der Klasse
    //-------------------------------
     public string Name
     {
          get { return this.name; }
          set { this.name = value;  }
     }

     public int Alter
     {
          get { return this.alter; }
          set { this.alter = value;  }
     }

     public double Gehalt
     {
          get { return this.gehalt; }
          set { this.gehalt = value;  }
     }
}
```

5.4.1.2 Konstruktoren und Destruktoren

W

Ein **Konstruktor** ist die Methode einer Klasse, die automatisch beim Erzeugen eines Objektes aufgerufen wird.

Eine Klasse kann einen oder mehrere Konstruktoren besitzen.

Der Konstruktor hat den gleichen Namen wie die Klasse und besitzt keinen Rückgabetyp. Er sollte in der Regel **public** sein, damit ein Objekt überhaupt erzeugt werden kann.

Konstruktoren werden meistens dafür benutzt, um das Objekt zu initialisieren, d. h. den Variablen Anfangswerte zuzuweisen oder weiteren Speicherplatz zu reservieren. Das folgende Beispiel zeigt den Konstruktor der Klasse „Mitarbeiter", der für Java und C# gleichermaßen aufgebaut ist.

```
public Mitarbeiter()
{
    this.name = "unbekannt";
    this.alter = -1;
    this.gehalt = 0.0;
}
```

Ein **Destruktor** ist jene Methode einer Klasse, die als letzte Methode vor dem Zerstören des Objektes aufgerufen wird. Destruktoren stellen das Gegenteil von Konstruktoren dar. Es kann nur einen Destruktor pro Klasse geben, der ebenfalls keine Übergabeparameter enthalten darf.

In der Regel werden Destruktoren dafür benutzt, um den vom Objekt belegten Speicher freizugeben, Da moderne Programmiersprachen wie Java und C# einen sogenannten Garbage-Collector besitzen, der sich automatisch um die Freigabe von Speicher kümmert, werden Destruktoren kaum noch eingesetzt und müssen somit auch nicht implementiert werden.

5.4.1.3 Getter und Setter

Es ist ein Gebot der OOP, den direkten Zugriff auf die Attribute eines Objekts von außen zu verhindern. Um trotzdem auf die Werte der Attribute kontrolliert zugreifen zu können, werden sogenannte Getter und Setter implementiert. Getter und Setter sind Methoden einer Klasse, mit deren Hilfe die Werte der Attribute eines Objektes von außen gelesen bzw. gesetzt werden können. Sie stellen eine Art Schnittstelle dar. Der Vorteil besteht darin, dass bei notwendigen Änderungen nur der Quelltext der Schnittstellen angepasst werden muss. Der Rest des Programms bleibt von den Änderungen unbeeinflusst. Das folgende Beispiel zeigt Getter und Setter der Klasse „Mitarbeiter", die für Java und C# gleichermaßen aufgebaut sind.

```
public String getName()
{ return this.name;}
public void setName(String name)
{ this.name = name;}
```

5.4.1.4 Zugriffsrechte

Allen Komponenten (Attribute und Methoden) einer Klasse sind Zugriffsrechte zugeordnet. Die Zugriffsrechte legen fest, welchen der Klassen und abgeleiteten Klassen der Zugriff gestattet ist. Es werden hier nur die drei wesentlichen Zugriffsrechte betrachtet, die bei Java und C# gleich sind:

- **public:** Auf öffentliche (public) Komponenten darf uneingeschränkt zugegriffen werden.
- **private**: Ein Zugriff auf private Komponenten ist nur innerhalb der Klasse erlaubt.
- **protected:** Auf geschützte (protected) Komponenten kann nur innerhalb der eigenen Klasse und aus Klassen, die von dieser Klasse abgeleitet wurden, zugegriffen werden.

Zugriffsrecht	Zugriff von fremden Klassen	Zugriff von abgeleiteten Klassen	Zugriff innerhalb der Klasse
public	x	x	x
protected		x	x
private			x

Wird kein Zugriffsrecht angegeben, ist das Zugriffsrecht der Komponente automatisch auf **private** gesetzt. Eine Datenkapselung wird erreicht, indem man die Attribute einer Klasse auf **private** setzt und über Getter und Setter auf diese Klasse zugreift. Die Getter und Setter müssen dafür natürlich als **public** deklariert werden.

5.4.1.5 Objekte

Aus den Klassen können nun beliebige Objekte erzeugt werden. Die Syntax für das Anlegen eines Objektes ist in diesem Fall für die beiden Programmiersprachen Java und C# wieder gleich und lautet:

```
<Klasse> <Objektbezeichnung> = new
<Klasse>();
```

Zur Veranschaulichung dient das Beispiel „Erzeugen eines Objektes aus der Klasse „Mitarbeiter". Über die Getter und Setter des Objektes kann nun auf die Attribute zugegriffen werden. In diesem Beispiel wird der Name des Mitarbeiters gesetzt. Zu beachten ist die voneinander abweichende Syntax von Java und C#, die durch die unterschiedliche Implementierung der Getter und Setter bedingt ist.

```
Mitarbeiter mitarbeiter = new
                          Mitarbeiter();

mitarbeiter.setName("Schulz");
```

```
Mitarbeiter mitarbeiter = new
                          Mitarbeiter();

mitarbeiter.Name = "Schulz";
```

5.4.2 Vererbung

Die Vererbung ist ein wichtiges Merkmal der objektorientierten Sprachen. Über die Vererbung kann man eine neue Klasse auf der Basis einer bereits vorhandenen Klasse erzeugen, die als **Elternklasse** bezeichnet wird. Die abgeleitete Klasse übernimmt dabei sämtliche Eigenschaften und Methoden der Elternklasse und ihr können weitere Eigenschaften und Methoden hinzugefügt werden. Die abgeleitete Klasse erweitert damit die Elternklasse.

Als Beispiel soll die Klasse „Mitarbeiter" erweitert werden. Diese Erweiterung ist im UML-Klassendiagramm dargestellt.

Aus der Klasse „Mitarbeiter" werden zwei neue Klassen (Lehrling, Facharbeiter) abgeleitet. Dabei erben die beiden neuen Klassen die Attribute und Methoden der Klasse „Mitarbeiter". Es kann aber nur auf die Methoden zugegriffen werden, da diese **public** sind. Die Attribute sind als **private** gekennzeichnet und deswegen wird der Zugriff auf diese Methoden in den abgeleiteten Klassen verweigert. Soll der Zugriff möglich sein, müssen die Attribute das Zugriffsrecht **protected** erhalten.

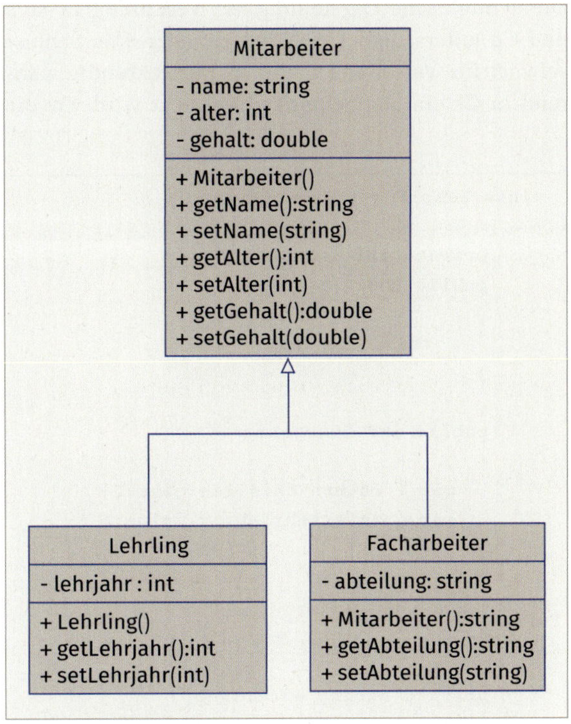

UML-Klassendiagramm

```
class Lehrling extends Mitarbeiter
{
     private int lehrjahr;
     public Lehrling()
     {
          this.lehrjahr = -1;
     }
     public int getLehrjahr() { return this.lehrjahr; }
     public void setLehrjahr(int lehrjahr) { this.lehrjahr = lehrjahr; }
}


class Facharbeiter extends Mitarbeiter
{
     private String abteilung;
     public Facharbeiter()
     {
          this.abteilung = "unbekannt";
     }
     public int getAbteilung() { return this.abteilung; }
     public void setAbteilung(int abteilung) { this.abteilung = abteilung; }
}
```

Die syntaktische Darstellung der Vererbung in Java und C# unterscheidet sich voneinander. Das Schlüsselwort für Vererbung lautet in Java **extends**, während in C# ein Doppelpunkt (:) gesetzt wird. Da die Klasse „Mitarbeiter" als Quelltext schon vorliegt, wird in den folgenden Beispielen nur noch die Implementierung der Klasse „Lehrling" und der Klasse „Facharbeiter" aufgeführt.

```
class Lehrling : Mitarbeiter
{
     private int lehrjahr;
     public Lehrling()
     {
          this.lehrjahr = -1;
     }

     public int Lehrjahr
     {
        get { return this.lehrjahr; }
        set { this.lehrjahr = value;  }
     }
}

class Facharbeiter : Mitarbeiter
{
     private string abteilung;
     public Facharbeiter()
     {
          this.abteilung = "unbekannt";
     }
     public string Abteilung
     {
          get { return this.abteilung; }
          set { this.abteilung = value;  }
     }
}
```

5.4.3 Überladen und Überschreiben von Methoden

Das Überladen und Überschreiben von Methoden ist zentraler Bestandteil der Polymorphie in der objektorientierten Programmierung (OOP).

5.4.3.1 Überladen von Methoden

W Das **Überladen von Methoden** bedeutet, dass mehrere Methoden mit demselben Methodennamen in einer Klasse existieren dürfen.

Die Methoden müssen aber trotzdem zu unterscheiden sein. Dies kann auf zwei Arten geschehen.

- Der Datentyp von mindestens einem Übergabeparameter ist anders als in den übrigen gleichnamigen Methoden.
- Die Anzahl der Übergabeparameter ist unterschiedlich.

Das Überladen von Methoden findet häufig bei Konstruktoren statt und ist für die beiden Programmiersprachen Java und C# gleich. In dem folgenden Beispiel wurde der Konstruktor der Klasse „Mitarbeiter" überladen. Es existieren drei Konstruktoren mit dem gleichen Namen aber mit unterschiedlichen Übergabeparametern.

```
class Mitarbeiter
{
        …

        public Mitarbeiter() { … }
        public Mitarbeiter( String name )
        { … }
        public Mitarbeiter( String name,
        int alter, double gehalt) { … }

        …
}
```

5.4.3.2 Überschreiben von Methoden

W

Das **Überschreiben von Methoden** bedeutet, dass eine Methode von einer Basisklasse in der abgeleiteten Klasse neu implementiert (überschrieben) wird. Die überschreibende Methode kann jedoch die überschriebene Methode aufrufen.

Damit eine Methode überschrieben werden kann, müssen die folgenden Bedingungen erfüllt sein:

1. Die Methoden müssen namentlich übereinstimmen.
2. Die Methoden müssen im Datentyp und in der Anzahl ihrer Übergabeparameter übereinstimmen.
3. Der Rückgabedatentyp muss übereinstimmen.
4. Die überschreibende Methode darf in ihren Zugriffsrechten nicht stärker beschränkt sein als die überschriebene Methode. Die Zugriffsrechte dürfen jedoch „gelockert" werden, z. B. von **protected** auf **public**.
5. Die zu überschreibende Methode muss auch tatsächlich vererbt werden. Auf **private** gesetzte Methoden werden nicht vererbt und können damit auch nicht überschrieben werden.

Auch hier gelten für Java und C# die gleichen Regeln (Hinweis im Quelltext des Beispiels beachten!). Als Beispiel wird aus einer vorhandenen Klasse „Rechteck" eine neue Klasse „AusgefuelltesRechteck" abgeleitet und die Methode „zeichne" überschrieben, sodass statt einem nicht ausgefüllten Rechteck ein ausgefülltes Rechteck gezeichnet wird. Der Rest der Funktionalität bleibt aber gleich.

```
class Rechteck
{
        …
        public void zeichne() { … }  // überschriebene Methode
        …
}
//-----------------------------------------------------------------------------
// Hinweis: in C# einen Doppelpunkt statt extends verwenden
//-----------------------------------------------------------------------------
class AusgefuelltesRechteck extends Rechteck
{
        …
        public void zeichne() { … }    // überschreibende Methode
        …
}
```

5.4.4 Abstrakte Klasse und Interface

5.4.4.1 Abstrakte Klasse

Eine abstrakte Klasse ist eine spezielle Klasse, die neben normalen Methoden auch sogenannte abstrakte Methoden enthält. Abstrakte Methoden sind Methoden, die eine Methodensignatur, aber keinen Methodenrumpf besitzen, z. B **void schreibeDaten()**. D. h., abstrakte Methoden sind nicht implementiert und können deshalb auch nicht ausgeführt werden. Aus diesem Grund ist es auch nicht möglich, von abstrakten Klassen Objekte zu bilden. Oder anders ausgedrückt: Es ist nicht möglich, abstrakte Klassen zu instanziieren.

Der Sinn und Zweck einer abstrakten Klasse besteht darin, dass von ihr geerbt wird. Die nichtimplementierten Methoden müssen dann in der neuen Klasse „ausprogrammiert", also überschrieben werden. Erst dann ist es möglich, eine Instanz von der neuen Klasse zu bilden.

Verwendet werden abstrakte Klassen zum Beispiel als Basisklassen, um grundlegende Eigenschaften und Methoden ihrer Unterklassen festzulegen, ohne diese bereits konkret zu implementieren. Zur Veranschaulichung soll das folgende Beispiel dienen.

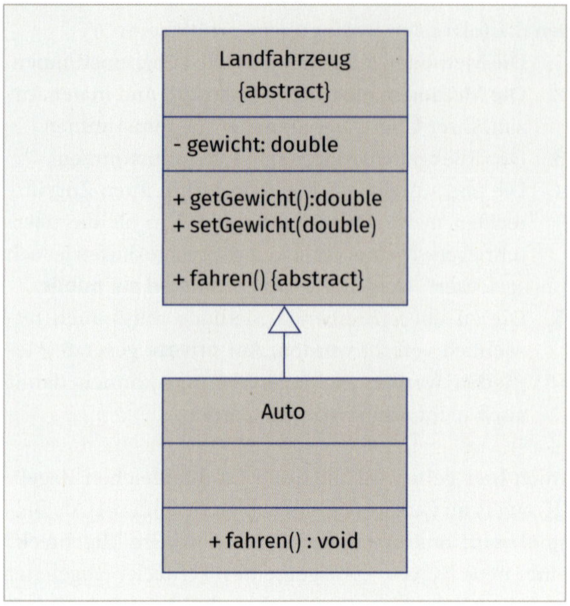

UML-Klassendiagramm

Eine abstrakte Klasse „Landfahrzeug" stellt, neben anderen Methoden auch die abstrakte Methode „fahren()" zu Verfügung. Diese Methode muss in den abgeleiteten Klassen, in diesem Fall in der Klasse „Auto", noch implementiert werden, damit Objekte erzeugt werden können.

Das UML-Klassendiagramm soll in Java bzw. C# umgesetzt werden. In beiden Programmiersprachen werden abstrakte Klassen durch das Schlüsselwort „abstract" gekennzeichnet. Bei der Implementierung gibt es jedoch kleine Unterschiede. Generell sind aber folgende Vorgaben zu beachten:

- Die Implementierung in der abgeleiteten Klasse muss mittels „override" erfolgen.
- Da die abstrakte Methode keine Implementierung enthält, entfallen die geschweiften Klammern für den Methodenrumpf und die Deklaration wird durch ein Semikolon abgeschlossen
- abstrakte Methoden können niemals „static" sein, da statische Methoden auch ohne Instanzbildung aufgerufen werden können. Diese Methoden müssten dann aber implementiert sein.

```
public abstract class Landfahrzeug
{
      private double gewicht;
      …

     public  double getGewicht()  { return this.gewicht; }
     public  void setGewicht( double gewicht ) { this.gewicht = gewicht; }
     …

     public abstract void fahren();    // abstrakte Methode
      …
}

public class Auto extends Landfahrzeug
{
       @Override
       public void fahren()
       {
               …    // Implementierung der Methode "fahren"
       }
       …
}
```

```
public abstract class Landfahrzeug
{
      private double gewicht;
      ...

     public  double Gewicht
     {
        get { return this.gewicht; }
        set { this.gewicht = value; }
     }
     ...

     public abstract void fahren();    // abstrakte Methode
       ...
}

public override class Auto : Landfahrzeug
{
      public void fahren()
      {
            ...      // Implementierung der Methode "fahren"
      }
       ...
}
```

5.4.4.2 Interface

Ein Interface (Schnittstelle) ist eine besondere Form einer abstrakten Klasse, die ausschließlich abstrakte Methoden und Konstanten enthält. Wird eine Klasse aus einem Interface abgeleitet, müssen alle Methoden des Interfaces in der neuen Klasse implementiert werden. Es ist auch möglich, dass eine Klasse nicht alle Methoden des Interfaces implementiert. In diesem Fall muss die Klasse aber als abstrakt gekennzeichnet werden.

In den folgenden Punkten unterscheidet sich ein Interface von einer abstrakten Klasse:

- In einem Interface sind alle Methoden abstrakt, während eine abstrakte Klasse auch implementierte Methoden enthalten kann.
- In einem Interface ist die Sichtbarkeitsstufe für alle Elemente immer **public**, in abstrakten Klassen können auch andere Sichtbarkeitsstufen verwendet werden.
- Abstrakte Klassen werden als Klassen gesehen und somit kann in Java bzw. C# nur von einer abstrakten Klasse gleichzeitig geerbt werden. Im Gegensatz dazu ist es möglich, dass eine Klasse von mehreren Interfaces erbt und diese implementiert.

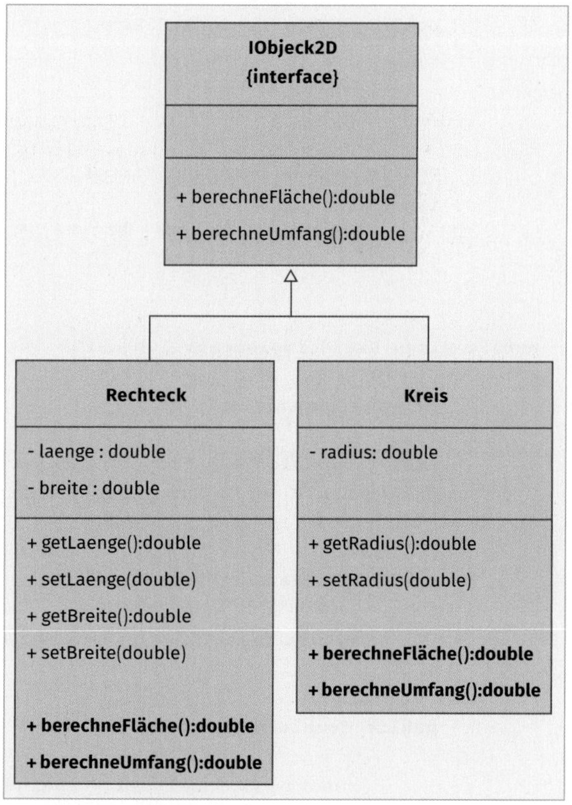

UML-Klassendiagramm

Im folgenden Beispiel wird ein Interface „IObject2D“ angelegt, das die abstrakten Methoden „berechneFläche“ und „berechneUmfang“ definiert. Diese Methoden müssen in allen abgeleiteten Klassen implementiert werden, im konkreten Fall in den Klassen „Rechteck“ und „Kreis“.

Die Implementierung von einem Interface ist in Java und C# gleich. In beiden Programmiersprachen wird das Schlüsselwort „class“ durch das Schlüsselwort „interface“ ersetzt. Es ist zum Standard geworden, dass vor den Interfacenamen ein großgeschriebenes „I“ gesetzt wird, z. B. „IMeinInterface“.

Wenn von einem Interface eine neue Klasse abgeleitet wird, geschieht dies in Java durch das Schlüsselwort „implements“, während in C# weiterhin der Doppelpunkt verwendet wird.

```
public interface IObjekt2D
{
      public double berechneFläche();
      public double berechneUmfang();
}

public class Rechteck implements IObjekt2D
{
      private  double laenge;
      private  double breite;

      public  double getLaenge()  { return this.laenge; }
      public  void setLaenge( double laenge ) { this.laenge = laenge; }

      public  double getBreite()  { return this.breite; }
      public  void setBreite( double breite ) { this.breite = breite; }

      public double berechneFläche()
      {
            return (laenge * breite);
      }

      public double berechneUmfang()
      {
            return  ((laenge + breite) * 2);
      }
}

public class Kreis implements IObjekt2D
{
      private  double radius;

      public  double getRadius()  { return this.radius; }
      public  void setRadius( double radius ) { this.radius = radius; }


      public double berechneFläche()
      {
            return (Math.PI * radius * radius);
      }

      public double berechneUmfang()
      {
            return  (2 * Math.PI * radius);
      }
}
```

```
public interface IObjekt2D
{
    public double BerechneFläche();
    public double BerechneUmfang();
}

public class Rechteck : IObjekt2D
{
       private  double laenge;
       private  double breite;

       public  double Laenge
       {
            get { return this.laenge; }
            set { this.laenge = value; }
       }

       public  double Breite
       {
            get { return this.breite; }
            set { this.breite = value; }
       }

       public double BerechneFläche()
       {
              return (laenge * breite);
       }

       public double BerechneUmfang()
       {
              return  ((laenge + breite) * 2);
       }
}

public class Kreis : IObjekt2D
{
       private  double radius;

       public  double Radius
       {
            get { return this.radius; }
            set { this.radius = value; }
       }


       public double BerechneFläche()
       {
              return (Math.PI * radius * radius);
       }

       public double BerechneUmfang()
       {
              return  (2 * Math.PI * radius);
       }
}
```

5.5 Programmierung einer grafischen Benutzeroberfläche

Die Programmierung einer grafischen Benutzeroberfläche in Java und C# kann im folgenden Abschnitt nur sehr kurz angesprochen werden, da das Thema ansonsten den Rahmen dieses Buches sprengen würde. Der wesentliche Unterschied zwischen grafischer Benutzeroberfläche und Konsolenanwendung besteht in der unterschiedlichen Interaktion des Benutzers mit dem Programm, d. h., Ein- und Ausgabe sind verschieden.

Eine grafische Benutzeroberfläche bietet viel mehr Möglichkeiten der Interaktion, nicht zuletzt durch eine sehr große Anzahl an Oberflächenelementen. Das Entwerfen und Gestalten von Oberflächen, die erwartungskonform und benutzerfreundlich sind, ist vielfach mit erheblichen Aufwand verbunden. Der folgende Abschnitt beschränkt sich darauf, die Grundlagen anhand eines Beispiels zu erläutern.

Das Beispiel ist bereits bekannt. Es soll die Summe zweier Zahlen berechnet und ausgeben werden. Anhand dieses Beispiels soll gezeigt werden, dass sämtliche Algorithmen, die mithilfe einer Konsolenanwendung realisiert wurden, auch mit einer Windowsoberfläche programmiert werden können.

5.5.1 Programmierung in Java

In Java muss eine grafische Benutzeroberfläche meistens per Hand implementiert werden. Es wird zunächst viel Quelltext geschrieben, der mit der eigentlichen Aufgabenstellung erst einmal nicht viel zu tun hat. Außerdem erweist sich das Gestalten einer Oberfläche in Java zeitaufwendiger als in C#.

Für das Beispiel werden neben der Klasse „Program“ noch zwei weitere Klassen angelegt. In der Klasse „MainWindow“ werden die Oberflächenelemente erzeugt und angeordnet. In der Klasse „MyActionListener“ wird dann die Berechnung der Summe implementiert.

```
import java.awt.*;
import java.awt.event.*;

public class MainWindow extends Frame {

    // Erzeugen der Labels
    private Label lblZahl1 = new Label("Zahl1");
    private Label lblZahl2 = new Label("Zahl2");
    private Label lblErgebnis = new Label("Ergebnis");

    // Erzeugen der Textfelder
    public TextField txtZahl1 = new TextField(10);
    public TextField txtZahl2 = new TextField(10);
    public TextField txtErgebnis = new TextField(10);

    // Erzeugen der Button
    private Button btnBeenden = new Button("Beenden");
    private Button btnBerechnen = new Button("Berechnen");

    // Erzeugen der LayoutContainer
    private Panel pnlCenter = new Panel(new GridLayout(3,1));
    private Panel pnlSouth = new Panel(new GridLayout(1,0));
    private Panel pnlCenterLine1 = new Panel(new FlowLayout(FlowLayout.LEFT));
    private Panel pnlCenterLine2 = new Panel(new FlowLayout(FlowLayout.LEFT));
    private Panel pnlCenterLine3 = new Panel(new FlowLayout(FlowLayout.LEFT));

    // Erzeugen des ActionListener zum Berechnen der Summe
    private MyActionListener myActionListener = new MyActionListener(this);

    public MainWindow()  {
        // Zuweisen und Anordnen der Oberflächenelemente
        this.pnlCenterLine1.add(this.lblZahl1);
        this.pnlCenterLine1.add(this.txtZahl1);
        this.pnlCenterLine2.add(this.lblZahl2);
        this.pnlCenterLine2.add(this.txtZahl2);
```

```
        this.pnlCenterLine3.add(this.lblErgebnis);
        this.pnlCenterLine3.add(this.txtErgebnis);
        this.pnlCenter.add(this.pnlCenterLine1);
        this.pnlCenter.add(this.pnlCenterLine2);
        this.pnlCenter.add(this.pnlCenterLine3);
        this.pnlSouth.add(this.btnBerechnen);
        this.pnlSouth.add(this.btnBeenden);
        this.add(this.pnlCenter,BorderLayout.CENTER);
        this.add(this.pnlSouth,BorderLayout.SOUTH);
        this.setSize(300,200);
        this.setVisible(true);

        // Ereignissteuerung
        this.addWindowListener( new WindowAdapter() {
        public void windowClosing (WindowEvent e)
        { System.exit(0);}
        });

        this.btnBeenden.addActionListener(new ActionListener() {
        public void actionPerformed(ActionEvent e)
        { System.exit(0);}
        });

        this.btnBerechnen.addActionListener(myActionListener);
    }
}

// Klasse: MyActionListener
import java.awt.event.*;
import java.text.*;

public class MyActionListener implements ActionListener
{
    private MainWindow mw;
    public  MyActionListener(MainWindow mw)
    {
        this.mw = mw;
    }

    public void actionPerformed(ActionEvent e)
     {
        // Hier ist der Quelltext zum Berechnen der Summe
        double zahl1, zahl2, ergebnis;
        zahl1 = Double.parseDouble(mw.txtZahl1.getText());
        zahl2 = Double.parseDouble(mw.txtZahl2.getText());
        ergebnis = zahl1 + zahl2;
        mw.txtErgebnis.setText(String.valueOf(ergebnis));
     }
}
// Klasse: Program
public class Program
{
    public static void main(String[] args)
    {
        MainWindow m = new MainWindow();
    }
}
```

Nach der Eingabe des Quelltextes kann das Programm gestartet werden und es wird das folgende Fenster angezeigt.

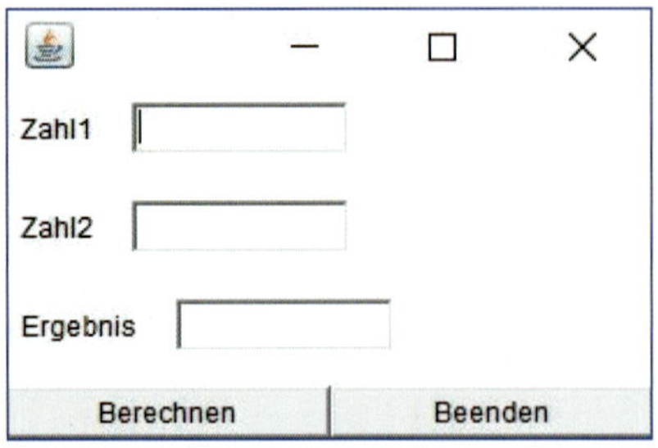

Mit dieser Programmoberfläche kann nun beliebig oft die Summe der Zahlen 1 und 2 berechnet werden. Allerdings ist auf eine korrekte Eingabe zu achten, da falsche Eingaben noch nicht abgefangen (geprüft) werden und somit zum Absturz des Programms führen. Das Abfangen bzw. Verhindern falscher Eingaben kann mit den Techniken aus Kapitel 5.3.12 „Exception Handling" gelöst werden.

5.5.2 Programmierung in C#

Es ist einfacher, eine grafische Benutzeroberfläche für Windows mit Visual Studio statt in Java mit Eclipse zu erstellen. Hier kann der Entwickler seine Oberfläche nach Belieben mit „Drag and Drop" gestalten und der Quelltext wird im Hintergrund automatisch erzeugt. Mit dem Quelltext muss sich der Entwickler bzw. Programmierer in der Regel nicht weiter auseinandersetzen.

Der erste Schritt für das Erstellen einer Windowsanwendung in Visual Studio besteht darin, den Menüpunkt „Windows Forms-Anwendung" auszuwählen, also nicht wie in Kapitel 5.2.4 beschrieben mit dem den Menüpunkt „Konsolenanwendung".

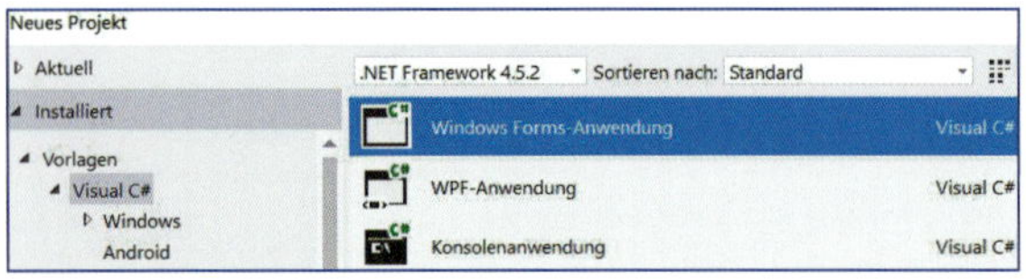

Nach dem Aufruf erscheint das folgende Fenster.

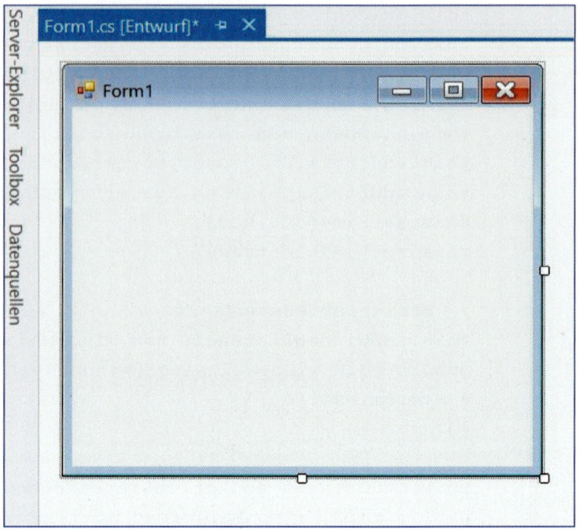

Hier besteht die Möglichkeit, alle Oberflächenelemente per Drag und Drop zu benutzen, die von der Toolbox (auf der linken Seite in Visual Studio) zu Verfügung gestellt werden. So lassen sich beliebige Oberflächen gestalten. Für die konkrete Aufgabenstellung wird die folgende Oberfläche erstellt.

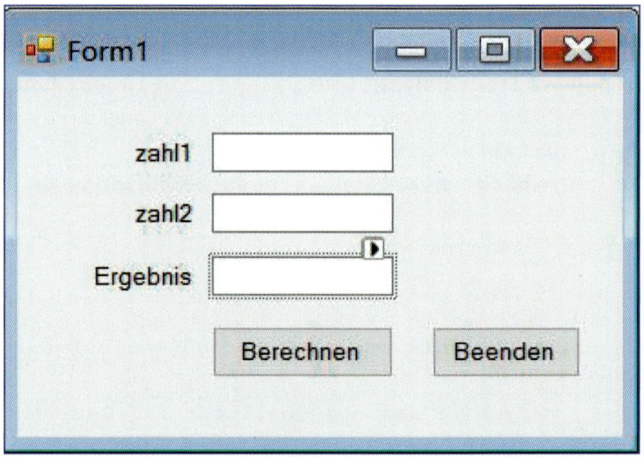

Als Oberflächenelemente kommen drei Textboxen, drei Label und zwei Buttons zum Einsatz. Die Eigenschaften dieser Elemente lassen sich auf der rechten Seite im Eigenschaftsfenster verändern. Für das Beispiel werden nur die Eigenschaften „Name" und „Text" der entsprechenden Elemente verändert.

Oberflächen-element	Eigenschaft geändert
Textbox1	Name: txtZahl1 Text: leer
Textbox2	Name: txtZahl2 Text: leer
Textbox3	Name: txtErgebnis Text: leer
Label1	Name: label1 (wurde nicht geändert) Text: Zahl1
Label2	Name: label2 (wurde nicht geändert) Text: Zahl2
Label3	Name: label3 (wurde nicht geändert) Text: Ergebnis
Button1	Name: btnBeenden Text: Beenden
Button2	Name: btnBerechnen Text: Berechnen

Durch einen Doppelklick auf die Buttons wird eine entsprechende Methode erzeugt, in welche der Quelltext eingeben werden kann.

```
private void btnBeenden_Click(object
sender, EventArgs e)
{
}
private void btnBerechnen_Click(object
sender, EventArgs e)
{
}
```

Nachfolgend ist der komplette Quelltext des Programms abgebildet. Dabei ist zu beachten, dass jener der Teil des Quelltextes eingeben werden muss, der nicht automatisch vom Programm erzeugt wird.

```
using System;
using System.Windows.Forms;
namespace Berechnesumme
{
        public partial class Form1 : Form
        {
                public Form1()
                {
                        InitializeComponent();
                }
                private void btnBeenden_click(object sender, EventArgs e)
                {
                        Close(); // Schließt das Programm (muss eingeben werden)
                }
                private void btnBerechnen_click(object sender, EventArgs e)
                {
                        // Dieser Teil muss noch eingeben werden
                        double zahl1, zahl2, ergebnis;
                        zahl1 = Convert.ToDouble(txtZahl1.Text);
                        zahl2 = Convert.ToDouble(txtZahl2.Text);
                        ergebnis = zahl1 + zahl2;
                        txtErgebnis.Text = Convert.ToString(ergebnis);
                }
        }
}
```

Abschließend wird das Programm ausgeführt und nach dem Starten des Programms kann beliebig oft die Summe der Zahlen 1 und 2 berechnet werden.

Allerdings ist auf eine korrekte Eingabe zu achten, da falsche Eingaben noch nicht behandelt werden und somit zum Absturz des Programms führen. Diese Einschränkung kann mit den Techniken gelöst werden, die im Kapitel 5.3.12 „Exception Handling" behandelt wurden.

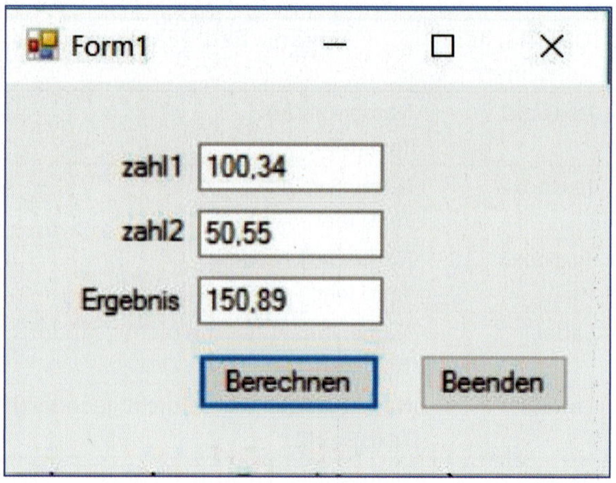

6 Datenbankanwendungen

Externe Speicherung → File-System → ANSI-SPARC-Architektur → Datenbankmanagementsysteme (DBMS) → Datenmodell → ER-Modell → Tabellen → Schlüssel → Referenzen → Normalformen → SQL → Abfragen SELECT → Einfügen, Ändern, Löschen → Zugriffsrechte → Transaktionen → ACID → Arbeit mit MySQL → Vom Modell zur Tabelle → Alternative DBMS → Hadoop → NoSQL → In-memory-database

6.1 Von der Datei zur Datenbank

6.1.1 Dauerhafte externe Speicherung von Daten

Die Daten computergestützter Anwendungssysteme müssen für eine längere Aufbewahrung auf externen Datenträgern gespeichert werden. Der Arbeitsspeicher des Computers benötigt eine ständige Energiezufuhr, während er mit der Unterbrechung oder Abschaltung der Energiezufuhr seinen Inhalt verliert. Der Arbeitsspeicher eignet sich so nicht zur dauerhaften Speicherung von Daten.

So muss zum Beispiel jedes Smartphone einen niedrigen Ladezustand seiner Batterie erkennen und rechtzeitig die aktuellen Daten vor dem Ausfall der Energiezufuhr auf eine eingebaute Speicherkarte „retten". Das braucht Zeit, denn es müssen normalerweise viele Daten abgespeichert werden. Umgekehrt kostet es nach dem erneuten Einschalten ebenfalls Zeit, die Daten von der Speicherkarte wieder in den Arbeitsspeicher zu laden. Auch die Programme bzw. Apps liegen als Daten auf der Speicherkarte und müssen zuerst gelesen und dann gestartet werden. Wird ein Smartphone abgeschaltet, so befindet es sich eigentlich nur in einem Ruhemodus. Die Daten verbleiben im Arbeitsspeicher, die Programme arbeiten weiter, warten z. B. auf Anrufe oder andere Nachrichten. Im diesem Ruhemodus verbrauchen die Programme weniger Prozessorleistung und damit weniger Energie, denn das Smartphone ist eigentlich weiter in einem eingeschalteten Zustand.

Die externe Speicherung erfordert eine Technologie, die die Daten ohne ständige Energiezufuhr erhält. Zuerst dienten zur dauerhaften Speicherung Lochstreifen, dann **Magnetbänder** oder **Festplatten** mit magnetisierbaren Oberflächen. Jetzt werden **optische Speicher** oder **Feststoffspeicher** mit veränderbarer Kristallstruktur genutzt.

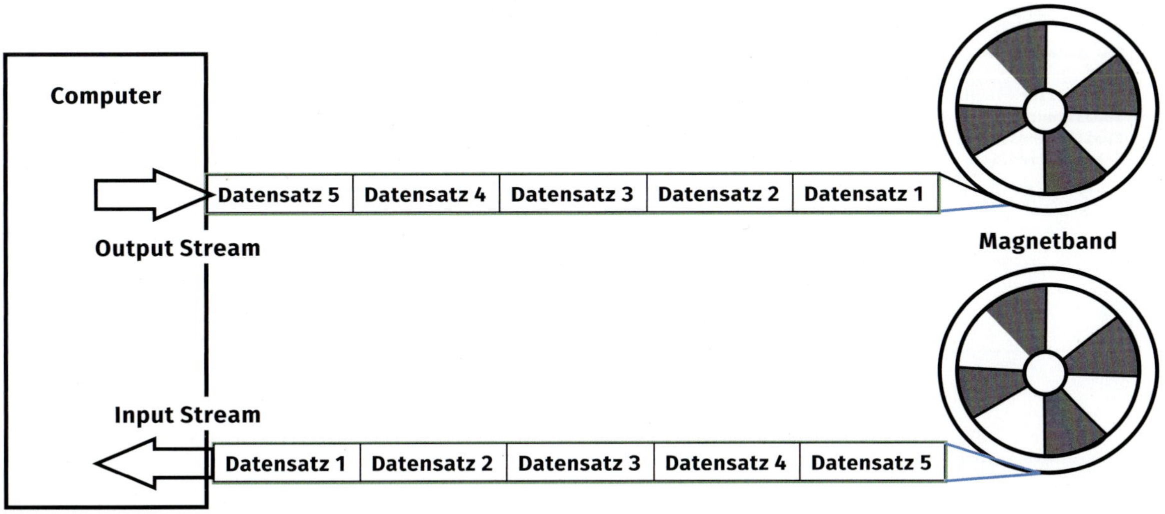

Strom der Daten (Stream) zwischen Computer und Magnetband

Aus der Anfangszeit der Magnetbänder stammt das Verständnis des Schreibens und Lesens der Daten als Datenstrom. Beim Schreiben „fließen" die Daten „hinaus" auf den Datenträger und beim Lesen „fließen" sie wieder „hinein" in den Arbeitsspeicher des Computers. Jedes Betriebssystem unterstützt diese Form der Datenströme. Im Konzept der UNIX-Betriebssysteme ist der Stream ein elementares Konstrukt. „Everything should be a stream!" heißt es dort.

6.1.2 Dateiorganisation

Der Datenstrom fließt in eine Datei bzw. in einen File, wenn der englische Begriff verwendet wird. Jeder File ist eine sequenzielle Struktur von Daten, wo diese Daten ordentlich hintereinander aufgereiht sind. Jeder File ist damit eine eindimensionale Datenstruktur, also nur auf eine Dimension beschränkt, aber in der Länge unbegrenzt. Der Strom der Daten besteht, solange Daten vorhanden sind. Einzig der Datenträger zum Speichern bestimmt die maximale Länge eines Files.

Das Lesen und Schreiben von Files wird von allen Betriebssystemen hocheffizient unterstützt. Diese Systeme schreiben die Daten in einen Puffer und veranlassen dann das Kopieren des Puffers auf den Datenträger. Umgekehrt wird ein Block in den Puffer kopiert und dann dort nach Bedarf ausgelesen.

Der Programmierer kennt die Verwendung der Puffer bei der Dateiarbeit. Zuerst wird die Datei bzw. der File geöffnet, d. h., es wird ein Puffer angelegt und der Puffer wird mit dem externen File verbunden. Man muss sich hier entscheiden, ob man den File lesen oder schreiben möchte. Das Lesen von Daten aus dem File erfolgt immer sequenziell, also immer hintereinander. Auch beim Schreiben kann man Daten nur am Ende des Files, d. h. am Ende des Datenstroms anfügen. Wird der File nicht mehr gebraucht, sollte man ihn schließen. Praktisch gibt man den Speicherplatz für den Puffer frei. Beim Schließen wird nach dem Schreiben der Pufferinhalt auf den Datenträger kopiert. Da dies häufig vom Programmierer vergessen wird, sorgen die Compiler am Ende jeder Prozedur automatisch für das Schließen der Dateien und die Freigabe der Puffer.

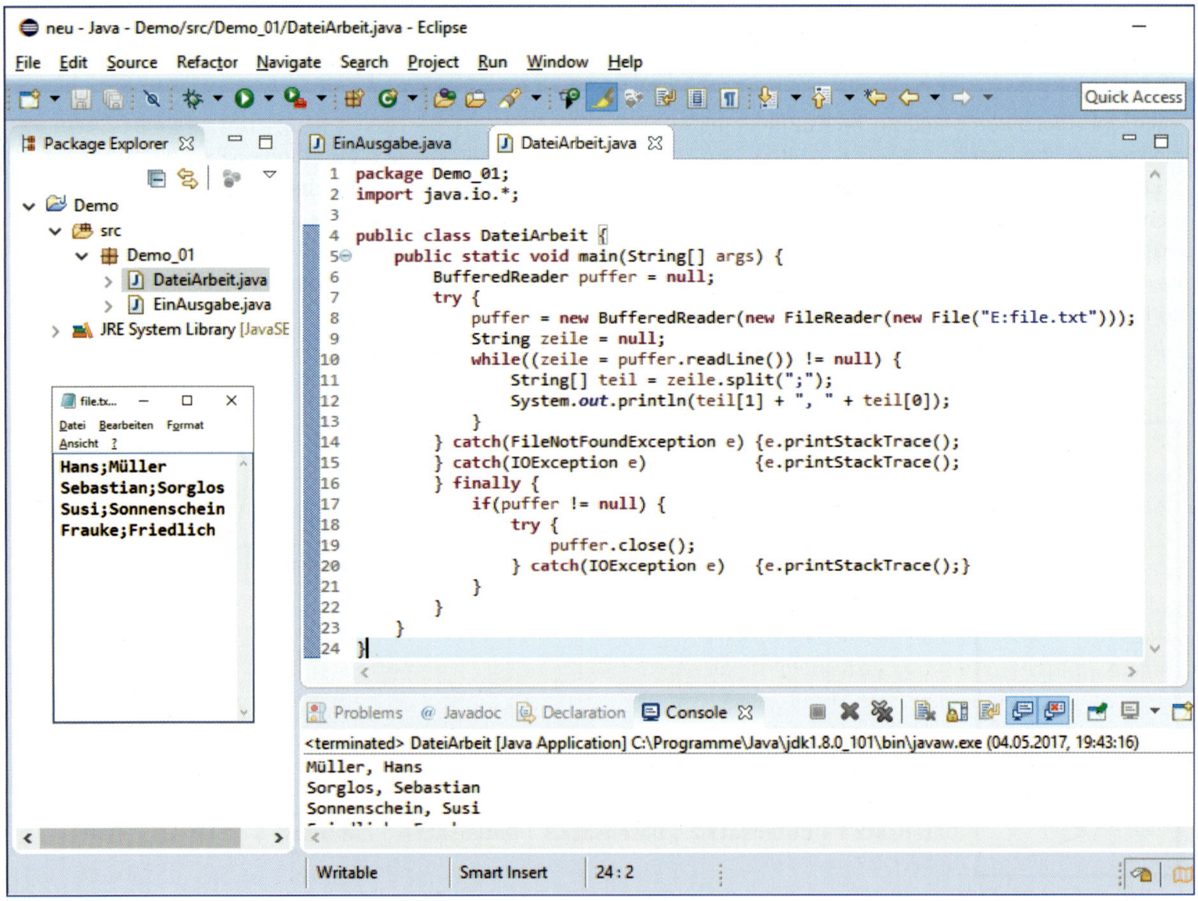

Puffer beim Input und Output in Java

Im Programmbeispiel stehen in der Datei „file.txt" auf dem Laufwerk E: die Daten zeilenweise (**puffer.readLine()**) organisiert. In einer Zeile stehen Vorname und Familienname, getrennt durch ein Semikolon (**zeile.split(";")**), die dann in umgekehrter Reihenfolge (erst **teil[1]**, dann **teil[0]** ausgegeben werden. Ansonsten sind noch einige Vorkehrungen zur Fehlerbehandlung im Quelltext zu finden. Es kann passieren, dass die Datei nicht aufzufinden ist (**FileNotFoundException**) oder dass bei der Eingabe oder Ausgabe Fehler (**IOException**) auftreten. Zum Schluss wird der Puffer geschlossen (**puffer.close()**).

Es gilt: „Jedes Programm muss die Struktur seiner Files kennen." Diese Erkenntnis macht den entscheidenden Nachteil der File-Organisation deutlich. Nur nach Hinweisen des Programmautors kann auf „fremde" Files zugegriffen werden. Jedes Programm kann seine individuelle Dateistruktur definieren.

Für Unbeteiligte ist es damit fast unmöglich, unbekannte, fremde Dateien zu lesen. Für unsere heutige Welt der digitalen Kommunikation wäre das ein fatales Hindernis gewesen. So musste man schnell nach Lösungen suchen, wobei sich folgende Lösungsvorschläge entwickelten:

- Die **Datei erhält im Namen eine Information zum verursachenden Programm.** Auf diese Weise entstand der Namensteil „Typenbezeichnung" im Dateinamen nach dem Punkt, womit ggf. auch das Betriebssystem erkannt wird, z. B. dass eine Datei „neu.docx" wahrscheinlich vom Programm Microsoft Word gelesen und interpretiert werden kann. Man könnte die Datei umbenennen und die Typenbezeichnung ändern. Dann würde Microsoft Word nicht mehr automatisch zugeordnet werden können, das Programm könnte aber weiterhin die Datei verarbeiten. Für ein eigenes Programm kann man eine eigene Typenbezeichnung definieren. Man muss nur aufpassen, dass diese Bezeichnung nicht bereits vergeben ist.
- Es wird **eine einheitliche, einfache Dateistruktur** festgelegt. So ergeben sich einfache Textdateien, in denen die kleinste Einheit ein Zeichen ist und die größte Einheit eine Zeile darstellt. Zur Abgrenzung von Worten kann man beliebige Trennzeichen definieren, üblicherweise Komma, Semikolon oder Leerzeichen. Dieses austauschbare Dateiformat wird als CSV-Format (Comma Separated Values) bezeichnet.
- Es wird **eine Sprache zur Beschreibung der Dateistruktur** definiert und verwendet. Diese Lösung ist komplizierter, aber wesentlich flexibler. XML oder HTML sind derartige Sprachen, auf die im Kapitel 7 näher eingegangen wird.
- Die **Entkopplung der Datenverwaltung von den Programmen** stellt die universellste Lösung zur Bereitstellung von Daten für unterschiedliche Programme dar. Die Datenverwaltung wird unabhängigen Datenbanksystemen übertragen, mit denen die Programme über definierte Schnittstellen zusammenarbeiten können.

6.1.3 Datenbanken

Die Datenbanken „kapseln" die Datenverwaltung, d. h., sie überlagern die Daten mit einem Datenbankmanagementsystem (DBMS), das den Zugriff auf die Daten organisiert. Über eine definierte Schnittstelle erhalten die Anwendungsprogramme Zugriff auf die Daten. Die Datenverwaltung geschieht unabhängig von den Anwendungsprogrammen.

W

Ein **Datenbanksystem** besteht aus den folgenden Bestandteilen:

- **Datenbestand** als einer strukturierten Sammlung von Daten. Der Datenbestand wird grafisch oft noch als Zylinder dargestellt, was an den rotierenden Stapel von magnetisierbaren Oberflächen aus einem Festplattenlaufwerk erinnern soll.
- **Datenbankmanagementsystem** (DBMS) zur Verwaltung der Zugriffe auf den Datenbestand, womit der Datenbestand umschlossen (gekapselt) wird. Nur über das Datenbankmanagementsystem kann man auf den Datenbestand zugreifen;
- **Schnittstelle**, die dem Datenaustausch zwischen den Anwendungen und dem Datenbankmanagementsystem dient.

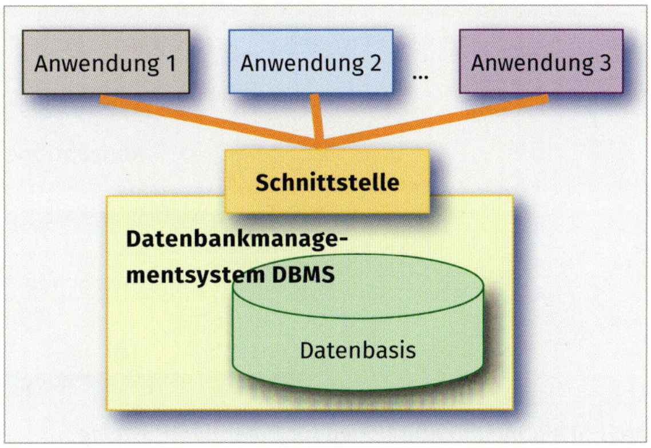

Datenbanksystem

Typische Vertreter von Datenmanagementsystemen sind Microsoft Access, MySQL, SAP HANA, IBM DB2 oder Oracle DB. Alle diese Datenbankmanagementsysteme haben einen standardisierten Aufbau, der dem ANSI-SPARC-Architekturmodell folgt.

6.1.4 ANSI-SPARC-Architektur für Datenbanksysteme

Die ANSI-SPARC-Architektur wurde im Jahre 1975 vom „Standards Planning and Requirements Committee" (SPARC) des „American National Standards Institute" (ANSI) entwickelt. Das American National Standards Institute ist der nationale Normenausschuss der USA, der dem Deutschen Institut für Normung (DIN) in Deutschland entspricht. Mit dem Architekturmodell unterbreitete ANSI einen Vorschlag für die prinzipielle Architektur von Datenbanksystemen, an dem sich sowohl die Hersteller von Datenbanksoftware als auch die Betreiber von Datenbanken orientieren sollten. Ziel war die Entkopplung von Anwendung und Datenspeicherung, um

- den Benutzer einer Datenbank vor nachteiligen Auswirkungen von Änderungen in der Datenbankstruktur zu schützen und
- den Entwicklern von Datenbankmanagementsystemen den Raum für kreative Lösungen zu geben.

Im Zentrum der ANSI-SPARC-Architektur befindet sich die konzeptionelle Ebene bzw. das **konzeptionelle Schema**. Über dem konzeptionellen Schema liegt das **externe Schema** und unter dem konzeptionellen Schema befindet sich das **interne Schema**. Im internen Schema wird die Speicherung der Daten mit ihren Zugriffspfaden auf den physischen Speicher festgelegt. Das externe Schema regelt, welche Daten bestimmte Benutzer bzw. Programme sehen und bearbeiten können.

Außerdem definiert das ANSI-Architekturmodell die Zuordnung von personellen Instanzen, die als Anwendungs-, Unternehmens- und Datenbankadministrator bezeichnet werden und die für das externe, konzeptionelle oder interne Schema zuständig sind.

W

Das **ANSI-SPARC-Architekturmodell** für Datenbanksysteme zeigt die verschiedenen Teile eines Datenbankkonzeptes, aber nicht die Schritte der Datenbankentwicklung.

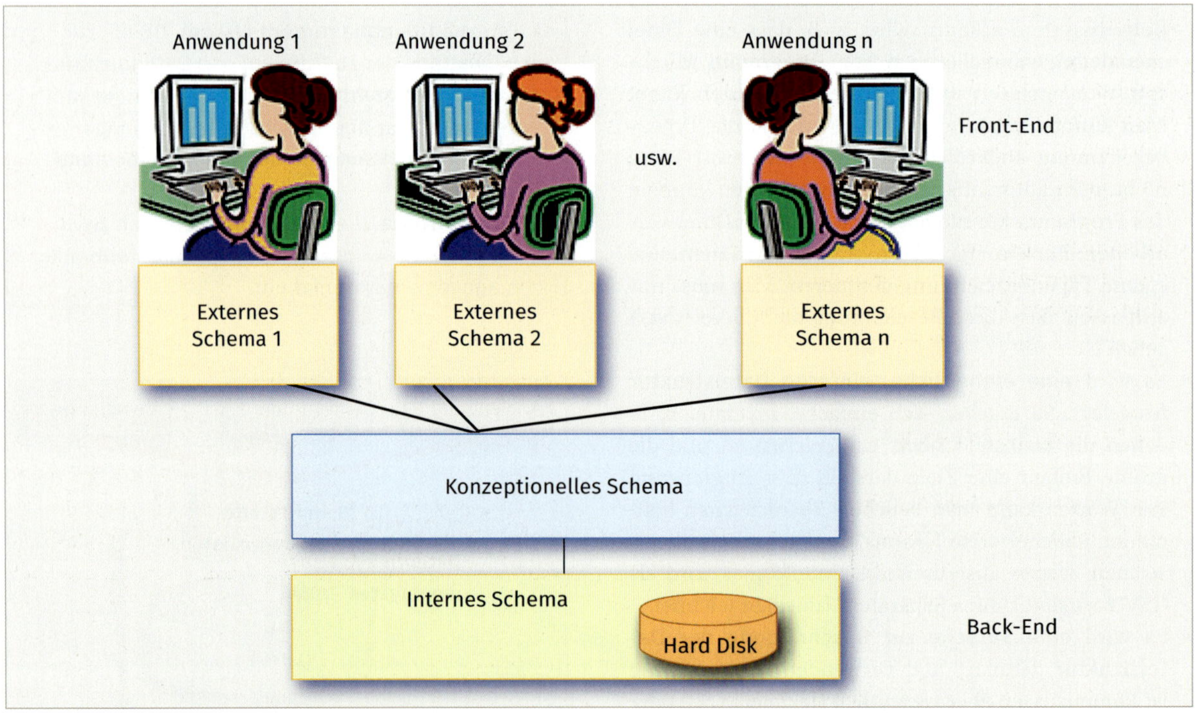

ANSI-SPARC-Architekturmodell für Datenbanksysteme

6.1.4.1 Konzeptionelles Schema

W

Das **konzeptionelle Schema** benennt und beschreibt alle logischen Dateneinheiten (entities) sowie die Beziehungen (relationships) zwischen den Dateneinheiten. Das konzeptionelle Schema enthält keine Datenwerte (values), sondern beschreibt lediglich deren Struktur in anwendungsübergreifender Form.

Im konzeptionellen Schema werden alle Daten und ihre Beziehungen zueinander modelliert. Hier liegen nicht die Daten sondern die Informationen über die Struktur der Daten. Der Inhalt dieses Schemas ist unabhängig von der eingesetzten Hardware zur Datenspeicherung und unabhängig von den Anforderungen einzelner Benutzer. Dadurch wird die Entkopplung der Anwendungsprogramme von der physischen Datenspeicherung erreicht.

Die Form der Beschreibung und die Beschreibungsmöglichkeiten werden durch das Datenmodell festgelegt, das zur Erstellung des konzeptionellen Schemas herangezogen wird. So kann ein hierarchisches, ein netzwerkartiges oder ein relationales Datenmodell gewählt werden. Keinesfalls enthält ein konzeptionelles Schema Angaben zur physischen Organisation der Speicherung, die nur dem internen Schema zugeordnet sind.

Als anwendungsunabhängiges Instrument zur Beschreibung der Struktur der Datenwelt eines Unternehmens zeichnet sich das konzeptionelle Schema durch folgende Vorteile aus:

- Beschreibung der Datenbasis für alle aktuellen und künftigen Anwendungen eines Unternehmens
- Dokumentation der Informationszusammenhänge eines Unternehmens in einer einheitlichen Form
- Änderung im Vergleich zu den einzelnen Anwendungen erfolgt nur langsam.

6.1.4.2 Internes Schema

W

Als **internes Schema** bezeichnet man die Organisation der physischen Datenspeicherung bezüglich der im konzeptionellen Schema definierten logischen Datenstrukturen.

Das interne Schema legt die physikalische Realisierung auf den Speichermedien fest und enthält die Algorithmen zur Speicherung, Indizierung, Sortierung und Selektion der Daten aus dem Datenbestand. Diese Informationen sind das eigentliche Know-how des Entwicklers des Datenbankmanagementsystems, die dem Anwender im Allgemeinen verborgen bleiben. So sieht ein Microsoft-Office-Anwender eine Microsoft-Access-Datenbank immer nur als eine einzige Datei, die außerdem noch eine unverständliche Größe besitzt. Das interne Schema muss der Anwender aber nicht kennen, denn in der Hauptsache muss es funktionieren.

Eine besondere Anforderung im internen Schema ist die Transaktionssicherheit, d. h., es muss die Sicherheit einer Transaktion (siehe hierzu auch Kap. 6.4.8) gewährleistet sein.

6.1.4.3 Externes Schema

W

Das **externe Schema** beschreibt einen Ausschnitt aus dem konzeptionellen Schema eines Unternehmens, der auf die spezielle Datensicht einer bestimmten Benutzergruppe zugeschnitten ist.

Das externe Schema verdeckt gegenüber der betroffenen Benutzergruppe die logische Gesamtsicht, d. h., es zeigt nur den Teil der logischen Gesamtsicht, der für die Anwendungen der betroffenen Benutzergruppe von Interesse ist.

Da ein externes Schema nur einen Teil der konzeptionellen Gesamtsicht wiedergibt, bezeichnet man es auch als Subschema. Das auf die Bedürfnisse einer Benutzergruppe abgestimmte externe Schema soll nicht die Dateneinheiten und Beziehungen enthalten, die diese Benutzer nicht sehen wollen oder nicht sehen sollen. In einem Unternehmen existieren in der Regel mehrere Benutzergruppen. Es sind daher mehrere, unterschiedliche Subschemata zu entwickeln – je ein Schema pro Benutzergruppe.

Unterschiedliche externe Subschemata ermöglichen den **Multi-User-Betrieb**, d. h., mehrere Anwender (User) können aus mehreren (unterschiedlichen) Anwendungen gleichzeitig auf die Daten im Datenbanksystem zugreifen. Das stellt einen gewaltigen Fortschritt gegenüber der Arbeit mit einzelnen Files dar. Der Multi-User-Betrieb verlangt aber zusätzlich die Einrichtung eines Berechtigungskonzepts, welches sicherstellt, dass nur Anwender auf die Daten zugreifen, die hierzu gemäß ihrer Tätigkeit auch berechtigt sind.

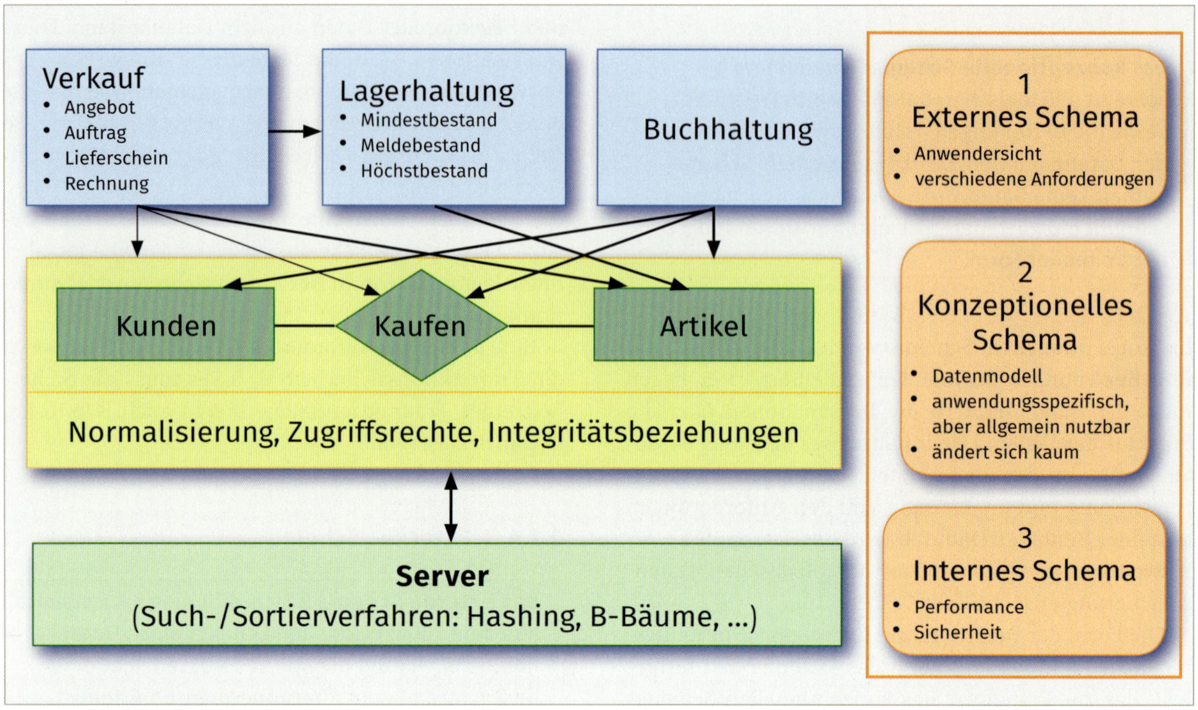

Beispiel für Inhalte der Schemata

6.2 Entwurf von Datenbanken

Der Entwurf einer Datenbank kann auf bekannten Daten basieren, wobei oft eine vorhandene, gewachsene Tabelle als Ausgangsbasis dient. Wenn eine Datenbank komplett neu konzipiert wird, empfiehlt es sich davon auszugehen, in welchen Beziehungen die Daten untereinander stehen. Aus diesem Entwurf werden die Tabellen direkt abgeleitet, die dann häufig bereits normiert sind. Es ist aber unerlässlich, die entstandenen Tabellen trotzdem auf die Einhaltung der Normalitätsregeln zu überprüfen (siehe Kap. 6.3.3)

In diesem Abschnitt wird die Analyse der Daten und die Darstellung der Ergebnisse mithilfe eines Entity-Relationship-Modells (ER-Modell) erläutert.

6.2.1 Datenanalyse

Bei der Datenanalyse für eine neue Datenbank werden zuerst alle projektrelevanten Informationen ermittelt. Das können zum Beispiel Informationen über Arbeitsprozesse, Personen oder verschiedene Objekte sein, die später in der Datenbank erfasst werden sollen. Die Erhebung der Daten kann im Rahmen einer Bedarfsanalyse, einer Fragebogenaktion oder ganz einfach in einem oder mehreren Gesprächen mit dem Auftraggeber erfolgen. Am Ende dieser Phase steht eine Anforderungsliste, die mit dem Auftraggeber abgestimmt ist und als Vorlage für den Datenbankentwurf dient. Aus den erhobenen Daten werden dann Entitäten mit ihren Attributen und deren Beziehungen untereinander abgeleitet und dargestellt.

6.2.2 Entity-Relationship-Modell (ER-Modell)

Das Entity-Relationship-Modell (oder auch ER-Modell) wird dazu benutzt, um Informationen darzustellen, die bei der Datenanalyse erhoben wurden. Dieses Modell kommt u. a. in der Planungsphase zum Einsatz und dient zur Verständigung zwischen dem Anwender und dem Entwickler der Datenbank.
Das ER-Modell wurde im Jahre 1976 das erste Mal von Peter Chen vorgestellt und ist inzwischen zum

De-facto-Standard für die Datenmodellierung geworden. Nachfolgend werden der Aufbau und die Bestandteile eines ER-Modells näher betrachtet.

6.2.2.1 Entität und Entitätstyp

Eine **Entität** oder Entity ist vergleichbar mit einem Objekt. Die konkreten Daten eines Kunden sind z. B. eine solche Entität. Eine Datenbank besteht demnach aus vielen Entitäten, wobei die Entitäten gleichen Typs zu einem **Entitätstyp** oder Entity-Typ zusammengefasst werden. Entitäten sind z. B. Herr Maier, Frau Schulz oder Herr Müller. Der dazugehörige Entitätstyp wäre z. B. „Person".

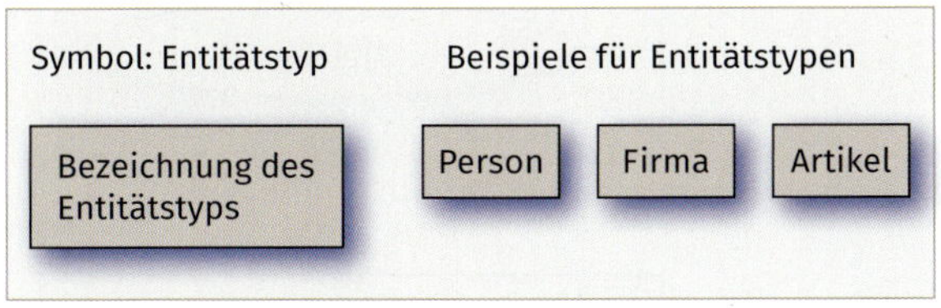

Entitäten und Entitätstypen

6.2.2.2 Attribute

Attribute werden als „Daten" der Entität bezeichnet. Wenn die Entität ein eindeutig identifizierbares Attribut besitzt (z. B. Kundennummer), dann wird dieses Attribut unterstrichen. Die Attribute werden den entsprechenden Entitätstypen oder auch den Beziehungen direkt zugeordnet, d. h., die Attribute werden mit Entitätstypen verbunden. Dabei kann die Anordnung frei erfolgen.

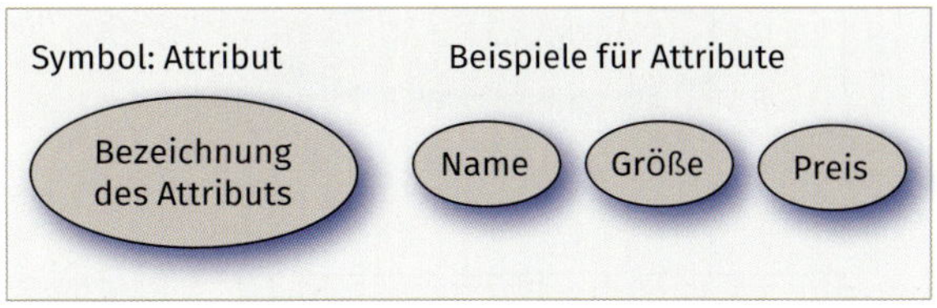

Attribute

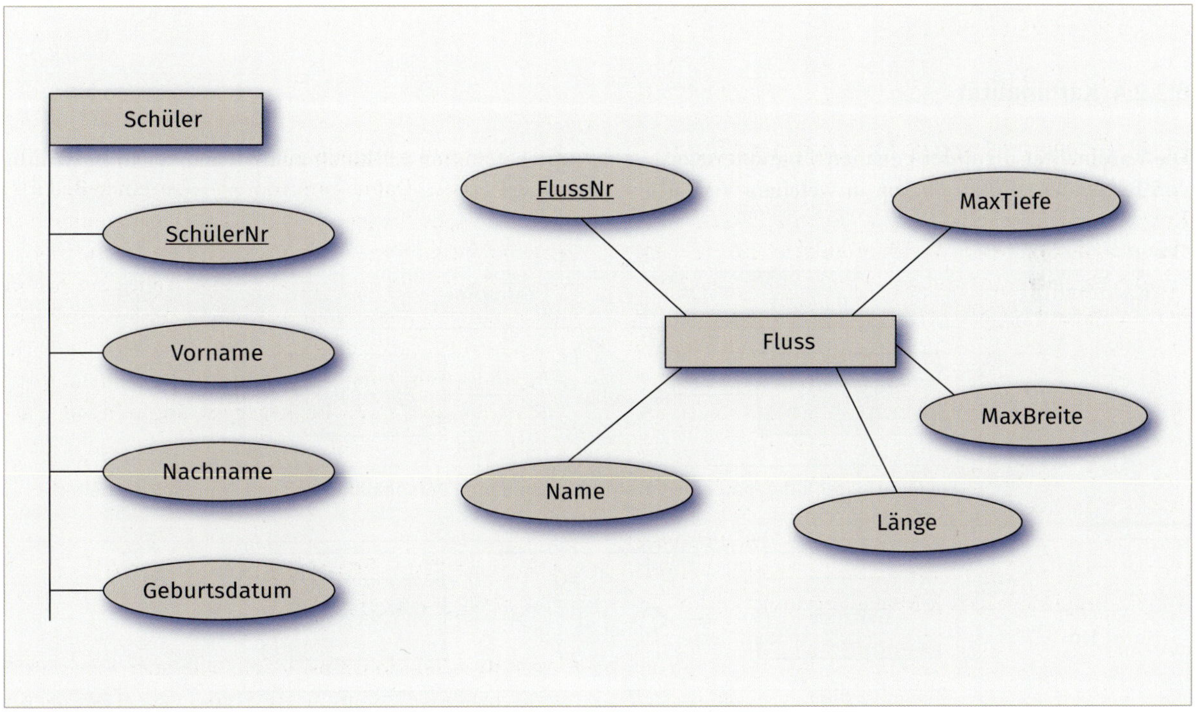

Entitätstypen mit Attributen

6.2.2.3 Beziehung

Durch eine Beziehung, auch Relation genannt, wird eine semantische Verbindung zwischen zwei Entitäten dargestellt. Das ER-Modell kennzeichnet die Beziehungen der Entitäten mithilfe einer Raute. Den Beziehungen können auch Attribute direkt zugeordnet werden (siehe Grafik auf folgender Seite)

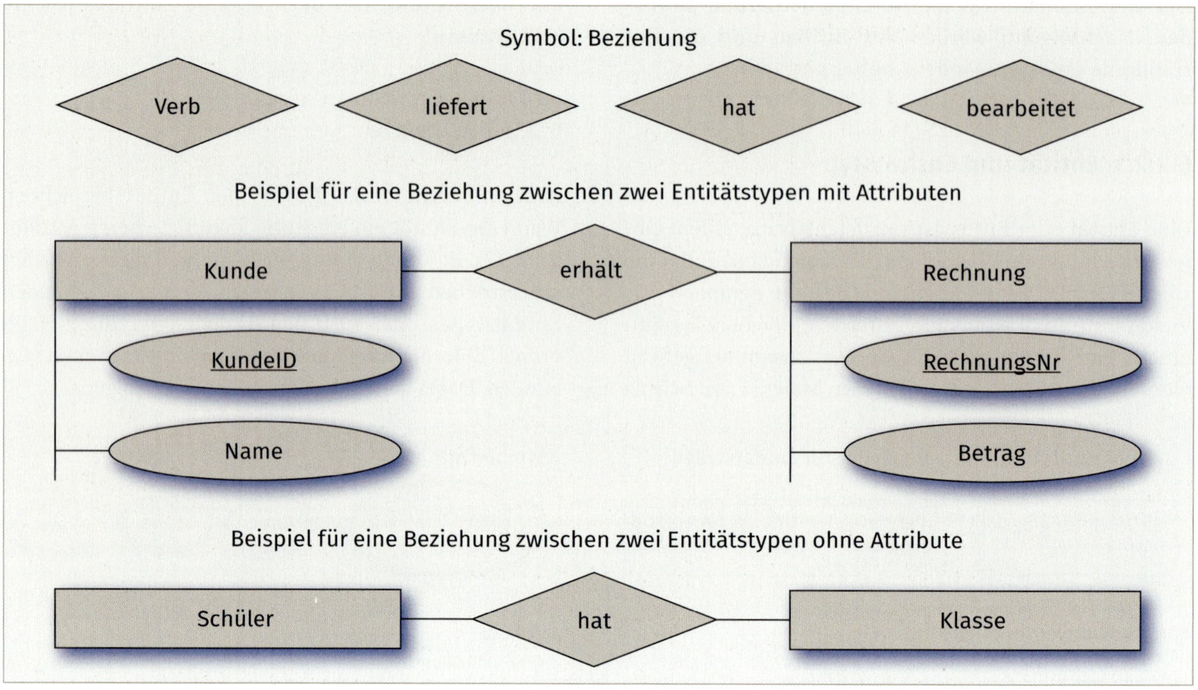

Beispiele für Beziehungen

6.2.2.4 Kardinalität

Die Kardinalität dient der genauen Charakterisierung von Beziehungen und gibt an, in welchem Verhältnis die beteiligten Entitätstypen zueinander in Beziehung stehen.

Kardinalität	Beispiel
1:1	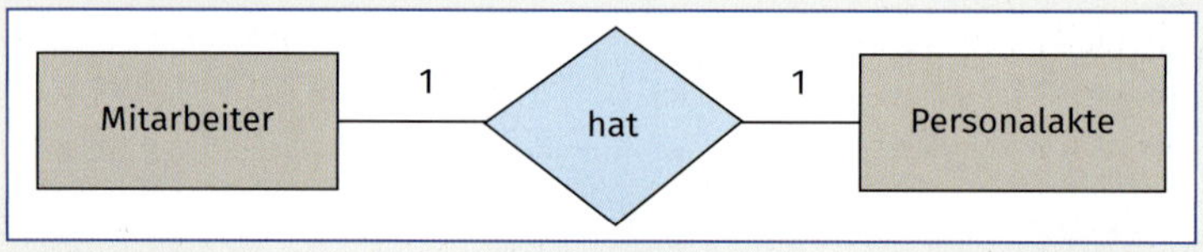 Ein Mitarbeiter hat genau eine Personalakte und jede Personalakte ist genau einem Mitarbeiter zugeordnet.
1:n	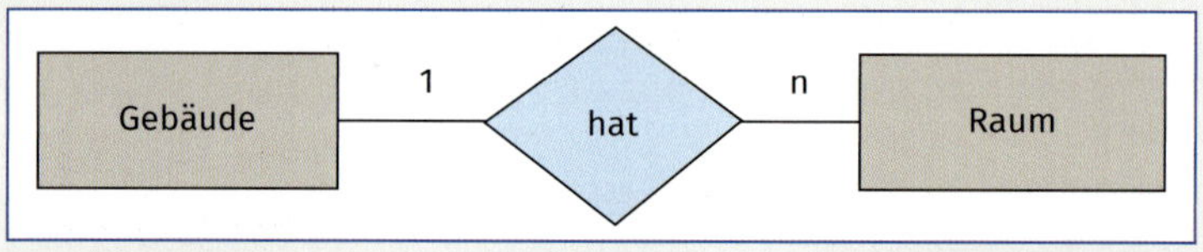 Ein Gebäude hat einen oder mehrere Räume. Aber ein Raum kann nur in einem Gebäude sein.
m:n	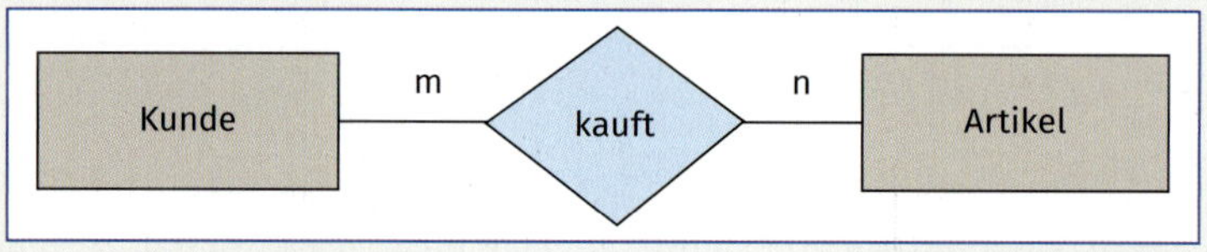 Ein Kunde kauft mehrere Artikel. Aber ein Artikel kann auch von mehreren Kunden gekauft werden.

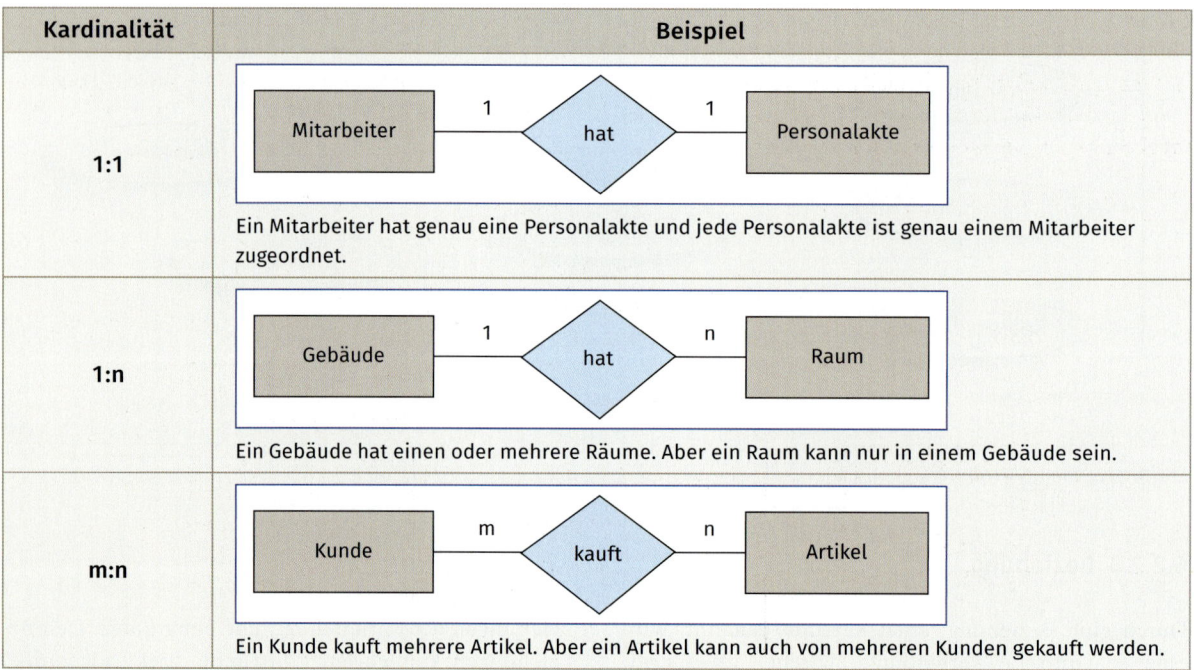

Beispiele für Kardinalitäten

6.2.2.5 Überführung eines ER-Modells in ein relationales Datenmodell

Nach der Datenanalyse und dem Entwurf der Datenbank mithilfe des ER-Modells wird dieser Entwurf dann in ein relationales Datenmodell überführt, welches anschließend noch normalisiert wird. Auf das relationale Datenmodell und dessen Normalisierung wird im nächsten Abschnitt des Buches eingegangen. An dieser Stelle soll aufgezeigt werden, wie das relationale Datenmodell aus einem ER-Modell abgeleitet wird. Als Beispiel liegt folgendes ER-Modell vor.

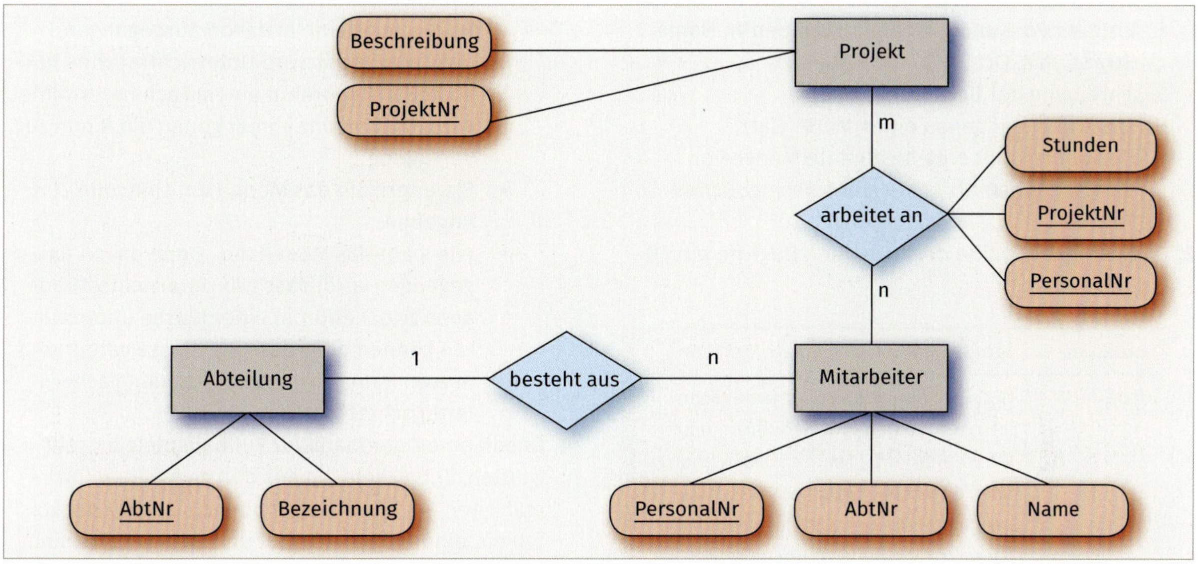

ER-Modell

In diesem Beispiel sind die Entitätstypen „Abteilung“, „Mitarbeiter“ und „Projekt“ mit entsprechenden Attributen abgebildet. Eine Abteilung besitzt mehrere Mitarbeiter und die Mitarbeiter arbeiten in verschiedenen Projekten mit. Durch die m:n-Beziehung zwischen Mitarbeiter und Projekt können auch Attribute direkt an der Beziehung angegeben werden. Man kann wie folgt vorgehen, um daraus ein relationales Datenmodell zu entwickeln:

Aus jedem Entitätstyp des ER-Modells wird eine Tabelle mit dem entsprechenden Namen erstellt. Die Attribute der einzelnen Entitätstypen werden zu Spalten der jeweiligen Tabelle. Die 1:1- und die 1:n-Beziehungen werden ohne Veränderungen übernommen. Die m:n-Beziehungen müssen aufgelöst und in zwei 1:n-Beziehungen überführt werden. Dazu werden die m:n-Beziehung und deren Attribute in einer neuen Tabelle dargestellt, einer sogenannten Zwischentabelle. Im Beispiel betrifft es die m:n-Beziehung zwischen Mitarbeiter und Projekt. Das relationale Datenmodell entspricht im Ergebnis der Abbildung.

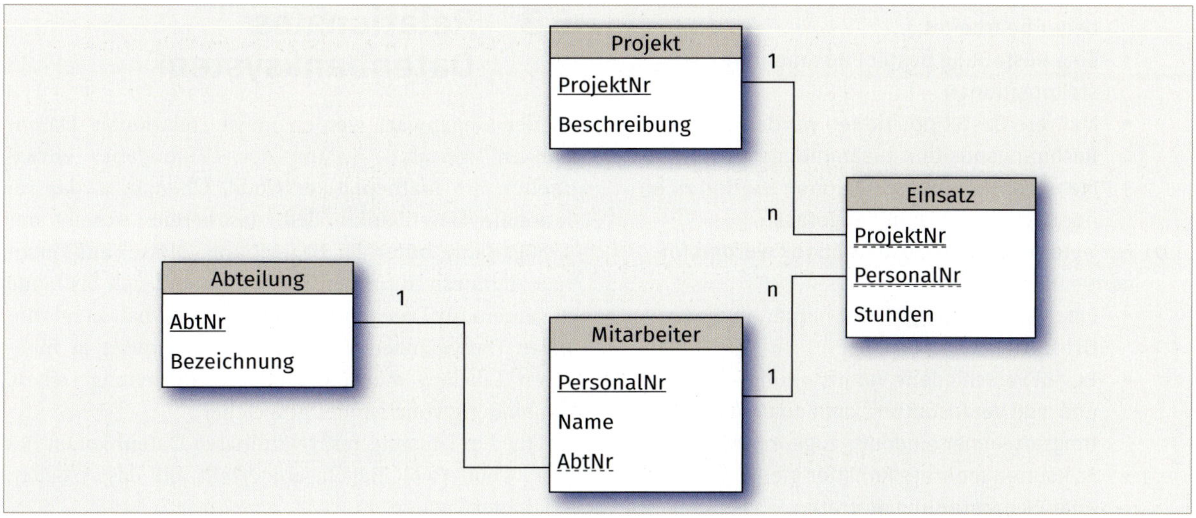

Relationales Datenmodell

Aufgaben

1. Zeichnen Sie ein ER-Modell für folgende Entitätstypen und deren Beziehungen:
   - Entitätstyp: Artikel; Attribute: ArtikelNr, Bezeichnung, Listenpreis, Bestand, Mindestbestand
   - Entitätstyp: MwSt_Satz; Attribute: MwStNr, Prozent, Beschreibung
   - Entitätstyp: Kunde; Attribute: KundenNr, Name, Straße, PLZ, Ort

   Beschreibung der Beziehungen:
   - Ein Artikel hat genau einen MwSt_Satz.
   - Ein Kunde kauft eine bestimmte Menge von verschiedenen Artikeln an unterschiedlichen Tagen.
2. Erstellen Sie mithilfe der folgenden Begriffe ein ER-Modell:

Entitäten	Schüler, Schule, Ort, Klasse, Schulart
Attribute	PLZ, Einwohnerzahl, Ortsname, Schülername, Schulname, Schülernummer, Klassennummer, Schulartbezeichnung, Schüleranzahl, Vorname, Klassenname, Schulnummer, Schulartnummer (Unterstreichen des eindeutigen Attributs nicht vergessen!)
Beziehungen	wohnt, besucht, liegt in, gehört zu, hat

3. Erstellen Sie für die folgenden Aufgaben ein ER-Modell ohne Attribute. Es werden nur die Entitätstypen, Beziehungen und Kardinalitäten eingezeichnet.
   a) Es soll eine Datenbank zum Speichern von Bestellungen und Rechnungen entwickelt werden. Dazu liegen folgende Informationen vor.
      - Ein Kunde tätigt mehrere Bestellungen und bekommt dafür die Rechnungen.
      - Eine Bestellung wird von genau einem Mitarbeiter bearbeitet.
      - Eine Bestellung besteht aus mehreren Bestellpositionen.
      - Mehrere Bestellpositionen werden zu einer Rechnungsposition zusammengefasst.
      - Mehrere Rechnungspositionen werden zu einer Rechnung zusammengefasst.

   b) Für eine Veranstaltungsdatenbank wurden folgende Daten erhoben:
      - Eine Veranstaltung findet immer an einem Ort statt.
      - Es gibt verschiedene Veranstaltungsarten und jede Veranstaltung kann einer Veranstaltungsart immer eindeutig zugeordnet werden.
      - Es können mehrere Künstler gleichzeitig bei einer Veranstaltung auftreten.
      - Künstler werden auch für mehrere Veranstaltungen gebucht.

   c) Es soll eine Datenbank für Stundenpläne erstellt werden, die folgende Informationen enthält:
      - Welche Klasse hat in welchem Raum mit welchem Lehrer in welchem Fach Unterricht?
      - Es wird erst einmal davon ausgegangen, dass eine Klasse pro Unterrichtsstunde nur von einem Lehrer in einem Fach unterrichtet wird. Dafür steht immer genau ein Raum zur Verfügung.
      - Erweitern Sie das Modell um sinnvolle Zeitangaben.
      - Wie sieht das Modell aus, wenn davon ausgegangen wird, dass pro Unterrichtsstunde auch zwei Lehrer in einer Klasse unterrichten können oder dass die Klasse geteilt und in zwei Räumen in verschiedenen Fächern unterrichtet wird.
4. Es soll eine Datenbank für Fußballspiele erstellt werden. Entwickeln Sie aus den gegebenen Informationen ein ER-Modell, wobei zu jedem Entitätstyp ein eindeutiges Attribut und zwei weitere sinnvolle Attribute zu ergänzen sind.
   - Ein Verein hat mehrere Mannschaften.
   - Eine Mannschaft besteht aus mehreren Spielern, wobei ein Spieler auch in mehreren Mannschaften spielen kann.
   - Ein Ort kann mehrere Vereine haben.
   - Eine Mannschaft absolviert pro Saison mehrere Spiele.
   - Ein Spiel findet immer in einem Ort statt.
   - Pro Spiel gibt es mehrere Schiedsrichter, die in dem Spiel immer genau eine Funktion ausüben.

6.3 Relationales Datenbanksystem

In der Gegenwart werden meist „relationale Datenbanken“ genutzt. Anfang der 1970er-Jahre entwickelten die Mathematiker Codd, Chen u. a. das relationale Datenbankmodell, das bereits Anfang der 1980er-Jahre unter der Bezeichung „dBase“ auf Personalcomputern implementiert wurde und sich bis heute allgemein für Datenbanken durchgesetzt hat. In relationalen Datenbanken werden die Daten meist in mehreren Tabellen, die miteinander in Beziehung stehen, unabhängig voneinander gespeichert.

Für den Umgang mit relationalen Datenbanken hat E. F. Codd zwölf Regeln aufgestellt, die das Arbeiten erleichtern sollen.

Codd's Twelve Rules	
1.	**Information Rule** All information in the database should be represented in one and only one way – as values in a table.
2.	**Guaranteed Access Rule** Each and every datum (atomic value) is guaranteed to be logically accessible by resorting to a combination of table name, primary key value, and column name.
3.	**Systematic Treatment of Null Values** Null values (distinct from empty character string or a string of blank characters and distinct from zero or any other number) are supported in the fully relational DBMS for representing missing information in a systematic way, independent of data type.
4.	**Dynamic Online Catalog Based on the Relational Model** The database description is represented at the logical level in the same way as ordinary data, so authorized users can apply the same relational language to its interrogation as they apply to regular data.
5.	**Comprehensive Data Sublanguage Rule** A relational system may support several languages and various modes of terminal use. However, there must be at least one language whose statements are expressible, per some well-defined syntax, as character strings and whose ability to support all of the following is comprehensible: ▪ data definition ▪ view definition ▪ data manipulation (interactive and by program) ▪ integrity constraints ▪ authorization ▪ transaction boundaries (begin, commit, and rollback)
6.	**View Updating Rule** All views that are theoretically updateable are also updateable by the system.
7.	**High-Level Insert, Update and Delete** The capability of handling a base relation or a derived relation as a single operand applies not only to the retrieval of data, but also to the insertion, update, and deletion of data.
8.	**Physical Data Independence** Application programs and terminal activities remain logically unimpaired whenever any changes are made in either storage representation or access methods.
9.	**Logical Data Independence** Application programs and terminal activities remain logically unimpaired when information preserving changes of any kind that theoretically permit unimpairment are made to the base tables.
10.	**Integrity Independence** Integrity constraints specific to a particular relational database must be definable in the relational data sublanguage and storable in the catalog, not in the application programs.
11.	**Distribution Independence** The data manipulation sublanguage of a relational DBMS must enable application programs and terminal activities to remain logically unimpaired whether and whenever data are physically centralized or distributed.
12.	**Nonsubversion Rule** If a relational system has or supports a low-level (single-record-at-a-time) language, that low-level language cannot be used to subvert or bypass the integrity rules or constraints expressed in the higher-level (multiple-records-at-a-time) relational language.
The problem with data is that it changes. Not just its individual items' values change, but their structure and use, especially when kept over extended periods of time. Even for public records that may have been kept for hundreds of years, there are occasionally changes in what data elements are captured and recorded and how.	

(Fortsetzung auf folgender Seite)

Codd's Twelve Rules

Therefore, a method to avoid problems due to duplication of data values and modification of structure and content has been developed. This method is called normalization.
You normalize a database in order to ensure data consistency and stability, to minimize data redundancy, and to ensure consistent updatability and maintainability of the data, and avoid update and delete anomalies that result in ambiguous data or inconsistent results.

6.3.1 Relationales Datenbankmodell

W Ein **relationales Datenbankmodell** ist eine Sammlung von Tabellen (Relationen), die miteinander verknüpft sind, d. h. miteinander in Beziehung stehen.

W Eine **Tabelle** (Relation) besteht aus einem Tabellennamen (Relationsname) sowie den Spalten (Attribute, Felder) und den Datensätzen (Zeilen, Tupel).

6.3.1.1 Tabelle

In einem **Datensatz** werden Informationen über ein ganz konkretes Objekt, beispielsweise einen ganz bestimmten Mitarbeiter, zusammengefasst. W

Ein Datensatz besteht aus **Datenfeldern** (= entsprechend der Spaltenbezeichnung). In einem **Datenfeld** wird eine ganz bestimmte Eigenschaft (Attributwert) des Objektes beschrieben. W

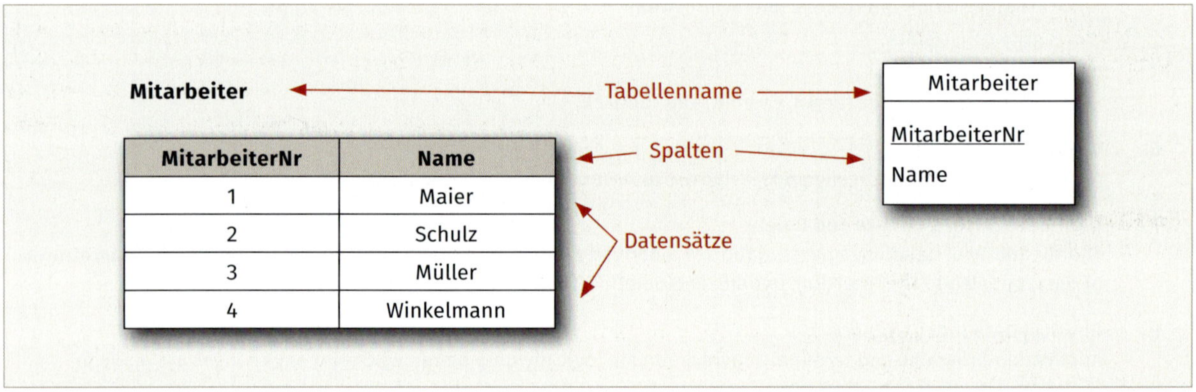

Beispiel einer Tabelle

6.3.1.2 Schlüssel

Primärschlüssel

W Der **Primärschlüssel** einer Tabelle ist eine minimale Kombination von Spalten (Attributen), mit dessen Hilfe jeder Datensatz eindeutig identifiziert werden kann. Jede Tabelle muss genau einen Primärschlüssel besitzen.

Im relationalen Datenbankmodell werden in den Tabellen nur die reinen Daten gespeichert. Wie diese Werte miteinander in Beziehung stehen, muss in Form von Verknüpfungen realisiert werden. Damit eine Verknüpfung von zwei Tabellen überhaupt funktionieren kann, muss jeder einzelne Datensatz eindeutig identifiziert werden. Dieses Merkmal nennt man Primärschlüssel. Im Prinzip kann jedes natürliche Schlüsselattribut verwendet werden. Dadurch entstehen aber oft Probleme mit der Eindeutigkeit. Gleiche Namen existieren oft mehrfach für verschiedene Personen. Deshalb verwendet man meist eine Nummer (Nr) oder einen Identifier (ID), wobei dieser künstliche Schlüssel stets so gewählt werden kann, dass er eindeutig ist.

Der künstliche, willkürlich gewählte Schlüssel besitzt noch einen weiteren Vorteil, denn er dient ausschließlich der Identifikation des Datensatzes und enthält keinerlei weitere Informationen. Anders verhält es sich, wenn beispielsweise die Postleitzahl ein Bestandteil des Schlüssels ist. Dieser „sprechende Schlüssel" enthält eine zusätzliche Information. Ändert sich aber das Merkmal, weil der Kunde umzieht, so wird der Schlüssel fortan mit „gespaltener Zunge" sprechen, weil ja der Schlüssel nicht geändert werden darf. Wird jedoch bei einem Kunden der Schlüssel nachträglich geändert, gehen alle bisherigen Verknüpfungen verloren bzw. müssen alle Verknüpfungen erneut angepasst werden.

Der Primärschlüssel muss folgende Bedingungen erfüllen:

- **Eindeutigkeit:** Die Werte des Primärschüssels müssen eindeutig sein.
- **Minimalität:** Der Primärschlüssel sollte aus so wenig wie möglich Spalten bestehen. In der Regel reicht eine Spalte aus.
- **Unveränderbarkeit:** Die Werte des Primärschlüssels sollten sich nicht ändern.

Fremdschlüssel

W

> Der **Fremdschlüssel** ist eine Spalte (Attribut) einer Tabelle, die auf den Primärschlüssel einer anderen oder der gleichen Tabelle verweist, d. h., die Werte des Primärschlüssels werden in diese Spalte eingetragen. Dabei muss der Fremdschüssel vom gleichen Datentyp wie der Primärschlüssel sein. Eine Tabelle kann keinen, einen oder mehrere Fremdschlüssel besitzen.

Der Fremdschlüssel wird benötigt, um Beziehungen zwischen den Tabellen herzustellen. Er dient als Verweis zwischen zwei Tabellen und zeigt an, welche Datensätze der Tabellen inhaltlich miteinander in Verbindung stehen.

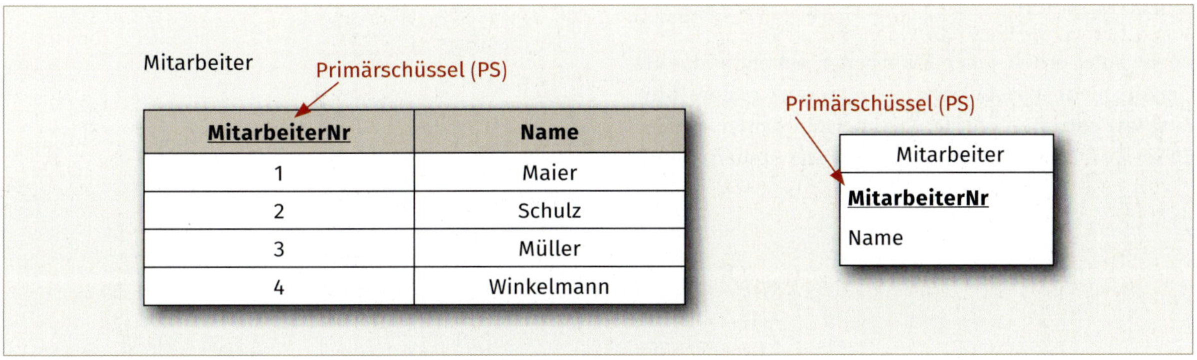

Beispiel für Primärschlüssel

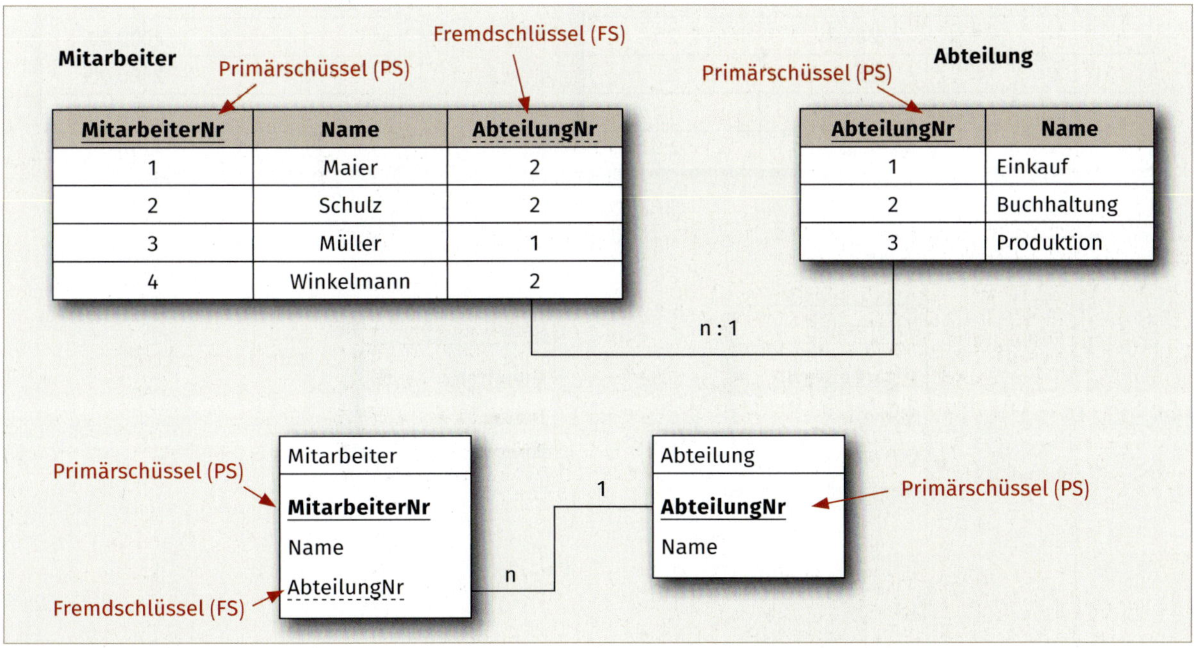

Beispiel für Fremdschlüssel

6.3.1.3 Kardinalität (Beziehungsart)

W
> Die **Kardinalität** dient der genauen Charakterisierung von Beziehungen. Sie gibt an, in welchem Verhältnis die beteiligten Tabellen zueinander in Beziehung stehen.

Im relationalen Datenmodell werden folgende Beziehungsarten unterschieden:

- 1:1 (eins zu eins)
- 1:n (eins zu viele)
- m:n (viele zu viele)

1:1-Beziehung

W
> Eine **1:1-Beziehung** liegt vor, wenn jedem Datensatz der ersten Tabelle genau ein Datensatz der zweiten Tabelle zugeordnet ist.

Im Beispiel erhält jeder Mitarbeiter ein individuelles Gehalt, nicht eine Lohngruppe, wo eine andere Kardinalität zutreffen würde. Die meisten Daten, die auf diese Weise miteinander in Beziehung stehen, befinden sich normalerweise nur in einer Tabelle, weshalb diese Art der Beziehung selten ist. Zum Beispiel könnte das Gehalt auch direkt in die Tabelle „Mitarbeiter“ eingetragen werden.

Sinnvoll kann die Kardinalität verwendet werden, wenn eine Tabelle zum Beispiel aus Gründen der Rechtevergabe in mehrere Tabellen aufgeteilt werden muss. Im Beispiel kann der Zustand hinterlegt sein, dass ein Benutzer die Daten der Gehaltstabelle nur lesen, während sie und ein anderer Benutzer zusätzlich noch bearbeiten kann. Beide Benutzer besitzen aber die gleichen Rechte an der Tabelle „Mitarbeiter“. Ein anderer Grund für eine 1:1-Beziehung besteht, wenn Attribute wegen der Übersichtlichkeit in andere Tabellen ausgelagert werden müssen.

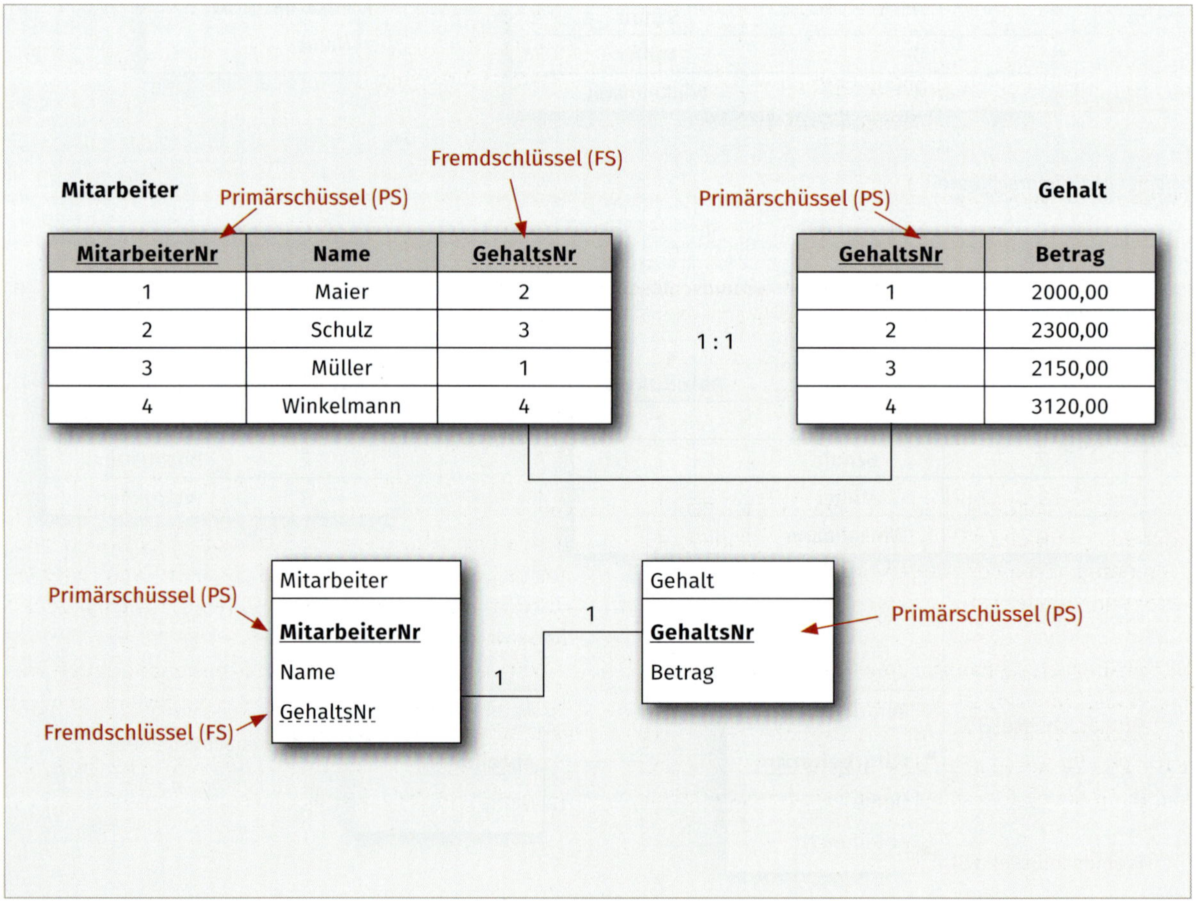

Mitarbeiter

MitarbeiterNr	Name	GehaltsNr
1	Maier	2
2	Schulz	3
3	Müller	1
4	Winkelmann	4

Gehalt

GehaltsNr	Betrag
1	2000,00
2	2300,00
3	2150,00
4	3120,00

Beispiel für 1:1-Beziehung

1:n-Beziehung

> W Eine **1:n-Beziehung** liegt vor, wenn ein Datensatz der ersten Tabelle mit keinem, einem oder mehreren Datensätzen der zweiten Tabelle in Beziehung steht.

Die 1:n-Beziehung wird im relationalen Datenbankmodell am meisten verwendet.

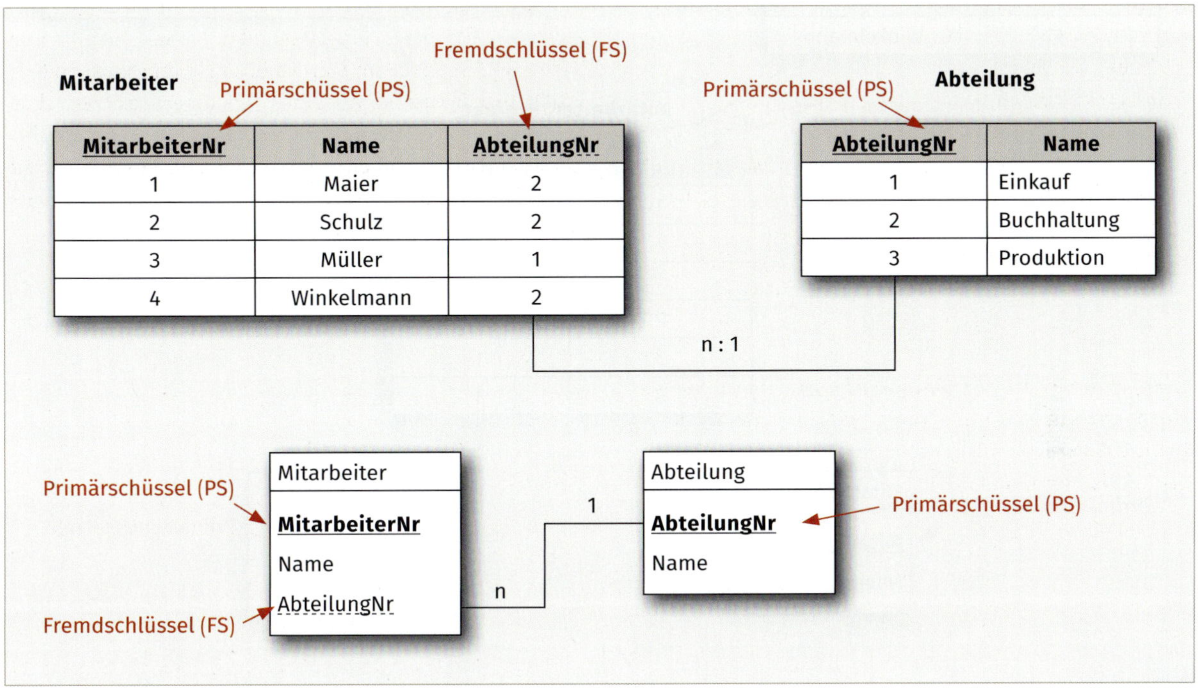

Mitarbeiter

MitarbeiterNr	Name	AbteilungNr
1	Maier	2
2	Schulz	2
3	Müller	1
4	Winkelmann	2

Abteilung

AbteilungNr	Name
1	Einkauf
2	Buchhaltung
3	Produktion

Beispiel für 1:n-Beziehung

Im Beispiel ist jeder Mitarbeiter genau einer Abteilung zugeordnet. Jede Abteilung hat aber mehrere Mitarbeiter.

m:n-Beziehung

> W Eine **m:n-Beziehung** liegt vor, wenn ein Datensatz der ersten Tabelle mit keinem, einem oder mehreren Datensätzen der zweiten Tabelle in Beziehung steht und umgekehrt.

Die m:n-Beziehung kann in einem relationalen Datenbankmodell nicht direkt dargestellt werden. Um diese Beziehungsart abzubilden, ist normalerweise eine dritte Tabelle notwendig, eine sogenannte Zwischentabelle. In dieser Zwischentabelle sind meistens nur zwei Fremdschlüssel enthalten, worüber sie mit den beiden anderen Tabellen verbunden wird. Die beiden Fremdschlüssel ergeben in Kombination auch einen zusammengesetzten Primärschüssel. Daraus resultiert, dass die m:n-Beziehung in zwei 1:n-Beziehungen aufgelöst werden kann.

Im Beispiel 1 auf der folgenden Seite besitzt ein Projekt mehrere Mitarbeiter, aber ein Mitarbeiter kann auch an verschiedenen Projekten arbeiten. Findet sich für die Zwischentabelle kein geeigneter Name, wird er aus den Namen der beiden anderen Tabellen gebildet (Mitarbeiter_Projekt).

Normalerweise wird jede m:n-Beziehung durch die Einführung einer Zwischentabelle dargestellt. In einigen Fällen ist es auch möglich, darauf zu verzichten und eine andere Abbildungsform zu wählen, wie im Beispiel 2 auf der folgenden Seite zu sehen ist.

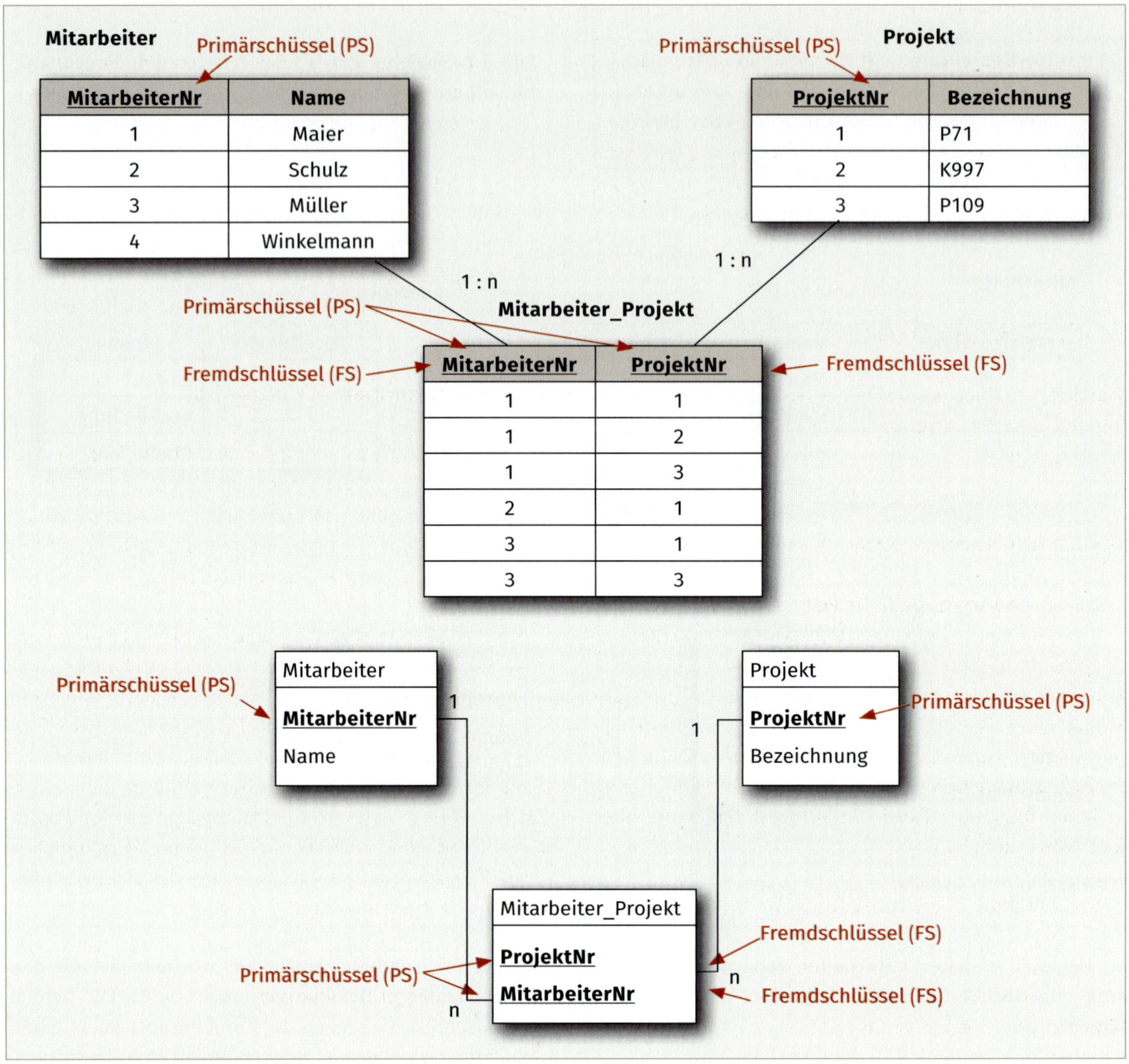

Beispiel 1 für m:n-Beziehung

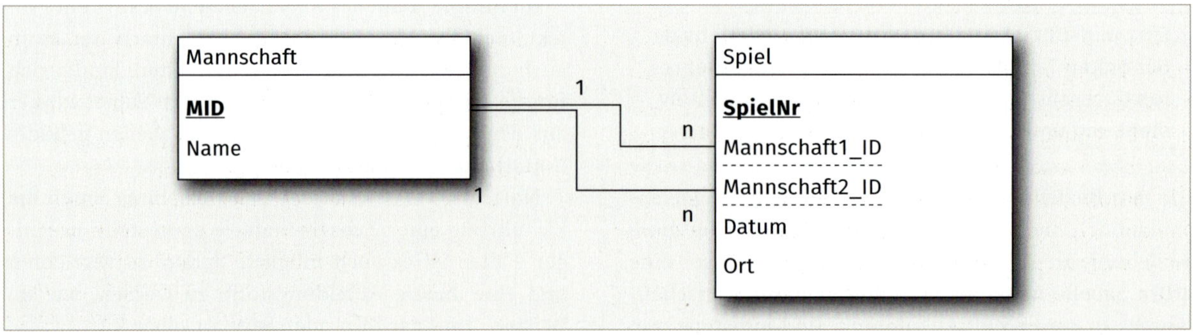

Beispiel 2 für m:n-Beziehung

Im Beispiel 2 existiert eine m:n-Beziehung zwischen der Tabelle „Mannschaft" und der Tabelle „Spiel". Eine Mannschaft kann an mehreren Spielen teilnehmen und ein Spiel (z. B. Fußball) besteht immer aus mehreren Mannschaften. Das Besondere daran ist, dass an einem Spiel genau zwei Mannschaften teilnehmen und dass sich diese Anzahl auch nicht ändern wird. In solchen Fällen kann auf eine Zwischentabelle verzichtet werden.

6.3.2 Datenbankbegriffe

Zunächst werden einige Begriffe definiert, die insbesondere für die Arbeit mit relationalen Datenbanken wichtig sind.

6.3.2.1 Datenredundanz

W

Datenredundanz besteht, wenn dieselbe Information mehrfach in einer Datenbank vorhanden ist.

Datenredundanz liegt vor, wenn zum Beispiel der Name einer Person mehrfach in der Datenbank abgespeichert ist, d. h., es existiert derselbe Datenwert mehrfach an verschiedenen Stellen in der Datenbank.

In der folgenden Tabelle kommt auf den ersten Blick kein Wert mehrfach vor.

ID	Artikel	Preis	Anzahl	Gesamtbetrag
1	Festplatte	200,00	3	600,00

Trotzdem ist die Information über den Gesamtbetrag zweimal vorhanden. Sie steht als Datenwert in der Spalte „Gesamtbetrag" und kann als Produkt aus Preis und Anzahl berechnet werden. Deswegen liegt auch hier Datenredundanz vor.

Bei einer Datenredundanz kann die Speicherplatzverschwendung als das kleinere Problem angesehen werden. Viel problematischer ist die Gefahr, dass sich eine **Dateninkonsistenz** „einschleicht". Ganz allgemein bezeichnet man eine Änderung auf einem Datensatz als **Mutation**. Derartige Änderungen sind nie zu vermeiden, wie z. B. die erforderliche Namensänderung nach einer Heirat im Beispiel 1 für die m:n-Beziehung. Wird bei einer solchen Mutation vergessen, sämtliche Datenredundanzen ebenfalls zu verändern, dann entstehen widersprüchliche oder inkonsistente Datensätze, die als **Datenanomalien** bezeichnet werden. Deshalb ist Datenredundanz unbedingt zu vermeiden.

6.3.2.2 Datenkonsistenz

Als **Datenkonsistenz** wird die Korrektheit der in der Datenbank gespeicherten Daten bezeichnet. Daten sind konsistent, wenn sie widerspruchsfrei sind.

W

Konsistente Datenbestände zeugen von einer hohen Qualität des Datenbestandes. Dadurch werden schwerwiegende Fehler und damit Mehrkosten zur Pflege des Datenbestandes vermieden. Sind die Datenbestände nicht konsistent, wird von **Dateninkonsistenz** gesprochen.

6.3.2.3 Referenzielle Integrität

Referenzielle Integrität besagt, dass die Werte des Fremdschlüssels der Fremdschlüsseltabelle auch als Werte beim Primärschlüssel der Primärschlüsseltabelle vorhanden sein müssen. Dadurch wird Dateninkonsistenz vermieden.

W

Um die referenzielle Integrität zu gewährleisten, muss ein Datensatz zuerst mit einem entsprechenden Wert in der Tabelle mit dem Primärschlüssel vorhanden sein, bevor dieser Wert in die Tabelle mit dem Fremdschüssel eingetragen wird. Beim Löschen eines Datensatzes aus der Primärschlüsseltabelle verhält es sich umgekehrt. Zuerst müssen alle Datensätze aus der Fremdschlüsseltabelle entfernt werden, deren Wert mit dem des Primärschlüssels im Datensatz der Primärschlüsseltabelle übereinstimmt.

6.3.2.4 Datenanomalien

Datenanomalien entstehen bei einer nicht vorhandenen oder fehlerhaften Normalisierung der Datenbank.

W

Es werden die folgenden Datenanomalien unterschieden:

Bezeichnung	Beschreibung
Änderungsanomalie	Wenn dieselben Daten an verschiedenen Stellen gespeichert wurden (Datenredundanz) und diese Daten geändert werden sollen, können beim Ändern einige Datensätze vergessen werden. In diesem Fall spricht man von einer Änderungsanomalie. Ändert zum Beispiel ein Mitarbeiter seinen Namen, muss diese Änderung an allen Stellen vorgenommen werden.

(Fortsetzung auf folgender Seite)

Bezeichnung	Beschreibung
Einfügeanomalie	Eine Einfügeanomalie liegt vor, wenn bestimmte Daten nur in Verbindung mit anderen Daten erfasst werden können. Soll zum Beispiel ein Mitarbeiter erfasst werden, muss ihm auch eine Abteilung zugewiesen werden. Steht die Abteilung zum Erfassungszeitpunkt aber noch nicht fest, so muss dem Mitarbeiter zunächst eine „Dummy-Abteilung“ zugewiesen werden.
Löschanomalie	Eine Löschanomalie tritt auf, wenn beim Löschen bestimmter Daten ungewollt andere Daten gelöscht werden. Wird zum Beispiel eine Abteilung gelöscht, werden ggf. auch alle Daten der Mitarbeiter dieser Abteilung gelöscht, obwohl diese Mitarbeiter in andere Abteilungen aufgeteilt werden.

6.3.3 Normalisierung

W **Normalisierung** ist ein Verfahren zur Verringerung von Datenredundanz in relationalen Datenbankmodellen, verbunden mit dem Ziel, die Datenkonsistenz zu erhöhen.

Die Einhaltung der Integrität bei einer relationalen Datenbank erzwingt bestimmte Anforderungen an die Form der Tabellen, die über den Weg der Normalisierung erreicht werden. Am Ende der Normalisierung stehen Relationen, die einer vorgegebenen Normalform entsprechen. Je höher die gewählte Normalform (NF) definiert wird, desto höher sind die Anforderungen an die innere Struktur der Relation.

Durch die Normalisierung sollen einerseits die Relationen aufgebaut und andererseits die Redundanzen verringert bzw. ganz vermieden werden. In der Praxis beschränkt man sich auf die erste bis dritte Normalform. Vierte und fünfte Normalform werden nur in seltenen Fällen angewandt.

Als Beispiel dient die folgende unnormalisierte Tabelle „Bestellung“:

BestellNr	Datum	Kunde	Bestellliste
1	13.11.2016	Maier, KNr: 71	▪ 2 Tische Nr. 12 ▪ 2 Schränke Nr. 88
2	14.11.2016	Maier, KNr: 71	▪ 4 Stühle Nr. 67
3	14.11.2016	Schulz, KNr: 33	▪ 4 Tische Nr. 12 ▪ 8 Stühle Nr. 67 ▪ 1 Schrank Nr. 88

Anhand dieser Tabelle werden die ersten drei Normalformen erläutert. Dabei wird die Tabelle Schritt für Schritt in die dritte Normalform (3. NF) überführt.

6.3.3.1 Erste Normalform (1. NF)

Eine Tabelle liegt dann in der **ersten Normalform** vor, wenn alle Attribute der Tabelle nur einfache Werte aufweisen, d. h., wenn die Werte **atomar** vorliegen. W

Die Beispieltabelle entspricht noch nicht der 1. NF, da sowohl in der Spalte „Kunde“ als auch in der Spalte „Bestellliste“ eine Aufzählung von Werten zu finden ist.

Um die Tabelle in die 1. NF zu überführen, wird für jeden Wert, der in den Aufzählungen vorkommt, eine neue Spalte angelegt. Dazu wird die Spalte „Kunde“ in die Spalten „Kunde“ und „KNr“ aufgeteilt. Aus der Spalte „Bestellliste“ entstehen die Spalten „Pos“ (Bestellpostion), „Anzahl“, „Artikel“ und „ANr“ (ArtikelNr). Die Spalte „BestellNr“ ist in der neuen Tabelle nicht mehr eindeutig und wird um die Spalte „Pos“ erweitert. Somit ergibt sich der Primärschlüssel aus den Spalten „BestellNr“ und „Pos“, erkennbar an der Unterstreichung. Die Beispieltabelle sieht in der 1. NF wie folgt aus:

BestellNr	Pos	Datum	KNr	Kunde	ANr	Artikel	Anzahl
1	1	13.11.2016	71	Maier	12	Tisch	2
1	2	13.11.2016	71	Maier	88	Schrank	2
2	1	14.11.2016	71	Maier	67	Stuhl	4
3	1	14.11.2016	33	Schulz	12	Tisch	4
3	2	14.11.2016	33	Schulz	67	Stuhl	8
3	3	14.11.2016	33	Schulz	88	Schrank	1

Diese Tabelle enthält trotz erster Normalform noch viele Redundanzen. Redundanzen sind zum Beispiel in den Spalten „Datum“, „KNr“, „Kunde“, „ANr“ und „Artikel“ erkennbar, die durch die nächsten Normalisierungsschritte beseitigt werden.

6.3.3.2 Zweite Normalform (2. NF)

W

Eine Tabelle liegt dann in der **zweiten Normalform** vor, wenn sie der ersten Normalform genügt und alle Nichtprimärschlüsselattribute vom gesamten Primärschlüssel abhängig sind.

Die zweite Normalform wird angewendet, wenn eine Tabelle einen zusammengesetzten Primärschlüssel besitzt. Die Beispieltabelle liegt nicht in der 2. NF vor, da die Attribute „Datum“, „KNr“ und „Kunde“ nur vom Attribut „BestellNr“, also nicht vom gesamten Primärschlüssel abhängig sind. Das Datum einer Bestellung kann ermittelt werden, wenn man die „BestellNr“ kennt. Um einen bestimmten Artikel einer Bestellung zur ermitteln, sind beide Angaben des Primärschlüssels erforderlich, also „BestellNr“ und „Pos“.

Die Tabelle wird in die 2. NF überführt, indem alle Attribute in eine neue Tabelle ausgelagert werden, die nur von einem Teil des Primärschlüssels abhängig sind. Auf diese Weise entstehen in unserem Beispiel zwei Tabellen, die durch eine 1:n-Beziehung über die „BestellNr“ miteinander verknüpft sind.

Bestellung

BestellNr	Datum	KNr	Kunde
1	13.11.2016	71	Maier
2	14.11.2016	71	Maier
3	14.11.2016	33	Schulz

BestellPosition

BestellNr	Pos	ANr	Artikel	Anzahl
1	1	12	Tisch	2
1	2	88	Schrank	2
2	1	67	Stuhl	4
3	1	12	Tisch	4
3	2	67	Stuhl	8
3	3	88	Schrank	1

Durch den zweiten Normalisierungsschritt wurde die Datenredundanz in der Spalte „Datum“ beseitigt. Allerdings bestehen noch Redundanzen in den Spalten „KNr“ und „Kunde“ in der Tabelle „Bestellung“ sowie „ANr“ und „Artikel“ in der Tabelle „BestellPosition“. Diese Redundanzen können mithilfe der 3. NF vermieden werden.

6.3.3.3 Dritte Normalform (3. NF)

W

Eine Tabelle liegt dann in der **dritten Normalform** vor, wenn sie der zweiten Normalform genügt und kein Nichtschlüsselattribut **transitiv** abhängig ist.

Transitive Abhängigkeiten sind vermittelte oder berechnete Abhängigkeiten, die z. B. zwischen dem Nettopreis und dem Bruttopreis bei eindeutigem Mehrwertsteuersatz bestehen. Die beiden erzeugten Beispieltabellen befinden sich nicht in der 3. NF, da sie transitive Abhängigkeiten enthalten.

In der Tabelle „Bestellung“ sind „KNr“ und „Kunde“ voneinander abhängig. In der Tabelle „BestellPosition“ besteht Abhängigkeit zwischen „ANr“ und „Artikel“. Um die beiden Tabellen in die 3. NF zu überführen, werden die transitiv abhängigen Attribute jeweils in eine neue Tabelle ausgelagert, aber mit den alten Tabellen über eine 1:n-Beziehung verbunden.

In den neuen Tabellen „Kunde“ und „Artikel“ werden die Spalten „Kunde“ und „Artikel“, die eigentlich den Kundennamen bzw. den Artikelnamen enthalten, in „Name“ umbenannt. Damit entsprechen alle Tabellen der 3. NF und die Datenredundanz ist beseitigt.

Kunde

KNr	Name
33	Schulz
71	Maier

Bestellung

BestellNr	Datum	KNr
1	13.11.2016	71
2	14.11.2016	71
3	14.11.2016	33

BestellPosition

BestellNr	Pos	ANr	Anzahl
1	1	12	2
1	2	88	2
2	1	67	4
3	1	12	4
3	2	67	8
3	3	88	1

Artikel

ANr	Name
12	Tisch
67	Stuhl
88	Schrank

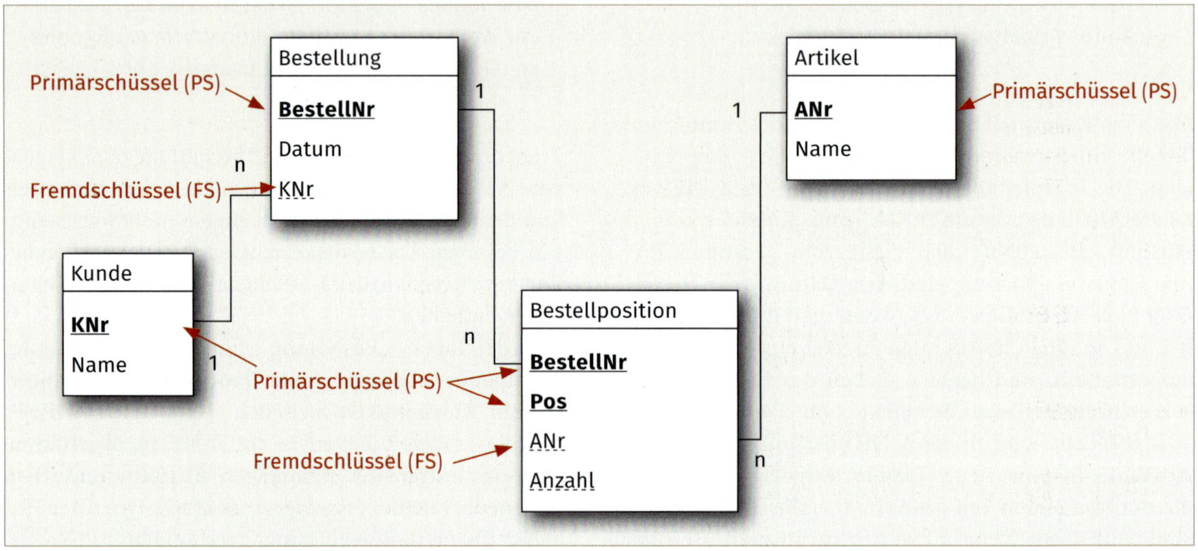

Beispiel in der dritten Normalform (3. NF)

6.3.3.4 Weitere Normalformen und Nachteile der Normalisierung

Auf Tabellen können noch weitere Normalformen angewandt werden, die in der folgenden Übersicht zusammengefasst sind.

Normalform	Beschreibung
Boyce-Codd-Normalform (BCNF)	nur Abhängigkeiten vom Schlüssel zugelassen
Vierte Normalform (4. NF)	keine Mehrwertabhängigkeiten
Fünfte Normalform (5. NF)	nur triviale Verbundabhängigkeit

Mit einer zu starken Normalisierung können auch Nachteile verbunden sein:

- Es entstehen viele kleine Tabellen, die die Leistung (z. B. das Antwortverhalten) der Datenbank negativ beeinflussen können.
- Aufgrund der vielen künstlichen Schlüssel und der erforderlichen zusätzlichen Verknüpfungen wird das System komplexer, was zu größerer Fehleranfälligkeit führen kann.
- Die zusätzlichen Schlüssel erfordern zusätzlichen Speicherplatz, stellen also auch eine Art von Redundanz dar.

Es ist daher immer ein sinnvoller und ausgewogener Kompromiss zwischen Redundanzfreiheit der Daten und der Performance des Systems anzustreben. Nicht jede, sondern nur die „unkontrollierte“ Redundanz sollte entfernt werden.

Aufgaben

Geben Sie an, wo die Ziele der Redundanzfreiheit in den folgenden Tabellen 1 bis 3 verletzt sind, und führen Sie die Normalisierung bis zur dritten Normalform durch.

1. Tabelle: **Buch**

ISBN-Nr.	Autoren	Titel	Jahr	Seiten
0-201-14192-2	Date, Ch.	The Relational Model for Database Management: Version 2	1990	538
3-89319-117-8	Finkenzeller, H. Kracke, U. Unterstein, M.	Systematischer Einsatz von SQL-Oracle	1989	494
1-55860-245-3	Melton, J. Simon, A.	Understanding the new SQL	1993	536

2. Tabelle: **Kursnoten**

Student_ID	Studentname	Kurs-Nr	Kurstitel	Note
30321	Meyer, J.	706S6	Datenbanksysteme	1,0
30321	Meyer, J.	715S4	Software-Engineering	1,7
30346	Ahrens, H.	715S4	Software-Engineering	3,0
30346	Ahrens, H.	706S6	Datenbanksysteme	2,0
30346	Ahrens, H.	713S5	relationale u. funktionale Programmierung	1,7
30378	Knudsen, K.	706S6	Datenbanksysteme	2,0

3. Tabelle: **Land**

Land_ID	Name	Hauptstadt	Flüsse
1	Deutschland (DE)	Berlin	Donau (2857 km), Rhein (1233 km), Weser (451 km), Oder (866 km), Elbe (1094 km)
2	Österreich (AT)	Wien	Donau (2857 km), Rhein (1233 km)
3	Polen (PL)	Warschau	Oder (866 km), Weichsel (1047 km)
4	Tschechische Republik (CZ)	Prag	Elbe (1094 km), Oder (866 km)

6.4 Datenbankzugriffe mit SQL

Gegenwärtig ist **SQL** unbestritten die verbreitetste Sprache für relationale Datenbanken. Auch in Zukunft wird diese Sprache keine Konkurrenz bekommen, was sich aus der Tatsache ableiten lässt, dass mittlerweile alle Hersteller relationaler Datenbanken ihr System auf diese Sprache umgestellt haben.

W

SQL (Structured Query Language) ist eine Datenbanksprache, womit in relationalen Datenbanken die Datenstrukturen definiert und die Datenbestände bearbeitet bzw. abgefragt werden können.

Die Entwicklung von SQL begann Anfang der 1970er-Jahre. Zu dieser Zeit startete in den IBM-Forschungslaboratorien in San Jose im US-Bundesstaat Kalifornien ein Forschungsprojekt, das sich „System R" nannte. Es sollte die Praktizierbarkeit der relationalen Theorien untersuchen. Die IBM-Mitarbeiter R. F. Boyce und D. D. Chamberlain entwickelten die Sprache SEQUEL (sprich: siequel), die später in SQL umbenannt wurde. Die Syntax wurde an die Begriffe der englischen Umgangssprache angelehnt, erkennbar an SELECT, FROM oder WHERE. Seit dieser Zeit entwickelten fast alle Datenbankhersteller die erforderlichen SQL-Schnittstellen zu ihren relationalen und nichtrelationalen Datenbanksystemen.

SQL ist als Standardsprache für alle relationalen Datenbanksysteme zu betrachten, da eine ANSI- und eine ISO-Definition der Sprache SQL vorliegt. Trotz ihrer Standardfunktion wird SQL von den gängigen Datenbanksystemen in unterschiedlichem Maße unterstützt. Außerdem können die verschiedenen „Dialekte" von SQL leicht vom Standard abweichen.

Als Standards wurden in den vergangenen Jahren die folgenden Dokumente veröffentlicht und eingeführt (Standards von 1987 bis 2016):

- SQL-87 : *ISO 9075:1987*
- SQL-89 : *ISO/IEC 9075:1989*
- SQL-92 : *ISO/IEC 9075:1992*
- SQL-1999 : *ISO/IEC 9075:1999*
- SQL-2003 : *ISO/IEC 9075:2003*
- SQL-2006 : *ISO/IEC 9075:2006*
- SQL-2008 : *ISO/IEC 9075:2008*
- SQL-2011 : *ISO/IEC 9075:2011*
- SQL-2016 : *ISO/IEC 9075:2016*

SQL besitzt verschiedene Sprachelemente, die nach ihrer Funktion in Kategorien (siehe folgende Seite) eingeteilt werden.

Sprache	Erklärung
Data Definition Language (DDL) Datendefinitionssprache	Die DDL umfasst alle Anweisungen, die verwendet werden, um Datenstrukturen und verwandte Elemente zu beschreiben, zu ändern oder zu entfernen. Zum Beispiel können damit Tabellen erzeugt oder vorhandene Tabellenstrukturen verändert werden. Zu den SQL-Befehlen der DDL gehören u. a. CREATE TABLE oder DROP VIEW.
Data Manipulation Language (DML) Datenbearbeitungssprache	Die DML umfasst alle Anweisungen an das Datenbanksystem, die dazu dienen, grundlegende Operationen an Datensätzen auszuführen, wie z. B. das Auswählen von Datensätzen aus einer Tabelle, das Einfügen neuer Datensätze, das Löschen von Datensätzen oder die Veränderung von bestehenden Datensätzen. Zu den SQL-Befehlen der DML gehören u. a. SELECT, UPDATE oder INSERT INTO.
Data Control Language (DCL) Datenüberwachungssprache	Die DCL enthält Befehle, um an Nutzer der Datenbank Berechtigungen zu vergeben oder ihnen Berechtigungen zu entziehen. Typische Befehle der DCL sind u. a. GRANT und REVOKE.
Transaction Control Language (TCL) Transaktionsüberwachungssprache	Die Transaktionsbefehle der SQL stellen die Datenintegrität sicher, indem logisch zusammenhängende Anweisungen entweder komplett oder gar nicht ausgeführt werden. Zu den SQL-Befehlen der TCL gehören u. a. COMMIT oder ROLLBACK.

6.4.1 Grundlagen der SQL

SQL ist bewusst sehr einfach gehalten. Es wird nicht zwischen Groß- und Kleinschreibung unterschieden, d. h., es ist also völlig egal, ob in der SQL-Anweisung alles groß, alles klein oder als Kombination geschrieben wird. Allerdings existiert ein üblicher Standard, wonach SQL-Befehle nur mit Großbuchstaben geschrieben werden. Im Normalfall wird eine SQL-Anweisung mit einem Semikolon beendet. Allerdings gibt es auch hier Ausnahmen. Im Zweifelsfall sollte immer ein Semikolon gesetzt werden.

Nachfolgend werden grundlegende Sprachelemente der SQL erläutert, die in unterschiedlichen Formen immer wieder in SQL-Befehlen auftauchen.

6.4.1.1 Anführungszeichen und Hochkommata

Diese Sprachelemente werden immer dann genutzt, wenn in der SQL-Anweisung Zeichenketten enthalten sind. Der entsprechende Text erscheint in einfachen Hochkommata oder in normalen Anführungszeichen oben, wie zum Beispiel: WHERE Name = ‘Maier’ oder WHERE Name = “Maier”

6.4.1.2 Vergleichsoperatoren

Vergleichsoperatoren kommen hauptsächlich in WHERE-Anweisungen vor, die in verschiedenen Zusammenhängen verwendet werden. Mit den Operatoren werden die Bedingungen beschrieben, unter denen die SQL-Anweisung ausgeführt wird.

Operator	Beschreibung
=	gleich
>	größer
>=	größer gleich
<	kleiner
<=	kleiner gleich
<>	ungleich

6.4.1.3 Logische Operatoren

Für die logischen Operatoren gilt wie für die Vergleichsoperatoren, dass sie bevorzugt in der WHERE-Anweisung verwendet werden und verschiedene Bedingungen miteinander verknüpfen. Mithilfe von Klammern können diese Operatoren zu logischen Einheiten gebündelt werden.

Operator	Beschreibung
AND	logisches UND
OR	logisches ODER
NOT	logisches NICHT

6.4.1.4 Rechenoperatoren

Rechenoperatoren können an verschiedenen Stellen einer SQL-Anweisung angewendet werden. Auch hier kann durch den Einsatz von Klammern gezielt ein mathematischer Ausdruck beschrieben werden.

Operator	Beschreibung
+	Addition
-	Subtraktion
*	Multiplikation
/	Division

6.4.1.5 Zuweisungsoperator

Der Zuweisungsoperator wird hauptsächlich benutzt, um Werte einer Spalte zu verändern (siehe Befehl UPDATE).

Operator	Beschreibung
=	Der Zuweisungsoperator ist identisch mit dem Vergleichsoperator, wird aber in einem anderen Zusammenhang benutzt.

6.4.1.6 Wert NULL

Der Wert NULL steht für einen nicht definierten Wert und ist nicht vergleichbar mit der Ziffer „0" oder einem Leerstring „".

Man verwendet den Vergleich **IS NULL**, um zu testen, ob eine Spalte einen nicht definierten Wert enthält, wie z. B.: WHERE Ort **IS NULL**

6.4.2 Beispieldatenbank

In den nachfolgenden Abschnitten werden die wichtigsten Befehle der SQL näher betrachtet und an Beispielen erläutert. Als Grundlage für alle Beispiele dient ein relationales Datenmodell der Beispieldatenbank „Personenverwaltung". Zum Testen der Beispiele für die SELECT-Anweisungen müssen die Tabellen noch mit entsprechenden Datensätzen gefüllt werden.

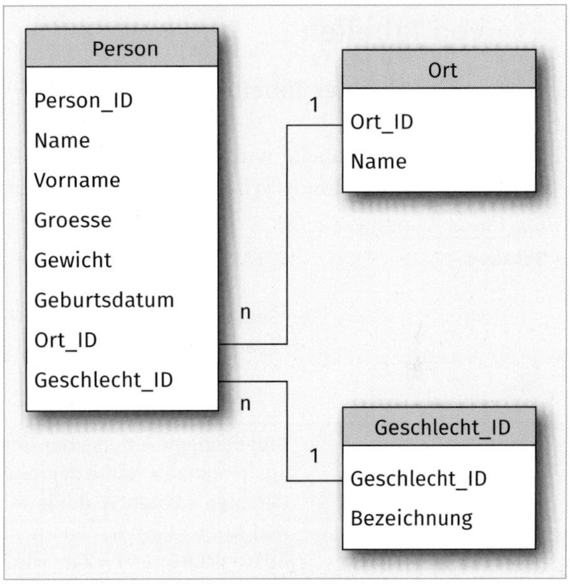

Beispieldatenbank „Personenverwaltung"

6.4.3 Anlegen und Löschen einer Datenbank

Um mit einer Datenbank arbeiten zu können, muss diese Datenbank zuerst erzeugt bzw. angelegt werden. Mit dem Befehl CREATE DATABASE wird eine leere Datenbank „Personenverwaltung" angelegt, in die anschließend Tabellen mit entsprechenden Datensätzen geschrieben werden können.

Syntax	**CREATE DATABASE Datenbankname;**
Erläuterung	Datenbankname = Name der zu anzulegenden Datenbank
Beispiel	**CREATE DATABASE** Personenverwaltung;

Der Befehl DROP DATABASE wird verwendet, um eine bestehende Datenbank komplett zu löschen.

Syntax	DROP DATABASE Datenbankname;
Erläuterung	Datenbankname = Name der zu löschenden Datenbank
Beispiel	**DROP DATABASE** Personenverwaltung;

6.4.4 Anlegen, Ändern und Löschen von Tabellen

6.4.4.1 Anlegen einer Tabelle

Zum Anlegen einer Tabelle wird der Befehl CREATE TABLE verwendet. Dessen Syntax kann anhand des folgenden Beispiels beschrieben werden, wo die Tabelle „Person" mit den entsprechenden Spalten erzeugt wird.

Es bestehen zwei Möglichkeiten, um den Primär- und die Fremdschlüssel festzulegen: Beim Definieren der Spalte oder nach der Definition aller Spalten. Im Beispiel „Personalverwaltung" müssen in beiden Fällen die Tabellen „Ort" und „Geschlecht" für das Anlegen der Fremdschlüssel bereits existieren, d. h., beide Tabellen müssen schon vorab mithilfe des Befehls CREATE TABLE erzeugt werden.

Syntax	**CREATE TABLE** Tabellenname (Spaltenname1 Datentyp1 [**NOT NULL**] [**AUTO_INCREMENT**] [**PRIMARY KEY**] Spaltenname2 Datentyp2 [**FOREIGN KEY REFERENCES**] ...);
Erläuterung	Tabellenname = Name der Tabelle Spaltenname = Name der jeweiligen Spalte Datentyp = Datentyp der jeweiligen Spalte (z.B INT, VARCHAR(50) ect.) **NOT NULL** = Wert der Spalte darf nicht NULL sein **AUTO_INCREMENT** = Zahl wird bei jedem neuen Datensatz automatisch um eins erhöht **PRIMARY KEY** = Spalte wird zum Primärschlüssel **FOREIGN KEY** = Spalte wird zum Fremdschlüssel **REFERENCES** = Verknüpfung mit dem Primärschlüssel einer anderen Tabelle
Beispiel(e)	**CREATE TABLE** Person (Person_ID **INT NOT NULL AUTO_INCREMENT PRIMARY KEY,** Name **VARCHAR(50) NOT NULL,** Vorname **VARCHAR (50),** Groesse **FLOAT,** Gewicht **FLOAT,** Geburtsdatum **DATE** Ort_ID **INT FOREIGN KEY REFERENCES** Ort(Ort_ID) Geschlecht_ID **INT FOREIGN KEY REFERENCES** Geschlecht(Geschlecht_ID));
	Oder: **CREATE TABLE** Person (Person_ID **INT NOT NULL AUTO_INCREMENT,** Name **VARCHAR(50) NOT NULL,** Vorname **VARCHAR (50),** Groesse **FLOAT,** Gewicht **FLOAT,** Geburtsdatum **DATE,** Ort_ID **INT,** Geschlecht_ID **INT,** **PRIMARY KEY** (Person_ID), **FOREIGN KEY** (Ort_ID) **REFERENCES** Ort(Ort_ID), **FOREIGN KEY** (Geschlecht_ID) **REFERENCES** Geschlecht(Geschlecht_ID),);

6.4.4.2 Ändern der Tabelle

Hinzufügen einer neuen Spalte

Mithilfe des Befehls ALTER TABLE kann zu einer bereits existierenden Tabelle eine Spalte hinzugefügt werden. Dabei müssen auf jeden Fall „Spaltenname“ und „Datentyp“ angegeben werden.

Die Angabe von weiteren Optionen ist möglich. Dazu zählt zum Beispiel die Kennzeichnung als Primär- oder Fremdschlüssel oder die Angabe von NOT NULL.

Im Beispiel wird in die Tabelle „Person“ die neue Spalte „Nationalitaet“ eingefügt. Als Datentyp wird ein Text mit einer Länge von 30 Zeichen festgelegt. Weitere Optionen existieren nicht.

Syntax	**ALTER TABLE** Tabellenname **ADD COLUMN** Spaltenname Datentyp Optionen;
Erläuterung	Tabellenname = Name der aktuellen Tabelle Spaltenname = Name der neuen Spalte Datentyp = Datentyp der neuen Spalte (z. B. INT, VARCHAR(30) usw.) Optionen = Angabe von zusätzlichen Optionen, wie NOT NULL, FOREIGN KEY usw.
Beispiel	**ALTER TABLE** Person **ADD COLUMN** Nationalitaet **VARCHAR(30);**

Ändern des Datentyps einer Spalte

Mit diesem Befehl wird einer bereits vorhandenen Spalte ein neuer Datentyp zugewiesen. Im Beispiel wird der Datentyp „Nationalitaet“ auf eine Länge mit 50 Zeichen verändert.

Syntax	**ALTER TABLE** Tabellenname **MODIFY COLUMN** Spaltenname Datentyp;
Erläuterung	Tabellenname = Name der aktuellen Tabelle Spaltenname = Name der zu bearbeitenden Spalte Datentyp = neuer Datentyp der ausgewählten Spalte
Beispiel	**ALTER TABLE** Person **MODIFY COLUMN** Nationalitaet **VARCHAR(50);**

Löschen einer Spalte

Dieser Befehl löscht eine vorhandene Spalte aus einer Tabelle.

Syntax	**ALTER TABLE** Tabellenname **DROP COLUMN** Spaltenname;
Erläuterung	Tabellenname = Name der aktuellen Tabelle Spaltenname = Name der zu löschenden Spalte
Beispiel	**ALTER TABLE** Person **DROP COLUMN** Nationalitaet;

6.4.4.3 Löschen einer Tabelle

Der Befehl zum Löschen einer Tabelle ist einfach aber wirkungsvoll. Nach DROP TABLE wird der Name der zu löschenden Tabelle angeben. Im Beispiel wird die Tabelle „Person“ gelöscht.

Syntax	**DROP TABLE** Tabellenname;
Erläuterung	Tabellenname = Name der zu löschenden Tabelle
Beispiel	**DROP TABLE** Person;

6.4.5 Einfügen, Ändern und Löschen von Datensätzen

In diesem Abschnitt werden die wesentlichen Befehle zum Einfügen, Ändern und Löschen von Datensätzen in einer Tabelle vorgestellt.

6.4.5.1 Einfügen von Datensätzen

Zum Einfügen von Datensätzen dient der Befehl INSERT. Im Beispiel wird ein neuer Datensatz in die Tabelle „Person" geschrieben, wobei nur die Spalten „Vorname", „Name" und „Gewicht" Werte erhalten. Da der Primärschlüssel „Person_ID" als Autowert gekennzeichnet ist, wird der Wert automatisch erzeugt und muss nicht extra vergeben werden.

Syntax	**INSERT INTO** Tabellenname (Spalte1, Spalte2, ...) **VALUES** (Wert1, Wert2, ...);
Erläuterung	Tabellenname = Name der aktuellen Tabelle Spalte = Name der Spalte, in die ein Wert geschrieben werden soll Wert = Wert, der in die entsprechende Spalte geschrieben werden soll
Beispiel	**INSERT INTO** Person (Vorname, Name, Gewicht) **VALUES** ("Hans", "Müller", 80.5);

6.4.5.2 Ändern von Datensätzen

Sollen die Werte von vorhandenen Datensätzen verändert werden, kommt der Befehl UPDATE zum Einsatz. Mithilfe der Bedingungen in der WHERE-Klausel werden jene Datensätze ausgewählt, bei denen der Wert geändert werden soll. Entfällt die WHERE-Klausel, erfolgt die Änderung bei allen Datensätzen der Tabelle.

Im Beispiel soll das Gewicht einer bestimmten Person geändert werden, die durch die Person_ID bestimmt wird. Der Befehl UPDATE kann auch zum Löschen von einzelnen Werten verwendet werden. Dazu wird der Wert der entsprechenden Spalte auf NULL gesetzt. Der Datensatz bleibt dabei aber erhalten.

Syntax	**UPDATE** Tabellenname **SET** Spalte = Wert **WHERE** Bedingungen;
Erläuterung	Tabellenname = Name der aktuellen Tabelle Spalte = Name der Spalte, in der der Wert geändert werden soll Wert = neuer Wert, der in die Spalte geschrieben wird Bedingungen = Einschränkung auf Datensätze, die einen neuen Wert erhalten
Beispiel	Ändern des Wertes eines Datensatzes: **UPDATE** Person **SET** Gewicht = 79.25 **WHERE** Person_ID = 10;
Beispiel	Löschen (auf NULL setzen) von Werten einer Spalte: **UPDATE** Person **SET** Gewicht = NULL **WHERE** Person_ID = 21 **OR** Person_ID = 43;

6.4.5.3 Löschen von Datensätzen

Zum Löschen von Datensätzen wird der Befehl DELETE verwendet. Mit diesem Befehl werden immer komplette Datensätze gelöscht. Deswegen ist es auch unnötig, nach DELETE Spalten anzugeben. Auf den Befehl DELETE folgt stattdessen das Schlüsselwort FROM.

Der Befehl UPDATE wird verwendet, wenn einzelne Werte von Datensätzen gelöscht werden sollen, aber nicht der der gesamte Datensatz.

Mithilfe der Angabe von Bedingungen in der WHERE-Klausel können die zu löschenden Datensätze eingegrenzt werden. Fehlt die Angabe von Bedingungen, werden alle Datensätze der Tabelle gelöscht. Im Beispiel werden alle Datensätze aus der Tabelle „Person" gelöscht, in denen kein Name enthalten ist.

Syntax	**DELETE FROM** Tabellenname **WHERE** Bedingungen;
Erläuterung	Tabellenname = Name der aktuellen Tabelle Bedingungen = Einschränkung auf jene Datensätze, die gelöscht werden
Beispiel	**DELETE FROM** Person **WHERE** Name **IS NULL**;

6.4.6 Datenabfrage in SQL

Die Datenabfrage erfolgt mithilfe des Befehls SELECT. Dabei reicht das Spektrum der Abfragen von „sehr einfach“ bis „sehr komplex“, weil der Befehl SELECT durch verschiedene Befehle erweitert werden kann. Die Möglichkeiten für die Befehlserweiterungen werden in der folgenden Abbildung veranschaulicht.

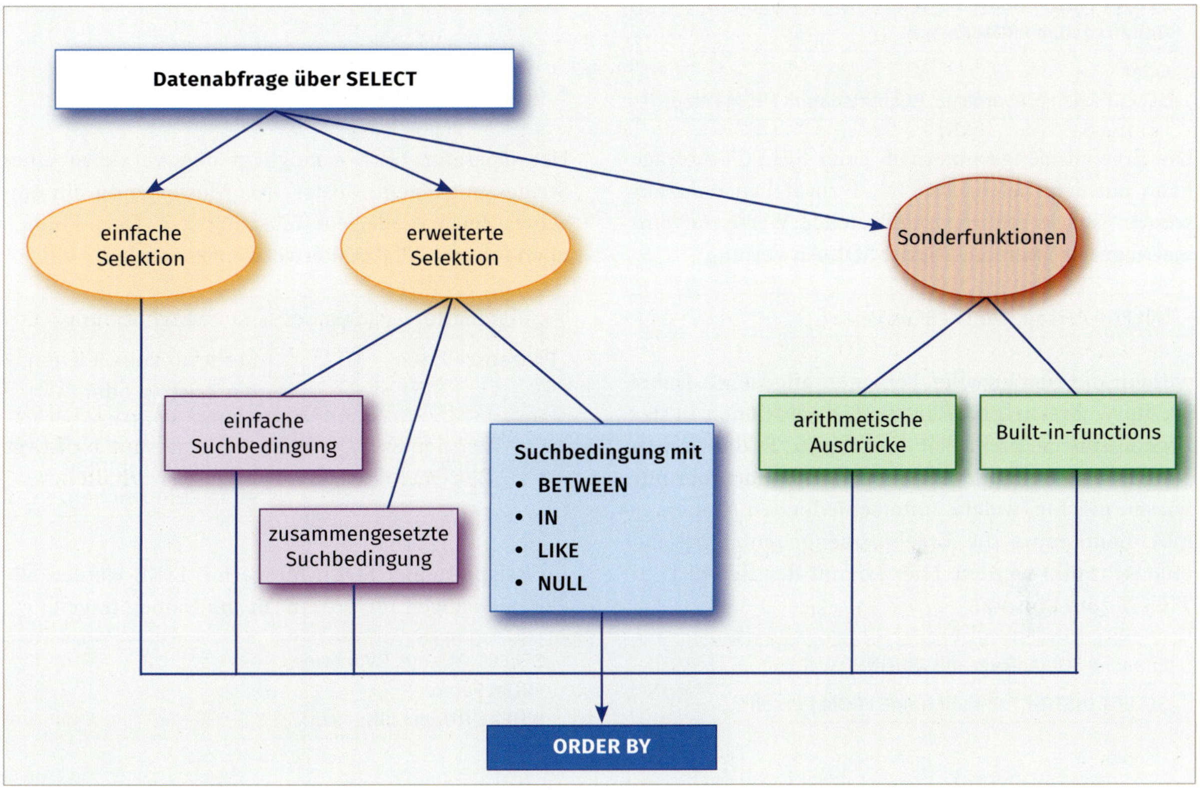

Möglichkeiten von SELECT

Die Erläuterungen zur allgemeinen Syntax des Befehls SELECT sollen die Verständlichkeit erhöhen.

Syntax	**SELECT** [**DISTINCT**] Spalte1 [**AS** Alias], Spalte2, ... **FROM** Tabelle1 [Alias], Tabelle2 [Alias] ... [**WHERE** Bedingungen] [**GROUP BY** Spalte [**HAVING** Bedingungen]] [**ORDER BY** Spalte1[**ASC** | **DESC**], Spalte2...];
Erläuterung	**SELECT** Spalte = Angabe der Spalten, deren Werte abgefragt werden sollen Alias = Temporärer Name der Spalte oder der Tabelle **FROM** Tabelle = Angabe der Tabellen, aus denen die Datensätze abgefragt werden **WHERE** Bedingung = dient zum Filtern der Datensätze **GROUP BY** und **HAVING** = dient zum Gruppieren der Datensätze **ORDER BY** = dient zum Sortieren der Datensätze

6.4.6.1 Einfache Abfrage und Anweisung DISTINCT

In unserem **Beispiel** werden für eine einfache SQL-Abfrage „Name“, „Vorname“ und „Geburtsdatum“ aller Personen abgefragt. Dabei wird immer der Tabellenname vor dem Spaltennamen angegeben. Es kann auch ein Alias für den Tabellennamen vergeben und benutzt werden, um Schreibarbeit zu sparen. Die entsprechende SQL-Anweisung sieht wie folgt aus:

Einfache SQL-Abfrage:
SELECT Person.Name, Person.Vorname, Person.Geburtsdatum **FROM** Person
Oder: **SELECT** P.Name, P.Vorname, P.Geburtsdatum **FROM** Person P

Die Ergebnismenge innerhalb einer SELECT-Abfrage kann mit dem Befehl DISTINCT zusätzlich reduziert werden, sodass mehrfach auftretende Werte nur einmal angezeigt werden. Mit der SQL-Anweisung

```
SELECT Person.Name FROM Person
```

werden die Namen aller Personen angezeigt. Dabei ist die Wahrscheinlichkeit groß, dass Namen in der Ergebnismenge mehrfach auftreten, z. B. die Namen „Müller“, „Maier“ oder „Schulz“. Wenn man aber nur wissen möchte, welche unterschiedlichen Namen es gibt, dann muss die Ergebnismenge entsprechend eingeschränkt werden. Hier kommt der Befehl DISTINCT zum Einsatz.

Einfache SQL-Abfrage mit DISTINCT:
SELECT DISTINCT Person.Name **FROM** Person

6.4.6.2 Abfrage mit Bedingungen

In den wenigsten Fällen wird die Anzeige aller Datensätze einer Tabelle angestrebt. Es ist eher so, dass ganz bestimme Datensätze herausgefiltert werden sollen. Hier kommt die WHERE-Klausel zum Einsatz. Mehrere Bedingungen in der WHERE-Klausel werden mithilfe von logischen Operatoren verknüpft, die durch Klammern zu logischen Blöcken zusammengefasst werden können.

Im **Beispiel** werden alle Personen mit ihren Namen aufgelistet, deren Größe über 1,80 m beträgt, deren Gewicht unter 100,00 kg liegt und die „Müller“ heißen.

```
SELECT P.Name, P.Vorname
FROM Person P
WHERE P.Groesse > 1.80 AND P.Gewicht < 100 AND
P.Name = ‘Müller’;
```

6.4.6.3 Operator BETWEEN

Sollen alle Personen in einem bestimmten Größenbereich (z. B. von 1,60 m bis 1,80 m) ermittelt werden, bestehen zwei Möglichkeiten für die Gestaltung der Abfrage. Die erste Möglichkeit entspricht der Verfahrensweise einer Abfrage mit Bedingungen. Die zweite Möglichkeit besteht in einer SQL-Abfrage mit dem Operator BETWEEN.

```
SELECT P.Name, P.Vorname
FROM Person P
WHERE P.Groesse BETWEEN 1.60 AND 1.80;
```

6.4.6.4 Operator LIKE und Platzhalter

Der Operator LIKE ermöglicht den Vergleich eines Strings mit einem Muster. Das Muster kann ein einzelnes Zeichen oder ein Teilstring sein. Dazu können noch folgende Platzhalter verwendet werden:

Platzhalter	Symbol	Beschreibung
Prozentzeichen	%	Steht für kein Zeichen, ein Zeichen oder mehrere Zeichen.
Unterstrich	_	Präsentiert immer genau ein Zeichen.

Im **Beispiel** einer SQL-Abfrage mit LIKE werden alle Personen abgefragt, die ein „m“ im Namen tragen.

```
SELECT P.Name, P.Vorname
FROM Person P
WHERE P.Name LIKE ‘%m%’;
```

Weitere Beispiele für die Formulierung von Bedingungen mit Platzhaltern sind in der folgenden Übersicht zusammengefasst:

Bedingung	Beschreibung
P.Name LIKE ‘m%’	Der Name beginnt mit einem „m“.
P.Name LIKE ‘_m%’	Der Name hat an der zweiten Stelle ein „m“.
P.Name LIKE ‘%m’	Der Name endet mit einem „m“.
P.Name LIKE ‘st_m%’	Der Name beginnt mit „st“, dann folgt erst ein beliebiges Zeichen, darauf ein „m“, gefolgt von beliebigen Zeichen.

6.4.6.5 Rechnen in Abfragen

In SQL-Abfragen können auch Berechnungen mit den bereits erwähnten Rechenoperatoren ausgeführt werden. Sollen z. B. alle Personen und der dazugehörige BMI (Body-Mass-Index) ausgeben werden, besteht zunächst das Problem, dass in der Tabelle „Person“ keine Spalte „BMI“ mit entsprechenden Werten existiert. Dieses Problem kann aber durch die Berechnung des BMI aus dem Gewicht und der Größe nach folgender Formel gelöst werden:

BMI = Gewicht / (Groesse) ^{2}

Das Gewicht wird in Kilogramm und die Größe in Metern angegeben. In der SQL-Anweisung für die Berechnung erscheint zusätzlich der vergebene Alias „BMI“.

```
SELECT P.Name, P.Vorname, (P.Gewicht / (P.Groesse *
P.Groesse)) AS BMI
FROM Person P
```

6.4.6.6 Sortieren der Ergebnismenge

Das Schlüsselwort ORDER BY wird zum Sortieren der Ergebnismenge verwendet. Dabei kann die Reihenfolge der Sortierung angegeben werden. Mit dem Schlüsselwort ASC (ASCENDING) wird aufsteigend und mit dem Schlüsselwort DESC (DESCENDING) absteigend sortiert. ASC ist standardmäßig voreingestellt und muss nicht angegeben werden. Es ist auch möglich, mehrere Spalten anzugeben, nach denen sortiert werden soll. So kann z. B. zuerst nach “Name” und innerhalb der Namen nach “Groesse” sortiert werden. Im **Beispiel** der SQL-Abfrage mit Sortierung werden alle Personen absteigend nach Namen ausgegeben.

```
SELECT P.Name, P.Vorname
FROM Person P
ORDER BY P.Name DESC;
```

6.4.6.7 Aggregatfunktionen und Gruppen

SQL verfügt über Aggregatfunktionen bzw. arithmetische Funktionen. In der Übersicht sind diese Funktionen, deren Bedeutung und jeweils ein Beispiel dargestellt.

Aggregatfunktion	Bedeutung	Beispiel
COUNT (Spalte)	Liefert die Anzahl der Datensätze, die in der Spalte einen definierten Wert enthalten. Werte, die NULL sind, werden nicht gezählt.	**SELECT COUNT** (P.Person_ID) **FROM** Person P
SUM (Spalte)	Liefert die Summe der Werte der Spalte.	**SELECT SUM** (P.Gewicht) **FROM** Person P
MIN (Spalte)	Liefert den kleinsten Wert der Spalte.	**SELECT MIN** (P.Gewicht) **FROM** Person P
MAX (Spalte)	Liefert den größten Wert der Spalte.	**SELECT MAX** (P.Groesse) **FROM** Person P
AVG (Spalte)	Liefert den Durchschnittswert über alle Werte der Spalte.	**SELECT AVG** (P.Groesse) **FROM** Person P

In den aufgeführten Beispielen werden die Aggregatfunktionen immer nur auf eine ganze Tabelle angewendet. Daher besteht das Abfrageergebnis immer nur aus einem Datensatz.

In SQL ist es aber auch möglich, eine Tabelle in Gruppen „aufzuteilen“, d. h., die Datensätze einer Tabelle zu gruppieren und die Aggregatfunktionen jeweils auf die Gruppen anzuwenden. Dazu dient die Anweisung GROUP BY. Im **Beispiel** für die SQL-Abfrage mit GROUP BY soll die Durchschnittsgröße von allen Personen gruppiert nach Geschlecht ermittelt werden.

Syntax	**SELECT** .... **FROM** ... **GROUP BY** Spalte **HAVING** Bedingungen;
Erläuterung	**GROUP BY** Spalte = Spalte, nach der gruppiert werden soll **HAVING** Bedingungen = dient zum Filtern der Gruppe
Beispiel	**SELECT AVG** (P.Groesse) **FROM** Person P **GROUP BY** P.Geschlecht_ID;

6.4.6.8 Abfrage über mehrere Tabellen

Alle Abfragen bezogen sich bisher nur auf eine Tabelle. In vielen Fällen werden aber Informationen aus mehreren Tabellen benötigt. Dazu müssen die entsprechenden Tabellen in der FROM-Klausel angegeben und der Primärschüssel der einen Tabelle mit dem dazugehörigen Fremdschlüssel der anderen Tabelle gleichgesetzt werden. Das geschieht mithilfe der WHERE-Klausel oder mithilfe von INNER JOIN in der FROM-Klausel. Außerdem gibt es die Schlüsselwörter LEFT JOIN, RIGHT JOIN, FULL JOIN und SELF JOIN, die wie INNER JOIN verwendet werden, aber eine unterschiedliche Ergebnismenge liefern.

Schlüsselwort	Beschreibung
LEFT JOIN	Liefert alle Werte der linken Tabelle und alle Werte der rechten Tabelle, die eine Verknüpfung mit der linken Tabelle besitzen.
RIGHT JOIN	Liefert alle Werte der rechten Tabelle und alle Werte der linken Tabelle, die eine Verknüpfung mit der rechten Tabelle besitzen.
FULL JOIN	Liefert alle Werte der rechten und der linken Tabelle, unabhängig davon, ob eine Verknüpfung besteht oder nicht.
SELF JOIN	Verknüpfung einer Tabelle mit sich selbst. Hier können die Angaben einer Tabelle miteinander verknüpft und verglichen werden. Dabei müssen Aliasnamen für die Tabellen wegen der garantiert doppelt vorkommenden Namen vergeben werden.

Im **Beispiel** einer SQL-Abfrage über mehrere Tabellen sollen alle Personen ausgegeben werden, die in Hamburg geboren wurden. Die Verknüpfung der Tabellen erfolgt in der WHERE-Klausel. Wie schon zuvor erwähnt, kann diese Abfrage auch mithilfe von JOINs erfolgen. Die gleiche Ergebnismenge erhält man nach der SQL-Abfrage über mehrere Tabellen mithilfe von INNER JOIN. Mit INNER JOIN werden alle Datensätze ermittelt, die durch Primär- und Fremdschlüssel miteinander verknüpft sind.

```
SELECT P.Name, P.Vorname
FROM Person P, Ort O
WHERE O.Ort_ID = P.Ort_ID
    AND
    O.Name = 'Hamburg';
```

```
SELECT P.Name, P.Vorname, O.Name
FROM Person P INNER JOIN Ort O ON P.Ort_ID = O.Ort_ID
WHERE O.Name = 'Hamburg';
```

6.4.6.9 Datumsabfrage

Es gibt viele nützliche Funktionen zur Berechnung von Zeitangaben. Welche Funktionen zur Verfügung stehen, hängt sehr stark vom benutzten Datenbanksystem ab. Exemplarisch werden hier die MySQL-Funktionen NOW(), CURDATE() und CURTIME() vorgestellt.

Funktion	Beschreibung
NOW()	Gibt das aktuelle Datum und die aktuelle Zeit zurück.
CURDATE()	Gibt das aktuelle Datum zurück.
CURTIME()	Gibt die aktuelle Zeit zurück.

Im **ersten Beispiel** einer einfachen SQL-Datumsabfrage werden alle Personen ermittelt, die vor dem 01.01.2000 geboren wurden. Im **zweiten Beispiel** werden alle Personen gesucht, die am aktuellen Datum Geburtstag haben. Außerdem sind in diesem Beispiel noch weitere Datumsfunktionen ersichtlich, wie MONTH() und DAYOFMONTH().

```
SELECT P.Name, P.Vorname
FROM Person P
WHERE P.Geburtsdatum < '2000-01-01';
```

SQL-Datumsabfrage mithilfe von Zeitfunktionen (MySQL):

```
SELECT P.Name, P.Vorname
FROM Person P
WHERE (MONTH(P.Geburtsdatum) = MONTH(CURDATE())
    AND
    (DAYOFMONTH(P.Geburtsdatum) = DATEOFMONTH
    (CURDATE());
```

6.4.6.10 Unterabfrage

W Eine **Unterabfrage** ist eine Abfrage eingebettet. Es werden einzeilige und mehrzeilige Unterabfragen unterschieden.

Eine SELECT-Unterabfrage ist **einzeilig**, wenn sie genau eine Zeile als Ergebnis liefert. Das Ergebnis der einzeiligen SELECT-Unterabfrage kann mit <, =, >, <= und >= verglichen werden.

Eine SELECT-Unterabfrage ist **mehrzeilig**, wenn sie als Ergebnis eine mehrzeilige Tabelle liefert, die nur mit Mengenoperatoren verglichen werden kann.

Als **Beispiel** für eine einzeilige SQL-Unterabfrage sollen alle Personen angezeigt werden, die maximale Körpergröße haben.

```
SELECT P.Name, P.Vorname, P.Groesse
FROM Person P
WHERE P.Groesse = (SELECT MAX (Person.Groesse)
FROM Person)
```

Für den Vergleich von Unterabfragen mit mehrzeiligen Ergebnissen können folgende Mengenoperatoren verwendet werden:

Operator	Beschreibung
IN	Prüft, ob ein bestimmter Wert in einer Menge von Werten der Unterabfrage enthalten ist.
ALL	Prüft, ob eine Bedingung für alle Ergebnisse der Unterabfrage erfüllt ist.
ANY	Prüft, ob eine Bedingung für ein beliebiges Ergebnis der Unterabfrage erfüllt ist.
EXISTS	Prüft, ob die Unterabfrage ein Ergebnis hat. Gibt den Wert „wahr“ zurück, wenn die Unterabfrage einen oder mehrere Datensätze liefert.

Im **Beispiel** werden mit der folgenden Anweisung einer SQL-Abfrage über zwei Tabellen alle Personen ermittelt, die den gleichen Namen haben wie ihr Geburtsort. Dazu ist keine Unterabfrage notwendig.

```
SELECT Person.*
FROM Person INNER JOIN Ort ON Ort.Ort_ID = Person.
Ort_ID
WHERE Person.Name = Ort.Name;
```

Sollen aber alle Personen ermittelt werden, deren Name mit irgendeinem beliebigen Ort übereinstimmt, dann kann dieses nur mithilfe einer Unterabfrage und dem IN-Operator geschehen. Das folgende **Beispiel** zeigt eine mehrzeilige SQL-Unterabfrage mit IN-Operator:

```
SELECT Person.*
FROM Person
WHERE Person.Name IN (SELECT Ort.Name FROM Ort);
```

6.4.7 Benutzer- und Rechteverwaltung mit SQL

Besonders in einer Mehrbenutzerumgebung ist es notwendig, den Zugang zur Datenbank und die Rechte an den einzelnen Datenbankobjekten zu verwalten. Rechte können zum Beispiel zu den Befehlen INSERT, SELECT, ALTER, DELETE usw. vergeben werden. Nachfolgend werden die wichtigsten Befehle vorgestellt.

6.4.7.1 Anlegen eines Benutzers

Syntax	**CREATE USER** Benutzername **IDENTIFIED BY** Passwort;
Erläuterung	Benutzername = Zugangsname des Benutzers Passwort = Zugangscode des Benutzers
Beispiel	**CREATE USER** Schulz **IDENTIFIED BY** 'xyz';

6.4.7.2 Löschen eines Benutzers

Syntax	**DROP USER** Benutzername;
Erläuterung	Benutzername = Name des Benutzers, der gelöscht werden soll.
Beispiel	**DROP USER** Schulz;

6.4.7.3 Erteilen von Rechten

Syntax	**GRANT** Rechteliste **ON** Objektname **TO** Benutzername [**WITH GRANT OPTION**];
Erläuterung	Rechteliste = Aufzählung aller Rechte, die der Benutzer erhalten soll Objektname = Name des Datenbankobjektes Benutzername = Name des Benutzers **WITH GRANT OPTION** = Damit darf der Butzer seine Rechte weitergeben.
Beispiel	**GRANT INSERT, UPDATE ON** Personenverwaltung.Person **TO** Schulz;

6.4.7.4 Entziehen von Rechten

Syntax	**REVOKE** Rechteliste **ON** Objektname **FROM** Benutzername;
Erläuterung	Rechteliste = Aufzählung aller Rechte, die dem Benutzer entzogen werden sollen Objektname = Name des Datenbankobjektes Benutzername = Name des Benutzers
Beispiel	**REVOKE INSERT, UPDATE ON** Personenverwaltung.Person **FROM** Schulz;

6.4.8 Transaktion

W

Eine **Transaktion** ist eine Folge von Datenbankmanipulationen (INSERT, UPDATE, DELETE usw.), die die Datenkonsistenz bei der Änderung von Daten gewährleistet und als eine logische Einheit betrachtet wird. Es werden entweder alle oder keine Änderungen in die Datenbank übernommen.

Eine Transaktion besitzt folgende Eigenschaften, die auch ACID-Eigenschaften genannt werden.

Transaktionen sind von Bedeutung, wenn mehrere Benutzer gleichzeitig auf dieselben Datenbestände zugreifen und diese manipulieren wollen (Mehrbenutzerbetrieb). Dabei können sich die Änderungen gegenseitig beeinflussen und zu inkonsistenten Datenbeständen führen. Die Konsistenz von Daten hat aber

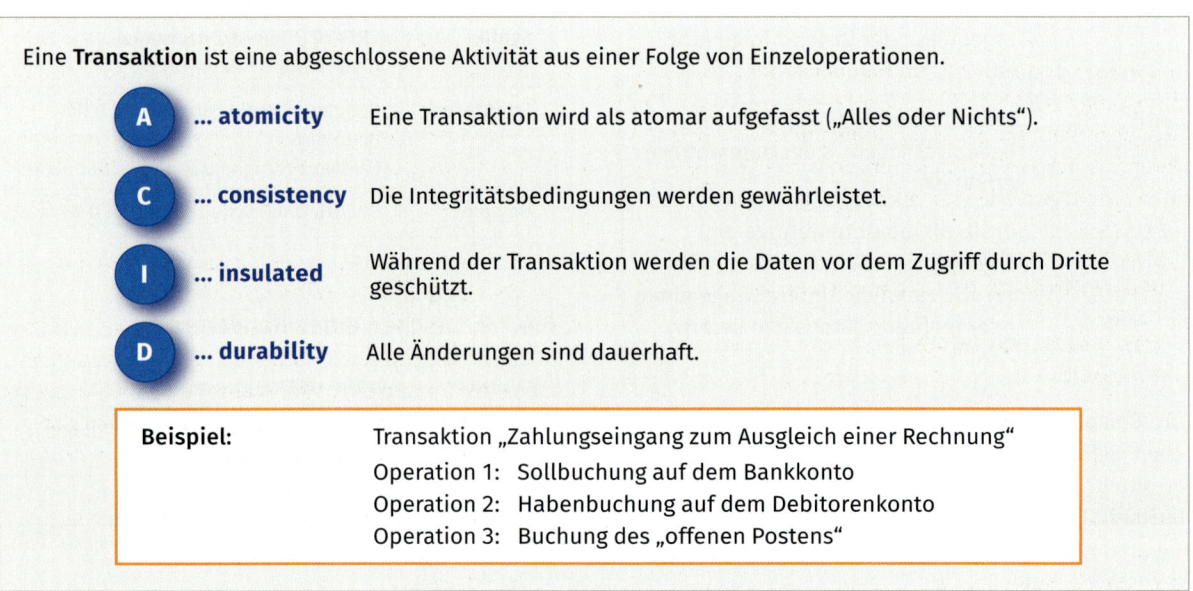

Eine **Transaktion** ist eine abgeschlossene Aktivität aus einer Folge von Einzeloperationen.

- **A** **... atomicity** Eine Transaktion wird als atomar aufgefasst („Alles oder Nichts").
- **C** **... consistency** Die Integritätsbedingungen werden gewährleistet.
- **I** **... insulated** Während der Transaktion werden die Daten vor dem Zugriff durch Dritte geschützt.
- **D** **... durability** Alle Änderungen sind dauerhaft.

Beispiel: Transaktion „Zahlungseingang zum Ausgleich einer Rechnung"
Operation 1: Sollbuchung auf dem Bankkonto
Operation 2: Habenbuchung auf dem Debitorenkonto
Operation 3: Buchung des „offenen Postens"

ACID-Eigenschaften der Transaktion

höchste Priorität. Deswegen werden die Datensätze während ihrer Manipulation für konkurrierende Zugriffe gesperrt.

Befehl	Beschreibung
START TRANSACTION;	Startet eine Transaktion.
COMMIT;	Mit dieser Anweisung werden die Änderungen infolge von Datenbankmanipulationen dauerhaft in der Datenbank gespeichert.
ROLLBACK;	Mit dieser Anweisung werden die Änderungen infolge von Datenbankmanipulationen rückgängig gemacht, d. h., es wird der Zustand vor der Transaktion hergestellt.

Im **ersten Beispiel** sollen in einer SQL-Transaktion mit COMMIT zwei SQL-Befehle ausgeführt und die Änderungen dauerhaft in die Datenbank übernommen werden.

```
START TRANSACTION;
INSERT INTO Person (Vorname, Name, Gewicht) VALUES
("Klaus", "Lehmann", 75.3);
DELETE FROM Person WHERE Person.Person_ID = 712;
COMMIT;
```

Im **zweiten Beispiel** wird im Rahmen einer SQL-Transaktion mit ROLLBACK zu Testzwecken das Gewicht aller Personen um 5,00 kg erhöht und die geänderten Daten zur Kontrolle abgerufen. Anschließend werden die Änderungen wieder rückgängig gemacht.

```
START TRANSACTION;
UPDATE Person SET Person.Gewicht = Person.Gewicht
+ 5.00;
SELECT Person.* FROM Person;
ROLLBACK;
```

Aufgaben

Die gesamte Aufgabenstellung bezieht sich auf das abgebildete Datenmodell.

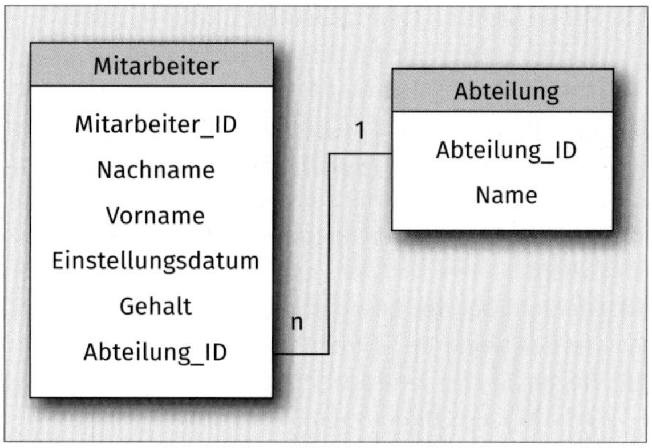

Erstellen Sie zu den folgenden Aufgaben 1 bis 30 die nötigen SQL-Anweisungen. Benutzen Sie dazu auch die SQL-Befehlsübersicht im Anhang des Buches.

1. Legen Sie die beiden Tabellen „Mitarbeiter“ und „Abteilung“ an und wählen Sie dafür sinnvolle Datentypen.
2. Fügen Sie in die Tabelle „Mitarbeiter“ eine Spalte „Wohnort“ mit einer Textlänge von 10 ein.
3. Ändern Sie den Datentyp der Spalte „Wohnort“ auf eine Textlänge von 50.
4. Nehmen Sie einen neuen Mitarbeiter mit folgenden Daten (Klaus, Müller, Gehalt: 2.500,00 €, Einstellungsdatum: der aktuelle Tag, Abteilung: noch unbekannt) in die Datenbank auf.
5. Fügen Sie die Abteilung „Buchhaltung“ ein.
6. Geben Sie die Mitarbeiter mit „Nachname“, „Vorname“ und „Gehalt“ in einer Liste aus. Die Liste soll alphabetisch aufsteigend sortiert sein.
7. Geben Sie die Mitarbeiter der Abteilung „Buchhaltung“ mit „Nachname“, „Vorname“ und „Einstellungsdatum“ in einer Liste aus. Die Liste soll nach Einstellungsdatum absteigend sortiert sein.
8. Geben Sie eine Liste aller Mitarbeiter mit Gehältern zwischen 2.000,00 € und 2.500,00 € aus.
9. Welche drei Mitarbeiter beziehen die höchsten Gehälter?
10. Geben Sie eine Liste aller Mitarbeiter aus, die vor dem 01.01.1995 eingestellt wurden.
11. Geben Sie eine Liste aller Mitarbeiter aus, die im Jahre 2005 in das Unternehmen eingetreten sind.
12. Geben Sie eine Liste aller Mitarbeiter aus, die in einem Monat Januar in das Unternehmen eingetreten sind.
13. Geben Sie eine Liste aller Mitarbeiter aus, deren Nachname mit „SCH“ beginnt.
14. Geben Sie eine Liste aller Mitarbeiter aus, in deren Nachnamen die Zeichenkette „mann“ vorkommt.

15. Geben Sie eine Liste aller Mitarbeiter mit dem Namen „Meier“ und alternativen Schreibweisen (Mayer, Meyer, Maier) aus.
16. Zeigen Sie das kleinste und das größte Gehalt, die Anzahl der Gehälter, die Summe der Gehälter sowie das durchschnittliche Gehalt an.
17. Alle Gehälter werden linear um 1,5 Prozent erhöht.
18. Die Gehälter der Beschäftigten in der Produktion werden linear um 2 Prozent erhöht.
19. Weisen Sie für jede Abteilung die Summe der Gehälter aus. Dabei soll auf der Liste auch der Abteilungsname ausgegeben werden.
20. Geben Sie eine Liste aller Abteilungen aus, bei denen das Durchschnittsgehalt der Mitarbeiter über dem Durchschnittsgehalt aller Mitarbeiter liegt.
21. Geben Sie eine Liste der Anzahl aller Abteilungen aus, in denen mehr als fünf Mitarbeiter arbeiten.
22. Geben Sie eine Liste aller Mitarbeiter der Abteilungen „Buchhaltung“ und „Einkauf“ aus, die heute Geburtstag haben.
23. Löschen Sie alle Mitarbeiter, für die in der Datenbank kein Name angegeben ist.
24. Löschen Sie alle Mitarbeiter aus den Abteilungen „Einkauf“ und „Verkauf“, die im letzten Jahr eingestellt wurden.
25. Löschen Sie die Wohnorte bei allen Mitarbeitern, die zur Abteilung „Produktion“ gehören.
26. Löschen Sie die Spalte „Wohnort“.
27. Löschen Sie die Tabelle „Abteilung“.
28. Der Benutzer „Maier“ soll das Recht erhalten, Werte in der Tabelle „Mitarbeiter“ zu verändern.
29. Der Benutzer „Müller“ soll alle Rechte an der Tabelle „Mitarbeiter“ erhalten mit der Option zur Weitergabe.
30. Dem Benutzer „Schulz“ sollen die Leserechte an der Tabelle „Mitarbeiter“ entzogen werden.

6.5 Vom Entwurf zur Umsetzung in MySQL

6.5.1 Zeichenketten

Zu den Zeichenketten-Datentypen in MySQL gehören CHAR, VARCHAR TEXT und BLOB.

CHAR(n) sind Zeichenketten mit einer festen Länge, wobei n die Anzahl der Zeichen definiert und maximal den Wert 255 besitzen kann. Ein Feld, das mit CHAR(50) definiert ist, kann also maximal 50 Zeichen aufnehmen. Für CHAR-Felder werden von der Datenbank immer n Bytes an Speicherplatz reserviert, und zwar unabhängig davon, wie viele Zeichen jeweils wirklich gespeichert sind. Der Speicherbedarf von CHAR-Feldern lässt sich deshalb mit Byte mal Länge der Felder einfach berechnen.

VARCHAR(n)-Datentypen haben keinen festen Speicherbedarf. Hier wird nur der Speicherplatz belegt, der auch der Länge der gespeicherten Zeichenkette entspricht. Für diesen Datentyp darf n maximal 65 535 betragen. In der Regel sind VARCHAR-Felder aufgrund der besseren Speichernutzung den CHAR-Feldern vorzuziehen. Hinzu kommt noch, dass CHAR-Felder mit allen Stellen, also auch den Leerstellen, ausgegeben werden, was zu Formatierungsschwierigkeiten führen kann.

Falls größere Zeichenketten zu speichern sind, kann man dies mithilfe des Datentyps TEXT tun. Hierbei können Zeichenketten bis zu einer variablen Länge von 2^{16}-1 Zeichen gespeichert werden. Außer dem Datentyp TEXT stehen in Abhängigkeit von der benötigten Feldgröße auch die Datentypen TINYTEXT (2^{8}-1 Zeichen), MEDIUMTEXT (2^{24}-1 Zeichen) oder LONGTEXT (2^{32}-1 Zeichen) zur Verfügung. Textfelder werden in anderen Datenbanken auch als Memo-Felder bezeichnet.

Binäre Datentypen sind BLOB, TINYBLOB, MEDIUMBLOB und LONGBLOB. Die maximale Zeichenlänge verhält sich analog dem Datentyp TEXT.

Bei TEXT- und BLOB-Datentypen werden auch führende Leerzeichen gespeichert, während VARCHAR führende Leerzeichen löscht.

6.5.2 Numerische Datentypen

MySQL unterstützt alle numerischen Datentypen, die in der Norm ANSI SQL99 definiert sind. Dies sind die Datentypen mit fester Länge:
- NUMERIC
- DECIMAL
- INTEGER (INT)
- SMALLINT

Hinzu kommen die Fließkommazahlen FLOAT, REAL und DOUBLE.

Darüber hinaus hat MySQL einige Erweiterungen implementiert. So können ganzzahlige Werte je nach Länge noch als
- TINYINT (1 Byte),
- SMALLINT (2 Byte),
- MEDIUMINT (3 Byte),
- INT (4 Byte) und

- BIGINT (8 Byte)

definiert werden. Optional kann mit dem Schlüsselwort UNSIGNED festgelegt werden, dass nur positive Werte zulässig sind.

Die genannten Datentypen definieren z. B. folgende Werte:

- INT: Ganzzahl mit der Länge von 32 Bit (4 Byte); zulässige Werte sind also – 2147483648 bis + 2147483647
- UNSIGNED TINYINT: positive Ganzzahl mit einer Länge von 8 Bit (1 Byte); zulässige Werte sind also 0 bis 255

MySQL bietet mit FLOAT und DOUBLE (REAL) zwei Datentypen für Fließkommazahlen an. Der Unterschied zwischen diesen beiden Zahlentypen besteht lediglich in ihrer Größe. Während der 32-Bit-Datentyp (4 Byte) FLOAT eine einfache Genauigkeit aufweist, besitzt der 64-Bit-Datentyp (8 Byte) DOUBLE die doppelte Genauigkeit. REAL und DOUBLE sind unter MySQL synonyme Bezeichnungen. Fließkommazahlen können optional mit zwei Parametern in der Form DOUBLE (M,D) für die Definition der Länge und der Nachkommastellen definiert werden.

W Das **Dezimaltrennzeichen** wird bei numerischen Datentypen in MySQL immer als Punkt (z. B. 7654533.452) dargestellt.

Während Fließkommazahlen beliebig viele Nachkommastellen haben können, werden Festkommazahlen mit fester Stellenzahl definiert. So wird der Datentyp für Festkommazahlen DECIMAL mit der Anzahl der Vorkomma- und Nachkommastellen definiert. Mit **umsatz DECIMAL (9,2)** wird eine Dezimalzahl (für das Feld Umsatz) definiert, die 9 Ziffern mit 2 Nachkommastellen lang ist.

Für DECIMAL verwendet MySQL auch die beiden Synonyme DEC und DEC(IMAL) NUMERIC.

6.5.3 Datentypen für Datum und Zeit

Datentypen für Datums- und Zeitangaben sind sehr praktisch für alle Felder, mit denen Datums- und Zeitinformationen, wie z. B. Geburtsdatum oder Datum der letzten Änderung, gespeichert werden sollen. Mit diesem Datentyp lassen sich ebenso leicht Datums- und Zeitberechnungen durchführen, wie z. B. die Differenz von Tagen auf Basis des Datums.

MySQL bietet hierfür folgende Datentypen an:

- DATETIME
- DATE
- TIME
- YEAR

DATETIME nimmt Werte auf, die sowohl das Datum als auch die Zeit in der Form **JJJJ-MM-DD HH:MM:SS** (z. B. 2010-12-24 12:00:00) speichern.

DATE kann benutzt werden, wenn nur das Datum gespeichert werden soll. Das Format hierfür ist **JJJJ-MM-DD** (z. B. 2010-12-24).

Ein besonderer Datentyp für das Datum ist TIMESTAMP. Bei Einfüge- oder Updatevorgängen wird ein Feld, das mit einem solchen Datentyp definiert ist, automatisch mit dem aktuellen Datum und der aktuellen Zeit versehen. Standardmäßig erfolgen Ausgaben von TIMESTAMP-Feldern 14-stellig in der Form **JJJJMMDDHHMMSS.** Die Angabe 20111212215103 würde also für den 12. Dezember 2011, 21 Uhr 51 Minuten und 3 Sekunden stehen. Befinden sich mehrere TIMESTAMP-Felder in einer Tabelle, wird nur jeweils das erste Feld aktualisiert.

Sollen Zeitwerte gespeichert werden, steht hierfür der Datentyp TIME zur Verfügung. Die Zeiten werden im Format **HH:MM:SS** gespeichert, also z. B. 11:50:00. Da MySQL auch Zeitdifferenzen berechnen kann, dürfen Felder dieses Typs Werte zwischen -838:59:59 und 838:59:59 annehmen. Ungültige Eingaben werden auf den Wert 00:00:00 gesetzt.

YEAR ist ein Datentyp, der vierstellige Jahreswerte zwischen 1901 und 2155 speichern kann. Mit nur einem Byte verbraucht dieser Datentyp sehr wenig Speicherplatz. Werte in YEAR-Feldern können als Zahl (z. B. 1999) oder Zeichenkette (z. B. '1998') dargestellt werden. Jahresangaben können auch zweistellig von 00 bis 99 erfolgen. Die Zahlen 70 bis 99 stehen dabei für die Jahre 1970 bis 1999, die übrigen Zahlen für die Jahre 2000 bis 2069. Falls Sie ungültige Werte (z. B. Jahreszahlen größer 2155) oder leere Werte speichern, werden diese als 0000 gespeichert.

Für die Behandlung von Datums- und Zeitwerten verfügt MySQL über verschiedene Funktionen, wie z. B. zur Berechnung von Zeitdifferenzen.

6.5.4 Datentypen für Aufzählungen

Als besondere Datentypen hält MySQL noch die Aufzählungstypen ENUM und SET bereit. Sie sind Varianten von Datentypen für Zeichenketten und dienen dazu, eine Liste von definierten Werten zu speichern. Wenn

beispielsweise die Produkte nach ihrer Art, wie Video, Buch, DVD oder CD, kategorisiert werden sollen, ist der Einsatz dieser Datentypen sinnvoll.
ENUM- bzw. SET-Datentypen werden wie folgt definiert:
- ENUM ('Buch', 'CD', 'DVD', 'Video', 'MC')
- SET ('Buch', 'CD', 'DVD', 'Video', 'MC')

Die gewünschten Werte werden also mit Komma getrennt und in Hochkommas eingeschlossen. Der Unterschied zwischen beiden Datentypen besteht in den verschiedenen Möglichkeiten, die definierten Werte zu speichern. Während ENUM-Datentypen nur einen jeweils definierten Wert erlauben, können in SET-Feldern auch Kombinationen gespeichert werden. Im Beispiel der Kategorisierung von Produkten könnte in einem SET-Feld die Kombination aus DVD und CD gespeichert werden.

ENUM- und SET-Datentypen werden intern mit einem fortlaufenden numerischen Index versehen. Aus diesem Grund liefern diese Datentypen insbesondere bei verknüpften Abfragen und Einfügevorgängen schnellere Reaktionszeiten. Ein weiterer Vorteil ist die Tatsache, dass nur die definierten Werte zugelassen werden, Fehleingaben aber von der Datenbank abgefangen (verweigert) werden.

Datentyp	Speicherplatz	Optionen	Beschreibung
TINYINT	1 Byte	[(M)] [U] [Z]	Ganzzahlen von 0 bis 255 oder von −128 bis +127
SMALLINT	2 Bytes	[(M)] [U] [Z]	Ganzzahlen von 0 bis 65.535 oder von −32.768 bis +32.767
MEDIUMINT	3 Bytes	[(M)] [U] [Z]	Ganzzahlen von 0 bis 16.777.215 oder von −8.388.608 bis +8.388.607
INT	4 Bytes	[(M)] [U] [Z]	Ganzzahlen von 0 bis ~4,3 Mill. oder von −2.147.483.648 bis +2.147.483.647
INTEGER	4 Bytes	[(M)] [U] [Z]	Alias für INT
BIGINT	8 Bytes	[(M)] [U] [Z]	Ganzzahlen von 0 bis 2^64 − 1 oder von −(2^63) bis (2^63) − 1
FLOAT	4 Bytes	[(M,D)] [U] [Z]	Fließkommazahl, vorzeichenbehaftet Wertebereich von −3,402823466^38 bis −1,175494351^38, 0 und 1,175494351^38 bis 3,402823466^38
DOUBLE	8 Bytes	[(M,D)] [U] [Z]	Fließkommazahl, vorzeichenbehaftet Wertebereich von ~ −1,798^308 bis ~ −2,225^−308, 0 und ~ 2,225^−308 bis ~ 1,798^308
REAL	8 Bytes	[(M,D)] [U] [Z]	Alias für DOUBLE
DECIMAL	M + x Bytes	[(M,D)] [U] [Z]	Fließkommazahl, vorzeichenbehaftet Speicherbedarf: x=1 wenn D=0, sonst x=2
NUMERIC	M + x Bytes	[(M,D)] [U] [Z]	Alias für DECIMAL Speicherbedarf: x=1 wenn D=0, sonst x=2
DATE	3 Bytes	–	Datum im Format 'YYYY-MM-DD' Wertebereich von 01.01.1000 bis 31.12.9999
DATETIME	8 Bytes	–	Datumsangabe im Format 'YYYY-MM-DD hh:mm:ss' Wertebereich entspricht DATE
TIMESTAMP	4 Bytes	–	Zeitstempel. Wertebereich: 1.1.1970 bis 2037. Ab Version 4.1 ist die Anzahl der Stellen M fix und die Darstellung entspricht DATETIME.
TIME	3 Bytes	–	Zeit zwischen −838:59:59 und +839:59:59 Ausgabe: 'hh:mm:ss'
YEAR	1 Byte	[(2|4)]	Jahr zwischen 1901 und 2155 (bei 4 Stellen) und zwischen 1970 und 2069 (bei 2 Stellen)
CHAR	M Byte(s)	(M) [BINARY]	Zeichenkette fester Länge M Wertebereich für M: 0 bis 255
VARCHAR	L + 2 Bytes L < 2^{16}	(M) [BINARY]	Zeichenkette variabler Länge, Maximum ist M Wertebereich für M: 0 bis 65 635

Datentyp	Speicherplatz	Optionen	Beschreibung
BLOB	L +2 Bytes	(M)	Binäres Objekt mit variablen Daten. Weitere Typen: TINYBLOB, MEDIUMBLOB und LONGBLOB. M ist ab Version 4.1 definierbar.
TEXT	L +2 Bytes	(M)	Wie BLOB. Berücksichtigt beim Sortieren und Vergleichen die Groß- und Kleinschreibung nicht. Weitere Typen: TINYTEXT, MEDIUMTEXT, LONGTEXT. M ist ab Version 4.1 definierbar
ENUM	1 oder 2 Bytes	('val1','val2' ...)	Liste von Werten (val1, val2 ...). Maximal 65.535 eineindeutige Elemente sind möglich.
SET	x Bytes	('val1','val2' ...)	String-Objekt mit verschiedenen Variablen. Maximal 64 'Mitglieder' sind möglich. Speicherbedarf: x ist 1, 2, 3, 4 oder 8
Legende ^ = Potenzzeichen [ ] = optionaler Parameter BINARY = Attribut für die Stornierung D = Anzahl der Kommastellen bei einer Dezimalzahl			L = Stringlänge (Berechnung Speicherbedarf) M = maximale Anzahl der gezeigten Stellen Mill. = Milliarden U = UNSIGNED (Zahl ohne Vorzeichen) Z = ZEROFILL (Auffüllen mit Nullen)

6.6 Umsetzung vom ER-Diagramm in Tabellen

6.6.1 Regeln

Die nachfolgenden Regeln sind für eine schrittweise Erstellung eines normalisierten Datenmodells gedacht.

W **Erste Regel**

Wertetypen werden 1:1 auf Datentypen abgebildet.

Es werden die Datentypen festgelegt. Hier wird vereinbart, dass z. B. das Feld **Name** ein Textfeld ist und das Feld **Geburtsdatum** in einem Datumsfeld gespeichert wird.

W **Zweite Regel**

Ein Gegenstand (Entity) wird mit all seinen Attributen zu jeweils einer Tabelle zusammengefasst.

Durch die zweite Regel erfolgt die Umsetzung in Tabellen. Die **strong entities** werden mit den dazugehörigen **weak entities** in einer Tabelle abgelegt. Ab diesem Punkt existieren die ersten Tabellen des Modells und damit besteht eine gute Basis für weitere Regeln.

W **Dritte Regel**

Jeder Gegenstand erhält ein 1:1-Attribut als Identifikator (Primärschlüssel), soweit noch nicht vorhanden.

Die Notwendigkeit eines Primärschlüssels in einem relationalen Datenbankmodell wurde bereits dargestellt. Als Primärschlüssel kann hier ein vorhandenes Datenfeld benutzt werden, oder es wird ein Feld hinzugefügt (z. B. eine **Kundennummer**). Nach diesem Schritt sind alle Objekte untergebracht und es müssen nur noch deren Beziehungen untereinander in einer weiteren Regel definiert werden.

Vierte Regel W

Jede m : n-Beziehung wird in einer eigenen Tabelle abgebildet. Diese Tabelle enthält die Primärschlüssel der beteiligten Entitäten und die Datenfelder, die die Beziehung selbst beschreiben.

1 : n-Beziehungen werden durch Einfügen des Primärschlüssels der 1-Tabelle in die n-Tabelle als Fremdschlüssel realisiert.

6.6.2 Kriterien

Für die Umsetzung sind die folgenden **fünf** Kriterien maßgeblich:

1. **Das Datenmodell wird mit keinerlei Zuordnung auf die Programmierung erstellt.** Es ist einzig und allein die Umsetzung der realen Welt auf die Ebene der Datenverarbeitung. Programmiertechnische Überlegungen haben an dieser Stelle nichts zu suchen. Diese Regel gilt jedoch nur, wenn Aspekte der

Geschwindigkeit unberücksichtigt bleiben können. Bei DataWarehouse-Anwendungen ist es oft erforderlich, dass redundante Daten angelegt werden, um die Zugriffszeiten auf Tabellen und Datenbanken zu reduzieren. In diesem Fall wird das Modell nach der dritten Normalform oder beim ER-Modell nach der vierten Regel unter dem Gesichtspunkt der optimalen Geschwindigkeit modifiziert.

2. **Das Normalisieren nach Codd und das ER-Modell sind zwei getrennte, unabhängig voneinander existierende Methoden.** Natürlich kann ein Datenmodell, das nach Codd erstellt wurde, immer mit einem ER-Diagramm dargestellt werden, da beide Verfahren das relationale Datenbanksystem zum Ziel haben. Wird das Datenbankdesign mit dem ER-Modell bevorzugt, sind zumindest die Werte auf Abhängigkeit zu prüfen, wie dies bei der Methode von Codd erfolgt und wodurch oft nachträgliches Ändern im Datenmodell entfällt.
3. **Das Modellieren der Daten in Tabellen ist ein nicht zu unterschätzender Schwerpunkt.** Fehler beim Modellieren kosten zu einem späteren Zeitpunkt enorm viel Zeit. Sollen Änderungen an dem Modell durchgeführt werden, müssen diese Änderungen alle Stufen der benutzten Methode durchlaufen. Wird versucht, die dritte Normalform abzuändern und anzupassen, die das Ergebnis der beiden behandelten Verfahren darstellt, entstehen zwangsläufig Fehler.
4. **Änderungen an einem fertigen Datenmodell sind immer ein Hinweis darauf, dass die Tabellen nicht korrekt normalisiert worden sind.** Die Ursache liegt meist darin, dass in der Anwendungsanalyse nicht gründlich genug gearbeitet wurde. Diese Phase kann und sollte bis zu 30 Prozent des Aufwandes für die Erstellung der gesamten Anwendung einnehmen.
5. **Tabellen müssen in einer bestimmten Reihenfolge gefüllt werden.** Tabellen ohne Fremdschlüssel werden dabei zuerst mit Daten gefüllt. So kann keine Videokassette erfasst werden, wenn keine Titel und keine Kategorien mit ihren Preisen eingegeben wurden. Es ist die Aufgabe der Programmierung, mögliche Fehleingaben abzufangen und den Benutzer bei der Dateneingabe hier richtig anzuleiten.

Aufgaben

1. Untersuchen Sie, welche Kardinalitäten in folgenden Beziehungen möglich sind, und geben Sie dafür gegebenenfalls Randbedingungen vor:
   a) Postleitzahlen ↔ Orte in Deutschland
   b) Steuernummer ↔ Steuerpflichtiger
   c) Kind ↔ Vater
   d) Kind ↔ Mutter
2. Erstellen Sie ER-Diagramme für die Beziehungen aus der Aufgabe 1 und beachten Sie dabei, dass in der Aufgabenstellung nicht die Entitätenmengen angegeben sind (auf beiden Seiten jeweils Personen), sondern Rollen.
3. Erstellen Sie für die folgenden Angaben jeweils ein ER-Diagramm und bestimmen Sie die Schlüsselattribute.
   a) Es gibt Personen, Filme und Verlage. Jeder Film hat einen oder mehrere Regisseure. Jeder Film kann zu gegebener Zeit von höchstens einem Ausleiher ausgeliehen werden. Ein Ausleiher kann mehrere Filme leihen. Ein Film stammt von einem Produzenten.
   b) Ein Auto kommt von einem Hersteller. Es hat zum Zeitpunkt der Herstellung keinen Halter, sonst höchstens einen Halter. Auf einen Halter können mehrere Autos zugelassen sein.
   c) In einer Bibliothek wird nach Filmtitel und Filmexemplar unterschieden. Für einen Filmtitel können mehrere Filmexemplare, muss jedoch immer mindestens ein Filmexemplar vorhanden sein. Ausleiher leihen Filmexemplare aus. Ausleiher können Filmtitel vormerken lassen. Ausleiher und Produzenten sind Personen.
   d) Studenten oder Professoren sind Personen.
   Jede Vorlesung wird von einem Professor gehalten. Ein Professor hält mehrere Vorlesungen.
   Ein Student besucht mehrere Vorlesungen.
   Eine Vorlesung wird von mehreren Studenten besucht, aber erst nach Semesterbeginn steht fest, von welchen Studenten. Ein Professor empfiehlt für eine bestimmte Vorlesung einen Film.
4. Modellieren Sie grafisch die Entitätenmengen und Beziehungsmengen. Legen Sie Schlüsselattribute und andere wichtige Attribute fest. Verwenden Sie dazu folgendes Beispiel:
   Eine Jachtagentur will die Törns (Touren) ihrer Segeljachten mit einer Datenbank verwalten. Dabei geht es darum, die Mitfahrer ebenso zu erfassen wie die im Laufe der Tour angelaufenen Häfen. Es gelten folgende Regeln:
   - Eine Crew setzt sich aus mehreren Mitfahrern zusammen. Mitfahrer müssen an keiner Crew teilnehmen, können aber auch an mehreren Crews beteiligt sein.
   - Eine Crew bezieht sich immer auf eine Tour. Während einer Tour kann aber die Crew wechseln.
   - Kapitane und Mitfahrer sind Personen.
   Für jede Tour gibt es einen Kapitän. Ein Kapitän kann natürlich an mehreren Touren teilnehmen.

- Eine Tour wird immer von einer Jacht gefahren. Meistens übersteht eine Jacht die erste Tour. Dann kann sie an weiteren Touren teilnehmen.
- Während einer Tour läuft eine Jacht mehrere Häfen an.

5. Tragen Sie in das folgende Modell die Entitätstypen, die angegebenen Attribute, die Beziehungen und die Kardinalitäten ein:
   - In einem Zoo versorgen die Tierpfleger die Tiere. Ein Pfleger versorgt immer mehrere Tiere. Die Pfleger sind gekennzeichnet durch eine Personalnummer, Nachname, Vorname und Geschlecht.
   - Tiere sind charakterisiert durch einen Bestand, eine Gattungsangabe (z. B. Säugetier, Reptil usw.) und ein Alter. Für ein Tier ist immer ein bestimmter Pfleger zuständig. Ein Tier frisst verschiedene Futtersorten in bestimmter Menge.
   - Die gleiche Futtersorte kann aber auch von verschiedenen Tieren gefressen werden. Eine Futtersorte ist gekennzeichnet durch eine eindeutige Bezeichnung und eine vorhandene Menge.
     Alle Futtersorten können in allen Gebäuden (Gebäudenummer, Gebäudename) des Zoos gelagert werden.
   - In einem Gebäude können verschiedene Tiere wohnen.

6. Ein Transportunternehmen benötigt zur Abwicklung der Abläufe in der Transportzentrale eine Datenbank. Früher erfolgte die Abwicklung mit einem Tabellenkalkulationsprogramm. Ein Dispatcher soll die neue Stand-alone-Datenbank verwalten. Die Fahraufträge kommen per Fax oder telefonisch. Angegeben werden bei der Bestellung die Route, das Transportgut und die am Auftragsort zuständige Person. Des Weiteren gelten folgende Annahmen:
   - Der Dispatcher wählt mithilfe der Datenbank anhand des Transportguts und der Strecke das passende Fahrzeug sowie einen Fahrer aus, der dieses Fahrzeug führen kann.
   - In der Datenbank sind alle Fahrer erfasst. Unterschieden werden sie anhand der eindeutigen Fahrernummer. Weiterhin besitzt ein Fahrer noch einen Vor- und Zunamen und den Führerschein einer bestimmten Kategorie.
   - In einer Tabelle **Kategorie** sind der Name der Kategorie und die Bezeichnung der dazugehörigen, zugelassenen Fahrzeuge gespeichert. Zu einer Kategorie können mehrere Fahrer die Erlaubnis zum Führen der Fahrzeuge haben.
   - Die Fahrzeuge müssen polizeilich zugelassen werden. Jedes Fahrzeug besitzt eine eindeutige Nummer (Kfz-Kennzeichen) und eine Bezeichnung.
   - Ein bestimmtes Fahrzeug gehört zu einem Typ. Ein Typ kann mehrere Fahrzeuge beinhalten. Der Typ beinhaltet die Bezeichnung, Höhe, Breite, das Leergewicht sowie das Höchstgewicht in Kilogramm.

   a) Erweitern Sie den Entwurf so, dass je Fahrauftrag mehrere Artikel transportiert werden können.
   b) Kann das System so erweitert werden, dass jeder Artikel einen anderen Zielort erhält? Dazu müssen je Fahrauftrag mehrere Ziele gespeichert werden.
   c) Wenn die Fahrer alle Kraftfahrzeuge fahren dürften, kann die Relation „darf fahren“ entfallen. Dann kann der Entitätentyp **Klasse** ebenfalls entfallen und das Attribut dieses Typs direkt im Entitätentyp **Fahrzeug** erscheinen. Führen Sie die entsprechenden Änderungen durch.

6.7 Weitere Datenbanksysteme

6.7.1 Verteilte Datenbanksysteme

Zu den verteilten Datenbanksystemen zählen **Hadoop** und **Hbase**.

Hadoop ist ein Framework der Apache-Foundation für das verteilte Ausführen von Berechnungen über sehr große und ebenfalls verteilt gespeicherte Datenmengen.

Die Datenverwaltung übernimmt das **H**adoop **D**istributed **F**ile **S**ystem (HDFS). HDFS zerlegt große Dateien in Datenblöcke mit fester Länge und verteilt die Blöcke auf die teilnehmenden Knotenrechner. Die Masterknoten (sogenannte NameNodes) arbeiten mit Metadaten, also Daten zur Beschreibung der anderen (echten) Daten. Die NameNodes wissen, wo sich welche Daten befinden. Sie bearbeiten eingehende Datenanfragen und organisieren die Ablage von Dateien auf den Slave-Rechnern. Die Daten werden dabei bewusst redundant angelegt, d. h., die Datenblöcke werden auf mehreren Slave-Rechnern gleichzeitig abgelegt. HDFS ist ein Dateisystem zur Verwaltung von mehreren Millionen Datenblöcken bzw. Dateien.

Logo Hadoop

Ein wichtiges Element im Framework Hadoop ist **MapReduce**, ein vom Unternehmen Google Inc. eingeführtes Programmiermodell für parallele Berechnungen über sehr große Datenmengen in Rechnernetzen (Computercluster). MapReduce ist auch der Name einer entsprechenden Softwarebibliothek. MapReduce verkörpert die Umsetzung der Idee, Aufgaben – meist sind es Suchanfragen – auf viele Computer in einem Cluster aufzuteilen und anschließend die Ergebnisse der einzelnen Teile wieder zusammenzuführen. Dadurch lassen sich Berechnungen „parallelisieren", d. h., sie werden auf mehrere Rechner verteilt und die Ergebnisse stehen schneller bereit. MapReduce korrespondiert hervorragend mit dem HDFS (Hadoop Distributed File System), dass die verteilten Daten verwaltet.

Das Vorgehen von MapReduce kann an einem Beispiel gut verdeutlicht werden. Anstatt alle Dateien auf einem Rechner nacheinander zu durchsuchen, werden Dateien jeweils auf einen anderen (eigenen) Rechner kopiert (**map**). Das Kopieren kostet Zeit, aber bei weiteren Suchanfragen entfällt dieser Aufwand. Jeder Rechner durchsucht nun mit der Leistung seines Prozessors nur eine Datei und alle Rechner arbeiten parallel. Schließlich werden die Ergebnisse zusammengeführt (**reduce**) und stehen zur Ausgabe bereit.

Nachdem eine Datei auf mehrere Rechner kopiert und dort durchsucht wurde, entstehen beim Zusammenführen der Ergebnisse keine Fehler. Der Suchbegriff befindet sich in der Datei oder er ist nicht in der Datei vorhanden, egal ob dieses Ergebnis einmal oder mehrmals erzielt wurde. Die Redundanz sorgt hier für mehr Sicherheit, falls ein Knoten im Cluster ausfällt.

Das skalierbare Datenbankmanagementsystem **HBase** komplettiert das Framework **Hadoop** für die Verwaltung sehr großer Datenmengen innerhalb eines Hadoop-Clusters. HBase-DBMS basiert auf einer freien Implementierung von **Google BigTable**. Diese Datenstruktur ist für Daten geeignet, die selten verändert, dafür aber sehr häufig abgefragt und ergänzt werden.

6.7.2 NoSQL-Datenbank MongoDB

NoSQL steht für „Not only SQL" und bedeutet im Kontext von Datenbanken, dass es auch etwas neben SQL und den damit verbundenen tabellenorientierten relationalen Datenbanksystemen gibt.

Relationale Datenbanksysteme arbeiten sehr gut mit strukturierten Daten, wie sie in Tabellen dargestellt werden. Aber was geschieht mit unstrukturierten Daten, z. B. mit allgemeinen Dokumenten, Bilddateien oder Audio- und Videoaufzeichnungen?

Insbesondere die Verbreitung der sozialen Medien und die damit verbundene massenhafte Produktion unstrukturierter Daten verdeutlicht die Grenzen relationaler Datenbanksysteme. Mit relationalen Datenbanksystemen fällt die Handhabung der Daten schwer, weil sie aus unterschiedlichen Quellen stammen, in unterschiedlichen Formaten vorliegen und über mehrere Datenknoten verteilt werden. Hier ergab sich die Notwendigkeit, spezielle dokumentenorientierte Datenbanksysteme zu entwickeln.

MongoDB ist eines der am weitesten verbreiteten dokumentenorientierten Datenbankmanagementsysteme. Die unstrukturierten Dokumente können über eine Vielzahl von Knoten verteilt vorliegen. Sie werden erreichbar und auswertbar durch eine Hierarchie:

MongoDB-Server → Datenbanken → Collections → Documents

Eine spezielle Rolle spielen die **Collections**, die der Zusammenfassung ähnlicher Dokumente dienen. Die Collection ist eine Gruppierung von MongoDB-Dokumenten sowie das Äquivalent zu einer Tabelle in einem relationalen DBMS, denn sie enthält eine Auflistung der Dokumente. Die Dokumente in einer Auflistung können verschiedene Felder haben und sie dienen normalerweise einem ähnlichen Zweck.

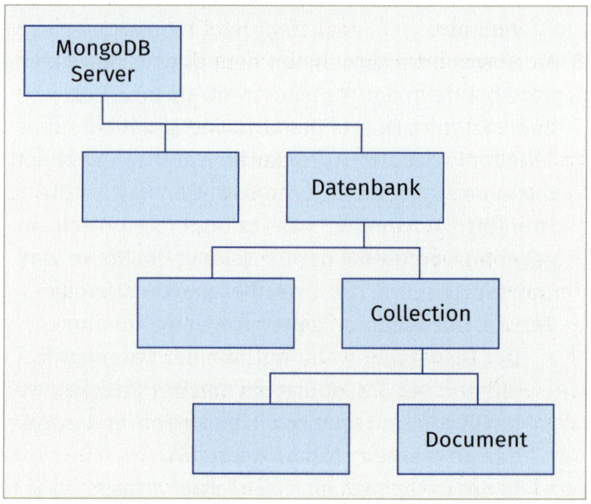

Hierarchie von MongoDB

MongoDB ist vorrangig für sehr große, wachsende, aber möglichst nicht zu ändernde Datenbestände geeignet. Ändert sich ein Dokument, wird es als gelöscht markiert und das neue Dokument wird angefügt. Das ist eine Vorgehensweise, die schon bei der simplen Arbeit mit Files praktiziert wurde.

6.7.3 In-memory-Datenbanken

Im Zusammenhang mit den Datenbankmanagementsystemen wurde bereits auf das ANSI-Architekturmodell der drei Ebenen hingewiesen, wo wir die externe, die konzeptionelle und die interne Ebene unterscheiden. Zur **externen** Ebene gehören die Anforderungen der Anwender an die Auswertungen, die vom Datenbanksystems erwartet werden, sowie die Gestaltung der Benutzeroberfläche mit den Eingabemasken und Listenauswertungen.

Bisher wurde hauptsächlich die Gestaltung der **konzeptionellen** Ebene (Schema) erläutert, wozu folgende Schritte bzw. Bestandteile gehören:

- Entwicklung eines Datenmodells
- Sicherung der Konsistenz des Datenbestandes
- Einbindung von Zugriffsroutinen auf den Datenbestand in die Anwendungsprogramme

Die **interne** Ebene stellt hingegen eine „Black Box" dar, für deren Innenleben die Entwickler von Softwareprodukten zum Management einer Datenbank verantwortlich sind. Wer mit Microsoft Access arbeitet, erlebt dieses Phänomen in Gestalt einer meist sehr großen Datenbankdatei von Typ: *.accdb. Diese Datei enthält Tabellen mit Daten, Abfragen, Formulare und Berichte. Es ist sinnvoll, die ständig wachsende Datei innerhalb von Microsoft Access regelmäßig zu komprimieren, aber was in dieser Datei intern in welcher Form gespeichert wird, bleibt dem Anwender verborgen.

Wer sich mit der internen Ebene (Schema) näher beschäftigt, stößt auf Indextabellen, verkettete Listen, Baumstrukturen und balancierte Bäume. Das sind alles sehr interessante und erfolgreiche Lösungen, um die Zugriffszeiten auf die Daten in den konventionellen, sequenziellen Speicherungsformen zu optimieren. Im Wesentlichen orientiert sich die aktuelle Speicherorganisation auf den Festplatten und anderen externen Datenträgern noch immer an den sequenziellen Filestrukturen. In einem klassischen „flat"-File stehen die Daten hintereinander, sind also nur sequenziell erreichbar. Sucht man in dieser eindimensionalen Struktur, muss man den File von Beginn an durchlesen. Das funktioniert bei schnellen Medien und relativ kleinen Datenbeständen noch ganz gut.

Inzwischen haben die Datenbestände aber Größenordnungen erreicht, die auf konventionelle Art und Weise nicht mehr mit vertretbaren Antwortzeiten auszuwerten sind. Die ständige Erweiterung der Angaben für Dateigrößen von Byte auf Kilobyte, Megabyte, Gigabyte, Terabyte, Petabyte, Exabyte, Zettabyte und Yottabyte spricht für diese Entwicklung. Man kann aber nicht Milliarden von Datensätzen hintereinander durchlesen, wenn man innerhalb von Sekundenbruchteilen eine Information benötigt. Auch die permanent verbesserten „geheimen" Techniken in der „Black Box" der Entwickler von Datenbankmanagementsystemen stoßen hier an ihre Grenzen.

Zum Glück existiert eine technische Weiterentwicklung, womit prinzipiell neue Lösungswege ermöglicht werden. Die Technologie zur Herstellung von direkt adressierbaren Massenspeichern hat sich so verbessert, dass deren Größe und Energiebedarf wesentlich reduziert werden konnten und gleichzeitig deren Herstellungskosten gesunken sind. Bereits kleine USB-Speicher mit Kapazitäten von 32 Gigabyte sind relativ preiswert. Die direkte Adressierbarkeit der Speichermedien wird dem Nutzer dieser USB-Speicher nur indirekt bewusst, denn ein Defragmentieren wie bei einer Festplatte ist nicht mehr notwendig. Beim Defragmentieren werden die „zerstückelten" Teile von sequenziell organisierten Dateien auf dem Speichermedium wieder „zusammenkopiert". Auf diese Weise reduzieren sich die Lesezeiten, weil das Lesen der nicht zur Datei gehörenden Bereiche (Lücken) eingespart wird.

Bei den direkt adressierbaren Massenspeichern wird nur noch gelesen, was gerade angefordert wird. Das entspricht der Funktionsweise im Arbeitsspeicher des Computers, wo die Zugriffe wesentlich schneller erfolgen als auf einer Festplatte. Der Wechsel von einer klassischen, auf Rotation und mechanischen Bewegungen des Zugriffsarmes beruhenden HD-Festplatte zur SSD-Festplatte (Solid State Drive) sorgte bereits für eine gewaltige Zunahme der Performance.

Die In-memory-Database-Lösungen nutzen den Gewinn an Performance bei der Speicherung der Daten auf direkt adressierbaren Speichermedien. Derartige Speichermedien stehen kostengünstig zur Verfügung, sind extrem klein und damit platzsparend zu verbauen. Sie benötigen wenig Energie, erwärmen sich nicht und erfordern daher auch keine aufwendige Kühlung. Ordnet man diese direkt adressierbaren Speicher in Clustern an, die jeweils mit einem eigenen Prozessor ausgestattet sind, so kann man auch parallel oder zumindest gruppenweise parallel in mehreren Clustern suchen.

Die Abbildung der Speicher-Cluster auf der folgenden Seite verdeutlicht die Verbindung der klassischen Speichertechnologie für Massendaten auf externen Speichermedien (HD) mit der Möglichkeit zum schnellen Zugriff und damit zum schnellen Suchen im direkt adressierbaren

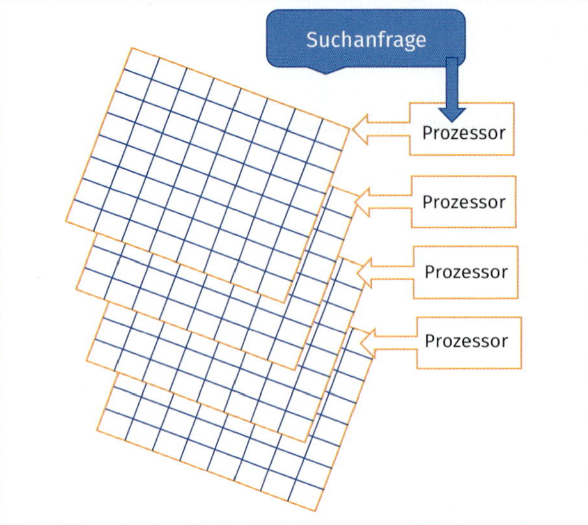

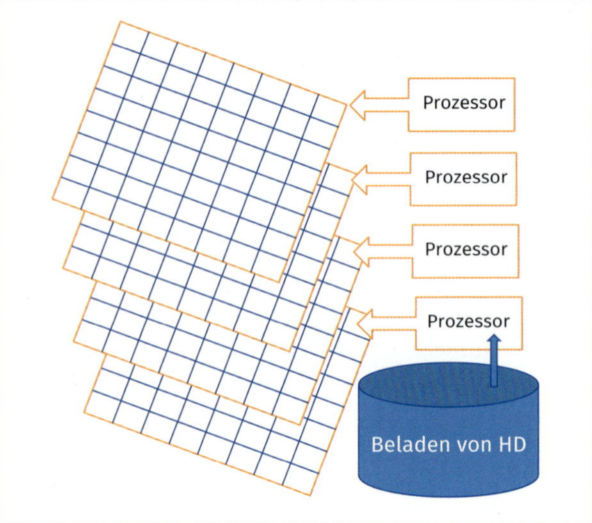

Suche nach Daten im direkt adressierbaren Speicher des Clusters	Laden von Daten für folgende Suche im Cluster

Speicher-Cluster für die In-memory-Technologie

Arbeitsspeicher. Nicht nur das Suchen kann parallel in mehreren Clustern erfolgen, gleichzeitig können andere Cluster auch wieder mit neuen Daten beladen werden. Durch ein Switchen zwischen dem in der Abbildung dargestellten linken und rechten Cluster kann somit parallel gesucht und geladen werden. Auch das Schreiben bzw. das Ändern von Daten ist auf diese Weise parallel möglich. Die veränderten Cluster werden abschließend wieder auf die externen Datenträger zurückgeschrieben. Bereits heute nutzt man die Technik der Pufferung, um auf diese Weise viele Daten sehr schnell von externen (sequenziellen) Datenträgern lesen und schreiben zu können.

Praktische Implementierungen der In-memory-Database-Technologie „verpacken" diese Speicherverwaltung im internen Schema des Datenbankmanagementsystems, bieten jedoch nach außen die gewohnte Schnittstelle eines relationalen Datenbankmanagementsystems. Schließlich setzen fast alle existierenden Anwendungssysteme eine Schnittstelle zu einem relationalen Datenbankmanagementsystem voraus.

Das Unternehmen SAP AG bietet seit 2010 das Produkt **SAP HANA** (**H**igh Performance **An**alytic **A**ppliance) als neue Datenbanktechnologie an. Es handelt sich um eine Kombination aus Hardware und Software. Mithilfe der In-memory-Database-Technologie werden Datenbankauswertungen mit höchster Performance erreicht. Diese Technologie entstand speziell für Business-Intelligence- und Business-Analytics-Anwendungen, wobei es primär darum geht, riesige Datenmengen („Big Data") möglichst schnell und variabel auszuwerten. Es ist mit SAP HANA aber auch möglich, andere Anwendungen zu betreiben, also auch alle SQL-basierten Anwendungen. Andere Anbieter vertreiben inzwischen auch In-memory-Datenbanksysteme. Zum Beispiel stellte die Firma Oracle im Jahre 2011 ihr Produkt **Oracle Exalytics** vor.

Die direkte Adressierung der Daten in der In-memory-Technologie ermöglicht neben der höheren Performance auch eine neue Form der Auswertung. Die Daten sind bei relationalen Datenbanksystemen in Tabellen organisiert und werden dort Zeile für Zeile, also sequenziell, ausgewertet.

Mit der neuen Technologie kann man auch spaltenweise oder diagonal vorgehen. Die Datenorganisation kann als mehrdimensionaler Datenwürfel interpretiert werden, wobei der Würfel beliebig gedreht und projiziert werden kann. Diese Technik ist von Microsoft Excel bezüglich der Arbeit mit PIVOT-Tabellen bereits bekannt. Microsoft Excel arbeitet nur mit Daten im Hauptspeicher, ist daher von der Datenmenge begrenzt, nutzt aber die In-memory-Technologie schon lange. Auch Microsoft Access profitiert von dieser Technologie.

In dem angedeuteten Beispiel zur Arbeit mit dem Datenwürfel kann man eine Tabelle mit den Spalten „Verkaufstag", „Verkauftes Produkt" und „Ort des Verkaufes" beliebig nach „Zeit und Produkt" oder „Produkt und Geografie" oder „Zeit und Geografie" auswerten, wobei gleichzeitig die angezeigten Gruppierungen möglich sind.

Auch bei den relationalen Datenbanken steht diese PIVOT-Funktionalität mit der In-memory-Technologie nun zur Verfügung. Für die angestrebten Business-Intelligence- und Business-Analytics-Anwendungen ist eine derartig variable Auswertung von besonderer Bedeutung.

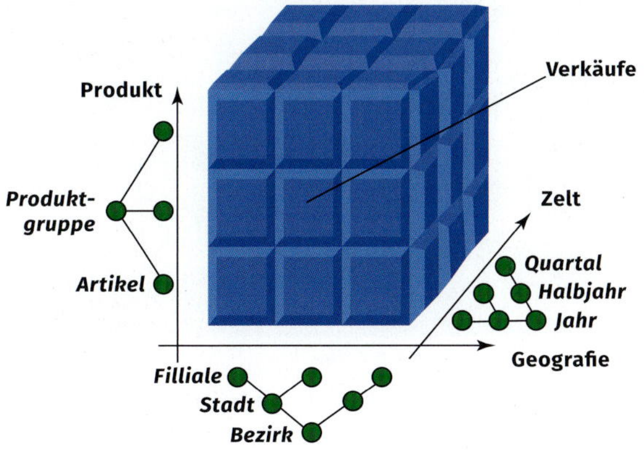

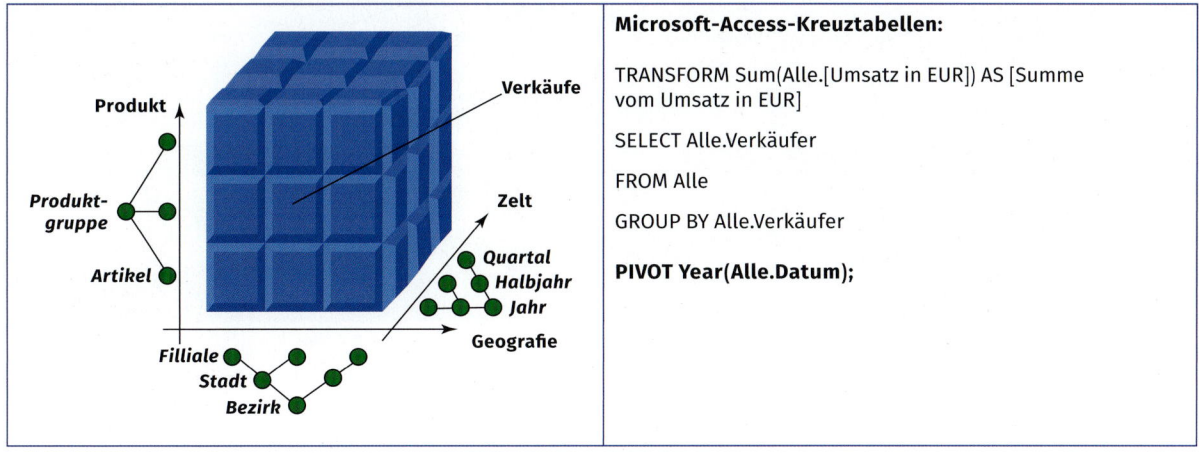

Microsoft-Access-Kreuztabellen:

TRANSFORM Sum(Alle.[Umsatz in EUR]) AS [Summe vom Umsatz in EUR]

SELECT Alle.Verkäufer

FROM Alle

GROUP BY Alle.Verkäufer

PIVOT Year(Alle.Datum);

Arbeit mit dem Datenwürfel (Quelle: In Anlehnung an Saake; Sattler; Heuer (2010), S. 625)

7 Web-Anwendungen

Die Azubis verfügen jetzt über die erforderlichen Grundlagen für die Entwicklung von Web-Anwendungen. Ausgangspunkt sind Kenntnisse zu Art der Kommunikation im Netz. Die Kommunikation setzt Sprachen und Protokolle voraus. Anschließend kann die Entwicklung aktiver Komponenten für Client und Server besprochen werden.

Technische Kommunikation ➲ Computersprachen ➲ HTML ➲ XML ➲ aktive Komponenten ➲ JavaScript ➲ Applet ➲ Servlet ➲ PHP ➲ Apps für mobile Geräte

7.1 Technische Kommunikation

Computergestützte Anwendungssysteme bedienen sich heute der Möglichkeiten der technischen Kommunikation. Die Anwendungen nutzen dazu die Technologie des Internets und verbinden diese technologische Basis mit ihren eigenen Inhalten. Wichtig für das Verständnis dieser Technologie ist es, die Funktionsweise der Client-Server-Systeme zu erkennen.

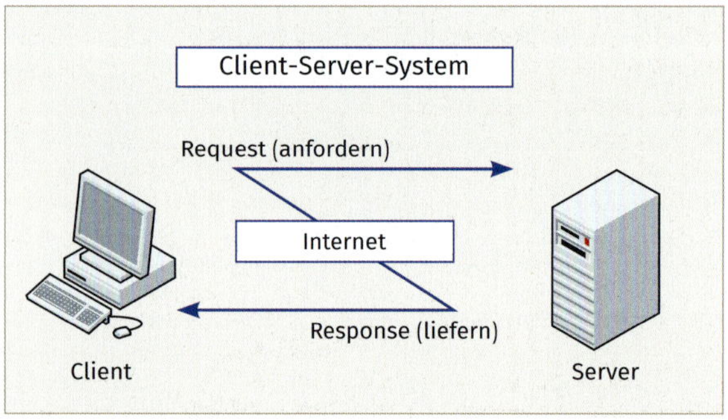

Client-Server-System

Vom Client wird unter Verwendung eines Programmes, allgemein ist das ein Webbrowser oder kurz Browser, eine Anfrage an das System „Internet" gestellt. Meist ist das die Anforderung zur Bereitstellung einer bestimmten Webseite (Homepage), identifiziert durch ihre Adresse (beispielsweise http://www.westermann.de). Das System „Internet" sucht nach dem zuständigen Server, der die geforderten Dokumente an den Client liefert, wo sie dann wieder mittels seines Webbrowsers dargestellt werden.

Die Arbeit mit dem Browser ist allen vertraut. Der Browser liest das mittels **HTML** (Hypertext Markup Language) formulierte Dokument und stellt es am Bildschirm dar. Wichtig ist daher zuerst das Verständnis der Arbeitsweise von und mit HTML.

Bekannt ist, dass die Kommunikation auch ohne Nutzung eines Browsers über das Internet laufen kann. Vieles davon ist gewollt und angenehm, z.B. die Bereitstellung von Updates oder der Austausch von E-Mails. Einiges läuft aber auch ohne Zutun und Zustimmung der Benutzer: Trojaner, Würmer und Spyware sind da einige Schlagworte aus dem Bereich der ungewollten Kommunikation. Diese Beispiele zeigen, dass es auf der Seite der Clients nicht immer nur ein Browser sein muss, der die Kommunikation anregt. Auch ohne den Eingriff des Menschen sind Kommunikationsprozesse von Computer zu Computer möglich. Die ungewollte Kommunikation soll eine sogenannte **Firewall** signalisieren und verhindern. Gewollte Kommunikation ohne menschlichen Eingriff kann hingegen im Rahmen der WebServices für viele Anwendungen von Vorteil sein.

Heute spricht man vom Internet der Dinge (Internet of Things oder kurz: IoT). Die Dinge, wie z. B. Maschinen, Fahrzeuge oder Haushaltsgeräte, verfügen über eigene Computer und besitzen eine eigene Verarbeitungskapazität (künstliche Intelligenz), die auch zur technischen Kommunikation befähigt. Die Dinge können auf diese Weise über das Internet (WLAN) auch Nachrichten austauschen und sich gegenseitig beeinflussen.

Die Java-Technologie ist dabei für die Entwicklung von Kommunikationsanwendungen über das Internet aus folgenden Gründen besonders lukrativ:

- Java-Applikationen sind durch die Verwendung der JVM (Java Virtual Machine) auf unterschiedlichsten Plattformen von Hardware und Betriebssystemen einsetzbar. Das Internet ist eine sehr inhomogene Sammlung von Hard- und Software, trotzdem können alle diese unterschiedlichen Komponenten dank der Java-Technologie in eine Kommunikation von Anwendung zu Anwendung einbezogen werden.
- Die Java-Technologie ist weitgehend Public Domain, d.h., alle Anwender haben Zugang zu dieser Technologie und können sie nutzen.

7.1.1 Formen der Client-Server-Kommunikation

Für die Kommunikation zwischen Client und Server gibt es auf der bereits erwähnten Basis grundsätzlich **vier** mögliche Varianten:

- **Übermittlung statischer Webseiten.** Die Webseiten liegen auf dem Server als Dokumente mit festgelegtem Inhalt vor. Der Inhalt wird unverändert an den Client übermittelt.
- **Übermittlung aktiver Webseiten.** Die Webseiten liegen auf dem Server als Dokumente mit festgelegtem Inhalt vor. Sie enthalten jedoch kleine Programme mit aktiven Komponenten. Der Inhalt wird unverändert an den Client übermittelt. Beim Client werden anschließend die aktiven Komponenten (Applets) ausgeführt. Dieses Prinzip kann beispielsweise zur Annahme und Kontrolle von Eingabedaten genutzt werden.
- **Übermittlung dynamischer Webseiten.** Die Webseiten werden auf dem Server erst zum Zeitpunkt des Aufrufes als Dokumente erzeugt (Servlets). Üblicherweise greift der Server dazu auf eine Datenbank mit aktuellen Informationen zurück und erstellt daraus die richtigen Webseiten. Diese Dokumente werden dann komplett an den Client übermittelt. Beim Client sind keinerlei aktive Komponenten notwendig. Diese Variante wird beispielsweise zur Anzeige von Theaterspielplänen genutzt, die sich in Abhängigkeit vom eingegebenen Zeitraum jeweils aktualisieren und neu aufbauen müssen.
- **Übermittlung von Dokumenten mit variablen Daten.** Die Daten werden auf dem Server erst zum Zeitpunkt des Aufrufes erzeugt und in ein Dokument verpackt. Üblicherweise greift der Server dazu auf Programmobjekte zurück und erstellt aus deren Output das bzw. die Dokumente (siehe SOAP). Das Dokument wird dann komplett an den Client übermittelt. Beim Client sind **aktive Komponenten** notwendig, um das Dokument lesen und auswerten zu können. Diese Variante wird als WebService beispielsweise zur aktuellen Abfrage von Währungskursen genutzt.

7.1.2 Realisierungsvarianten der technischen Kommunikation

Kommunikationsform	Rolle des Clients	Dokument zur Kommunikation	Rolle des Servers
statische Webseiten	passiv	einfache HTML-Datei	passiv
JavaScript	aktiv	HTML-Datei mit eingeschlossenem JavaScript-Quelltext oder mit Verweis auf eine Datei mit dem Quelltext	passiv
Applets	aktiv	HTML-Datei mit Verweis auf Datei im Java-Bytecode, die dann auf der virtuellen Maschine des Clients ausgeführt wird. Das ist aber gefährlich, denn so können auf den Client-Computern Dinge passieren, die vom Client nicht beabsichtigt waren, z. B. durch Spyware. Diese Technik wird daher allgemein gesperrt.	passiv
PHP	passiv	einfache HTML-Datei, gerade auf dem Server erstellt vom PHP-Präprozessor	aktiv
Servlets, JSP (Java Server Pages)	passiv	einfache HTML-Datei, gerade erstellt vom Server	aktiv
WebService	aktiv	XML-Datei	aktiv

W

7.1.3 Dokumente der Client-Server-Kommunikation

Jedes Dokument, auch die im Internet übertragenen Dokumente, ist gekennzeichnet durch

- Struktur,
- Inhalt und
- Gestaltung.

Struktur und Gestaltung sorgen dafür, dass der Empfänger den Inhalt des Dokumentes versteht oder eben auch nicht versteht. Struktur und Gestaltung sind Gegenstand einer Vereinbarung (auch als Protokoll bezeichnet) zwischen Sender und Empfänger des Dokumentes. Erst die Kenntnis der Syntax ermöglicht, bezogen auf die Mittel der Strukturierung und Gestaltung, die Semantik (Inhalt) zu erschließen.

Die Begriffe Syntax und Semantik sind den Programmierern aus der Erstellung von Quelltexten bekannt. Nur wenn die Syntax korrekt ist, kann der Compiler den gewünschten Inhalt und die gewünschten Aktionen des Programmes erschließen. Wenn immer noch etwas schiefläuft, stimmt die Semantik nicht. Aber dann hilft eventuell der Debugger.

Für die Beschreibung von Dokumenten zur Kommunikation zwischen Client und Server haben sich allgemein die Sprachen HTML und XML durchgesetzt.

Aufgaben

1. Erklären Sie die Begriffe Syntax und Semantik mit Bezug auf die deutsche Sprache.
2. Aus dem Urlaub senden Sie Ihren Eltern eine Postkarte. Auch diese Postkarte ist ein Dokument der Kommunikation. Erläutern Sie anhand der Postkarte die Begriffe Struktur, Inhalt und Gestaltung des Dokumentes.
3. Wiederholen Sie die Ausführungen zu WebServices (siehe Kap. 3.3.3).
4. Eine bewährte Basis für das Verständnis der technischen Kommunikation ist das OSI-Modell, bekannt aus Band 2 „ Informations- und Telekommunikationstechnik". Was sagt dieses Modell aus?
5. Die Kommunikation erfolgt zwischen Sender und Empfänger. Warum ist die Vereinbarung von Protokollen für die Kommunikation zwischen Sender und Empfänger wichtig?
6. Gibt es während des Unterrichts ein bewusst oder unbewusst vereinbartes Protokoll für die Kommunikation zwischen Ihrem Berufsschullehrer/Ihrer Berufsschullehrerin und Ihnen?
7. Wie behindern Verstöße gegen das Protokoll die Kommunikation in Ihrer Klasse?

7.2 Statische Dokumente

7.2.1 HTML

7.2.1.1 Grundlagen

W

HTML steht für **Hypertext Markup Language** und ist die Standardsprache zur Beschreibung der Struktur und der Gestaltung von Dokumenten für die Kommunikation im Internet. Die Version HTML 5.1 ist seit November 2016 gültig.

In HTML wird der Inhalt in elementare Strukturelemente, d.h. in sogenannte Tags (Teile oder Glieder) aufgesplittet. Jedes Glied, jeder Tag, erhält ein Anfangs- und ein Endekennzeichen. Die Tags werden in spitze Klammern eingeschlossen, z.B. <html>. Jeder neue Tag kennzeichnet den Anfang seines Gültigkeitsbereiches. Als Endekennzeichen wird der Tag wiederholt, jedoch mit einem führenden„/", wie z.B. </html>. Formate können den einzelnen Tags zugeordnet oder global für das Dokument vereinbart werden.

HTML ist keine Programmiersprache im herkömmlichen Sinne, da Kontroll- und Ablaufstrukturen sowie Variablen fehlen, sondern eine Beschreibungssprache. Ein korrektes HTML-Dokument besteht aus **vier** Teilen:

DOCTYPE-Deklaration	Referenz auf die zugrunde gelegte Document Type Definition (DTD)
Root-Element	<html>, kennzeichnet das Dokument als HTML-Dokument
Dokument-Header	<head>, Informationen über das Dokument
Dokument-Body	<body>, Dokumentinhalt (das, was als Webseite dargestellt wird)

W

Hieraus resultiert folgender Grundaufbau für ein HTML-Dokument nach XHTML (eXtensible Hypertext Markup Language):

```
<!DOCTYPE html>
<html>
   <head>
         <title>Titel der Seite</title>
   </head>
   <body>
         Inhalt der Seite
   </body>
</html>
```

Zur Erklärung kann hier nur auf einige wenige und wesentliche HTML-Sprachelemente eingegangen werden. Für weitere Informationen muss auf die reichlich verfügbare Literatur verwiesen werden oder auch auf die Webseite https://wiki.selfhtml.org/wiki/Startseite.

Zur Erzeugung des Quellcodes wird ein Editor als Texterfassungsprogramm benötigt. Dies kann ein einfacher Texteditor oder ein spezieller HTML-Editor sein. In der Praxis können übliche Dokumente, so z.B. WORD-Dokumente, automatisch in HTML konvertiert werden. Es gibt zahlreiche Tools, um aus einem mit einer Textverarbeitung erstellten Dokument ein HTML-Dokument zu generieren. Trotzdem ist die Fähigkeit zum Lesen der erstellten HTML-Dokumente sinnvoll, um eventuelle Fehler oder unerwünschte Formate zu erkennen und zu beseitigen. Dazu sind die Erklärungen zu einigen wichtigen Sprachelementen hilfreich.

Folgendes Beispiel zeigt die Wirkung von HTML-Quelltext auf die Anzeige im Browser.

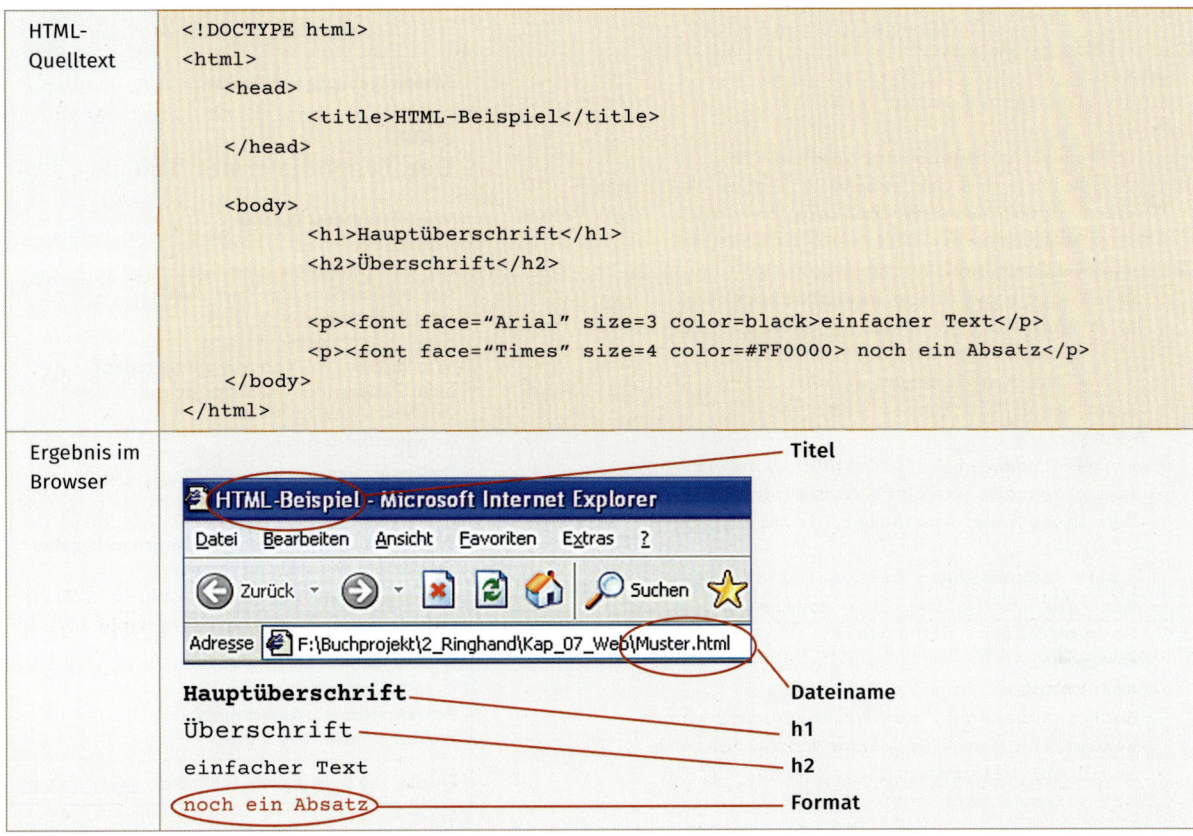

HTML-Quelltext

```
<!DOCTYPE html>
<html>
    <head>
            <title>HTML-Beispiel</title>
    </head>

    <body>
            <h1>Hauptüberschrift</h1>
            <h2>Überschrift</h2>

            <p><font face="Arial" size=3 color=black>einfacher Text</p>
            <p><font face="Times" size=4 color=#FF0000> noch ein Absatz</p>
    </body>
</html>
```

Ergebnis im Browser

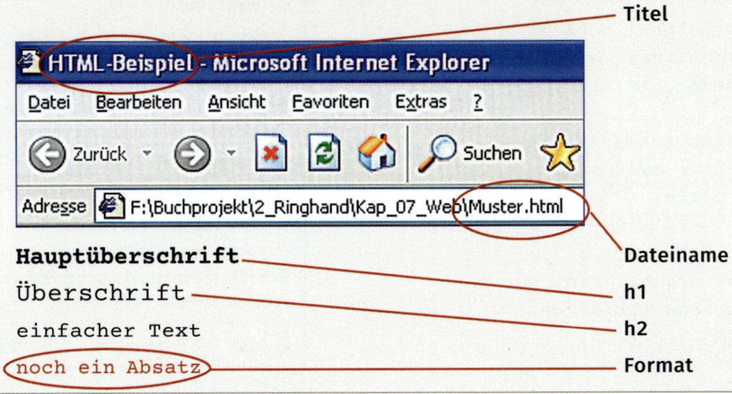

Anmerkung: <p> und </p> kennzeichnen einen Absatz mit Zeilenwechsel in HTML. Für den Absatz wird nach dem öffnenden Tag <p> das Format definiert <font ... size = ... color = ...>.

7.2.1.2 Textformatierungen

Zeichenformatierung. Für verschiedene Zeichenformatierungen existieren spezielle Start- und End-Tags, die das eingeschlossene Zeichen oder die Zeichenkette formatieren. Die folgende Tabelle zeigt hierzu eine Auswahl.

> W – Nicht alle Browser unterstützen den gleichen HTML-Standard, sodass gleiche Webseiten auf verschiedenen Browsern zu unterschiedlichen Darstellungen führen können.

Formatierung		Bedeutung
<b>	Prüfungsaufgabe </b>	fett geschrieben
<i>	Prüfungsaufgabe </i>	kursiv geschrieben
<big>	Prüfungsaufgabe </big>	größer geschrieben
<u>	Prüfungsaufgabe </u>	Unterstrichener Text
<strike>	Prüfungsaufgabe </strike>	Durchgestrichene Wörter
_{	Prüfungsaufgabe}	Tiefgestellter Text
^{	Prüfungsaufgabe}	Hochgestellter Text
<pre>	Prüfungsaufgabe </pre>	Nicht-Proportionalschrift
<h1>	. . . </h1>	Überschriften (von h1 = größte bis h6 = kleinste)

Das Beispiel auf der folgenden Seite zeigt einige Anwendungsmöglichkeiten zur Zeichenformatierung mit der Seitenbeschreibungssprache HTML und deren Effekte in der Anzeige.

HTML-Quelltext im Editor	Ergebnisanzeige im Browser

```
<html>
   <title>Goethe: Faust 1</title>
<body>
   <b>Johann Wolfgang von Goethe:</b>
   <h2>Faust, <br>Der Tragödie erster Teil</h2>
   <b>Vorspiel auf dem Theater</b>
   <br>DIREKTOR:<br>
   <i> <!Kommentar: kursiv >
   Der Worte sind genug gewechselt,<br />
   Laßt mich auch endlich Taten sehn!</i><br />
   <u> <!Kommentar: unterstrichen >
   Indes ihr Komplimente drechselt,<br />
   Kann etwas Nützliches geschehn.
   </u><br />
   <big> <!Kommentar: groessere Schrift >
   Was hilft es, viel von Stimmung reden?<br />
   Dem Zaudernden erscheint sie nie.
   </big><br />
   <sup> <!Kommentar: hochgestellter Text >
   Gebt ihr euch einmal für Poeten,<br />
   So kommandiert die Poesie.
   </sup><br />
   <!Kommentar: ohne Formatangabe >
   Euch ist bekannt, was wir bedürfen,<br />
   Wir wollen stark Getränke schlürfen;<br />
   Nun braut mir unverzüglich dran!<br />
   <b> <!Kommentar: fett >
   Was heute nicht geschieht, ist morgen nicht getan,
   <br />
   Und keinen Tag soll man verpassen,
   </b><br />
   <sub> <!Kommentar: tiefgestellter Text >
   Das Mögliche soll der Entschluß<br />
   Beherzt sogleich beim Schopfe fassen,<br />
   Er will es dann nicht fahren lassen<br />
   Und wirket weiter, weil er muß.
   <br></sub>
   <strike> <!Kommentar: durchgestrichen >
   Ihr wißt, auf unsern deutschen Bühnen<br>
   Probiert ein jeder, was er mag;</strike>
   <hr>
   <b>Quelle: Die freie digitale Bibliothek</b>
   <!Kommentar: Link mit Text >
   <a href="http://www.digbib.org">www.digbib.org</a>
</body>
</html>
```

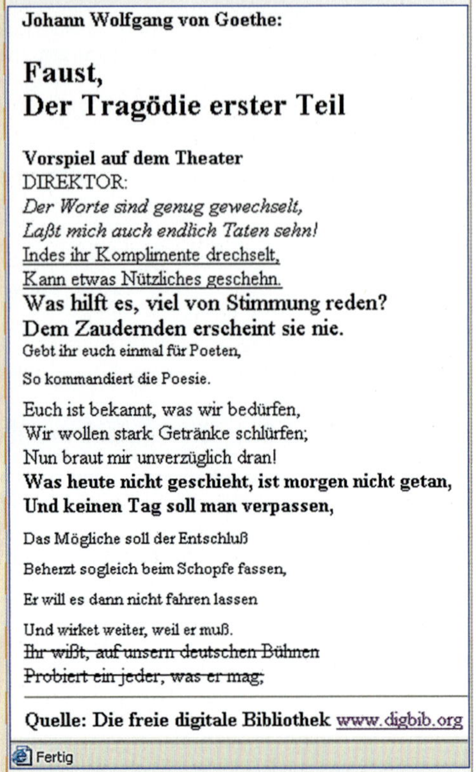
Johann Wolfgang von Goethe:
Faust,
Der Tragödie erster Teil
Vorspiel auf dem Theater
DIREKTOR:
Der Worte sind genug gewechselt,
Laßt mich auch endlich Taten sehn!
Indes ihr Komplimente drechselt,
Kann etwas Nützliches geschehn.
Was hilft es, viel von Stimmung reden?
Dem Zaudernden erscheint sie nie.
Gebt ihr euch einmal für Poeten,
So kommandiert die Poesie.
Euch ist bekannt, was wir bedürfen,
Wir wollen stark Getränke schlürfen;
Nun braut mir unverzüglich dran!
Was heute nicht geschieht, ist morgen nicht getan,
Und keinen Tag soll man verpassen,
Das Mögliche soll der Entschluß
Beherzt sogleich beim Schopfe fassen,
Er will es dann nicht fahren lassen
Und wirket weiter, weil er muß.
Ihr wißt, auf unsern deutschen Bühnen
Probiert ein jeder, was er mag;
Quelle: Die freie digitale Bibliothek www.digbib.org
Fertig

Anmerkung:
Hier wurde die Version HTML 4 verwendet, die Umlaute und deutsche Sonderzeichen (ß) zulässt. Die Darstellung mit Firefox ist problemlos.

Textstrukturierung und -formatierung. Die Elemente einer HTML-Seite lassen sich durch weitere Angaben zu den Attributen genauer strukturieren und formatieren.

Formatierung	Bedeutung
`<p> . . . </p>`	Kennzeichnung von Absätzen (mit Leerzeilen)
`  auch  `	Zeilenumbruch ohne Absatzwechsel
`<hr> auch <hr />`	horizontale Linie

<div> . . . </div>	Kennzeichnung von Abschnitten (mit Zeilenumbruch)
<span> . . . </span>	Kennzeichnung von Abschnitten (ohne Zeilenumbruch)

7.2.1.3 Tabellen und Listen

Tabellen bestehen immer aus Zeilen und Spalten und können optional Zeilenüberschriften enthalten.

Tabellen-Tags	Bedeutung
<table> . . . </table>	leitet die Tabellendeklaration ein und schließt sie ab
<tr> . . . . </tr>	leitet die Zeilendeklaration ein und schließt sie ab
<th> . . . . </th>	kennzeichnet Tabellenüberschriften
<td> . . . . </td>	kennzeichnet einzelne Tabellenfelder

Nachfolgendes Beispiel stellt eine einfache Tabelle dar:

HTML-Quelltext

```
<table>
  <tr> <th> Familienname </th>
          <th> Vorname </th>
          <th> Geburtsdatum </th> </tr>
  <tr> <td> Maier </td> <td> Christian </td>
          <td> 04.07.2006 </td> </tr>
  <tr> <td> Müller-Knobloch </td>
          <td> Petra </td>
          <td> 09.11.1988 <td> </tr>
  <tr> <td> Schmitt </td> <td> Klaus </td>
          <td> 23.04.1992 </td> </tr>
  <tr> <td> Schulz </td> <td> Norbert </td>
          <td> 02.04.2001 </td> </tr>
</table>
```

Anzeige im Browser

Familienname	Vorname	Geburtsdatum
Maier	Christian	04.07.2006
Müller-Knobloch	Petra	09.11.1988
Schmitt	Klaus	23.04.1992
Schulz	Norbert	02.04.2001

Fehlende Angaben über die Tabellen- und Spaltengrößen werden durch die meisten Browser als „AUTO“ oder „100 %“ interpretiert.

Zur Definition einer Tabellenspalte als nummerierte Liste gibt es die folgende Möglichkeiten der Codierung:

Formatierung	Bedeutung
<ol> . . . </ol>	umschließt eine **nummerierte Liste**
<ol type ="wert">	definiert die Nummerierungsart („I“ = röm. Zahlen / „1“ arab. Zahlen / „A“ = Buchstaben)
<ol start ="wert">	legt den Anfangswert fest (default = 1 oder I bzw. A)
<ul> . . . </ul>	umschließt eine **Aufzählungsliste**
<ol type ="wert">	definiert das Aufzählungszeichen („Disc“ = ⊙ / „Circle“ = ○ / „Square“ = ■)
<li> . . . </li>	kennzeichnet ein einzelnes Listenelement

S Stefan konstruiert ein Anwendungsbeispiel: Man könnte dann auch „Die Zehn Gebote“ (nach Martin Luther) als nummerierte Liste anzeigen lassen. Mithilfe einer Suchmaschine findet er auch schnell eine autorisierte Internetseite mit dem genauen Wortlaut. Im Browser kann er sich über den Menüpunktpfad **Ansicht/Quelltext** auch den HTML-Text der Seite ansehen. Auffällig ist hier die Verwendung der Standardnotation für Umlaute der deutschen Sprache. Anschließend kopiert sich Stefan die notwendigen Texte und erstellt die folgende nummerierte Liste zur Anzeige über einen Browser.

```
<!DOCTYPE html PUBLIC “-//W3C//DTD XHTML 1.0
Transitional//EN”
“http://www.w3.org/TR/xhtml1/DTD/xhtml1-transitional.dtd”>
<html>
  <head>
       <title>Die Zehn Gebote</title>
  </head>
  <body>
     <h1>Die Zehn Gebote</h1>
     <p>(nach Martin Luther)</p>
     <ol type=“1”> <!Kommentar: Beginn nummerierte Liste>
     <li>Ich bin der Herr, dein Gott. <br>
     Du sollst keine anderen G&ouml;tter haben neben
     mir. </li>
     <li>Du sollst den Namen des Herrn,<br>
     deines Gottes, nicht mi&szlig;brauchen.</li>
     <li>Du sollst den Feiertag heiligen.</li>
     <li>Du sollst deinen Vater und deine Mutter ehren.
     </li>
     <li>Du sollst nicht t&ouml;ten.</li>
     <li>Du sollst nicht ehebrechen.</li>
     <li>Du sollst nicht stehlen.</li>
     <li>Du sollst nicht falsch Zeugnis reden wider
     <br> deinen N&auml;chsten.</li>
     <li>Du sollst nicht begehren deines
     N&auml;chsten Haus.</li>
     <li>Du sollst nicht begehren deines
     N&auml;chsten <br>
     Weib, Knecht, Magd, Vieh noch alles, <br>
     was dein N&auml;chster hat.</li>
     </ol>
     Die ausführliche Fassung der Zehn Gebote steht in <br>
     der Bibel an zwei Stellen: 2. Mose 20 und 5. Mose 5<br>
     Quelle:
     <a href=“https://www.ekd.de/Zehn-Gebote-10802.htm”>EDK</a>
  </body>
</html>
```

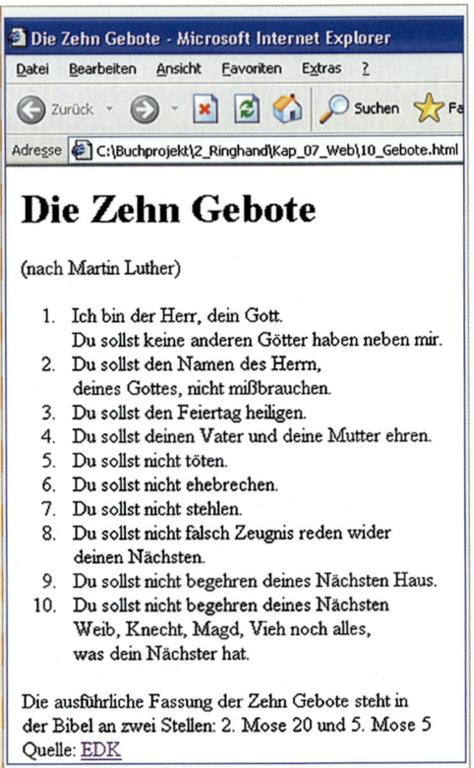

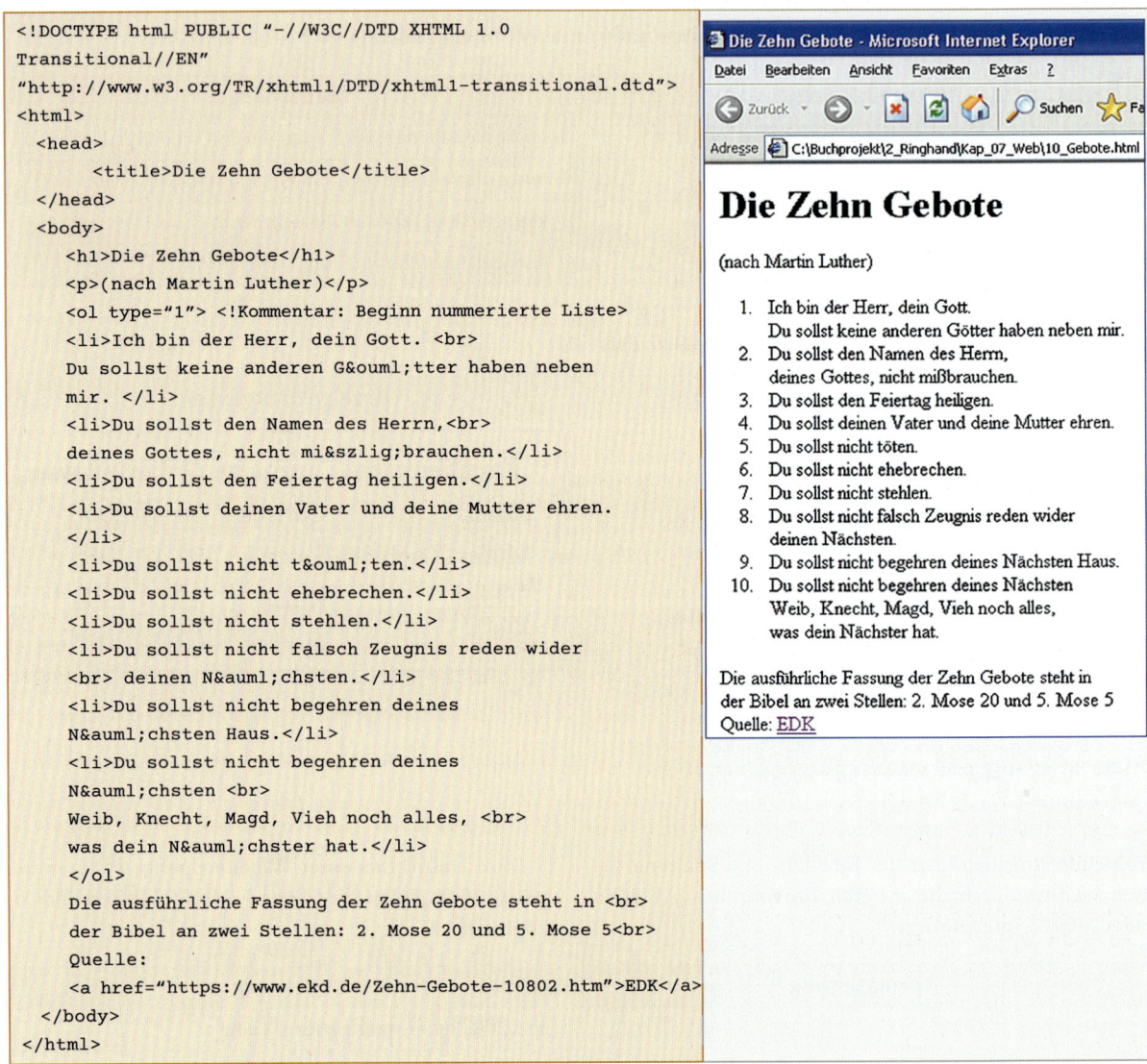

Die Codierung der deutschen Umlaute sowie vom Buchstaben ß erfolgt in der entsprechenden HTML-Notation.

Umlaut	HTML-Notation		Umlaut	HTML-Notation
Ä	Ä		ä	ä
Ö	Ö		ö	ö
Ü	Ü		ü	ü
ß	ß		<	<
Leerzeichen			>	>

7.2.1.4 Links

Unter Links werden die Verweise auf Dateien und Bilder verstanden. Durch die Verwendung von Links wird das Strukturieren von größeren Dateien erleichtert.

W Die Idee zur Arbeit mit Links, also mit Verweisen auf andere Dokumente, liegt der ursprünglichen Entwicklung des World Wide Web zugrunde. Man stellte sich damals ein weltweites Netzwerk als Ergebnis der Verlinkungen von Dokumenten vor, das heute bereits zur Realität geworden ist.

Links im eigenen Dokument. Um innerhalb eines Dokumentes zu verlinken, muss das Ziel als Linkziel gekennzeichnet werden. Dazu wird an dieser Textstelle eine Marke (Textmarke) gesetzt. Die erste Zeile zeigt die Definition einer Textmarke, mit der zweiten Zeile wird diese Marke angesprochen (referenziert).

```
<a name="Linkziel">Text zur Textstelle,
die als Linkziel dient</a>
<a href="Linkziel">Text fuer den
Linktext</a>
```

W Bei Marken und Adressen ist unbedingt auf die korrekte Groß- oder Kleinschreibung zu achten (sie sind case sensitive).

Links in andere Dokumente. Liegt das Linkziel in einer anderen Datei des Verzeichnisses oder in Unterverzeichnissen, so erfolgt der Aufruf mit Angabe des Dateipfades:

```
<a name="Linkziel">Text zur Textstelle,
die als Linkziel dient</a>
<a href="verzeichnis/datei.html/Linkziel">
Text fuer den Linktext</a>
```

Links auf WWW-Adressen. Natürlich können Links auch auf eine andere Webadresse verweisen. Dazu wird mit **href = "..."** die Zieladresse festgelegt. Dies kann durch Angabe des Namens der Domain oder durch deren IP-Adresse erfolgen.

```
<a href ="https://verlage.westermanngruppe
.de/westermann">Textausgabe für Link</a>
oder
<a href ="https://217.13.73.43">Textausgabe
für Link</a>
```

Es ist aber auch möglich, das Ziel in einem anderen als dem aktuellen Fenster darzustellen (siehe Tabelle unten).

Einbinden von Bildern. Um Bilder oder Grafiken auf einer HTML-Seite einzubauen, muss an den entsprechenden Positionen auf die Bilddatei verwiesen werden oder die Grafik als Linkziel angegeben werden.

```
<img src="Grafikdatei.typ"/>
<a href="source/Grafikdatei.typ">Text
zum Bild</a>
```

Auch in Bildverweisen ist es möglich, bei der Angabe der Quelle auf Unterverzeichnisse oder andere Webadressen zu verweisen. Der Browser muss aber in der Lage sein, den angegebenen Grafiktyp (*.typ) darzustellen. W

Einbinden von Audio- und Videodaten. Nach dem ähnlichen Prinzip wie bei den Bilddaten funktioniert der Einbau von Audio- und Videoelementen, nur dass anstelle von **img src** in den meisten Fällen der Befehl **embed src** benötigt wird, weil das Element „eingebettet“ wird.

Auch Sound und Film gehören in den Body-Bereich des HTML-Dokuments an die entsprechende Stelle auf der Seite, wo sie zu hören bzw. zu sehen sein sollen. W

Im folgenden Beispiel dient die Datei **sounddatei.wav** als Quelle (src = source), die direkt nach dem Aufruf der Website automatisch abgespielt wird (autostart = true) und sich fortwährend wiederholt (loop). Außerdem wird das ebenfalls integrierte Wiedergabe-Steuerungsfeld versteckt (hidden) und in der Größe auf den Wert **nicht sichtbar** verkleinert (0 · 0 Pixel).

```
<embed src="sounddatei.wav"
autostart="true" loop="true"
hidden="true" height="0" width="0">
```

Zielfenstersteuerung in Links	Bedeutung
`<a href="datei1.html">Datei_1</a>`	Darstellung im aktuellen Browserfenster
`<a... target="_self". . . >Datei_1</a>`	Darstellung im aktuellen Browserfenster
`<a... target="_blank". . .>Datei_1</a>`	Link wird in neuem Browserfenster geöffnet

7.2.1.5 RGB – Farbmodell

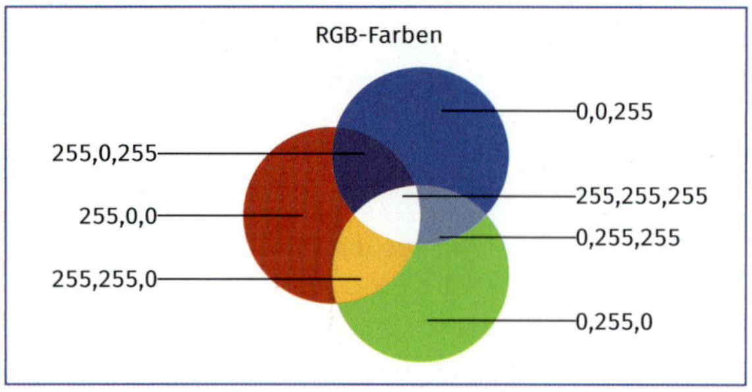

Für Web-Grafiken ist das RGB-Farbmodell maßgeblich. Beim RGB-Modell wird eine Farbe durch ihre Anteile an den drei Grundfarben **R**ot, **G**rün und **B**lau **(red, green, blue)** definiert. Alle Farben besitzen also einen Rotwert, einen Grünwert und einen Blauwert. Jeder der drei Werte wird durch Zahlen zwischen 0 und 255 definiert. Mit diesem Schema können bis zu 16,7 Millionen unterschiedliche Farben dargestellt werden.

Darüber hinaus gibt es jedoch 16 Farben, die von jedem VGA-kompatiblen System aus Bildschirm und Grafikkarte angezeigt werden können.

black	#000000	gray	#808080
maroon	#800000	red	#FF0000
green	#008000	lime	#00FF00
olive	#808000	yellow	#FFFF00
navy	#000080	blue	#0000FF
purple	#800080	fuchsia	#FF00FF
teal	#008080	aqua	#00FFFF
silver	#C0C0C0	white	#FFFFFF

VGA-Farbpalette mit Farbnamen

Die Farben können dem gesamten Anzeigefenster, einzelnen Textpassagen und den vorgesehenen Links zugeordnet werden. Dazu wird das Farbattribut jeweils in den eröffnenden Tag eingebunden, z. B.:

```
<h1 style = "color:#0000FF;">
Überschrift in aqua </h1>
```

W

Die angestrebte Formatierung erreicht man eleganter mithilfe von **Stylesheets**, die im Dateikopf zwischen <head> und </head> eingebunden werden.

Die folgende Stylesheet-Definition zeigt die Farbgebung. Die gewählte Vordergrundfarbe für den Text (color) soll mit der gewählten Hintergrundfarbe (background-color) kontrastieren.

```
<html>
<head><title>Farben im Stylesheet</title>
<style type="text/css">
    body { background-color:yellow;
    color:blue; }
    a:link { background-color:white;
    color:maroon; }
    a:visited { background-color:white;
    color:green; }
    a:active { background-color:white;
    color:olive; }
</style>
</head>
<body>
  <h1>Alles in Farbe</h1>
  <big>ganz einfacher Text</big><br>
  <a href="abc1.html">erster Link</a><br>
  <a href="abc2.html">zweiter Link</a><br>
  <a href="abc3.html">dritter Link</a><br>
</body>
</html>
```

7.2.1.6 Cascading Style Sheets (CSS)

Einheitliches Konzept für XML und HTML

Wie jede andere Sprache entwickelt sich auch HTML ständig weiter. Daraus ergeben sich neue technische Möglichkeiten, wie die Wiedergabe von Audio- oder Videodateien. Es entstehen aber auch neue Einsatzbedingungen, wie Web 2.0 oder das Mobile Computing. Überholte oder ursprünglich ungünstig gewählte Sprachelemente werden ausgeschlossen (deprecated tags = abgelehnte Sprachelemente) und neue Sprachelemente kommen hinzu. Dabei muss stets ein solider Standard gewahrt bleiben, denn schließlich sollen neben den neuen auch ältere Anwendungen weiter nutzbar bleiben.

Bei HTML heißt der aktuelle Entwicklungsstand HTML 5.1. In den folgenden Ausführungen wird aber weiter von HTML gesprochen, worunter alle vorherigen Versionen inklusive XHTML zusammengefasst werden, da sich die weiteren Ausführungen stets auf die Kernsprache des alten HTML-Standards beziehen.

XML an sich kennt nur die Daten und keine Angaben zur Formatierung der Ausgabe. Für HTML sind Formatangaben jedoch unerlässlich, denn schließlich soll die anzuzeigende Webseite ansprechend gestaltet sein. Will man den Inhalt von XML-Dateien anzeigen, benötigt man eventuell auch Formatierungshinweise. Die dazu erforderlichen Formatangaben sind nur extern in einer XSL-Datei zulässig (siehe Kap. 7.2.2.6). Analog zu dieser Verfahrensweise werden die Formatierungsangaben für HTML als Cascading Style Sheets (CSS) in eine CSS-Datei ausgelagert.

Position der Formatangaben

Formatangaben für HTML-Sprachelemente können heute an vier unterschiedlichen Positionen platziert werden:

W

Globale Stilvorlage des Browsers	Der Browser muss das HTML-Dokument auch ohne besondere Angaben zur Formatierung darstellen können. Dazu greift er auf die Festlegungen aus seiner eigenen globalen Stilvorlage zurück.
Externe Stilvorlage der Webseite	Die externe Stilvorlage wird als CSS-Datei gespeichert, worauf eine Referenz im Kopf (<HEAD>) des HTML-Dokumentes verweist. Diese Referenz wird mit <LINK REL eingeleitet (link = Verweis), dann folgt der Typ dieser Datei und schließlich der Verweis auf den Dateinamen (rel = relationship).
Integrierte Stilvorlage zum HTML-Dokument	<STYLE> leitet innerhalb des HTML-Dateikopfs (<HEAD>) den Bereich zum Definieren von Formaten ein (style = Stil). Alle hier definierten Formate gelten für das gesamte HTML-Dokument.
Lokale Stilvorlage zum HTML-Tag	Die Gestaltungsangaben befinden sich unmittelbar beim HTML-Tag.

```
<HTML>
<HEAD>
    <LINK REL=stylesheet TYPE="text/css"
    HREF="R_Vorlage.css"/>
    <STYLE TYPE="text/css">
        body {font-family: Arial;
        background-color: #A8D8D8;}
    </STYLE>
</HEAD>
<BODY>
    <P STYLE= "font-weight: bold;
    font-family:Times;">
    Text in Times: fett</P>
    <P>Text in Arial: normal</P>
</BODY>
</HTML>
```

Positionierung von Gestaltungsangaben zu einem HTML-Dokument

Die unterschiedlich positionierten Stilvorlagen können miteinander kombiniert werden. So entsteht eine Kaskade der Stilvorlagen. Die höchste Priorität in dieser Kaskade besitzen die lokalen Stilvorlagen, gefolgt von den integrierten, externen und globalen Stilvorlagen. Wenn Angaben zur Formatierung fehlen, so benutzt der Standard des Browsers die globale Stilvorlage, ansonsten überschreiben sich die Formatierungsangaben auf dem Weg zur unmittelbaren Anzeige, sodass die lokalen Angaben direkt beim HTML-Tag die höchste Priorität besitzen.

Kaskade der Stilvorlagen

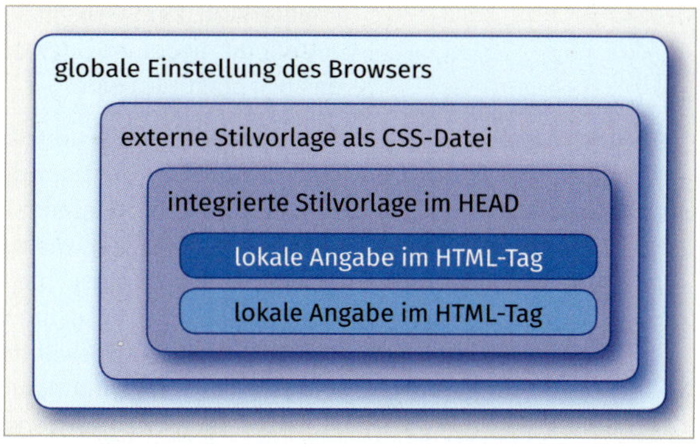

Die Abgrenzung und zentrale Speicherung von Formatinformationen in sogenannten CSS-Dateien stellt einen wichtigen Fortschritt bei der Flexibilisierung von HTML-Dokumenten dar. Format und Inhalt können getrennt verwaltet und gestaltet werden. Die zentrale Speicherung der Formatangaben bietet besonders für die mittels PHP dynamisch generierten Inhalte eine wesentliche Erleichterung.

Zuordnung zwischen Formatangabe und HTML-Tag

Bei den lokalen Formatangaben, die unmittelbar innerhalb des HTML-Tags angeordnet sind, ist die Zuordnung klar. Externe und integrierte Stilvorlagen definieren die Formate jedoch getrennt und entfernt von den zu formatierenden HTML-Elementen. In CSS gibt es die sogenannten Selektoren zum Kennzeichnen der HTML-Elemente, für die das Format gelten soll. Die nachfolgende Regel ordnet dem Selektor, der die gewünschten Elemente später identifiziert, eine oder mehrere Eigenschaften mit deren Werten zu:

```
Selektor { Eigenschaft : Wert;…; }
```

Die Kombination aus Eigenschaft und Wert wird auch **Deklaration** genannt. Die Deklarationen zu den einzelnen Selektoren werden im <STYLE>-Bereich platziert.

Die Angaben zu den Eigenschaften sind jeweils mittels **Semikolon** abzuschließen. Es gibt mehrere Möglichkeiten zur Angabe von Selektoren, die in der folgenden Übersicht zusammengefasst sind:

Art der Selektoren	Erklärung
Klassen zum Klassifizieren von HTML-Tags	In der Formatdefinition wird der HTML-Tag durch einen Punkt mit dem Selektor verbunden. Analog zur allgemein üblichen Notation spezifiziert der Selektor damit den HTML-Tag. In einem Beispiel wird mit **.hinterlegt** eine Klasse namens **hinterlegt** angesprochen, die für den HTML-Tag H1 (Hauptüberschrift) eine farbliche Hinterlegung sichern soll. Abgerufen wird dieses Format später durch das Konstrukt **<H1 class= "hinterlegt">.** Die jetzt folgende Hauptüberschrift wird entsprechend mit farblicher Hinterlegung dargestellt. Man kann den gleichen Klassennamen der Formatierung auch für mehrere HTML-Tags verwenden. Dann ersetzt man in der Formatdefinition den konkreten HTML-Tag durch einen Stern (*.hinterlegt). Der Stern gilt als Platzhalter für „beliebig", was so viel wie „für alle Elemente zutreffend" bedeutet, oder kann auch ganz entfallen, was üblicherweise bei der Formatdefinition auch praktiziert wird.
Pseudoklassen als vordefinierte funktionale Klassen von HTML-Tags	Der Selektor einer Pseudoklasse wird wie die Selektoren der Klassen definiert, jedoch wird statt des Punktes ein Doppelpunkt eingesetzt. Man schreibt zuerst den betroffenen HTML-Tag, zum Beispiel das A-Element für Verweise, dahinter folgt ein Doppelpunkt und das entsprechende Schlüsselwort, wie zum Beispiel: ▪ **link** (noch nicht besuchte Verweise) ▪ **visited** (bereits besuchte Verweise) ▪ **focus** (gerade ausgewählter Verweis) ▪ **hover** (Verweis unter dem Mauszeiger ohne Klick) ▪ **active** (ausgewählter Verweis). Pseudoklassen haben feste Schlüsselwörter. Auch die Reihenfolge ihrer Definition ist von Bedeutung, da später notierte Angaben die zuvor notierten Angaben überschreiben. Folgende Formatdefinitionen für Verweise werden empfohlen: A:link { font-weight:bold; color:blue; text-decoration:none; } A:visited { font-weight:bold; color:silver; text-decoration:none; } A:focus { font-weight:bold; color:red; text-decoration:underline; } A:hover { font-weight:bold; color:green; text-decoration:none; } A:active { font-weight:bold; color:lime; text-decoration:underline; }
Selektoren für Individualformate	Man muss Individualformate definieren, wenn man die Formatangaben nicht den üblichen HTML-Tags als Klassifizierung zuordnen kann. Selektoren für Individualformate beginnen mit dem Gatterzeichen **#,** gefolgt von ihrem Namen. Derartige Individualformate werden üblicherweise für die Beschreibung von Größe und Position einzelner Bildschirmbereiche eingesetzt, wie **#kopf, #menu** oder **#inhalt.** Im HTML-Tag müssen diese Selektoren durch das Schlüsselwort „ID" identifiziert werden.

Die Selektoren identifizieren die Formatangaben. In den HTML-Tags bezieht man sich mittels der class="Selektor"-Referenz auf diese Selektoren.

Die folgende Übersicht zeigt eine Auswahl der wichtigsten HTML-Tags, die Bezugspunkt von Formatangaben sind.

HTML-Tag	Erklärung
<A>	Das A-Element (a = anchor = Anker) umschließt einen **Verweis** in HTML. Das Attribut href (hyper reference = Hypertext-Verweis) gibt das gewünschte Verweisziel (Pfad und Dateiname) an.
<P>	<P> kennzeichnet einen **Absatz** (p = paragraph = Absatz) im Text. Das **Absatzende** wird durch </P> markiert, was zugleich einen Zeilenwechsel in der Anzeige bewirkt. Das Element <P> darf keine weiteren Elemente enthalten.

<DIV>	Der Tag <DIV> kennzeichnet ein allgemeines **Block-Element** (div = division = Bereich), welches mehrere andere Block-Elemente einschließen kann. Es bietet eine Struktur, welche einheitlich mithilfe von CSS formatiert werden kann.
<SPAN>	<SPAN> markiert einen allgemeinen **Inline-Bereich.** Analog zum <DIV>-Element, das andere Block-Elemente enthalten kann, umschließt <SPAN> den Text und andere Inline-Elemente, hat aber selbst keine Eigenschaften und bewirkt nichts. Es bietet eine andere Struktur, welche einheitlich mithilfe von CSS formatiert werden kann.

Kurzreferenz zu ausgewählten Formatierungsmöglichkeiten

W

Eigenschaften	Beschreibung	Werte
background-color	Hintergrundfarbe	transparent, Farbe
background-image	Hintergrundbild	url(), none
border-color	Rahmenfarbe	transparent, Farbe
border-style	Rahmenart	none, dotted, dashed, solid, double, groove, ridge, inset, outset
border-width	Rahmenbreite	thin, medium, thick, absolute Zahl
float	Text umfließen	left, right, none
font-family	Schriftfamilie	Schriftart
font-size	Schriftgröße	Absolute Zahl, Prozentsatz, small, medium, large
font-style	Schriftstil	italic, oblique, normal
font-weight	Schriftgewicht	normal, bold
letter-spacing	Zeichenabstand	normal, absolute Zahl
line-height	Zeilenhöhe	normal, Zahl
margin-bottom	Außenabstand unten	Absolute Zahl, Prozentsatz, auto
margin-left	Außenabstand links	Absolute Zahl, Prozentsatz, auto
margin-right	Außenabstand rechts	Absolute Zahl, Prozentsatz, auto
margin-top	Außenabstand oben	Absolute Zahl, Prozentsatz, auto
padding	Innenabstand	Absolute Zahl, Prozentsatz
padding-bottom	Innenabstand unten	Absolute Zahl, Prozentsatz
padding-left	Innenabstand links	Absolute Zahl, Prozentsatz
padding-right	Innenabstand rechts	Absolute Zahl, Prozentsatz
padding-top	Innenabstand oben	Absolute Zahl, Prozentsatz
text-align	Ausrichtung horizontal	left, right, center, justify
text-decoration	Textdekoration	none, underline, overline, line-through, blink

Beispiel für den Einsatz von CSS-Formaten

```
<HTML>
<HEAD>
<STYLE type="text/css">
/* (1.) Selektoren zur Klasse */
    BODY {font-family:Arial; background-color:RGB(250,100,0)}
    .hinterlegt {color:black; background-color:yellow;}

/* (2.) Selektoren zur Pseudoklasse */
    A:link { font-weight:bold; color:blue; text-decoration:none; }
    A:visited { font-weight:bold; color:silver; text-decoration:none; }
    A:focus { font-weight:bold; color:red; text-decoration:underline; }
    A:hover { font-weight:bold; color:green; text-decoration:none; }
    A:active { font-weight:bold; color:lime; text-decoration:underline; }

/* (3.) Selektoren zum Individualformat */
DIV#links { position:absolute; top:20px; left:30px;
      width:120px; height:80px;
      background-color:#99CCCC;
      padding:10px; border:10px solid blue;
      margin:5px;}
  #mitte { position:absolute; top:20px; left:200px;
      width: 35%; height:30%;
      background-color:#A8D8A8; }
</STYLE>
</HEAD>
<BODY>
    <DIV id="links">
        <H1 class="hinterlegt">Box</H1>
        width:120px; height:80px; padding:10px; border:10px solid blue; margin:5px;
    </DIV>
    <DIV id="mitte" STYLE="clear:right;">
      <H1 class="hinterlegt">Text auf gelbem Grund</H1>
      <A href="teil_1.htm">Verweis 1</A><BR>
      <A href="teil_2.htm">Verweis 2</A><BR>
      <A href="teil_3.htm">Verweis 3</A><BR>
      <A href="teil_4.htm">Verweis 4</A><BR>
      <P STYLE="color:red;">
         Franz jagt im komplett verwahrlosten Taxi quer durch Bayern.<BR>
         Franz jagt im komplett verwahrlosten Taxi quer durch Bayern.<BR>
         Franz jagt im komplett verwahrlosten Taxi quer durch Bayern.<BR>
      </P>
    </DIV>
</BODY>
</HTML>
```

Ergebnis der Anzeige des Quelltextes im Browser

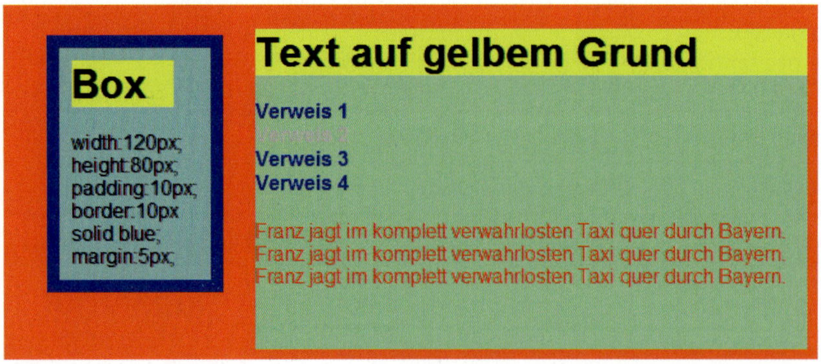

7.2.1.7 Formulare

Formulare dienen zur Kommunikation der Webseite mit einem Anwender. Sie vereinfachen die Erhebung von Daten, sorgen für Vollständigkeit sowie Datenintegrität und schützen vor Mehrdeutigkeiten, die bei freier Wortwahl oder in einem formlosen Antrag auftreten können.

Leider existiert in HTML keine Möglichkeit, Formularinhalte selbst auszuwerten. Formulare in HTML können nur Inhalte sammeln und müssen diese Daten dann an andere Instanzen weiterleiten. Mit einem Formular kann man eine E-Mail versenden oder die Daten zur Auswertung an Programme auf dem Server übergeben.

Die URI-Schemata von **http** und **ftp** besitzen den folgenden Aufbau:

<http/ftp>://[<Benutzer>[:<Passwort>]@]<Server>[:<Port>][/<Pfad>][?<Anfrage>][#<Fragment>]
<Server> benennt die IP-Adresse des Servers, **<Port>** steht für den TCP-Port. **<Port>** ist wie alle anderen in eckigen Klammern gesetzten Parameter optional und nur anzugeben, wenn vom Standard des Protokolls abgewichen wird. **<Benutzername>** und **<Passwort>** erscheinen ebenfalls optional, können aber zur Authentifizierung benutzt werden. Der bedeutendste Typ ist **http** für das Hypertext Transfer Protocol.

```
<form action="http://localhost:8080/SL_home/hello" method="get">
<!-- hier folgen die Formularelemente -->
</form>
```

Die Attribute „action“, „method“ und „target“

HTML stellt komfortable Möglichkeiten zur Verfügung, um Formulare zu erstellen. Über Formulare können am Browser Eingaben erfolgen, die dann vom Server verarbeitet werden. Mit den Tags **<form>** und **</form>** definiert man ein Formular (form = Formular). Alles, was zwischen dem einleitenden **<form>-Tag** und dem abschließenden **</form>-Tag** steht, gehört zum eigentlichen Formular.

1. Im einleitenden **<form>-Tag** erscheint zuerst das Pflichtattribut **action**. Hier wird angegeben, an welchen **Uniform Resource Identifier** (URI, deutsch: einheitlicher Bezeichner für Ressourcen) die Formulardaten beim Absenden des Formulars zu übertragen sind. Der URI kann hier die Referenz auf ein Programm auf dem Server-Rechner sein, das die Formulardaten weiterverarbeitet und damit die Aktion ausführt. Für den URI ist eine bestimmte Struktur vorgeschrieben.

<Typ>:<spezifischer Teil>

Der erste Teil eines URI (vor dem Doppelpunkt) gibt den Typ an, der die Interpretation des folgenden Teils festlegt. Unter anderem sind die folgenden Typen definiert:

Typ	Verwendung
data	direkt eingebettete Daten
file	Dateien im lokalen Dateisystem
ftp	File Transfer Protocol
http	Hypertext Transfer Protocol
mailto	E-Mail-Adresse
pop	Mailboxzugriff über POP3

Die Tabelle der URI-Typen zeigt weiterhin, dass auch die Angabe eine E-Mail-Adresse als Wert für das Attribut **action** möglich ist, z. B.: **action="mailto:anton.mustermann@web.de".** Die Angabe erfolgt zusammen mit den Attributen method = "post" und enctype = "text/plain". Bei Angabe von action = "mailto: ..." wird der Browser die Formulardaten an die angegebene E-Mail-Adresse versenden.

2. Das **zweite Attribut** bei der Formulardefinition ist das Attribut **method**. Es bestimmt, nach welcher HTTP-Übertragungsmethode die Formulardaten zum Ziel gelangen. Dabei gibt es zwei Möglichkeiten:

Methode	Wirkung
method = "get"	Der Browser hängt die Formulardaten als Parameter an die Aufrufadresse an. Die Angabe der get-Methode ist nicht zwingend erforderlich, da **get** als **Standardeinstellung** vordefiniert ist.
method = "post"	Der Browser übermittelt die Formulardaten mit einer speziellen POST-Anfrage an den Webserver (post = verschicken). Der Webserver stellt die Daten dem verarbeitenden Programm über den Standardeingabekanal zur Verfügung.

Nach der Empfehlung des W3-Konsortiums ist die get-Methode dann zu wählen, wenn das auswertende Programm die Daten nur zur Ablaufsteuerung benötigt, z. B. zur Anmeldung oder für eine Suche. Mit der post-Methode können größere Datenmengen übermittelt werden. Sie wird für Fälle empfohlen, in denen die Daten über das auswertende Programm hinaus weiterverarbeitet werden sollen, z. B. zur Speicherung in einer Datenbank.

Elemente der Formulardefinition

Die folgende Tabelle zeigt verschiedene Möglichkeiten zur Gestaltung der Eingaben innerhalb eines Formulares.

Eingabemöglichkeit	HTML-Tag und seine Attribute	Bemerkung
Textfelder	<input type=“Text” name=“feld1”> </input>	Es wird ein Textfeld zur Eingabe bereitgestellt. Der eingegebene Wert wird dem Parameter **(feld1)** zugeordnet.
Passworteingabe	<input type=“Password” name=“feld2”> </input>	Der eingebene Wert wird nicht im Klartext angezeigt, sondern durch anonyme Platzhalter.
alternative Auswahl	<input type=“Radio” name=“feld3” value=“1”> </input>	Innerhalb eines Absatzes **<p>** können mehrere Radio-Buttons angezeigt werden. Nur ein Button kann ausgewählt werden. Der ausgewählte Wert (value =) wird dem Parameter **(feld3)** zugeordnet.
Mehrfachauswahl	<input type=“Checkbox” name=“feld4” value=“1”> </input>	Innerhalb eines Absatzes **<p>** können mehrere Auswahlfelder angezeigt werden, wovon mehrere ausgewählt werden können. Die ausgewählten Werte (value =) werden dem Parameter **(feld 4)** zugeordnet.
Angabe der Auswahlwerte	<select name=“feld5”> <option value=“1”>Anton</option> <option value=“2”>Berta</option> <option value=“3”>Caesar</option> <option value=“4”>Dorle</option> </select>	In einer Listbox werden die angegebenen Werte zur Auswahl gestellt. Nur ein Wert kann ausgewählt werden. Der ausgewählte Wert (value =) wird dem Parameter **(feld 5)** zugeordnet.
versteckte Eingabefelder	<input type=“hidden” name=“feld6”> </input>	Das Eingabefeld bleibt in diesem Formular verborgen. Diese Option kann bei der dynamischen Erstellung von Web-Formularen genutzt werden. Der Typ wird vom Programm variabel gesetzt, d. h., dass das Feld in einem Fall angezeigt wird und in einem anderen Fall nicht.
großes Feld für Texteingabe	<input type=“textarea” name=“feld7”> </input>	Längere Texte können über ein „Textarea“ eingegeben werden. Für die Übermittlung wird empfohlen, die post-Methode zu verwenden.
Dateiname suchen	<input type=“file” name=“feld8”> </input>	Über diesen Weg kann man die Dateiauswahlanzeige öffnen und die Verzeichnisse durchsuchen. Der ausgewählte Dateiname mit Pfadangabe wird dem Parameter **(feld 8)** zugeordnet.

Im nachfolgenden Beispiel werden diese Gestaltungsmöglichkeiten für die Eingaben in einem Formular dargestellt.

```
<html>
  <head><title>Formularelemente</title>
  </head>
<body>
<form action=“. . .”>
  <p>Kundennummer: <input name=“feld1” type=“text”>
  </input></p>
  <p>Kennwort: <input name=“feld2” type=“password”
                size=“12” maxlength=“12”>
  </input></p>
  <select name=“feld3”>
      <option value=“1” >Anton</option>
      <option value=“2” >Berta</option>
      <option value=“3” >Caesar</option>
      <option value=“4” >Dorle</option>
  </select>
  <p>Geben Sie Ihren Kundentyp an:</p>
  <p><input type=“radio” name=“Ktyp”
          value=“Stammkunde”> Stammkunde<br>
        <input type=“radio” name=“Ktyp”
          value=“Neukunde”> Neukunde<br>
        <input type=“radio” name=“Ktyp”
          value=“Mitarbeiter”> Mitarbeiter
  </p>
  <p>Welche Artikelgruppen sollen angezeigt werden:</p>
  <p>
    <input type=“checkbox”
     name=“Agrup” value=“hw”> Hardware<br>
    <input type=“checkbox”
     name=“Agrup” value=“sw”> Software<br>
    <input type=“checkbox”
     name=“Agrup” value=“li”> Literatur
  </p>
  <p>AGB annehmen?<br>
    <textarea cols=“20” rows=“4”
     name=“feld”></textarea><br>
    <input type=“button” name=“Agb1” value=“annehmen”
     onclick=“this.form.feld.value=‘Ich akzeptiere die
     AGB’”>
    <input type=“button” name=“Agb2” value=“unbekannt”
     onclick=“this.form.feld.value=‘Ich kenne die AGB
     nicht.’”>
   </p>
   <p>
   <input name=“Datei” type=“file”
    size=“25” accept=“text/*”>
<!-- Die Schaltfläche wird automatisch beschriftet.>
</form>
</body>
</html>
```

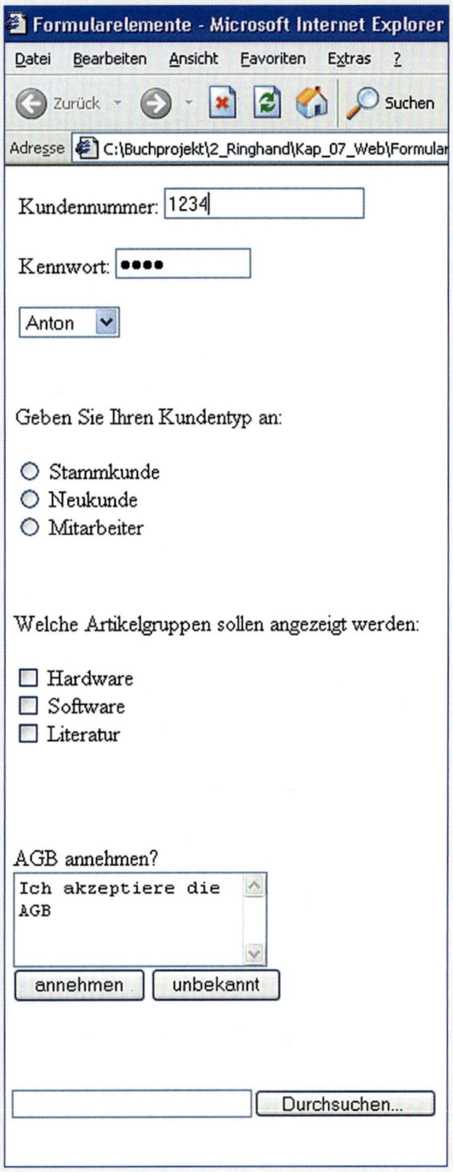

Dateneingabe über ein HTML-Formular

Ein weiteres Beispiel zeigt die Verbindung von Formular und Tabelle. Die Eingabeelemente aus dem Formular werden durch eine Tabellenstruktur übersichtlich angeordnet. Die Eingaben werden entsprechend dem action-Attribut an eine Mail-Adresse versandt.

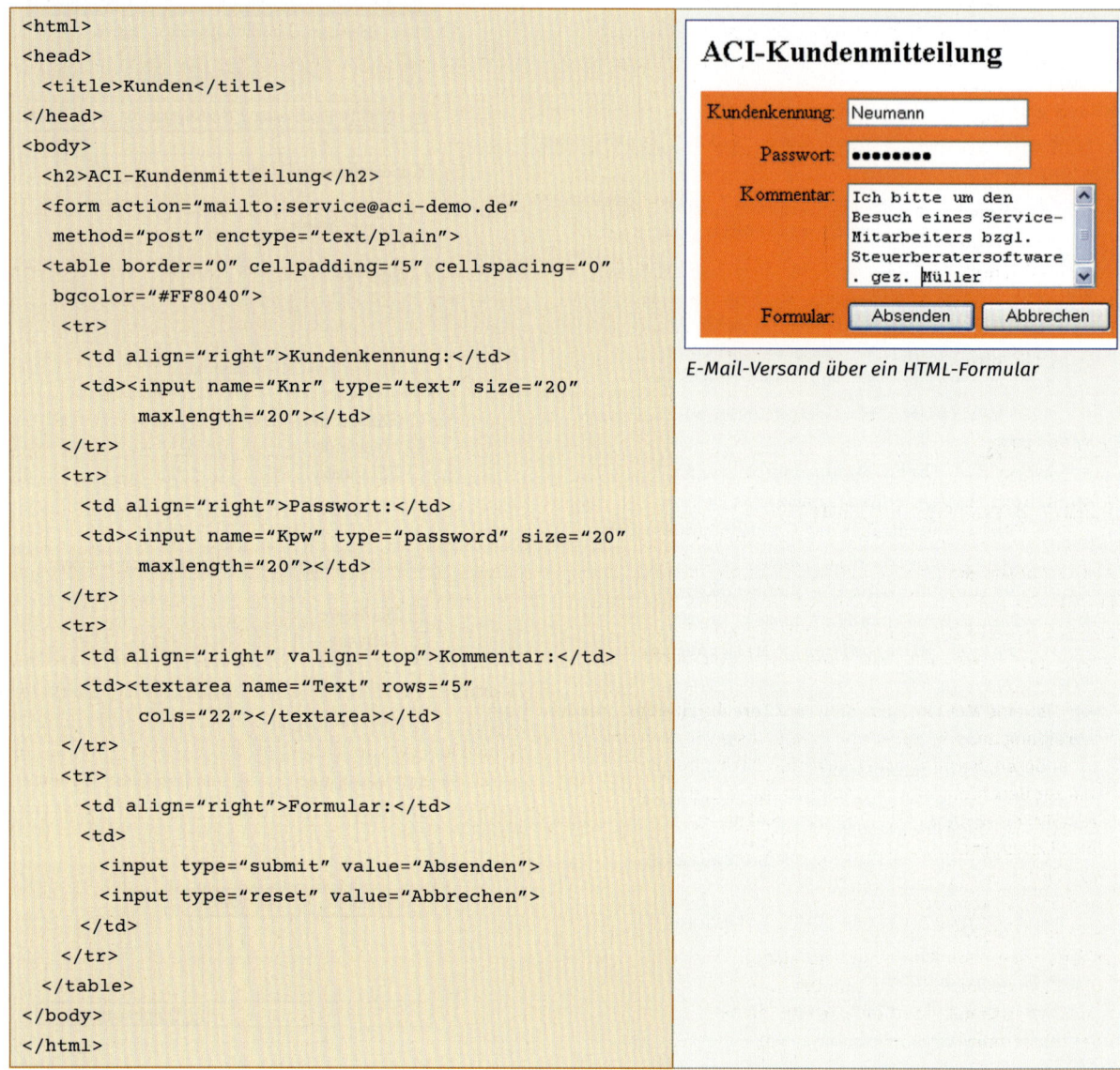

```
<html>
<head>
  <title>Kunden</title>
</head>
<body>
  <h2>ACI-Kundenmitteilung</h2>
  <form action="mailto:service@aci-demo.de"
   method="post" enctype="text/plain">
  <table border="0" cellpadding="5" cellspacing="0"
   bgcolor="#FF8040">
    <tr>
      <td align="right">Kundenkennung:</td>
      <td><input name="Knr" type="text" size="20"
           maxlength="20"></td>
    </tr>
    <tr>
      <td align="right">Passwort:</td>
      <td><input name="Kpw" type="password" size="20"
           maxlength="20"></td>
    </tr>
    <tr>
      <td align="right" valign="top">Kommentar:</td>
      <td><textarea name="Text" rows="5"
           cols="22"></textarea></td>
    </tr>
    <tr>
      <td align="right">Formular:</td>
      <td>
        <input type="submit" value="Absenden">
        <input type="reset" value="Abbrechen">
      </td>
    </tr>
  </table>
</body>
</html>
```

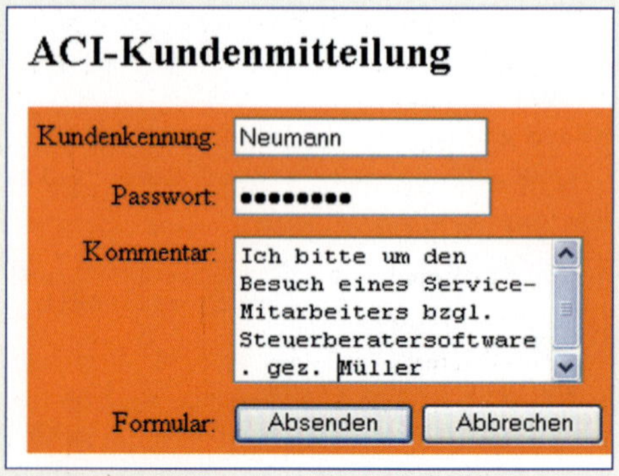

E-Mail-Versand über ein HTML-Formular

Aufgaben

1. Rufen Sie über Ihren Browser die Startseite von Google auf und lassen Sie sich den Quelltext der dargestellten HTML-Seite anzeigen.
2. Schreiben Sie mit Ihrem Textverarbeitungsprogramm einen kurzen Text und speichern Sie diesen Text im HTML-Format. Vergleichen Sie die Textdatei und den generierten HTML-Quellcode.
3. Aus welchen Hauptteilen besteht ein vollständiger und korrekt definierter HTML-Quelltext?
4. Wer ist das W3-Konsortium und welche Rolle spielt es für die Entwicklung von Web-Anwendungen?
5. Wie werden die Elemente eines HTML-Quelltextes bezeichnet und gekennzeichnet?
6. Welche Möglichkeiten bietet HTML zur Textformatierung?
7. Was ist ein Link und wie kann man innerhalb eines Dokumentes einen Link setzen?
8. Welche Möglichkeiten zur farblichen Gestaltung gibt es?
9. Mit welchen Schlüsselworten (tags) definiert man in HTML eine Tabelle?
10. Was ist ein Stylesheet und welche Vorteile bringt die Verwendung dieses Elementes?
11. Warum definiert man unter HTML Formulare?

12. Welche Typen von Aktionen können Sie mit dem Attribut **action** veranlassen?
13. Mit welcher Übertragungsmethode arbeitet die Startseite von Google (get oder post)?
14. Geben Sie unter Google auf der Startseite eine Suchanfrage ein und analysieren Sie nach erfolgreicher Suche in der Anzeige die aufgerufene Adresse. Erkennen Sie Ihre Suchanfrage als Parameter?
15. Wie kann man den Inhalt eines Formulares als E-Mail versenden?
16. Wie definiert man für ein HTML-Formular eine Auswahlliste?
17. Mit welcher HTML-Anweisung erstellt man die Schaltfläche zum Absenden der Eingaben im Formular?
18. Wieso erhalten die Eingabeelemente im Formular jeweils einen Namen?

7.2.2 XML

7.2.2.1 Ursprung der Sprache

XML steht für „Extensible Markup Language“ und ist wie HTML aus der Metasprache SGML abgeleitet. Die Sprache SGML steht für „Standard Generalized Markup Language“ und wurde 1986 standardisiert als ISO 8879.

SGML ist eine Metasprache, d. h. eine Sprache zur Beschreibung anderer Sprachen. Damit ist sie vergleichbar mit anderen, bereits angesprochenen Darstellungsmitteln zur Beschreibung von Sprachen, wie z. B. der Backus-Naur-Form, kurz BNF, oder den Syntaxdiagrammen von Java. Metasprachen sind extrem kurz und einfach. Sie nutzen nur wenige Symbole.
BNF ist eine kompakte formale Metasprache unter Verwendung folgender Symbole: Klammern, Listentrennzeichen, Striche und Wiederholungszeichen [ ] { }; | ... .
Die SGML definiert für XML die Tags durch die einleitenden und schließenden Kennzeichen unter Verwendung der folgenden Symbole:

- < .. > für einleitende Tags
- < /.. > für schließende Tags

Die Metasprache SGML erlaubt das Definieren von Auszeichnungssprachen mithilfe sogenannter DTDs (Document Type Definitions = Dokumenttyp-Definitionen). In HTML sind die Bedeutungen der Tags fest definiert. In XML besteht jedoch die Möglichkeit, die Bedeutung der Tags selbst zu definieren, worauf im Namen das Wort „Extensible“ (gleich „erweiterbar“) hindeutet. XML besitzt somit das Potenzial zur universellen Dokumentenbeschreibungssprache.

Viele Anwendungsprogramme bieten heute bereits die Möglichkeit, ihre Ergebnisse in einem universellen XML-Format zu speichern. Die zahlreichen proprietären Formate (firmeneigene Formate), wie *.doc oder *.xls, werden damit in Zukunft an Bedeutung verlieren.

Als Reaktion gibt es zu den Office-Programmen nun die *.docx oder *.xlsx Formate. Mit Microsoft Office 2003 wurde ein XML-basiertes Dateiformat für Microsoft Word eingeführt. Ab Microsoft Office 2007 wurden die XML-basierten Dateiformate überarbeitet und als Office-Open-XML-Standard publiziert.

7.2.2.2 Aufbau eines XML-Dokuments

Ein XML-Dokument besteht aus **Elementen, Attributen** und ihren **Wertzuweisungen**. Den Grundbaustein eines XML-Dokuments bilden die Elemente, die durch die Tags begrenzt werden. Jedes Element beginnt mit einem Start-Tag, das den Namen des Elements zwischen einer öffnenden und schließenden spitzen Klammer (< >) einschließt, und endet mit einem End-Tag, das bis auf einen Slash (/) vor dem Elementnamen mit dem Start-Tag identisch ist (z. B. <elementname>Inhalt</elementname>).

Alles was sich zwischen dem Start-Tag und End-Tag eines Elements befindet, wird als Inhalt des Elements betrachtet und kann einfachen Text oder weitere Elemente beinhalten, sogenannte Kind-Elemente.

Elemente, die keinen Inhalt haben, werden als leere Elemente bezeichnet und können durch einen einzelnen Tag repräsentiert werden (<elementname/>). XML-Dokumente haben in der Regel die in der folgenden Übersicht zusammengefassten Bestandteile.

Prolog	<?xml version=“1.0” encoding=“ISO-8859-1” standalone=“yes”?> ▪ Notation in spitzen Klammern ▪ Verwendung von Kleinbuchstaben ▪ Am Beginn und am Ende des Prologs erfolgt die Kennzeichnung mit einem Fragezeichen. ▪ Das Attribut **version** gibt an, welche Version der XML-Spezifikation im Dokument verwendet wird. ▪ Das Attribut **encoding** gibt an, welche Zeichenkodierung zum Speichern der XML-Datei verwendet wurde. ▪ Mit dem Attribut **standalone** wird dem XML-Parser mitgeteilt, ob sich die vorliegende Datei auf eine externe DTD-Datei (document type definition) bezieht oder nicht. Mit **standalone=“yes”** befindet sich die DTD **innerhalb der aktuellen Datei.** Mit **standalone=“no”** befindet sich die DTD **in einer separaten Datei.**

(Fortsetzung auf folgender Seite)

Referenzierung einer DTD-Datei	<!DOCTYPE artikel SYSTEM “artikel.dtd”> Damit die Überprüfung einer XML-Datei möglich ist, benötigt der Parser die Informationen aus einer DTD-Datei. Dazu muss im XML-Dokument direkt nach der Zeile <?xml ... ?> in einem <!DOCTYPE>-Element die Referenz auf die zu verwendende DTD-Datei erscheinen.
Datenteil	▪ Elemente ▪ Attribute: Ein Attribut besteht dabei aus einem Namen und einem Wert, das dem Start-Tag eines Elements zugewiesen wird: (<elementname attribut=“wert”>) ▪ Wertzuweisung = Inhalt des Elementes
Epilog (optional)	<!-- Kommentar -->

Bei XML steht nur der Inhalt im Mittelpunkt. Formatangaben, wie Schriftgrößen oder Schriftarten, und Gestaltungselemente, wie Überschriften, gibt es hier nicht. Die Namen der Strukturelemente (XML-Elemente) für eine XML-Anwendung sind frei wählbar. Ein XML-Element kann unterschiedliche Datentypen enthalten, wie Texte, Zahlen oder Grafiken. Das Grundprinzip von XML besteht darin, Daten und ihre Repräsentation zu trennen.

7.2.2.3 Gültige und wohlgeformte XML-Dokumente

Die Gültigkeit von XML-Dokumenten nach einer Datenübertragung kann überprüft werden, wenn das Format mittels einer Grammatik, einer Dokumenttypdefinition (DTD) oder eines XML-Schemas definiert ist. So sind Übertragungsverluste oder Verfälschungen bei der Dokumentenübermittlung erkennbar. Standardmäßig gilt ein XML-Dokument als gültig, wenn es wohlgeformt ist, den Verweis auf eine Grammatik enthält und das durch die Grammatik beschriebene Format einhält.

XML-Parser sind Programme, die XML-Dateien auslesen, interpretieren und auf deren Gültigkeit prüfen. Für die Schaffung wohlgeformter XML-Dokumente gibt es einige Regeln.

W

- Jedes Dokument besitzt genau ein Wurzelelement.
- Alle Elemente mit Inhalt haben eine Beginn- und eine End-Kennung (tags).
- Leere Elemente ohne Inhalt können auch nur aus einer Kennung (tag) bestehen, die jedoch mit einem Slash am Ende (/>) abschließt.
- Beginn- und End-Kennungen (tags) sind immer paarig und können ineinander geschachtelt sein.
- Ein Element darf nicht mehrere Attribute mit gleichem Namen besitzen.

Der folgende Quelltext zeigt ein Beispiel für ein wohlgeformtes XML-Dokument mit drei Datensätzen zu Artikeln.

```
<?xml version="1.0" encoding="iso-8859-1"
  standalone="no" ?>
<!DOCTYPE Warenwirtschaft SYSTEM
 "artikel.dtd">
<ARTIKEL>
  <DATENSATZ>
      <ARTIKELNR>1111</ARTIKELNR>
      <BEZEICHNUNG>USB-Stick
       1GByte</BEZEICHNUNG>
      <PREIS>8.75</PREIS>
  </DATENSATZ>
  <DATENSATZ>
      <ARTIKELNR>2222</ARTIKELNR>
      <BEZEICHNUNG>USB-Stick
       2GByte</BEZEICHNUNG>
      <PREIS>16.75</PREIS>
  </DATENSATZ>
  <DATENSATZ>
      <ARTIKELNR>3333</ARTIKELNR>
      <BEZEICHNUNG>USB-Stick
       4GByte</BEZEICHNUNG>
      <PREIS>46.15</PREIS>
  </DATENSATZ>
</ARTIKEL>
```

Die dazugehörige Dokumenttypdefinition DTD befindet sich im folgenden Quelltext. Das Element ARTIKEL ist vom Typ DATENSATZ. Dieser Typ wird sofort als Einheit der Elemente ARTIKELNR, BEZEICHNUNG und PREIS erklärt. Diese Elemente sind wiederum vom Typ #PCDATA. Das ist ein für den Parser erkennbarer finaler Datentyp, gekennzeichnet durch das Zeichen „#“. PCDATA steht für „parsed character data“ und sagt aus, dass es sich um eine Zeichenkette handelt.

```
<!-- ARTIKEL.DTD -->
<!ELEMENT ARTIKEL (DATENSATZ)>
<!ELEMENT DATENSATZ (ARTIKELNR,
  BEZEICHNUNG, PREIS)>
<!ELEMENT ARTIKELNR (#PCDATA)>
<!ELEMENT BEZEICHNUNG (#PCDATA)>
<!ELEMENT PREIS (#PCDATA)>
```

7.2.2.4 Parser für XML-Dateien

Bei der Benutzung von XML gilt es zu beachten, dass XML nicht allein verwendet werden kann, sondern auf einen Parser angewiesen ist, vergleichbar mit einem Interpreter bei Programmiersprachen. Bei XML ist ein Parser diejenige Software, die XML-Strukturen ausliest, analysiert und nachgeschaltete Software zur Verfügung stellt. Ein XML-fähiger Browser besitzt beispielsweise ein eigenes Softwaremodul, das den Parser darstellt.

Im Parser wird die Baumstruktur der XML-Daten analysiert. Ein erfolgreiches Analysieren dieser Struktur ist die Voraussetzung für eine korrekte Darstellung bzw. Wiedergabe der Daten. Ein Parser muss nicht zwingend auf der Client-Seite im Browser integriert sein. Er kann ebenso in die Umgebung eines Webservers eingebunden sein und Daten umwandeln, die auf dem Server abgelegt sind und vom Browser über HTTP angefordert werden, schon bevor diese Daten überhaupt übers Internet übertragen werden. Genauso arbeitet beispielsweise ein serverseitiger **XSLT-Parser**, der XML-Daten in HTML-Daten übersetzen kann. Ein Browser, der die XML-Daten über HTTP angefordert hat, erhält dann vom Server den für ihn verständlichen HTML-Code.

Generell kann man unterscheiden zwischen Parsern, die den Quelltext validieren, bzw. nicht validieren. Validierende Parser erwarten zu allen XML-Daten eine DTD und prüfen den gesamten Inhalt der XML-Daten gegen die zugehörige DTD. Ergibt die Prüfung Fehler, melden solche Parser Fehler und brechen die Verarbeitung ab.

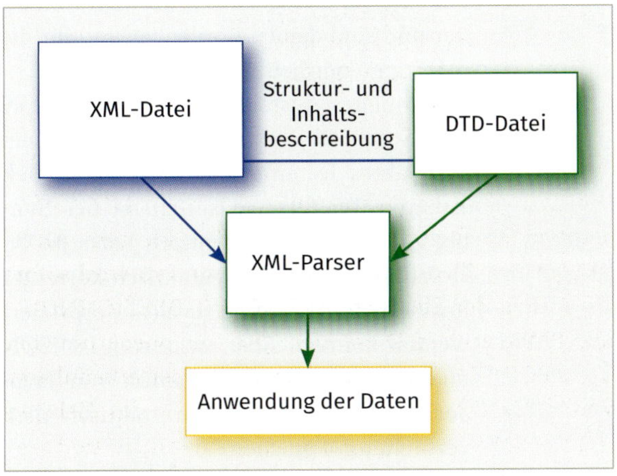

Parser zur Verarbeitung einer XML-Datei

7.2.2.5 XML-Schemata

Alternativ zur DTD kann auch ein sogenanntes XML-Schema zur Beschreibung der Struktur eines XML-Dokuments verwendet werden. Das XML-Schema wurde vom W3C als neuer Standard entwickelt, weil sich mit der DTD die Datenstruktur oft nur unzureichend beschreiben lässt, da Angaben über Datentypen und Wertebereiche gar nicht oder nur minimal vorhanden sind. Dies macht sich insbesondere bei der Verwendung von XML als Datenaustauschformat negativ bemerkbar, was z. B. bei vielen E-Business-Lösungen der Fall ist.

Das XML-Schema erweitert die Sprachmöglichkeiten von DTDs erheblich und gestattet die Definition von eigenen Datentypen, das Ableiten neuer Datentypen aus vorhandenen, die Wiederverwendung von Datentypen aus anderen Schemata sowie die eindeutige Spezifizierung der Dokumentstrukturen. Ein weiterer Vorteil von XML-Schemata gegenüber DTDs besteht darin, dass ein XML-Schema selbst in der XML-Syntax verfasst wird.

7.2.2.6 XSL zur Formatangabe

XML-basierte Dateien enthalten nichts anderes als semantische Auszeichnungen. Eine Auszeichnung wie **<bezeichnung>...</bezeichnung>** sagt nur etwas über die Bedeutung der an dieser Stelle gespeicherten Daten aus. Es fehlen Angaben darüber, wie solche Daten darzustellen sind. Die so bezeichneten Daten sind völlig unabhängig vom Ausgabemedium (Bildschirm, Display, Lautsprecher, Drucker), und sie enthalten keinerlei Angaben zur Formatierung (Schriftart, Schriftgröße, Farben usw.). Der Browser besitzt im Gegensatz zu HTML-Daten, für deren Darstellung angegebene Formatwerte existieren, bei XML-Daten keine Anhaltspunkte zu deren Darstellung.

Bevor XML-Daten präsentiert werden können, müssen mithilfe einer Style-Sprache Festlegungen zur Formatierung dieser Daten getroffen werden. Dazu stehen heute zwei Formatsprachen zur Verfügung: CSS und XSL. CSS (Cascading Style Sheets), auch für HTML eingesetzt, ist dabei die Standardsprache. Sie genügt, um einem Webbrowser mitzuteilen, wie er die Elemente einer XML-Datei darstellen soll. XSL (Extensible Stylesheet Language) ist dagegen wesentlich mächtiger und enger an den Konzepten von XML orientiert. Ganz besonders wichtig ist die sogenannte Transformationskomponente XSLT (XSL Transformations). Mithilfe von XSLT kann man beispielsweise XML-Daten in HTML transformieren – und zwar serverseitig, also bevor der Browser in die Darstellung überhaupt einbezogen ist. Das hat den Vorteil, dass XML in Verbindung mit XSL auch mit älteren Browsern funktioniert, die gar kein XML kennen. Der Webserver muss eine entsprechende Schnittstelle besitzen, die das Einbinden eines XSL/XSLT-verarbeitenden Softwaremoduls erlaubt.

Aufbereitung einer XML-Datei mittels XSLT

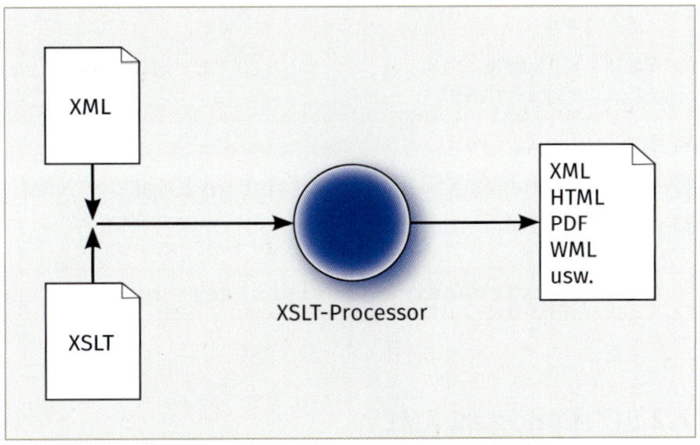

Daneben stehen in XSL verschiedene Möglichkeiten zur Verfügung, die in CSS unbekannt sind. Das betrifft zum

Beispiel die bedingte Formatierung (wie if-Bedingungen in Programmiersprachen) oder die Sortierung von Daten. Ein entscheidender Vorteil von XSL liegt außerdem darin begründet, dass im Gegensatz zu CSS keine eigene, vom Auszeichnungssprachenschema abweichende Syntax, benutzt wird. Stattdessen ist XSL selbst eine mithilfe von XML definierte Auszeichnungssprache.

Eine mit XSL erstellte Stylesheet-Datei ist also selber eine XML-gerechte Datei. Somit sind Softwaretools, die für XML entwickelt wurden, auch für XSL anwendbar.

Das folgende Script einer XSL-Datei dient zur Erzeugung einer HTML-Datei.

```
<?xml version="1.0">
<xsl:stylesheet
xmlns:xsl="http://www.w3.org/1999/XSL/Transform">

<xsl:template match="ARTIKEL">

  <html>
  <head>
      <title>Artikelliste</title>
  </head>

  <body>
      <h1>Tabelle mit den Artikeln</h1>
      <table border="1" cellspacing="1"
       cellpadding="3">
        <tr bgcolor="#CCCCCC">
          <td> <b> Nummer </b> </td>
          <td> <b> Bezeichnung </b> </td>
          <td> <b> Preis </b> </td>
        </tr>

        <xsl:for-each select="DATENSATZ">
          <tr>
            <td> <xsl:value-of select="ARTIKELNR"/> </td>
        <td> <xsl:value-of select="BEZEICHNUNG"/> </td>
            <td> <xsl:value-of select="PREIS"/> </td>
          </tr>
        </xsl:for-each>
      </table>
  </body>
   </html>
</xsl:template>
</xsl:stylesheet>
```

Der Aufruf dieser XSL-Datei erfolgt im Kopf der XML-Datei durch folgende Hinweiszeile:

```
<?xsl-stylesheet type="text/xsl" href= "artikel.xsl"?>
```

7.2.2.7 Epilog zu XML

XML-Dateien sind genau wie HTML-Dateien sehr aufwendig zu schreiben und zu lesen. Für den Menschen ist dabei vieles redundant und damit eigentlich überflüssig. Wer versucht, HTML- oder XML-Dateien im Editor per Hand zu schreiben, wird sehr schnell am großen Schreibaufwand und den vielen formalen, aber menschlich verursachten Fehlern scheitern. Diese Sprachen sind auch nicht als Schnittstelle für den Menschen gedacht, sondern zur Kommunikation von Programm zu Programm.

In den folgenden Abschnitten zu dynamischen Webseiten oder WebServices wird man sehen, dass diese Dokumente alle per Programm erzeugt und gelesen werden. Diese Verfahrensweise stellt hohe Ansprüche an eine saubere Softwarearchitektur. Das eine Programm erzeugt die XML-Datei, und das nachfolgende Programm liest diese Datei sofort ein. Unter Unix gibt es dafür die sogenannten Pipelines, unter Windows organisiert man diesen Ablauf in Containern, d. h., Programme und ihre Daten bzw. Dateien gelangen in einen Container und sind damit zuordenbar und für die sofortige Verarbeitung bereit.

Ein neues Austauschformat heißt JSON (JavaScript Object Notation). JSON ist ein kompaktes Datenformat in einer einfach lesbaren Textform, das sich an der Syntax von JavaScript orientiert. Jedes JSON-Dokument sollte ein syntaktisch korrektes JavaScript sein und per eval() interpretiert werden können. Aber ansonsten ist JSON unabhängig von der Semantik von JavaScript. Parser existieren in praktisch allen verbreiteten Sprachen.

Aufgaben

1. Was ist eine Metasprache?
2. Was beinhaltet die Backus-Naur-Form?
3. Wiederholen Sie die Informationen über die Syntaxdiagramme zu Java.
4. Welchen gemeinsamen Ursprung haben HTML und XML?
5. Wann ist eine Datenübertragung mittels einer XML-Datei gültig?
6. Was stellt die DTD-Datei dar?
7. Wodurch unterscheidet sich eine DTD von einem XML-Schema?
8. Wann ist ein XML-Dokument wohlgeformt?
9. Was ist notwendig zum Verstehen einer XML-Datei?
10. Welche Aufgabe hat ein XML-Parser?
11. Welche Rolle spielen Cascading Style Sheets (CSS) in HTML und wie sind sie vergleichbar mit XSL-Dateien für XML?
12. Wo werden die XSL-Dateien ausgeführt?

7.3 Clientseitige Programmierung

7.3.1 Skripte

Will man das Web nicht nur zum Publizieren von Dokumenten festen Inhaltes benutzen, besteht eine Möglichkeit darin, aktive Elemente in die zu übertragenden HTML-Dateien einzubinden. Eingebettet werden dafür Skripte (kleine Programme), geschrieben in einer sogenannten Skriptsprache, die dann im Browser beim Client ausgeführt werden.

Skriptsprachen stellen meist einfach gehaltene, interpretierbare Programmiersprachen dar. Programme in Skriptsprachen sind nicht umfangreich und müssen darum nicht vor dem Einsatz kompiliert werden. Zu den wichtigen Skriptsprachen gehören:

- JavaScript
- JScript
- VBScript

JavaScript ist eine Programmiersprache für einfache, in HTML eingebundene Anwendungen, die clientseitig ausgeführt werden (z. B. Reaktion auf einen Mausklick des Benutzers). JavaScript ist wesentlich simpler als Java aufgebaut.

JavaScript wird mit dem Tag **<SCRIPT LANGUAGE= "JavaScript">Quelltext</SCRIPT>** in HTML-Dokumente eingefügt. Microsofts Variante von JavaScript ist **JScript**. Die bisher vorliegenden Anwendungen von JavaScript erscheinen für den Anwender nicht gerade überzeugend. Vielfach deaktiviert man im Browser bewusst die JavaScript-Funktionalität, um schädliche Wirkungen fremder Programme zu verhindern. Trotzdem gibt es zahlreiche berechtigte Anwendungsgebiete. Die folgenden Beispiele sollen die Funktionsweise von JavaScript verdeutlichen.

JavaScript, eingebettet in eine HTML-Seite

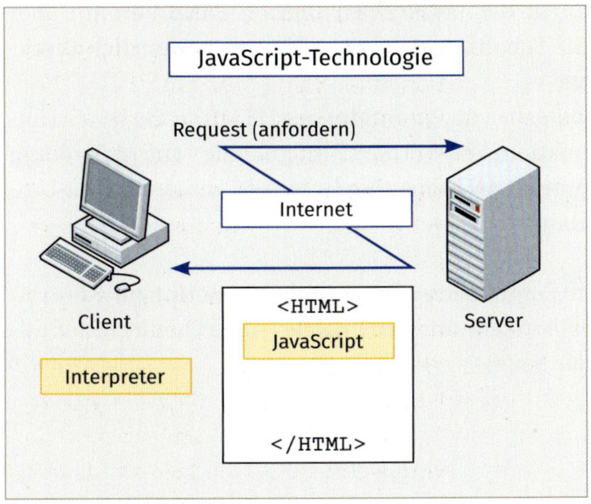

7.3.1.1 JavaScript zur Eingabekontrolle

Im ersten Beispiel geht es um eine einfache, direkt in die HTML-Datei eingebundene Skriptanwendung, die die Vollständigkeit und Korrektheit der Eingaben in einem Formular überprüft, also ob die Felder für den Namen und die E-Mail-Adresse ausgefüllt sind und ob die E-Mail-Adresse formal annehmbar ist. Hierzu wird nach dem @-Zeichen in der Eingabekette gesucht.

Für die Programmierung in JavaScript sind hier wichtig:

- Platzierung der Javascript-Funktion **testForm( )** direkt im HTML-Text im Kopfbereich **(<head>-tag)**
- Aufruf der Javascript-Funktion **Zugang( )** sofort beim Versuch zum Übertragen der Daten durch die **onsubmit-Direktive**
- Anzeige von Meldungen durch die Funktion **alert( )**

```
<html>
<head>
<title>Skript zum Checken von Formularen</title>
<script type="text/javascript">
function testForm( ) {
var erg=true;
  if (document.Formular.Nutzer.value == "") {
    alert("Bitte Ihren Namen eingeben!");
    document.Formular.Nutzer.focus( );
    erg=false;
  }
  if (document.Formular.Mail.value == "") {
    alert("Bitte Ihre E-Mail-Adresse eingeben!");
    document.Formular.Mail.focus( );
    erg=false;
  }
  if (document.Formular.Mail.value.indexOf("@") == -1) {
    alert("Das ist keine E-Mail-Adresse!");
    document.Formular.Mail.focus( );
    erg=false;
  }
return erg;
</script>
</head>
<body>
<h2>Ihre Eingaben bitte:</h2>
<form name="Formular" action=""
  method="post" onsubmit="return testForm( )">
  <pre>
  Name:    <input type="text" size="30" name="Nutzer"> <br>
  e-Mail:  <input type="text" size="30" name="Mail"> <br>
  Daten:   <input type="submit" value="Absenden">
  oder:    <input type="reset" value="Neu eingeben">
  </pre>
</form>
</body>
</html>
```

Wenn der Anwender zum Absenden des Formulars auf den **submit-Button** klickt, wird durch den Event-Handler **onsubmit** die JavaScript-Funktion **testForm( )** aufgerufen. Stellt die Funktion **Fehler** bei den Eingaben fest, gibt sie den Wert **false** zurück, ansonsten den Wert **true**. Durch den Zusatz **return** vor dem Funktionsnamen wird dieser Wert im einleitenden **<form>-Tag** an den Browser übergeben. Der Browser kennt nur die beiden Werte **true** und **false**. Im Zusammenhang mit **onsubmit** wird das Formular nur dann abgeschickt, wenn der Wert **true** ist. Ist der Wert **false**, wird das Absenden der Formulardaten verhindert, und der Benutzer erhält durch die alert-Box eine Information. Das Ergebnis sieht im Browser dann beispielsweise so aus:

JavaScript zur Eingabekontrolle

7.3.1.2 Eingabekontrolle mit Prüfzifferberechnung in JavaScript

Im zweiten Beispiel geht es um eine durchaus praktische Skriptanwendung, mit der die korrekte Eingabe einer Artikelnummer (EAN) anhand der Prüfziffer kontrolliert wird. Damit können fehlerhafte Artikelnummern bei der Eingabe erkannt werden. Es wird dabei jedoch nicht geprüft, ob zu der eingegebenen Artikelnummer ein Artikel existiert, sondern nur die formale Richtigkeit der Ziffernfolge. So können ausgelassene Ziffern oder Zahlendreher bei einer manuellen Eingabe erkannt werden.

Die letzte Ziffer ist die Prüfziffer der 13-stelligen EAN. Sie errechnet sich, indem die einzelnen Ziffern von links nach rechts abwechselnd mit 1 und 3 multipliziert und anschließend diese Produkte addiert werden. Die Prüfziffer ergänzt diese Summe dann zum nächsten Vielfachen von 10, d. h., es gilt: (Summe + Prüfziffer) mod 10 = 0

In Microsoft Excel könnte ein Berechnungsschema wie in folgender Abbildung aussehen.

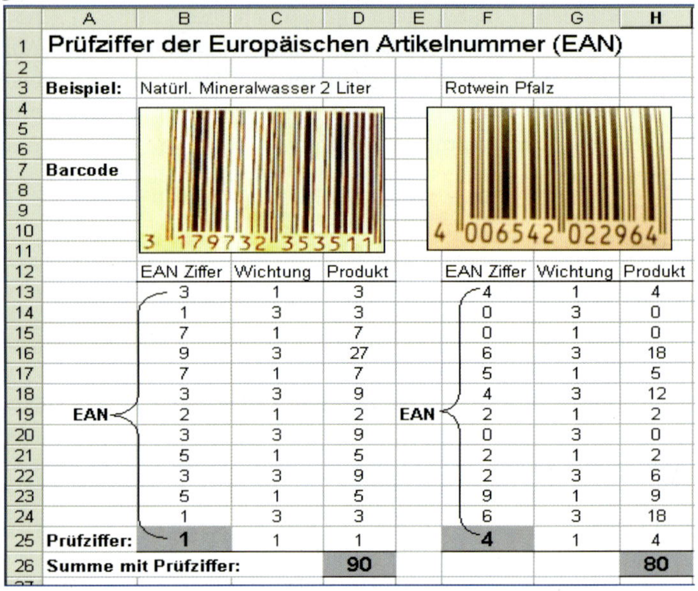

	A	B	C	D	E	F	G	H
1	Prüfziffer der Europäischen Artikelnummer (EAN)							
3	Beispiel:	Natürl. Mineralwasser 2 Liter				Rotwein Pfalz		
7	Barcode							
10		3 179732 353511				4 006542 022964		
12		EAN Ziffer	Wichtung	Produkt		EAN Ziffer	Wichtung	Produkt
13		3	1	3		4	1	4
14		1	3	3		0	3	0
15		7	1	7		0	1	0
16		9	3	27		6	3	18
17		7	1	7		5	1	5
18		3	3	9		4	3	12
19	EAN	2	1	2	EAN	2	1	2
20		3	3	9		0	3	0
21		5	1	5		2	1	2
22		3	3	9		2	3	6
23		5	1	5		9	1	9
24		1	3	3		6	3	18
25	Prüfziffer:	1	1	1		4	1	4
26	Summe mit Prüfziffer:			90				80

Beispiel für Prüfziffernkontrolle mit Microsoft Excel

Für Verwendung von JavaScript sind nachfolgende Aspekte zu beachten:

- Platzierung der Javascript-Funktion **EANpruefen( )** als **externe Datei** neben dem HTML-Text im gleichen Verzeichnis
- Aufruf der Javascript-Funktion **EANpruefen( )** über eine Schaltfläche, verbunden mit der **onclick-Direktive**
- Übergabe von **Parameter** aus HTML an die JavaScript-Funktion durch die Bezugnahme auf das durch **name="EAN"** benannte Datenfeld aus der HTML-Umgebung

Daraus ergibt sich das folgende JavaScript zur Kontrolle der Artikelnummerneingabe (siehe Quelltext auf folgender Seite).

```
function EANpruefen( ) {
  var zfolge = document.Formular.EAN.value.toString( );
  // der Wert des Feldes EAN aus dem Objekt "Formular" unseres
     Dokumentes
  var Fehlertext="Artikelnummer ist korrekt.";
  var keinfehler=true;
  var zahl;
  var faktor=1;
  var summe=0;
  if (zfolge.length == 13 && keinfehler ) {
      for (var pos = 0; pos < 13; pos++) {
          zahl=zfolge.substring(pos,pos+1);
          if (zahl>=0 && zahl <=9) {
                // gewichtete Summe der Ziffern bilden
                summe=summe+(zahl*faktor);
                // faktor wechselt zwischen 1 und 3
                if (faktor==1) {faktor=3} else {faktor=1};
                }
          else {
                // keine Ziffern in der EAN
                keinfehler=false;
                Fehlertext="EAN darf nur aus Ziffern bestehen.";
          } // ende if else
      } // ende for
      if (keinfehler) {
          var rest=summe % 10; // Modulo 10 //
          if (rest!=0) {
                Fehlertext="Prüfziffer zeigt Eingabefehler an!";
          } // ende if
      } // ende if
  }
  else {
      // zu wenig Zeichen in der EAN
      Fehlertext="EAN muss aus 13 Ziffern bestehen.";
  }

  alert(Fehlertext);
  return true;
}
```

```
<html>
  <head>
      <title>Eingabe einer EAN-Nummer</title>
      <script src="JSeanpr.js" type="text/javascript"> </script>
  </head>
<body>
  <form name="Formular" action="">
  <P> Geben Sie hier eine 13-stellige Artikelnummer(EAN) ein: </P>
  Artikel: <input type="text" name="EAN" size="13"> <P></P>
  Pruefen: <input type="button" value="EAN-Test"
              onclick="EANpruefen( )">
  </form>
</body>
</html>
```

JavaScript

Die JavaScript-Datei existiert hier unabhängig vom HTML-Text, befindet sich aber im gleichen Verzeichnis, sodass sie dort automatisch gefunden werden kann. HTML verweist dann nur noch auf die Quelle (z. B. src = "JSeanpr.js"). Eine JavaScript-Datei sollte die Namenserweiterung ***.js** erhalten.

Im folgenden HTML-Text wird die JavaScript-Datei im **<head>-Tag** als Quelle referenziert. Die Eingabe erfolgt im Rahmen einer Formulardefinition **<form>**. Wichtig ist, die Benennung des Eingabefeldes **name="EAN"** für die Parameterübergabe an die JavaScript-Routine zu beachten. Folgendes HTML-Beispiel zeigt den Aufruf des JavaScripts zur Kontrolle der Artikelnummerneingabe (siehe Quelltext unten).

Das Ergebnis im Browser vermittelt die folgende Abbildung.

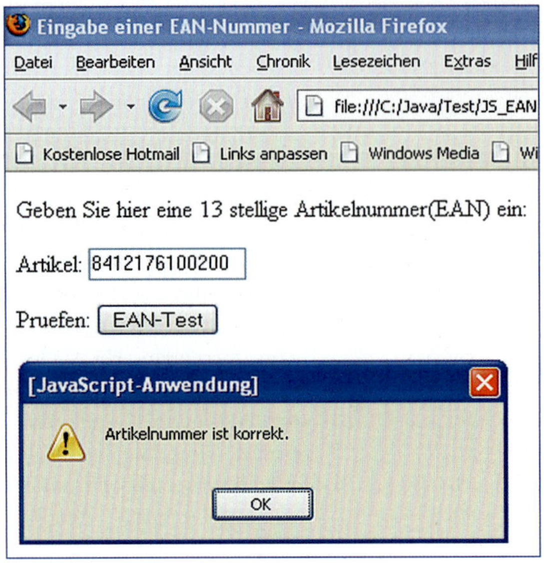

Kontrolle der Artikelnummerneingabe

Diese beiden Beispiele können den Leistungsumfang für die Arbeit mit JavaScript nur in bescheidenem Maße andeuten. Zu den typischen Anwendungsgebieten von JavaScript gehören:

- Plausibilitätsprüfung von Formulareingaben, bevor diese Daten zur weiteren Bearbeitung zum Server versandt werden
- Animationen, die beim Überfahren mit der Maus aktiviert werden
- Laufschriften und bewegte Schriftzüge

Leider bietet JavaScript auch breiten Raum für Missbrauch. Deshalb werden die JavaScript-Anwendungen am besten in einen sogenannten **„Sandkasten"** verbannt, aus dem heraus sie möglichst wenig Zugriff auf kritische Ressourcen haben. So erhält JavaScript standardmäßig nur Zugriff auf die Objekte des Browsers und kann nicht auf das Dateisystem zugreifen, d.h. keine Dateien lesen oder schreiben. JavaScript kann auch keine Grundeinstellungen des Browsers beeinflussen. Besondere Aktionen, wie das Schließen des Browserfensters, erfordern die explizite Erlaubnis des Benutzers. Insgesamt sind die Leistungsmöglichkeiten von JavaScript sehr umfangreich. Weitere Informationen liefern die bekannten Quellen, wie z.B.: https://wiki.selfhtml.org/wiki/JavaScript

Aufgaben

1. Warum sichert man so eine wichtige Schlüsselnummer wie die Artikelnummer EAN durch eine Prüfziffer?
2. Nennen Sie weitere allgemein verwendete Schlüsselnummern.
3. Wo wird das JavaScript innerhalb des HTML-Textes platziert?
4. Welche Risiken sind mit der Zulassung von JavaScript innerhalb des Browsers verbunden?
5. Welchen Sicherheitsvorteil kann man als Anbieter der Webseite durch eine Platzierung der Skript-Datei außerhalb des HTML-Textes erreichen?
6. Was bedeutet die Abarbeitung in einem „Sandkasten" für JavaScript?
7. JavaScript wird im Browser interpretiert. Welche Gemeinsamkeiten und Unterschiede gibt es zu Java als Programmiersprache und als Softwaretechnologie?
8. Wie wird ein Skript innerhalb des Formulares aufgerufen?
9. Wie erfolgt die Übergabe der Eingangsparameter an ein Skript?
10. Wie erfolgt die Rückgabe der Ergebnisse vom Skript zum HTML-Text?
11. Was ist ein **alert**?

7.3.2 Applets

Der Java-Idee folgend wird ein Java-Quelltext in eine Objektcode-Datei übersetzt, die dann auf einer Java Virtual Machine (JVM) abgearbeitet wird. Also kann man auch eine Java-Objektcode-Datei im Internet übertragen und beim Empfänger erwarten, dass sie mittels der dort platzierten JVM ausgeführt wird. Java ermöglicht den Einbau sogenannter **Applets** in die Web-Dokumente. Dabei handelt es sich um kleine Anwendungsprogramme auf Bytecode-Basis, die dann auf dem Client ausgeführt werden.

7.3.2.1 Aufruf von Applets

Applets werden mit dem Tag **<applet Attribute></applet>** in HTML-Dokumente eingefügt. Aufgerufen werden sie wie JavaScript im Kopf der Formulardefinition durch das **action-Attribut** im **form-Tag**. In HTML 4.0 wird dies verallgemeinert und statt des **<applet>-Elements** das **<object>-Element** vorgeschrieben: **<object Attribute></object>**

Die Java Virtual Machine ist frei von Lizenzkosten nutzbar und kann auf allen Rechnern, auch mit unterschiedlicher Architektur, eingesetzt werden. Damit wäre eine universelle Laufzeitumgebung geschaffen. So versucht man kleine Applikationen oder Applets zu entwickeln und eingebettet in die HTML-Dokumente weltweit zu übertragen. Beim Client sollen diese Applets dann im Rahmen des Browsers ausgeführt werden (siehe Grafik auf folgender Seite).

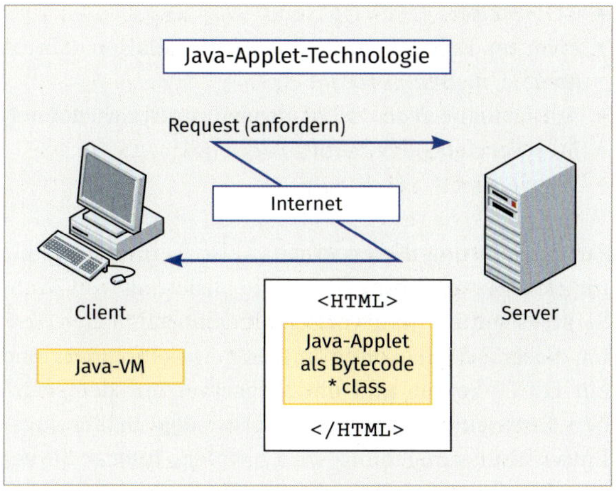

Java-Applet, eingebettet in eine HTML-Seite

Alle Java-Applets werden von der Java-Klasse **java.applet.Applet** abgeleitet. Sie arbeiten ereignisorientiert, wobei die sonst bei Java-Anwendungen verlangte Methode main( ) nicht verwendet wird. Applets nutzen standardmäßig die folgenden **Methoden**:

- **init( )** – wird genau einmal aufgerufen, wenn das Applet erstmals in den Browser geladen wird. Das Initialisieren von Applets kann beispielsweise das Einlesen von Parametern, das Erstellen anderer Objekte oder das Setzen von Voreinstellungen für das Ausgabefenster beinhalten.
- **start( )** – wird jedes Mal aufgerufen, sobald das Applet sichtbar wird. Während die Initialisierung nur einmal stattfindet, kann ein Applet während einer Sitzung mehrmals gestartet werden. Es bleibt deshalb auch im Arbeitsspeicher des Browsers aktiv.
- **paint( )** – Zeichenmethode für die Anzeigefunktionen des Applets
- **repaint( )** – aktualisiert die Ausgabe von paint( )
- **stop( )** – wird jedes Mal aufgerufen, sobald der Benutzer die Seite mit dem Applet verlässt, z. B. weil das Browser-Fenster von einem anderen Fenster überdeckt wird. Standardmäßig werden aber alle vom Applet gestarteten Threads (Steuerfluss) weiter ausgeführt.
- **destroy( )** – wird aufgerufen, wenn das Applet aus dem Hauptspeicher entladen wird. Durch das Zerstören hinterlässt das Applet einen „aufgeräumten" Arbeitsspeicher, sodass alle laufenden Threads oder erzeugten Objekte freigegeben werden. Standardmäßig zerstört sich ein Applet beim ordentlichen Beenden des Browsers, sodass diese Methode normalerweise nicht gesondert programmiert werden muss.

7.3.2.2 Gefährdung durch Applets

Die Idee der Applets basiert auf einem einfachen Wirkprinzip und ist eigentlich für alle nutzbar. Leider wurde es deshalb sehr schnell auch für schädliche Zwecke missbraucht. So kann beim Laden einer HTML-Seite unbemerkt auch ein Applet mit Schadfolgen für den Client-Rechner übertragen werden und dort sofort zur Ausführung gelangen.

Die anfängliche Euphorie bezüglich der Anwendung von Applets ist heute einer großen Ernüchterung gewichen. Dafür gibt es mehrere Gründe:

- verlängerte Ladezeiten der HTML-Dokumente
- Abhängigkeit vom Browser
- Gefahr des Missbrauchs mit Schadfolgen

Im allgemeinen Internetbetrieb finden Applets kaum noch Verwendung. Nur in gesicherten Verbindungen werden sie noch regelmäßig eingesetzt. Wegen der Sicherheitsrisiken verlangen die meisten Browser die explizite Freigabe der Nutzung von Java und damit von Java-Applets (siehe Screenshot).

Freigabe von JavaScript und Java im Browser Mozilla Firefox

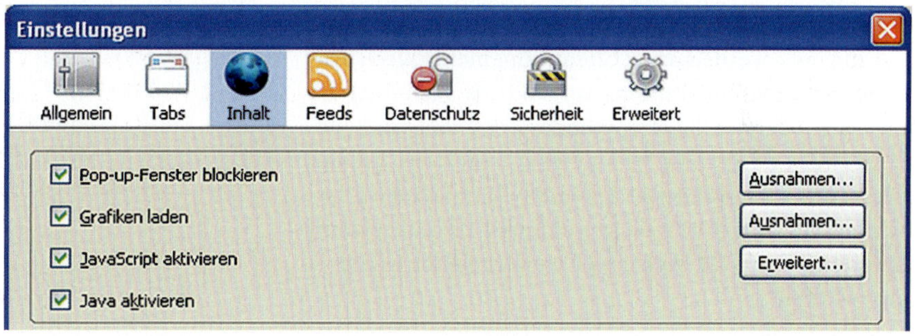

7.4 Serverseitige Programmierung

7.4.1 Webserver

7.4.1.1 Arbeitsteilung zwischen HTTP-Server und Webserver

Sobald vom Server besondere Anwendungen abgerufen werden, müssen dort auch besondere Server-Programme gestartet werden. Dazu ist eine spezielle Laufzeitumgebung (runtime environment) erforderlich, die der bisher eingesetzte HTTP-Server nicht bieten kann.

W

Der **HTTP-Server** ist standardmäßig mit dem Port 8080 verbunden. Über diesen Port spricht ihn der Client mit seinem Request (Anforderung) an. Der HTTP-Server verwaltet statische Dokumente (HTML-Dateien, Dateien mit Applet-Klassen oder Multimediadaten), die er dem Client auf dessen Anfrage ordentlich verpackt und adressiert nach den Vorschriften des HTTP-Protokolls zur Verfügung stellt.

Die spezielle Laufzeitumgebung für die serverseitige Programmierung bietet der eigentliche Webserver als sogenannten **Web-Container** an, worin die serverseitigen Anwendungsprogramme laufen. Diese Container haben Bestand, solange eine Web-Anwendung läuft, was für die Performance wichtig ist. So bleibt beispielsweise die Anmeldung eines Kunden einschließlich seiner eingegebenen Daten so lange in einem Web-Container bestehen, solange die Sitzung läuft, also bis zur Abmeldung durch den Kunden. Die Anwendung muss nicht für jeden Kommunikationsschritt neu geladen werden, was zu einer beschleunigten Verarbeitung beiträgt.

Der Austausch von Daten zwischen dem HTTP-Server und dem Webserver erfolgt entsprechend der sogenannten CGI-Spezifikation. CGI steht für Common Gateway Interface und ist ein Standard für den Server. CGI regelt, wie die Eingaben aus der HTML-Seite an die Anwendungsprogramme übergeben werden.

Eingaben werden vom Client allgemein durch Anklicken des submit-Buttons versandt. Je nachdem, ob die GET- oder die POST-Methode verwendet wird (siehe HTML), werden die Parameter zunächst als Teil der URL oder als gesonderter Datenblock übertragen, anschließend vom HTTP-Server empfangen und erkannt und danach an den Webserver weitergeleitet und dort ausgewertet.

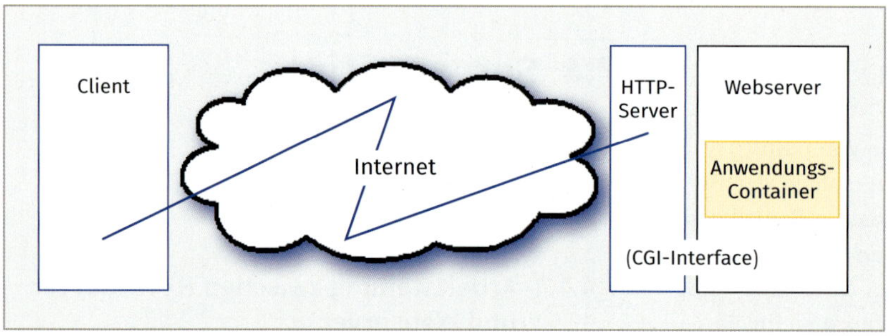

Server in der Multi-Tier-Umgebung

Die Auswertung und weitere Verarbeitung kann im Webserver auf unterschiedlichen Wegen erfolgen. Häufig genutzt werden die folgenden Methoden und Techniken:

- CGI-Skripte
- PHP im Rahmen einer LAMP-Installation (**L**inux, **A**pache, **m**ySQL, PHP)
- ASP im Rahmen der .NET-Umgebungen (sprich: **dot net**)
- Java-Servlets, Java Server Pages (JSP)
- WebServices

Zur Erläuterung dieser Arbeitsweise werden Beispiele für Java-Servlets und für die Realisierung von Web-Services mittels Java vorgestellt. Zum einfachen Testen dieser Beispiele ohne Nutzung eines Providers sind ein HTTP-Server und ein Webserver auf dem eigenen Entwicklungscomputer notwendig. In der Java-Entwicklungsumgebung wird mit dem **Tomcat-Server** eine Lösung angeboten, die für die weitere Arbeit sowohl einen HTTP-Server als auch einen Webserver mit Servlet-Container bereitstellt.

W

Der **Webserver** führt die Web-Anwendung aus, er steuert den Zugriff und stellt die Ergebnisse bereit. Zusammen mit den Anwendungsprogrammen wird er zum Applikationsserver, der folgende Aufgaben übernimmt:
- Verwaltung der Programme (Servlets und JSP)
- Bereitstellung der Laufzeitumgebung für die Servlets und JSP
- Kommunikation mit anderen Servern (HTTP-Server, Datenbankserver)
- Gewährleistung von Sicherheitsstandards (HTTPS, SSL etc.)
- Gewährleistung eines Session-Managements, da HTTP zustandslos (stateless) ist. Bei HTTP wird jeder einzelne Request unabhängig von allen anderen Requests behandelt.

7.4.1.2 Tomcat als Webserver

S

Als Voraussetzung für die weitere Arbeit soll der Tomcat-Server installiert werden. Die Ressourcen für den Tomcat-Server sind wie die meisten Ressourcen der Java-Entwicklungsumgebung frei verfügbar und über das Internet als Download erhältlich. Die Tomcat-Dateien finden sich z. B. unter: http://tomcat.apache.org/

Die Internetadresse verweist auf die „Apache Software Foundation", bekannt durch den Apache Webserver. Der Tomcat-Server ist dabei eher für die Entwicklung und den Test konzipiert. Er bietet einen HTTP-Server sowie eine Umgebung zur Ausführung von Java-Code auf Webservern. Tomcat verbindet den HTTP-Server mit einem in Java geschriebenen Servlet-Container, der auch Java Server Pages in Servlets übersetzen und ausführen kann.

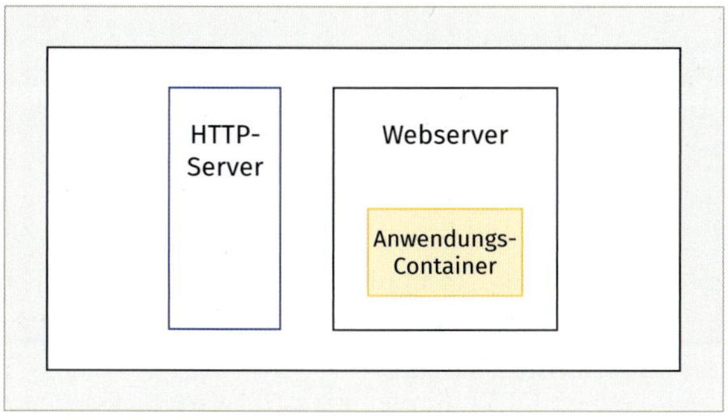

Struktur des Tomcat-Servers

Der HTTP-Server des Tomcat-Servers wird dabei vor allem in der Phase der Softwareentwicklung eingesetzt, während im Anwendungsbereich meist ein Apache Webserver vor den Tomcat-Server geschaltet wird. Dazu wird in Apache ein Plug-in eingebunden, das Requests für dynamische Inhalte an den Tomcat-Server weiterleitet.

7.4.1.3 Lokale Installation von Tomcat

Voraussetzung für den Betrieb von Tomcat ist eine funktionsfähige Java-Laufzeitumgebung (JRE, Java Runtime Environment). Die Installation von Tomcat erfolgt durch einen Installationsassistenten.

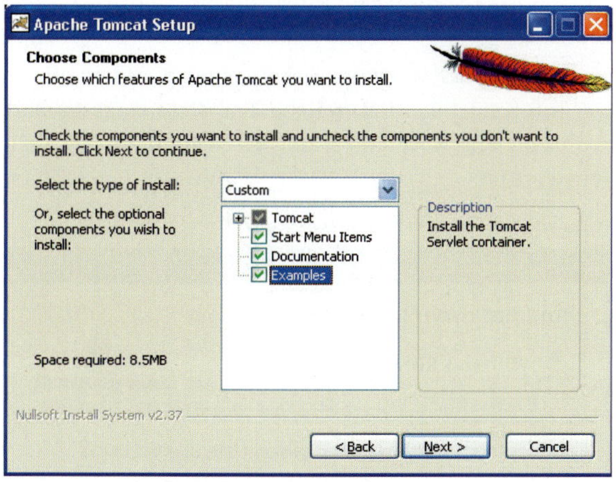

Auswahl zu installierender Komponenten

Nach dem Start des Assistenten werden zuerst die Lizenzbedingungen angezeigt, die man sich durchlesen sollte, um sie anschließend zu akzeptieren. Dann sind die zu installierenden Komponenten auszuwählen. Hier wurden Tomcat und einige Beispiele ausgewählt. Auf die Erstellung einer Programmgruppe im Startmenü kann verzichtet werden, da Tomcat auch über Eclipse aktiviert und geschlossen werden kann.

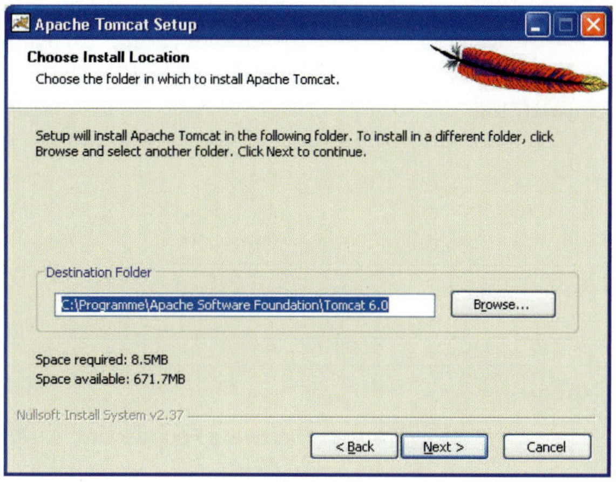

Ort der Installation

Bezüglich des Ortes der Installation gibt es unter Microsoft Windows keine besonderen Anforderungen. Hier kann man sich auf die Standards von Windows verlassen. Gegebenenfalls muss später in Voreinstellungen bewusst auf den Speicherort verwiesen werden.

Die Festlegung eines Administrators ist für jeden Server wichtig. Bei der Installation wird daher sofort nach dem Namen und dem Passwort eines Administrators gefragt. Hier sollte man bewusst die Sicherheit der zukünftigen Anwendungen mit einem Passwort schützen. Der Tomcat-Server steht schließlich zukünftig als Webserver bereit, auch wenn er vorerst nur als lokaler Testserver gedacht ist. Auch hier ist die Standard-Portadresse 8080 erkennbar, worüber das HTTP-Protokoll den HTTP-Server innerhalb des Tomcat-Servers erreicht.

Administrator für den Server anlegen

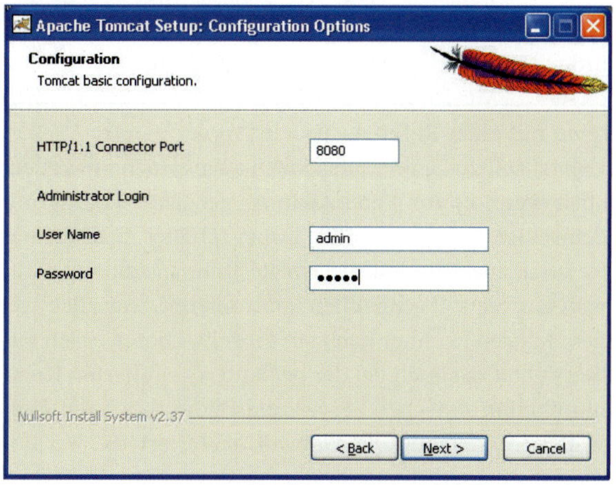

Voraussetzung für den Betrieb von Tomcat ist eine funktionsfähige Java-Laufzeitumgebung. Im nächsten Dialog wird daher der Pfad zur installierten Java Virtual Machine (JVM) abgefragt, denn Tomcat selbst ist auch eine Java-Anwendung, die diese JVM als Basis benötigt.

Nach der erfolgreichen Installation ergibt sich die nachfolgende Verzeichnisstruktur. Tomcat ist damit einsatzfähig.

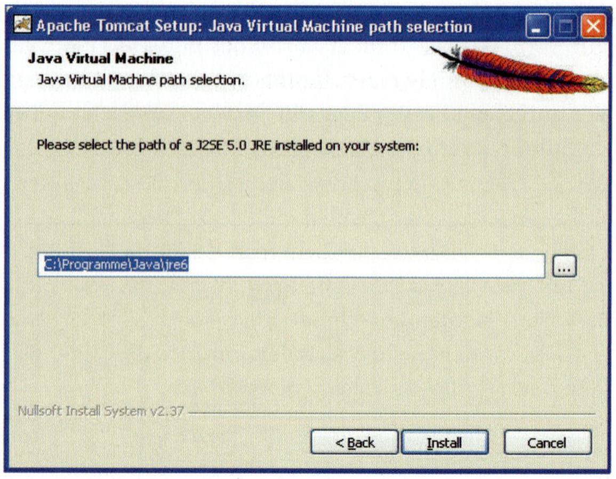

Ort der Java Virtual Machine

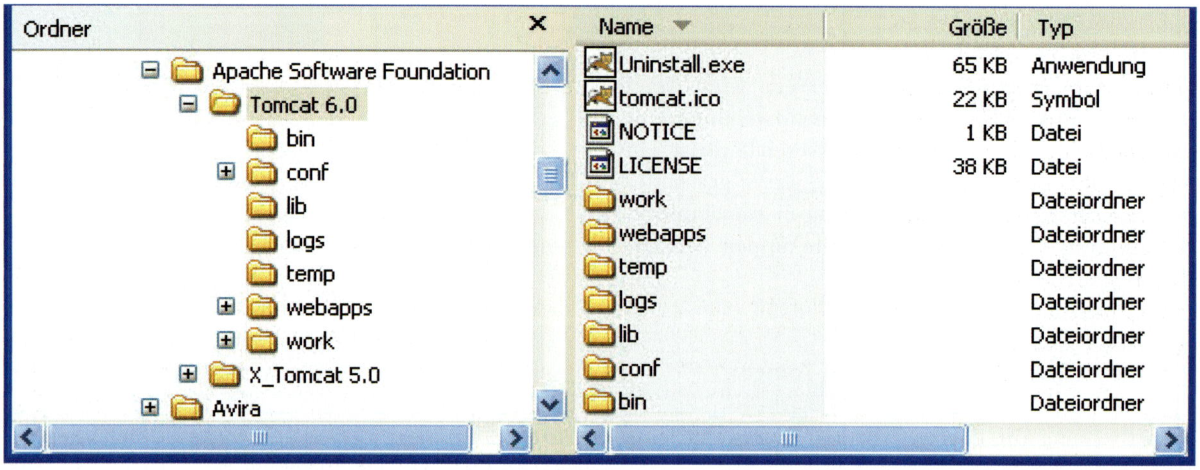

Beispiel für die Verzeichnisstruktur nach der Tomcat-Installation

7.4.1.4 Lokaler Server und Firewall

Der Tomcat-Server wurde deshalb installiert, um auf einem Rechner lokal und ohne Internetverbindung die Kommunikation zwischen Client und Server simulieren zu können. Über den Browser wurden in den bisherigen Beispielen lokale Dateien aufgerufen und ordentlich dargestellt. Es waren einfache HTML-Dateien, HTML-Dateien mit JavaScript und HTML-Dateien mit einer Referenz auf ein Applet.

Jetzt soll der Server tatsächlich angesprochen werden, auch wenn er zur Vereinfachung der Entwicklung auf demselben Computer läuft. Dabei schaltet sich normalerweise auch die auf diesem Rechner installierte Firewall ein. Sie soll schließlich kontrollieren, was alles von dem lokalen Rechner nach außen geht. Dieses „nach außen gehen" ist auch bei der geplanten simulierten Kommunikation zwischen Server und Client durch die Firewall zu erkennen. Die Firewall analysiert die Verbindungsdaten und stoppt diesen Prozess eventuell.

Vor Beginn der weiteren Arbeit muss die Firewall daher informiert werden, welche Transfers zulässig sind, während ein Abschalten der Firewall nicht empfehlenswert ist.

Hinweis der Firewall auf Server-Zugriff

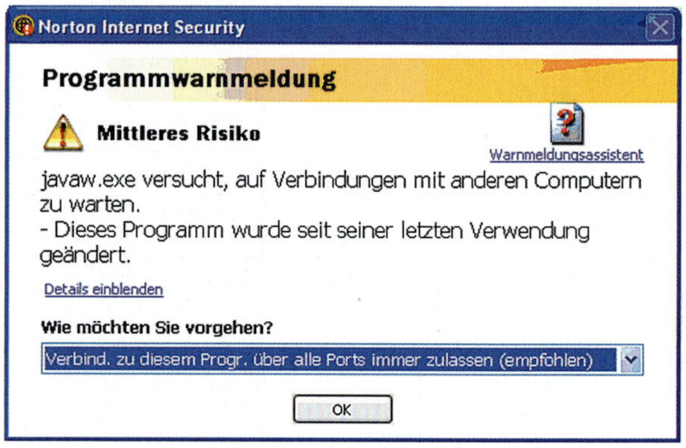

7.4.1.5 Test und Administration des Tomcat-Servers

Nach einer typischen Installation kann man den Tomcat-Server aus dem Unterverzeichnis **\Programme\Apache Software Foundation\Tomcat\bin** durch den Aufruf der Batch-Routine **startup.bat** starten und mit dem Befehl **shutdown.bat** wieder schließen. Die Funktionsfähigkeit kann überprüft werden, indem man den Server am lokalen Rechner über den Standardport 8080 anspricht. Dazu muss im Browser die Adresse http://localhost:8080 eingegeben werden, worauf sich der Tomcat-Server mit seinem Begrüßungsbildschirm meldet.

Den **Tomcat Web Application Manager** sollte man zuerst nur informativ nutzen und an den Standardeinstellungen keine Veränderungen vornehmen, da sie auf einen lokalen Betrieb optimal abgestimmt sind.

Die Installation des Tomcat-Servers ist damit vollständig abgeschlossen d. h., der Server ist funktionsbereit. Für eine einfache Entwicklung und den Test von Web-Anwendungen empfiehlt sich noch, den Tomcat-Server in die Eclipse-Umgebung zu integrieren.

Die Administration beginnt im Menüpunkt „Tomcat-Manager". Hier wird man zuerst nach dem Kennwort für den Administrator gefragt. Daraufhin antwortet der Tomcat-Server mit dem Begrüßungsbildschirm vom **Tomcat Web Application Manager.** Hier meldet sich der Administrator mit seinem vorher eingerichteten Namen an und authentifiziert sich dann durch das Passwort.

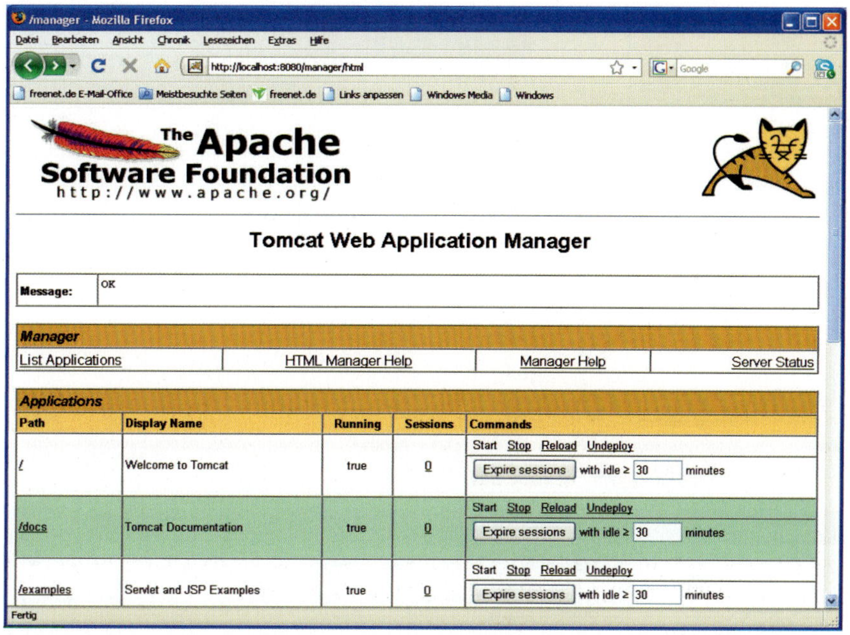

Tomcat: Administrationswerkzeuge

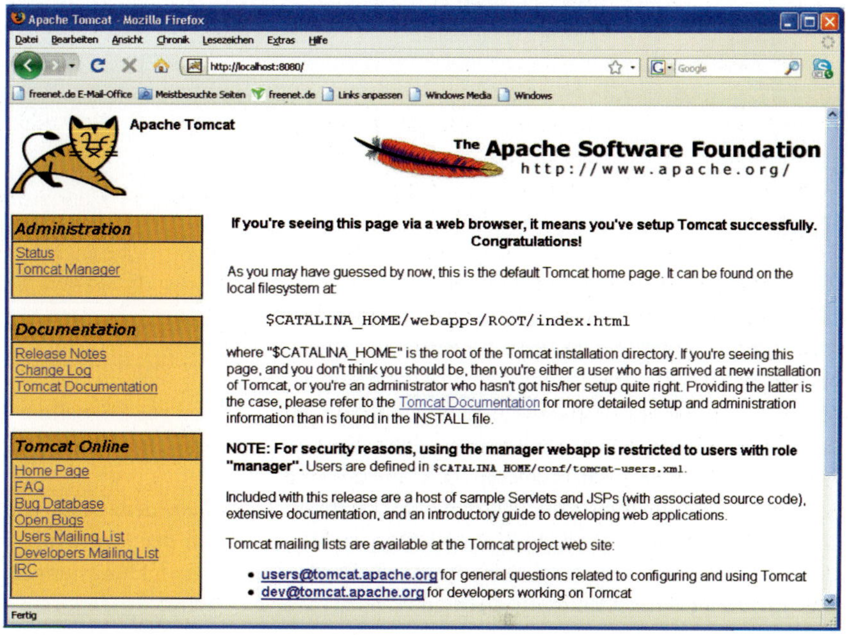

Tomcat: Begrüßungsbild nach erfolgreicher Installation

7.4.1.6 Tomcat in Eclipse einbinden

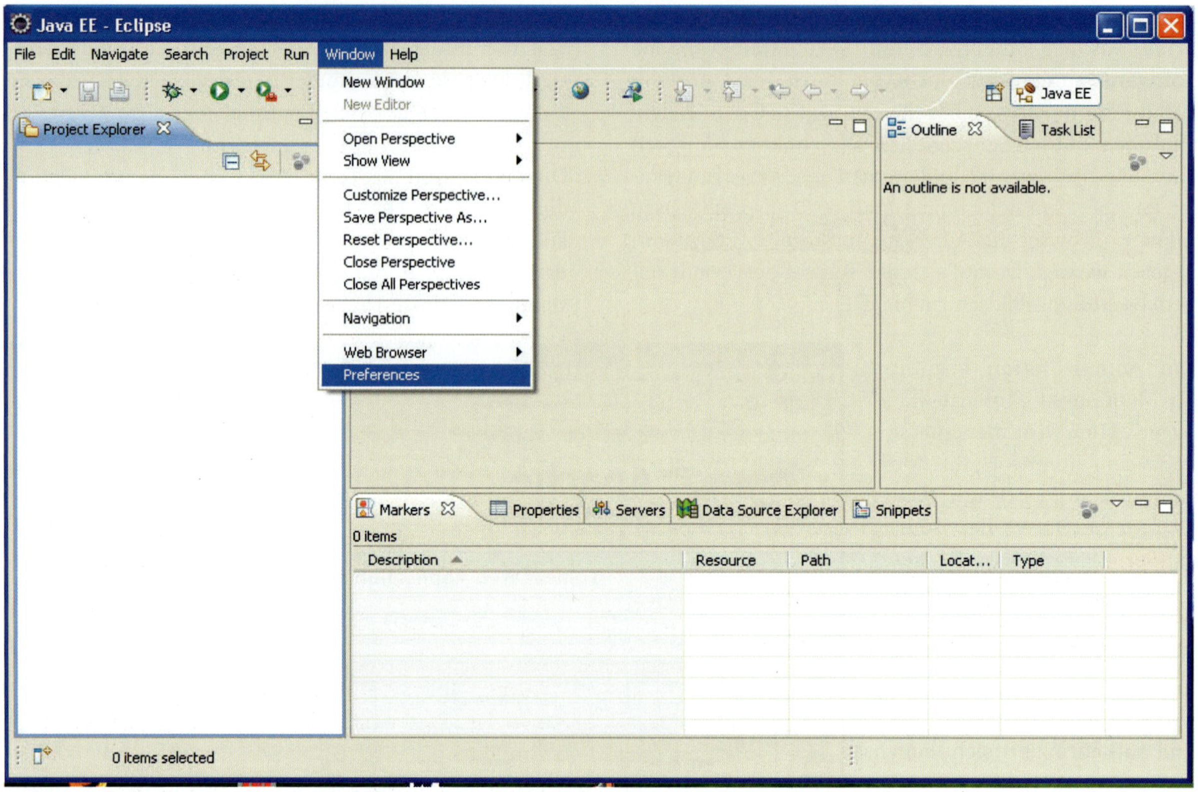

Tomcat unter Eclipse, Präferenzen einstellen

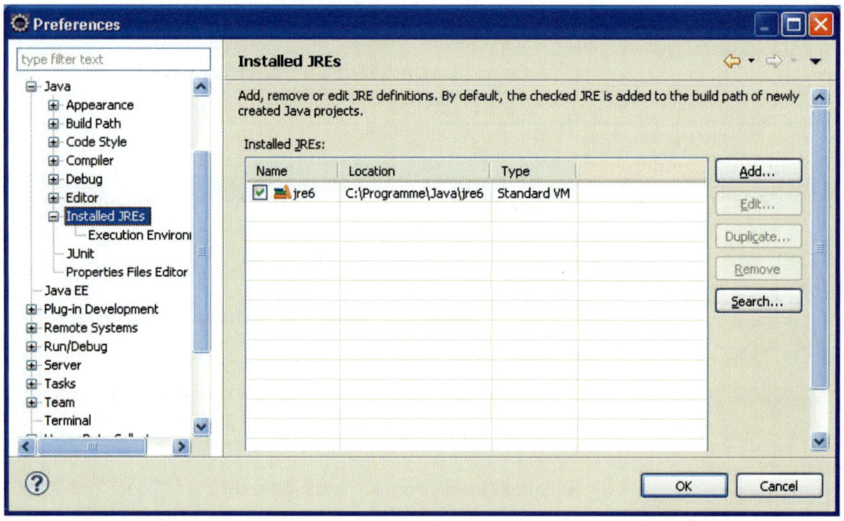

Standard-Laufzeitumgebung von Eclipse

Eclipse als universelle Entwicklungsumgebung bietet natürlich auch die Möglichkeit zur direkten Zusammenarbeit mit dem Tomcat-Server. Das Starten und Beenden des Tomcat-Servers ist dann sogar direkt über die Symbolleiste von Eclipse möglich. In der Abbildung oben werden die drei betreffenden Icons bereits angezeigt. Die Abbildung weist aber auch den Weg zur Einstellung der Parameter für die Zusammenarbeit mit Tomcat.

Nach dem Start von Eclipse muss aber zunächst neben der Java-Laufzeitumgebung (JRE) auch eine Java-Entwicklungsumgebung (JDK, Java Developer Kit) aktiviert werden. Das geschieht über folgende Schritte.

1. Eclipse Menü: **Window/Preferences**
2. Links im Baum unter Java sind die **Installed JRE's** auszuwählen.
3. In der rechten Liste ist mittels Schaltfläche **Add** ein neues Element hinzuzufügen.
4. Über die Schaltfläche **Browse...** kann die Java-Entwicklungsumgebung gesucht werden.
5. Hier im Beispiel wird JDK1.4.2_08 aktiviert.

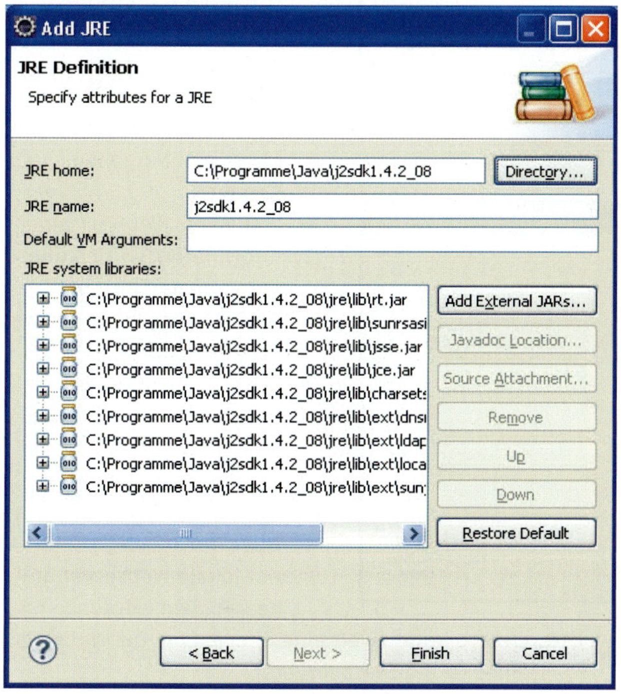

Hinzufügen der Java-Entwicklungswerkzeuge

Die so hinzugefügte Java-Entwicklungsumgebung ist nun durch Setzen des Häkchens im entsprechenden Feld ausgewählt. Damit werden automatisch wichtige

Auswahl der Entwicklungsumgebung unter Eclipse

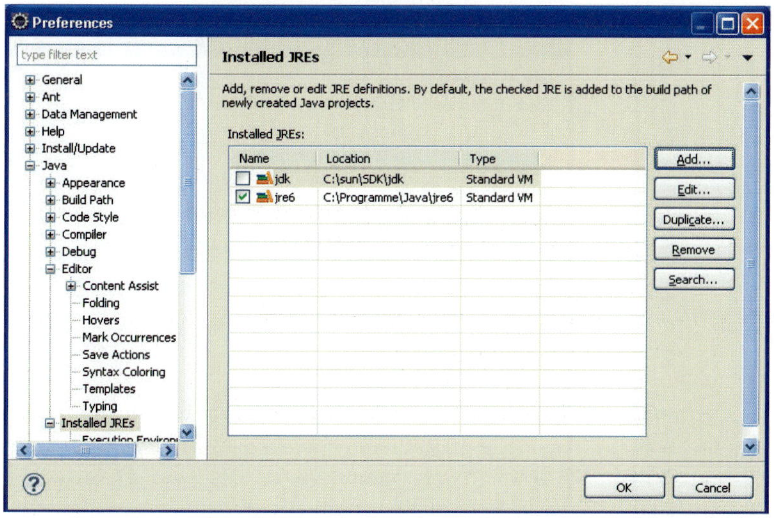

Bibliotheken für die weitere Arbeit bereitgestellt, wodurch auch die Standardklassen für den Aufbau von Servlets zur Verfügung stehen.

Bei der Entwicklung der Servlets werden diese Standardklassen verwendet oder überschrieben, was der gesamten Java-Entwicklungsphilosophie entspricht und eine Reduzierung von Entwicklungsaufwand, Fehlerwahrscheinlichkeit, Pflege- und Anpassungsaufwand bedeutet.

Durch den beschriebenen Prozess ergibt sich dann die im folgenden Bild dargestellte Situation. Die ausgewählte JRE wird dabei standardmäßig zum Entwickeln und Ausführen von Java-Programmen ("The checked JRE will be used by default to build and run Java programs.") genutzt (siehe Screenshot unten).
Schließlich muss noch die Verbindung zum Tomcat-Server hergestellt werden. Danach kennt Eclipse die Version des Tomcat-Servers und den Speicherort für die Bereitstellung der Servlets im Web-Container (siehe Screenshot auf folgender Seite oben).

Die Tomcat-Zuordnung geschieht über folgenden Weg:

1. Eclipse Menü: **Window/Preferences**
2. Links im Baum unter Java ist der Zweig **Tomcat** auszuwählen.
3. In der rechten Liste ist die Version des Tomcat-Servers auszuwählen (hier die Version 6.0).
4. Über die Schaltfläche **Browse...** kann das Heimatverzeichnis von Tomcat gesucht werden.
5. Über eine weitere Schaltfläche **Browse...** kann die Konfigurationsdatei von Tomcat gesucht werden.

Im Ergebnis der Zuordnung von Tomcat zur Eclipse-Umgebung erscheinen die drei Tomcat-Schaltflächen in der Icon-Leiste von Eclipse. Zum Test der erfolgreichen Installation kann wie folgt vorgegangen werden:

1. Eclipse starten.
2. Lokalen Browser starten.
3. Tomcat-Server in Eclipse starten.
4. Aufruf der Adresse http://localhost:8080 im Browser.
5. Bei erfolgreicher Installation und Zuordnung wird nun das Begrüßungsbild von Tomcat angezeigt.
6. Tomcat über Eclipse beenden.
7. Der erneute Aufruf der Adresse http://localhost:8080 muss erfolglos bleiben.

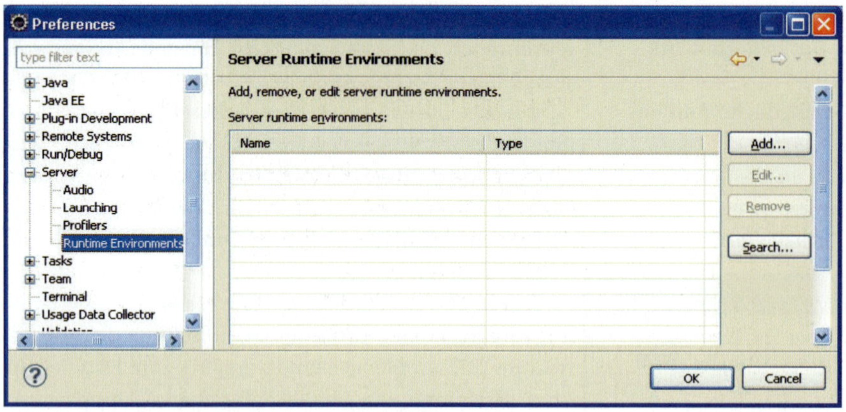

Referenz aus Eclipse auf die Tomcat-Version einstellen

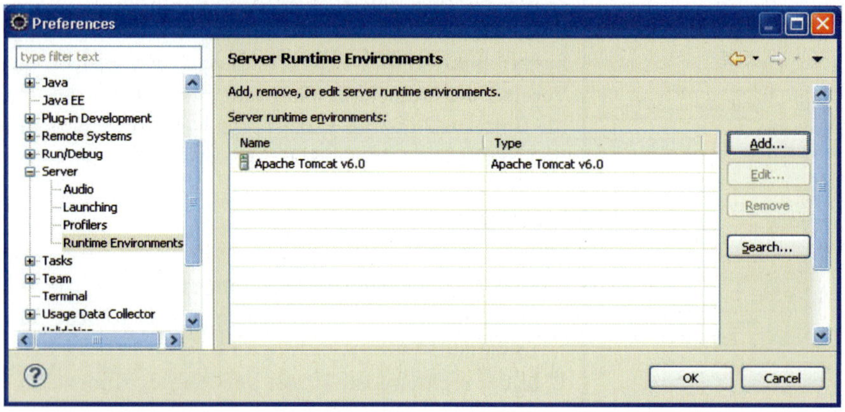

Eclipse vereinbart die Referenz auf Tomcat

Aufgaben

1. Welche Aufgabe hat der HTTP-Server?
2. Über welchen Port wird der HTTP-Server angesprochen?
3. Welche kommerziellen Webserver und welche Open-Source-Produkte stehen zur Verfügung?
4. Was bedeutet CGI?
5. Was sind CGI-Skripte und welchen Nachteil haben sie gegenüber einem Servlet?
6. Was ist ein Web-Container?
7. Informieren Sie sich über die Sprachen PHP und Perl als Alternative zu den Java-Servlets.
8. Wieso kann man auch lokal auf einem Rechner unabhängig vom Internet einen Webserver betreiben?
9. Über welche Wege kann der lokale Webserver angesprochen werden?
10. Welche Rolle spielt eine Firewall bei der Nutzung eines lokalen Webservers?
11. Welchen Vorteil erbringt die Einbindung von Tomcat in die Eclipse-Umgebung?

Eclipse sucht die Server-Laufzeitumgebung

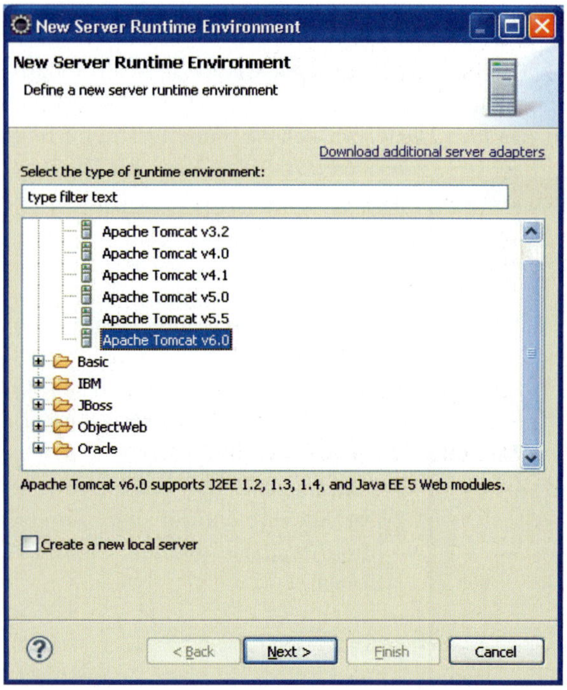

Eclipse arbeitet mit Tomcat zusammen

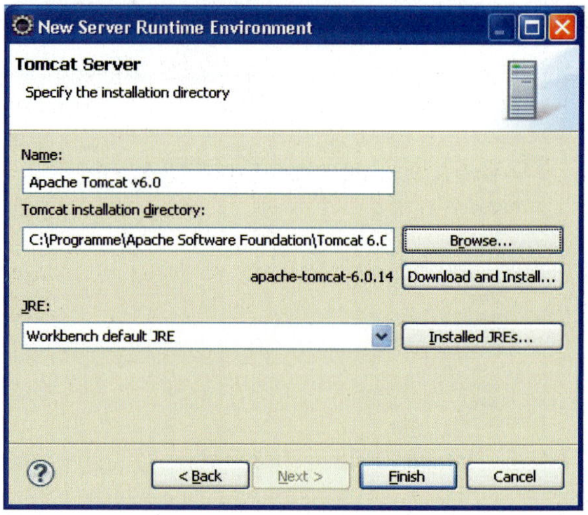

7.4.2 Servlets

Nach erfolgreichem Einrichten der Arbeitsumgebung kann nun die Entwicklung und Bereitstellung von Servlets beginnen.

7.4.2.1 Das Konzept der Servlets

Servlets sind das serverseitige Gegenstück zu den Applets. Als Servlet bezeichnet man Java-Klassen, deren Instanzen innerhalb eines Webservers Anfragen von Clients entgegennehmen und beantworten. Die Schnittstelle **javax.servlet.Servlet** muss durch diese Klassen implementiert werden. Das englische Wort „servlet“ wird nicht übersetzt. Es handelt sich hierbei um eine Wortbildung aus den Begriffen „Server“ und „Applet“, also „serverseitiges Applet“, bzw. Servlet.

Die eintreffenden Anfragen stellen für das Servlet ein besonderes Ereignis dar und werden ereignisorientiert behandelt. Der Inhalt der Antworten wird dynamisch erstellt, also im Ergebnis der Anfrage, und muss nicht bereits statisch (etwa in Form einer HTML-Seite) für den Webserver verfügbar sein. Servlets stellen somit das Java-Pendant dar zu CGI-Skripten, PHP oder anderen Konzepten, mit denen dynamisch Webseiten bzw. Inhalte erstellt werden können.

Im Gegensatz zu CGI-Skripten laufen die Servlets innerhalb des Webservers ab. Sie werden einmal geladen, initialisiert und stehen dann permanent zur Bearbeitung von Anfragen (Requests) zur Verfügung. Servlets werden auch nicht aus dem Server entladen, sobald eine Anfrage beantwortet ist, sondern sie stehen für weitere Anfragen bereit. Der Server bedient mehrere Clients, kann also aus vielen unterschiedlichen Quellen Anfragen erhalten. Für das Servlet gibt es keine feste Sitzung zwischen einem Client und dem Server.

Eine Anfrage (Request) an das Servlet wird in folgenden Schritten bearbeitet:
- Die Anfrage wird an die Servlet-Engine weitergeleitet.
- Die Servlet-Engine lädt das konkrete Servlet.
- Das Servlet ruft die **service( )-Methode** auf und übergibt ihr den Request.
- Die **service( )-Methode** ruft die entsprechenden Methoden zur Aufnahme und Interpretation des Request auf, z. B. die **doGet( )-Methode**.
- Der Request wird entsprechend seinem Inhalt abgearbeitet.
- Die Antwort wird über das **response( )-Objekt** zum Client zurückgesendet.

Bearbeitung eines Servlets (Quelle: http://de.wikipedia.org/wiki/Bild:Servlet.png)

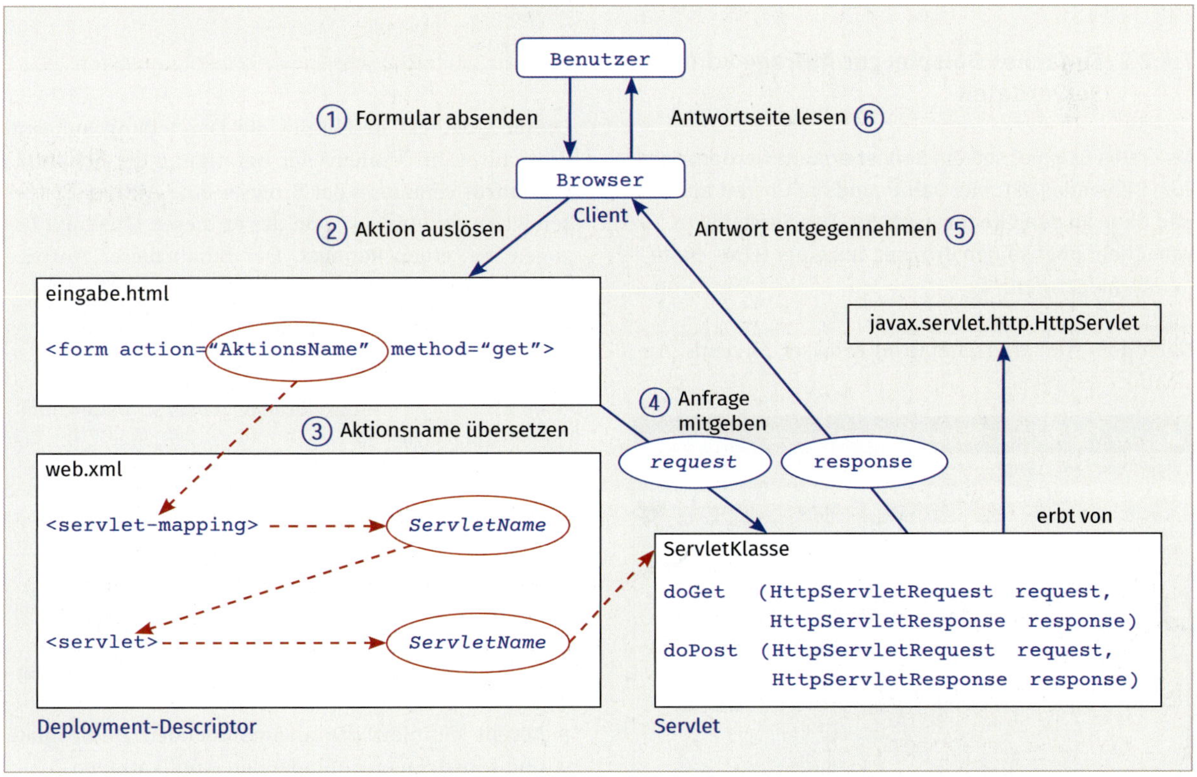

Das Servlet befindet sich in ständiger Bereitschaft, um Anfragen von allen möglichen Clients zu bedienen. Diese Persistenz (Beständigkeit) des Servlets erhöht auch die Performance der Lösung im Vergleich zu CGI-Skripten.

Als Entwickler muss man im Rahmen einer entsprechenden Umgebung in jedem Fall die **doGet( )-** und die **doPost( )-Methoden** implementieren, der Rest kann automatisch hinzugefügt werden. Bei Verwendung der Servlet-Spezifikation und einer entsprechenden Web-Container-Umgebung (z. B. Apache Tomcat) wird eine vom **javax.servlet.http.HttpServlet** abgeleitete Klasse erstellt. Die beiden Methoden **doGet( )** und **doPost( )** der Ausgangsklasse werden überschrieben. Damit können die beiden wichtigsten HTTP-Methoden GET und POST verarbeitet werden.

Die Meta-Informationen über das Servlet werden in der XML-Datei **web.xml** hinterlegt (Deployment-Descriptor). Diese XML-Datei wird zusammen mit der kompilierten Klasse in eine einzige Archivdatei (***.war** für Web-Archiv) zusammengeführt. Diese Archivdatei wird dem Web-Container über eine von ihm bereitgestellte Funktionalität wiederum zur Verfügung gestellt.

Dieses Anmelden und Bereitstellen der Anwendung beim Server bezeichnet man als **Deployment**.

7.4.2.2 Einfaches Beispiel zur Abfrage von Serverdaten

S Als erstes Beispiel soll ein Servlet erstellt werden, das vom Server das aktuelle Datum und die Uhrzeit abfragt und dann an den Client zurückgibt. Das Servlet wird vom Client über seinen Browser aus einer HTML-Seite heraus aufgerufen.

Nach dem Aufruf erscheint im Browser folgende Ansicht:

Der zugehörige HTML-Quelltext ist nicht besonders spektakulär und aufwendig. Wichtig sind jedoch die folgenden Elemente:

- Der Rahmen mit den Tags **html**, **head**, **title** und **body** entspricht den Standardkonventionen.
- Der **form-Tag** schafft das Formular für den Aufruf des Servlets.
- Die Zeile **Action=SL_Datum** bewirkt, dass beim Anklicken des **submit-Buttons** das Programm **SL_Datum.class** im Servlet-Container gestartet wird.
- Der **input**-Tag stellt den Button vom Type „**submit**" (übermitteln) bereit.

Der HTML-Quelltext zur Bearbeitung eines Servlets sieht dann wie folgt aus:

```
<html>
<head>
<title> Aufruf eines Servlets </title>
</head>
<body>
<h1> Erstes Beispiel eines Servlets </h1>
<p><p>
<form
    Action="SL_Datum">
    <p><br>
    Rufen Sie hier bitte Datum und Uhrzeit
    des Servers ab!
    <input Type="submit" Value="Aufruf">
</form>
</body>
</html>
```

Dieser Quelltext beschreibt die Darstellung auf dem Bildschirm. Im Moment der Betätigung der Schaltfläche **Aufruf** veranlasst der Browser eine Aktion. Er versendet an die Adresse, von der er diesen Quelltext bezogen hat, einen **Request**. Der Inhalt dieser Anfrage wird in folgendem Bild dargestellt.

```
GET/SL_Datum? HTTP/1.1
Accept:            image/gif, ..., application/....
Referer:           http://localhost:8080/SL_Datum.html
Accept-Language:   de
Accept-Encoding:   gzip, deflate
User-Agent:        Mozilla/4.0 (compatible: MSIE 6.0,
                   Windows NT 5.0)
Host:              localhost:8080
Connection:        Keep-Alive
```

Zum Verständnis sind einige Erläuterungen erforderlich:

- **Accept** definiert die anzunehmenden Bildformate und sonstigen einzubindenden Applikationen.

- **Referer** gibt die URL von dem Dokument an, das auf die angeforderte Aktion verwiesen hat.
- **Host** verweist auf den Host-Namen und die Portadresse des vom Client angesprochenen Hosts.
- **Connection: Keep-Alive** verweist darauf, dass die Verbindung aufrechterhalten werden soll. Das ist jedoch eine rein technische Anweisung und bezieht sich nicht auf die inhaltlich zusammenhängende Sitzung.

Damit sind alle Sachverhalte beschrieben, die auf der Seite des Clients passieren. Die Dokumente selbst werden auf dem Server verwaltet. Auch die HTML-Seite mit der Möglichkeit zum Aufruf des Servlets kommt vom Server, während der Aufruf aber am Client veranlasst wird.

```
package SL_Datum;
import java.io.IOException;
import java.io.PrintWriter;
import java.util.Date;

import javax.servlet.ServletException;
import javax.servlet.http.HttpServlet;
import javax.servlet.http.HttpServletRequest;
import javax.servlet.http.HttpServletResponse;

public class SL_Datum extends HttpServlet  {

  public void doGet( HttpServletRequest anfrage,
                     HttpServletResponse antwort)
        throws ServletException, IOException  {

    antwort.setContentType("text/html");
    PrintWriter out = antwort.getWriter( );

    out.println(
      "<html>  <head>" +
      "    <title>SL_Datum: Aktuelles Datum und
                          Uhrzeit vom Server</title>" +
      "  </head>" +
      "  <body>" +
      "    <p>" +
      "      Aktuelles Server-Datum und
             Server-Uhrzeit: " + new Date( ) +
      "    </p>" +
      "  </body>  </html>" );
  }
}
```

7.4.2.3 Codieren und Kompilieren des Servlets

Das Servlet ist seinem Quelltext nach ein normales Java-Programm, jedoch unter Verwendung spezieller Bibliotheken, aus denen die notwendigen Schnittstellen, Klassen und Ausnahmebehandlungen abgeleitet werden können. Eine zentrale Rolle spielen hier die Pakete **javax.servlet** und **javax.servlet.http**. Sie enthalten für den Betrieb von Servlets die folgenden Elemente:

- Schnittstellen (Interfaces)
- Klassen (Classes)
- Ausnahmebehandlungen (Exceptions)

Das folgende Servlet zeigt die Verwendung dieser Pakete. Wie bereits erwähnt, müssen dann eigentlich nur noch die **doGet( )-** und die **doPut( )-Methoden** programmiert, oder wie man auch sagt: „überschrieben" werden.

Zuerst werden die Pakete (package) für die Ein- und Ausgabe sowie die Datums- und Zeitroutinen geladen. Dann folgen die Pakete für die Ausnahmebehandlung (Exception) von Servlets und deren zu implementierende Klassen (siehe oben).

Zu programmieren ist dann eigentlich erst die Klasse **SL_Datum.** In ihr befindet sich die **doGet( )-Methode** mit den Parametern **anfrage** und **antwort**, wobei der Parameter **anfrage** ungenutzt bleibt, da beim Aufruf keine Werte übertragen werden. Der Parameter **antwort** wird jedoch als **html/text** typisiert und dann aus dem Ausgabestream durch die **getWriter( )-Methode** gefüllt. In den Ausgabestream **out** wird eine einfache Textkette gesetzt, hier in blau dargestellt und als Beschreibung einer Webseite in HTML zu erkennen. Variabel ist dabei einzig das Ergebnis aus dem Aufruf der **Date( )-Funktion**, die das jeweilige Datum mit der Uhrzeit in die Textkette einfügt.

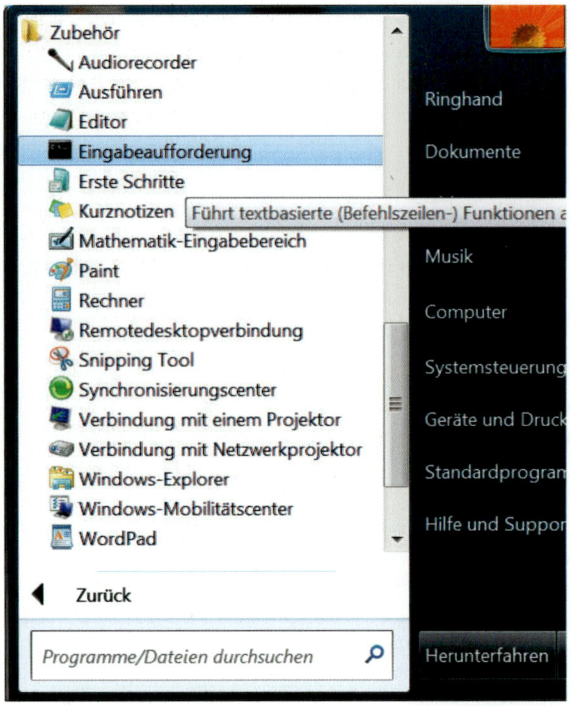

Beschriftung und Funktion nachreichen

Das Servlet liegt damit als Java-Quelltext vor. Es kann alternativ zu Eclipse auch auf einfache Art und Weise im cmd-Fenster durch den Java-Compiler (javac.exe) in eine Java-Objekt-Datei übersetzt werden. Wichtig hierfür ist eine korrekte Einstellung der **classpath**-Umgebungsvariablen, damit der Compiler auch alle importierten Packages findet.

Stefan arbeitet lieber mit Eclipse. Unter Eclipse kann er ein „Dynamic Web Project“ anlegen. Dabei wird er nach einem auszuwählenden Server gefragt. Stefan wählt Tomcat und teilt Eclipse dessen Installationsverzeichnis mit. Zukünftig kann Eclipse so auch auf Tomcat automatisch zurückgreifen und für den Test der Servlets gegebenenfalls auch den Server starten.

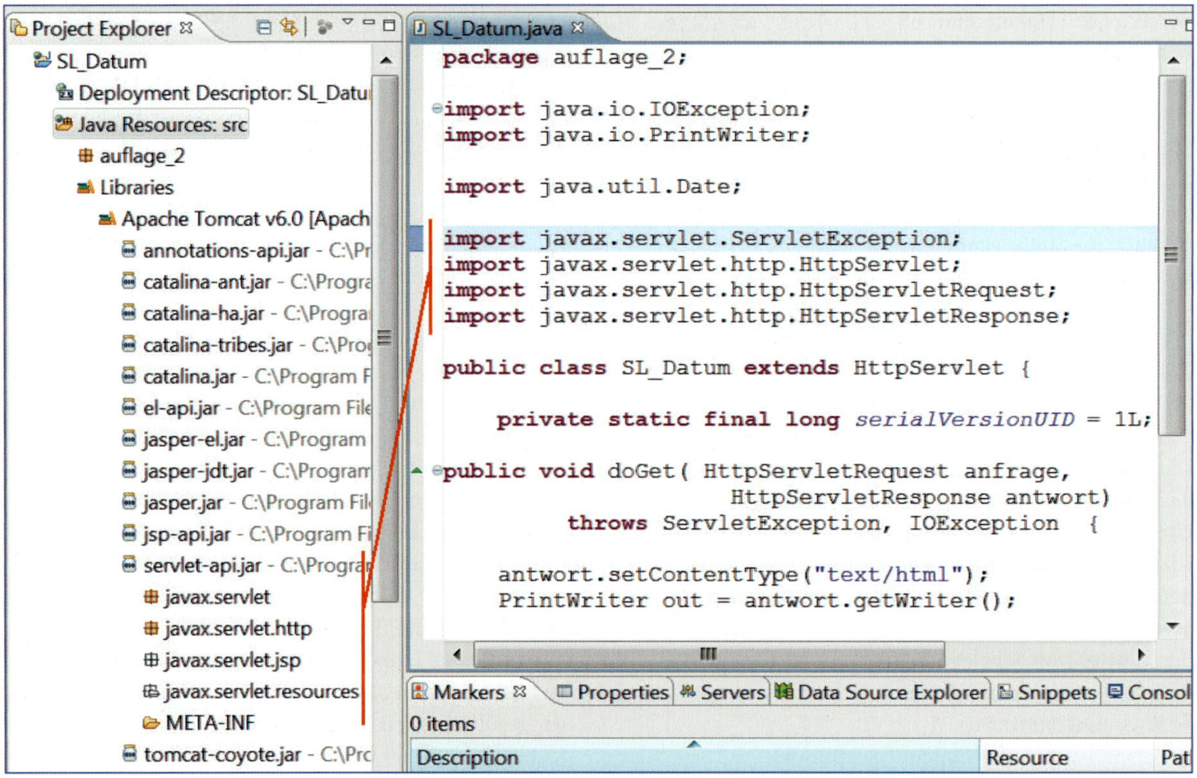

Eclipse mit Tomcat und Servlet

Eclipse legt automatisch die für den Server notwendigen Verzeichnisse innerhalb des Workspace an (siehe Abbildungen). Diese Struktur ist zum Testen, aber nicht für den Routinebetrieb des Servlets ausreichend.

Hierzu ist ein Deployment-Prozess notwendig. Der Assistent von Eclipse erzeugt das Programmskelett für das Servlet und beschafft auch die notwendigen Bibliotheken.

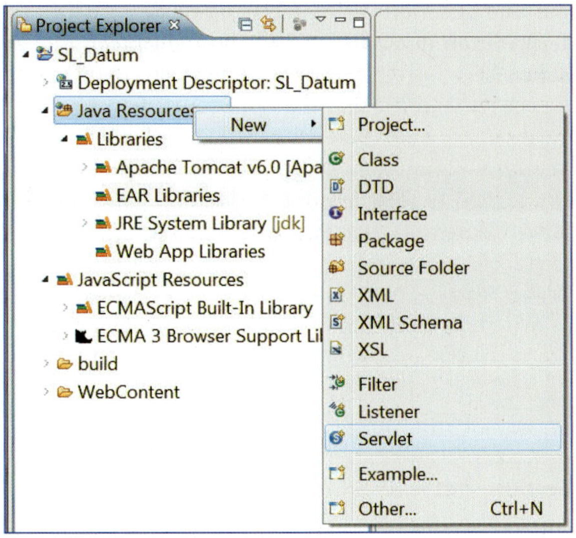

Eclipse Servlet Project

Aufgaben

1. Was unterscheidet ein Servlet von einem Applet?
2. Wie wird die Verwendung von einem Servlet im HTML-Text vereinbart?
3. Wo wird das Servlet im HTML-Text aufgerufen?
4. Welche Möglichkeiten gibt es für die Parameterübergabe an das Servlet?
5. Wie gibt das Servlet seine Ergebnisse an die HTML-Umgebung zurück?
6. Welche Methoden können durch das Servlet-Programm überschrieben werden?
7. Lokalisieren Sie auf Ihrem Rechner den Request vom Browser an den Webserver und interpretieren Sie seinen Inhalt.
8. Geben Sie unter Google eine Suchanfrage ein, und analysieren Sie nach der Bestätigung die veränderte Adresszeile. Finden Sie Ihre Anfrageparameter wieder?
9. Wodurch unterscheiden sich die Methoden **doGet** und **doPost**?
10. Wie erstellt man unter Eclipse ein Servlet?

7.4.3 Deployment

Das **Deployment** veröffentlicht das Servlet, macht es dem Server bekannt (to deploy: aufbieten, entfalten, aufstellen, stationieren). Das Programm muss dort installiert werden, wo es auszuführen ist. In der Praxis unterscheiden sich die Computersysteme für Entwicklung und Server-Betrieb. Also müssen die Servlets vom Entwicklungsrechner zum Server transportiert werden.

Web Application Archiv		
Dateierweiterung	enthaltene Dateien	Beschreibung
***.war**	*.class	Servletklasse oder JSP als Objekt-Code
	*.html	aufrufende Webseite
***.war**	web.xml	Beschreibung zum Deployment
	*.xml	herstellerspezifische Dateien

Zur Vereinfachung des Transports werden alle Dateien als ein **Archiv** in gepackter Form übermittelt. Für das Bereitstellen muss der Server gestartet sein, und es muss eine TCP/IP-Verbindung zwischen Entwicklungsrechner und Server bestehen.

Nach dem Erstellen der aufrufenden Webseiten in HTML und dem Programmieren und Übersetzen der Servlets in **class-Files** erfolgt das Deployment in drei Schritten:

1. Packen der erstellten Dateien in ein Archiv
2. Vergabe von symbolischen Namen für die gesamte Applikation
3. Durchführen des Deployments

Die notwendigen Werkzeuge für das Deployment werden vom Anbieter des Webservers mitgeliefert.

7.4.4 Verwendung des Servlets

Der Test des Servlets kann sofort durch Aufruf der HTML-Seite vom lokalen Server aus dem Verzeichnis **SL_Datum_Content** heraus erfolgen. Der Browser interpretiert die HTML-Datei, erkennt das Formular und stellt die Schaltfläche **Aufruf** bereit.

Durch Betätigung der Schaltfläche **Aufruf** vom Typ **submit** wird die im Formular vereinbarte Aktion **action=SL_Datum** aufgerufen. Dieser Request gelangt zum Server. Dort wurde bereits durch den Aufruf der HTML-Seite das Servlet **SL_Datum** gestartet. Das Java-Programm ruft das lokale Objekt **Date( )** vom Server auf und generiert die einfache HTML-Seite, deren Interpretation durch den Browser im folgenden Bild zu sehen ist.

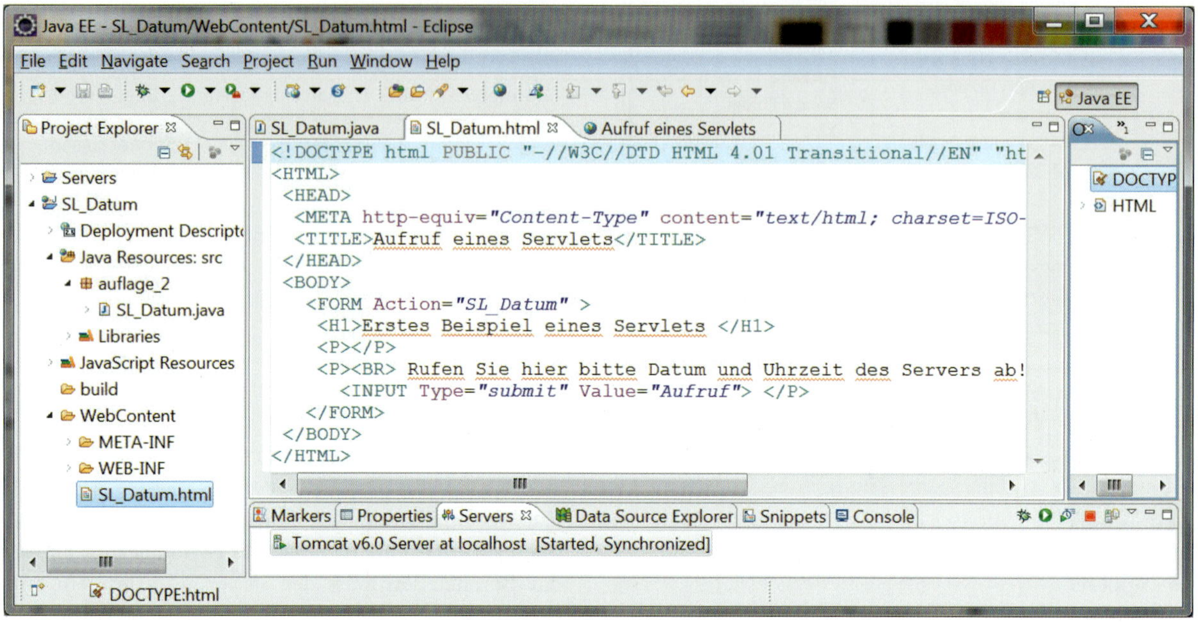

Aufruf des Servlets

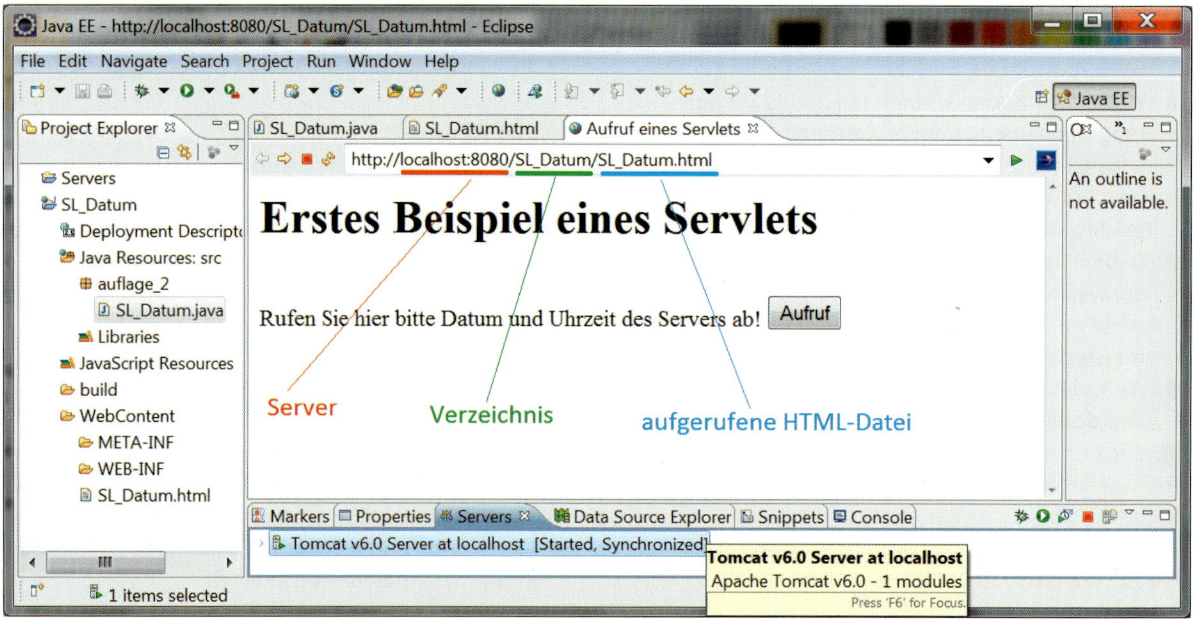

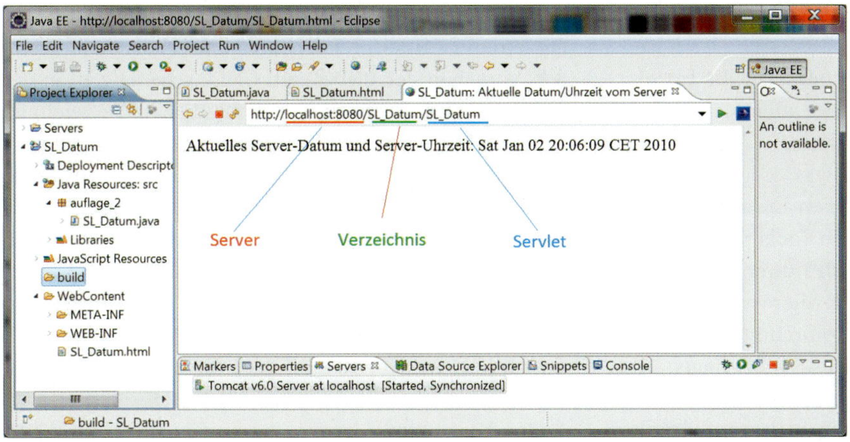

Ergebnis des Aufrufs

7.5 ACI-Webshop: Servlet mit Datenbankzugriff

Nachdem Stefan nun die Erstellung, das Deployment und den Test des Servlets verstanden und praktiziert hat, will er die Aufgaben zur Erstellung des ACI-Webshops erledigen. Dazu zählt er zunächst für seine Teammitglieder das bisher Erreichte auf:

- Wir besitzen Grundkenntnisse in HTML und können Formulare erstellen.
- Wir haben Java installiert, wodurch uns die Java Virtual Maschine (JRE) und die Java-Entwicklungswerkzeuge (JDK) zur Verfügung stehen.
- Wir verfügen über Grundkenntnisse in Java und können eigene Objekte und Methoden erstellen.
- Wir können Java-Bibliotheken nutzen und Methoden der dort angebotenen Standardklassen überschreiben.
- Wir beherrschen das Werkzeug Eclipse zum komfortablen Entwickeln von Java-Anwendungen.
- Wir installierten mit Tomcat einen eigenen lokalen Webserver zu Testzwecken.
- Wir entwickelten ein eigenes Servlet, und uns gelang die erfolgreiche Übertragung (Deployment) dieses Servlets zum Webserver.
- Wir haben das Verzeichnis **SL_Datum_Content** zum Aufruf der Webseite und den Aliasnamen im HTML-Formular zum Aufruf des Servlets verwendet.
- Der Test zum Aufruf der Webseite mit Servlet vom lokalen Webserver verlief erfolgreich.

Jetzt fehlt noch eine Datenbank für die Verwaltung der Artikel- und Kundendaten. Über eine HTML-Seite erfolgt der Zugriff auf die Datenbank und deren Datenbestände. Die Datenbank befindet sich in der Zentrale des Unternehmens. Dort muss für diesen Zweck neben dem HTML-Server und dem Webserver auch ein Datenbankserver installiert werden. Als Datenbankmanagementsystem eignet sich in der Testphase das frei verfügbare Produkt MySQL. Für den ersten lokalen Test kann auch Microsoft Access verwendet werden.

Herr Pelz formuliert als nächsten Entwicklungsschritt folgende Aufgabe: Für die Mitarbeiter der Niederlassungen soll die Möglichkeit bestehen, den Artikelbestand der ACI GmbH über das Internet zu nutzen. Die Mitarbeiter sollen Artikeldaten abrufen und neue Artikel anlegen können, wobei sich diese Funktionen zunächst nur auf die Artikelstammdaten erstrecken, nicht auf die Bestände und Preise.

Ein Datensatz der Artikelstammdaten besteht für einen ersten Prototyp vorerst nur aus folgenden Datenfeldern:

Artikelnummer (EAN)	Artikelbezeichnung
3179732353511	Natürl. Mineralwasser 2 Liter
4006542022964	Rotwein Pfalz
...	...

Die Artikelnummer muss eine offiziell verwendete EAN sein und kann nach dem bereits beschriebenen Algorithmus geprüft werden. Die Artikelbezeichnung besteht aus Text mit einer Länge von maximal 40 Zeichen.

Die Ansicht bzw. Eingabe von Artikelstammdaten soll in folgenden Schritten ablaufen:

- Nach Eingabe der Artikelnummer wird zuerst deren formale Korrektheit dezentral im Client geprüft.
- Die korrekte EAN wird zum Server übertragen.
- Der Server prüft, ob sich der zur übermittelten EAN passende Artikel bereits in der Datenbank befindet.
- Zu vorhandenen Artikeln wird die Artikelbezeichnung angezeigt.
- Bei unbekannter EAN erhält der Client die Möglichkeit zur Eingabe der Artikelbezeichnung.

Herr Pelz sieht in der Lösung dieser Aufgabe den Prototyp für die Arbeitsweise des Webshops der ACI GmbH. Für besonders wichtig hält er in der Client-Server-Verbindung den sicheren Umgang mit Applets, Servlets sowie den Datenbankzugriff.

7.5.1 Installationshinweise

Vor Beginn der eigentlichen Arbeit sind für die Installation von Java-Komponenten einige allgemeine und sehr wesentliche Hinweise zu beachten:

1. Versionen

Für die Entwicklung von Programmen in Java und für deren Nutzung gibt es viele nützliche Tools, wovon wiederum viele Tools von technologisch führenden Unternehmen der IT-Branche, wie z.B. Sun Microsystems, IBM oder Apache, in die Open-Source-Community der Java-Entwickler eingebracht wurden. Diese Tools liegen als Quelltext vor und werden von der Open-Source-Community der Java-Entwickler **ständig weiterentwickelt** und ergänzt. Es gibt daher **ständig neue Versionen**, die auch im Internet zum Download veröffentlicht werden.

Jedes Buch und jeder geschriebene Text ist damit eigentlich immer veraltet gegenüber der aktuellen Entwicklung der Tools, die mit ständig neuen Versionen aufwarten. Als besonders wichtig erweist sich aber die Hierarchie der Tools, da sie alle mehr oder weniger aufeinander aufbauen, wobei als Basis von allen Tools die Java-Virtual-Machine genutzt wird. Man muss also stets genau darauf achten, auf welcher Version der unteren Schicht ein Tool der übergeordneten Schicht basiert, bzw. welche Version von einer übergeordneten Schicht vorausgesetzt wird.

Als **Faustregel** gilt, dass die Tools vom Zeitpunkt ihrer Freigabe her von unten nach oben immer jünger werden müssen, d.h. am ältesten ist immer das Tool in der untersten Schicht.

Erweiterte „Three Tier Architecture" mit Datenbankserver

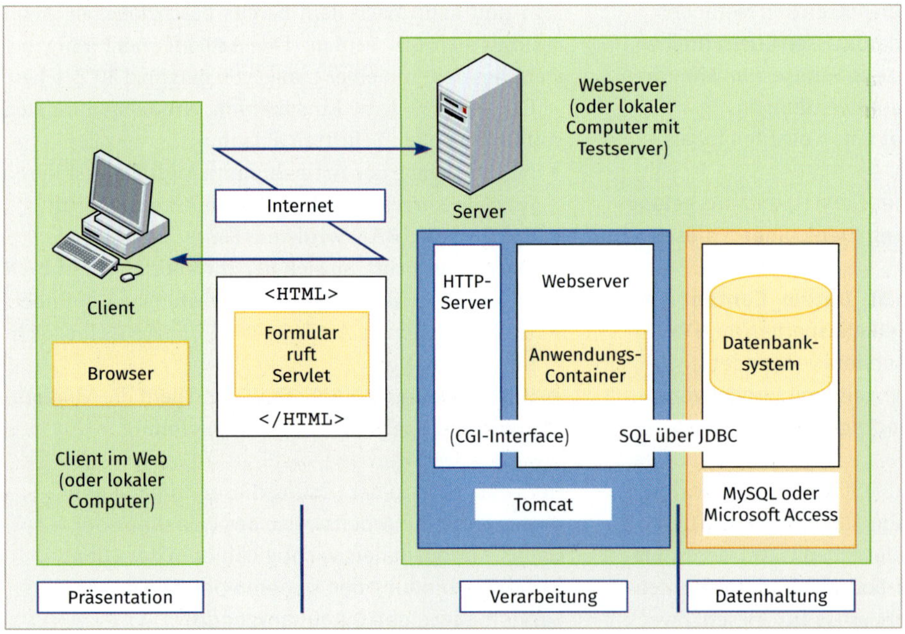

2. Umgebungsvariablen

Die Arbeitsweise der Java-Tools entspricht weitgehend den Vorgaben der **UNIX-Welt**. UNIX arbeitet z.B. in der Dateiverwaltung mit einem einheitlichen Verzeichnisbaum ohne Angabe von Laufwerken. Verzeichnisse werden wie Dateien behandelt. In der Umgebung von **Microsoft Windows** gibt es dafür eine zentrale Registrierung von Programmen (Registry). Während der Installation von Programmen werden in der Registrierung im Idealfall die Speicherorte aller notwendigen Bibliotheken und Dateien vermerkt. Das muss aber nicht so sein, denn oft finden sich die Bibliotheken auch im zentralen Systemverzeichnis (c:\windows\system32) wieder.

Zur Verwaltung der Programmzugriffe kennt UNIX die zentralen **Umgebungsvariablen** und den **Pfad-Parameter** mit der Angabe der möglichen Speicherorte, wo ein aufgerufenes Programm zu finden ist. Für eine erfolgreiche Installation von Java-Tools unter Windows ist es oft notwendig, diese Parameter bewusst festzulegen. Das Fenster „Systemeigenschaften" zur Einstellung der Umgebungsvariablen wird über den Weg **Start/Computer/Basisinformationen über den Computer anzeigen/Erweiterte Systemeinstellungen** erreicht. Das Menü zur Parametereinstellung ist in der Abbildung zu erkennen (siehe Screenshot auf folgender Seite oben).

3. Verzeichnisstruktur

Eine bewusst aufgebaute Verzeichnisstruktur ist unter Microsoft Windows notwendig, um bei den vielen Installationen und automatisch angelegten Verzeichnissen den Überblick zu behalten. Nachträgliches Verschieben von Verzeichnissen kann fatale Folgen haben. So speichert Eclipse beispielsweise auch die Struktur der Arbeitsbereiche von Projekten. Beim erneuten Aufruf eines Projektes sucht Eclipse alle Dateien in den angelegten Verzeichnissen und nach Verschiebungen funktioniert nichts mehr, wie es soll. Für einige Komponenten ist kein gesondertes Verzeichnis notwendig. So signalisiert die Einbettung von AXIS in das Tomcat-Verzeichnis die enge Verbindung von beiden Komponenten. Allgemein wird empfohlen, die aus einem Download stammenden Zip-Archive zuerst in ein temporäres

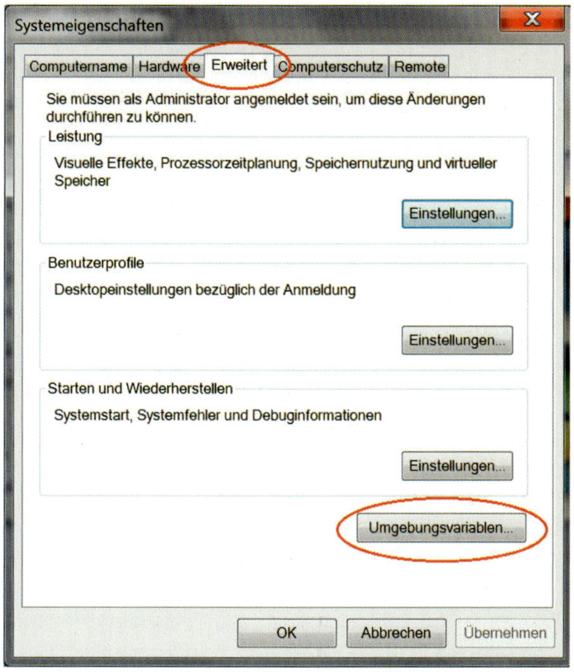

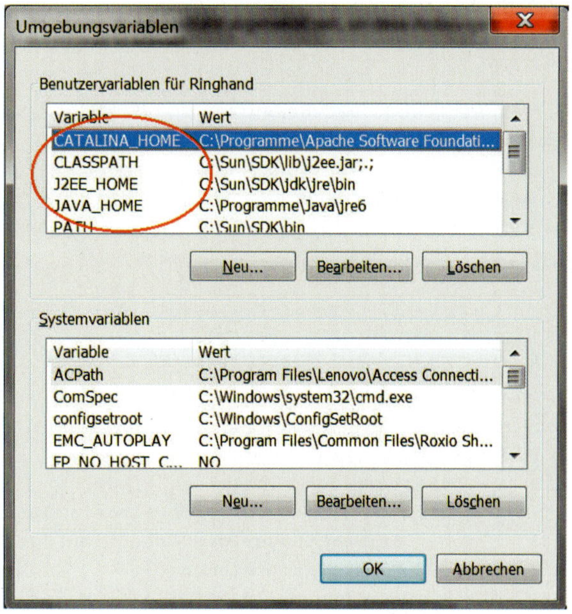

Systemeigenschaften und Umgebungsvariablen

Verzeichnis zu entpacken und dann nur die notwendigen Bibliotheken oder Verzeichnisse an die geforderten Stellen zu kopieren.

4. Datei- und Verzeichnisnamen

Folgende Hinweise für die Einhaltung der Java-Namenskonventionen sind besonders wichtig:

- Java ist **case sensitive**, d.h. Groß- oder Kleinschreibung spielt eine Rolle. Auch wenn in Microsoft Windows die Groß- oder Kleinschreibung von Dateinamen und Verzeichnisnamen keine Bedeutung besitzt, so sollte die Groß- oder Kleinschreibung unter Java und in den Installationsangaben unbedingt beachtet werden.
- Die deutschen **Umlaute ä, ü, ö** und auch **ß** sind tabu. Das gilt auch für alle anderen länderspezifischen Sonderlaute und Besonderheiten sowie den **Unterstrich** („_") als Trennzeichen. Dafür sind **Punkte** und **Leerzeichen** in Verzeichnisnamen erlaubt.
- UNIX verwendet den einfachen Schrägstrich („/") als **Trennzeichen** zwischen Verzeichnissen, Microsoft Windows nutzt hierfür den „Back Slash" („\"). Als Entwickler muss man die Systemumgebung berücksichtigen, für die man gerade arbeitet, also z.B. UNIX (Linux) oder Microsoft Windows.
- Plug-ins verwenden als Namen eine umgekehrte Notation der URL durch Punkte separiert.

7.5.2 Datenbankzugriff aus Java mit SQL

Für den Zugriff auf eine MySQL-Datenbank muss dem Projekt der JDBC-Treiber hinzugefügt werden. Dies geschieht über die Properties des Projektes:

1. Project Properties
2. Java Build Path
3. Libraries
4. Add External JARS
5. mysql-connector-java-5.1.23-bin.jar

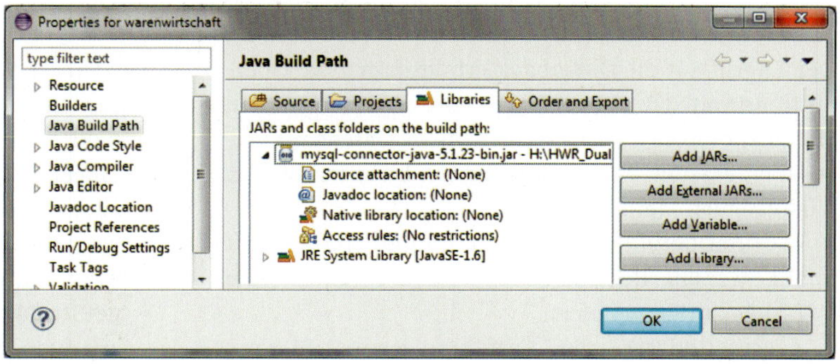

Der MySQL-JDBC-Treiber enthält alle Funktionalitäten, die für den Zugriff auf die MySQL-Datenbank notwendig sind. Diese Funktionalitäten werden hierbei auch fest in das vorcompilierte Java-Programm übernommen, sodass ein Wechsel zu einer anderen SQL-fähigen Datenbank nur durch Änderungen im Quelltext möglich ist. Der Quelltext „import java.sql.*" ermöglicht den Zugriff auf die MySQL-Datenbank.

```
import java.sql.*;
public class warenliste {

// K. Ringhand JDBC-Beispiel
private java.sql.Statement stm;
public static void main(String argv[]) {
  new warenliste().access();
}
public void access() {
       try {
         Class.forName("com.mysql.jdbc.Driver");
       } catch(ClassNotFoundException ex) {
         System.out.println("Class.forName : " + ex.getMessage());
       }
       try {
       String Quelle;
       Connection con = null;
       Quelle = "jdbc:mysql://localhost:3306/handsim";
       con = DriverManager.getConnection(Quelle, "root","");
       stm = con.createStatement();
       stm.executeUpdate("INSERT INTO Material (EAN, Bezeichnung) VALUES
('1234567890123','Computer')");
       System.out.println("Daten erfolgreich in die Datenbank eingetragen");
       System.out.println("Daten aus der Datenbanktabelle auslesen");
       ResultSet rs = stm.executeQuery ("SELECT * FROM Material");
       while (rs.next ()) {
       String ean = rs.getString (2);
       String bez = rs.getString (3);
       System.out.println(ean + " " + bez);
       }
       System.out.println("Ende der Datenausgabe");
       // Ressourcen_freigabe
       rs.close();     con.close();
       }
       catch (SQLException ex) { System.out.println(ex.getMessage()); }
  }
}
```

Der Zugriff auf die Datenbank erfolgt durch die Übermittlung von SQL-Anweisungen. Dazu wird zuerst ein Statement-Objekt zu der bestehenden Datenbankverbindung erzeugt. Dieses Statement-Objekt kennt hier die folgenden Methoden:

- **.executeQuery( )** zum Ausführen einer Abfrage mit SELECT (als Rückgabewert wird ein Objekt vom Typ **ResultSet** geliefert)
- **.executeUpdate( )** zum Ausführen einer Änderung mit INSERT, UPDATE oder DELETE.

Dazu wird die jeweilige SQL-Anweisung als Zeichenkette aufgebaut und als Parameter übergeben.

Als Ergebnis liefert **executeQuery( )** ein Objekt vom Typ **ResultSet**, das leer sein kann oder einen Datensatz bzw. eine ganze Tabelle enthält.

Standardmäßig steht der Datensatzzeiger in der Ergebnistabelle des Objektes vom Typ **ResultSet** immer vor dem ersten Datensatz. Das Objekt kann nun mit folgenden Methoden ausgewertet werden:

- **.next( )** – springt mit dem Datensatzzeiger in der Tabelle um eine Position weiter, bei der ersten Anwendung zeigt der Datensatzzeiger auf den ersten Datensatz. Wird das Tabellenende überschritten, liefert **.next( )** als Rückgabewert ein „false".
- **.getString(pos)** – liefert den Inhalt des mit **pos** bestimmten Datenfeldes aus dem aktuellen Datensatz als Zeichenkette. Der Wert von **pos** ist eine Zahl.

Die genaue Struktur des Abfrageergebnisses vom Typ **ResultSet** bleibt damit verborgen. Für die Auswertung wird hier nur eine Zeichenkette aus der anonymen Datenstruktur gezogen. Es folgt der entsprechende Quelltext zum Lesen mit SELECT * FROM für das Beispiel.

```
static ResultSet Lesen(Connection Daba, String SQLtext) {
  try {
    Statement SQLanw = Daba.createStatement( );
    return SQLanw.executeQuery(SQLtext);
  } // try
  catch(SQLException ex) {
    System.err.println("SQL-Fehler beim Lesen: " + SQLtext);
    System.err.println(ex);
    return null;
  } // catch
};
```

Eine Fehlerbehandlung ist jedoch notwendig. Java verlangt ein „Exception-Handling", der Compiler selbst akzeptiert keine Anweisungen ohne Ausnahmebehandlung. Deshalb werden die kritischen Anweisungen des Datenbankzugriffes mittels **„try"** gekapselt und gegebenenfalls mit **„catch"** abgefangen. Als Ausnahmen werden behandelt:

Ausnahmesituation	Bemerkung
ClassNotFoundException	Der gewünschte Treiber kann beim dynamischen Methodenaufruf nicht gefunden werden. Hier ist eventuell der CLASSPATH-Wert anzupassen.
IOException	Bei der Ein- oder Ausgabe tritt ein Fehler auf, was hier durch die allgemeine Arbeit mit Zeichenketten kaum passieren kann.
NullPointerException	Im Objekt vom Type **ResultSet** bewegt sich der Zeiger in unvorgesehene Regionen.
SQLException	Die SQL-Anweisung ist falsch und kann daher nicht ausgeführt werden, meistens durch einen Syntaxfehler in SQL verursacht.

Die Methode **.executeUpdate( )** zum Ausführen einer Änderung liefert als Rückgabewert eine ganze Zahl, die der Anzahl der erfolgreich veränderten Datensätze in der angesprochenen Tabelle entspricht. Dieser Wert ist für das Beispiel zuerst uninteressant, muss aber entgegengenommen werden. Es folgt der Quelltext zum Ändern in der Datenbank für das Beispiel (siehe oben).

```
static int Einfuegen(Connection Daba,
String SQLtext) {
  try {
    Statement SQLanw = Daba.createStatement
    ( );
    return SQLanw.executeUpdate(SQLtext);
  } // try
  catch(SQLException ex) {
    System.err.println("SQL-Fehler beim Ae-
    ndern/Einfuegen:" + SQLtext);
    System.err.println(ex);
    return 0;
  } // catch
};
```

7.5.3 Datensicherung und Fehlerbehandlung beim Datenbankzugriff

Für den Webshop wurden in den Anforderungen (vgl. Lastenheft, Abgrenzung gegenüber nicht zu realisierenden Leistungen) keine Maßnahmen zur Datensicherung vereinbart:

2.3 Abgrenzungskriterien
(Anmerkung der Autoren: Die ersten **drei** Abgrenzungskriterien sind nur in der Modellsituation akzeptabel.)
1. Es sind keinerlei Maßnahmen zur **Datensicherung** vorzusehen.
2. Es sind keinerlei Maßnahmen zur **Datenarchivierung** vorzusehen.
3. Es sind nur einfache Maßnahmen zur **Zugriffssicherheit** vorzusehen.
4. Die **Pflege des Warenbestandes** erfolgt ausschließlich über das bestehende Warenwirtschaftssystem.

7.5.4 Antwort des Servlets

Die Verbindung zwischen Browser und HTTP-Server wird als „stateless" bezeichnet, sie ist zustandslos. Eine zustandslose Verbindung hat kein eigenes Gedächtnis, sie kann Informationen aus dem Seitenaufruf nicht speichern, um sie bei einem späteren Aufruf einer anderen oder der gleichen Seite wieder zur Verfügung zu stellen. Deshalb kann man auf der Seite des Servers eine bestehende Webseite nicht modifizieren, sondern sie muss komplett neu geschrieben werden.

Auch der Client kann die Webseite nicht ändern, sondern nur Formulare ausfüllen und Daten aus Auswahllisten auswählen. Für das Beispiel des Webshops bedeutet diese zustandslose Verbindung, dass die Anzeige im Browser nicht partiell verändert werden kann, sondern nach einer Änderung stets wieder komplett zu schreiben ist. Also muss vom Servlet auch eine komplette Seite erzeugt werden, wobei sich der Inhalt der Seite nach den Abfrageergebnissen richtet.

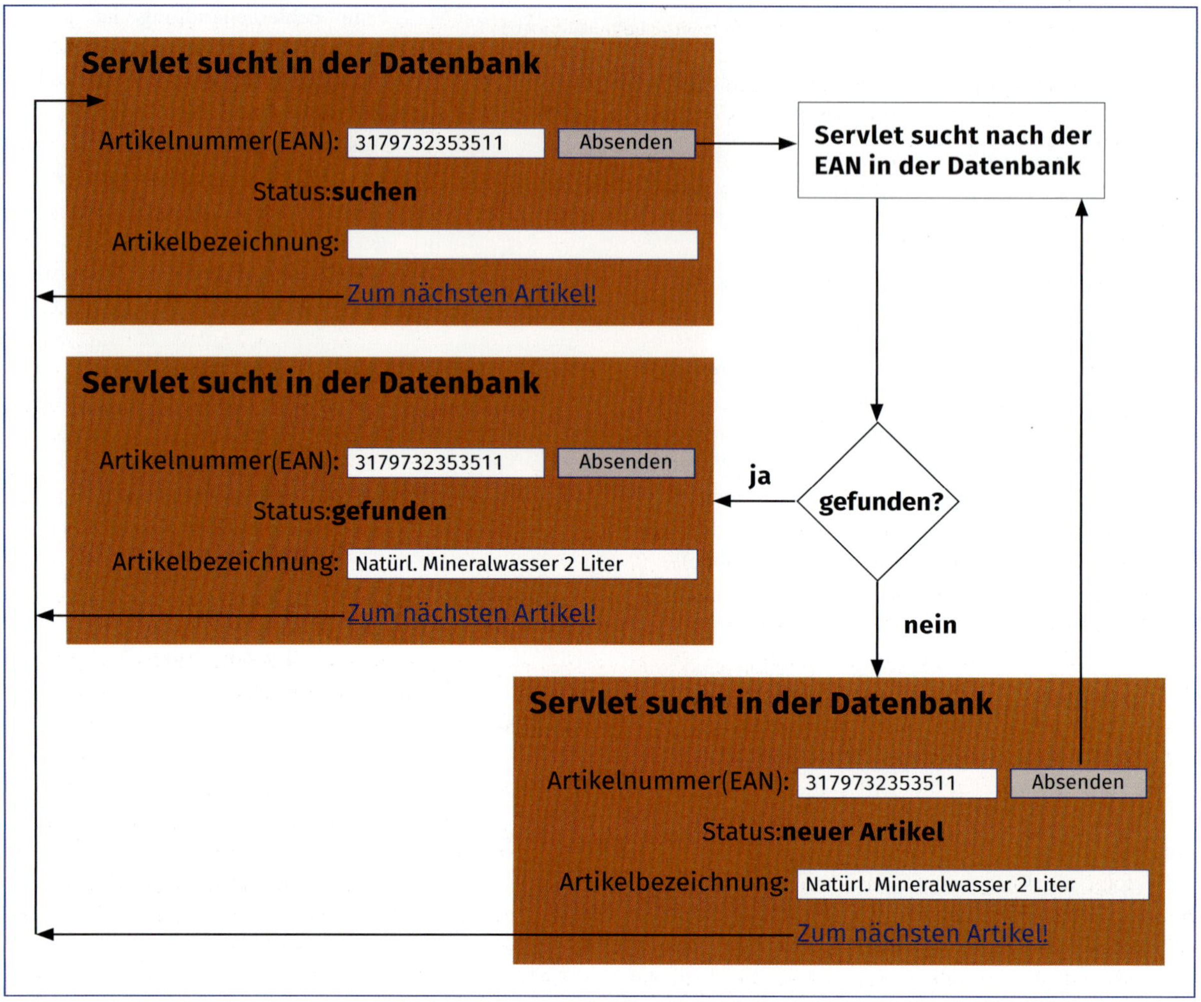

Varianten der HTML-Seite

Das Servlet muss eine neue HTML-Seite erzeugen, deren Aussehen sich in Abhängigkeit vom Abfrageergebnis nur in wenigen Details unterscheidet. Hierfür ist es sinnvoll, einen Entwurf der HTML-Seitenansichten zu erstellen.

Zur Realisierung dieser drei Varianten der Browser-Anzeige sind zwei verschiedene HTML-Dateien notwendig:

- **DabaSL.html** als Startseite mit dem Aufruf des Servlets
- **Response** als Rückgabedatei des Servlets, erzeugt durch die Methode **HTMLSeite( )**

Die Ursprungsseite wird durch den folgenden HTML-Quelltext der Webseite **DabaSL.html** beschrieben.

```
<!DOCTYPE html PUBLIC "-//W3C//DTD HTML 4.01 Transitional//EN"
  "http://www.w3.org/tr/html4/loose.dtd">
<HTML>
<HEAD>
<meta http-equiv="Content-Type" content="text/html; charset=ISO-8859-1">
<TITLE>Aufruf der Datenbank</TITLE>
</HEAD>
<BODY bgcolor="#FF8040" lang=DE>
<H2>Servlet sucht in der Datenbank</H2>
<FORM action="DabaSL">

  <TABLE border="0" cellpadding="5" cellspacing="0" >
  <COLGROUP width="250" span="2"></COLGROUP>
    <TR>
      <TD align="right">Artikelnummer(EAN):</TD>
      <TD> <input name="eingabe" type="text" size="20" maxlength="15">
      <input type="submit" value=" Absenden "> </TD>
  </TR>
```

```
    <TR><TD align="right">Status:</TD><TD><b>suchen</b></TD></TR>
    <TR>
      <TD align="right">Artikelbezeichnung:</TD>
      <TD><input name="bezeichnung" type="text" size="41"
maxlength="40"></TD>
    </TR>
    <TR>
      <TD> </TD>
      <TD align="left">
        <a href="Artikel.html" target=_self> Zum n&auml;chsten Artikel!
</a>
      </TD>
  </TABLE>
</FORM>
</BODY>
</HTML>
```

Überflüssigerweise wird hier auch eine Tabelle erzeugt, die aus zwei Zeilen mit zwei Spalten besteht. In diese Zeilen wird das Servlet seine Ausgaben platzieren. Eigentlich schreibt das Servlet jedoch eine komplett neue Seite, die freigehaltenen Zeilen sind Platzhalter und erwecken nur den Eindruck, dass hier etwas überschrieben wird. Die Platzhalter in der ersten Zeile der Tabelle werden später bei bekannter EAN durch die ermittelte Bezeichnung ersetzt. In der zweiten Zeile wird für neue EAN die Eingabe der Artikelbezeichnung abgefordert.

Es folgt die Komponente aus dem Servlet zur Erzeugung des Quelltextes für die anzuzeigende HTML-Seite. Die Funktion **HTMLtext( )** liefert als Rückgabewert einen einzigen String. Diese Zeichenkette umfasst den gesamten HTML-Quelltext zur Erzeugung der Webseite, einschließlich des Formulars und der Anweisung **Action=DabaSLAlias** zum erneuten Aufrufen des Servlets.

Die Funktion **HTMLtext( )** erstellt diese Zeichenkette in zwei Varianten, abhängig vom Eingangsparameter **Erfolg**, der signalisiert, ob die zuvor übermittelte EAN in der Datenbank zu finden ist. Bei **Erfolg=true** ist die EAN bekannt und die Artikelbezeichnung konnte ermittelt werden. Sie wird als Parameter **ABezeich** an die Funktion übergeben. Diese Bezeichnung wird später in die Zeichenkette in der oberen Zeile der Tabelle eingefügt.

Bei **Erfolg=false** ist die zuvor eingegebene EAN nicht in der Datenbank enthalten. Der Artikel ist somit unbekannt und muss zuerst in die Datenbank aufgenommen werden. Dazu wird in der zweiten Zeile der auszugebenden Tabelle ein Eingabefeld (<INPUT>) eröffnet, wo der Anwender die neue Artikelbezeichnung eingeben kann. Diese Eingabe wird durch erneutes Betätigen der Schaltfläche **Übernehmen** an das Servlet gesandt, anschließend vom Servlet mit der SQL-Anweisung INSERT als neuer Datensatz, bestehend aus EAN und Artikelbezeichnung, in die Datenbank aufgenommen.

```
static String HTMLtext(boolean Erfolg, String EAN, String ABezeich) {
    String Ausgabe;
  Ausgabe="<HTML><HEAD><TITLE>Aufruf der Datenbank</TITLE></HEAD>" +
    "<BODY  bgcolor='#FF8040' lang=DE> " +
    "<H2>Servlet sucht in der Datenbank</H2> " +
    "<FORM action='DabaSL'> " +
    "<TABLE border='0' cellpadding='5' cellspacing='0'>" +
    "<COLGROUP width='250' span='2'></COLGROUP>" +
    "<TR><TD align='right'>Artikelnummer(EAN):</TD>" +
    "<TD><INPUT name='eingabe' type='text' size='20'" +
    "value='"+ EAN + "' readonly>";
  if (Erfolg) {
      Ausgabe = Ausgabe +
      "</TD></TR>" +
      "<TR><TD align='right'>Status:</TD><TD><B>gefunden</B></TD></TR>" +
      "<TR><TD align='right'>Artikelbezeichnung:</TD>" +
      "<TD><INPUT name='bezeichnung' type='text' size='40'" +
      "value='" + ABezeich + "' readonly></TD></TR>";
      }
  else {
      Ausgabe = Ausgabe +
      "<input type='submit' value=' Absenden '></TD></TR>" +
      "<TR><TD align='right'>Status:</TD><TD><B>neuer Artikel</B></TD></TR>" +
```

(Fortsetzung auf folgender Seite)

```
      "<TR><TD align='right'>Bitte Artikel benennen:</TD>" +
      "<TD><INPUT name='bezeichnung' type='text' size='40'" +
      "</TD></TR>";
    }
    Ausgabe = Ausgabe + "<TR><TD></TD>" +
    "<TD align='left'>" +
    "<A href='Artikel.html' target=_self>" +
    "Zum n&auml;chsten Artikel!</A></TD></TR></TABLE>" +
    "</FORM></BODY></HTML>";
  return Ausgabe;
};
```

7.5.5 Servlet mit Datenbankabfrage

Der komplette Quelltext zum Servlet wird nachfolgend verkürzt dargestellt. Auf die Details zu den Methoden **JDBCOpen( ), lesen( ), einfuegen( )** und **HTMLtext( )** kann hier verzichtet werden, da diese Methoden bereits beschrieben wurden.

Die Klasse **DabaSL** enthält keine **main( )**-Funktion, dafür aber die für ein Servlet typische **doGet( )**-Methode zur Verarbeitung der Anfrage vom Client. In diesem Umfeld werden zuerst die Zugriffsdaten für die Datenbank definiert, was auf professionelle Art durch das Einlesen der jeweiligen Parameterdateien erfolgen würde. Mit **JDBCOpen( )** kann die Verbindung zur Datenbank hergestellt werden.

Anschließend wird die eingegebene EAN aus dem Eingabestrom vom Parameter **eingabe** ermittelt und mit diesem Wert eine SQL-Abfrage als Zeichenkette zusammengestellt. Diese Zeichenkette wird an die Funktion **lesen( )** übergeben, die das Objekt **Ergebnis** vom Typ **ResultSet** liefert.

Wurde die EAN in der Datenbank gefunden, so enthält **Ergebnis** einen Datensatz, dessen zweites Element die zur EAN passende Artikelbezeichnung ist. An die Funktion **HTMLtext( )** geht somit die Erfolgsmeldung **true**, die EAN und die ermittelte Artikelbezeichnung.

Wurde die EAN nicht in der Datenbank gefunden, so enthält **Ergebnis** keinen Datensatz und die Methode **Ergebnis.next( )** liefert den Wert **false**. Anschließend erfolgt die Prüfung, ob eine Bezeichnung eingegeben wurde. Trifft dies zu (Länge der Zeichenkette größer Null), dann muss diese Bezeichnung in die Datenbank aufgenommen werden. Dazu wird die SQL-Anweisung INSERT zusammengestellt und an die Funktion **einfuegen( )** übergeben. Die Funktion **HTMLtext( )** erhält dann die Erfolgsmeldung **true**, die EAN und die neue Artikelbezeichnung.

Wurde keine Bezeichnung übermittelt (Länge der Zeichenkette gleich Null), erfolgt eine weitere Frage nach der Eingabe der Bezeichnung. An die Funktion **HTMLtext( )** geht jetzt keine Erfolgsmeldung (Erfolg=false) sowie die neue EAN und anstelle der Artikelbezeichnung der Text „unbekannt“. Mit dieser Prozedur erhält der Client eine Aufforderung zur Eingabe der Artikelbezeichnung.

Abschließend wird das Ergebnis vom Typ **ResultSet** geschlossen und die Verbindung zur Datenbank wieder freigegeben. Der folgende Quelltext **DabaSL.java** fasst alle Abläufe zusammen.

```
package DabaSL;
import java.io.*;
import java.sql.*;
import java.io.IOException;
import javax.servlet.ServletException;
import javax.servlet.http.HttpServlet;
import javax.servlet.http.HttpServletRequest;
import javax.servlet.http.HttpServletResponse;
public class DabaSL extends HttpServlet { private static final long serialVersionUID = 1L;
  //  Lesen() und Einfuegen() als Methoden,
  //  JDBCOpen() oeffnet die Datenbank,
  //  Einfuegen() konstruiert die Antwort und
  //  gibt HTMLtext() als Antwort in eine eigene Anzeige
  public Connection JDBCOpen( String driverName, String url,
                    String user, String passwd) { /*... s.o. */   };
```

```
  static ResultSet Lesen(Connection Daba, String SQLtext) { /*... s.o. */   };
  static int Einfuegen(Connection Daba, String SQLtext) { /*... s.o. */   };
  static String HTMLtext(boolean Erfolg, String EAN, String ABezeich) { /*... s.o. */          };
  protected void doGet( HttpServletRequest anfrage,
               HttpServletResponse antwort)
    throws ServletException, IOException  {
    // Hauptteil verarbeitet Browsereingaben
    Connection Daba = null;
    ResultSet Ergebnis = null;
    String DBTreiber, DBOrtName, DBUser, DBPassw;
    String EAN, Bezeichnung, Anw;
    // Bestimmt Antwort als HTML-Text
    antwort.setContentType("text/html");
    PrintWriter out = antwort.getWriter();
    try {
    // Zugriff auf MS Access ueber die JDBC-ODBC-Bruecke
    // Datenbank "Wawi" ist als ODBC-Quelle angemeldet
    DBTreiber="sun.jdbc.odbc.JdbcOdbcDriver";
    DBOrtName="jdbc:odbc:Wawi";
    DBUser="";
    DBPassw="";
    Daba = JDBCOpen(DBTreiber,DBOrtName,DBUser,DBPassw);
    // Lies den Parameter aus dem Formular
    EAN=anfrage.getParameter("eingabe");
    Bezeichnung="";
    // SQL-Abfrage
    Anw = "SELECT * FROM Artikel WHERE EAN =" + " '" + EAN + "' ;";
    Ergebnis = Lesen(Daba, Anw);
    Ergebnis.next();
    if (Ergebnis.getRow() == 0)
     {  // Es wurde kein Artikel gefunden ...
      Bezeichnung=anfrage.getParameter("bezeichnung");
       if (Bezeichnung.length()==0) {
         // ... und die Bezeichnung ist noch leer.
        out.println(HTMLtext(false, EAN, "unbekannt")); }
       else {
         // ... und die Bezeichnung wurde eingetragen ...
        Anw = "INSERT INTO Artikel (EAN, Bezeichnung) "+
        "VALUES(" + " '" + EAN + "', '" + Bezeichnung + "');";
        int Zahl = Einfuegen(Daba, Anw);
        // ... und das Formular erneut aufgerufen.
         out.println(HTMLtext(true, EAN, Bezeichnung));
        }
     }
    else
    { // Ein Artikel wurde gefunden.
      out.println(HTMLtext(true, EAN, Ergebnis.getString(3)));}
    Ergebnis.close();
    Daba.close();
   } // try
   catch(NullPointerException e) {
    System.out.println("Fehler beim Lesen der Tabelle: " + e);
    System.exit(0); // Abbruch des Programms
   } // catch
   catch(SQLException e) {
    System.out.println("Sonstiger SQL-Fehler: " + e);
    System.exit(0); // Abbruch des Programms
   } // catch
  } // doGet
}
```

7.5.6 Übermittlung an den Server

Das Deployment erfolgt nach den Organisationsanweisungen des Servers. Es ist zu beachten, dass die HTML-Datei der aufrufenden Webseite (DabaSL.html) und die übersetzte Datei des Servlets (DabaSL.class) in die *.war-Datei eingebunden werden. Das Verzeichnis WEB-INF im Deployment-Tool hat dann folgende Struktur:

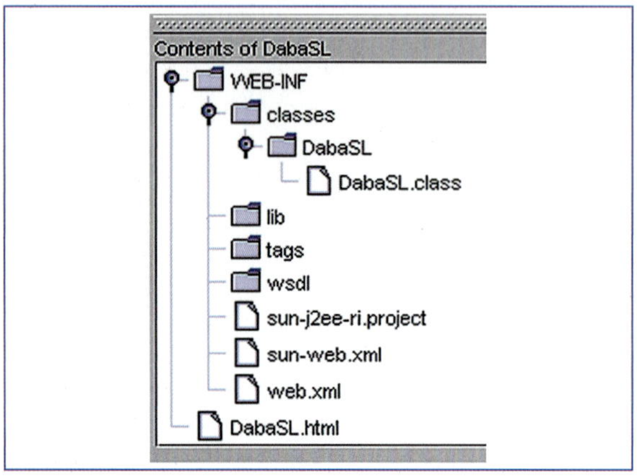

Struktur WEB-INF

Im Ergebnis des Deployments entsteht folgender Ordner auf dem Entwicklungsrechner:
C:\Sun\domains\domain1\applications\j2ee-modales\DabaSL

Der Name des erzeugten Ordners entspricht dem vorher gewählten Namen des war-Archivs, und auch die angelegte Ordnerstruktur entspricht der Struktur des Archivs.

DabaSL	Name des Servlets und gleichzeitig auch Name des war-Archivs
DBContext	Aufrufadresse als Ort der HTML-Datei; wird in der URL benötigt und erscheint direkt nach der Portangabe: http://localhost:8080/DBContext/DabaSL.html
DabaSLAlias	Aliasname für den Aufruf des Servlets; erscheint beim Client als HTML-Text im FORM-Tag als Aufruf von **action=DabaSLAlias** und kann zum Testen und direkten Aufrufen des Servlets genutzt werden: http://localhost:8080/DBContext/DabaSLAlias

Vom Erfolg des Deployments kann man sich als Administrator des Servers überzeugen. In der Administrator-Konsole werden unter anderem die eingerichteten Applikationen und JDBC-Verbindungen dargestellt. Das Servlet taucht unter den Web-Anwendungen auf. Man erkennt die auf dem Server eingerichtete Ordnerstruktur und den Aufruf-Kontext des Servlets. Wichtig sind die folgenden Namen, die beim Deployment vergeben worden sind:

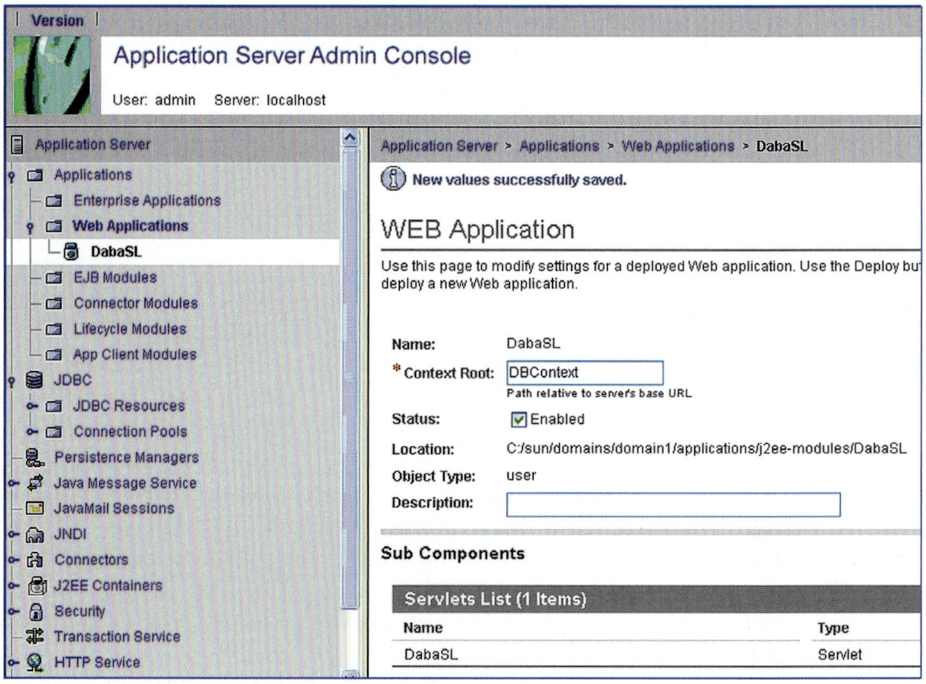

Anzeige in der Administrator-Konsole des Servers

In der folgenden Tabelle sind noch einmal die wichtigsten Informationen zu dem bisher entwickelten Servlet enthalten.

W

Name	DabaSL
*Context Root	/DBContext (Path relative to server's base URL)
Status	enabled
Location	C:/Sun/domains/domain1/applications/j2ee-modules/DabaSL
Object Type	user
Description	empty

Zur Vollständigkeit sollen hier auch die beiden XML-Dateien genannt werden, die beim Deployment entstehen. **web.xml** ist eine allgemein verwendete Parameter-Datei und **sun-web.xml** ist ein unternehmensspezifisches (proprietäres) Format zur Übermittlung von Parametern. Die Datei **web.xml** enthält neben den allgemeinen Parametern zur Sprache und Codierung den Dateinamen des Servlets und den Aliasnamen für den Aufruf des Servlets. **sun-web.xml** vermittelt abhängig vom Kontext der Verzeichnisstruktur des Servers den Namen des Aufrufkontextes (DBContext) für das Servlet. Beide Dateien sind durch die folgenden Quelltexte dargestellt.

Inhalt der Datei web.xml

```
<?xml version="1.0" encoding="UTF-8"?>
<web-app xmlns="http://java.sun.com/xml/ns/j2ee" version="2.4"
   xmlns:xsi="http://www.w3.org/2001/XMLSchema-instance"
   xsi:schemaLocation="http://java.sun.com/xml/ns/j2ee
   http://java.sun.com/xml/ns/j2ee/web-app_2_4.xsd">
<display-name xml:lang="de">DabaSL</display-name>
<servlet>
<display-name xml:lang="de">DabaSL</display-name>
<servlet-name>DabaSL</servlet-name>
<servlet-class>DabaSL.DabaSL</servlet-class>
</servlet>
<servlet-mapping>
<servlet-name>DabaSL</servlet-name>
<url-pattern>/DabaSLAlias</url-pattern>
</servlet-mapping>
</web-app>
```

Inhalt der Datei sun-web.xml

```
<?xml version="1.0" encoding="UTF-8"?>
<!DOCTYPE sun-web-app PUBLIC "-//Sun Microsystems, Inc.
   //DTD Application Server 8.0 Servlet 2.4//EN"
   "http://www.sun.com/software/appserver/dtds/sun-web-app_2_4-0.dtd">
<sun-web-app xmlns="http://java.sun.com/xml/ns/j2ee">
<context-root>/DBContext</context-root>
<class-loader delegate="true"/>
</sun-web-app>
```

7.6. PHP

S Stefan kennt bereits PHP und ist von den Möglichkeiten der Sprache sehr begeistert. Er fragt Herrn Pelz, warum es überhaupt notwendig ist, Java zu lernen.

PHP ist eine leicht zu erlernende und daher populäre, weit verbreitete Skriptsprache, die wie Java speziell für die serverseitige Webprogrammierung geeignet ist. Die Abkürzung PHP ist ein rekursives Akronym für ***P****HP:* ***H****ypertext* ***P****reprocessor.* Dieser Präprozessor steht als Open-Source-Software bereit.

7.6.1 Arbeitsweise

Der PHP-Code wird entsprechend dem Prinzip eines Präprozessors einfach in den HTML-Text einer Webseite eingebettet. Anschließend erfolgt die Verarbeitung des PHP-Codes durch den Präprozessor und die Ergebnisse werden als neuer HTML-Text an selber Stelle in den ursprünglichen HTML-Text eingefügt. Der so veränderte HTML-Text der ursprünglichen Webseite wird danach vom Webserver, auch Server genannt, an den aufrufenden Webbrowser, auch Browser genannt, versandt. Dort erscheinen je nach Vorgabe des PHP-Codes unterschiedliche Ausgaben und es entstehen somit dynamische Webseiten.

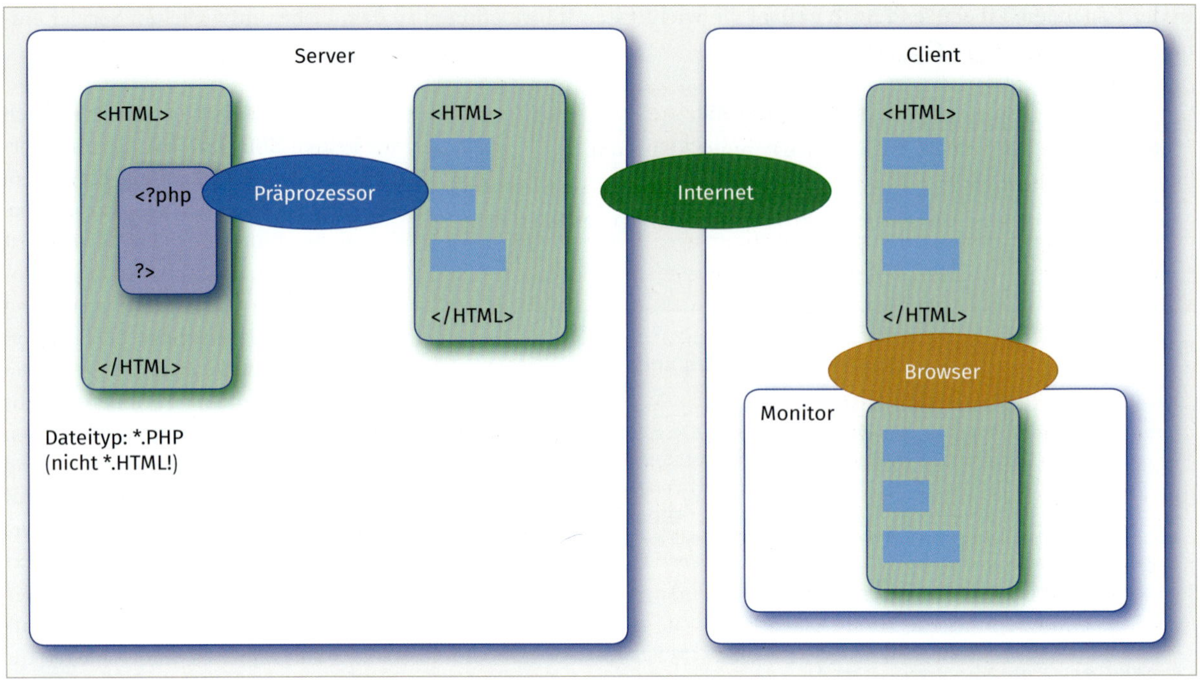

Arbeitsweise von PHP

Der PHP-Präprozessor arbeitet auf dem Server. Daher ist es etwas komplizierter, PHP-Programme zu testen. Der HTML-Text mit dem eingebetteten PHP-Code muss zuerst auf den Server übertragen und von dort durch einen Browser abgerufen werden. Dabei ist zu beachten, dass die PHP-Programmdatei die Typenbezeichnung ***.php** erhält, da sie sonst vom Präprozessor ignoriert wird. Der PHP-Code steht zwischen den speziellen Anfangs- und Abschluss-Tags **<?php** und **?>,** womit der PHP-Präprozessor aktiviert oder deaktiviert werden kann.

Der PHP-Code wird auf dem Server ausgeführt und generiert einfachen HTML-Text, den der Client mit dem Browser abruft. Der Client erhält nur das Ergebnis der Skriptausführung und kann nicht erkennen, wie der eigentliche PHP-Code aussieht. PHP enthält bewusst keine Funktionen, die den Server in seiner Arbeit gefährden könnten, d. h., man darf mit PHP alles lesen, aber kaum etwas verändern. Das Schreiben und Lesen eigener Dateien und die Zusammenarbeit mit Datenbanken werden jedoch unterstützt.

PHP kann auf allen gängigen Betriebssystemen eingesetzt werden, wie Linux, Microsoft Windows und Mac OS X. PHP unterstützt die Mehrzahl der heute gebräuchlichen Webserver, also auch Tomcat, Apache Server und Microsoft Internet Information Server.

Mit PHP ist man nicht auf die Ausgabe von HTML-Code beschränkt. Das Angebot an Standardfunktionen wird ständig ausgebaut und umfasst auch das dynamische Generieren von Bildern, PDF-Dateien und Ausgaben in XML. Die größte Stärke von PHP ist seine Unterstützung für eine Vielzahl von Datenbanken. PHP unterstützt MySQL, aber auch den Standard ODBC (Open Database Connectivity), womit die Verbindung zu jeder Datenbank möglich ist, die diesen weltweit gültigen Standard unterstützt.

Um zu ermitteln, welche Einstellungen für PHP gelten, rufen Sie die PHP-Funktion **phpinfo( )** auf. Binden Sie dazu folgende Zeile in eine HTML-Datei ein (Achtung: Typenbezeichnung auf ***.php** ändern) und rufen Sie diese HTML-Datei vom Server aus auf:

```
<?php
    phpinfo( );
?>
```

Aufgaben

1. Kann man mit PHP den Typ des Browsers ermitteln?
2. Kann man mit PHP die Größe des Bildschirms für die spätere Ausgabe ermitteln, um sie benutzergerecht zu gestalten?
3. Wie kann man mit PHP die Parameter der Serverumgebung ermitteln?
4. Welche Bedeutung hat eine Session (Sitzung) für die Arbeit mit dynamischen Webseiten?

7.6.2 Anweisungen, Variablen und Kontrollstrukturen

Die wichtigste Anweisung in PHP ist die Anweisung **echo,** womit eine Zeichenkette an das umgebende HTML-Dokument gesandt wird. Dieses Echo erscheint dann später über den Browser auf dem Bildschirm. Ein einfacher Text wird dazu in doppelte Anführungszeichen gesetzt, ansonsten muss der Text als Inhalt einer Variablen oder Konstanten bereitstehen.

Jede Anweisung in PHP endet mit einem **Semikolon,** wobei sich Anweisungen auch über mehrere Zeilen erstrecken können, aber Schlüsselwörter natürlich nicht getrennt werden dürfen.

PHP ist **case-sensitive,** d. h., es wird zwischen Groß- und Kleinschreibung unterschieden.

Kommentare werden benutzt, um die einzelnen Programmschritte zu erklären. Um in einem PHP-Programmtext einen einzeiligen Kommentar einzufügen, benutzt man die Raute (#) oder doppelte Schrägstriche (//). Mehrere Zeilen werden als Kommentar zusammengefasst, indem man diese Zeilen mit /* (Schrägstrich-Stern) und */ (Stern-Schrägstrich) klammert.

PHP bietet wie jede andere vollständige Programmiersprache die Verwendung von **Variablen** an. Dazu existieren in PHP die folgenden Festlegungen:

- Der Variablenname beginnt immer mit dem Dollar-Zeichen ($). Nach dem Dollar-Zeichen muss ein Buchstabe oder das Unterstreichungszeichen folgen. Der Variablenname kann weiterhin Buchstaben oder Ziffern enthalten. Leerzeichen sind nicht erlaubt.
- Der Datentyp einer Variablen richtet sich nach dem Datentyp ihres zugewiesenen Inhaltes, d. h., es gibt keine explizite Deklaration von Variablen.
- Zeichenketten werden in doppelte Anführungszeichen eingeschlossen.

Häufig werden Variablen in PHP als Felder (Arrays) genutzt. Eine Besonderheit sind die assoziativen Arrays, bei denen eine Bezeichnung zur Auswahl des Datenfeldes statt des üblichen numerischen Indexes verwendet wird. Die assoziativen Feldbezeichnungen stehen jeweils in einfachen Anführungszeichen.

Die üblichen Kontrollstrukturen, wie Alternativen und Zyklen, existieren als besondere Anweisungen. Innerhalb der Kontrollstrukturen können mehrere Anweisungen mittels geschweifter Klammern zu einem Block zusammenfasst werden.

Alternativen	Zyklen
`if (Bedingung) {Anweisungsblock;} else {Anweisungsblock;}`	`while (Bedingung) {Anweisungsblock;}`

`switch (Variable) {`
`case Wert1: Anweisungsblock; break;`
`case Wert1: Anweisungsblock; break;`
`….`
`default: Anweisungsblock; break;`
`}`
	`do {Anweisungsblock;} while (Bedingung);`
	
	`for (Initialisierung; Bedingung; Inkrement) {Anweisungsblock;}`

Das folgende Beispiel zeigt die Verwendung von Variablen anhand der Zeichenkettenvariablen **$anrede, $famname** und **$ausg.** Dabei ist auch hier zu beachten, dass PHP case-sensitive ist, also müssen Groß- und Kleinschreibung einheitlich gehandhabt werden.

$anrede und **$famname** erhalten einen Anfangswert. **$ausg** sammelt die Inhalte für die spätere Ausgabe der Grußformel mithilfe der Echo-Anweisung.

Die if-Kontrollstruktur entscheidet anhand der Anrede „Herr" oder „Frau" über den Aufbau der Grußformel „Sehr geehrter Herr" oder „Sehr geehrte Frau" und ist ohne **then** und **endif** sehr einfach definiert. Dafür müssen eventuell mehrere Anweisungen nach dem **if** in einem Block in geschweiften Klammern zusammengefasst werden.

Zu beachten ist der Punkt als Zeichenkettenoperator. Durch den Punkt kann man in PHP zwei Zeichenketten, aber auch den Inhalt einer Zeichenkettenvariablen mit einer Zeichenkette verbinden.

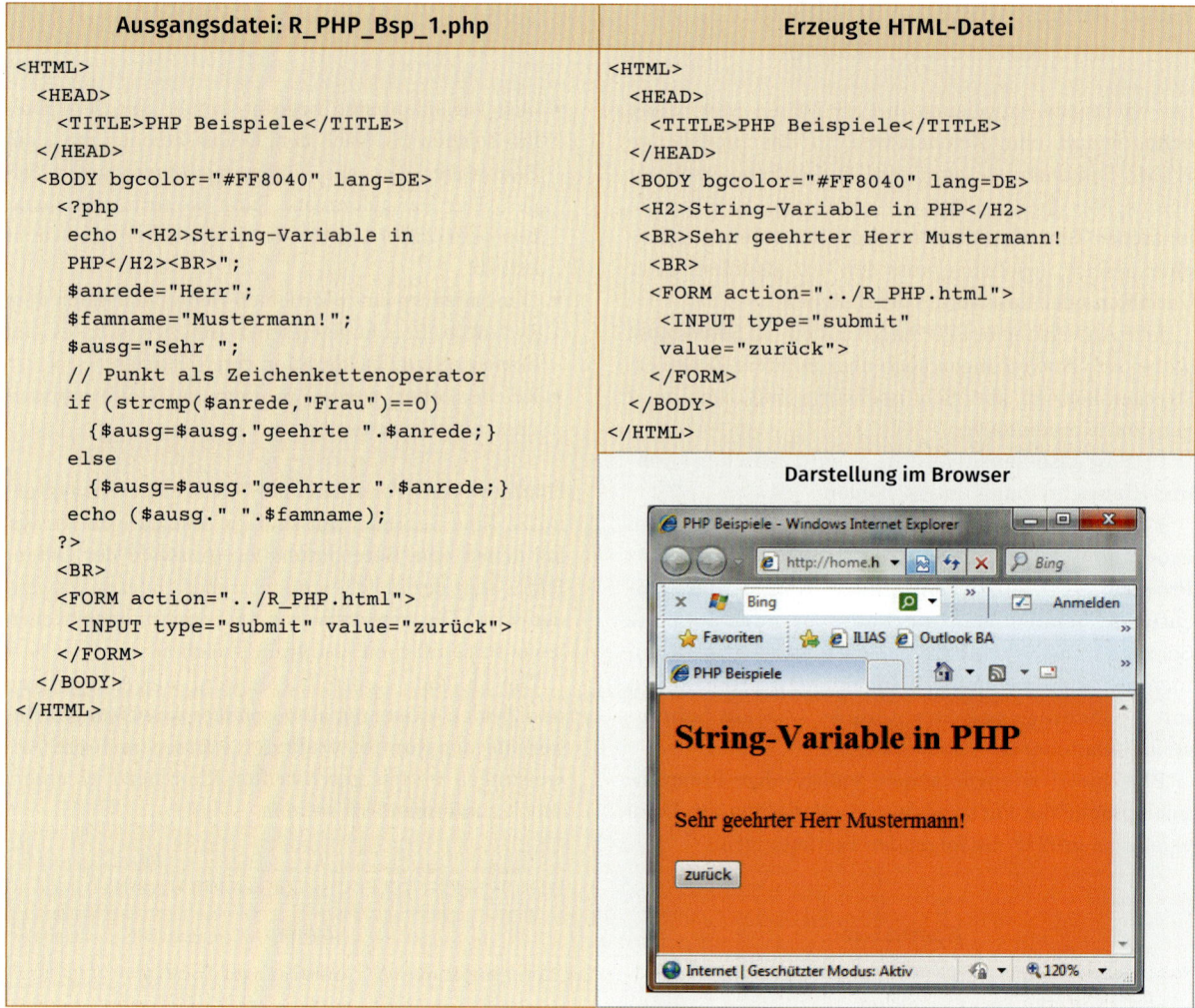

Ausgangsdatei: R_PHP_Bsp_1.php

```
<HTML>
  <HEAD>
    <TITLE>PHP Beispiele</TITLE>
  </HEAD>
  <BODY bgcolor="#FF8040" lang=DE>
    <?php
     echo "<H2>String-Variable in
     PHP</H2><BR>";
     $anrede="Herr";
     $famname="Mustermann!";
     $ausg="Sehr ";
     // Punkt als Zeichenkettenoperator
     if (strcmp($anrede,"Frau")==0)
       {$ausg=$ausg."geehrte ".$anrede;}
     else
       {$ausg=$ausg."geehrter ".$anrede;}
     echo ($ausg." ".$famname);
    ?>
    <BR>
    <FORM action="../R_PHP.html">
     <INPUT type="submit" value="zurück">
    </FORM>
  </BODY>
</HTML>
```

Erzeugte HTML-Datei

```
<HTML>
  <HEAD>
    <TITLE>PHP Beispiele</TITLE>
  </HEAD>
  <BODY bgcolor="#FF8040" lang=DE>
   <H2>String-Variable in PHP</H2>
   <BR>Sehr geehrter Herr Mustermann!
    <BR>
    <FORM action="../R_PHP.html">
     <INPUT type="submit"
     value="zurück">
    </FORM>
  </BODY>
</HTML>
```

Darstellung im Browser

7.6.3 Funktionen

Als besondere Stärke von PHP gilt das umfangreiche Angebot an Funktionen, dass ständig wächst. Hierzu gibt es auf der offiziellen Webseite www.PHP.net aktuelle Informationen. Generell unterscheidet man zwischen den eingebauten Funktionen und der großen Anzahl von offiziell dokumentierten Zusatzfunktionen. Zu folgenden wichtigen Teilgebieten existieren eingebaute Funktionen:

- Trigonometrische Funktionen
- Datums- und Zeitfunktionen
- Rundungsfunktionen
- Datentypumwandlungsfunktionen
- Kommunikationsfunktionen
- Datenbankfunktionen
- String-Funktionen

Das folgende Beispiel zeigt die Verwendung der Datumsfunktion **getdate( )** und der Rundungsfunktion **floor( )**. Die Datumsfunktion **getdate( )** liefert ein Array mit den einzelnen Angaben zum Kalenderdatum und zur Uhrzeit zurück. Die Variable **$datum** übernimmt ohne besondere Deklaration dieses Array, das auch als assoziatives Array zur Bestimmung der Stunde angesprochen werden kann.

Die Funktion **floor( )** rundet zur nächsten ganzen Zahl ab und löscht damit alle Stellen nach dem Komma. Teilt man die 24 Stunden des Tages durch 8, so erhält man mit einem Versatz von zwei Stunden die drei Bereiche **Morgen, Mittag** und **Abend,** die für die Begrüßung verwendet werden. Über die Kontrollstruktur **switch** werden die auszugebenden Texte zusammengestellt.

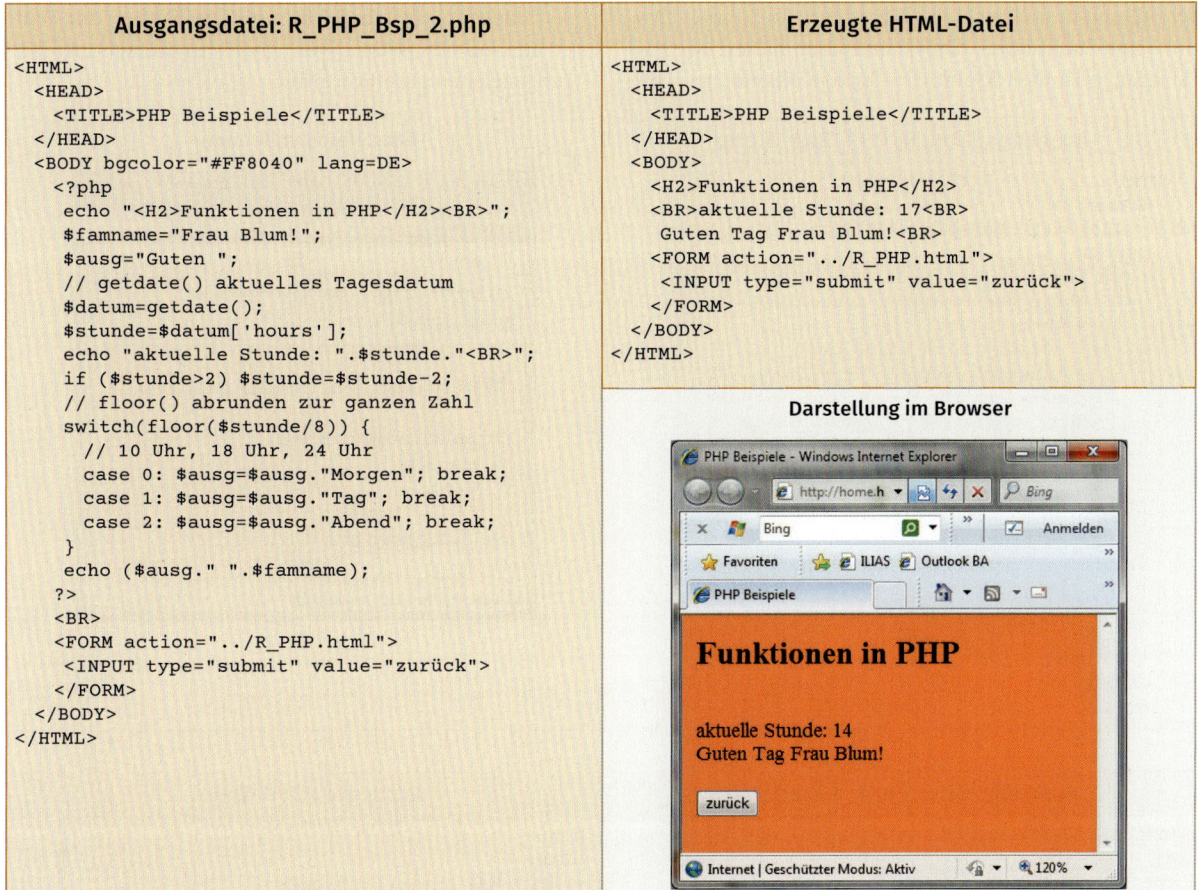

Ausgangsdatei: R_PHP_Bsp_2.php

```
<HTML>
  <HEAD>
    <TITLE>PHP Beispiele</TITLE>
  </HEAD>
  <BODY bgcolor="#FF8040" lang=DE>
    <?php
     echo "<H2>Funktionen in PHP</H2><BR>";
     $famname="Frau Blum!";
     $ausg="Guten ";
     // getdate() aktuelles Tagesdatum
     $datum=getdate();
     $stunde=$datum['hours'];
     echo "aktuelle Stunde: ".$stunde."<BR>";
     if ($stunde>2) $stunde=$stunde-2;
     // floor() abrunden zur ganzen Zahl
     switch(floor($stunde/8)) {
       // 10 Uhr, 18 Uhr, 24 Uhr
       case 0: $ausg=$ausg."Morgen"; break;
       case 1: $ausg=$ausg."Tag"; break;
       case 2: $ausg=$ausg."Abend"; break;
     }
     echo ($ausg." ".$famname);
    ?>
    <BR>
    <FORM action="../R_PHP.html">
     <INPUT type="submit" value="zurück">
    </FORM>
  </BODY>
</HTML>
```

Erzeugte HTML-Datei

```
<HTML>
  <HEAD>
    <TITLE>PHP Beispiele</TITLE>
  </HEAD>
  <BODY>
    <H2>Funktionen in PHP</H2>
    <BR>aktuelle Stunde: 17<BR>
     Guten Tag Frau Blum!<BR>
    <FORM action="../R_PHP.html">
     <INPUT type="submit" value="zurück">
    </FORM>
  </BODY>
</HTML>
```

Darstellung im Browser

Natürlich können in PHP auch eigene Funktionen mit folgender Syntax erstellt werden:

```
function functionName()
{
Anweisungen;
}
```

7.6.4 Arbeit mit Formularen

Formulare ermöglichen den Versand von Daten vom Client zum Server. Die Inhalte eines Formulars werden entweder mit der GET- oder der POST-Methode übermittelt. Das Formular erzeugt mit dem Input-Type **submit** einen String zum Versand an den Server, der auch kurzzeitig in der Eingabezeile des Browsers erkennbar ist. Übermittelt werden die Variablennamen und deren aktuelle Werte.

Im Formular kann für die Aktion eine HTML-Datei mit eingebettetem PHP-Programm benannt werden, die auf dem Server verfügbar ist. Durch die Verwendung der Kommunikationsfunktionen wertet das PHP-Programm die übermittelte Nachricht aus und nutzt die Werte der gesendeten Variablen zur Erzeugung einer neuen HTML-Datei für die spätere Anzeige im Browser des Clients.

Das folgende Beispiel zeigt als Ausgangsdatei eine HTML-Datei zur Erzeugung eines Formulars. Im Rahmen der INPUT-Tags werden die Variablen **Gesch** und **Fname** mit Werten belegt. Das Formular selbst verwendet die Methode GET zur Übermittlung und fordert eine Antwort von der Datei **Form_Lesen.php** an, die auf der folgenden Seite dargestellt ist.

Die Datei **Form_Lesen.php** liest die Servervariable **$_SERVER[]** aus. Aus dem assoziativen Array wird die **‚REQUEST_METHOD'** ermittelt. Erwartungsgemäß handelt es sich um die GET-Methode. Somit kann auch auf die Servervariable **$_GET[]** zugegriffen werden, ebenfalls ein assoziatives Array.

Hier interessieren nur die Werte aus den Feldern **‚Gesch'** und **‚Fname'**. Auf diese Weise können das Geschlecht und der Familienname ermittelt und in den Ausgabestring eingebunden werden.

$_SERVER[] und **$_GET[]** sind Standardvariablen von PHP. Zu beachten sind die notwendige Großschreibung und die eckigen Klammern. Es handelt sich um keine Funktionen, denn Funktionen halten ihre Parameter in runden Klammern. Eckige Klammern weisen dagegen auf ein Array hin. Die Namen der Felder müssen bei assoziativen Arrays in einfache Anführungszeichen gesetzt werden.

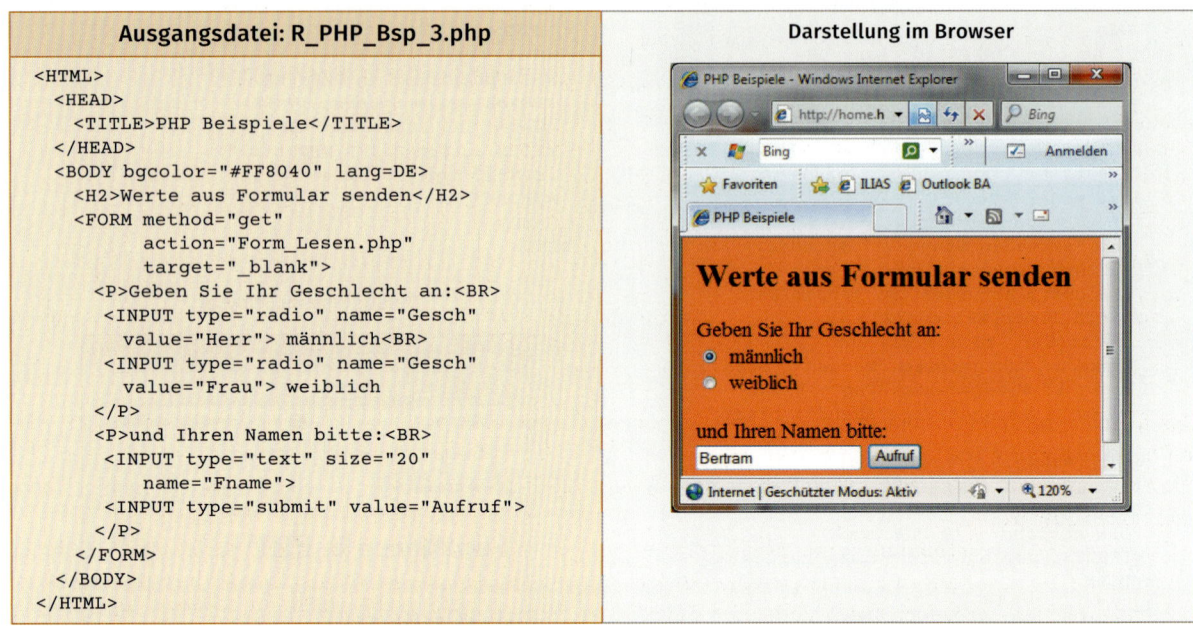

Ausgangsdatei: R_PHP_Bsp_3.php

```
<HTML>
  <HEAD>
    <TITLE>PHP Beispiele</TITLE>
  </HEAD>
  <BODY bgcolor="#FF8040" lang=DE>
    <H2>Werte aus Formular senden</H2>
    <FORM method="get"
           action="Form_Lesen.php"
           target="_blank">
      <P>Geben Sie Ihr Geschlecht an:<BR>
       <INPUT type="radio" name="Gesch"
         value="Herr"> männlich<BR>
       <INPUT type="radio" name="Gesch"
         value="Frau"> weiblich
      </P>
      <P>und Ihren Namen bitte:<BR>
       <INPUT type="text" size="20"
           name="Fname">
       <INPUT type="submit" value="Aufruf">
      </P>
    </FORM>
  </BODY>
</HTML>
```

Darstellung im Browser

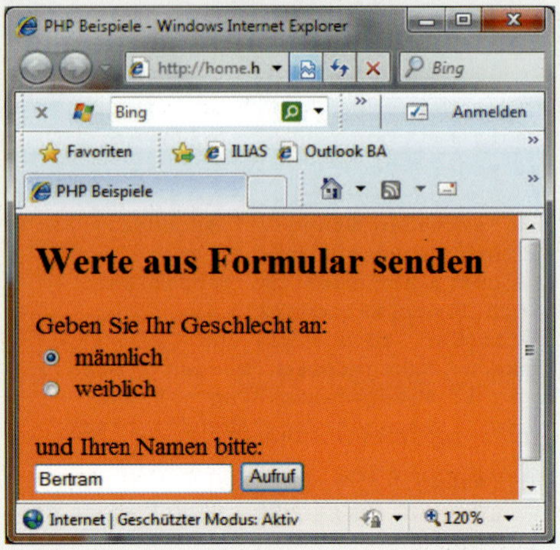

Ausgangsdatei: Form_Lesen.php

```
<HTML>
<HEAD>
 <TITLE>PHP Antwort</TITLE>
</HEAD>
  <BODY bgcolor="#FF8040" lang=DE>
  <H2>Werte des Formulars</H2>
   <?php
    $m = $_SERVER['REQUEST_METHOD'];
    if ($m == "GET")
     echo
"Daten mit GET-Methode uebermittelt";
    if ($m == "POST")
     echo
"Daten mit POST-Methode uebermittelt";
    echo "<BR><BR>";
    echo "Name: ", $_GET['Fname'], "<BR>";
    echo "Anrede: ", $_GET['Gesch'];
   ?>
    <BR>
    <FORM action="../R_PHP.html">
     <INPUT type="submit" value="zurück">
    </FORM>
 </BODY>
</HTML>
```

Erzeugte HTML-Datei

```
<HTML>
<HEAD>
 <TITLE>PHP Antwort</TITLE>
</HEAD>
  <BODY bgcolor="#FF8040" lang=DE>
  <H2>Werte des Formulars</H2>
   Daten mit GET-Methode uebermittelt
<BR><BR>Name: Bertram<BR>Anrede: Herr    <BR>
    <FORM action="../R_PHP.html">
     <INPUT type="submit" value="zurück">
    </FORM>
 </BODY>
</HTML>
```

Darstellung im Browser

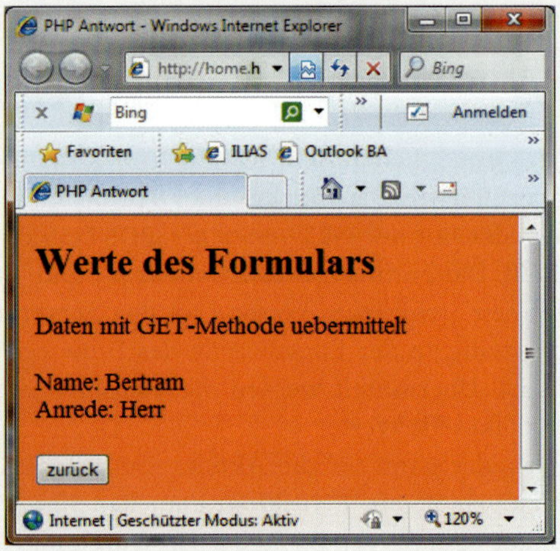

7.6.5 Arbeit mit einer Datenbank

Ein besonderes Merkmal von PHP ist die problemlose Zusammenarbeit mit Datenbanken. PHP unterstützt MySQL, aber auch ODBC, also den Standard „Open Database Connectivity“, mit dem man sich mit jeder Datenbank verbinden kann, die diesen weltweiten Standard unterstützt. Für jede unterstützte Datenbank stehen spezielle Funktionen bereit. Die folgende Tabelle zeigt einige MySQL-Datenbankfunktionen:

mysql_connect( )	Verbindung zum MySQL-Server aufnehmen
mysql_error( )	Ausgabe eines SQL-Fehlers
mysql_select_db( )	Auswahl der Datenbank auf dem MySQL-Server
mysql_query( )	Ausführen einer SQL-Anweisung auf dem MySQL-Server
mysql_affected_rows( )	Funktion liefert die Anzahl der Datensätze, die mittels der SQL-Anweisungen INSERT, DELETE oder UPDATE geändert oder gelöscht worden sind.
mysql_num_rows( )	Funktion liefert die Anzahl der Datensätze, die mittels der SQL-Anweisung SELECT an das Skript zurückgeliefert worden sind.
mysql_fetch_array( )	Funktion ordnet die Rückgabe der SELECT-Anweisung in eine Tabelle ein. Die Werte der jeweils aktuellen Zeile können anhand der Feldnamen aus dem assoziativen Array ausgelesen werden.
mysql_close( )	Verbindung zum MySQL-Server schließen

Das folgende Beispiel (unten) nutzt ein Formular, um auf bekannte Weise Daten an den Server zu übermitteln. Danach wird eine Reihe spezieller Datenbankfunktionen aufgerufen.

Zuerst wird die Verbindung zum MySQL-Server hergestellt. Die notwendigen Parameter stehen in Variablen bereit, die hier jedoch aus Gründen der Datensicherheit unkenntlich gemacht wurden.

Anschließend wird überprüft, ob die Verbindung tatsächlich hergestellt werden konnte. PHP ist bezüglich der Fehlersuche wenig kommunikativ, d.h., bei Fehlern wird normalerweise keine Information an die HTML-Umgebung zurückgegeben. Es gibt wenig direkte Hinweise auf mögliche Fehlerursachen. Somit sollte man vorhersehbare Laufzeitfehler möglichst bewusst behandeln.

Nach der Verbindungsaufnahme kann die Datenbank auf dem Server ausgewählt werden. In dieser Datenbank muss sich die Tabelle befinden, die durch die SELECT-Anweisung angesprochen wird. Diese SELECT-Anweisung wird zuerst als Textkette aufgebaut. Dabei kann man wie im Beispiel gezeigt, das Suchkriterium aus einer Variablen einbinden. Diese Variable erhält vorab ihren Wert durch das Auslesen der Variable **$_GET,** die wiederum durch das Absenden des Formulars gefüllt ist. So entstehen dynamische Webseiten, die jeweils ihr Aussehen in Abhängigkeit von der Eingabe verändern, wobei die zugehörigen Daten aus der Datenbank entnommen werden.

Mit der zentralen Anweisung **mysql_query( )** wird der String mit der SQL-Anweisung zur Ausführung an den MySQL-Server übermittelt. SELECT kann kein Ergebnis, ein Ergebnis oder viele Ergebnisse liefern. Das Resultat muss daher in eine interne Tabelle **mysql_fetch_array( )** mit einem assoziativen Array pro Zeile transformiert werden. Hieraus können nun in einem Zyklus solange der aktuelle Datensatz und seine Felder gelesen werden, bis kein weiterer Datensatz in der Tabelle steht.

Abschließend ist dann nur noch die Datenbankverbindung zu schließen.

Ausgangsdatei: R_PHP_Bsp_4.php

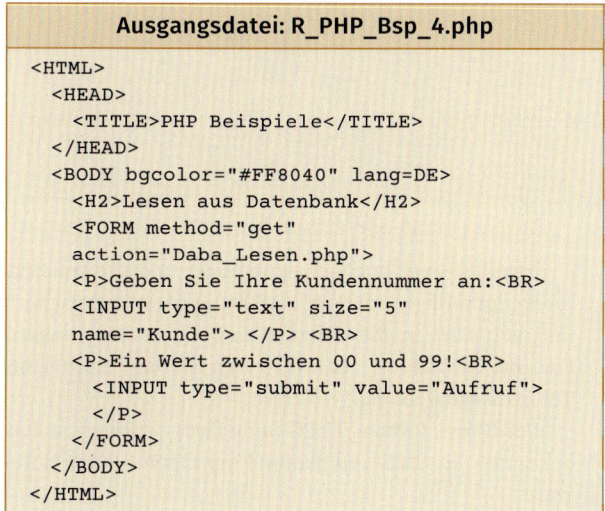

```
<HTML>
  <HEAD>
    <TITLE>PHP Beispiele</TITLE>
  </HEAD>
  <BODY bgcolor="#FF8040" lang=DE>
    <H2>Lesen aus Datenbank</H2>
    <FORM method="get"
    action="Daba_Lesen.php">
    <P>Geben Sie Ihre Kundennummer an:<BR>
    <INPUT type="text" size="5"
    name="Kunde"> </P> <BR>
    <P>Ein Wert zwischen 00 und 99!<BR>
      <INPUT type="submit" value="Aufruf">
      </P>
    </FORM>
  </BODY>
</HTML>
```

Darstellung im Browser

Ausgangsdatei: Form_Lesen.php

```
<HTML>
<HEAD>
 <TITLE>PHP Beispiel</TITLE>
</HEAD>
 <BODY bgcolor="#FF8040" lang=DE>
  <H2>Werte aus Daba lesen</H2>
  <?php
    $_db_host = "xxxxx";
    $_db_username = "yyyyy";
    $_db_passwort = "*****";
    $_db_datenbank = "zzzzz";
  # Verbindung zur Datenbank herstellen
    $_link = mysql_connect($_db_host,
$_db_username, $_db_passwort);
  # Pruefen, ob die Verbindung geklappt hat
    if (!$_link) {
  # Keine Verbindung, also das ganze Skript ab-
brechen!
        echo("Keine Verbindung m&ouml;glich: " .
mysql_error()); }
  # Verbindung hat geklappt, weiter ...
    echo "(1) Verbindung zur Datenbank
steht.<BR>";
  # Datenbank auswaehlen
    mysql_select_db($_db_datenbank, $_link);
  # SQL Anweisung aufbauen mit variablem Inhalt
    $_Kunde=$_GET['Kunde'];
    $_sql = "SELECT Anrede, Famname ";
    $_sql = $_sql.
    "FROM Kunden WHERE KNr=".$_Kunde.";";
  # Daten in die Tabelle eintragen
    $_resultat = mysql_query($_sql, $_link);
    $ok_flag = mysql_num_rows();
    if ($ok_flag > 0) {
  echo "(2) Datensatz gelesen.<BR>"; }
  else {
    echo "Fehler beim Bearbeiten.<BR>"; }
    echo "(3) Ergebnis: <BR>";
    while($row = mysql_fetch_array($_resultat)) {
       echo $row['Anrede'] . " " .
$row['Famname'];
       echo "<BR>"; }
  # Datenbankverbindung wieder schliessen
  mysql_close($_link);
 ?>
 <FORM action="../R_PHP.html">
    <INPUT type="submit" value="zurück">
 </FORM>
</BODY>
</HTML>
```

Erzeugte HTML-Datei

```
<HTML>
<HEAD>
 <TITLE>PHP Beispiel</TITLE>
</HEAD>
 <BODY bgcolor="#FF8040" lang=DE>
  <H2>Werte aus Daba lesen</H2>
  (1) Verbindung zur Datenbank steht.<BR>
  (2) Datensatz gelesen.<BR> <BR>
  (3) Ergebnis: <BR>
  Herr Bertram<BR>
  <FORM action="../R_PHP.html">
    <INPUT type="submit" value="zurück">
 </FORM>
</BODY>
</HTML>
```

Darstellung im Browser

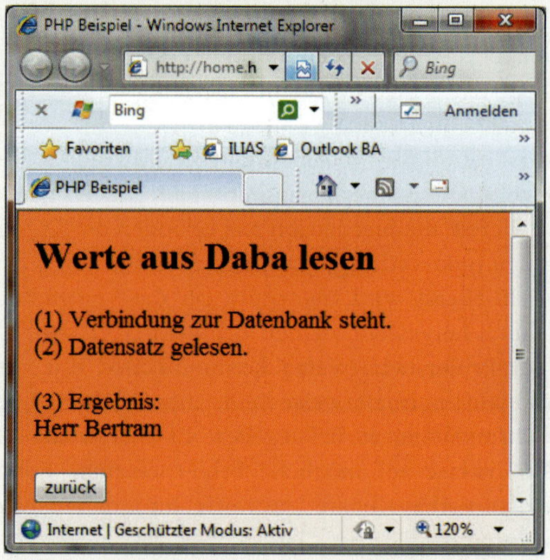

Content Management System

Das Content Management System (CMS) beinhaltet eine Software und eine Datenbank zur einfachen und arbeitsteiligen Erstellung und Aktualisierung der Inhalte (Content) von Webseiten. Das CMS ist meist in PHP programmiert und nutzt eine MySQL-Datenbank. Einer oder mehrere Autoren mit Zugriffsrechten können ein solches System ohne HTML-Kenntnisse bedienen, weil es meist über eine grafische Benutzeroberfläche verfügt.

Erstellte Texte, hochgeladene Bilder und alle anderen Medieninhalte werden in der Datenbank gespeichert und von dort in die aufzubauende Webseite geladen. Für die Gestaltung der Webseiten werden zahlreiche Templates angeboten.

WordPress, Joomla, TYPO3 und Drupal zählen zu den bekanntesten CMS und gehören zur Open-Source-Software.

7.7 ACI-Webshop: Zwischenbericht zum Entwicklungsstand

7.7.1 Offene und unbehandelte Probleme

S Die Azubis präsentieren ihren ersten Prototyp einer Web-Anwendung vor ihrem Betreuer. Herr Pelz erprobt die Funktionalität und schaut sich danach die Quelltexte an. Nach Lob und Anerkennung für die Entwicklungsarbeit und die geleisteten Recherchen zu den speziellen Bedingungen des Servers verweist Herr Pelz auf einige Probleme und gibt den Azubis danach Hinweise zu deren Lösung.

1. Problem:
Der Quelltext zur Erstellung der HTML-Seite existiert im Projekt an zwei Stellen. Diese Redundanz erschwert die weitere Entwicklung. Änderungen sind immer an beiden Stellen vorzunehmen. Das führt sehr schnell zu Unterschieden in beiden Versionen und damit zwangsläufig zu Fehlern.

Java Server Pages (JSP) als Lösung. JSP sind eine spezielle Technologie, um statische HTML-Seiten mit dynamisch generiertem HTML-Code zu mischen. Dazu werden die konventionellen HTML-Texte um spezielle JSP-Tags ergänzt. Der Webserver wandelt die JSP zunächst in ein Servlet um. Danach arbeitet die JSP wie ein normales Servlet. Diese Umwandlung übernimmt die JSP-Engine, wodurch das Servlet maschinell erstellt wird. Das folgende Beispiel zeigt eine Verwendung der JSP-Tags.

```
<html>
<head><title>JSP mit Java-Code</title></head>
<body>
<h1>ACI WebShop</h1>
Das heutige Datum:
<%= new java.util.Date( ) %>.
</body>
</html>
```

Für die Vereinbarung von JSP-Tags gibt es folgende Symbole:

klassische Notation	Notation nach XML-Syntax	Bedeutung
<%! ......%>	<jsp:declaration ...>	Deklaration der Java-Variablen
<%........%>	<jsp:scriptlet ....>	Folgen von Java-Anweisungen
<%= .... %>	<jsp:expression ..... >	Wertzuweisung (ohne Ziel der Zuweisung)

2. Problem:
Die Abgrenzung der Methoden **JDBCOpen( ), Lesen( )** und **Einfuegen( )** ist an sich schon sehr gut gelungen. Bei arbeitsteilig erstellten Applikationen sollten diese Methoden aber allen Entwicklern einfach und quasi standardisiert zur Verfügung stehen.

Java Beans als Lösung. Java Beans sind normale Java-Klassen, die innerhalb ihrer Programmierung jedoch bestimmte **Konventionen** einhalten müssen, um sie so zu standardisieren, dass sie auch von anderen Entwicklern in ihre Applikationen eingebunden werden können. Im Rahmen dieser Konventionen gibt es neue Begriffe zu beachten:

- Eine Java **Bean** ist eine normale Klasse mit Eigenschaften und Methoden.
- Statt des Begriffs **Eigenschaften** verwendet man hier den Begriff **Properties**, um deutlich zu machen, dass diese Eigenschaften durch relativ strenge Vorschriften geschützt sind.
- Zu jeder Property gibt es **Setter-** und **Getter-Methoden** zum Schreiben und Lesen der Property. Diese Methoden beginnen jeweils mit **set** oder **get**, müssen **public** sein (also für alle zugänglich) und die Eigenschaften vor Fehlbelegungen absichern.
- **Events** wird als neuer Begriff eingeführt. Java Beans sollen mit anderen Komponenten kommunizieren, was durch die Erzeugung von **Events** geschieht. (Im Beispiel zu den Applets wurden bereits Events genutzt.)
- Die **Events** werden nach der Reihenfolge ihres Eintretens bearbeitet. Dazu müssen sie ihrerseits durch **Listener** verwaltet werden.
- Java Beans müssen **serialisierbar** sein („implements serializable"), d. h., die Abarbeitungsfolge muss zur Laufzeit dynamisch zu bestimmen sein.

Enterprise Java Beans (EJB) basieren auf einer noch schärferen Spezifikation. Sie werden entwickelt als „server-side"-Komponenten und müssen extrem parametrisierbar sein, um leicht an verschiedene Installationsbedingungen der Server anpassbar zu sein. Eine derartige Arbeitsweise funktioniert wie bei der Herstellung einer Verbindung zur Datenbank. Die Parameter kommen aus der Properties-Datei und werden über die Dateien COMMON.XML und BUILD.XML ausgelesen und weitergegeben (siehe Parameterquellen beim dynamischen Methodenaufruf). Bei der Implementierung von EJB muss man beachten, dass die EJB und die Clients getrennt voneinander auf unterschiedlichen Computern und damit auf verschiedenen JVM laufen, also keinerlei Möglichkeiten zur „internen“ Kommunikation besitzen.

> **3. Problem:**
> Der Client arbeitet immer mit seinem Browser, dessen spezifische Eigenheiten bei der Entwicklung und Verwendung von HTML-Seiten beachtet werden müssen. Der Client möchte die übertragenen Daten aber eventuell in einem eigenen Programm nutzen, um sie nicht nur zu betrachten, sondern auch lokal weiterzuverarbeiten. Beispielsweise wollen die Niederlassungen von ACI eigene Verarbeitungssysteme mit den zentralen Daten des Warenwirtschaftssystems aufbauen.

WebServices als Lösung: Bei einem echten WebService kommuniziert clientseitig nicht mehr das spezielle Programm **Browser** mit dem Server, sondern hier kann jetzt jedes beliebige Programm agieren. Für die Entwicklung von WebServices bedeutet dies die Bereitstellung der Programme für beide Seiten: Client und Server. Dabei gelten folgende Besonderheiten:

- Für den Request kann man sich nicht mehr auf die Leistungen des Browsers beziehen.
- Der WebService findet nicht mehr an der definierten Stelle statt, von der die HTML-Seite aufgerufen wurde.

Diese Besonderheiten erfordern zusätzliche Komponenten für den WebService:

- Alle potentiellen Nutzer müssen über ein allgemeines Verzeichnis informiert werden, von welchem Server unter welcher Adresse der WebService abzurufen ist. Der WebService muss nicht nur „deployt“, sondern auch publiziert werden. Dazu dient das Verzeichnis **UDDI.**
- Der WebService muss allgemein beschrieben werden. Dazu dient die **WSDL**.
- Die Kommunikation muss in beide Richtungen standardisiert verlaufen, wozu das **SOAP** dient.

Die WebServices wurden für die Kommunikation von Programm zu Programm konzipiert. Im vorliegenden Beispiel müsste noch ein Programm erstellt werden, das den Platz des Browsers einnimmt, aber nicht seine gesamte Funktionalität umfasst, sondern nur das Servlet aufruft. Damit entfallen aber alle Standardleistungen des Browsers: Request und Response müssen selbst verwaltet werden. Die Methoden **doGet( )** und **doPost( )** stehen in gewohnter Art nicht zur Verfügung.

Die Besonderheiten der WebServices wurden bereits behandelt. Hier folgen die notwendigen Erläuterungen der Begriffe:

Begriff	Bedeutung
XML	standardisiertes Austauschformat für den Datenaustausch zwischen den Applikationen
HTTP	Transportprotokoll für den Versand von XML-Nachrichten
URL	standardisierte Form der Adressierung von Ressourcen
SOAP	Simple Object Access Protokoll – Protokoll für den Austausch von Nachrichten; umfasst die Adressaten (URL) und den Inhalt der Nachricht
UDDI	Universal Description, Discovery and Integration – zentrales Verzeichnis (registry) der angebotenen WebServices. Der Client kann dieses Verzeichnis automatisiert durchsuchen, um festzustellen, welcher Anbieter (an welcher URL) den gesuchten Service anbietet.
WSDL	WebService Description Language – Beschreibung des bereitgestellten Dienstes, d. h., wie sind die bereitgestellten Daten strukturiert, welches Format wird verwendet; vergleichbar mit dem XML-Schema zur Überprüfung der Validität der XML-Dateien.

W

> **4. Problem:**
> Zur Entwicklung und Bereitstellung der vielen Dokumente rund um einen WebService sind verschiedene Tools erforderlich. Hier ist es bei den zahlreichen Angeboten schwer, den Überblick zu behalten. Welche Tools soll man verwenden?

Apache AXIS als Lösung: Eine sehr nützliche Sammlung von Klassen zur Entwicklung von WebServices ist AXIS (**A**pache e**X**tensible **I**nteraction **S**ystem). Wegen der allgemeinen Bedeutung von WebServices werden jedoch laufend verbesserte oder alternative Tools publiziert. Hier soll nur auf die Nutzungsmöglichkeiten kurz eingegangen werden.

AXIS ist eine Sammlung von Klassen zur vollen Unterstützung der SOAP-Spezifikation 1.2, d. h., AXIS bietet folgende Komponenten an:

- Messaging Framework
- Deployment-Mechanismus
- Transportmechanismus

Das **Messaging Framework** ermöglicht, für die Nachrichten sogenannte **Handler** zu erstellen. Ein Handler ist ein Objekt, das den Anfrage-, Antwort- und Fehlerbehandlungsprozess steuert. Einzelne Handler lassen sich gruppieren und zu entsprechenden Ketten (chains) zusammenfügen. Dazu sind Komponenten notwendig, die einzelne Pakete einer Nachricht serialisieren und deserialisieren.

Der **Deployment-Mechanismus** veröffentlicht den WebService, d.h., er macht ihn bekannt. AXIS erreicht diese Bekanntmachung durch die Verwendung des **Web Service Deployment Descriptors (WSDD)**, in dem der einzelne WebService und die Funktionen der Handler, das gesamte Chaining sowie Serialisierungs- und Deserialisierungskomponenten konfiguriert werden können.

Der **Transportmechanismus** stellt Transportobjekte für die Nachrichten bereit und schafft damit die Möglichkeit zur Kommunikation mit anderen Systemen. Das Transportobjekt enthält Details über das jeweils zu verwendende Kommunikationsprotokoll, z.B. HTTP, SMTP, FTP oder eigene, nicht standardisierte Protokolle.

Besonders wichtig für die weitere Implementierung ist die Tatsache, dass AXIS **die automatische Generierung von WSDL** aus bestehenden WebServices unterstützt. So ist es möglich, zu jedem in AXIS „deployten" WebService eine automatisch generierte WSDL-Beschreibung zu erhalten. Das mitgelieferte Werkzeug **java2 wsdl** erzeugt aus bestehenden Java-Klassen automatisch eine WSDL-Spezifikation.

AXIS enthält zusätzlich einen **Kommunikationsprovider**. Er ist für die Weiterleitung eines WebService-Aufrufs (request) an die entsprechende Implementierung im System verantwortlich.

S

Nach dieser Problemdiskussion durch Herrn Pelz schauen die Azubis etwas besorgt: „Da ist wohl noch viel zu tun, bis wir zu einer professionellen Lösung kommen!", gibt Stefan den Sorgen der anderen Ausdruck. Herr Pelz kann Stefan aber beruhigen. Mit der vorliegenden Lösung liegt ein Prototyp mit den wesentlichen Funktionalitäten vor. Neben den vier oben angesprochenen Problemkreisen sind alle weiteren Entwicklungsdetails durch Anwendung von bereits bekannten und verwendeten Technologien realisierbar. Der Vergleich der Anforderungen aus dem Lasten- bzw. Pflichtenheft mit dem Erreichten zeigt zwar noch erhebliche Lücken, weist aber gleichzeitig den Weg zur vollständigen Lösung.

7.7.2 Vergleich der Anforderungen mit dem erreichten Stand

S

Herr Pelz vergleicht die Anforderungen in den Dokumenten aus der Entwurfsphase mit dem erreichten Stand, wobei auch stets das Potenzial zur Weiterentwicklung im vorliegenden Prototyp zu berücksichtigen ist.

2 Funktionale Anforderungen 2.1 Muss-Kriterien	
Anforderung aus der Entwurfsphase	Realisierbarkeit mit den Erfahrungen aus dem Prototyp
1. Die Software muss die **Vertriebsniederlassungen** bei der Warenbestellung aus einem Zentrallager unterstützen. Die Vertriebsniederlassungen, **regional verteilt** im gesamten Bundesgebiet, sollen zusammenarbeiten und zukünftig bundesweit von einem zentralen Lagerort versorgt werden. Zu den Vertriebsniederlassungen gehören Ladengeschäfte, die nur über eine geringe Lagerfläche verfügen. Von den angebotenen Waren können in den Läden nur wenige Exemplare vorrätig gehalten werden. Im täglichen Verkauf abgesetzte Komplettsysteme, Bauteile, Software oder Zubehör sollen über Nacht aus den Zentrallagern nachgeliefert werden. Die **Bestellung der Waren** von den Läden gegenüber dem zentralen Lager soll über das Internet mithilfe des webbasierten Warenwirtschaftssystems erfolgen.	▪ Das realisierte Servlet ist über das Internet ansprechbar. Die regionale Verteilung der Vertriebsniederlassungen spielt somit keine Rolle mehr. ▪ Das Servlet greift auf eine Microsoft-Access-Datenbank zu. Die Möglichkeit zur Anbindung von Microsoft Access ist damit nachgewiesen. ▪ In der ACI-Zentrale muss ein Webserver eingerichtet oder gemietet werden, über den die Kommunikation erfolgen kann. ▪ Bestellungen sind noch nicht möglich, es kann aber bereits aktiv in die Datenbank geschrieben werden. ▪ Ein privilegierter Zugriff der Niederlassungen setzt die Entwicklung von WebServices mit Client-Komponenten voraus.

(Fortsetzung auf folgender Seite)

2 Funktionale Anforderungen 2.1 Muss-Kriterien	
Anforderung aus der Entwurfsphase	Realisierbarkeit mit den Erfahrungen aus dem Prototyp
2. Die Software muss den **Stammkunden** der ACI GmbH die direkte Bestellung von Hardware, Software und Zubehör aus der Angebotspalette der ACI GmbH über das Internet im Rahmen eines Webshops ermöglichen.	Das realisierte Servlet ist über das Internet ansprechbar. Die Stammkunden können mit ihrem Browser auf diesen Dienst zugreifen.
3. Bei einer **Bestellung** muss die Verfügbarkeit der Ware im Bestand des Zentrallagers überprüft werden. Ist eine Ware nicht in ausreichender Menge verfügbar, so ist diese Bestellposition abzuweisen. Die erfolglosen Bestellungen sind zur Verbesserung des Warenangebotes zu protokollieren.	Bestandsverwaltung und Verfügbarkeitsprüfungen sind noch nicht realisiert. Sie lassen sich aber durch den bereits realisierten Zugriff (lesend und schreibend) auf die Datenbank abbilden.
4. Erfolgreiche Bestellungen von Waren, die in ausreichenden Mengen im Zentrallager vorhanden sind, werden dem Kunden durch eine **E-Mail** bestätigt. Außerdem muss die bestellte Menge sofort reserviert und damit für weitere Zugriffe aus nachfolgenden Bestellungen gesperrt werden.	Die E-Mail an den Kunden kann aus einem Formular generiert werden. Die notwendigen Daten zur Bestellung und zur Kundenadresse liegen in der Datenbank vor.
5. Das System erstellt die **Lieferscheine** und **Rechnungen** zu den Bestellungen.	Der Prototyp verfügt noch nicht über die dazu erforderlichen Komponenten. Es handelt sich jedoch bei der Realisierung um netzunabhängige Programmteile, die sich direkt auf dem Webserver bei ACI befinden.
6. Das System muss eine **Schnittstelle** zum genutzten Warenwirtschaftssystem besitzen. Sortimentspflege, Preisbildung und Wareneingänge finden in dem bestehenden Warenwirtschaftssystem statt.	Das Servlet greift auf eine Microsoft-Access-Datenbank zu. Die Möglichkeit zur Anbindung von Microsoft Access ist damit nachgewiesen.
7. Der **Administrator** muss die Möglichkeit haben, die Kundenlisten manuell zu pflegen und gegebenenfalls Kunden zu sperren.	Zur Kunden- und Benutzerverwaltung erfolgten bisher keine Maßnahmen, aber sie lässt sich durch den bereits realisierten Zugriff auf die Datenbank abbilden.
8. Die Bedienung erfolgt im Internet über eine browserunabhängige **Benutzeroberfläche** mit festen Objektgrößen und unabhängig von der Bildschirmauflösung beim Benutzer.	Diese Anforderung ist exemplarisch durch den Aufbau einer HTML-Datei im Servlet realisiert. Auch die Komponenten zur Webseitengestaltung mit Frames, Formularen und Tabellen wurden erfolgreich praktiziert.

S Das Fazit von Herrn Pelz bestätigt den Azubis, dass sie auf dem richtigen Weg sind. Er fasst zusammen: „Die Anfangsschwierigkeiten sind bekanntermaßen immer groß. Nach dem besprochenen Entwicklungsschema der Projektteams folgt jetzt die Phase der produktiven Euphorie. Bevor uns die euphorische Arbeit an den Details der Lösung wieder bindet, sollten wir unsere Aufmerksamkeit den noch notwendigen Arbeitsschritten **Test** und **Dokumentation** widmen!“

Aufgaben

1. Analysieren Sie die Angaben in der Datei **web.xml**.
2. Analysieren Sie die Angaben in der Datei **build.xml**.
3. Analysieren Sie die Angaben in der Datei **common.xml**.
4. Wie erfolgt ein dynamischer Methodenaufruf unter Java?
5. Was sind Java Server Pages?
6. Was sind Java Beans?
7. Was sind Enterprise Java Beans?
8. Wie wird der request mit der **doGet**-Methode abgesetzt?
9. Wie erstellt das Servlet den Response?
10. Wofür werden die Exceptions benötigt?

7.8 Herausforderungen bei der Entwicklung von Applikationen für mobile Endgeräte

S Nachdem die Auszubildenden die Möglichkeiten zur Entwicklung von Web-Anwendungen kennengelernt haben, wollen sie natürlich auch etwas für ihre mobilen Geräte entwickeln. Stefan zieht sein Smartphone aus der Tasche, auch Kai und Anna legen ihre Mobiltelefone auf den Tisch. Es sind Geräte von unterschiedlichen Herstellern, trotzdem erscheinen sie recht ähnlich. Nach dem Einschalten zeigen sich jedoch erhebliche Unterschiede, besonders in der Bedienung, aber auch in den verfügbaren Programmen. Für die einzelnen Geräte existieren unterschiedliche Anwendungen, englisch Applications oder kurz Apps genannt. Stefan vertraut seinen Fähigkeiten als Softwareentwickler und schlägt den anderen Azubis die gemeinsame Entwicklung einer App vor. Hier schaltet sich Herr Pelz ein und beginnt mit einer Erklärung der Besonderheiten dieser mobilen Geräte.

7.8.1 Smartphone – Scharfsinniger Kommunikator

Smartphones gelten als wahre Wunder an Leistungsfähigkeit. Sie tragen nicht zufällig den Beinamen „smart", wobei dies nicht etwa mit einem gleich klingenden eingedeutschten Wort in der Bezeichnung „smarter Junge" zu verwechseln ist. Das englische Adjektiv „smart" wird ins Deutsche mit einer Liste folgender Entsprechungen übersetzt: intelligent, begabt, gescheit, geschickt, klug, scharfsinnig, schlau. „Smartphone" kann man also mit „scharfsinniger Kommunikator" übersetzen. Dieser Begriff ist natürlich für das Marketing untauglich, trifft aber das Neue und Besondere dieser Geräte gegenüber unseren bekannten Personalcomputern durch die Betonung der „scharfen Sinne". Diese kleinen Geräte verfügen quasi über Sinnesorgane bzw. Sensoren, womit die folgenden „Reize" aufgenommen werden können:

Sehen	Kameras auf der Vorder- und Rückseite erstellen Fotos oder Videos in hoher Auflösung und Schärfe. Dank entsprechender Software können auch Strukturen (Barcode, QR-Code), Texte (Scannen und OCR) oder Abbildungen (Personen, Gebäude) erkannt werden. Die Sensoren erfassen auch die Lichtfülle der Umgebung und steuern so die jeweils notwendige Helligkeit der Bildschirmanzeige.
Hören	Das Mikrofon ist notwendig für die Telefonfunktion. Es kann aber auch für die Spracheingabe von Texten oder für die Erkennung von gesprochenen Befehlen genutzt werden.
Fühlen	Der Touchscreen ermöglicht die Bedienung mithilfe von Berührungen oder bewegte Gesten. Damit sparen die Hersteller die traditionelle Tastatur und überwinden Probleme mit mechanischen Tasten und den verschiedenen nationalen Tastaturlayouts. Es entstehen aber auch neue Herausforderungen. Zum Beispiel dürfen beim Telefonieren die Berührungen durch Haare oder durch das Ohr keine Funktionen auslösen.

Riechen und **Schmecken** können Smartphones noch nicht, aber dafür besitzen sie weit mehr als nur einen „sechsten Sinn". Die App „Android Sensor Box" auf dem Samsung Galaxy bietet zum Beispiel einen einfachen Zugang zu den eingebauten Sensoren. Folgende Sensoren werden angezeigt:

Bezeichnung (englisch)	Bezeichnung (deutsch)	Funktion und Verwendung des Sensors
Accelerometer Sensor	Beschleunigungsmesser	... wird verwendet, um die Geschwindigkeit der Bewegungen am Gerät zu erkennen. Er wird auch zur automatischen Drehung der Bildschirmanzeige genutzt, wenn das Gerät vertikal gedreht wird.
Light Sensor	Lichtsensor	... wird verwendet, um die Lichtintensität der Umgebung zu erkennen und dann die Bildschirmhelligkeit anzupassen. Er kann auch zur Entscheidung über das Ein- oder Ausschalten der Tastaturbeleuchtung genutzt werden.
Orientation Sensor	Orientierungssensor	... wird genutzt, um die Ausrichtung und Lage des Gerätes zu erfassen. Er kann u. a. wie die Anzeige einer Wasserwaage verwendet werden.

(Fortsetzung auf folgender Seite)

Bezeichnung (englisch)	Bezeichnung (deutsch)	Funktion und Verwendung des Sensors
Proximitry Sensor	Annäherungs-sensor	... misst die Entfernung zwischen dem Bildschirm des Gerätes und anderen Objekten, z. B. zur Hand oder zum Ohr.
Temperature Sensor	Temperatur-sensor	... misst die Temperatur, um eine Überhitzung des Gerätes zu verhindern. Er wird aber nicht für die Temperaturanzeige im Rahmen eines Wetterberichtes genutzt.
Gyroscope Sensor	Kreiselkom-pass-Sensor	... kann Änderungen in sechs Richtungen gleichzeitig messen. Die Wirkung bezeichnet man als richtungshaltenden Kreisel, der jegliche Bewegungen in Relation zu einem künstlichen Horizont identifizieren kann.
Sound Sensor	Lautstärke-messer	... erkennt die Schallintensität bzw. Lautstärke im Umfeld des Gerätes und kann so zur Anpassung der Tonausgabe genutzt werden.
Magnetic Sensor	Magnetfeld-sensor	... bestimmt das Magnetfeld in der Nähe des Gerätes. Das erkannte Magnetfeld wird in vielen Bereichen genutzt, wie zur Metallerkennung oder als Kompassfunktion.
Pressure Sensor	Drucksensor	... wird verwendet, um den Luftdruck im Umfeld des Gerätes zu erfassen und ihn zur Wettervorhersage zu nutzen.

Die App „Android Sensor Box“ zeigt auch an, welche Sensoren von der verbundenen Hardware unterstützt werden und welche nicht. Im vorliegenden Fall (Bild links) fehlen Temperatur- und Drucksensor. Bei der Nutzung der App wird erkennbar, dass nicht die Messwerte, sondern nur die Änderungen der Messwerte an den Sensoren visualisiert werden.

Die App „Android Sensor Box“ oder ähnliche Apps zeigen den Entwicklern, was ihre mobilen Geräte an Potenzial besitzen und ermöglichen den App-Entwicklern, das Verhalten von jenen Sensoren zu beobachten, die für eine eigene App gebraucht werden.

Der Orientierungssinn als einer der am häufigsten genutzten „Sinne“ von Smartphones benötigt jedoch keine Sensoren. Smartphones können ihre geografische Position anhand von GPS-Signalen bestimmen, oder einfacher, aber weniger genau anhand der Position des jeweils nächstliegenden und für die Funkverbindung genutzten Sendemastes. Zur Navigation im Auto oder als Fußgänger benötigt man die genaue Position und die aktuelle Bewegungsrichtung, weshalb hierfür die GPS-Koordinaten genutzt werden. Die Anzeige vom Stadtplanauszug rund um den nächstliegenden Sendemast reicht hingegen aus, um die eigene Position auf der Karte zu finden.

App „Android Sensor Box“

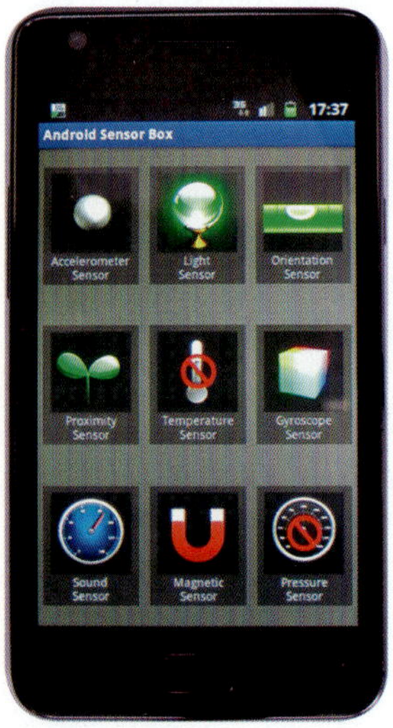

Beispiel für Beschleunigung

Beispiel für Orientierung

7.8.2 Fluch und Segen der Vielfalt

Ein wesentliches Merkmal von Smartphones sind die verfügbaren Sensoren und die vielfältigen Möglichkeiten zu ihrer Anwendung. Die Geräte bilden eine Einheit von Telefon, Fotoapparat, Filmkamera, Computer und Navigationssystem. Diese Vielfalt an Fähigkeiten kann man bei der Entwicklung von Software für diese Geräte ausnutzen, muss sie aber zunächst kennen und beherrschen.

Die Vielfalt beginnt bei den unterschiedlichen technischen Ausstattungen und setzt sich bei den Betriebssystemen fort. Jeder Hardwarehersteller von Smartphones favorisiert ein bestimmtes Betriebssystem und von diesen Betriebssystemen sind aufgrund des hohen Innovationsdruckes unterschiedliche Versionen im Einsatz.

Bei den Smartphones unterscheidet sich die Hardware unterschiedlicher Hersteller schon wegen der vielfältigen technischen Möglichkeiten zur Realisierung der Sensoren. An der Schnittstelle zwischen Hardware und Betriebssystem muss das Betriebssystem diese technischen Möglichkeiten „abgreifen" und für die Schnittstelle zu den Applikationen vereinheitlichen. Da es aber mehrere Betriebssysteme gibt, müssen die Applikationen auch für unterschiedliche Schnittstellen zu den Betriebssystemen entwickelt werden. Die Vielfalt der technischen Möglichkeiten wird hier zu einer Belastung für die Entwickler von Apps. Entweder man beschränkt sich auf ein Betriebssystem oder muss die Entwicklungsarbeiten für mehrere Betriebssysteme wiederholen. Hier wollen wir uns auf die Entwicklung für das Betriebssystem Android von Google konzentrieren.

7.8.3 Vielfalt der Technologien bei der App-Entwicklung

Die Vielfalt der Plattformen bezüglich Hardware und Betriebssystem führte auch zu Versuchen, die Entwicklungsprozesse und -sprachen zu harmonisieren. Relevante Ansätze basieren auf den Web-Technologien und bedienen sich bekannter Hilfsmittel wie HTML 5, CSS und JavaScript. Damit ergeben sich drei mögliche Typen für die Apps:

- **Native Apps** laufen direkt auf dem Betriebssystem, wofür sie entwickelt wurden. Damit können sie alle Funktionen der Hardware (Sensoren und Ausgabemedien) direkt nutzen, soweit sie an der Betriebssystemschnittstelle angeboten werden. Diese Lösungen arbeiten hinsichtlich Leistungsumfang und Performance optimal. Sie laufen direkt auf dem Smartphone und verschmelzen quasi funktional und optisch mit dem System.
- **Webbasierte Apps** nutzen vollständig die bekannten und bewährten Web-Standards und sind daher unabhängig vom Gerätehersteller und vom Betriebssystem. Standardmäßig sind diese Apps jedoch nicht in der Lage, auf die besonderen Funktionen des mobilen Systems zuzugreifen, weil diese Funktionen eventuell nicht einmal erkannt werden. Die Verarbeitung erfolgt auf dem Server, das Smartphone dient nur zur Anzeige. Leistungsumfang und Performance sind gegenüber den nativen Pendants eingeschränkt.
- **Hybride Apps** basieren auf den Web-Standards, greifen aber durch aktive Komponenten (JavaScript) vor Ort über die Betriebssystemschnittstelle auf die Funktionen der Hardware zu. Es müssen daher für

Schichtenarchitektur bei unterschiedlicher Hardware und unterschiedlichen Betriebssystemen

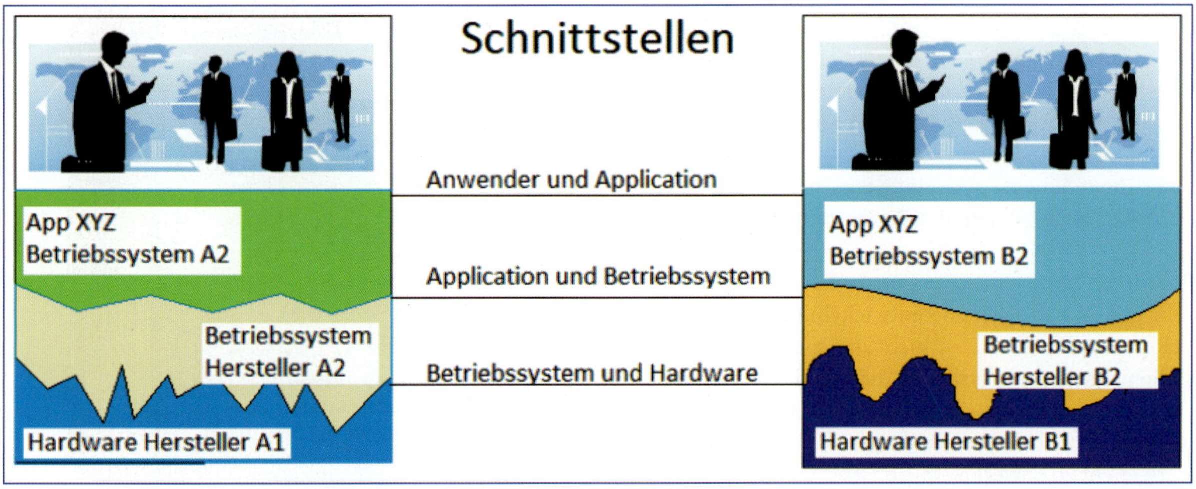

jedes Betriebssystem, eventuell sogar für jede unterschiedliche Version, Anpassungen vorgenommen werden, um auf allen Plattformen einen einheitlichen Leistungsumfang anbieten zu können.

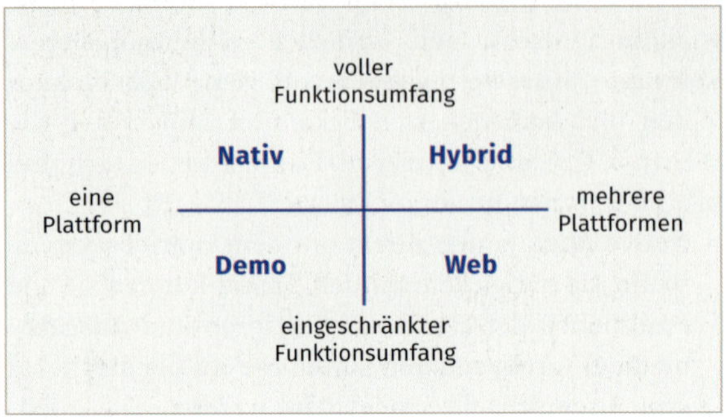

App-Typologie

Zur Überwindung dieser Entwicklungsprobleme arbeitet man an sogenannten Cross-Plattform-Entwicklungsmethoden und entsprechenden Frameworks, womit die Effizienz und Qualität der Softwareentwicklung durch folgende Vorteile verbessert werden soll:

- Einheitliche Code-Basis durch eine einheitliche Entwicklungssprache
- Einheitliche Benutzeroberflächen für Anwender und Entwickler
- Unterstützung der Tests unter Beachtung der subjektiven Vielfalt der Nutzer in der Multi-User-Umgebung (Sprache, Anwendererfahrungen, lokale Besonderheiten usw.)
- Effiziente Wartung, was gerade wegen der Versionsvielfalt schwierig ist

7.8.4 Voraussetzungen zur Entwicklung einer nativen App für Android

S Einige notwendige Voraussetzungen zur App-Entwicklung haben sich die Auszubildenden bereits angeeignet. Sie können Software mithilfe der Programmiersprache Java entwickeln, sie kennen die speziellen Bedingungen einer Client-Server-Entwicklung und sie verfügen mit Eclipse über die notwendige Entwicklungsumgebung.

Bereits in der Standardversion kann man mit Eclipse sehr gut Java-Programme entwickeln und testen, aber Eclipse und Java kennen nicht die speziellen Schnittstellen des Betriebssystems Android. Dafür muss das Plug-in *Android Development Tool (ADT)* installiert werden, was über das Menü **Help → Install New Software** leicht zu bewerkstelligen ist.

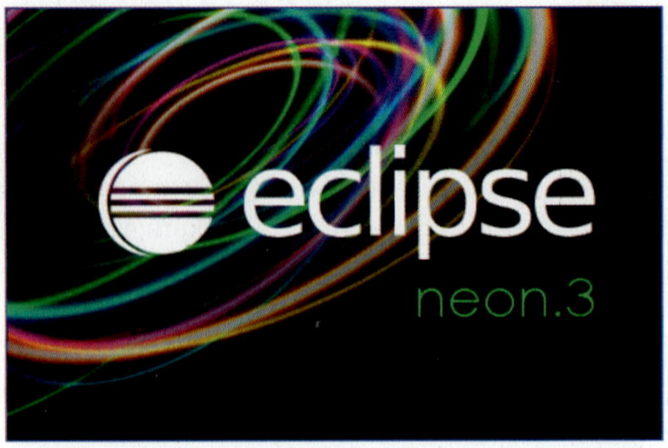

Eclipse Eröffnungsbild

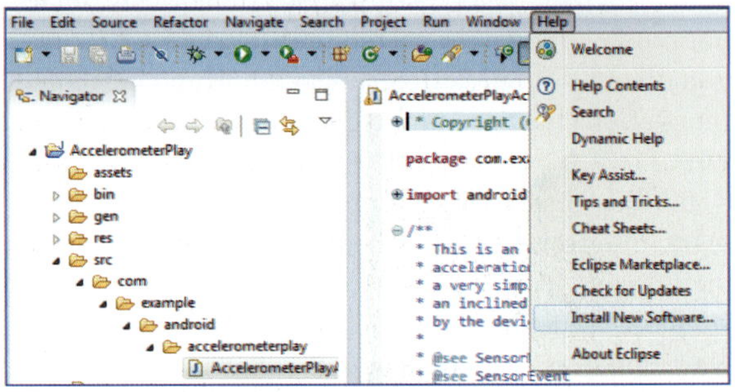

Installation neuer Plug-ins in Eclipse

Vor der Installation der Android Developer Tools muss der Anwender die Open-Source-Lizenzbedingungen akzeptieren. Danach werden alle Dateien heruntergeladen und installiert. Wegen der veränderten Arbeitsbedingungen erwartet Eclipse einen Neustart. Nach dem Neustart muss noch das *Android Software Developer Kit (SDK)* installiert bzw. aktualisiert werden. Die Version installiert sich unter Microsoft Windows mit dem üblichen Setup. Der Pfad zu dem installierten SDK findet sich in den Eclipse Preferences. Hier sieht man auch, welche Version installiert wurde.

Eclipse Windows Menü

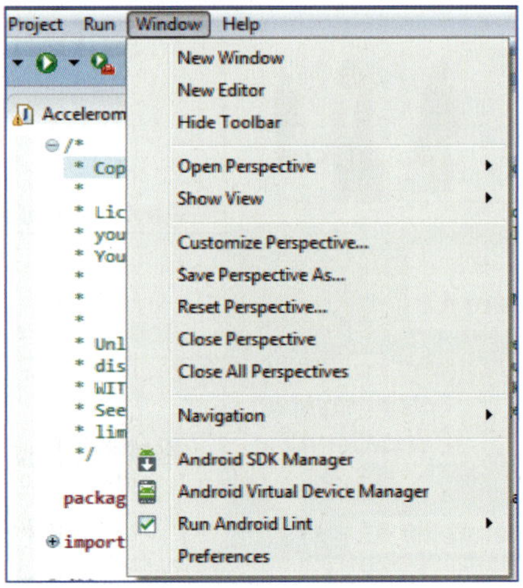

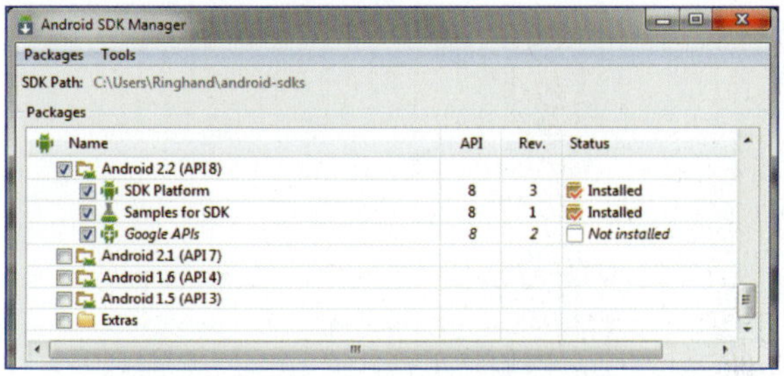

Android Software Developer Kit für Version 2.2.

Aus Kompatibilitätsgründen verwenden wir hier die Tools für Android Version 2.2, was mit Blick auf verfügbare aktuelle Versionen veraltet erscheinen mag. Die zu entwickelnden Apps müssen jedoch auch auf älteren Smartphones lauffähig sein. Gleichzeitig verkörpert diese Situation eine zusätzliche Herausforderung bei der App-Entwicklung, indem auch innerhalb eines Betriebssystems unterschiedliche Versionen zu bedienen sind.

Über das Menü **Windows → Android SDK Manager** erreicht man jene Details, woraus erkennbar ist, dass neben der „SDK-Plattform" auch Beispiele für die Demonstration der weiteren Funktionen installiert wurden. Mit derartigen Beispielen kann man als Entwickler erste Erfahrungen sammeln.

Im gleichen Menü gelangt man über **Windows → Android Virtual Device Manager** zu einer komfortablen Testumgebung. Mit dem Android Virtual Device (ADV) können die Apps vorab auf einem Emulator laufen. Man benötigt zum Testen keine Verbindung zu einem „echten" mobilen Gerät und die ansonsten aufwendige Publikation der neu entwickelten App über einen App-Store kann für den Test entfallen.

Android Virtual Device Manager

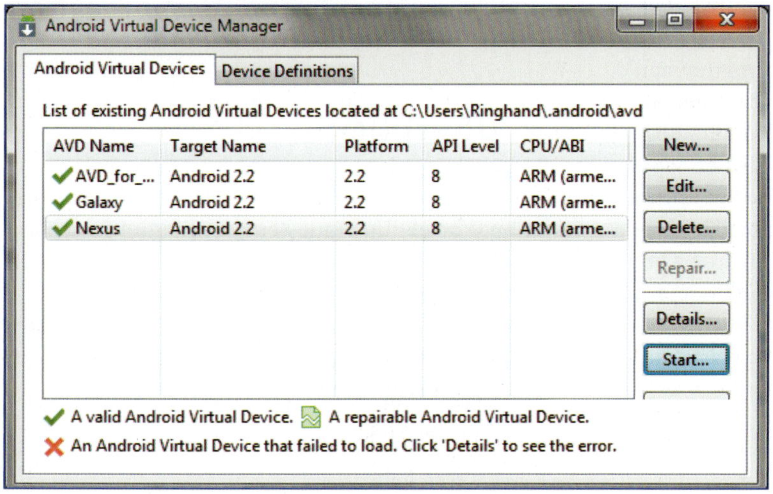

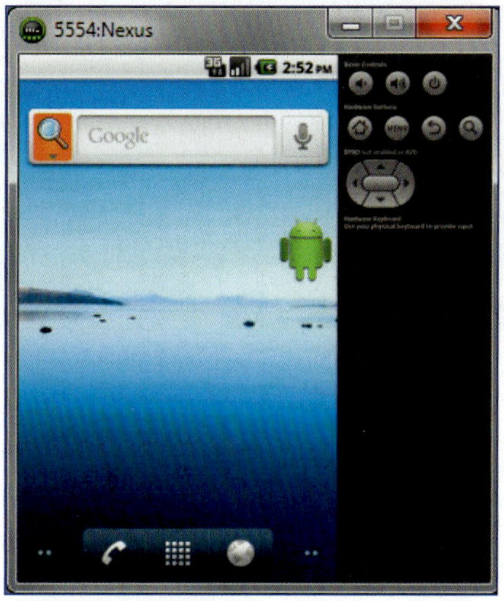

Android Virtual Device

Mit diesen Schritten wurden alle Voraussetzungen für die Entwicklung und den Test von nativen Apps geschaffen. Jetzt kann die eigentliche Arbeit beginnen, um z. B. die speziellen Leistungen der Sensoren sinnvoll abzurufen. Dazu muss man die im SDK angebotenen Klassen und ihre Methoden genau studieren, wobei hier auf die zahlreichen Fachbücher verwiesen wird.

Wenn die native App endlich funktioniert und sich für einen großen Nutzerkreis eignet, sollte sie auf dem dominierenden Marktplatz „Google Play" publiziert werden. Bevor eine App jedoch bei Google Play veröffentlicht werden kann, sind einige Bedingungen zu erfüllen. Die App muss mit einem Zertifikat versehen werden, um ihre Urheberschaft und Unversehrtheit zu sichern. Wer mit der App auch Geld verdienen möchte, muss die notwendigen Komponenten zur Abwicklung des Zahlungsverkehrs einbinden. All dies wird über spezielle Objekte in der App und auf der Basis der Eintragungen im Entwicklerkonto von Google geregelt.

Wenn man mit der App wirklich einen Massenmarkt erreichen will, muss man auch an entsprechende Werbung denken. Es kann sich aber finanziell lohnen, schließlich heißt es: „Kleinvieh macht auch Mist." Einnahmen können jedoch auf Dauer nur erzielt werden, wenn für die laufende Aktualisierung durch Updates gesorgt wird, was bei dem dynamischen Markt an Smartphones und Betriebssystemen mit erheblichem Aufwand verbunden ist.

8 Testverfahren

Die Azubis haben den Auftrag erhalten, ihre selbst geschriebenen Programme zu überprüfen und deren Korrektheit nachzuweisen. Dabei nutzen sie die im Berufsschulunterricht erhaltenen Unterlagen über das Testen von Software.

8.1 Zielstellung

Die Testverfahren prüfen und bewerten die Software bezüglich der Erfüllung der Qualitätsanforderungen. Leider wird dies oft auf die Überprüfung der Korrektheit der Software reduziert. Dabei umfassen die Qualitätskriterien die gesamte Funktionalität, die Zuverlässigkeit, die Benutzbarkeit, die Effizienz, die Änderbarkeit und die Übertragbarkeit (siehe Kapitel 1.4.4.1).

Die gewonnenen Erkenntnisse aus den Testverfahren werden zur Identifikation und Behebung von Fehlern genutzt. Tests während der Programmierung dienen dazu, das Programm möglichst fehlerfrei in Betrieb zu nehmen. Zur Softwareentwicklung gehören aber neben der Programmierung auch die Analyse und der Entwurf sowie die Dokumentation. In der Designphase oder bei der Dokumentation können ebenfalls Fehler entstehen. Ist zum Beispiel eine Funktion der Software falsch, unzureichend oder gar nicht beschrieben (dokumentiert), so kann die Benutzbarkeit, die auch zu den Qualitätsmerkmalen gehört, erheblich eingeschränkt sein.

Der Softwaretest erbringt nicht den Nachweis, dass keine Fehler vorhanden sind. Der Test kann lediglich feststellen, ob bestimmte Testfälle erfolgreich oder nicht erfolgreich waren. Das Testen von Programmen kann die Existenz von Fehlern zeigen, aber niemals deren Nichtvorhandensein. Hierzu müssten alle möglichen Programmfunktionen mit allen möglichen Werten unter allen möglichen Umgebungsbedingungen getestet werden, was schon bei sehr einfachen Testobjekten viel zu aufwendig ist. Aus diesem Grund beschäftigen sich verschiedene Teststrategien mit der Anforderung, wie mit einer möglichst geringen Anzahl von Testfällen eine möglichst große Testabdeckung erreichbar ist.

Fehler ist nicht gleich Fehler. Die Begriffe „Failure“, „Fault“ oder „Error“ haben im Englischen eine andere Bedeutung als im Deutschen:

W

Error	fehlerhafte Aktion (Irrtum), die zu einer fehlerhaften Programmstelle führt
Fault/Defect/Bug	fehlerhafte Stelle (Zeile) eines Programms, die ein Fehlverhalten auslösen kann
Failure	Fehlverhalten eines Programms, das während seiner Ausführung (tatsächlich) auftritt

Fehler bei der Programmierung (errors) können zu Fehlern in einem Programm (faults) führen, die anschließend Fehler bei der Programmausführung (failure) bewirken.

Anstelle von „Failure“ wird leider oft auch von „Error“ gesprochen, weshalb oft „error codes“, „error handler“ oder ähnliche Begriffe verwendet werden.

8.2 Überblick

In der Literatur wird zunächst zwischen **Systemverifikation** (korrekt im Sinne der Spezifikation) und **Systemvalidation** (praktischer Test in einer definierten Testumgebung) unterschieden.

Die Erfahrung hat gezeigt, dass auf die Validierung eines Systems trotz erfolgreicher Verifikation nicht verzichtet werden kann.

Nach der Art des Testverfahrens unterscheidet man **konventionelle** und **formale** Testverfahren, z. B. Programmverifikation über Schleifeninvarianten oder symbolisches Testen. Bei den **formalen** Testverfahren wird versucht, die Korrektheit eines Softwaresystems mithilfe festgelegter mathematischer Regeln zu beweisen. In der Praxis scheitert dies oft schon bei einfacheren Systemen am notwendigen Formalisierungsaufwand, sodass solche Methoden wenig praktische Bedeutung besitzen.

Bei der Anwendungsentwicklung stehen nach wie vor **konventionelle** Testverfahren im Vordergrund.

Art des Tests	Ziel des Tests
Unit-, Komponenten-, Modul- oder Klassentest	Test einer einzelnen Einheit
Integrationstest	Überprüfung des fehlerfreien Zusammenwirkens von Systemkomponenten
Systemtest	abschließender Test des Gesamtsystems bezüglich Funktion, Leistung, Benutzbarkeit, Sicherheit
Abnahmetest	Test unter Mitwirkung des Auftraggebers, z. B. Alphatest, Betatest

8.3 Teststufen

Zunächst werden nicht alle Tests zur gleichen Zeit durchgeführt, sondern sie erfolgen in Abhängigkeit vom Entwicklungsstand der zu entwickelnden Software. Dabei unterscheidet man je nach Entwicklungsstand verschiedene Teststufen (siehe Grafik nächste Seite).

Für Standardsoftware wird beim **Alphatest** das System in der Zielumgebung des Herstellers durch ausgewählte Anwender erprobt. Im **Betatest** wird das System hingegen bei ausgewählten Zielkunden in einer eigenen Umgebung zur Probenutzung zur Verfügung gestellt. Auftretende Probleme und Fehler werden protokolliert. Betatester erhalten meistens einen Preisnachlass auf das endgültige Produkt. Betatests erfolgen iterativ mit aufeinanderfolgenden **„release candidates“ (RC).** Bei Individualsoftware findet immer ein **Abnahmetest** statt.

Überblick zu den Testverfahren

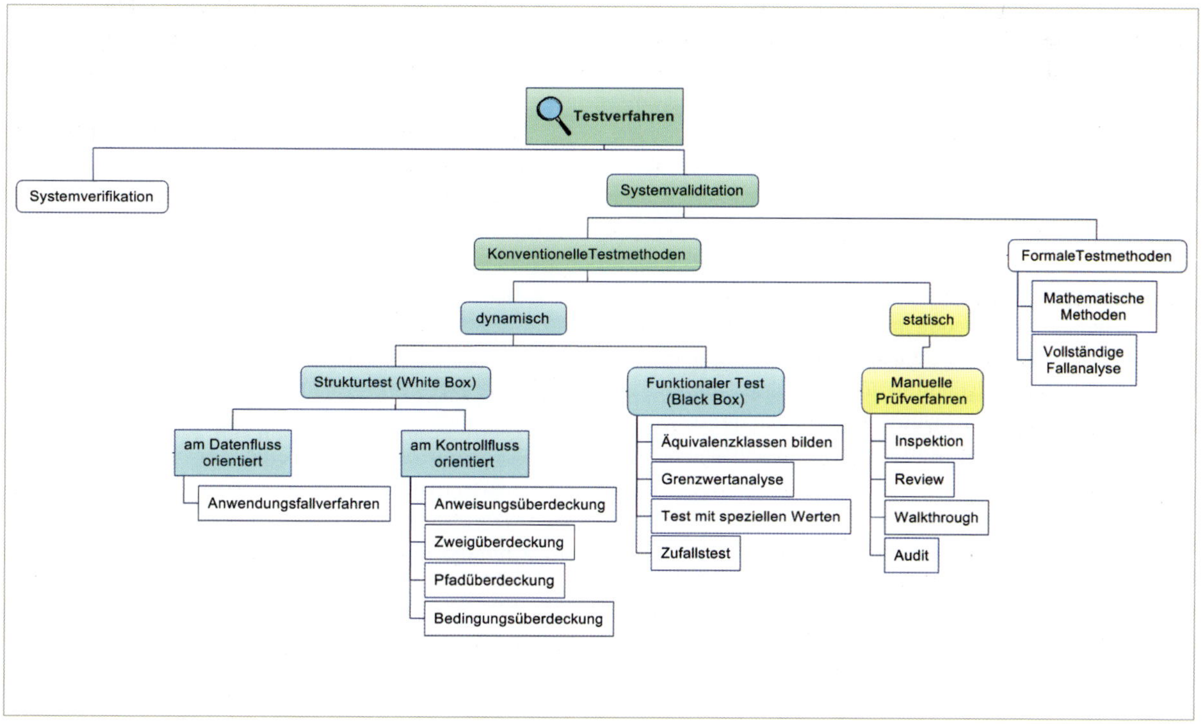

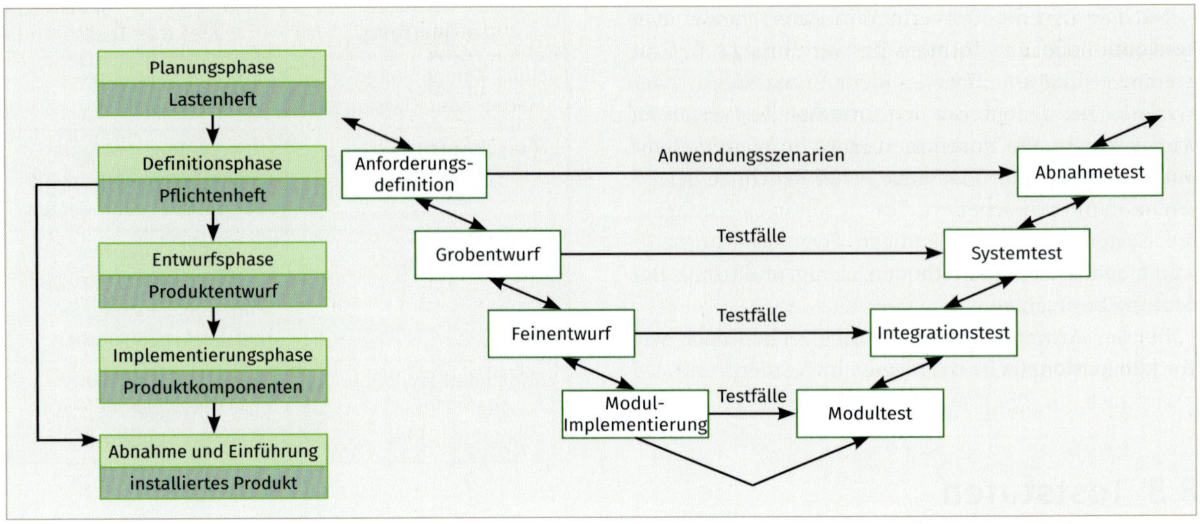

Teststufen im V-Modell

8.4 Durchführung der Tests

Vor dem Testen gilt es, sich den Unterschied zwischen Testfall und Testdaten zu verdeutlichen:

W

Testfall	Testdaten
Der Testfall ist eine aus der Spezifikation oder dem Programm abgeleitete Menge von Eingabedaten mit den zu erwartenden Ergebnissen.	Testdaten sind eine Teilmenge der Eingabedaten der Testfälle, mit denen das Programm tatsächlich ausgeführt wird.

Die DIN EN ISO 8402 versteht unter **Verifizierung** eine Bestätigung aufgrund einer Untersuchung und durch Bereitstellung eines Nachweises, dass festgelegte Forderungen erfüllt worden sind. Diese Norm bezieht sich auf die Qualitätssicherung von organisatorischen und betrieblichen Abläufen. Sie bezieht sich nicht direkt auf den Bereich der Datenverarbeitung, weshalb keine weiteren Spezifizierungen vorgenommen werden.

8.4.1 Manuelle Testverfahren

S In einem **ersten** Test kontrollieren die Azubis den geschriebenen Programmcode im Rahmen einer **Inspektion.** Sie achten besonders darauf, dass die Programmierkonventionen eingehalten und die Kommentare aussagekräftig formuliert wurden. Zusätzlich überwachen sie das korrekte Schreiben der Variablennamen.

Die **erste Stufe** eines statischen Tests umfasst die **Verifizierung** des Quellcodes, bei dem die Abarbeitung eines Programmcodefragments als korrekt bewiesen wird.

Als **zweite Stufe** des statischen Tests wird die Analyse des Quellcodes angesehen, bei der das untersuchte Objekt zergliedert und in seine Bestandteile zerlegt wird. Die Bestandteile werden anschließend geordnet und ausgewertet.

Zu den manuell analysierenden Verfahren gehören Inspektion, Review, Walkthrough und Audit.

Inspektion	Stark formalisiertes Verfahren, bei dem der Programmcode nach genau festgelegter Vorgehensweise durch ein Gutachterteam untersucht wird. Nach empirischen Untersuchungen können durch Inspektionen 50 % bis 75 % aller Entwurfsfehler gefunden werden.
Review	Im Vergleich zur Inspektion weniger formal und durch weniger Aufwand gekennzeichnet. Das Verfahren bewirkt einen ähnlichen Nutzen, d. h., 60 % bis 70 % aller Fehler werden gefunden.
Walkthrough	Unstrukturierte Vorgehensweise. Der Autor (Programmierer, Schöpfer) präsentiert sein Programm und der oder die Gutachter stellen spontan Fragen.
Audit	Strukturiertere Vorgehensweise als bei Walkthrough. Der Autor (Programmierer, Schöpfer) präsentiert sein Programm und der oder die Gutachter stellen Fragen nach einem vorher festgelegten Prüfkatalog.

Diese Verfahren sind häufig Bestandteil formalisierter Qualitätsmanagementansätze im Projektalltag. Sie werden in fast allen Phasen einer Entwicklung angewendet. Teammitglieder, externe Spezialisten, echte Benutzer und Moderatoren überprüfen dabei anhand einer aufgestellten Checkliste die Korrektheit der erstellten Informationen.

S In einem **zweiten** Test bitten die Azubis Anna und Stefan Herrn Pelz zu einem **Walkthrough.** Zuerst präsentieren sie ihren Programmcode. Anschließend stellt Herr Pelz entsprechende Fragen, die die beiden Azubis beantworten müssen.

8.4.2 White-Box-Verfahren

Beim White-Box-Verfahren stehen dem Tester im Gegensatz zum Black-Box-Verfahren (siehe Abschnitt 8.4.3) Informationen über den internen Aufbau des Testobjekts zur Verfügung. In der Regel sind solche Informationen Programmcodedokumente, sodass das White-Box-Verfahren auch als **codebasierter Test** bezeichnet wird.

Wie beim Black-Box-Verfahren muss die Spezifikation des Testobjekts vorhanden sein, damit nach der Abarbeitung eines Testfalls das Testergebnis auch in Form eines abschließenden Urteils als bestanden (PASS) oder verfehlt (FAIL) bestimmt werden kann.

Die Testfallableitung orientiert sich beim White-Box-Verfahren an der Zielstellung, möglichst viele Programmteile durch die Menge an Testfällen abzudecken, d.h., diese Programmteile auszuführen. Hierzu existiert eine Vielzahl von geeigneten Tests.

Bei den kontrollflussorientierten Tests werden Programme oder Programmteile in Form von Kontrollflussgraphen dargestellt. Wichtige Darstellungselemente sind hierbei:

Anweisungen (Anweisungsblöcke)	Knoten des Kontrollflussgraphen
Kontrollfluss	gerichtete Kanten zwischen den Knoten
Zweig	Einheit aus einer Kante und den dadurch verbundenen Knoten
Pfad	Sequenz von Knoten und Kanten, die am Startknoten beginnt und am Endknoten endet

Bei diesem Testverfahren werden Kontrollstrukturen wie Anweisungen, Verzweigungen oder Bedingungen genutzt, um Testziele zu definieren. Zu den bekanntesten kontrollflussorientierten Testverfahren gehören:

Anweisungsüberdeckung (C0-Test)	Alle Anweisungen im Kontrollfluss werden mindestens einmal ausgeführt.
Zweigüberdeckung (C1-Test)	Alle Verzweigungen im Kontrollfluss werden mindestens einmal verfolgt.
Bedingungsüberdeckung (C2,3-Test)	Alle booleschen Wertekonstellationen von (Teil-)Bedingungen werden einmal berücksichtigt.
Pfadüberdeckung (C4-Test)	Alle Pfade werden vom Start- zum Endknoten durchlaufen (außer bei sehr kleinen Programmen, dort nur theoretisch möglich!)

Allen diesen Verfahren ist ihr Ziel gemeinsam, wonach mit einer bestimmten Anzahl von Testfällen alle vorhandenen Anweisungen, Verzweigungen und Pfade ausgeführt werden. Der Pfadüberdeckungstest (C4-Test) kann allerdings aufgrund seiner Komplexität bei produktiv arbeitenden Programmen nicht sinnvoll eingesetzt werden.

Die Auswahl geeigneter kontrollflussorientierter Testverfahren kann nach folgender Checkliste erfolgen:

Liegt das Programm im Quellcode vor?	wenn nicht, ist kein Strukturtestverfahren möglich
Besteht das Programm nur aus aufeinanderfolgenden Anweisungen?	Anweisungsüberdeckung sinnvoll
... Anweisungen und Verzweigungen mit atomaren Testbedingungen?	Zweigüberdeckung sinnvoll
... Anweisungen, Verzweigungen und Schleifen mit atomaren Testbedingungen?	Pfadüberdeckung, je nach Komplexität der Schleifensemantik doppelte oder mehrfache Schleifenüberdeckung
... komplexen Testbedingungen?	Kopplung geeigneter Verfahren mit Bedingungsüberdeckung

Für die Durchführung eines kontrollflussorientierten Tests ist es sinnvoll, sich den Kontrollflussgraphen zu zeichnen. Hieraus kann man alle möglichen Wege der Programmbearbeitung erkennen und aufschreiben. Die Testszenarien und Testdaten müssen dann so gewählt werden, dass man wirklich jeden möglichen Weg testet.

```
public String EANpruefung(String ein) {
    String ziff, Fehlertext="Artikelnummer ist korrekt.";
    boolean keinfehler=true;
    int pos=0, faktor=1, summe=0;
    if (ein.length( ) == 13) {
            pos=0;
            while(pos < 13 && keinfehler) {
                    ziff=ein.substring(pos,++pos);
                   if (ziff.equals("0")||ziff.equals("1")||ziff.equals("2")||
                     ziff.equals("3")||ziff.equals("4")||ziff.equals("5")||
                     ziff.equals("6")||ziff.equals("7")||ziff.equals("8")||
                     ziff.equals("9"))
                    {
                        summe += Integer.parselnt(ziff)*faktor;
                        if (faktor==1) {faktor=3;}  else {faktor=1;}
                    }
                    else {    keinfehler=false;
                        Fehlertext="Bitte nur Ziffern verwenden!";
                    }
            }
            if (keinfehler) {
                    if (summe % 10!=0) // Modulo 10
                    {
                        Fehlertext=!Prüfziffer zeigt Eingabefehler!";
                    }
            }
    }
    else {
            Fehlertext=EAN muss 13 Ziffern umfassen!";
    }
    return Fehlertext;
}
```

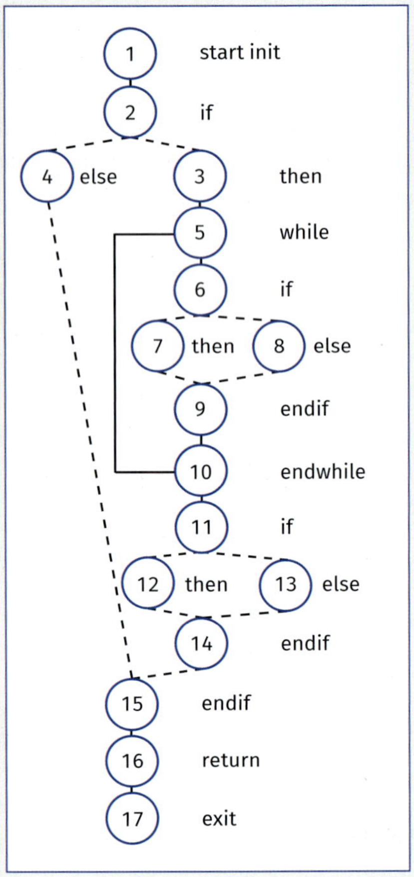

Kontrollflussgraph für einen kontrollflussorientierten Test

8.4.3 Black-Box-Verfahren

Das Verfahren basiert auf der Idee, dass die Testfälle aus den Programmspezifikationen abgeleitet werden, weshalb der Quellcode nicht benötigt wird. Genau aus diesem Grund wird das Testverfahren auch als „Black-Box-Verfahren“ bezeichnet.

Der **Strukturtest** bewertet dabei die innere Programmlogik, während sich der **Funktionaltest** auf die äußere Programmsemantik konzentriert. Das Ziel besteht in einer möglichst umfassenden, aber redundanzarmen Prüfung der spezifizierten Funktionalität, wobei man analog zur strukturellen von einer funktionellen Überdeckung spricht.

Das prinzipielle Problem beim Black-Box-Verfahren liegt in der Tatsache begründet, dass der Bereich der möglichen Eingabewerte sehr groß bis unendlich werden kann.

8.4.3.1 Äquivalenzklassenbildung

Zunächst findet eine Einteilung des Definitionsbereichs in eine endliche Anzahl von Klassen „ähnlicher Werte“ statt, wobei die Prüfung an je einem exemplarischen Vertreter pro Klasse durchgeführt wird.

Oft ergibt sich die Einteilung des Eingabebereichs als Vereinigung von Urbildmengen. Eingaben, die dieselbe Ausgabe erzeugen, werden in einer Klasse zusammengefasst.

Dieses Verfahren eignet sich zur Herleitung repräsentativer Testfälle und gestattet die Betrachtung von einzelnen Werten. Wechselwirkungen oder Abhängigkeiten werden mit diesem Verfahren jedoch nicht getestet.

Ein Beispiel für eine Äquivalenzklassenbildung als Testvoraussetzung zeigt die folgende Darstellung zur Eingabe der EAN. Hier werden statt der Klassen die bekannten Mengen und Untermengen dargestellt. Bei der Eingabe der EAN muss man zuerst davon ausgehen, dass eine beliebige Zeichenkette eingegeben wird. Die Menge aller beliebigen Zeichenketten ist unbegrenzt, in einem Test können allerdings nicht alle diese Zeichenketten durchprobiert werden. Also wählt man einige typische Vertreter dieser Menge. Man nimmt beim Test nun an, dass das Programmverhalten für alle Vertreter aus dieser Menge gleich ist, also äquivalent. Aus der Äquivalenzklasse, d. h. aus der Menge von Elementen mit äquivalentem Programmverhalten, müssen für den Test somit nur wenige Elemente ausgewählt werden.

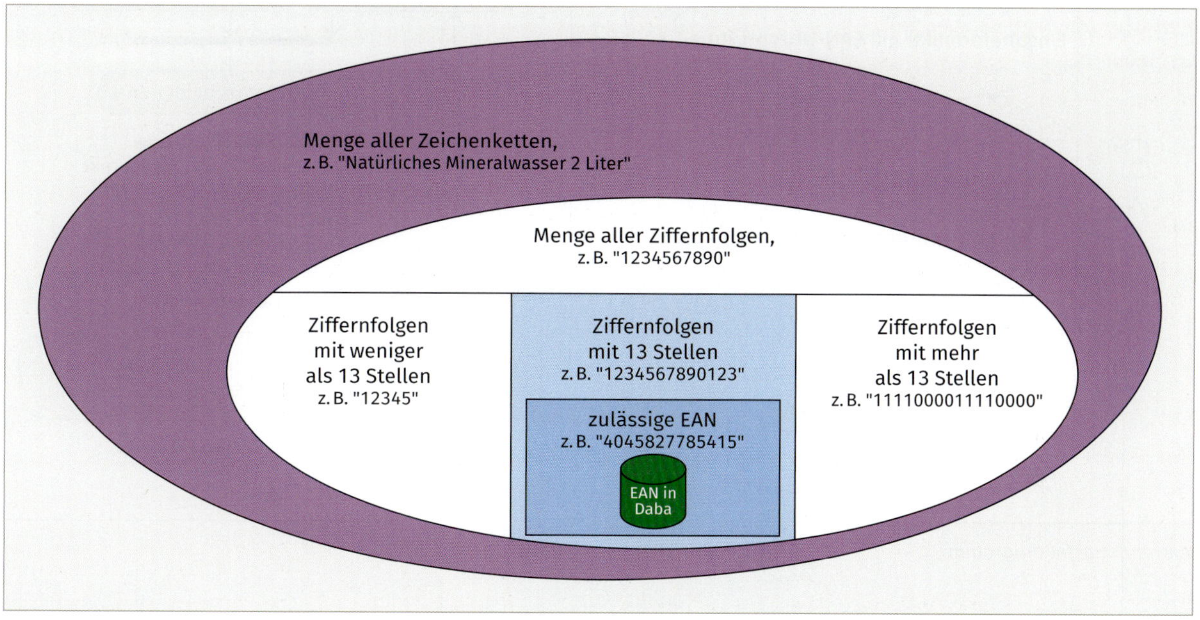

Äquivalenzklassen

8.4.3.2 Grenzwertanalyse

Die Grenzwertanalyse stellt eine sinnvolle Erweiterung und Verbesserung der funktionalen Äquivalenzklassenbildung dar. Sie basiert auf der funktionalen Äquivalenzklassenbildung, nutzt jedoch nicht irgendwelche Elemente aus den Klassen. Betrachtet werden die Werte, die am Rand der Klasse liegen. Diese Vorgehensweise basiert auf der Erfahrung, wonach Fehler durch Grenzwerte besonders effektiv entdeckt werden können. Die Grenzwertanalyse setzt einen sinnvollen Grenzbegriff (Topologie, Ordnung) voraus, bezogen auf die Menge der Eingabewerte, z. B. EAN = 0000000000000.

8.4.3.3 Testsequenzermittlung

Die Testsequenzermittlung ist eine Kombination von

- Anwendungsfällen,
- Beispielabläufen und
- Zustandsdiagrammen

zur Ermittlung der funktionalen Korrektheit eines Programms oder bestimmter darin enthaltener Programmteile. Die Tests vollziehen sich auf der Grundlage von Anwendungsfällen, die im Pflichtenheft vordefiniert und im Use-Case-Diagramm dokumentiert sind. Aus diesen beiden Dokumenten werden Szenarien abgeleitet, mit denen Produktivsysteme in gleicher oder ähnlicher Weise konfrontiert werden. Die Szenarien werden in Testskripten erfasst und beim späteren Testen abgearbeitet.

S

Als **dritte** Testmaßnahme schlägt Herr Pelz einen Black-Box-Test in Form einer **Testsequenz** vor. Die Azubis sollen für den folgenden Sachverhalt die passenden UML-Diagramme erstellen und mit Beispielabläufen testen und dokumentieren:

> Geben die Mitarbeiter am Client-Rechner eine Artikelnummer (EAN) ein, wird zuerst dezentral im Client deren formale Korrektheit geprüft. Korrekte EAN werden zum Server übertragen, nicht korrekte EAN werden abgewiesen. Der Server prüft, ob sich dieser Artikel mit seiner EAN bereits in der Datenbank befindet. Zu vorhandenen Artikeln wird die Artikelbezeichnung angezeigt. Bei unbekannten EAN erhält der Mitarbeiter am Client-Rechner die Möglichkeit zur Eingabe der Artikelbezeichnung.

Aus diesem Sachverhalt ergibt sich folgendes Anwendungsfalldiagramm.

Der korrekte Ablauf wird durch folgendes Aktivitätsdiagramm dokumentiert.

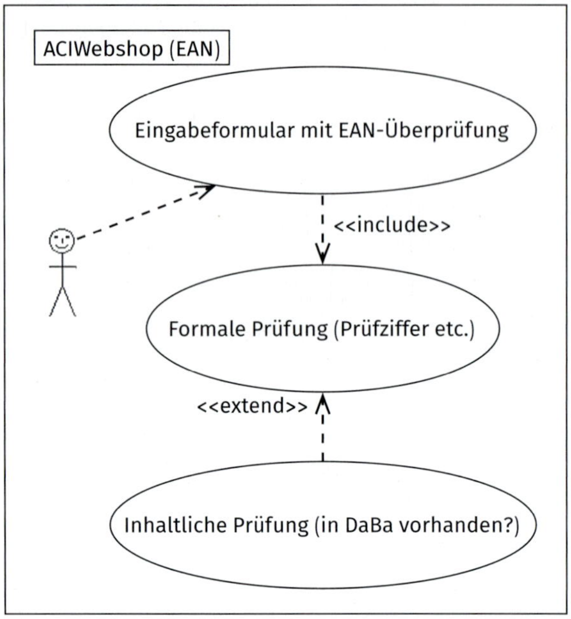

Anwendungsfalldiagramm

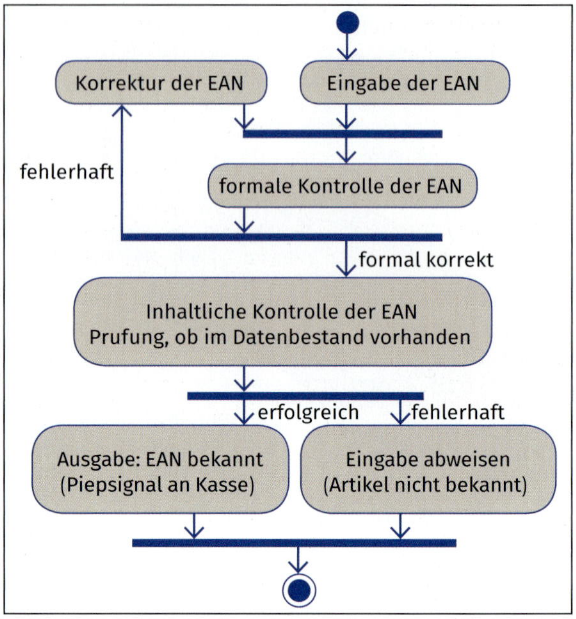

Aktivitätsdiagramm

S Auf Basis dieser beiden Diagramme entwerfen die beiden Azubis anschließend ein Testszenario, das die formale Korrektheit der Artikelnummer zeigen soll. Die Artikelnummer ist formal dann korrekt, wenn sie dem Aufbau einer EAN entspricht.

8.5 Testszenarios

Testzenario 1

Inhalt	Formal nicht korrekte Eingaben für die EAN sollen abgewiesen werden.
Testdatenquelle	Aus den Überlegungen zu den Äquivalenzklassen leiten sich die Testdatengruppen ab.

Testdatengruppe	konkrete Testdaten	Hypothese zum Ergebnis
beliebige Zeichenkette	„Natürliches Mineralwasser 2 Liter“	Ablehnung: EAN muss 13 Ziffern umfassen.
beliebige Zeichenkette, aber 13 Zeichen lang	„das sind 13 Z“	Ablehnung: Bitte nur Ziffern verwenden.
Ziffernfolgen mit mehr als 13 Zeichen	„1111000011110000“ „010101010101010101“	Ablehnung: EAN muss 13 Ziffern umfassen.
Ziffernfolgen mit weniger als 13 Zeichen	„12345“ „678“	Ablehnung: EAN muss 13 Ziffern umfassen.

Testzenario 2

Inhalt	Scheinbar formal korrekte Eingaben von Folgen aus 13 Ziffern für die EAN sollen nur dann abgewiesen werden, sobald die Prüfziffernberechnung fehlschlägt.
Testdatenquelle	Zu den zufällig gewählten Ziffernfolgen ist manuell die Prüfziffernkontrolle durchzuführen.

Testdatengruppe	konkrete Testdaten	Hypothese zum Ergebnis
wahllose Ziffernfolge mit genau 13 Zeichen, bei der die Prüfziffernberechnung einen formalen Fehler anzeigt	„1111111111111" „3333333333333" „1234567890123"	Ablehnung: Prüfziffer zeigt Eingabefehler.
wahllose Ziffernfolge mit genau 13 Zeichen, bei der die Prüfziffernberechnung einen formalen Fehler anzeigt	„0000000000000" „2222222222222" „1234567890111"	**Annahme:** Artikelnummer ist korrekt.
Artikel wird in der Batenbank erkannt	„4045827785415"	**Annahme:** Artikelnummer ist korrekt. Datenbankeintrag zur Bezeichnung: „Fujitsu P5730"

Testzenario 3

Inhalt	Scheinbar formal korrekte Eingaben von Folgen aus 13 Ziffern für die EAN sollen abgewiesen werden, sobald die Prüfziffernberechnung fehlschlägt.
Testdatenquelle	Zu den zufällig gewählten Ziffernfolgen ist manuell die Prüfziffernkontrolle durchzuführen.

Testdatengruppe	konkrete Testdaten	Hypothese zum Ergebnis
scheinbar korrekte Folge von 13 Ziffern, aber mit einem Tippfehler in Gestalt eines Sonderzeichens (zweimal kleines „o")	„0000000oo0000"	Ablehnung: Bitte nur Ziffern verwenden
scheinbar korrrekte Folge von 13 Ziffern, aber mit einem Tippfehler in Gestalt eines Zahlendrehers (aus 89 wird 98)	„1234567980111"	Ablehnung: Prüfziffer zeigt Eingabefehler

Nicht korrekte Artikelnummer

Korrekte Artikelnummer

Aufgaben

1. Wieso kann ein Test allgemein nur die Abwesenheit bestimmter Fehler nachweisen, nicht jedoch die Fehlerfreiheit eines Programmes?
2. Wieso steigen die Kosten zur Beseitigung eines Fehlers in der Spezifikation mit jeder Phase im Entwicklungsprozess überproportional an?
3. Was ist ein „Bug" und woher stammt diese Bezeichnung? Erklären Sie auch die Begriffe „debugging" und „bug fixes"!
4. Was ist erforderlich, um formal vollständig nachzuweisen, dass ein Programm im Bereich der Integer-Zahlen die Multiplikation mit „2" korrekt ausführt?
5. Welche Konsequenzen haben syntaktische Fehler und semantische Fehler in einem Programm?
6. Erklären Sie kurz die statischen Testverfahren!
7. Warum bezeichnet man den White-Box-Test als „white", und was ist „black" am Black-Box-Test?
8. Vergleichen Sie die Teststufen mit den Phasen im V-Modell!
9. Erstellen Sie den Kontrollflussgraphen für den Login-Vorgang mit der Anmeldung über Name und Passwort!
10. Bilden Sie die Äquivalenzklassen möglicher Eingaben beim Login-Vorgang, bei dem sich ein Benutzer mit seinem Namen und einem Passwort anmelden soll!
11. Suchen Sie nach Grenzwerten für die Eingabe der EAN!
12. Wieso erkennt das Prüfziffernverfahren einen Fehler in der EAN, auch wenn es sich nur um einen Zahlendreher handelt?
13. Erstellen Sie auch für das Testszenario 3 einen Bogen zur Testdokumentation!
14. Welche zusätzlichen Voraussetzungen müssen im Testszenario benannt sein, um das Vorhandensein von Eintragungen in der Datenbank zu einer EAN testen zu können?

S

Um die Tests zu dokumentieren, haben Anna und Stefan den folgenden Testbogen zur Testdokumentation entworfen. Damit sind sie in der Lage, die Ein-/Ausgabedaten zu erfassen und auch die daraus resultierenden Fehlermeldungen und die ergriffenen Korrekturmaßnahmen zu dokumentieren.

8.6 Testdokumentation

Dokumentation für den Anwendertest

Datum: 02.12.20.. **Uhrzeit:** 14:30 **Uhr**

- **Aufsicht:** Stefan
- **Tester:** Anna
- **Verwendetes Testszenario:** Testszenario 1

(Formal nicht korrekte Eingaben für die EAN sollen abgewiesen werden.)

Beim Test bitte ausfüllen:

Nr.	konkrete Testdaten	Hypothese zum Ergebnis	Erfolg	Fehler
1	„Natürliches Mineralwasser 2 Liter“	EAN muss 13 Ziffern umfassen		
2	„alle Artikel bitte“	EAN muss 13 Ziffern umfassen		
3	„das sind 13 Z“	Bitte nur Ziffern verwenden		
4	„1111000011110000“	EAN muss 13 Ziffern umfassen		
5	„010101010101010101“	EAN muss 13 Ziffern umfassen		
6	„12345“	EAN muss 13 Ziffern umfassen		
7	„678“	EAN muss 13 Ziffern umfassen		

Notwendige Korrektur:

Bei positiv verlaufendem Test bitte ausfüllen:

Anzahl der positiv verlaufenden Tests	

Unterschrift des Testers **Unterschrift der Aufsicht**

9 Dokumentation

Software wurde als Einheit von Programm, Dokumentation und Daten definiert, die zum Betrieb eines Rechnersystems beiträgt. Die Dokumentation ist Bestandteil der Software. Auch die Ausführungen zur Wartung von Softwarekomponenten im Band 2, Kapitel 4, unterstreichen die Bedeutung der Dokumentation für einen langfristigen erfolgreichen Betrieb des Produktes Software, denn Software muss gewartet werden.

9.1 Rolle der Dokumentation im Softwarelebenszyklus

Zur Softwarewartung gehören korrigierende, anpassende, optimierende und vorbeugende Maßnahmen. **Korrigierende Maßnahmen** sind notwendig, denn niemand kann garantieren, dass die Software zum Zeitpunkt der Auslieferung in einem absolut fehlerfreien Zustand ist. Sie ist gebrauchsfähig, aber im Laufe der Anwendung tauchen Fehler auf und müssen behoben werden. Hier erweist sich eine gute **Programmdokumentation** als besonders wertvoll. Oft sind die ursprünglichen Entwickler nicht mehr erreichbar oder die Hauptentwicklung liegt schon zu lange zurück. In jedem Fall erleichtert eine gute Dokumentation das Verständnis der Software und verkürzt wesentlich die notwendige Einarbeitungszeit, wodurch letztendlich das Budget geschont wird.

Anpassende Maßnahmen sind erforderlich, wenn sich die Umgebungsbedingungen der Software ändern, sodass bestimmte Programmänderungen notwendig sind. Hier ist eine mehr inhaltlich orientierte **Problemdokumentation** sinnvoll, aus der hervorgeht, warum bestimmte Funktionalitäten entwickelt wurden. Ändern sich die Umgebungsbedingungen bzw. ändert sich das „Warum", dann sind auch diese Funktionalitäten hinfällig oder zu verändern. Die Dokumentation muss zeigen, wo was verwendet wird, damit der Ort und die Konsequenzen für notwendige Änderungen ersichtlich werden.

Optimierende Maßnahmen sind notwendig, um den wachsenden Anforderungen an die Leistungsfähigkeit der Software zu entsprechen. Leistung ist Arbeit pro Zeit. Auch die Software muss eventuell mehr Arbeit verrichten, größere Datenbestände auswerten oder mehr Anwender gleichzeitig bedienen, d.h. im gleichen Zeitintervall und bei gleichbleibenden Antwortzeiten. Für die Optimierung muss die Software oftmals völlig neu organisiert werden, Komponenten sind auszutauschen und neue Funktionalitäten sind hinzuzufügen. Man spricht dann von Software-Reengineering, einer in der Praxis sehr häufig vorkommenden Aufgabe. Es geht dabei um die Sanierung von Altsystemen, sogenannten „legacy systems".

Häufig wird das Altsystem in der Praxis erfolgreich eingesetzt, läuft schon seit vielen Jahren, keiner kann auf dieses System verzichten, nur die Performance ist schlecht. Das Altsystem wurde über die Jahre immer wieder ergänzt und an veränderte Umgebungsbedingungen angepasst. In diesem Prozess leidet allgemein die Qualität der Dokumentation. Oft ändern sich Systematiken, Ergänzungen werden vergessen, Versionen vertauscht, sodass das Know-how über das System mit den Jahren immer „dünner" wird. Software-Reengineering-Projekte beginnen daher häufig mit der **Nachdokumentation,** d.h. der Wiederherstellung einer brauchbaren Dokumentation.

Die **vorbeugenden Maßnahmen** in der Softwarewartung verfolgen das Ziel, die Software auf zukünftige veränderte Anforderungen oder Einsatzbedingungen vorzubereiten. Dafür muss bekannt sein, wie die Software entstanden ist, welche Ziele sie verfolgt, wie sie aufgebaut ist und unter welchen Voraussetzungen sie nutzbar ist. Ähnlich wie bei den anpassenden Maßnahmen benötigt man hierfür eine inhaltlich orientierte **Problemdokumentation.** Die Software ist anzupassen an moderne Hardware- und Softwarearchitekturen sowie an moderne Schnittstellen (z.B. XML-Datenaustausch), Sicherheitsstandards oder Mobilitätsanforderungen. Hierfür sollten möglichst standardisierte, wiederverwendbare Softwarekomponenten eingesetzt werden. Die **Wiederverwendbarkeit** ist ein wesentliches Argument der objektorientierten Softwareentwicklung. Die wesentlichen Vorteile dieser Verfahrensweise werden mit den folgenden Argumenten begründet:

- Das Rad muss nicht immer wieder neu erfunden werden.
- Die Qualität der Komponente kann als gesichert angesehen werden.
- Notwendige Änderungen sind nur an einer Stelle auszuführen.

Leider scheitert die Wiederverwendung bestehender Softwarekomponenten in der Praxis oft an der fehlenden oder nicht mehr verfügbaren Dokumentation. Häufig beschränkt sich die Dokumentation auf Kommentare im Quellcode. Als fatale Folge meiden die Softwareentwickler solche Softwarekomponenten, entwickeln die benötigten Funktionalitäten lieber neu und verzichten damit auf all die Vorteile der objektorientierten Programmierung.

Das Erstellen einer Dokumentation kann auch im Entwicklungsprozess der Entstehung von Fehlern vorbeugen. Viele Entwickler dokumentieren ihre Programme mit dem Ziel, auf diese Weise frühzeitig Ungereimtheiten und Fehler zu entdecken. Beim Dokumentieren betrachtet man sein Programm aus einer anderen Perspektive, man muss sich mit allen Dingen auf neue Weise auseinandersetzen. Dieser Abstand, diese neue Perspektive lässt manche Entscheidung als problematisch erscheinen. Die erneute Durchsicht ermöglicht es, Fehler zu erkennen. So ist das Dokumentieren auch eine effektive Form des Debuggings.

Besondere Effekte ergeben sich, wenn der Entwickler nicht selbst an der Dokumentation arbeitet, sondern eine andere Person. Der „Andere" betrachtet alles unvoreingenommen und hinterfragt die Entscheidungen kritisch. Das „Pair Programming" beim Extreme Programming (XP) führt zwar nicht zu besseren Dokumentationen, aber offensichtlich zu einer besseren Softwarequalität.

S Die Notwendigkeit zur Dokumentation sehen die Azubis weitgehend ein. Bisher unbeantwortet bleiben eher die folgenden Fragen:

- Was ist zu dokumentieren?
- Wie muss eine Dokumentation aufgebaut sein?
- Gibt es Hilfsmittel zur Erstellung der Dokumentation?
- Wer erstellt die Dokumentation?
- Für wen wird die Dokumentation erstellt?
- Wann wird die Dokumentation erstellt?

9.1.1 Dokumentation als kollektives Gedächtnis der Entwickler

Große Teile der Dokumentation dienen der Wartung der Software. Benötigt werden besonders Hinweise, warum und wie bestimmte Details in der Software realisiert wurden. Diese Informationen können nur von den Entwicklern kommen. Die Dokumentation ist das kollektive Gedächtnis der Entwickler.

Damit ergibt sich die Antwort auf die Frage: Wer erstellt die Dokumentation? Jeder beteiligte Entwickler muss seine Entwicklungsleistungen dokumentieren oder zumindest einen Assistenten beauftragen, der das Wissen des Entwicklers abfragt und festhält.

Software als Produkt für den Markt wird allgemein im Rahmen eines Projektes durch ein oder mehrere Projektteams erarbeitet. Im Projektteam des Entwicklers sitzen nach der Terminologie des V-Modells Mitarbeiter in folgenden Rollen:

- Projektleiter
- Projektkaufmann
- Anforderungsanalytiker
- Ergonomieverantwortlicher
- Systemarchitekt
- Softwarearchitekt
- Softwareentwickler
- Systemintegrator
- Prüfer
- Änderungsverantwortlicher
- Verantwortlicher für Qualitätssicherung

Alle im Projektteam mitarbeitenden Personen haben auch ihren Beitrag zur Dokumentation zu leisten. Jeder dokumentiert die von ihm erbrachten speziellen Entwicklungsleistungen. Den Tätigkeitsprofilen der Beteiligten entsprechen die einzelnen Teile der Softwaredokumentation:

- Die Projektdokumentation oder **Projektablaufdokumentation** wird federführend vom Projektleiter in Zusammenarbeit mit dem Projektkaufmann erstellt.
- Die **Problemdokumentation** erstellt der Anforderungsanalytiker, eventuell in Zusammenarbeit mit dem Systemintegrator.
- Die **Systemdokumentation** ist ein Werk des Systemarchitekten.
- Die **Programmdokumentation** erarbeiten die Softwarearchitekten, Ergonomieverantwortlichen und Softwareentwickler.
- Die **Testdokumentation** erstellt der Prüfer.

Der Änderungsverantwortliche und der Verantwortliche für Qualitätssicherung koordinieren und verwalten alle Aktivitäten zur Dokumentation. Nach der

Klärung der Arbeitsteilung und der Verantwortlichkeiten wird auch klar, wann die Dokumentation zu erstellen ist – sie entsteht gleichzeitig oder parallel zum Entwicklungsfortschritt.

Die begleitende oder parallele Dokumentation findet sich auch im Wasserfallmodell als Vorgehensmodell zur Softwareentwicklung wieder. Dokumentiert wird parallel zu allen Kaskaden des Wasserfalls. Eine eindeutige Zuordnung von Entwicklungsphasen zu Teilen der Softwaredokumentation kann nicht erfolgen. Die Problemdokumentation wird im Wesentlichen in den Phasen Analyse und Entwurf angelegt. Die Systemdokumentation wird ebenfalls in der Entwurfsphase angelegt, aber erst nach dem Integrationstest vollendet. Eindeutig zuzuordnen zur Implementierung ist die Programmdokumentation, während die Testdokumentation sowohl die Modultests aus der Implementierung als auch die Integrationstests aus der Integrationsphase umfasst. In der Phase „Einführung, Routinenutzung und Wartung" kommen dann nach den Entwicklern auch die Anwender der Software ins Spiel. Auch für sie müssen Dokumente erstellt werden. Spätestens hier wird klar, dass bei der Dokumentation auch benutzerorientierte Aspekte eine Rolle spielen.

9.1.2 Dokumentation als Hilfe für den Benutzer

Mit der Software als Produkt kommen im Wesentlichen drei Personengruppen in Berührung:

- Entwickler und mit ihnen die Fachkräfte für Vertrieb und Schulung sowie wirtschaftliche Entscheider aus dem entwickelnden Unternehmen
- Anwender mit ihren wirtschaftlichen Entscheidern, ihrem technischen Personal und den eigentlichen Benutzern der Software
- unabhängige Prüfer und Markthelfer für den Vertrieb der Software

All diese Personen müssen durch Teile der Dokumentation angesprochen werden, d. h., über diese Teile der Dokumentation gewinnt der Personenkreis einen Zugang zur Software (siehe Grafik unten).

Die Bedeutung der Dokumentation für die **Entwickler** und das zukünftige **Wartungspersonal** wurde bereits im letzten Abschnitt herausgearbeitet:

- kollektives Gedächtnis
- Hilfsmittel im Debugging
- Grundlage der Optimierung

Die Bedeutung der Dokumentation als **Kommunikationsmittel** im Entwicklungsprozess ist nicht zu unterschätzen. Sicherlich geht es schneller, wenn Fragen von kompetenter Stelle direkt und mündlich beantwortet

Dokumentation benutzerorientiert

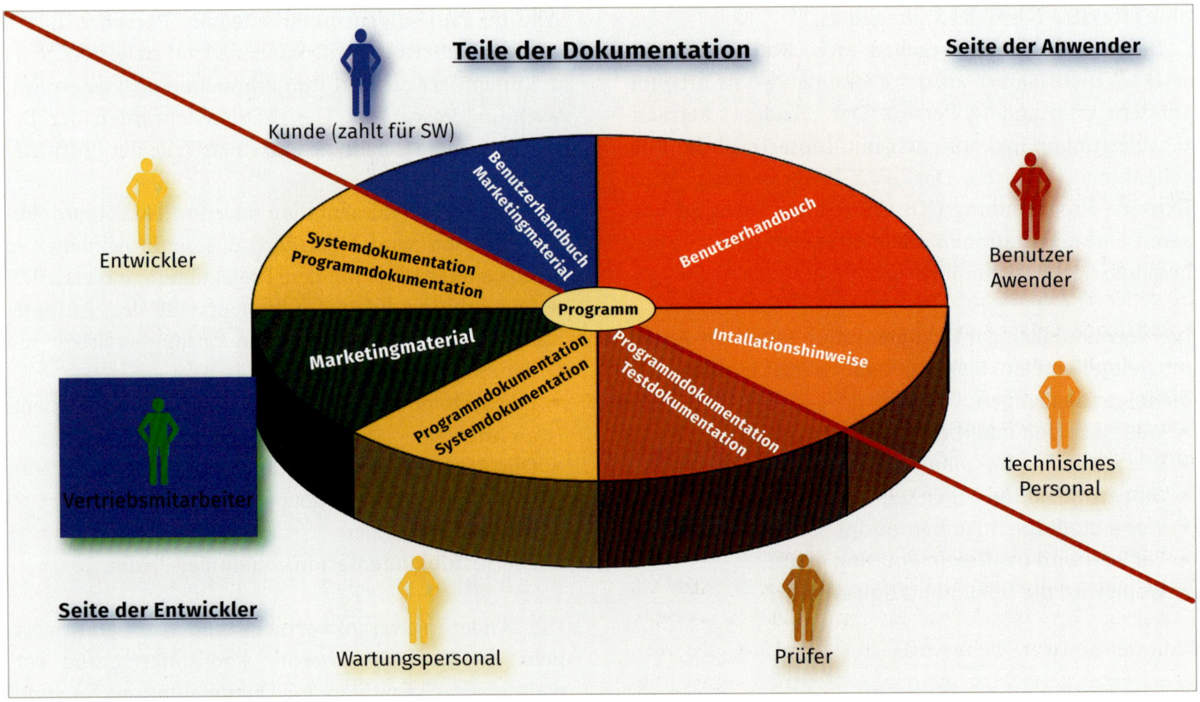

werden, anstatt die Antworten in Dokumenten nachzulesen. Aber diese kompetenten Auskunftsgeber sind nicht immer verfügbar und außerdem werden sie durch die Beantwortung der Fragen in ihrem Arbeitsprozess gestört.

Für ein Kommunikationsmittel braucht man eine einheitliche Sprache, einheitliche Begriffe und Symbole, die mit gleichem Inhalt von allen verstanden werden. Bereits beim Thema „Design“ im dritten Kapitel wurde die Notwendigkeit der Standardisierung von Begriffen und Symbolen in der Informationsverarbeitung angesprochen. Einheitliche Begriffe sind notwendig, um die unterschiedlichen Denk- und Sprechweisen von Entwicklern und Benutzern zu überbrücken. Symbole sind immer dort gut, wo man Sachverhalte schnell erfassen soll und kann. Ein Bild sagt mehr als tausend Worte und ist schneller durch den Menschen zu erfassen. Die Benutzerorientierung von Dokumentationen impliziert damit auch die Verwendung einer einheitlichen, standardisierten und weitgehend am Benutzer orientierten Sprache und Symbolik.

Symbole, besonders standardisierte Symbole, besitzen einen weiteren Vorteil, denn sie müssen bei einer Nutzung der Software in einem anderen geografischen Sprachraum nicht in die jeweilige Landessprache übersetzt werden. Genau wie wir in anderen Ländern die Verkehrszeichen im Straßenverkehr verstehen und einheitlich interpretieren, erkennen wir eine Schaltfläche mit dem Symbol einer Fluchttür als Exit-Button zum Verlassen der Anwendung, auch wenn dem Symbol oder Button ein fremdsprachiger Text zugeordnet ist.

Symbole statt Worte

Kurzbeschreibungen auf Flyern sowie Referenzlisten zufriedener Kunden oder Prüfzertifikate helfen den **wirtschaftlichen Entscheidern** beim potenziellen Anwender, den Kauf der Software zu befürworten. Diese Dokumente müssen vom Vertrieb des Entwicklers erstellt werden. Das setzt aber auch eine gute Zusammenarbeit zwischen Entwicklern und Vertrieb voraus, damit nur versprochen wird, was auch wirklich realisiert werden kann.

Auf der Seite des **Anwenders** stehen die wirtschaftlichen Entscheider, das technische Personal und die eigentlichen Benutzer. Die wirtschaftlichen Entscheider sollen den Kauf der Software befürworten und somit für den Aufwand der Entwicklung die finanzielle Anerkennung liefern. Die Entscheider müssen schnell und wirksam von den Leistungen, der Qualität und der Passfähigkeit der Software überzeugt werden. Es muss klar werden, dass die Software zur Lösung ihrer Aufgaben geeignet ist. Sie müssen in der Dokumentation ihre Aufgaben wiederfinden und erkennen, dass die Software passende Lösungen anbietet. Referenzen auf andere zufriedene Anwender der Software sind sehr nützlich. All diese Informationen müssen kurz und leicht erfassbar in einer **Produktinformation** dargestellt werden. Dazu reicht in den meisten Fällen ein zweiseitiger Flyer, erstellt vom Marketing-Verantwortlichen oder Vertriebsmitarbeiter beim Entwickler.

Wenn die Software in eine Nutzwertanalyse einbezogen wird, dann kann sie detaillierter durch Leistung und Qualität überzeugen. Hierzu eignen sich Problemdokumentationen, Benutzerhandbücher und Demoversionen der Software.

Hat sich der Anwender dann für die Software entschieden, so benötigt sein technisches Personal konkrete Installationshinweise, z. B. welche Objektbibliotheken sind notwendig, in welcher Reihenfolge sind die Bibliotheken zu installieren oder wann und wie sind die Daten zu sichern?

Die eigentlichen Benutzer brauchen Schulungsunterlagen, Benutzerhandbücher, eine Onlinehilfe und eine kurze Betriebsanleitung. Auch diese Dokumente müssen übersichtlich, gut illustriert und in der Fachsprache der Benutzer verfasst werden.

Die **unabhängigen Prüfer** spielen heute auf dem Softwaremarkt eine zunehmende Rolle. Software muss für den Nachweis der Einhaltung spezieller Normen und Vorschriften zertifiziert werden. Hierzu folgende Beispiele:

Einhaltung der Voraussetzungen einer ordnungsgemäßen Buchführung, die gewissen formalen und inhaltlichen Prinzipien genügen muss, damit sich ein sachverständiger Dritter in angemessener Zeit einen Überblick über die Geschäftsvorfälle und die Lage des Unternehmens verschaffen kann. Diese Prinzipien werden unter dem Begriff „Grundsätze ordnungsgemäßer Buchführung“ **(GoB)** zusammengefasst.

Gewährleistung des barrierefreien Arbeitens ermöglicht jene Software, die von allen Benutzern unabhängig von ihren körperlichen und technischen Möglichkeiten uneingeschränkt genutzt werden kann. Eingeschlossen als Benutzer sind Menschen mit und ohne Behinderungen und Benutzer mit technischen oder altersbedingten Einschränkungen. Um beispielsweise das Internet barrierefreier zu gestalten, wurde vom W3C die Web Accessibility Initiative (WAI) gegründet.

Einhaltung von Sicherheitsnormen, z. B. bei der Verwendung digitaler Zertifikate (auch Public-Key-Zertifikat). Digitale Zertifikate sind strukturierte Daten, die den Eigentümer und die Eigenschaften eines öffentlichen Schlüssels bestätigen. Typische Anwendungen von digitalen Zertifikaten sind elektronische Signaturen, Sicherheitsprotokolle in Netzwerken (z. B. SSL) oder der Schutz von E-Mails (z. B. mit PGP).

Gewährleistung der Transaktionssicherheit bei Datenbanken. Bei der Ausführung von Transaktionen muss das Transaktionssystem die folgenden Eigenschaften von Transaktionen in DBMS und verteilten Systemen (AKID) garantieren (siehe Kapitel 6 „Datenbankanwendung"):

- **Atomarität** (Atomicity): Eine Transaktion wird entweder ganz oder gar nicht ausgeführt.
- **Konsistenz** (Consistency): Nach Ausführung der Transaktion befindet sich der Datenbestand in einer widerspruchsfreien Form.
- **Isolation** (Isolation): Bei gleichzeitiger Ausführung mehrerer Transaktionen dürfen sich diese Transaktionen nicht gegenseitig beeinflussen.
- **Dauerhaftigkeit** (Durability): Die Auswirkungen einer Transaktion müssen im Datenbestand dauerhaft bestehen bleiben.

Sicher versuchen die Entwickler, diese Anforderungen zu erfüllen. Aber erst ein unabhängiger Prüfer kann die Einhaltung auch nachweisen und bestätigen, d. h. „zertifizieren". Doch auch der Prüfer muss sich in die Software einarbeiten und er beginnt dazu mit dem Lesen der Dokumentation.

S Die Azubis denken in diesem Zusammenhang an ihre Prüfungen vor der IHK. Auch die IHK-Prüfer stellen besondere Anforderungen an die Dokumentation. Schließlich soll durch die Prüfung der Auszubildende seine Kenntnisse, Fertigkeiten und Fähigkeiten nachweisen, um schließlich „als Fachkraft zertifiziert" zu werden.

Die Verordnung über die Berufsausbildung im Bereich der Informations- und Telekommunikationstechnik vom 10. Juli 1997 besagt:

„Die Ausführung der Projektarbeit wird mit praxisbezogenen Unterlagen dokumentiert. Durch die Projektarbeit und deren Dokumentation soll der Prüfling belegen, dass er Arbeitsabläufe und Teilaufgaben zielorientiert unter Beachtung wirtschaftlicher, technischer, organisatorischer und zeitlicher Vorgaben selbstständig planen und kundengerecht umsetzen sowie Dokumentationen kundengerecht anfertigen, zusammenstellen und modifizieren kann. Durch die Präsentation einschließlich Fachgespräch soll der Prüfling zeigen, dass er fachbezogene Probleme und Lösungskonzepte zielgruppengerecht darstellen, den für die Projektarbeit relevanten fachlichen Hintergrund aufzeigen sowie die Vorgehensweise im Projekt begründen kann. Dem Prüfungsausschuss ist vor der Durchführung der Projektarbeit das zu realisierende Konzept einschließlich einer Zeitplanung sowie der Hilfsmittel zur Präsentation zur Genehmigung vorzulegen."

Bereits bei der Vorlage zur Genehmigung des Projektes wird durch das Onlinesystem „PAO" (Projektantrag Online) eine Gliederung für den Antrag und die spätere Dokumentation vorgegeben.

Projektantrag
Auszubildende/-r:
Ausbildungsstätte:

1. Projektbezeichnung
1.1 Kurzform der Aufgabenstellung
1.2 Ist-Analyse

2. Zielsetzung entwickeln/Soll-Konzept
2.1 Was soll am Ende des Projektes erreicht sein?
2.2 Welche Anforderungen müssen erfüllt sein?
2.3 Welche Einschränkungen müssen berücksichtigt werden?

3. Projektstrukturplan entwickeln
3.1 Was ist zur Erfüllung der Zielsetzung erforderlich?
3.2 Hauptaufgaben auflisten
3.3 Teilaufgaben auflisten
3.4 Grafische oder tabellarische Darstellung

4. Projektphasen mit Zeitplanung in Stunden
5. Geplante Präsentationsmittel

Die abzugebende Dokumentation als Gegenstand der Prüfung muss im Wesentlichen als Projektbericht verfasst sein, also als **Projektablaufdokumentation**, aus der ersichtlich ist, dass der Prüfling

„Arbeitsabläufe und Teilaufgaben zielorientiert unter Beachtung wirtschaftlicher, technischer, organisatorischer und zeitlicher Vorgaben selbstständig planen und kundengerecht umsetzen sowie Dokumentationen kundengerecht anfertigen kann."

Die von den einzelnen Kammern (IHK) vorgegebenen Begrenzungen für den Umfang (maximal 10 bis 15 Seiten) orientieren praktisch auf eine Ablaufdokumentation. Die **Ergebnisse der Projektarbeit** können in der **Anlage** dargestellt werden, aber nur in Art und Umfang der oben beschriebenen Marketingmaterialien zur schnellen Erfassung von Leistung und Qualität der erstellten Produkte.

9.1.3 Programm ohne Dokumentation

Ein Programm ohne Dokumentation ist keine Software und kann nicht an unbekannte Nutzer zur langfristigen erfolgreichen Verwendung übergeben werden. Dieser Satz ruft viel Widerspruch hervor. Gegen eine Dokumentation werden meistens folgende Argumente genannt.

- **Das Programm ist klein, verständlich geschrieben und im Quelltext gut kommentiert.** Dieses Argument wird sogar messbar gemacht, wenn man von Programmen mit maximal 500 Zeilen Quelltext oder maximal 10 Seiten Programmcode spricht. Aber für wen ist dieses Programm gedacht? Versteht der Kunde den Quelltext? Der Kunde muss hier ebenfalls ein Entwickler sein, der Bausteine für seine Programmierarbeiten braucht. Viele gute Programme gehen so von Hand zu Hand. Dem Ziel dieses Lehrbuches, Anwendungssysteme zu entwickeln und bereitzustellen, können diese Programme jedoch nicht entsprechen.
- **Das Programm wird nur einmal eingesetzt und ist generell nur für den internen Gebrauch gedacht.** Derartige „Wegwerf-Programme" werden beispielsweise zur Konvertierung von Daten für die Übernahme in ein neues Softwaresystem benötigt. Befindet sich die neue Software erfolgreich im Einsatz, sind alle Daten im neuen System verfügbar, verliert das Konvertierungsprogramm seine Bedeutung und wird nicht mehr benötigt. Hier kann wirklich auf eine aufwendige Dokumentation verzichtet werden. Für die Qualitätssicherung sollten die Konvertierungsalgorithmen jedoch dokumentiert werden. Tauchen später Fehler in den Daten auf, können hier mögliche Ursachen aufgedeckt werden.
- **Interne Programme, oft Ergebnis von User-Development, werden kaum dokumentiert.** Wenn ein Mitarbeiter sich selbst ein VBA-Makro zur Rationalisierung seiner Office-Arbeit schreibt, dann verbleibt das Wissen bei ihm. Vielleicht könnte man aber im gesamten Unternehmen große Effekte durch den Einsatz dieses kleinen Makros erreichen. Hier muss allerdings vom Management der Publikationsaufwand für das Dokumentieren der Lösung entsprechend honoriert werden.
- **Das Programm ist selbsterklärend.** Bei diesem Argument muss bedacht werden, dass erheblich mehr an Aufwand notwendig ist, um eine gute, selbsterklärende Benutzeroberfläche zu erstellen. Damit entsteht die Benutzerdokumentation quasi online. Aber wo befinden sich die Installationshinweise? Dafür ist eine aufwendige Installationsroutine mit einem langen Dialog und dem Abtesten aller erdenklichen Konstellationen notwendig. Auch das kostet viel Zeit. Schließlich werden beim Benutzer Kenntnisse und Fertigkeiten im Umgang mit der Software vorausgesetzt, die er sich aus anderen Dokumentationen und Schulungsunterlagen bereits angeeignet hat. Selbsterklärende Software wird vom Markt nur dann angenommen, wenn es sich um den „Nachbau" bekannter Softwaresysteme handelt.

Es mag spezielle Situationen geben, wo eine Dokumentation überflüssig ist. In den meisten Fällen kann bei einer Softwareentwicklung jedoch nicht auf eine Dokumentation verzichtet werden, denn der Markt verlangt danach. Die Dokumentation schafft die Voraussetzung für eine langfristige, sichere Nutzung der Software. Der Entwickler kennt die Anwender im Normalfall nicht. Erst mit der Dokumentation vermittelt er sein Wissen über die Software an den Anwender.

9.2 Dokumentationsarten

Nachdem die Bedeutung der Dokumentation und ihre Rolle im Lebenszyklus eines Softwareproduktes klar ist, bleibt immer noch die Frage nach dem Inhalt und der Gestaltung der Dokumentation zu beantworten.

Der Inhalt und damit die Art der Dokumentation richten sich zuerst nach den Zielgruppen: **Entwickler** oder **Anwender.** Die Entwickler benötigen die Dokumente zur Planung, Durchführung und Absicherung des Entwicklungsprozesses sowie im späteren Lebenszyklus zur Wartung der Software. Die Anwender müssen die Software installieren und betreiben können und deren Benutzer benötigen Material zum Erlernen und Bedienen der Software. Für die Prüfer, mit Ausnahme der IHK-Prüfer, wird keine gesonderte Dokumentation erstellt. Sie prüfen die erstellten Dokumentationen auf die Einhaltung ihrer spezifischen Prüfkriterien.

Zur Gliederung der verschiedenen Arten von Dokumentationen, d. h. für deren konkreten Inhalt, gibt es zahlreiche, aber leider auch unabgestimmte Vorgaben. Zuerst sind hier die zahlreichen **Normen** oder **Standards** zu nennen. Schon die beiden Begriffe „Norm" und „Standard" sorgen für leichte Verunsicherung. Im deutschen Sprachraum unterscheidet man die Begriffe Norm und Standard. Im Englischen existiert dieser Unterschied nicht. Der Konsensgrad, d. h. der Grad der allgemeinen Zustimmung, kann die Unterscheidung zwischen Norm und Standard ausmachen.

W

Die **Norm** ist ein Dokument, das durch breite Beteiligung aller interessierten Kreise im Konsens erarbeitet und publiziert wird.

Der **Standard** kann von einem geschlossenen Kreis von Unternehmen oder auch nur von einem Unternehmen unter Ausschluss der Öffentlichkeit entwickelt werden. Dann spricht man von einem „Industriestandard" oder „Herstellerstandard".

Die folgende Liste enthält eine Auswahl von anerkannten Normen zum Projektmanagement und zur Dokumentation in der Softwareentwicklung.

Projektmanagement	
Bezeichnung	**Inhalt**
DIN 69900-1	Projektwirtschaft; Netzplantechnik; Begriffe
DIN 69900-2	Projektwirtschaft; Netzplantechnik; Darstellungstechnik
DIN 69900	Projektwirtschaft; Projektmanagement; Begriffe
DIN 69902	Projektwirtschaft; Einsatzmittel; Begriffe
DIN 69903	Projektwirtschaft; Kosten und Leistung, Finanzmittel; Begriffe
DIN 69904	Projektwirtschaft; Projektmanagementsysteme – Elemente und Strukturen
DIN 69905	Projektwirtschaft; Projektabwicklung – Begriffe
ISO 10006	Leitfaden für Qualitätsmanagement in Projekten
DIN EN 62079	Erstellen von Anleitungen; Gliederung, Inhalt und Darstellung (In dieser Norm sind allgemeine Grundlagen, detaillierte Anforderungen für den Entwurf und die Erstellung aller Arten von Anleitungen enthalten.)
ISO/IEC 6592:2000	Information technology – Guidelines for the documentation of computer-based application systems (Informationstechnik – Leitfaden für die Dokumentation von computergestützten Anwendungssystemen)
ISO/IEC 18019:2004	Software und System-Engineering-Richtlinien für die Gestaltung und Vorbereitung von Benutzerdokumentation für Anwendungssoftware
ISO/IEC TR 9294:2005	Richtlinien für die Handhabung der Softwaredokumentation
DIN 66001	Informationsverarbeitung; Sinnbilder und ihre Anwendung
DIN 66241	Informationsverarbeitung; Entscheidungstabelle, Beschreibungsmittel
DIN 66261	Informationsverarbeitung; Sinnbilder für Struktogramme nach Nassi-Shneiderman
IEEE 1063	Standard for Software User Documentation
DIN 66230 (alt)	Informationsverarbeitung; Programmdokumentation
DIN 66231 (alt)	Informationsverarbeitung; Programmentwicklungsdokument
DIN 66232 (alt)	Informationsverarbeitung; Datendokumentation

Neben den internationalen und nationalen Normen gibt es nationale Empfehlungen oder verbindliche Vorgaben, wie sie bereits im Zusammenhang mit dem **V-Modell XT** vorgestellt wurden. Diese Empfehlungen sind allgemein zugänglich und bilden die Grundlage für die weiteren Darstellungen.

Darüber hinaus existieren auch die „Industriestandards“ oder unternehmensinternen Vorgaben zu Inhalt und Gestaltung von Dokumentationen. Praktisch wird das durch Formularsätze realisiert, die Seite für Seite auszufüllen sind. An vielen Stellen ist der Eintrag „nicht relevant“ zu finden, was durchaus berechtigt sein kann. Auf diese Weise kann selbst ein Azubi schnell eine 90-Seiten-Dokumentation erstellen, weil beispielsweise zur selbst entwickelten Software mindestens die vorgegebenen 90 Seiten an Formularen für die Dokumentation auszufüllen sind, auch wenn auf vielen Seiten steht: „nicht relevant“.

Leider gehen die Azubis leer aus, deren Ausbildungsbetrieb keine Dokumentationsrichtlinien erarbeitet hat. Hier hilft aber die IHK. Auf den Internetseiten zur Aus- und Weiterbildung finden sich die lokalen Vorgaben der Prüfungsausschüsse. Damit definiert die IHK quasi den Industriestandard zu Inhalt und Gestaltung der Prüfungsdokumentation.

9.2.1 Entwickler-Dokumentation

Für die genauere Betrachtung der Dokumentationsarten sollen hier die Empfehlungen aus dem **V-Modell XT** herangezogen werden. Diese Empfehlungen sind ebenfalls allgemein zugänglich, deshalb beziehen sich die weiteren Darstellungen in den folgenden Punkten auch nur auf einzelne Aspekte und Teile der Dokumentation. (Quelle: www.cio.bund.de/Web/DE/Architekturen-und-Standards/V-Modell-XT-Bund/vmodellxt_bund_node.html)

9.2.1.1 Planungsdokumente

Projekthandbuch

Für die Projektbeteiligten ist das Projekthandbuch eine zentrale Informationsquelle mit verbindlichen Richtlinien für alle Projektaktivitäten. Das Projekthandbuch gibt Auskunft zu folgenden Themen:

- Projektziele und Erfolgsfaktoren, **Projektleitbild**
- **Projektdurchführungsplan** mit der Festlegung von Terminen und Entscheidungspunkten
- Organisation und Vorgaben zum **Projektmanagement,** Aufgabenverteilung und Verantwortlichkeiten, Konfliktmanagement, Kommunikationswege
- **Risikomanagement,** erkannte Risiken und Chancen

> „Das V-Modell ist ein generischer Vorgehensstandard, der für ein konkretes Projekt angepasst und konkretisiert werden muss. Das Projekthandbuch legt die für Management und Entwicklung notwendigen Anpassungen und Ausgestaltungen fest. Somit dokumentiert es Art und Umfang der Anwendung des V-Modells im Projekt und ist Informationsquelle und Richtlinie für alle Projektbeteiligten.
> Das Projekthandbuch beinhaltet eine Kurzbeschreibung des Projekts, die Beschreibung des Tailoring-Ergebnisses, den grundlegenden Projektdurchführungsplan, die notwendige und vereinbarte Unterstützung des Auftraggebers sowie Organisation und Vorgaben für die Planung und Durchführung des Projekts und die anstehenden Entwicklungsaufgaben. Der Projektleiter muss dieses zentrale Produkt in Abstimmung mit den Schlüsselpersonen des Projekts erarbeiten …“ (Quelle: V-Modell XT, Version 1.3, Teil 5)

- Problem- und **Änderungsmanagement,** Bearbeitung und Status von Änderungsanträgen (erstellt, genehmigt, abgelehnt, in Arbeit, erledigt)
- **Konfigurationsmanagement,** Verwaltung der Produktexemplare, Versionsverwaltung, Namenskonventionen, Dateiablagestruktur und Datensicherung
- **kaufmännisches Projektmanagement,** Ressourcenbewertung, Budget, Kostencontrolling und Abbruchkriterien
- **Anforderungsmanagement,** Aufnahme, Bearbeitung und Grad der Realisierung von Anforderungen
- **Berichtswesen** und Kommunikationswege, zu erstellende Berichte sowie Form und Regelmäßigkeit der Kommunikation in der Entwicklergruppe
- **Abkürzungsverzeichnis,** an zentraler Stelle besonders wichtig: Es sollte auch laufend aktualisiert werden, denn in der engen Zusammenarbeit an einem Projekt entwickelt sich auch eine eigene Sprache mit einer Vielzahl von Abkürzungen.

Projektplan

> „Für die gesicherte und geordnete Durchführung eines Projekts ist ein solider Projektplan zwingend erforderlich. Der Projektplan beschreibt die gewählte Vorgehensweise des Projekts und legt detailliert fest, was wann und von wem zu tun ist. Der Projektplan ist damit die Basis für die Kontrolle und Steuerung des Projektes. Der Projektleiter ist für ihn verantwortlich. Die Erstellung und Bearbeitung des Projektplanes erfolgt aber in Abstimmung mit allen Projektbeteiligten.“ (Quelle: V-Modell XT, Version 1.3, Teil 5)

Der Projektplan konkretisiert den Projektdurchführungsplan aus dem Projekthandbuch durch folgende Aussagen:

- **Ablaufplan.** Ein Gantt-Diagramm kann die Verbindung von Terminen, Meilensteinen und Ressourcen gut visualisieren.
- **Prüfplan** für Prozesse, Systemelemente und Dokumente; regelmäßige Kontrollen zur Qualitätssicherung
- **Ausbildungsplan** zur Weiterbildung der Projektmitarbeiter.

Risikoliste

> „Ziel des Risikomanagements ist es, mögliche Risiken im Projekt frühzeitig zu erkennen und auf diese Risiken proaktiv zu reagieren, bevor sie zu einem Problem für das Projekt werden. In der Risikoliste werden die identifizierten Risiken verwaltet und die geplanten Gegenmaßnahmen festgehalten.
> Für die Risikoliste ist der Projektleiter verantwortlich. Zur Bearbeitung greift er auf die notwendigen Projektbeteiligten und gegebenenfalls auf weitere zusätzliche Experten zurück. Die erkannten Risiken und die zugehörigen Gegenmaßnahmen fließen dann wieder in die Projektplanung ein.“ (Quelle: V-Modell XT, Version 1.3, Teil 5)

Die Risikoliste enthält eine Gegenüberstellung der identifizierten Risiken und der Maßnahmen, die als Reaktion auf das Risiko geplant sind. Jede Maßnahme ist detailliert zu beschreiben und ein Verantwortlicher für die Durchführung der Maßnahme zu benennen.

Qualitätssicherungshandbuch (QS-Handbuch)

„... Das QS-Handbuch beinhaltet eine Kurzbeschreibung der Qualitätsziele im Projekt, die Festlegung der zu prüfenden Produkte und Prozesse, die Organisation und Vorgaben für die Planung und Durchführung der Qualitätssicherung im Projekt sowie die Vorgaben für die Qualitätssicherung von externen Zulieferungen. Der QS-Verantwortliche muss dieses zentrale Produkt in Abstimmung mit den Schlüsselpersonen des Projekts erarbeiten.

Dabei werden im QS-Handbuch insbesondere auch Häufigkeit und Notwendigkeit der Erzeugung weiterführender Produkte, die für die Qualitätssicherung im Projekt notwendig sind, festgelegt, zum Beispiel QS-Berichte, Nachweisakten und Prüfprotokolle.“ (Quelle: V-Modell XT, Version 1.3, Teil 5)

9.2.1.2 Dokumente für Design und Implementierung

Von den vielen Dokumenten aus dem V-Modell XT für das Design und die Implementierung werden hier nur drei Dokumente exemplarisch angesprochen. Die Dokumente Anforderungen (Lastenheft) und Gesamtspezifikation (Pflichtenheft) wurden bereits im Kapitel 3 behandelt. In den vom Projektassistenten mit den Dokumenten vom V-Modell XT generierten Verzeichnissen

- Anforderungen und Analysen,
- Systementwurf und
- Systemspezifikation

finden sich weitere Dokumente zu folgenden Schwerpunkten:

Systemarchitektur

„Ausgehend von den funktionalen und nicht-funktionalen Anforderungen an das System ist es Aufgabe des Systemarchitekten, eine geeignete Systemarchitektur zu entwerfen. Die Architekturprodukte dienen dabei sowohl als Leitfaden als auch zur Dokumentation der Entwurfsentscheidungen.

In einem ersten Schritt werden richtungweisende Architekturprinzipien festgelegt und mögliche Entwurfsalternativen untersucht. Entsprechend der gewählten Entwurfsalternative wird die Zerlegung (Dekomposition) des Systems in Segmente, HW-, SW- und Externe Einheiten beschrieben. Beziehungen und Schnittstellen zwischen den Elementen und zur Umgebung werden identifiziert und im Überblick dargestellt. Zusätzlich werden querschnittliche Systemeigenschaften wie Sicherheitskonzept, Transaktionskonzept oder Loggingkonzept festgelegt. Die gewählte Architektur wird hinsichtlich ihrer Eignung für das zu entwickelnde System bewertet. Offene Fragen können beispielsweise im Rahmen einer prototypischen Entwicklung geklärt werden.

Hauptverantwortlicher für den Architekturentwurf ist der Systemarchitekt. Unterstützt wird er von verschiedenen Experten zu Einzelthemen wie HW-Entwicklung, SW-Entwicklung, Logistik, Systemsicherheit oder Ergonomie.

Die Architektur stellt das zentrale Dokument für die Erstellung weiterer Produkte dar. Sie legt alle Segmente, HW-, SW- und Externe Einheiten des Systems fest. Entsprechend den Vorgaben werden für jede HW- oder SW-Einheit eine Architektur sowie für die jeweiligen Elemente die Spezifikationen erstellt.“ (Quelle: V-Modell XT, Version 1.3, Teil 5)

Das Dokument **Systemarchitektur** leitet sich aus dem Lastenheft ab. Entsprechend den Aussagen zur Systemanalyse liefert dieser Teil der Entwickler-Dokumentation die Vorgaben für den weiteren Aufbau des Softwaresystems durch folgende Bestandteile:

- Komponenten des Systems, Dekomposition des Systems: Woraus besteht das System?
- Allgemeine Systemeigenschaften: Was kennzeichnet das System und was grenzt es gegenüber seinem Umfeld ab?
- Schnittstellenübersicht: Welche Schnittstellen gibt es zum Umfeld des Systems?
- Datenkatalog: Welche Daten werden im System erfasst, verwaltet und ausgewertet? (Das „Wie“ spielt hier noch keine Rolle!)
- Design: Wie ist das Erscheinungsbild der Software?

Datenbankentwurf, Technisches Datenmodell, Physikalisches Datenmodell

„Datenzentrierte SW-Systeme, wie beispielsweise Informationssysteme, benötigen einen persistenten Speicher zur Datenhaltung. In der Regel handelt es sich dabei um eine oder mehrere Datenbanken. Im Rahmen des Systementwurfs ist in diesem Fall zusätzlich ein Datenbankentwurf zu erstellen. Der Datenbankentwurf unterstützt den SW-Architekten bei der Ableitung des technischen Datenmodells aus den Anforderungen sowie beim Entwurf des physikalischen Datenbankschemas. Grundlage des Datenbankentwurfs sind die zu persistierenden Entitäten des Systems. Die Entitäten (relationales Datenmodell) bzw. Klassen (objektorientiertes Datenmodell) repräsentieren in ihrer Gesamtheit das fachliche Datenmodell des Systems. Für den Datenbankentwurf werden alle Entitäten bzw. Klassen des Systems identifiziert und im technischen Datenmodell zusammengefasst. Technisches und physikalisches Datenmodell sind Verfeinerungen und Konkretisierungen des fachlichen Datenmodells auf dem Weg hin zum Datenbankschema. Verantwortlich für den Datenbankentwurf ist der SW-Architekt.

Das technische Datenmodell beschreibt die Entitäten bzw. die Klassen des Geschäftsmodells im Zusammenhang. Die relevanten Eigenschaften (Attribute) sowie die Beziehungen der Entitäten bzw. Klassen zueinander werden identifiziert und beschrieben.

Das technische Datenmodell kann als Entity-Relationship-Diagramm, Klassendiagramm oder als Tabelle dargestellt werden. Es ist die Grundlage für den Entwurf des physikalischen Datenmodells.

Das physikalische Datenmodell beschreibt den konkreten Datenbankentwurf. Es wird abgeleitet aus dem technischen Datenmodell und dient als Vorlage für das Datenbankschema in der Datenbank.

Im physikalischen Datenmodell werden den Attributen der Entitäten bzw. Klassen konkrete Datentypen zugeordnet. Es werden Primär- und Fremdschlüssel festgelegt sowie Beziehungen definiert. Das Modell definiert Konsistenzbedingungen für Datenänderungen. Handelt es sich um relationale Datenbanken, werden Entitäten und Attribute konkreten Tabellen und Feldern im Schema zugeordnet.

Der Entwurf des physikalischen Datenmodells erfolgt in der Regel über Entity-Relationship-Diagramme oder Klassendiagramme. Bei Verwendung geeigneter Werkzeuge kann das Datenbankschema direkt aus dem Diagramm generiert werden."
(Quelle: V-Modell XT, Version 1.3, Teil 5)

Hier wird der Datenkatalog aus dem Dokument **Systementwurf** weiter ausgearbeitet. Zur Visualisierung dienen die folgenden und bereits bekannten Darstellungsmittel:

- ERD
- Klassendiagramm
- Datenbankschema aus der Datenbanksoftware

Mensch-Maschine-Schnittstelle (Styleguide) und Gestaltungsprinzipien

„Um den Entwurf einer (grafischen) Benutzerschnittstelle einheitlich zu gestalten beziehungsweise auf ein vorgegebenes Layout abzustimmen, sind verbindliche Vorgaben notwendig. Das Produkt zur Definition der Mensch-Maschine-Schnittstelle, im Rahmen der Softwareentwicklung häufig auch Styleguide genannt, definiert Regeln und Gestaltungskriterien, nach denen die Mensch-Maschine-Schnittstelle zu gestalten ist.

Die Regeln umfassen beispielsweise Gestaltungsregeln zu den Oberflächenelementen, zum Beispiel haptische und optische Eigenschaften, Gestaltungsregeln für die grafische Benutzeroberfläche sowie Gestaltungsregeln für die Hardwareschnittstelle.

Verantwortlich für den Styleguide ist der Ergonomieverantwortliche. Seine Aufgabe ist es, die Regeln aus den Anforderungen sowie der Anwenderaufgabenanalyse abzuleiten, beziehungsweise in Zusammenarbeit mit dem Auftraggeber zu erarbeiten. Alle im Rahmen der System-, HW- und SW-Spezifikation erarbeiteten Entwürfe müssen die Vorgaben des Styleguides umsetzen.

Gestaltungsprinzipien legen die generellen Richtlinien zur Gestaltung der Mensch-Maschine-Schnittstelle fest. Diese werden aus den Ergebnissen der Anwenderaufgabenanalyse abgeleitet sowie anhand von allgemein anerkannten Normen identifiziert."
(Quelle: V-Modell XT, Version 1.3, Teil 5)

Hier werden die Aussagen zum Design aus dem Dokument **Systementwurf** detailliert. Dabei sind die folgenden Grundsätze zur Gestaltung ergonomischer Benutzerschnittstellen nach EN ISO 9241 (Norm) zu beachten (siehe auch Softwarequalität):

- Aufgabenangemessenheit
- Selbstbeschreibungsfähigkeit
- Steuerbarkeit
- Erwartungskonformität
- Fehlertoleranz
- Individualisierbarkeit
- Lernförderlichkeit

Programmdokumentation

Die Frage nach der Gestaltung der Programmdokumentation steht bei den Auszubildenden sicherlich an erster Stelle. Fehlen unternehmensinterne Vorgaben, dann bietet die „Richtlinie für die Softwaredokumentation" der Softwareprüfstelle der Physikalisch-Technischen Bundesanstalt (PTB) unter www.ptb.de eine nützliche Hilfe.

Dort wird unter der Rubrik Downloads eine Gliederung vorgeschlagen.

Diese Gliederung enthält deutlich mehr, als zur reinen Programmbeschreibung gehört. Hier sind bereits Elemente der Anwender-Dokumentation zu finden.

9.2.2 Anwender-Dokumentation

Dieser Teil der Dokumentation richtet sich an den Kunden, der das Produkt Software kauft (oder besser: lizenziert). Nachdem er als potenzieller Kunde von der Leistung und Qualität des Produktes überzeugt ist, muss er die Software unter seiner Regie installieren und nutzbar machen, um sie schließlich lange und sicher benutzen zu können.

Die Ansprüche der Personengruppen beim Anwender wurden bereits aufgeführt:

- Die wirtschaftlichen Entscheider, d. h. das Management beim potenziellen Kunden, müssen mit Marketingunterlagen versorgt werden.
- Die IT-Abteilung, das Rechenzentrum oder die Administratoren benötigen Installationshinweise.
- Die eigentlichen Benutzer müssen geschult werden. Für die Routinenutzung erhalten sie ein Benutzerhandbuch.

9.2.2.1 Marketingunterlagen

Marketingunterlagen müssen optisch ansprechend, kurz und aussagekräftig zu inhaltlichen Aspekten informieren. Wichtig sind auch Referenzen auf andere erfolgreiche Anwender der Software. Praktisch wird das realisiert durch:

- Flyer im Umfang von maximal zwei DIN-A4-Seiten
- Präsentationen im Internet
- Whitepapers mit Managementinformationen

9.2.2.2 Installationshinweise

Die Installationshinweise fallen vom Umfang her sehr unterschiedlich aus. Früher sprach man in der DIN 66 230 sogar vom „Datenverarbeitungstechnischen Handbuch (DV-Handbuch)“. Heute geht es hauptsächlich um die genaue Festlegung der systemtechnischen Voraussetzungen, die sehr genau beschrieben sein müssen.

Für die Arbeit mit Java muss zum Beispiel klar definiert sein, dass die Laufzeitumgebung zu installieren ist, welche Bibliotheken in welcher Version zur Verfügung stehen und wie die Zugriffspfade vereinbart werden müssen.

„Simple Office-Anwendungen“ mit VBA-Makros scheitern hingegen regelmäßig an folgenden fehlenden Installationsvoraussetzungen:

- Verweise auf Objektbibliotheken, die nicht installiert sind
- feste Zugriffspfade im Quelltext

Zu oft entsteht folgende Situation: Beim Entwickler funktioniert die Software, beim Kunden läuft nichts mehr, weil hier andere Einsatzbedingungen herrschen. Spätestens hier muss dem Entwickler bewusst werden, dass er sein Programm einem fremden Kunden in einer fremden Umgebung überlässt. Für die korrekte Einrichtung der notwendigen Umgebung sind dem Kunden die erforderlichen Hinweise zu geben.

9.2.2.3 Benutzer-Dokumente

Für die Benutzer-Dokumente liefert der Projektassistent zum V-Modell XT zwei Vorlagen, auf die hier zuerst verwiesen wird.

Ausbildungsunterlagen

> „Die Ausbildung für ein System gliedert sich in unterschiedliche Ausbildungsmaßnahmen. Für diese Maßnahmen sind diverse Unterlagen notwendig, zum Beispiel Lehrplan und Lernunterlagen. Die Ausbildung kann auf unterschiedlichen Medien realisiert werden, beispielsweise auf Printmedien oder als Computerunterstützte Ausbildung (CUA).
>
> Ausbildungen werden in der Regel auf Tätigkeitsprofile ausgerichtet, zum Beispiel Bediener-, Instandhaltungs-, Instandsetzungs- und Serviceausbildung. Für sicherheitskritische Systeme findet eine gesonderte Sicherheitsausbildung statt.“
> (Quelle: V-Modell XT, Version 1.3, Teil 5)

Auch die Vorbereitung der Anwender auf den Softwareeinsatz kann als Projekt organisiert werden. Wichtig ist die zielgruppenorientierte Gestaltung von Lehrplänen und Unterlagen. Vielfach bewährt hat sich eine computergestützte Ausbildung am Arbeitsplatz, wofür namhafte Softwarehersteller Onlinekurse anbieten (z. B. https://support.office.com/de-de).

Nutzungsdokumente

> „Die Nutzungsdokumentation enthält alle Angaben, die ein Nutzer benötigt, um das System bestimmungsgemäß bedienen zu können und bei Problemen richtig zu reagieren. Die Art und Anzahl der zu erstellenden Nutzungsdokumentationen entspricht den Vorgaben der Gesamtsystemspezifikation (Pflichtenheft)." (Quelle: V-Modell XT, Version 1.3, Teil 5)

Die Begriffe „Benutzerhandbuch" oder „User Manual" haben sich als Bezeichnung für die begleitenden Dokumente zur Nutzung von Software eingebürgert. Benutzerhandbücher erklären mithilfe von Screenshots Schritt für Schritt die Verwendung der Software. Ihre Lektüre ist oft ermüdend für den Leser. Daher werden die Benutzerhandbücher zunehmend als Nachschlagewerke zur Problembehandlung konzipiert.

Im heutigen Informationszeitalter und der damit verbundenen Reizüberflutung stellen die Anwender höhere Anforderungen an Benutzerhandbücher. Festzustellen ist eine allgemeine Leseunlust. Die Gestaltung von Handbüchern muss dem Rechnung tragen und das Ziel anstreben, den Benutzern zeitraubendes Lesen von uninteressanten Textpassagen zu ersparen. Das Einführen von Symbolen zum schnelleren Auffinden wichtiger Passagen kann dem Leser dabei helfen. Eine vernünftige und zielgruppenorientierte Gliederung erleichtert ebenfalls das Auffinden von spezifischen Informationen.

W

Zu den wichtigen Qualitätsmerkmalen für Benutzerhandbücher gehören
- Glossare,
- Zusammenfassungen,
- Abkürzungsverzeichnisse,
- Hinweise auf Fehlermeldungen mit möglichen Reaktionen sowie,
- Hinweise auf weiterführende Literatur.

9.2.2.4 Onlinehilfe

Software muss heute ein hohes Maß an Selbstbeschreibungsfähigkeit besitzen. Die Onlinehilfe trägt dazu bei. Meist wird das Benutzerhandbuch in weiten Teilen online über die Benutzerschnittstelle präsentiert. Zur Erstellung einer Onlinehilfe aus einem sorgfältig ausgearbeiteten Dokument gibt es zahlreiche Tools, z. B. unter www.officehelp.de.

Eine andere Möglichkeit zur computergestützten Hilfe für den Anwender verkörpern Demoversionen und Lernsoftware. Sie ermöglichen einen spielerischen Einstieg in die Software und reduzieren den Aufwand für das notwendige Lesen von Benutzerhandbüchern.

9.3 Erstellung der Dokumentation

Das Erstellen der Dokumentation ist für die meisten Entwickler eine lästige Angelegenheit, denn sie schreiben lieber Programmcode, aber keine Texte: „Wenn ich Bücher schreiben wollte, wäre ich Schriftsteller geworden, aber ich bin nun mal lieber Programmierer!"

Bei dieser Haltung muss wenigstens das Schreiben der Dokumentation so einfach wie möglich gestaltet werden. Dazu gibt es im Wesentlichen drei Möglichkeiten:
- Formulardokumentation
- strenge Verbindung von Entwicklungs- und Dokumentationsarbeiten
- Tools zur Erzeugung der Dokumentation in Verbindung mit dem Quelltext

9.3.1 Formulardokumentation

Die Formulardokumentation entstand historisch bedingt und erfreute sich besonders in Großunternehmen einer weiten Verbreitung. Inhaltlich wurde die Formulardokumentation bereits erläutert. Sie reduziert die Schreibarbeit und sichert die Vollständigkeit und Einheitlichkeit der unternehmensinternen Dokumentation. Heute wird das Formular auf den Computer übertragen und ist dort auszufüllen, wobei zahlreiche Informationen wie Datumsangaben, Versionsnummern oder Namen der Autoren automatisch generiert werden.

Auch der Projektassistent zum V-Modell XT ist ein derartiger Formulargenerator. Zahlreiche Dokumente werden als Dateien in einem kompatiblen Textformat (*.rtf) erstellt und können dann mit einem Office-Editor ausgefüllt werden.

9.3.2 Parallele Dokumentation

Fast alle Vorgehensmodelle zur Softwareentwicklung verlangen eine strenge Verbindung von Entwicklungs- und Dokumentationsarbeiten: „Die im Ergebnis des einen Schrittes erstellten Dokumente sind die Ausgangsbasis für die Arbeit im nächsten Entwicklungsschritt."

So kann man eine Grundphilosophie des Wasserfallmodells formulieren. Während des gesamten Entwicklungsprozesses entstehen Dokumente, und aus diesen Dokumenten lassen sich die oben beschriebenen Elemente der Softwaredokumentation schnell ableiten. Die Softwaredokumentation entsteht somit parallel zu den gesamten Entwicklungsarbeiten.

Große Softwareprojekte verlangen eine strenge Arbeitsteilung unter den Entwicklern (vgl. Rollenkonzept im V-Modell XT). Die Arbeitsteilung funktioniert nur bei ständiger Kommunikation. Die Elemente der Softwaredokumentation sind hier ein notwendiges und gefordertes Hilfsmittel für diese Kommunikation. Nur der „Einzelkämpfer“, der seine Software allein entwickelt, braucht keine Kommunikation mit anderen Entwicklern (oder er glaubt dies zumindest) und hat damit oft kein Verständnis für die Notwendigkeit einer Dokumentation.

9.3.3 Werkzeuge zur Dokumentationserstellung

Die meisten Tools zur Erzeugung von Dokumentationen nutzen den Quelltext. Auf der einen Seite wird bei der modellgestützten Softwareentwicklung der Quelltext weitestgehend automatisch generiert, auf der anderen Seite wird der konventionell geschriebene Quelltext nach Kommentaren und Objektdefinitionen durchsucht.

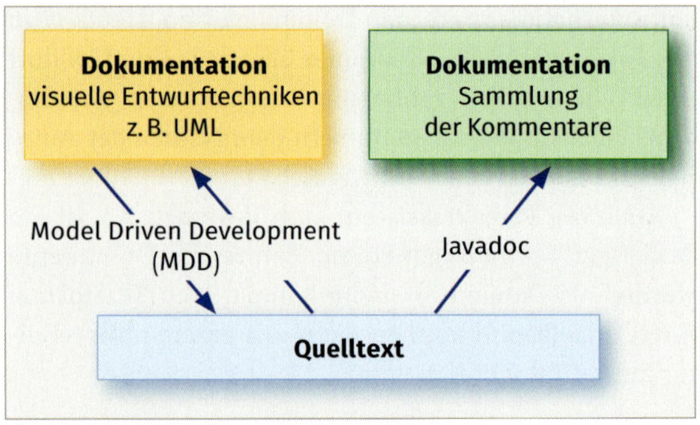

Tools zur Erzeugung einer Dokumentation

Die Werkzeuge zur modellgestützten Softwareentwicklung (Case-Tools) erlauben die Generierung von Quelltext aus verschiedenen Quellen, z.B. erzeugt das bereits erläuterte Tool „SiSy“ den Quelltext aus

- UML-Klassendiagrammen,
- Struktogrammen und
- ERM (SQL-Anweisungen).

Besonders leistungsfähige Tools wirken auch in entgegengesetzter Richtung vom Quelltext auf das Modell. Ändert man per Hand den Quelltext, wird auch das Modell neu gezeichnet. Auf diesem Wege lassen sich aus konventionell erstellten Quelltexten unter bestimmten Umständen sogar Modelle generieren.

Javadoc

Ein anderer Weg besteht darin, Kommentare und Objektdefinitionen aus dem Quelltext zu sammeln und als Programmdokumentation zu nutzen. Ein verbreitetes Hilfsmittel hierfür ist **Javadoc.** In Java gibt es drei Arten von Kommentaren:

- Einzeilige Kommentare sind durch "//" am Zeilenanfang gekennzeichnet.
- Mehrzeilige Kommentare beginnen mit "/*" und enden mit "*/".
- Dokumentierende Kommentare beginnen mit "/**" und enden mit "*/".

Aus dokumentierenden Kommentaren erzeugt das Tool **Javadoc** klassische HTML-Seiten. Innerhalb des dokumentierenden Kommentars können HTML-Tags verwendet werden, um die Texte der HTML-Seiten speziell zu formatieren. Ferner gibt es eine Reihe von vorgefertigten Javadoc-Tags, die weitere Features in die HTML-Seiten integrieren. Javadoc-Tags beginnen mit dem Zeichen @. Um das Symbol @ zu nutzen, ohne ein Javadoc-Tag zu beginnen, kann der HTML-Zeichencode @ verwendet werden.

Übersicht der Javadoc-Tags (Auswahl)		
Tag & Parameter	**Ausgabe**	**Verwendung in**
@author Name	Programmautor	Klasse, Interface
@version Version	Version des Objektes	Klasse, Interface
@since jdk-Version	Seit wann existiert die Funktionalität?	Klasse, Interface, Instanzvariable, Methode
@see Reference	Link auf ein Element der Dokumentation	Klasse, Interface, Instanzvariable, Methode
@param Name Beschreibung	Parametername und -beschreibung zu einer Methode	Methode
@return Beschreibung	Beschreibung des Rückgabewerts einer Methode	Methode
@exception Klassenname Beschreibung @throws Klassenname Beschreibung	Beschreibung einer Ausnahme (Exception), die von dieser Methode erzeugt werden kann	Methode

Ein Beispiel zur Programmdokumentation soll den Einsatz von **Javadoc** verdeutlichen.

```
/* Java unter Verwendung dokumentierender Kommentare */
import java.util.*;
import java.text.*;
import java.awt.*;
/**
    * Klasse zur formalen Prüfung einer EAN als Applet.
    * @author Ringhand
    * @version 2.01
*/
public class AP_EAN_Test extends java.applet.Applet {

 Button kont, leer;   TextField t1, t2;   Object arg;
/**
  * Initialisieren der Ausgabe mit Windows-Objekten.
  * Erzeugt werden der Ereignis-Handler, die Textfelder und Schaltflächen.
*/
  public void init() {
        AP_EAN_Actions2 handlebutton = new AP_EAN_Actions2(this,arg);
        setBackground(Color. red);
        add(new Label("Artikelnummer"));
        t1 = new TextField(15); add(t1);
        add(new Label("Kontrolle"));
        t2 = new TextField(23); add(t2);
        kont = new Button("Kontrolle");
        kont.addActionListener(handlebutton);
        add(kont);
        leer = new Button("Leeren");
        leer.addActionListener(handlebutton);
        add(leer);
   }
/**
  * Überprüfung der EAN-Zeichenkette auf Form und konforme Prüfziffer
  * @param ein Zeichenkette mit potentieller EAN.
  * @return Text mit Aussage zum Fehler.
*/
  public String EANpruefung(String ein) {
        String ziff, Fehlertext="Artikelnummer ist korrekt.";
        boolean keinfehler=true;
        int pos=0, faktor=1, summe=0;
        if (ein.length() == 13) {
                pos=0;
                while(pos < 13 && keinfehler ){
                        ziff=ein.substring(pos,++pos);
                        if (ziff.equals("0")||ziff.equals("1")||ziff.equals("2")||
                          ziff.equals("3")||ziff.equals("4")||ziff.equals("5")||
                          ziff.equals("6")||ziff.equals("7")||ziff.equals("8")||
                          ziff.equals("9"))
                        {
                                summe += Integer.parselnt(ziff) * faktor;
                                if (faktor==1) {faktor=3;} else {faktor=1;}
                        }
                        else {     keinfehler=false;
                                Fehlertext="Bitte nur Ziffern verwenden!";
                        }
                        }
                        if (keinfehler) {
                                if (summe % 10 != 0) // Modulo 10
                                {
                                        Fehlertext="Prüfziffer zeigt Eingabefehler!";
                                }
                        }
        }
```

(Fortsetzung auf folgender Seite)

```
        else {
                        Fehlertext="EAN muss 13 Ziffern umfassen!"; }
        return Fehlertext;
    }
  /**
    * Aktion zur Schaltfläche, der String Nummer aus Textfeld1 wird als EAN überprüft.
  */
    public void kontrolle() {
            String Nummer = t1.getText( );
            t2.setText(EANpruefung(Nummer));
            repaint( );
    }
  /**
    * Aktion zur Schaltfläche: Inhalte von Textfeld1 und Textfeld2 werden leer überschrieben.
  */
    public void leeren( ) {
            t1.setText(""); t2.setText(""); repaint( );
    }
  }
```

Javadoc generiert anschließend aus dem Quelltext verschiedene HTML-Seiten. Das Tool kann mit unterschiedlichen Parametern gestartet werden, z. B. durch folgenden Programmaufruf:
javadoc -private -d doku AP_EAN_Test.java

Die Option **-private** besagt, dass alle Inhalte, also auch alle privat deklarierten Inhalte, in die Dokumentation aufgenommen werden sollen. Die Option **-d** gibt wie beim Aufruf des Compilers an, in welchem Verzeichnis die erzeugten HTML-Seiten abgelegt werden sollen (hier im Verzeichnis **doku**). Am Ende wird angegeben, aus welchen Quellen die HTML-Seiten generiert werden sollen.

Die Dokumentation der Klasse **AP_EAN_Test** besteht aus vielen **HTML-Dateien.** Die Verwendung der **Javadoc-Kommentare** ist aus dem Screenshot auf der folgenden Seite ersichtlich.

Ablauf von Javadoc mit Kommentaren

C:\WINDOWS\System32\cmd.exe
C:\ACIWeb\Applet>dir
Datenträger in Laufwerk C: ist Lokaler Datenträger
Volumeseriennummer: B895-23DA
Verzeichnis von C:\ACIWeb\Applet
07.03.20.. 14:37 <DIR> .
07.03.20.. 14:37 <DIR> ..
05.03.20.. 22:16 238 AeanKont.html
07.03.20.. 14:01 741 AP_EAN_Actions2.class
06.03.20.. 12:45 523 AP_EAN_Actions2.java
07.03.20.. 14:03 2.129 AP_EAN_Test.class
07.03.20.. 14:06 2.552 AP_EAN_Test.java
5 Datei(en) 6.183 Bytes
2 Verzeichnis(se), 390.422.528 Bytes frei
C:\ACIWeb\Applet>javadoc -private -d doku AP_EAN_Test.java
Loading source file AP_EAN_Test.java...
Constructing Javadoc information...
Standard Doclet version 1.4.2_04
Generating doku\constant-values.html...
Building tree for all the packages and classes...
Building index for all the packages and classes...
Generating doku\overview-tree.html...
Generating doku\index-all.html...
Generating doku\deprecated-list.html...
Building index for all classes...
Generating doku\allclasses-frame.html...
Generating doku\allclasses-noframe.html...
Generating doku\index.html...
Generating doku\packages.html...
Generating doku\AP_EAN_Test.html...
Generating doku\serialized-form.html...
Generating doku\package-list...
Generating doku\help-doc.html...
Generating doku\stylesheet.css...
C:\ACIWeb\Applet>_

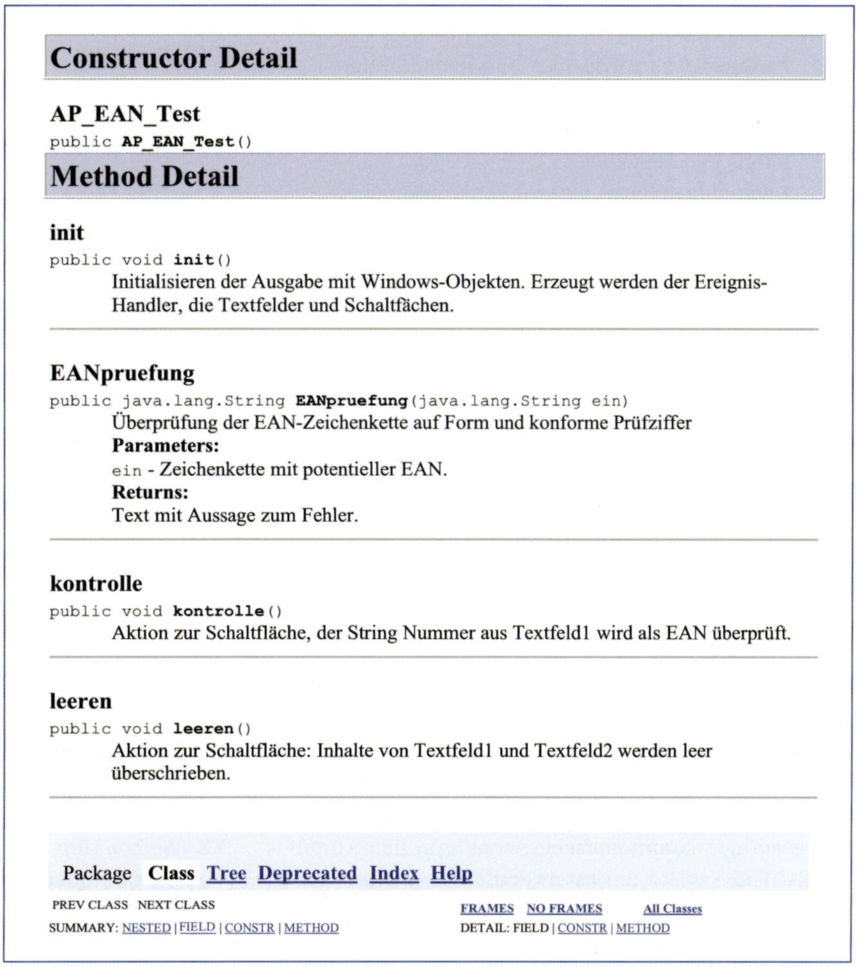

Constructor Detail

AP_EAN_Test

`public AP_EAN_Test()`

Method Detail

init

`public void init()`

Initialisieren der Ausgabe mit Windows-Objekten. Erzeugt werden der Ereignis-Handler, die Textfelder und Schaltfächen.

EANpruefung

`public java.lang.String EANpruefung(java.lang.String ein)`

Überprüfung der EAN-Zeichenkette auf Form und konforme Prüfziffer

Parameters:

`ein` - Zeichenkette mit potentieller EAN.

Returns:

Text mit Aussage zum Fehler.

kontrolle

`public void kontrolle()`

Aktion zur Schaltfläche, der String Nummer aus Textfeld1 wird als EAN überprüft.

leeren

`public void leeren()`

Aktion zur Schaltfläche: Inhalte von Textfeld1 und Textfeld2 werden leer überschrieben.

Package **Class** Tree Deprecated Index Help

PREV CLASS NEXT CLASS | FRAMES NO FRAMES All Classes

SUMMARY: NESTED | FIELD | CONSTR | METHOD | DETAIL: FIELD | CONSTR | METHOD

Ergebnis von Javadoc im Browser

DocBook

Insbesondere bei Public-Domain-Software und im Internet ist es üblich, die Dokumentation durch eine **FAQ** (Sammlung von häufig gestellten Fragen) zu ergänzen oder gar zu ersetzen. Als oft verwendetes Format eignet sich hierzu **DocBook** auf XML-Basis (www.DocBook.de).

9.3.4 Dokumentation in der ACI GmbH

S Die Auszubildenden fragen Herrn Pelz nach Vorgaben für die Erstellung der Dokumentation in der ACI GmbH. Herr Pelz verweist auf den Beschluss der Geschäftsleitung zur Arbeit nach dem Vorgehensmodell **V-Modell XT,** wonach die prozessbegleitende Erstellung diverser Dokumente verlangt wird, die auch bereits in den vorherigen Abschnitten angesprochen wurden.

Die Auszubildenden erstellen nur ein Teilprojekt, das aber als vollständige Einheit im Interesse der geforderten Prüfungsdokumentation präsentiert werden muss. Herr Pelz schlägt den Auszubildenden folgende Gliederung für ihre Prüfungsdokumentation vor.

Dokumentation einer Programmentwicklung

1. Problembeschreibung

1.1. Aufgabenstellung
1.2. Vorgesehene Leistungen des Programms
1.3. Abgrenzungen

2. Analyse und Entwurf

2.1. Analyseergebnisse, Schwachstellen im Anwendungsumfeld
2.2. Softwarearchitektur, Grobstruktur, Module, Klassen
2.3. Datenmodell, Datenfluss, ERM
2.4. Markante Algorithmen, Struktogramme
2.5. Teststrategie, Testszenarien und Testdaten

3. Realisierung

3.1. Entwicklungsumgebung und Einsatzumgebung
3.2. Kommentare zu ausgewählten Quelltextpassagen
3.3. Verwendete Bibliotheken

(Fortsetzung auf folgender Seite)

4. Nutzungsanleitung
4.1. Installationshinweise (erforderliche Dateien, Pfade)
4.2. Vorstellung der notwendigen Eingaben und möglichen Ausgaben
4.3. Bedienungshinweise, Menüpunkte, Zugangsdaten, Programmabbruch
4.4. Fehlerbehandlung, Fehlermitteilungen und notwendige Reaktionen

5. Einschätzung der Ergebnisse
5.1. Bewertung der Testergebnisse
5.2. Stellungnahme zur Änderung gegenüber dem Konzept
5.3. Ausblick auf Erweiterungsmöglichkeiten

Anlagen
A Testdaten und Testergebnisse
B Kommentierter Quelltext, eventuell auf CD
C Musterausdrucke der Benutzerführung und/oder der Programmergebnisse

Diese Empfehlung zur Gliederung hat sich bei der ACI GmbH bereits über einige Jahre bewährt. Sie ist allerdings nur geeignet für die Anwendungsentwickler. Die Auszubildenden in den kaufmännischen Berufen müssen vorrangig kaufmännische Aspekte in den Mittelpunkt stellen wie z. B. Kosten und Nutzen, Nutzwertanalysen oder Preiskalkulationen.

W

- Die Dokumentation ist erforderlich, damit ein Programm zu einer verwertbaren Software wird.
- Die Dokumentation muss zielgruppengerecht erstellt werden.
- Die Entwickler benötigen die Dokumentation während der Erstellung als Kommunikationsmittel und in der Phase der Wartung zum Verständnis der Veränderungen.
- Die Anwender verschaffen sich anhand der Dokumentation einen Eindruck von dem Leistungspotenzial der Software und benötigen eine Benutzungsanleitung zur Bedienung und zur korrekten Reaktion auf Fehlerhinweise der Software.
- Den Entwicklern fällt das Erstellen der Dokumentation oft nicht leicht, weshalb verschiedene Hilfsmittel zur Dokumentationserstellung genutzt werden. Dazu gehören die Formulardokumentationen, die nur noch auszufüllen sind, sowie Tools zur Generierung von Beschreibungen und Grafiken aus dem Quelltext.

Die in der Berufsabschlussprüfung geforderte Dokumentation stellt einen Sonderfall dar. Sie vereint eine Projektablaufdokumentation mit einer Ergebnisdokumentation. Im Sinne der Formulardokumentationen gibt es hierfür umfangreiche Hilfestellungen auf den Internetseiten der zuständigen IHK.

Aufgaben

1. Wie ist Software definiert?
2. Welche Zielgruppen gibt es für die Dokumentation?
3. In welchen Fällen kann auf eine Dokumentation verzichtet werden?
4. Was bedeutet **Parallele Dokumentation?**
5. Was ist eine Formulardokumentation?
6. Welche Normen gibt es zur Gestaltung einer Dokumentation?
7. Was muss in den Installationshinweisen angegeben werden?
8. Welche Darstellungsmittel können in den Projektplanungsdokumenten eingesetzt werden?
9. Welche Darstellungsmittel sind für die Systemdokumentation geeignet?
10. Wie arbeitet **Javadoc?**
11. Welche Tools unterstützen die Generierung von Quelltexten aus Teilen der Dokumentation?
12. Welche Unterstützung bietet das **V-Modell XT** für die Dokumentation?

10 Routinebetrieb von IT-Systemen

Wenn eine Software endlich ausgetestet und fertiggestellt ist, dann muss sie sich im täglichen Routinebetrieb bewähren. Dazu ist es notwendig, diesen Routinebetrieb so zu organisieren, dass die Software den Anwendern beim geringsten Verbrauch von Ressourcen im erforderlichen Maße zur Nutzung bereitsteht.

10.1 Informationsmanagement

Die Anwender arbeiten selten mit nur einer Software, sondern sie erwarten den Zugriff auf verschiedene Softwaresysteme. Auch die Software kann sehr komplex sein und aus vielen Komponenten bestehen. Der Anwender sieht diese Komplexität nicht, er erwartet aber die Bereitstellung von Services, d. h. Speicherung, Verwaltung, Auswertung und Bereitstellung seiner Informationen. Er betrachtet die Einheit der gesamten Softwaresysteme mit ihren notwendigen Hardware- und Kommunikationskomponenten als **Informationssystem** mit gesicherter Verfügbarkeit und hoher Zuverlässigkeit.

Der Betrieb eines derartigen Informationssystems ist vergleichbar mit dem Betrieb anderer Dienstleistungsunternehmen. Wie in jedem Dienstleistungsunternehmen bestimmt der Kunde Art und Umfang der Inanspruchnahme der Leistungen. Für die Bereitstellung der Leistungen sind jedoch verschiedene **Ressourcen** notwendig.

Ressourcen	Beispiele
technisch (technische Infrastruktur)	Hardware, Netzwerke, Energieversorgungsleitungen, Kühlaggregate, Räumlichkeiten
personell	Fachkräfte für Betrieb und Instandhaltung der Technik, zur Installation und Wartung der Software, zur Betreuung der Anwender und zur Organisation der Abläufe
finanziell	Deckung der einmaligen und laufenden Kosten, z. B. Kosten von Energie und Verbrauchsmaterialien, Lizenzkosten, Personalkosten etc.

Der Betrieb eines Informationssystems setzt ein qualifiziertes Management voraus, das Aufgaben aus den Bereichen Betriebswirtschaft und Informatik erfüllen muss. Um diese Besonderheit herauszustellen, verwendet man hierfür den Begriff **Informationsmanagement.**

W

Das **Informationsmanagement** ist eine betriebswirtschaftliche Führungsaufgabe und beschäftigt sich mit der Planung, dem Einsatz und der Kontrolle der Ressource **Information.** Das Informationsmanagement ist damit eine wichtige Führungsaufgabe im Unternehmen und wird heute neben Arbeit, Kapital und Boden als vierter Produktionsfaktor bezeichnet.

10.1.1 Entwicklungsstufen im betrieblichen Informationsmanagement

Die Hauptaufgabe des Informationsmanagements besteht darin, für das Unternehmen den „Produktionsfaktor“ Information zu beschaffen, zu verwalten und über eine geeignete und flexible Informationsinfrastruktur bereitzustellen. Das Informationsmanagement als Managementfunktion verlangt eine ganzheitliche Sicht. Zum Informationsmanagement gehören u. a. folgende Teilbereiche:

- Planung der Informationsinfrastruktur
- Erstellung von Informationsbedarfsanalysen und Informationsportfolios
- Datenmanagement
- Gestaltung der Aufbau- und Ablauforganisation der Informationsverarbeitung

Das Fünf-Ebenen-Modell in Anlehnung an Venkatraman verdeutlicht in der folgenden Abbildung die Veränderungen im Unternehmen, die durch einen immer stärkeren Einsatz der Informationssysteme erreicht werden können. Damit verbunden ist auch eine qualitative Umorientierung des Informationsmanagements von einem Management der Hilfsmittel aus der Informationsverarbeitung über ein Management der Informationen zu einem strategischen Management mit und durch die Informationsverarbeitung.

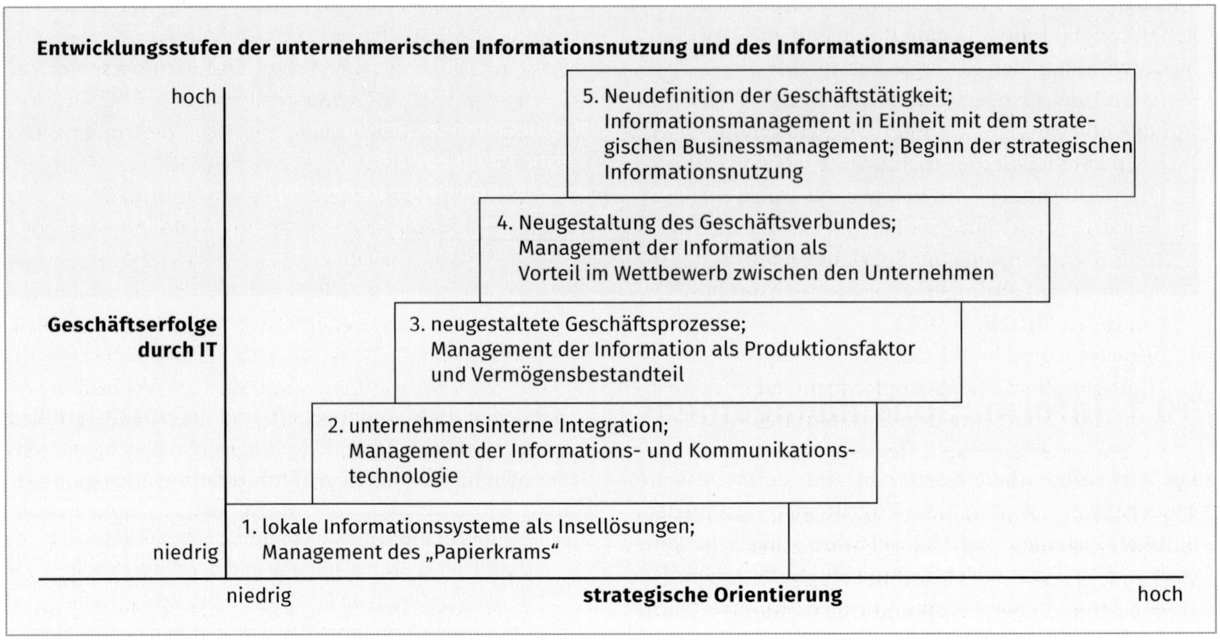

Fünf-Ebenen-Modell nach Venkat Venkatraman

10.1.2 Strategische, taktische und operative Aufgaben des Informationsmanagements

Strategische Aufgaben

Unter **Strategie** versteht man in der Wirtschaftspraxis die langfristig geplanten Verhaltensweisen der Unternehmen zur Erreichung ihrer Ziele. Die langfristige Planung bezieht sich immer auf eine Perspektive von mehreren Jahren. Eine genaue Festschreibung des Planungshorizontes ist in der schnelllebigen IT-Branche besonders schwer.

Im Zusammenhang mit der Unternehmensstrategie wird oft von den vorgeordneten Konzepten, der Vision und dem Leitbild gesprochen. Als nachgeordnet werden dagegen Teilstrategien (z. B. Marketingstrategie, IT-Strategien, Finanzierungsstrategie) und die taktische (mittelfristige) sowie die operationale (kurzfristige) Ebene angesehen.

Wichtig für die Strategiebildung ist die eindeutige Formulierung von Zielen, möglichst von messbaren Zielen. Erinnern Sie sich: **„You can't manage, what you can't measure."**

Ein Ziel ist ein Zustand, der erreicht oder erhalten werden soll. Zielformulierungen beschreiben also nicht den Weg (Vorgang), sondern das gewünschte Ergebnis. Eine Maßnahme ist kein Ziel. Bei der Formulierung der Ziele muss an die objektive Überprüfbarkeit (Messbarkeit) gedacht werden. Deshalb ist es erforderlich, das Ziel hinreichend genau in Qualitäten und Quantitäten zu beschreiben.

Zielinhalt	messbare Größen
Sicherheit	▪ Verfügbarkeit des Systems, nutzbare Zeit ▪ durchschnittliche Zeit zwischen zwei Fehlern ▪ durchschnittliche Wiederanlaufzeit ▪ Fehlertoleranz
Wirtschaftlichkeit	▪ Kostenbudget ▪ Erlös ▪ erbrachte Leistungsmenge ▪ einmaliger Aufwand ▪ laufender Aufwand
Produktivität	▪ Verfügbarkeit des Systems ▪ durchschnittliche Antwortzeit ▪ Anzahl der Transaktionen
Anpassbarkeit	▪ Anpassungsaufwand ▪ Einsatz von Standards ▪ Mitarbeiterqualifikation ▪ Methodeneinsatz
Annahme der Leistung (Durchdringung)	▪ Akzeptanz ▪ Zahl der Zugriffe ▪ Vermeiden von Medienbrüchen (Wechsel des informationstragenden Mediums)
Wirksamkeit	▪ verfügbare Funktionalität ▪ effektiv genutzte Funktionen ▪ verfügbare Leistung ▪ Kosten ▪ Akzeptanz

Zur Erreichung der Ziele sind in der Strategie der weiteren Entwicklung folgende Prämissen zu setzen:

- Entwicklung der IT-Organisation und ihrer Position im Unternehmen, z.B. bezüglich des Erhaltes und der Entwicklung einer internen Struktureinheit oder einer Entwicklung in Richtung der Auslagerung der IT-Dienstleistungen im Rahmen des Outsourcings
- Personalentwicklung im IT-Bereich, z.B. bezüglich der Entwicklung eigener Spezialisten durch die Ausbildung von Lehrlingen oder der Inanspruchnahme von freien Mitarbeitern
- Infrastrukturentwicklung, z.B. bezüglich der zukünftigen Betriebssystemplattform oder der Auswahl einer Hardwaregrundausstattung unter Bevorzugung eines einzelnen Herstellers

Die IT-Strategie muss immer abgestimmt sein mit der Business-Strategie des Unternehmens, denn heute ist die IT nicht mehr nur Hilfsmittel für das Business, sondern bestimmt auch Inhalt und Umfang der Geschäftstätigkeit wesentlich mit. So wird beispielsweise ein guter Webshop der ACI GmbH entscheidend zur langfristigen Verbesserung der Marktposition beitragen.

Taktische Aufgaben

Auf **taktischer Ebene** muss die Unternehmensstrategie mit einem Planungshorizont von wenigen Monaten umgesetzt werden. Der Charakter dieser Aufgaben ist eher administrativ, wobei im Informationsmanagement von der Tatsache ausgegangen werden muss, dass jedes Unternehmen über eine mehr oder weniger weit entwickelte **Informationsinfrastruktur** verfügt, die zielorientiert geplant, überwacht und gesteuert wird.

Zum Informationsmanagement gehört auch die **projektbezogene** Planung des Informationssystems. Die Durchführung der administrativen Aufgaben schafft die Voraussetzungen für die Nutzung der Informationsinfrastruktur auf der operativen Ebene. Das Ergebnis der administrativen Aufgaben hat Auswirkungen auf Datenbestand, Personalbestand, Hardwarebestand usw. Im Einzelnen umfasst das taktische Informationsmanagement folgende Aufgabenbereiche:

- Planen, Überwachen und Steuern von Projekten zum Aufbau der Informationsinfrastruktur, insbesondere Projekte der Informationssystem-Planung **(Projektmanagement).** Dafür sind festzulegen: Der Projektleiter und seine Kompetenzen, Projektphasen und Meilensteine zwischen den einzelnen Phasen, Projektberichterstattung und Projektdokumentation sowie die Vorgehensweisen für den Fall, dass Abweichungen zwischen dem geplanten Projektverlauf und dem tatsächlichen Projektverlauf festgestellt werden.
- Planen, Überwachen und Steuern des unternehmensweiten Datensystems unabhängig vom einzelnen Informationssystem und der Art seiner Implementierung **(Datenmanagement).** Teilziele sind: Entwickeln eines Datenmodells, Implementierung eines Datenmodells, Organisation der Datenbeschaffung und -nutzung, Wartung und Pflege des Datensystems, Datensicherung und -archivierung.
- Pflegen und Weiterentwickeln des unternehmensweiten Informationssystems, insbesondere des Bestandes an Anwendungssoftware **(Lebenszyklusmanagement).** Das Lebenszyklusmodell hat die bekannten vier Phasen: Einführung, Wachstum, Sättigung/Reife und Rückgang. Die Phasen können eine gewisse zeitliche Überlappung aufweisen. In der **Einführungsphase** werden durch Korrekturwartung Fehler beseitigt und Maßnahmen durchgeführt, die der Vermeidung von Fehlern dienen. Ziel ist es, die volle Funktionsfähigkeit herzustellen. In der **Wachstumsphase** wird Anpassungswartung durchgeführt, wenn sich die Anforderungen der Aufgaben oder die Aufgabenträger ändern. Jede Anpassung führt erfahrungsgemäß zu schlechteren Wartungsvoraussetzungen, da das Programm komplexer wird. In der **Sättigungs- oder Reifephase** werden Funktionen und Leistungen durch Perfektionswartung verbessert, um den erzielbaren Nutzen zu erhöhen. Rückgangsphasen sollten vermieden werden.
- Beschaffen und Führen des Personals für die Informationsinfrastruktur, insbesondere des Personals der IT-Abteilung **(Personalmanagement).** Das Personalmanagement erfasst den quantitativen und qualitativen Ist-Bestand, ermittelt den Bedarf an IT- Personal, leitet Maßnahmen zur Höherqualifikation des IT-Personals ein, beschafft und entlässt Personal und teilt das Personal den Aufgaben zu; das Personalmanagement betreibt Personalführung zur Harmonisierung arbeitsteiliger Prozesse.
- Schaffen und Aufrechterhalten der Sicherheit der Informationsinfrastruktur **(Sicherheitsmanagement).** Dies bedeutet das Abwenden von realen Schäden an der IT-Infrastruktur und den daraus folgenden wirtschaftlichen Schäden im Unternehmen. Abwenden heißt dabei das Vermeiden oder Vermindern von Schäden durch Sicherungsmaßnahmen, Übernahme von Kosten durch Versicherungen sowie Selbsttragen des Restrisikos.
- Schützen der Informationsinfrastruktur vor Katastrophen **(Katastrophenmanagement).** Katastrophenmanagement zielt auf solche Schäden, deren Eintrittswahrscheinlichkeit als niedrig und deren Schadenshöhe als groß eingestuft wird. Katastrophen können solche Wirkung auf die IT-Infrastruk-

tur haben, dass die IT aus eigener Kraft nicht weitergeführt werden kann. Aufgaben sind hier das Herstellen und Erhalten einer Überlebenszeit des Unternehmens ohne funktionsfähige Informationsinfrastruktur durch Notfallorganisationen (z. B. Beschleunigung der Ersatzbeschaffung, Benutzung eines Ausweichrechenzentrums).
- Gestalten der Rechtsbeziehungen, insbesondere durch Verträge mit den Partnern (Kunden und Lieferanten) und das Verwalten des Vertragsbestandes **(Vertragsmanagement).** Kernaufgaben sind hier das Überwachen der Vertragsdauer (rechtzeitig verlängern oder kündigen) und der Vertragstermine (Erfüllung von Lieferterminen), Erfassen von Lieferungs- und Leistungsstörungen, Überprüfen der Lieferungen und Leistungen, Überprüfen der Angemessenheit von Preisen im Vergleich zur Lieferung, Aktualisieren von Zusatzvereinbarungen und Anlagen (z. B. Anlagenverzeichnis bei der Computersachversicherung).

Das taktische Informationsmanagement führt im Ergebnis zu einer Informationsinfrastruktur, die für den Benutzer durch die Verfügbarkeit produktiv verwendbarer Komponenten gekennzeichnet ist, und so die Systemnutzung und damit die Durchführung der operativen Aufgaben des Informationsmanagements ermöglicht.

Operative Aufgaben

Operatives Informationsmanagement befasst sich damit, die Nutzbarkeit des Informationssystems für die Anwender zu gewährleisten. Anfragen der Anwender (Requests) und Meldungen von Störungen (Incidents) sind zu bearbeiten. Je mehr eine Informationsinfrastruktur dezentralisiert wird, desto mehr verlagern sich die operativen Aufgaben von der IT-Abteilung in die Fachabteilungen und damit zum Benutzer. Typische operative Aufgaben des Informationsmanagements sind:
- Erhalten der Verfügbarkeit der IT-Systeme **(Produktionsbetrieb),** insbesondere des Betriebs des Rechenzentrums (Wartung): Installation, Wartung und Reparatur der Betriebsmittel, Übernahme neuer oder veränderter Anwendungsprogramme (Applications) und Datenbestände in den Produktionsprozess, Planung und Abwicklung der Benutzeraufträge, Vorhersage der Arbeitslast, Abstimmung zwischen Kapazität der Betriebsmittel und Arbeitslast, Nachbearbeitung von Produktionsergebnissen (z. B. Versand von Druckerausgaben), Sicherung und Archivierung von Programmen.
- Erkennen und Beseitigen jeder Art von Störungen des Produktionsbetriebs **(Incidentmanagement):** vorbeugende Maßnahmen, um Störungen rechtzeitig zu erkennen und Fehler zu diagnostizieren, Beseitigung oder Minimierung der Auswirkungen einer Störung, Dokumentation der Störung.
- Betreuen der Benutzer in den Fachabteilungen **(Service Desk)**

Die Durchführung jeder operativen Aufgabe ist gleichbedeutend mit der Produktion von Information und ihrer Verbreitung einschließlich der damit im Zusammenhang stehenden Dienste wie Benutzerservice, Netzdienste und Wartung.

10.2 Organisationsmanagement

Die Organisation des Routinebetriebes von Informationssystemen für Unternehmen kann auf unterschiedliche Art und Weise erfolgen. Der klassische Weg führte zum Aufbau einer IT-Abteilung im eigenen Hause. Inzwischen haben sich die Anforderungen an die Informationssysteme in den Unternehmen wesentlich weiterentwickelt. Viele Unternehmen sind dazu übergegangen, den Betrieb und die Betreuung der eigenen Informationssysteme an Spezialisten zu übergeben, d. h., die IT-Betreuung auszulagern. Dieses sogenannte **Outsourcing** bringt Vorteile gegenüber dem konventionellen Inhouse-Betrieb.

W

Vorteile der Erbringung von IT-Leistungen im eigenen Hause (Inhouse-Betrieb)	Vorteile des Fremd-bezuges von IT-Leistungen (Outsourcing)
▪ Vorhandenes Know-how kann zur Leistungserstellung genutzt werden. ▪ Die individuelle Lösung von IT-Aufgaben mit strategischer Bedeutung kann zum Wettbewerbsvorteil werden. ▪ Es entstehen keine dauernden Abhängigkeiten von den Leistungsanbietern. ▪ Anwendernähe bringt die Kompetenz der Fachbereiche in die IT ein. ▪ Es entstehen keine Kosten für die Koordination der unternehmensfremden Leistungen.	▪ Konzentration auf die Kernkompetenzen ▪ schlanke Unternehmensstrukturen ▪ Nutzung von fehlendem Know-how durch dessen Einkauf ▪ rasche Verfügbarkeit der Kapazitäten ▪ keine Personalkosten für IT-Bereich ▪ laufende Kosten statt Investitionen und Kapitalbindung ▪ Outsourcer trägt das technische, organisatorische und rechtliche Risiko ▪ erhöhte Sicherheit durch die Redundanzen in der Technik beim Outsourcer ▪ umfassende Betreuung durch den Dienstanbieter ▪ Nutzung der IT-Innovationen ohne eigene Leistungen

Outsourcing (Auslagerung) bezeichnet in der Wirtschaft die Übertragung von Unternehmensaufgaben und -strukturen an Fremdunternehmen. Es ist eine spezielle Form des Fremdbezugs von bisher intern erbrachter Leistung, wobei Dauer und Gegenstand der Leistung durch Verträge fixiert werden. Die Entscheidung über Outsourcing ist somit eine „Make-or-Buy-Entscheidung" über die Eigenerstellung oder den Fremdbezug von IT-Leistungen.

Wichtig ist für viele Unternehmen die Spezialisierung bei flachen Unternehmenshierarchien. Das Unternehmen beschränkt sich auf seine Kernkompetenzen und überträgt alle weiteren notwendig zu erbringenden Leistungen (Rechnungswesen, Lohn- und Gehaltsrechnung, Lagerhaltung, Betrieb eines Informationssystems usw.) an andere spezialisierte Unternehmen.

Neben den Vorteilen ergeben sich aus dem Outsourcing auch folgende Nachteile:

- laufende Transaktionskosten
- Abhängigkeit vom Anbieter
- Problematik der Qualitätssicherung
- langfristig kein Know-how im Hause
- Verlust an Flexibilität und Innovationsfähigkeit
- hoher Koordinierungsaufwand
- Eine spätere Rücknahme des Outsourcing (Insourcing) ist mit sehr hohen Kosten und Risiken verbunden.

Eine andere Organisationsform des Angebots von IT-Dienstleistungen ist das sogenannte Application Service Providing.

W

> **Application Service Providing (ASP)** ist ein Geschäftsmodell für die zentrale Bereitstellung und Ausführung von vorkonfigurierten, serverbasierten Softwarelösungen und der damit verbundenen Dienstleistungen für eine Vielzahl von Kunden über öffentliche oder private Netze.

Das ASP-Modell bietet seinen Anwendern in den verschiedensten Bereichen Vorteile:

Kostenvorteile: Der Anwender hat keine Investitionsausgaben für Software oder Softwarelizenzen. Er bezahlt nur eine Gebühr für die Nutzung einer Software. Auch die Anforderungen an die Hardware verringern sich, denn die Rechenleistung findet im Rechenzentrum des Application Service Providers (ASP) und nicht auf den Rechnern des Anwenders statt. Insgesamt verringern sich also die Investitionskosten im IT-Bereich und es sinkt damit die Total Cost of Ownership (TCO). Durch die nutzungsabhängige Bezahlung ist eine schnellere und flexiblere Planung und Kontrolle der Kosten möglich.

Technologievorteile: Der Anwender macht sich unabhängig von immer kürzeren Softwarelebenszyklen und wird damit von einigen Investitionsentscheidungen befreit. Der ASP kümmert sich um das Bereitstellen von Updates sowie Migration und Sicherheit. Der Anwender profitiert davon, denn er arbeitet ohne Sicherheitsbedenken immer mit der neuesten Software. Er ist also immer up to date und kann sich trotzdem oder gerade dadurch auf sein Kerngeschäft konzentrieren.

Performance-Vorteile: Service Level Agreements (SLA) bieten rechtliche Sicherheit und definieren ganz klar die Leistungen und Verantwortlichkeiten des ASP. Auf diese Weise werden eine hohe Verfügbarkeit, Ausfallsicherheit und Datensicherheit gewährleistet.

10.3 Informationsinfrastrukturmanagement

Die Informationsinfrastruktur ist die Gesamtheit der Einrichtungen zur Erfassung, Übertragung, Speicherung, Verarbeitung, Wiederauffindung und Darstellung der Informationen in einem Informationssystem einschließlich der baulichen sowie ver- und entsorgungstechnischen Einrichtungen.

Entscheidungen zur Informationsinfrastruktur haben immer strategischen Charakter, denn die Auswahl dieser Basiskomponenten bestimmt langfristig die Leistungsfähigkeit und besonders die Flexibilität des Informationssystems. Folgende Basiskomponenten sind zu unterscheiden:

- Hardware
- Betriebssystem
- Datenformate zur Datenübertragung und langfristigen Speicherung
- Softwaretools, besonders Entwicklungssysteme, Programmiersprachen
- Kommunikationsmittel, Protokolle und Formate

Die **Enterprise Application Integration** (EAI) gilt heute als strategische Herausforderung für fast alle großen Unternehmen. EAI bezeichnet den Integrationsprozess von mehreren, voneinander unabhängig entwickelten Softwaresystemen, die meist auf unterschiedlichen und zum Teil inkompatiblen Technologien beruhen. Das können verschiedene Alt-Systeme (Legacy Systems) in einem Unternehmen sein, aber auch Systeme bei juristisch unabhängigen Anwendern. EAI soll die Kommunikation über Daten und zwischen Prozessen über beliebige Anwendungen und Geschäftsprozesse hinweg ermöglichen.

Auf die Probleme der Integration betrieblicher Anwendungen über Unternehmensgrenzen hinweg mit Anwendungen staatlicher und privatwirtschaftlicher Stellen wurde bereits hingewiesen.

Die Form der Integration mit völlig fremden Softwaresystemen setzt eine einheitliche Gestaltung der Schnittstellen dieser Systeme voraus. Zu einer zukunftsfähigen Informationsinfrastruktur gehört daher auch eine zukunftsfähige Softwarearchitektur einschließlich einer einheitlichen Bauweise der Softwarekomponenten unter Verwendung einheitlicher Konstruktionsprinzipien. Ein vielversprechender Ansatz ist hier die SOA, die serviceorientierte Architektur unter Nutzung der Webservices, die ebenfalls bereits angesprochen wurde.

Aufgaben

1. Was rechnet man zu der IT-Infrastruktur?
2. Welche Aufgaben hat das Informationsmanagement?
3. Wodurch unterscheiden sich strategische und taktische Aufgaben des Managements?
4. Warum ist ein Manager, der nur mit Tagesproblemen zu kämpfen hat, kein guter Manager?
5. Untersuchen Sie die Rolle der Informationsverarbeitungssysteme in Ihrem Ausbildungsunternehmen. Schätzen Sie ein, auf welcher Stufe des Fünf-Ebenen-Modells sich Ihr Ausbildungsbetrieb befindet.
6. Was macht ein CIO?
7. Welche Möglichkeiten eröffnet das IT-Weiterbildungssystem nach Abschluss der Berufsausbildung?
8. Was bedeutet die Erwartungshaltung, wonach der CIO die Rechtssicherheit des IT-Betriebes zu gewährleisten hat?
9. Was ist Gegenstand des Datenschutzes?
10. Wiederholen Sie die notwendigen Maßnahmen zur Gewährleistung des Datenschutzes nach § 9 BDSG.
11. Welche Vorteile und Nachteile erreicht ein Unternehmen durch das Outsourcing seiner IT-Abteilung?
12. Informieren Sie sich über Formen des Outsourcings und klären Sie dabei die Begriffe „Outtasking“ und „Offshoring“.
13. Ermitteln Sie in Ihrem Umfeld, welche Dienste von Application Service Providern dort genutzt werden. Wie organisieren Sie z. B. Ihren privaten E-Mail-Verkehr?

Ausführungen zum Thema „Datenschutz und Datensicherheit“ können in Band 2 „Informations- und Telekommunikationstechnik“ nachgelesen werden.

Anhang

SQL Befehle und Funktionen (Auszug, orientiert an MySQL)

Syntax	Beschreibung
Datentypen	
CHAR(n), TEXT, VARCHAR( )	Zeichen, Textdatentyp, variable Zeichenkette
DECIMAL	Numerischer Datentyp (Festkommazahl)
FLOAT	Numerischer Datentyp, Gleitkommazahl (einfache Genauigkeit, 7 Stellen nach Komma)
DOUBLE	Numerischer Datentyp, Gleitkommazahl (doppelte Genauigkeit)
CURRENCY (Microsoft Access)	Währung
INTEGER	Numerischer Datentyp (Ganzzahl)
DATE	Datum (Format DD.MM.YYYY)
BLOB (MySQL)	Binäres Objekt
Tabellen	
CREATE DATABASE Datenbankname	Erzeugt eine neue leere Datenbank
CREATE TABLE Tabellenname **(Feldname DATENTYP, ...)** **PRIMARY KEY (Feldname, ...)**	Erzeugt eine neue leere Tabelle mit der beschriebenen Struktur und einem Primärschlüssel.
ALTER TABLE Tabellenname **ADD [COLUMN] Feldname DATENTYP** **DROP [COLUMN] Feldname**	Verändert die Tabellenstruktur durch Hinzufügen oder Löschen von Spalten.
DROP TABLE Tabellenname	Löscht eine Tabelle.
Abfragen	
SELECT * | Feldname, ..., Feldname2 AS Alias **FROM Tabellenname, ...** **JOIN Tabellenname ON Bedingung** **WHERE Bedingung** **[GROUP BY Feldname** **HAVING Gruppenbedingung]** **ORDER BY Feldname, ...** **[ASC | DESC]** **LIMIT Anzahl**	Wählt die Spalten einer oder mehrerer Tabellen, deren Inhalte in die Liste aufgenommen werden sollen; alle Spalten (*) oder die namentlich aufgeführten Spalten.
FROM	Name der Tabelle oder Namen der Tabellen, aus denen die Daten der Ausgabe stammen sollen.
INNER JOIN (Standard-Annahme)	Liefert nur die Datensätze zweier Tabellen, die gleiche Datenwerte enthalten.
LEFT JOIN	Liefert von der erstgenannten (linken) Tabelle alle Datensätze und von der zweiten Tabelle jene, deren Datenwerte mit denen der ersten Tabelle übereinstimmen.
RIGHT JOIN	Liefert von der zweiten (rechten) Tabelle alle Datensätze und von der ersten Tabelle jene, deren Datenwerte mit denen der zweiten Tabelle übereinstimmen.
FULL JOIN	Liefert aus beiden Tabellen jeweils alle Datensätze.
WHERE	Bedingung, nach der Datensätze ausgewählt werden sollen. Beispiel: WHERE name = ´Lehmann´
GROUP BY Feldname1 [,Feldname2, ...]	Gruppierung (Aggregation) erfolgt nach Inhalt des genannten Feldes.
HAVING Gruppenbedingung	Gruppenbedingung bezieht sich auf ein Gruppierungsergebnis.
ORDER BY Feldname1 [,Feldname2, ...] **ASC | DESC**	Sortierung erfolgt nach Inhalt des genannten Feldes oder der genannten Felder. ASC: aufsteigend (Standard); DESC: absteigend
LIMIT Anzahl	Anzahl der anzuzeigenden Datensätze

Datenmanipulation	
INSERT INTO Tabellenname (Feldname1[, Feldname2,...]) **VALUES** (Wert für Feld 1 [,Wert für Feld 2, ...]) oder **INSERT INTO** Tabellenname **SELECT ... FROM ... WHERE**	Fügt Datensätze in die genannte Tabelle, die entweder mit festen Werten belegt oder Ergebnis eines SELECT-Befehls sind. Beispiele: INSERT INTO kunde (K_Nr, Name, Ort) VALUES (56532, ´Schmitz', ´Berlin´) INSERT INTO kunde SELECT * FROM vertrag WHERE stadt='Berlin'
DELETE FROM Tabellenname **WHERE** Bedingung	Löschen von Datensätzen in der genannten Tabelle.
UPDATE Tabellenname **SET** Feldname = Wert | Ausdruck **WHERE** Bedingung	Aktualisiert Datensätze einer Tabelle mit den Daten in den Feldern.
Aggregat-Funktionen	
AVG (Feldname)	Ermittelt das arithmetische Mittel aller Werte im angegebenen Feld.
COUNT (Feldname | *)	Ermittelt die Anzahl der Datensätze mit Nicht-NULL-Werten im angegebenen Feld oder alle Datensätze der Tabelle (dann mit Operator). *)
SUM (Feldname|Formel)	Ermittelt die Summe aller Werte im angegebenen Feld oder der Formelergebnisse.
MIN (Feldname|Formel) **MAX** (Feldname|Formel)	Ermittelt den kleinsten oder größten aller Werte im angegebenen Feld.
Datumsfunktionen (MySQL)	
CURDATE ( )	Liefert das aktuelle Datum
DATE (Wert)	Wandelt einen Wert in ein Datum um
DAY (Datum)	Liefert den Tag des Monats aus dem angegebenen Datum
MONTH (Datum)	Liefert den Monat aus dem angegebenen Datum
WEEKDAY (Datum)	Liefert den Tag der Woche aus dem angegebenen Datum
YEAR (Datum)	Liefert das Jahr aus dem angegebenen Datum
Zeichenkettenfunktionen (String-Funktionen) zur Benutzung in SELECT (MySQL)	
CONCAT (str1,str2,...)	Verbindet die in Klammern angegebenen Zeichenketten zu einer Zeichenkette.
FIND_IN_SET (str,strlist)	Findet eine Zeichenkette in einem Set von Zeichenketten und gibt deren Position zurück .
INSERT (str,pos,len,newstr)	Fügt in eine Zeichenkette an der angegebenen Position eine neue Zeichenkette ein.
LENGTH (str)	Ermittelt die Länge einer Zeichenkette.
LOCATE (substr,str)	Findet eine Zeichenkette in einer anderen Zeichenketten und gibt deren Position zurück.
LTRIM (str)	Beseitigt alle führenden Leerzeichen.
SUBSTRING (str,pos,len)	Liefert eine Teilkette ab der angegebenen Position in der angegebenen Länge.
Benutzerkontenverwaltung	
CREATE DATABASE Datenbankname	Erzeugt eine neue leere Datenbank
CREATE USER Name	Die Anweisung erstellt ein neues MySQL-Anwenderkonto. Ihre Verwendung setzt die globale Berechtigung „CREATE USER" oder die Berechtigung „INSERT" für die Datenbank voraus.
DROP USER Name	Die Anweisung DROP USER entfernt ein MySQL-Anwenderkonto.
GRANT	Die GRANT-Anweisung erlaubt Datenbankadministratoren die Erstellung von MySQL-Anwenderkonten und die Vergabe von Rechten. Um GRANT verwenden zu können, benötigt man die Berechtigung „GRANT OPTION".
RENAME USER	Die RENAME USER-Anweisung wird zum Umbenennen von MySQL-Anwenderkonten eingesetzt.
REVOKE	Die REVOKE-Anweisung gestattet Administratoren das Entfernen von Berechtigungen. Um REVOKE verwenden zu können, benötigt man die Berechtigung „GRANT OPTION".
SET PASSWORD	Mit der Anweisung SET PASSWORD kann man einem vorhandenen MySQL-Anwenderkonto ein neues Passwort zuweisen. SET PASSWORD FOR ‚klaus'@'localhost' = PASSWORD(‚newpass');

PHP Befehle und Funktionen (Auszug)

Grundlagen der Syntax	Erklärung

Abgrenzung von Anweisungen	Der von PHP-Interpreter zu bearbeitende Bereich beginnt mit dem `<?PHP Tag und endet mit dem ?>` Tag.
	PHP-Anweisungen müssen mit einem Semikolon beendet werden. Der schließende Tag eines Blocks mit PHP-Code impliziert automatisch ein Semikolon.
	`<?php`
	`echo ‚Dies ist ein Test‘;`
	`?>`

Kommentare	// Die einzeilige Kommentar-Art kommentiert sämtlichen Text bis zum Zeilenende. /* ... */ Die mehrzeilige Kommentar-Art kommentiert sämtlichen Text bis zum schließenden Kommentar-Tag.
Variable	Selbst definierte Variablen werden gekennzeichnet durch ein Dollar-Zeichen ($), gefolgt vom Namen der Variablen. Bei Variablennamen wird zwischen Groß- und Kleinschreibung unterschieden, sie sind case-sensitive.
Typen	
Logische Werte	Ein logischer Wert ist ein Wahrheitswert, der entweder TRUE (wahr) oder FALSE (falsch) sein kann.
Ganze Zahlen, Gleitkommazahlen	Eine Vereinbarung des Datentyps erfolgt durch die Verwendung der Variablen.
Zeichenketten	Strings sind Folgen von Zeichen, eingeschlossen in einfache oder doppelte Anführungszeichen.
Felder	Ein Feld wird durch das Schlüsselwort array( ) erzeugt. Ein Feld besitzt keinen automatisch gebildeten Index, die Feldelemente müssen einen expliziten Namen erhalten.
Variablen	
Vordefinierte Variablen	PHP arbeitet mit einer Vielzahl von vordefinierten Variablen, die abhängig sind vom jeweiligen Webserver. Die vordefinierten Variablen treten meist als Felder mit festgelegten Elemente-Namen auf (named array). ▪ $_SERVER[ ] — Server und Ausführungsumgebung ▪ $_GET[ ] — HTTP-GET-Variable ▪ $_POST[ ] — HTTP-POST-Variable ▪ $_SESSION[ ] — Session-Variable ▪ $_ENV[ ] — Umgebungsvariable ▪ $_COOKIE[ ] — HTTP-Cookies
Geltungsbereich von Variablen	Der Geltungsbereich einer Variablen begrenzt sich auf den PHP-Block, in dem sie definiert wurde.
Variable Variablen	Der PHP-Interpreter erlaubt es, variable Variablen-Bezeichner zu benutzen. Ein variabler Variablen-Name nimmt den Wert einer Variablen und behandelt ihn als Bezeichner einer anderen Variablen. Er beginnt daher stets mit zwei $-Zeichen.
Konstanten	
Syntax	Man kann eine Konstante definieren, indem man entweder die define( )-Funktion oder das Schlüsselwort *const* außerhalb einer Klassendefinition verwendet. Einmal definierte Konstanten können nicht verändert oder gelöscht werden.
Ausdrücke	Ein Ausdruck ist die Verbindung von Konstanten und Variablen mittels Operatoren. Der Wert eines Ausdruckes wird im Rahmen einer Zuweisung auf eine Variable übertragen.
Operatoren	
Operator-Rangfolge	„Punkt-Rechnung geht vor Strich-Rechnung“ gilt auch unter PHP
Arithmetische Operatoren	$a + $b Addition Summe von $a und $b $a - $b Subtraktion Differenz $a abzüglich $b $a * $b Multiplikation Produkt von $a und $b $a / $b Division Quotient $a durch $b $a % $b Modulo Rest von $a geteilt durch $b
Vergleichsoperatoren	$a == $b Gleich Gibt **TRUE** zurück, wenn $a gleich $b ist. $a === $b Identisch Gibt **TRUE** zurück wenn $a gleich $b ist und beide vom gleichen Typ sind. $a != $b Ungleich Gibt **TRUE** zurück, wenn $a nicht gleich $b ist. $a <> $b Ungleich Gibt **TRUE** zurück, wenn $a nicht gleich $b ist. $a !== $b Nicht identisch Gibt **TRUE** zurück, wenn $a nicht gleich $b ist, oder wenn beide nicht vom gleichen Typ sind.
Fehler-Kontroll-Operatoren	Stellt man das **@-Zeichen** vor einen Ausdruck, so werden alle Fehlermeldungen ignoriert, die von diesem Ausdruck erzeugt werden könnten.

Operatoren

<table>
<tr><td rowspan="6">Logische Operatoren</td><td>$a and $b</td><td>Und</td><td>TRUE wenn sowohl $a als auch $b TRUE ist.</td></tr>
<tr><td>$a or $b</td><td>Oder</td><td>TRUE wenn $a oder $b TRUE ist.</td></tr>
<tr><td>$a xor $b</td><td>Entweder Oder</td><td>TRUE wenn entweder $a oder $b TRUE ist, aber nicht beide.</td></tr>
<tr><td>! $a</td><td>Nicht</td><td>TRUE wenn $a nicht FALSE ist.</td></tr>
<tr><td>$a && $b</td><td>Und</td><td>TRUE wenn sowohl $a als auch $b TRUE ist.</td></tr>
<tr><td>$a || $b</td><td>Oder</td><td>TRUE wenn $a oder $b TRUE ist.</td></tr>
<tr><td>Zeichenketten-Operatoren</td><td colspan="3">Der Vereinigungsoperator („.') verbindet die Zeichenkette aus dem rechten und dem linken Argument zu einer neuen durchgängigen Zeichenkette.</td></tr>
</table>

Kontrollstrukturen

Einfache Alternative: if

```
if (expression)
   statement;
```

Achtung: Es wird hier kein „than" verwendet!

Echte Alternative: if {...} else { }

```
if (expression)
   statement1;
else
   statement2;
```

Mehrfach-Alternative

Die **switch**-Anweisung ermöglicht eine mehrfache Verzweigung in Abhängigkeit von einem Variablenwert. Die Verzweigung muss nach der Bearbeitung durch eine **break**-Anweisung unterbrochen werden.

```
switch ($i) {
    case 0:
        echo „i hat den Wert: 0";
        break;
    case 1:
        echo „i hat den Wert: 1";
        break;
    case 2:
        echo „i hat den Wert: 2";
        break;
}
```

Abgezählter Zyklus

Bei der **abgezählten** Schleife sind drei Ausdrücke zu beachten.

```
for (expr1; expr2; expr3)
    statement;
```

Der erste Ausdruck **(expr1)** wird vor der Ausführung der Schleife ausgeführt (Anfangswert setzen).

Vor jedem Durchlauf wird die Anweisung **expr2** ausgeführt. Wenn diese Anweisung wahr ist **(TRUE)**, wird die Schleife fortgesetzt und die Anweisungen werden ausgeführt. Andernfalls **(FALSE)** endet die Ausführung der Schleife (Bedingung).

Am Ende jedes Schleifendurchlaufs wird die Anweisung **expr3** ausgeführt, womit z. B. eine Zählvariable erhöht werden kann.

```
for ($i = 0; $i < 100;$i = $i +1)
    anweisung;
```

Kopfgesteuerte Schleife: while( )

```
while (bedingung)
    anweisung;
```

Die Anweisung wird somit nur bei erfüllter Bedingung ausgeführt.

Fußgesteuerte Schleife: do-while( )

Bei der fußgesteuerten Schleife wird der Wahrheitsausdruck erst am Ende eines jeden Durchlaufs geprüft. Die Anweisung wird somit garantiert einmal ausgeführt.

```
do anweisung while(bedingung)
```

Funktionen

Datumsfunktionen		Zeichenkettenfunktionen	
date( )	Formatiert ein(e) angegebene(s) Ortszeit/Datum.	echo( )	Gibt einen String aus
getdate( )	Gibt Datums- und Zeitinformationen zurück.	fprintf( )	Schreibt einen formatierten String in einen Stream
mktime( )	Gibt den Unix-Timestamp/Zeitstempel für ein Datum zurück.	rtrim( )	Entfernt Leerraum vom Ende eines Strings
strftime( )	Formatiert eine Zeit-/Datumsangabe nach den lokalen Einstellungen.	sprintf( )	Gibt einen formatierten String zurück
strtotime( )	Wandelt ein (in englischer Textform angegebenes) Datum in einen UNIX-Zeitstempel um.	strcmp( )	Vergleich zweier Strings
time( )	Gibt den aktuellen Unix-Timestamp/Zeitstempel zurück.	strlen( )	Ermitteln der Länge eines Strings
		strpos( )	Sucht das erste Vorkommen des Suchstrings
		substr( )	Gibt einen Teil eines Strings zurück
		trim( )	Entfernt Leerzeichen am Anfang und Ende eines Strings

Sachwortverzeichnis

E

F

G

H

I

J

K

L

X

Z

Autoren- und Quellenverzeichnis

S. 21: Auszug aus: Bundesministerium für Justiz, Gesetz über Urheberrechte und verwandte Schutzrechte, 2007, Besondere Bestimmungen für Computerprogramme aus: http://www.gesetze-im-internet.de/urhg/BJNR012730965.html#BJNR0127 30965BJNG004201377, Stand 30.04.2007; **S. 28:** Begriffe „Programmieren im Kleinen“ und „Programmieren im Großen“ aus: Dumke, R., Modernes Software Engineering, Vieweg Verlag, 1993; **S. 40:** Murphy's Law nach: Murphy, Edward A., International geführte Sammlung kurioser Erfahrungen, 1949; **S. 43 f.:** Phasen der Team-Entwicklung: Tuckman, B. W., Developmental sequences in small groups, Psychological Bulletin, 63, S. 348-399, 1965; **S. 55:** CMMI® V1.2 Browser (engl.) aus: http://www.cmmi.de/cmmi_v1.2/capabilitylevels.html#hs:null; **S. 74f.:** Spiralmodell nach: Boehm, Barry W., Vorgehensmodell in der Softwareentwicklung, 1988, Boehm, Barry W., Software Engineering Economics, Englewood Cliffs, NJ: Prentice-Hall, 1981; **S. 79 f.:** Tabelle nach: http://de.wikipedia.org/wiki/Extreme_programming, Abschnitt: Diskussion, 2007; **S. 101:** Begriffsdefinitionen MSS, MIS, EIS, DSS, ESS nach: Stahlknecht, P., Hasenkamp, U., Einführung in die Wirtschaftsinformatik, 10. Aufl., S. 384 f., Springer Verlag, 2002; **S. 104:** V-Modell XT aus: http://www.v-modellxt.de/; **S. 117 f.:** ARIS Architektur nach: Scheer, A., Wirtschaftsinformatik, Referenzmodelle für industrielle Geschäftsprozesse, Springer Verlag, 1997; **S. 309:** „Clientseitige Programmierung“ zur Java-Entwicklungsumgebung nach: http://java.sun.com/javase/downloads/index.jsp; **S. 309:** JavaScript nach: http://de.selfhtml.org/javascript/; **S. 312 f.:** Applets nach: Merker, E., Grundkurs Java-Technologien, Vieweg Verlag 2004; **S. 354 ff.:** Testverfahren aus: Hanft, A., www.informatik.hu-berlin.de/~hanft/publ_doc/FoSemJuni98-sw_qualitaet_test/vortrag_folien.htm, Stand: 08.05.2006; **S. 354 ff.:** Testverfahren aus: Lötzbeyer, H., www4.inturm.de/~pretschn/teaching/webis-folien/Testen04072000.pdf, Stand: 08.05.2006; **S. 370 ff.:** V-Modell® XT, Projekthandbuch, Projektplan, Risikoliste, Qualitätssicherungshandbuch, Systemarchitektur, Datenbankentwurf, Mensch-Maschine-Schnittstelle, Ausbildungsunterlagen, Nutzungsdokumente (vom Projektassistenten generierter Text) aus: www.V-ModellXT.de; **S. 382:** Entwicklungsstufen der unternehmerischen IT-Nutzung, Venkatraman 1991

Bildquellenverzeichnis

ACI EDV-Systemhaus GmbH & Co KG, Lüneburg: 10, 93, 95, 104, 131, 133, 137, 139, 149
adpic Bildagentur, Köln: 65, 65, 67, 67, 67, 67, 67, 67, 67
Informationstechnikzentrum Bund - ITZBund, Bonn: 104
iStockphoto.com, Calgary: bagotaj Titel; Gaul, Pawel 9
Lithos, Wolfenbüttel: 9, 11, 12, 12, 12, 12, 30, 38, 65, 66, 75, 81, 81, 81, 81, 81, 81, 314, 379
stock.adobe.com, Dublin: Pakmor 106; Rudie 98; trodler1 66
The Apache Software Foundation / Apache Open Office PMC: 283
Valentinelli, Mario, Rostock: 28, 46, 66, 66, 66, 66, 114